Der kleine

JOHNSON

WEINFÜHRER *2012*

Hallwag

Zum richtigen Gebrauch

Bei den meisten Stichwörtern besteht die erste Zeile aus folgenden Kurzinformationen:

①　　　　③

Aglianico del Vulture Bas | r; tr | ★★★ | **01' 04** 05 06 07 08 (10)

②　　　　④

① **Weinname** und Gegend des betreffenden Landes, aus der der Wein stammt (Hinweise auf Landkarten im Buch).

② Welche Farbe der Wein hat; ob er trocken, lieblich oder süß ist; schäumend, in verschiedenen Formen vorkommt (und welcher die größte Bedeutung zukommt).

r	rot	**tr**	trocken*
rs	rosé	**lbl**	lieblich
w	weiß	**s**	süß
br	braun/bernsteingelb	**sch**	schäumend
( )	in Klammern gesetzte Angaben bedeuten relativ bescheidene Produktionsmengen		
*	steht hier keine Angabe, wird von einem trockenen Wein ausgegangen		

③ Allgemeiner Qualitätsstand; eine freilich nur grobe Einstufung aufgrund des derzeitigen Ansehens, wie es sich aus dem Preis ergibt.

★	einfache Qualität für jeden Tag
★★	überdurchschnittlich
★★★	bekannt, berühmt
★★★★	erstklassig, anspruchsvoll, teuer
★ usw.	farbige Sterne erhalten Weine, die nach meiner Erfahrung in der jeweiligen Preisklasse besonders gut sind; das gilt für gute Alltagsweine ebenso wie für Luxuskreszenzen.

④ Der Jahrgang: Angegeben sind die empfehlenswerten neueren Jahrgänge, zusammen mit einer Einschätzung, ob sie bereits trinkreif sind (Ziffer in **fetter** Schrift) oder ob sie sich bei weiterer Lagerung noch entfalten (normale Schrift). Bitte beachten Sie aber, dass die Entwicklung eines Weins vielen Faktoren unterliegt und auch anders verlaufen kann als erwartet. Sind sowohl rote als auch weiße Weine angegeben, so ist der Rotwein gemeint, wenn nicht ausdrücklich anders erwähnt.

08	usw.	allgemein erhältliche, empfohlene Jahrgänge, die sich für weitere Lagerung eignen
09'	usw.	nach Angaben der jeweiligen Erzeuger besonders gut ausgefallener Jahrgang
98	usw.	genussreifer Jahrgang
03	usw.	2012 bevorzugt zu genießender Jahrgang
(10)	usw.	vorläufige Bewertung

Deutsche Weinjahrgänge werden nach einem anderen System geführt. Näheres siehe Seite 193.

Sonstige Abkürzungen

BV	baldiger Verbrauch, d.h. möglichst jung zu trinken
oJ	ohne Jahrgangsangabe auf dem Etikett. Bei Champagner eine einheitlichen Geschmack garantierende Mischung mehrerer Jahrgänge

Weitere, länderspezifische Abkürzungen befinden sich am Anfang des jeweiligen Kapitels.

Erzeuger- oder Weinnamen in Farbe kennzeichnen Hugh Johnsons persönliche Favoriten (siehe Seite 6).

Eine Übersichtstabelle über Weinjahrgänge finden Sie auf den Seiten 38 bis 39.

Inhalt

Zum richtigen Gebrauch ... 2
Dank und Bildnachweis ... 4
Hugh Johnson: Zur Ausgabe 2012 ... 5
Der Jahrgang 2010 · 2009 unter der Lupe
Alternativen gefällig? ... 11
Rebsorten ... 14
Wein und Essen ... 21
Feinste Genüsse zu edelsten Tropfen ... 34
Technische Weinsprache ... 36
Die richtige Temperatur ... 37
Übersichtstabelle der Weinjahrgänge ... 38

Frankreich ... 40
Die Châteaux von Bordeaux ... 112
Italien ... 144
Deutschland ... 188
Luxemburg ... 217
Spanien und Portugal ... 218
Port, Sherry und Madeira ... 249
Schweiz ... 262
Österreich ... 270
England und Wales ... 282
Mittel- und Südosteuropa ... 284
Ungarn · Bulgarien · Slowenien · Kroatien · Bosnien-Herzegowina, Serbien, Montenegro, Mazedonien · Tschechische Republik und Slowakische Republik · Rumänien · Malta
Griechenland ... 306
Nordafrika und östlicher Mittelmeerraum ... 312
Israel · Libanon · Türkei · Zypern · Nordafrika
Asien und die ehemalige Sowjetunion ... 318
China · Indien · Japan · Georgien · Moldawien · Russland · Ukraine
Nordamerika ... 321
Kalifornien · Der pazifische Nordwesten · Oregon · Washington/Idaho · Nordosten, Südosten und das Landesinnere · Der Südwesten
Kanada ... 362
Südamerika ... 364
Chile · Argentinien · Bolivien · Brasilien · Peru · Uruguay
Australien ... 378
Neuseeland ... 398
Südafrika ... 415

Impressum ... 432
Länder-Spezial Südfrankreich ... 433

Dank

Die hier vorliegende Sammlung ausführlicher Empfehlungen stammt teilweise von mir, hauptsächlich aber von vielen guten Freunden. Ohne die großzügige Hilfe und Unterstützung so vieler Weinbaufachleute, Kellermeister, Händler und Weinkenner hätte ich sie nie zusammenstellen können. Ganz besonders danken möchte ich den nachstehend Genannten:

Sarah Ahmed
Helena Baker
Susie Barrie MW
Nicolas Belfrage MW
Philipp Blom
Jim Budd
Michael Cooper
Terry Copeland
Michael Edwards
Sarah Jane Evans MW
Rosemary George MW
Caroline Gilby MW
Annie Kay
Chandra Kurt
James Lawther MW
Konstantinos Lazarakis MW
John Livingstone-Learmonth
Campbell Mattinson
Adam Montefiore
Jasper Morris MW
Shirley Nelson
Margaret Rand
Daniel Rogov
Ulrich Sautter
Eleonora Scholes
Stephen Skelton MW
Paul Strang
Marguerite Thomas
Larry Walker
Simon Woods
Philip van Zyl

Bildnachweis
5 Octopus Publishing Group/Adrian Pope; 433 Photolibrary/Eye Ubiquitous; 434 Scope; 436 Fotolia/Phillip Minnis; 437 Monty Waldin; 439 c Alamy/Per Karlsson/BKWine.com; 439 b Corbis/Owen Franken; 439 a Photolibrary/Michael Busselle/Robert Harding Travel; 440 Getty Images/Louis-Laurent Grandadam; 443 a Alamy/Sue Heaton; 443 b Corbis/Peter Adams/JAI; 443 c SuperStock/Hemis.fr; 444 links SuperStock/age footstock; 444 rechts Cephas/Mick Rock; 445 links Scope Image/J L Barde; 445 rechts Ryan O'Connell; 446 rechts courtesy Mas Amiel; 446 links courtesy Domaine de Trevallon; 447 rechts Alamy/Per Karlsson/BKWine.com; 447 links courtesy Mas de Daumac Gassac; 448 rechts Ludovic Molinier; 448 links Domaine de la Rectorie/Pierre Parce

Zur Ausgabe 2012

Erinnern Sie sich an die – noch nicht so lange zurückliegenden – Jahre, als die Weinwelt der Ankunftstafel eines Flughafens glich? Neue Weine aus Chile, Argentinien, Oregon, Neuseeland, Südafrika und Uruguay landeten in so kurzen Abständen, dass die Konsumenten sich betrogen fühlten, wenn es einmal kein neues Anbaugebiet oder Weinland zu entdecken gab. Für Sommeliers war das ein Traum: »Kann es sein, dass Sie den mexikanischen Merlot und den Viognier aus Venezuela noch nicht kennen?« Neuheiten machen Spaß, und wir hatten das Gefühl, dass die Welt ein Weinberg ohne nennenswerte Qualitätsunterschiede ist: Der Cabernet Sauvignon von hier war ebenso gut (oder würde es zumindest bald sein) wie der von dort.

In dieser Phase sahen sich die Weinmacher gezwungen, möglichst alles auszuprobieren, zumindest die international erprobten Sorten, alle französischen Ursprungs, die diese unübersichtliche Weinwelt zusammenhielten. Jetzt aber schien Standardisierung zu drohen: dass Wein von egal wo gleich schmecken würde, erzeugt von umherziehenden Weingurus aus den immer gleichen Sorten, unterscheidbar nur am Preis (»Premium« heißt genießbar; vom »Superpremium« möchte man vielleicht noch ein zweites Glas).

Tatsächlich geschieht genau das Gegenteil. Die neuen oder fast neuen Weinbaugebiete dieser Welt schaffen sich mehr und mehr ein eigenes Profil. Vor zehn Jahren war »alles außer Chardonnay« die Devise. Heute hört man nichts mehr davon, aus mehreren Gründen. Die Neulinge im Weinkeller haben die Phase des exzessiven Eichenholzausbaus hinter sich gebracht (»alles außer Eiche« wäre die richtige Devise gewesen). Die Weinbauern verstehen die Eigenheiten ihres Landes besser. Der Konkurrenzkampf macht Spezialisierung zu einer immer aussichtsreicheren Option. Und das ewige Mantra, dass sortenreine Weine Verschnitten überlegen seien, macht der Idee von intelligentem Verschneiden Platz. Natürlich gilt das nicht für alle Sorten: Wer Riesling oder Pinot Noir verschneidet, mag für alle Zeiten in der Hölle schmoren. Doch langsam setzt sich die Erkenntnis durch, dass die Rebsorten für das Klima und den Boden geeignet sein müssen, will man wirklich erfolgreiche Weine bereiten.

Multitasking ist dabei die Lebensversicherung. Große kalifornische Erzeuger hatten schon immer ein breites Angebot. Wenn der trockene Rote nicht einschlug, konnte man den Kunden immer noch »Chablis« oder »Sherry« verkaufen. Jahre später ließ man die gespriteten Tropfen weg und machte sich mit Cab, Chard und Sauv Blanc einen Namen. Man stellte fest, dass die Kunden (und die Kritiker) die Roten bevorzugten und die Weißen links liegen ließen. Daraufhin schuf man ein »Reserve«-Etikett mit kräftigerem, länger in Eiche ausgebautem Wein. Als Nächstes ging man dazu über, von den Lagen mit den gesündesten und reifsten Trauben eigene Abfüllungen zu bereiten, nannte sie Gravel Gulch oder Red Rock Canyon und verlangte richtig Geld für sie. Damit war die ganze Entwicklung durchlaufen, die auch einen Chambertin oder den Grand Vin de Château Latour hervorgebracht hatte, nur dass die Franzosen Jahrhunderte dafür gebraucht haben statt Jahrzehnte.

Den richtigen Zeitpunkt zu treffen, um sich zu spezialisieren und alles auf eine Karte zu setzen, ist eine Entscheidung von großer Tragweite. Ganze Länder oder Regionen treffen sie aus einfachen Gründen. Neuseeland wurde gleichsam eine Monokultur von Sauvignon blanc, weil sein Wein fast schon beängstigend charakteristisch ist – und Einfachheit verkauft sich gut. Erzeuger gehen aber auch ihren Launen nach oder wollen vor den Nachbarn nicht zurückstehen oder folgen einem Stern, den sonst niemand sieht. Viele von ihnen, weit mehr als man meinen möchte, sind im Übrigen sture Esel und pflanzen Pinot noir, weil ihnen gesagt wurde, sie sollten es bleiben lassen – von all dem profitieren wir. Wer immer noch glaubt, nur in Burgund würde diese Sorte gedeihen, möge bedenken, welche Köstlichkeiten aus Neuseeland, Oregon, Australien, Deutschland und anderen Regionen uns entgangen wären!

Das mag nach uneingeschränkt guten Nachrichten aus der Weinwelt klingen, nach sonnigen Gestaden in Sicht, doch wäre es zu schön, um wahr zu sein. Wir sind nicht in ruhigen Gewässern und werden es auch nie sein. Die Weinindustrie ist für ihre Berg- und Talfahrten bekannt. In Australien legte man in den 1990er-Jahren viel zu viele Rebflächen an – auch um Steuern zu umgehen –, was die Preise in ruinöse Tiefen trieb. Wenn eine Branche gedeihen soll, müssen alle ihre Mitglieder Haushaltsdisziplin wahren.

Dass Wein ein beliebtes Lockvogelangebot von Supermärkten und Discountern ist, tut ihm ebenfalls nicht gut. Kunden von Discountern stehen ohnehin nicht in dem Ruf, ihren Lieferanten gegenüber wohltätige Absichten zu hegen, doch Weinerzeuger sind besonders verwundbar. Selbst eine Kellerei mit guter finanzieller Grundlage kann ihren Wein nicht einfach so lange lagern, bis der Zeitpunkt zum Verkauf günstig ist: Es liegt in seiner Natur, sich bei der Reifung zu verändern, und außerdem werden die Tanks für die nächste Ernte gebraucht. Was Supermärkte einen »verkaufsfördernden Preisnachlass« nennen, bedeutet für den Erzeuger nichts weniger als schmerzhafte Mindereinnahmen, die ihrerseits im Herstellungsprozess nach Einsparpotenzial verlangen. Dass dabei trostlose, industriell gefertigte Erzeugnisse herauskommen, muss niemanden wundern.

Am anderen Ende des Extrems gibt es eine Welt, in der das Motto gilt: »Je teurer, desto besser«. Jedenfalls aus der Sicht eines chinesischen Geschäftsmanns, der von Wirtschaftsvertretern eines Landes zu einem Empfang eingeladen wird. Von Wein versteht der Mann nur so viel, dass Château Lafite der teuerste ist. Sollte man ihm etwas anderes servieren, könnte er das als Geringschätzung seiner Person werten. Raten Sie mal, wer mit wem am Ende Geschäfte macht.

Billigpreis und Spitzenpreis bedürfen kaum einer Interpretation. Kenntnis des Produkts ist bei beiden nicht nötig. Anspruchsvoller ist es, den Wert im mittleren Bereich einschätzen zu können. Mein persönlicher Maßstab, immer dabei und stets verfügbar, ist der Preis von Champagner. Ich liebe Cham-

Die Erinnerung bleibt – meine persönlichen Favoriten in diesem Jahr

In der diesjährigen Ausgabe sind gut 200 Weine im Text farbig hervorgehoben, die ich in den letzten Monaten (also ab etwa Mitte 2010) besonders – manchmal auch regelmäßig – genossen habe. Das muss für die Zukunft nichts bedeuten, aber bei so vielen Alternativen im Angebot muss man eben irgendwo anfangen, und Erinnerungen an Aromen scheinen mir ein guter Ausgangspunkt zu sein. Damit niemand diese Auswahl als die »200 besten Weine der Welt« missversteht, betone ich noch einmal: Die Geschmäcker sind verschieden – was Sie mögen, bestimmen Sie allein.

pagner. Viele ausgezeichnete Weine kosten etwa so viel wie guter jahrgangsloser Champagner (in England derzeit um die 25–30 Pfund pro Flasche, das entspricht etwa 28–32 Euro). Ist ein Wein billiger, leiste ich mir schon auch mal ein Experiment. Kostet er mehr, gehe ich lieber auf Nummer sicher.

Am meisten suche ich nach präzisen Aromen, die mir etwas sagen: eine Rebsorte oder besser noch eine Rebsorte und ihr Terroir, einen Kellerstil, vor allem aber ein gutes, frisches Getränk, das zu meiner Stimmung und zu meinem Essen passt. Mit befreundeten Weinkennern vergleiche ich verschiedene Weine, setze mich mit einem Thema oder Argument auseinander. Mit normalen Freunden geht es um vertraute Erinnerungen an frühere Treffen oder eine schöne Entdeckung für die Zukunft. Ohne die Ausbildung eines entsprechenden Geschmackssinns und die Befriedigung, die er mit sich bringt, kann man im Übrigen keine Schnäppchen machen.

Wo suche ich? Ich sehe mir die Randgebiete der berühmten Regionen an. Einige haben physikalische, oft geologische Grenzen, andere nur politische, die auf den Geschmack keinen Einfluss haben. »Bordeaux« auf einer Flasche bedeutet beispielsweise nur, dass der Wein aus dem Departement Gironde stammt. Nicht alles aus diesem Departement ist außergewöhnlich und nicht alles von den Nachbarn ist schlechter. St-Emilion ist weltberühmt, Castillon weniger; dasselbe gilt für Corton und Auxey-Duresses, für Napa und, sagen wir, Mendocino, oder für Châteauneuf-du-Pape und ein größeres Gebiet an der südlichen Rhône.

Ich suche nach Erzeugern, die wissen, wie man verschneidet; die Sémillon zu Sauvignon blanc, Mourvèdre zu Grenache, Viognier zu Syrah, Merlot zu Sangiovese geben oder ein bisschen Petit Verdot kultivieren – nicht, weil eine Mischung per se besser als die andere ist, sondern weil diese Erzeuger probieren und denken. Ich suche nach Erzeugern, die die Initiative ergreifen und frische Weine mit Schraubverschlüssen abfüllen. Ich komme zunehmend und immer wieder auf Rosé zurück – nicht weil er in Mode ist, sondern weil er köstlich sein kann und so viele Was-passt-wozu-Probleme und Welcher-Wein-zu-welchem-Fisch-Fragen zu lösen versteht.

Und ich suche – manchmal verzweifelt – nach Weinen mit mäßigem Alkoholgehalt. Es gibt Stile, die brauchen mehr als 14%, aber sie müssen schon eine verdammt gute Begründung dafür haben.

Hugh Johnson

Der Jahrgang 2010

Ereignisarm war er nicht gerade, der Jahrgang 2010, doch gab es auch Orte, an denen seliger Friede herrschte. Australien genoss die Ruhe nach (und schon wieder vor) dem Sturm: Die Dürre war normalen Niederschlägen gewichen, die Stauwerke waren wieder gefüllt, und die Panik in den Gesichtern der Erzeuger begann zu weichen. Die Weine sind ausgewogen mit reichlich Säure und reiner, intensiver Frucht. Auch in Neuseeland gab es gutes Wetter und guten Wein, nur vielleicht ein bisschen zu viel davon. Hier ist Überangebot das Problem, verbunden mit fallenden Preisen. Den Weg Australiens zu den Discountern möchte Neuseeland nicht gehen. Die Winzer wurden aufgefordert, ihre Erträge zu kappen, was viele auch taten. Der 30. Jahrgang des Marlborough Sauvignon Blanc wurde mit passabler Konzentration gefeiert.

Argentinien berichtet über ein Jahr mit kühlerem Wetter als üblich und (Gott sei Dank!) etwas weniger Alkohol in Weinen, denen es an Konzentration und Aroma dabei keineswegs mangelt. Chile stand unter dem Eindruck des großen Erdbebens, das sich just zu Erntebeginn ereignete. Dennoch gelangen Weine von schöner Ausgewogenheit. Auch hier war es ein kühles Jahr, in dem Kühlklimagebiete wie Leyda, Limarí und San Antonio einige wirklich elegante Weine hervorbrachten. Paradoxerweise profitierte der Jahrgang auch vom kalten Winter davor, der die Reife verzögerte und den Erzeugern damit die nötige Zeit verschaffte, ihre beschädigten Kellereien instand zu setzen, bevor sie sich den Trauben widmen mussten.

Das kühle Wetter setzte sich weiter nördlich in Kalifornien fort. Auch hier brachte 2010 Weine mit großer Konzentration und viel Eleganz hervor; kein einfacher Jahrgang, aber sehr gut oder noch besser für Bordeaux-Sorten und Chardonnay. Die Aromen haben sich schneller entwickelt als der Zucker, was auch auf Oregon zutrifft. Eleganz, etwas weniger Alkohol und schöne Konzentration ist auch dort das Leitmotiv.

Und Europa? Schon der 2009er Jahrgang war ja vielerorts kaum zu überblicken gewesen – und der Hype, der gerade in Bordeaux anhebt, lässt vermuten, dass 2010 ebenso gut oder möglicherweise sogar besser ist. (Das könnte interessant werden, schließlich wurde uns 2009 als der beste Jahrgang aller Zeiten angekündigt.) Burgund verzeichnete geringe Erträge. Am 12. September gab es einen Hagelsturm an der südlichen Côte de Beaune, gefolgt von kaltem, regnerischem Wetter, das wegen der Fäulnisgefahr eine rasche Lese notwendig machte. Doch scheinen die Weine über genug Säure zu verfügen, die Roten auch über gutes Tannin. Von den Basisqualitäten dürfte allerdings nicht viel zu erwarten sein. Im Beaujolais, das seine Renaissance 2009 begann, scheint der 2010er früher zu reifen; es dürfte sich aber lohnen, ihn im Auge zu behalten. Fabelhafte Süßweine sowie sehr gute Rot- und trockene Weißweine kommen von der Loire. Die Rhône ist potenziell hervorragend: Der Ertrag war zwar mager, doch sowohl an der nördlichen wie an der südlichen Rhône hört man von geschmeidigen Tanninen, üppiger Fruchtigkeit und guter Konzentration. Ähnlich das Bild im Elsass: gute Säure und geringer Ertrag, wodurch die Trauben trotz des kühlen Sommers (der dann auch von einem warmen September gerettet wurde) ausreifen konnten. In der Champagne scheint es ein Jahr für Chardonnay gewesen zu sein, während die Pinot-Sorten der Fäulnis zum Opfer fielen. Ob es Jahrgangschampagner gibt, hängt davon ab, wie viel guten Pinot der jeweilige Erzeuger braucht oder auftreiben kann.

In Deutschland, das eine ununterbrochene Serie guter Jahrgänge hinlegt, behauptet niemand, der 2010er sei so gut wie der 2009er, doch durch die geringen Mengen (der kleinste Jahrgang seit 25 Jahren) reiften die Trauben gut aus, insbesondere, wenn es im Oktober noch Sonne gab. Dass auch in Österreich die Ernte so gering ausfiel, lag schlicht am vielen Regen und den

Krankheiten, die ihm folgten. Viel Einsatz im Weinberg und Auslese in der Kellerei waren erforderlich. Die Weine sind attraktiv, aber eignen sich wohl nicht zum Einkellern. Die Preise für Trauben haben sowohl in Österreich als auch in Deutschland angezogen – jeder Silberstreif am Horizont hat eben seine dunkle Wolke davor.

2009 unter der Lupe

Ein großer Jahrgang misst sich daran, ob seine Weine bei näherer Bekanntschaft besser werden, und 2009 löst das alles in allem recht gut ein.

In Bordeaux verkündete man den besten Jahrgang aller Zeiten und verwies damit alle vorangegangenen »Jahrgänge des Jahrzehnts« oder »Jahrhundertjahrgänge« auf die Plätze. Und das könnte tatsächlich stimmen. Es wäre auch logisch, denn Anbau und Weinbereitung werden jedes Jahr immer noch präziser. Kommen dann nahezu ideale Wetterbedingungen hinzu, müsste man sich schon eher fragen, warum dieser Jahrgang nicht besser sein sollte als die anderen davor.

Unweigerlich gingen die Preise der Spitzenweine steil nach oben, es gibt aber auch jede Menge einfacherer Qualitäten auf erschwinglichem Niveau. Man könnte sogar behaupten, dass diese einfacheren Qualitäten so gut sind wie die großen Weine in der Vergangenheit. Das ist zwar nicht ganz richtig, aber vielleicht auch nicht ganz falsch – und außerdem ein recht tröstlicher Gedanke.

Der Ruf des 2009er Bordeaux hat auch die Nachfrage nach Burgunder aus diesem Jahr erhöht, obwohl in Burgund 2008 der bessere Jahrgang war. Säuremangel ist das Hauptproblem; die Weine wirken ein bisschen flach, es fehlt ihnen an Schwung. Verführerisch sind sie aber allemal und bereiten sicher viel Genuss. Unter den Roten werden sich einige noch als kraftvoller erweisen, als es in der Jugend den Anschein hatte. An der Rhône sieht der 2009er superb aus; die Weine haben Schmiss und Konzentration und werden lange halten. Im Süden schon sehr gut, auch wenn die 2007er hier die Nase vorn haben könnten, sind sie im Norden einfach großartig: wuchtige Kreszenzen, die ihr Gewicht aber mit Leichtigkeit tragen und daher Eleganz und Präzision ausstrahlen. Ein Rhône-Jahrgang zum Kaufen, der einem lange Zeit Genuss bereiten wird – zumal, wenn man ihn mit den Preisen von rotem Spitzen-Bordeaux vergleicht ...

An der Loire ist das Bild nicht so eindeutig. Der Sauvignon blanc war 2008 besser; die zusätzliche Wärme und der viele Alkohol des 2009ers stehen dieser Sorte nicht so gut zu Gesicht. Die Roten sind zwar gut, doch auch sie zeigen manchmal diese alkoholische Hitze. In Teilen Spaniens – Ribera del Duero, Priorat und an manchen Orten in Rioja – war 2009 um ein Haar zu heiß. Nur Regen zur rechten Zeit bewahrte die Weine davor, allzu marmeladig auszufallen. Man könnte von einem Randklima sprechen, auch wenn sonst der andere Rand gemeint ist, der, an dem es zu kalt wird. Ähnlich sieht es in Portugal aus: manchmal ein bisschen zu viel Gewicht, ein bisschen zu viel Alkohol. Wenn die Balance gewahrt bleibt, ist der Effekt opulent, wenn nicht, ist es einfach zu viel.

Deutschland liegt klimatisch nicht mehr so am Rand wie früher, doch warme Sommer bedeuten hier immer noch bessere Qualität – und 2009 war großartig. Man kann sich kaum vorstellen, dass Riesling noch weiter zulegen könnte. Die 2008er haben mehr Säure, aber die 2009er glänzen mit prachtvoller Tiefe.

In Italien sieht der Amarone ganz fantastisch aus und profitiert zudem von strengeren Regeln, auch wenn die Spitzenerzeuger nach wie vor anführen, dass das offizielle Regelwerk nicht annähernd ihre eigenen Standards widerspiegele (aber das kommt einem ja vertraut vor). Ein weiterer Star ist wohl Sangiovese in der Toskana.

In Kalifornien haben die Weine klassische Fülle (klassisch nach kalifornischen Maßstäben) und sind gewichtiger und üppiger als die 2010er. Australien, der ewige Überlebenskünstler, hat die Trockenheit, die Hitze und die Buschbrände des Jahres 2009 überstanden und dabei Weine hervorgebracht, die mindestens gut, oft sogar sehr gut sind. Rauchgeruch dürfte bei Flaschenweinen keine Rolle mehr spielen, da Weine mit diesem Fehler wohl schon zu einem viel früheren Zeitpunkt aussortiert wurden. Retten kann man sie nicht, nur wegschütten. Wenn die Trauben einmal vom Rauch verdorben sind, wird der Wein bitter, und Rote sind stärker betroffen als Weiße, da ihre Schalen bei der Weinbereitung länger mit dem Saft in Kontakt bleiben. Aber die Australier sind in diesen Dingen wahrlich keine Anfänger.

Alternativen gefällig?

Warum sollten Weine von unterschiedlichen Sorten und aus verschiedenen Klimazonen gleich schmecken? Manchmal ist es eben einfach so: Es gibt Ähnlichkeiten in der Struktur, im Säuregehalt, beim Tannin, bei der Fruchtigkeit – seien es nun Noten von Aprikosen, Limetten oder Stroh. Das macht diese Weine nicht austauschbar, und auch wenn Sie sowohl Hermitage als auch Barolo sehr mögen, wird es doch immer Zeiten und Gelegenheiten geben, wo sie den einen und nicht den anderen trinken möchten. Worauf es mir hier ankommt, ist, dass man Wein auch anders verstehen kann als nur nach Rebsorten und Regionen. Ähnlichkeiten in Geschmack und Stil über Länder und Kontinente hinweg zu erkennen kann unser Verständnis von Wein noch einmal erweitern.

Sie mögen Clare Riesling – probieren Sie Petit und Gros Manseng

Das australische Clare Valley hat Weinfreunden, die von der europäischen Kompliziertheit dieser Sorte schon verschreckt waren, den Riesling wieder nahegebracht. Clare Riesling hat klare, lebhafte Aromen von Limettensirup und Toast und altert genauso schön, wie man es erwartet. Dabei nimmt er vielschichtige, würzige Honignoten an, doch ohne eine Spur von Süße. Sein hoher Säuregehalt hält mit der Alterung Schritt: ein geradliniger, reiner, blitzblanker Wein. Petit und Gros Manseng sind Traubensorten aus Südwestfrankreich in der Nähe der Pyrenäen, die mit Noten von Limetten und reif gepflückten Aprikosen sowie lebhafter Säure aufwarten. Die Weine altern nicht so gut wie Riesling (das schafft kaum eine Sorte), doch wenn Sie diese intensiven Aromen von Limettensirup mögen, sind Sie hier richtig. Petit Manseng gibt es auch in extremeren Stilen; beide Sorten werden trocken und süß ausgebaut.

Sie mögen Chablis – probieren Sie Riesling von der Saar

Chablis – guter Chablis – ist schneidend mineralisch. In der Jugend dicht und trügerisch leicht, wird er mit der Zeit fülliger und letztlich unglaublich komplex. Er ist ein Terroirwein par excellence: niemals besonders fruchtig, spiegelt er stattdessen die Kreide- und Tonböden, die Sonne und den Wind seiner nördlichen Hügel wider. Auch Riesling von der Saar ist ein Wein des Nordens: Der schlankste und intensivste deutsche Riesling stammt aus einem deutlich kühleren Klima, als es an der bekannteren Mittelmosel herrscht. Dennoch erreichen die Trauben überraschend hohe Reifegrade, was die straffe Säure ausbalanciert. Ein reifer Saar-Riesling fordert volle Aufmerksamkeit: Langsam nur entfalten sich seine vielen Aromaschichten von Rauch und Erde, Pfirsich und Zitronenschale, verbunden mit der Mineralität der luftigen Steillagen – und alles arrangiert mit deutscher Präzision.

Sie mögen Grünen Veltliner – probieren Sie Verdicchio

Mineralität, die Geheimwaffe aller großen trockenen Weißweine, ist auch hier das Thema. Grünen Veltliner gibt es in allen Reifegraden und Qualitätsstufen, vom leichten Heurigen bis hin zum kraftvollen, strukturierten Einzellagengewächs aus den besten Weinbergen der Wachau oder des Kamptals. Er ist nicht besonders aromatisch, zeigt aber Noten von weißem Pfeffer und Lorbeerblatt, etwas Sellerie und, in den üppigsten Versionen, einen Hauch von reifer Aprikose und Pfirsich. Die Struktur des Verdicchio ist ähnlich: Diesen Wein wählen die Italiener, wenn sie einen Weißwein trinken wollen, der sie an einen Roten erinnert. Auch Verdicchio trumpft nicht groß mit Aroma auf, stattdessen legt er Säure, Gewicht und eine gewisse Nussigkeit in die Waagschale, die seine Quittenfrucht ausgleicht. Angeberisch ist er nicht, genauso wenig wie Grüner Veltliner. Subtile Kraft ist es, was beide auszeichnet.

Sie mögen Muscat – probieren Sie Gewürztraminer
Subtil kann man diese beiden nicht gerade nennen. Muscat duftet und schmeckt überwältigend nach Trauben: die aromatischste, blumigste und knackigste Sorte, die man sich vorstellen kann – das platonische Ideal von Traubigkeit. Eine riesige Vielfalt von Stilen wird aus dieser Sorte bereitet, von der Leichtigkeit eines Asti bis zur karamellisierten Schwere eines gespriteten Muscat-Dessertweins aus dem australischen Victoria. Aber es gibt auch etwas dazwischen, trocken oder fast trocken, delikat, aber nicht schwächlich, vielleicht aus Italien oder Österreich. Und nun stellen Sie sich einen Elsässer Gewürztraminer vor: ganz Gewürz und Duft, Rosen und Litschis, vielleicht halbtrocken oder so cremig, dass er halbtrocken wirkt, auch wenn er es gar nicht ist – die Ähnlichkeit liegt auf der Hand.

Sie mögen roten Burgunder – probieren Sie Malbec
Die Faszination eines roten Burgunders ist kaum zu toppen: die Weihrauchnoten in der Jugend, die mineralische Würze, der perfekte Fokus. Pinot noir in Aromen zu beschreiben, seien es nun Erdbeeren oder Kirschen, Wild oder Leder, verrät kaum etwas von dem, was sich tatsächlich im Mund abspielt. Aber die Aromen von Malbec sind nicht so weit entfernt, und auch seine Struktur ist ähnlich: Säure, Festigkeit, eine gewisse seidige Fleischigkeit. Überreifer oder zu sehr mit Eiche traktierter Malbec kann monströs sein. Ich meine aber leichten bis mittelschweren Malbec aus hohen Lagen in Argentinien: elegant, aromatisch und immer mit dieser typischen Seidigkeit. Stilistisch gibt es hier viel Vergleichbares.

Sie mögen roten Rioja – probieren Sie Alentejo
Lebhafte rote Frucht ist hier das Hauptthema, wenn auch auf eine abgerundete, freundliche Art: Roter Rioja läuft sehr, sehr leicht die Kehle hinunter. Tempranillo bringt die Erdbeerfrucht und die Säure, Garnacha steuert Toffeesüße bei, und manchmal ist auch etwas Mazuelo für die Farbe oder Graciano für den Veilchenduft dabei. Die Frucht kommt heute besser zur Geltung als früher; die Weine sind frisch, konzentriert und seidig. Die portugiesische Region Alentejo ist traditionell ein Massenerzeuger, der aber neuerdings einen erkennbaren eigenen Stil entwickelt hat, mit lebhaften, würzigen, ausgewogenen Weinen, nicht überreif, sondern rein, frisch und saftig. An das Niveau von Rioja in Hochform reichen sie natürlich noch nicht heran, doch als Alltagsweine sind sie eine prima Alternative.

Sie mögen Merlot – probieren Sie Carmenère
In Chile glaubte man jahrelang, die beiden seien ein und dieselbe Sorte – die Trauben sehen sich tatsächlich ziemlich ähnlich. Doch sie reifen zu verschiedenen Zeiten und müssen deshalb auch unterschiedlich behandelt werden. Und selbstverständlich schmecken sie nicht gleich. Zwar ist der Geschmack von Merlot nicht einfach festzumachen, von üppig, saftig und karamellig in einem Großteil der Neuen Welt bis zu dunkel, würzig und komplex in Pomerol ist alles dabei. Aber der Säuregehalt ist immer gering, und da ist dieses verführerische Mundgefühl ... Auch Carmenère hat wenig Säure, dafür eine schokoladige Fleischigkeit in der Frucht. Schwarzen Pfeffer findet man, die Tannine sind geschmeidig und seidig. Manch ein chilenischer Carmenère hat allerdings zu viel des Guten und ist mit amerikanischer Eiche erschlagen. Hier sind weniger teure Weine oft die sicherere Wahl.

ebsorten

In den vergangenen zwei Jahrzehnten vollzog sich allenthalben ein gru legender Wandel, von dem nur die Weinländer mit der längsten Traditio ausgenommen waren. Mit einem Schlag wurden die Namen einer Handvoll Rebsorten zur geläufigen Bezeichnung für die verschiedenen Weine. In den alten Weinländern dagegen, insbesondere in Frankreich und Italien, bezeichnet man alle seit Langem renommierten Weine weiterhin mehr oder weniger genau nach ihrem Herkunftsgebiet, weniger nach der Traube, aus der sie gekeltert wurden.

Gegenwärtig liegen die beiden Bezeichnungsmöglichkeiten im Wettstreit miteinander. Am Ende dürfte sich die Herkunftsbezeichnung gegenüber der Rebsorte wieder durchsetzen, zumindest für Qualitätsweine. Im Augenblick allerdings ist die Traubensorte und ihr Geschmack für viele Weinfreunde der einfachste und wichtigste Bezugspunkt – ungeachtet der Tatsache, dass der Geschmack oft durch die Eichenholzkomponente nicht unerheblich verändert wird. Käme es nur auf das Traubenaroma an, dann wäre dieses Buch um einiges schmaler.

Gleichwohl spielt die Traubensorte eine wichtige Rolle, und darüber Bescheid zu wissen kann helfen, neue Geschmacksnuancen zu entdecken und Vergleiche zwischen den Regionen anzustellen. Daher ist auch der zuerst in Kalifornien entstandene Begriff »sortenreiner Wein« sinnvoll, unter dem man Wein versteht, der grundsätzlich aus nur einer Traubensorte bereitet wurde.

Bei mindestens sieben Sorten – Cabernet Sauvignon, Pinot noir, Riesling, Sauvignon blanc, Chardonnay, Gewürztraminer und Muscat – sind Geschmack und Duft so eindeutig, dass sie zu internationalen Unterscheidungskategorien geworden sind. Dasselbe gilt für Merlot, Malbec, Syrah, Sémillon, Chenin blanc, Pinot blanc, Pinot gris, Silvaner, Viognier, Nebbiolo, Sangiovese, Tempranillo ...

Hier folgen die besten bzw. beliebtesten Rebsorten:

Trauben für Rotwein

Aghiorghitiko Vielseitige griechische Sorte (v. a. in der Nemea-Region) mit saftiger Pflaumennote, samtigen Tanninen und genügend Struktur, um ansprechend zu altern.

Aglianico Dunkle Sorte aus Süditalien für tieffarbige Weine, derzeit sehr in Mode.

Baga Die rote Standardtraube von Bairrada in Zentralportugal. Dunkel, tanninreich – großes Potenzial, aber schwierig im Weinberg.

Barbera Weit verbreitete Rebsorte in Italien, am besten im Piemont. Liefert dunklen, fruchtigen, häufig scharfen Wein. Auch in Kalifornien und Australien in Mode; vielversprechend in Argentinien.

Blaufränkisch Meist in Österreich angebaute Sorte, kann leichte und süffige, im besten Fall (im Burgenland) aber auch beachtliche Rotweine ergeben. Heißt in Deutschland Lemberger, in Ungarn Kékfrankos.

Brunello Anderer Name des Sangiovese, großartig in Montalcino.

Cabernet franc (auch **Bouchet**) Die geringere der beiden in Bordeaux angebauten Cabernet-Sorten; herrscht jedoch in St-Emilion (als Bouchet) vor. Die Traube der Loire für Chinon, Saumur, Champigny und Roséwein. Wird v. a. mit Cabernet Sauvignon verschnitten, in Kalifornien, Australien und Südafrika aber auch sortenrein gekeltert.

Cabernet Sauvignon Traube mit großem Charakter, würzig, kräuterduftig, gerbstoffreich, typisches Aroma von Schwarzen Johannisbeeren. Die erste Sorte im Médoc; liefert meist auch die besten kalifornischen, südamerikanischen und osteuropäischen Rotweine. Cabernet Sauvignon braucht immer Zeit zum Reifen und gewinnt in Verschnitten z. B. mit Merlot, Cabernet franc, Syrah, Tempranillo, Sangiovese usw. Auch aromatischer Rosé wird aus ihr bereitet.

Cannonau Sardische Form der Grenache: meist sehr gut und stark.

Carignan In Frankreich auf dem Rückzug. Weine von alten Reben mir geringem Ertrag können großartig sein, am besten in Corbières. Sonst flach und harmlos. In Nordafrika, Spanien und Kalifornien verbreitet.

Carmenère Eine alte Rebsorte aus Bordeaux, jetzt ein Star in Chile für volle, tiefe Weine. Wird auch in Bordeaux wieder beachtet.

Cinsaut (oder **Cinsault**) Bedeutend in Südfrankreich; sehr gut bei niedrigen Erträgen, sonst Massenprodukt. Elternteil von Pinotage.

Dolcetto Liefert im Piemont süffige, milde, trockene Rotweine. Heute groß in Mode.

Gamay Die Beaujolais-Traube: leichter, sehr duftiger Wein, jung am besten. An der Loire, in der Schweiz und in Savoyen liefert sie noch leichteren Wein. In Kalifornien unter dem Namen Napa Gamay bekannt.

Grenache (auch **Garnacha, Cannonau**) Bei den *terroiristes* jetzt extrem beliebt, da sie den Lagencharakter sehr gut ausdrückt. Auch gut für Rosé und Vin doux naturel. Wird in Südfrankreich, Spanien und Kalifornien angebaut und bildet die Hauptingredienz des mächtigen Priorat. Weine von alten Reben erfreuen sich in Südaustralien höchster Anerkennung. Meist in Verschnitten mitverarbeitet.

Grignolino Liefert im Piemont guten Alltagswein.

Kadarka (auch **Gamza**) Erbringt in Ungarn, Bulgarien usw. kräftigen, robusten Rotwein.

Kékfrankos Ungarischer Blaufränkisch, für ähnlich leichte Rotweine.

Lambrusco Ertragreiche Sorte in der unteren Po-Ebene, erbringt lebendigen, lieblichen, perlenden, ausgesprochen italienischen Rotwein.

Lemberger Württemberger Rotwein. Siehe Blaufränkisch.

Malbec (auch **Côt**) In Bordeaux in geringem Maß angebaut, in Cahors (als Auxerrois) und besonders in Argentinien verbreitet. Dunkler, dichter, gerbstoffreicher Wein mit echtem Qualitätspotenzial. Exemplare von hoch gelegenen Weinbergen aus Argentinien sind das Allergrößte.

Mencá Schlägt mit frischen, aromatischen Weinen derzeit in Spanien Wellen.

Merlot Die Traube hinter den großen, duftigen, pflaumenwürzigen Weinen von Pomerol und (zusammen mit Cabernet franc) von St-Emilion; wichtiges Element im roten Médoc. Merlot ergibt in Kalifornien, Washington, Chile und Australien weiche und starke (Mode-)Weine; leichtere, aber häufig gute Tropfen kommen aus Norditalien, der italienischen Schweiz, Slowenien, Argentinien, Südafrika, Neuseeland usw. Die Anpassungsfähigkeit tut ihr nicht immer gut, manche Weine können auch ziemlich mies sein.

Montepulciano Name einer in Ost- und Mittelitalien verbreiteten beliebten Traubensorte von hoher Qualität; nicht zu verwechseln mit der gleichnamigen Stadt in der Toskana.

Morellino Ein Synonym für Sangiovese im südtoskanischen Scansano.

Mourvèdre (auch **Mataro**) Ein Star in Südfrankreich und Australien sowie, als Monastrell, in Spanien. Erfreut sich auch in Südaustralien und Kalifornien wachsender Beliebtheit.

Nebbiolo (auch **Spanna** und **Chiavennasca**) Eine der besten roten Trauben Italiens für Barolo, Barbaresco, Gattinara und Valtellina. Edle Frucht, volles Bukett, aber viel Tannin – gewinnt durch jahrelanges Altern.

Negoramaro Dunkle, pikante Traube aus Süditalien mit potenziell exzellenter Qualität.

Nerello mascalese Sizilianische Sorte mit Charakter – gute Säure, gute Qualität.

Periquita In Portugal verbreitet für feste, aromatische Rotweine. Häufig Verschnitt mit Cabernet Sauvignon; offizieller Name ist Castelão.

Petit Verdot Ausgezeichnete, aber schwierige Traube im Médoc, weltweit in Cabernet-Gebieten angepflanzt, um Duftigkeit beizusteuern.

Pinot noir (auch **Spät-** oder **Blauburgunder**) Die große Burgundertraube der Côte d'Or hat in Bukett, Geschmack und Fülle nicht ihresgleichen. Erbringt in der Schweiz und Ungarn leichte, selten anspruchsvollere Weine; in Deutschland und Österreich werden sie besser. Jüngst ausgezeichnete Ergebnisse in Sonoma, Carneros und an der Central Coast (Kalifornien), in Oregon, in Ontario, im Yarra Valley und in den Adelaide Hills (Australien), in Tasmanien, der Südinsel Neuseelands (Central Otago) und Südafrika (Walker Bay).

Pinotage Südafrikanische Traubenzüchtung (Pinot noir x Cinsaut). Manchmal sehr fruchtig und schön entwicklungsfähig, oft aber dicklich. Guter Rosé.

Primitivo Süditalienische Traube für ausladende, rustikale Weine; jetzt in Mode, da sie genetisch identisch mit Zinfandel ist.

Refosco Eventuell nur norditalienischer Name für die Mondeuse aus Savoyen. Ergibt tiefe, aromareiche, lagerfähige Weine, v. a. in wärmerem Klima.

Sagrantino Italienische Sorte mit Hauptvorkommen in Umbrien; liefert kräftige Weine mit Kirschnote.

Sangiovese (oder **Sangioveto**) Die wichtigste rote Chianti-Traube, im größten Teil Mittelitaliens anzutreffen. Heißt auch Brunello oder Morellino. Auch in Australien interessant.

St. Laurent Dunkle, geschmeidige und hocharomatische österreichische Spezialität. Auch in der Pfalz anzutreffen.

Saperavi Liefert in Georgien, der Ukraine usw. guten, scharfen, langlebigen Wein; wird v. a. in Moldawien mit Cabernet Sauvignon verschnitten.

Spätburgunder Name für Pinot noir in Deutschland.

Syrah (oder **Shiraz**) Die große Traube der Rhône erbringt tanninreichen, pfeffrigen, purpurroten Wein, der sich superb entwickeln kann. In Australien als Shiraz von großer Bedeutung. Unter beiden Namen in Kalifornien, Washington State, Südafrika, Chile und anderswo verwendet.

Tannat Gerbstoffreiche Traube mit Himbeerduft, die fest strukturierten Rotweinen aus Südwestfrankreich wie Madiran oder Tursan Kraft verleiht. Auch für Rosé. In Uruguay jetzt ein Star.

Tempranillo Die aromatische, feine, früh reifende Rioja-Traube heißt in Katalonien Ull de Lebre, in La Mancha Cencibel, in Ribera del Duero Tinto fino, am Douro Tinta Roriz und in Südportugal Aragonez. Wird jetzt auch in Australien angebaut. Groß in Mode; erbringt elegante Weine in kühlem, mächtige in heißem Klima.

Touriga Nacional Traube für erstklassigen Portwein; im Süden Portugals gut für körperreiche Rotweine.

Zinfandel Vielseitige, fruchtige Sorte mit (manchmal metallischem) Brombeeraroma aus Kalifornien, identisch mit Primitivo. Kann strukturiert und überaus üppig geraten; wird auch weiß (»blush«) gekeltert.

Zweigelt In Österreich beliebte Traube für aromatische, dunkle, geschmeidige Weine.

Trauben für Weißwein

Airén Sorte für Massenweine aus La Mancha, Spanien; bei guter Bereitung frisch.

Albariño Spanischer Name der Alvarinho-Rebe aus Nordportugal; ergibt in Galicien wunderbar frische, duftige Weine.

Aligoté Die zweitwichtigste weiße Traube in Burgund. Frischer (oft scharfer) Wein, muss innerhalb von 1 bis 3 Jahren getrunken werden. Mit Cassis (Schwarzer Johannisbeerlikör) zum »Kir« gemischt, ist er hervorragend. Die Sorte ist auch in Osteuropa, v.a. in Russland, verbreitet.

Arinto Portugiesische Traube für frische, duftige, trockene Weißweine.

Arneis Aromatische Traube, die hohe Preise erzielt. Im piemontesischen Roero wurde eine DOC für sie eingerichtet.

Bourboulenc Ergibt, ebenso wie die seltene Rolle-Rebe, einige der besten Weine des Midi.

Bual Liefert hochwertigen süßen Madeira, weniger voll als Malmsey.

Chardonnay Die weiße Traube von Burgund und der Champagne, jetzt weltweit allgegenwärtig – z.T. auch, weil sie so leicht anzubauen und zu verarbeiten ist. Die Mode für überholzte Karamellbonbon-Versionen ist glücklicherweise vorüber.

Chasselas Ertragreiche, früh reifende Sorte mit wenig Aroma; vorwiegend als Tafeltraube angebaut. Am bekanntesten als Fendant in der Schweiz (eine Köstlichkeit) und Gutedel in Deutschland.

Chenin blanc Die große weiße Traube an der mittleren Loire (Vouvray, Layon usw.). Ergibt trockenen bis lieblichen (sogar süßen) Wein, doch stets mit reichlich Säure. Massenware in Kalifornien, in Südafrika aber mehr und mehr ernst zu nehmen.

Clairette Schwach säurehaltige Sorte; in Südfrankreich in vielen Verschnitten zu finden.

Colombard Leicht fruchtige, angenehm säuerliche Traube, aus der man in Südafrika, Kalifornien und Südwestfrankreich Alltagsweine bereitet, oft in Verschnitten.

Falanghina Die historische Traube aus dem kampanischen Bergland ist wiederbelebt worden und erbringt ausgezeichnete, dichte, aromatische trockene Weißweine.

Fendant Siehe Chasselas.

Fiano Qualitätstraube, ergibt in Kampanien würzige Weine mit Pfirsichnote.

Folle blanche Viel Säure, wenig Aroma, ideal für Branntwein. Heißt in der Bretagne Gros Plant, in Armagnac Picpoul. Auch in Kalifornien angesehen.

Friulano Norditalienische Traube, deren Duft man gern als »subtil« bezeichnet. Hieß früher Tocai friulano.

Furmint Eine Rebe von großem Charakter, das Gütezeichen Ungarns sowohl als Haupttraube im Tokajer als auch in lebendigen, kräftigen Tafelweinen mit Apfelnote. In Slowenien unter der Bezeichnung Sipon. Auch in Österreich in kleinen Mengen angebaut.

Garganega Die beste Traube im Soave-Verschnitt. Spitzenweine, v.a. süße, altern vorzüglich.

Gewürztraminer (auch **Traminer**) Eine der ausdrucksvollsten Trauben, ausgesprochen würzig, erinnert an Rosenblüten und Grapefruit. Die Weine sind oft voll und weich, selbst wenn sie trocken ausgebaut sind. Am besten im Elsass; auch gut in Deutschland, Osteuropa, Australien, Kalifornien, im pazifischen Nordwesten und in Neuseeland.

Glera Glanzloser neuer Name für die Prosecco-Traube; Prosecco nennt man ab sofort nur noch den Wein, nicht mehr die Rebsorte.

Grauburgunder Siehe Pinot gris.

Grechetto (auch **Greco**) Alte Rebsorte aus Mittel- und Süditalien mit gutem Ruf für lebendige, stilvolle Weine.

Grüner Veltliner Die wichtigste und typische österreichische Sorte, die von frischen, preisgünstigen Heurigenweinen bis hin zu anspruchsvollen, konzentrierten Kreszenzen von Einzellagen alles liefern kann. Die besten altern gut.

Hárslevelű Zweite wichtige Traubensorte im Tokajer (zusammen mit Furmint). Verleiht Weinen Weichheit und Körper.

Kéknyelű Wenig ertragreiche, aromareiche Traube für einen der besten ungarischen Weißweine. Hohes Potenzial für feurigen, würzigen Wein.

Kerner Recht erfolgreiche deutsche Kreuzung. Reift früh und liefert blumige (manchmal etwas aufdringliche) Weine mit guter Säure.

Loureiro Die beste und duftigste Vinho-Verde-Sorte in Portugal.

Macabeo Die häufigste weiße Traube Nordspaniens, heißt in Rioja Viura; wichtige Sorte für Cava in Katalonien. Gutes Qualitätspotenzial.

Malvasia Mehr eine ganze Familie von Traubensorten denn eine einzelne Varietät, überall in Italien und auf der iberischen Halbinsel vertreten. Kann rote, weiße und rosé Weine ergeben, die aber oft plump und weich sind. Die französische Malvoisie hat damit nichts zu tun.

Marsanne Neben Roussanne die Hauptweißweintraube an der Nördlichen Rhône. Auch in Australien, Kalifornien und (als Ermitage blanc) im Wallis mit Erfolg angebaut. Milde, volle Weine, die sehr schön altern.

Moschofilero Gute, aromatische, hellrote Traube aus Griechenland, ergibt Weißwein oder Rosé.

Müller-Thurgau Liefert weiche, aromatische, jung zu trinkende Weine. Die lieblichen Varianten sind gut, die trockenen dagegen oft nichtssagende, derbe Wässerchen. Nichts für Spitzenlagen.

Muscadelle Verleiht manchem weißen Bordeaux (v. a. Sauternes) besondere Würze. Wird im australischen Victoria (zusammen mit Muscat, mit dem keine Verwandtschaft besteht) für Rutherglen Muscat verwendet.

Muscadet (auch **Melon de Bourgogne**) Erbringt leichte, sehr trockene, erfrischende Weine mit einem Hauch von Meer in der Gegend um Nantes (Bretagne).

Muscat (**Muskateller**) In vielen Varianten. Weit verbreitete, leicht erkennbare, ausdrucksvolle Traubensorte (am besten ist Muscat blanc à petits grains), meist zu bukettreichen, süßen Weinen verarbeitet, oft auch gespritet (z. B. Vin doux naturel in Frankreich). In Australien superb. Der dritte Bestandteil in Tokaji Aszú. Selten trocken ausgebaut, z. B. im Elsass.

Palomino (auch **Listan**) Für Sherry großartig; an heißen Tagen in der Region auch als Tischwein passabel.

Pedro Ximénez (**PX**) Wird für süße Sherry-Stile (reinsortig unter dem eigenen Namen) sowie für Montilla und Malaga verwendet. Auch in Argentinien, Australien, Kalifornien, Südafrika und auf den Kanaren angebaut.

Petit (und **Gros**) **Manseng** Die Geheimwaffe des französischen Baskenlands. In Jurançon unentbehrlich und auch anderswo in Südwestfrankreich immer häufiger in Verschnitten verwendet.

Pinot blanc Cousin des Pinot noir. Mit Chardonnay nicht verwandt, jedoch ähnlich, aber milder im Charakter; leicht, frisch, fruchtig, aromaschwach, jung am besten. Wird im Elsass, in Norditalien (guter Schaumwein), Süddeutschland und Osteuropa angebaut. Heißt in Deutschland Weißburgunder.

Pinot gris Als Pinot grigio leicht und modisch in Norditalien, selbst für Rosé; am besten aus dem Elsass: körperreiche Weißweine mit spezieller Würze. Heißt in Deutschland Ruländer (lieblich) oder Grauburgunder (trocken) und findet sich u. a. auch in Ungarn, Slowenien, Kanada, Oregon und Neuseeland.

Pinot noir Hervorragende dunkle Traube (siehe unter »Trauben für Rotweine«), die in der Champagne und auch andernorts (z. B. in Kalifornien und Australien) weiß oder als zartrosa »Vin gris« gekeltert sowie zu Schaumwein verarbeitet wird.

Prosecco Siehe Glera.

Riesling Die große weiße Traube ist zurück auf der Weltbühne. Riesling kann es in der Frage der besten Weißweinsorte der Welt mit Chardonnay aufnehmen, wenn auch in einem völlig anderen Stil. Während Chardonnay körperreiche, im Aroma eher zurückhaltende Weine liefert, bietet Riesling eine Fülle von Duft- und Geschmacksnoten – die Bandbreite reicht von stahlig bis üppig, doch immer mit positivem Grundton – und hat ein vielfach größeres Alterungspotenzial als Chardonnay. Der bedeutendste Erzeuger der Welt von Riesling in allen Stilrichtungen ist Deutschland. Auch in Südaustralien gibt diese (an sich im kühlen Klima beheimatete) Sorte ihr Bestes, um Chardonnay an Körperreichtum zumindest gleichzukommen. Der mittelschwere Bereich wird von Österreich vertreten; hier entstehen kraftvolle Weine, die aber immer noch einen stahligen Grundton besitzen. Liebhaber von leichten und duftigen, manchmal beinahe durchdringend erfrischenden Weinen haben sich inzwischen die Mosel als alleinige Spielwiese ausgesucht. Sehr gut auch im Elsass (aber sonst nirgendwo in Frankreich), im pazifischen Nordwesten der USA, in Ontario, in Kalifornien, in Neuseeland und in Südafrika.

Roussanne Rhône-Traube von großer Finesse, die man jetzt auch in Kalifornien und Australien antrifft. Gute Alterungsfähigkeit.

Ruländer Siehe Pinot gris.

Sauvignon blanc Erbringt sehr ausdrucksvolle, aromatische, grasige Weine – pikant in Neuseeland, oft mineralisch in Sancerre, reifer in Australien; gut auch in Rueda, Österreich, Norditalien, dem chilenischen Casablanca-Tal und Südafrika. Wird in Bordeaux mit Sémillon verschnitten. Kann herb ausfallen oder auch herzhaft (und manchmal ganz schrecklich).

Savagnin Die Traube des Vin jaune aus Savoyen. Vermutlich eine Verwandte des Gewürztraminers.

Scheurebe Wahrscheinlich eine Kreuzung aus Riesling x Silvaner. In der Pfalz sehr beliebt, besonders für Auslesen. Als trockener Wein manchmal krautig, nur voll ausgereift gut.

Sémillon Verleiht dem Sauternes seine Fülle und ist zunehmend von Bedeutung für Graves und andere trockene weiße Bordeaux-Weine. Grasig, wenn nicht voll ausgereift, kann aber weichen, trockenen Wein mit großem Alterungspotenzial liefern. In Australien (wo man sie ohne Akzent schreibt) hervorragend; in Neuseeland und Südafrika vielversprechend.

Sercial Liefert den trockensten Madeira. Dort wird übrigens behauptet, es handle sich um Riesling.

Seyval blanc In Frankreich gezüchtete Hybride zwischen französischen und amerikanischen Reben. Sehr widerstandsfähig, angenehm fruchtig. Im Osten der USA und in England recht erfolgreich, von den dogmatischen Richtlinien der Europäischen Union jedoch nicht für »Qualitätswein« zugelassen.

Silvaner (Sylvaner) Der ehemalige Schwerarbeiter unter den deutschen Reben; kann in Franken, Rheinhessen und der Pfalz exzellente Ergebnisse hervorbringen. Liefert im Wallis als »Johannisberg« sehr guten, kraftvollen Wein.

Torrontés Äußerst aromatische, an Muscat erinnernde argentinische Spezialität, meist trocken ausgebaut.

Trebbiano Verbreitete, aber zweitklassige Traube in Mittelitalien, vor allem in Orvieto, Soave usw. Auch in Südfrankreich als Ugni blanc und in Cognac als St-Emilion angebaut. Liefert meist dünnen, neutralen Wein, gut für Verschnitte geeignet. Bräuchte mehr Sorgfalt beim Anbau.

Ugni blanc Siehe Trebbiano.

Verdejo Die Traube von Rueda in Kastilien kann feinen, langlebigen Wein erbringen.

Verdelho In Australien hervorragende Qualität; ebenso in Spanien unter dem Namen Godello: wahrscheinlich die beste Weißweinsorte Spaniens. Selten, aber gut (und mittelsüß) auf Madeira.

Verdicchio Liefert potenziell guten trockenen Wein im östlichen Mittelitalien.

Vermentino Italienische Traube, die lebhafte Weine mit ordentlicher Textur und guter Alterungsfähigkeit ergibt.

Vernaccia Steht für viele Trauben in Italien, die nicht miteinander verwandt sind. Vernaccia di San Gimignano ist frisch und lebhaft, Vernaccia di Oristano eher sherryähnlich.

Viognier Die Rhône-Traube ist gerade groß in Mode. Die besten Exemplare stammen aus Condrieu, danach kommen die immer noch aromatischen Weine aus dem Midi. Auch in Kalifornien und Australien bereitet man gute (und weniger gute) Versionen.

Viura Siehe Macabeo.

Weißburgunder Siehe Pinot blanc.

Welschriesling Leichte und frische bis süße und volle Weine in Österreich; in Osteuropa allgegenwärtig. Namensvarianten sind Laški Rizling, Riesling italico, Olaszrizling.

Wein und Essen

Wir leben in einer komplizierten Welt – jedenfalls was das Essen betrifft. Wir halten chinesische Küche für eine Selbstverständlichkeit, haben uns an Fließbandsushi beim Japaner gewöhnt, freuen uns auf den Italiener um die Ecke und lassen uns von dem seltsamen Mix, den uns die Fusion-Küche vorsetzt, überraschen. Machen Sie sich das Leben nicht unnötig schwer und trinken Sie zum Essen auf jeden Fall einen Wein, der Ihnen schmeckt.

Vor dem Essen – einen Aperitif

Herkömmliche Aperitifs sind entweder Schaumweine (am besten: Champagner) oder gespritete Weine (z. B. Sherry in Großbritannien, Port in Frankreich, Wermut in Italien usw.). Eine Alternative ist einfach ein Glas leichter Wein vor dem Essen.

Eine Warnung: Meiden Sie Erdnüsse, denn sie zerstören das Aroma des Weins. Auch Oliven sind für viele Weine zu pikant; sie verlangen nach Sherry oder einem Martini. Essen Sie stattdessen Mandeln, Pistazien oder Walnüsse, einfache Kartoffelchips oder Käsegebäck.

Vorspeisen

Aïoli Zu so viel Knoblauch braucht man einen Durstlöscher. Weißer Rhône oder trockener weißer Schaumwein, Rosé aus der Provence oder Verdicchio. Und natürlich Marc – für die Courage!

Antipasti Trockener oder halbtrockener Weißwein aus Italien (Arneis, Soave, Pinot grigio, Prosecco, Vermentino) oder ein leichter, aber griffiger Rotwein (mit Vapolicella, auch einem Ripasso, liegt man selten verkehrt). Auch Fino Sherry.

Artischocken *Mit Sauce hollandaise:* Ein voller, etwas frischer, trockener Weißwein, z. B. Pouilly-Fuissé, Pfälzer Spätlese oder ein Carneros- oder Yarra-Valley-Chardonnay.

Mit Sauce vinaigrette: Ein ausdrucksvoller, trockener Weißwein, z. B. ein neuseeländischer Sauvignon blanc, ein Côtes de Gascogne oder ein moderner griechischer Wein. Oder ein junger roter Bordeaux bzw. Côtes du Rhône.

Auberginen (Melitzanosalata) Frischer Sauvignon blanc aus der Neuen Welt, z. B. aus Südafrika oder Neuseeland, oder trockener griechischer bzw. sizilianischer Weißer. Alternativ roter Bardolino oder Chiaretto. Auberginengerichte aus dem Ofen können einen kräftigeren Roten vertragen: Shiraz oder Zinfandel.

Austern *Gegart:* Puligny-Montrachet oder ein guter Chardonnay aus der Neuen Welt. Champagner passt zu allen Austern.

Roh: Champagner oJ, außerdem Chablis Premier cru, Muscadet, weißer Graves, Sancerre – oder Guinness. Oder auch ein leichter, gut gekühlter Sauternes.

Avocado *Mit Riesengarnelen:* Trockener bis halbtrockener oder etwas säuerlicher Weißwein, z. B. Pfälzer oder Rheingauer Kabinett, Grüner Veltliner, Riesling aus der Wachau, Sancerre, Pinot grigio, australischer oder Sonoma-Chardonnay bzw. Sauvignon blanc oder ein trockener Rosé. Oder Chablis Premier cru.

Mit Mozzarella und Tomaten: Frischer, aber reifer Weißwein mit Säure: Soave, Sancerre, griechischer Weißwein.

Carpaccio *Vom Lachs:* Chardonnay oder Champagner.

Vom Rind: Hierzu passt fast jeder Wein, auch ein Roter. Ein Spitzen-Toskaner ist eine gute Wahl, aber auch ein feiner Chardonnay oder ein Jahrgangs- oder Rosé-Champagner.

Vom Thunfisch: Viognier, kalifornischer Chardonnay oder neuseeländischer Sauvignon blanc.

Ceviche Australischer Riesling oder Verdelho, Sauvignon blanc aus Neuseeland.

Chorizo fino Australischer Riesling, guter weißer Graves, Grüner Veltliner.

Consommé Halbtrockener Amontillado Sherry oder Sercial Madeira.

Crostini Morellino di Scansano, Montepulciano d'Abruzzo, Valpolicella oder ein trockener Weißer aus Italien, z. B. Verdicchio oder Orvieto.

Dim-Sum Klassischerweise: chinesischer Tee. Zum Vergnügen: Pinot grigio bzw. Riesling oder ein leichter Rotwein (Bardolino, roter Sancerre); auch Champagner oJ oder guter Schaumwein aus der Neuen Welt.

Eierspeisen Siehe auch Soufflé. Äußerst schwierig: Mit den meisten Weinen vertragen sie sich nicht, gute Tropfen werden sogar ruiniert. Zu regionalen Gerichten einen regionalen Wein, damit liegt man nie verkehrt. Wie auch immer: ★→★★ Probieren Sie Pinot blanc oder Chardonnay mit wenig Eichenaroma. Zu Rührei allenfalls Champagner.

Œufs en meurette: Ein Geniestreich aus Burgund; die Eier in Rotweinsauce verlangen natürlich nach einem Burgunder.

Wachteleier: Blanc-de-Blancs-Champagner.

Fischterrine Trockene Pfälzer Riesling Spätlese, Grüner Veltliner, Chablis Premier cru, Sonoma Chardonnay oder Manzanilla.

Forelle, geräuchert Sancerre, kalifornischer oder südafrikanischer Sauvignon blanc, Rully oder Bourgogne Aligoté, Chablis oder Champagner. Oder ein leichter Riesling Kabinett aus Deutschland.

Gänseleberpastete Süßwein. In Bordeaux trinkt man dazu Sauternes. Anderswo wird Pinot gris Spätlese, Riesling (auch aus der Neuen Welt), Vouvray, Montlouis, Jurançon moelleux oder Gewürztraminer bevorzugt. Für Feinschmecker: Tokaji Aszú 5 Puttonyos. Trockener Amontillado kann vorzüglich sein. Zu warmer Gänseleberpastete alter Jahrgangschampagner. Auf keinen Fall Chardonnay oder Sauvignon blanc.

Garnelen, Krabben oder Scampi Feiner, trockener Weißwein: Burgunder, Graves, neuseeländischer Chardonnay, Riesling aus Washington, der Pfalz oder Australien. Auch feiner, reifer Champagner. (Cocktailsauce richtet den Wein zugrunde; den, der sie isst, irgendwann auch.)

Gazpacho Ein Glas Fino vorher und nachher. Oder Sauvignon blanc.

Gemüseterrine Nicht gerade ein großartiger Partner für feinen Wein, aber kalifornischer, chilenischer oder südafrikanischer Chardonnay gilt als modische Begleitung; Chenin blanc oder Vouvray sind dagegen eine solide Sache.

Graved Lachs Aquavit oder Sake, eisgekühlt. Oder Chablis Grand cru, kalifornischer, Washington- oder Margaret-River-Chardonnay; auch Mosel Spätlese (nicht trocken).

Guacamole Kalifornischer Chardonnay, Sauvignon blanc, trockener Muskat, Champagner oJ. Oder mexikanisches Bier.

Hering, grün oder Matjes Junger Genever, Aquavit aus Skandinavien oder kühles Bier. Wenn es unbedingt Wein sein soll: Muscadet.

Hommos Pikanter, würziger trockener Weißwein, z. B. Furmint, oder ein moderner griechischer Weißer.

Kaviar Eisgekühlter Wodka; Champagner, wenn Sie darauf bestehen, dann aber ein körperreicher (z. B. Bollinger, Krug).

Lachs, geräuchert Trockener, aber ausdrucksvoller Weißwein, z. B. Fino Sherry, Elsässer Pinot gris, Chablis Grand cru, Pouilly-Fumé, Pfälzer Riesling Spätlese, Jahrgangschampagner. Wenn es Rotwein sein muss, nehmen Sie etwas Leichtes, z. B. Barbera. Wodka, Schnaps, Aquavit.

Makrelen, geräuchert Zu ölig für Wein. Manzanilla Sherry, trockener Vinho verde oder Schnaps, Pfefferwodka, Grasovka, Bier.

Mayonnaise-Vorspeisen Verlangen nach kräftigem Kontrast. Weißwein von der Côte Chalonnaise (z. B. Rully) eignet sich gut. Oder probieren Sie neuseeländischen Sauvignon blanc, Verdicchio, eine Spätlese trocken, oder provençalischen Rosé.

Mezze (eine Auswahl warmer und kalter Gemüsegerichte) Schaumwein eignet sich in jedem Fall, ebenso Rosé. (Fast) ein Heimspiel für Fino Sherry.

Minestrone Rotwein: Chianti, Zinfandel, Teroldego, Syrah von der Rhône usw. Oder Fino Sherry.

Mozzarella mit Tomaten und Basilikum Siehe auch Avocado. Ein frischer italienischer Weißwein (z. B. Soave, Südtiroler) oder ein einfacher weißer Bordeaux.

Pasta Rot- oder Weißwein, je nach Sauce oder Beilage.
Mit Fleischsauce: Montepulciano d'Abruzzo, Salice Salentino, Merlot.
Mit Pesto: Barbera, Vermentino aus Ligurien, neuseeländischer Sauvignon blanc, ungarischer Hárslevelű oder Furmint.
Mit Sahnesauce: Orvieto, Frascati, Südtiroler Chardonnay.
Mit Seafood (z. B. Muscheln): Verdicchio, Soave, weißer Spitzen-Rioja, Cirò, Sauvignon blanc.
Mit Tomatensauce: Sauvignon blanc, Barbera, süditalienischer Rotwein, Zinfandel, südaustralischer Grenache.

Pastrami Elsässer Riesling, junger Sangiovese, Cabernet franc.

Pastete *Hühnerleber:* Ein pikanter Weißwein (Elsässer Pinot gris oder Marsanne) oder ein milder Rotwein (leichter Pomerol, Volnay oder neuseeländischer Pinot noir). Auch Amontillado Sherry. Zu kräftigeren Pasteten (Entenleber usw.) passt Châteauneuf-du-Pape, Cornas, Chianti Classico, Franciacorta oder guter weißer Graves.

Pipérade Rosado aus Navarra, der Provence bzw. aus Südfrankreich. Oder trockener australischer Riesling.

Prosciutto (auch mit Melonen, Birnen oder Feigen) Gehaltvoller trockener bis halbtrockener Weißwein: Orvieto, Lugana, Sauvignon blanc, Grüner Veltliner, Furmint-Tokajer, weißer Rioja, australischer Semillon, Jurançon Sec.

Risotto Pinot grigio aus dem Friaul, Gavi, recht junger Semillon, Dolcetto oder Barbera d'Alba.
Mit Steinpilzen: Feinster reifer Barolo oder Barbaresco.

Rohkost Leichter Rot- oder Roséwein: Côtes du Rhône, Minervois, Chianti, Pinot noir. Weiß: Elsässer Sylvaner bzw. Pinot blanc. Oder Fino Sherry.

Salate Jeder trockene und appetitanregende Weißwein.
Hinweis: Essig in Salatsaucen zerstört das Aroma des Weins. Will man einen guten Wein zum Essen trinken, sollte der Salat mit Wein oder etwas Zitronensaft angemacht werden.

Schellfisch, geräuchert, Mousse oder Brandade Hierzu passt ein körperreicher, ausdrucksvoller trockener Weißwein, u. a. Chablis Grand cru oder Chardonnay aus Sonoma/Kalifornien oder Neuseeland.

Schinken, roh oder luftgetrocknet Siehe auch Prosciutto. Elsässer Pinot gris Grand cru oder guter, frischer weißer italienischer Collio. Probieren Sie zu spanischem Pata Negra oder Serranoschinken einen Fino Sherry oder Tawny Port.

Schnecken Rotweine von der Rhône (z. B. Gigondas, Vacqueyras), St-Véran oder Aligoté. Im Midi nehme man einen Weiß-, Rosé- oder Rotwein der Gegend zu Petits gris. Im Elsass Pinot blanc oder Muskat.

Soufflé Hierzu gehört ein ★★★-Wein. Zu allen Soufflé-Arten passt Champagner.
Fischsoufflé: Trockener Weißwein, z. B. Burgunder, Bordeaux, Elsässer, Chardonnay usw.

Käsesoufflé: Roter Burgunder oder Bordeaux, Cabernet Sauvignon (allerdings nicht aus Chile oder Australien) usw.
Spinatsoufflé: Schwierig zu Wein. Mâcon-Villages, St-Véran oder Valpolicella.

Spargel Schwierig zu Wein, wegen des leicht bitteren Geschmacks; am besten ein ausdrucksstarker Tropfen. Sauvignon blanc verstärkt den Spargelgeschmack. Australischer Semillon ist besser als Chardonnay, der wiederum besser zu zerlassener Butter oder Sauce hollandaise passt; ansonsten Elsässer Pinot gris, auch trockener Muscat oder Jurançon Sec.

Tapas Perfekt ist Fino Sherry, der die ganze Bandbreite an Geschmacksrichtungen der warmen und kalten Speisen abdeckt.

Tapenade Manzanilla oder Fino Sherry oder jeder leicht scharfe, trockene Weißwein oder Rosé.

Tarama/Taramosalata Rustikaler, sehr markanter Weißwein aus dem Süden; es muss nicht unbedingt Retsina sein. Fino Sherry passt gut. Ebenso weißer Rioja oder ein Marsanne von der Rhône. Die milde Supermarktversion eignet sich gut für feine, delikate Weißweine oder Champagner.

Tempura Die Japaner bevorzugen Chardonnay mit Säure und Eichennote.

Tortilla Rioja Crianza, Fino Sherry oder weißer Mâcon-Villages.

Wurstwaren/Salami Junger Beaujolais-Villages, Rotweine von der Loire (z.B. Saumur), Pinot noir aus Neuseeland oder aus Oregon. Lambrusco oder junger Zinfandel. Junge argentinische oder italienische Rote. Auch weißer Bordeaux kann passen, ebenso ein leichter Chardonnay (z.B. von der Côte Chalonnaise).

Ziegenkäse *Kalt:* Chinon oder Saumur-Champigny, Rosé aus der Provence. Oder ein kräftiger Roter: Château Musar, ein Grieche, Türke oder auch australischer Shiraz-Schaumwein.
Warm: Sancerre, Pouilly-Fumé oder Sauvignon blanc aus der Neuen Welt.

Meeresfrüchte & Fischgerichte

Aal, geräuchert Riesling aus dem Elsass oder aus Österreich, je nach den anderen Zutaten. Oder Fino Sherry, Bourgogne Aligoté. Schnaps.

Barsch, See- Weißburgunder aus Baden oder der Pfalz, aber auch jeder andere delikate Weißwein eignet sich gut, z.B. trockener Clare-Riesling, Chablis, weißer Châteauneuf-du-Pape. Aber je kräftiger die Geschmacksnoten des Fischs, desto aromareicher sollte der Wein sein:
Mit Ingwer, Frühlingszwiebeln: Gehaltvoller Riesling.
Mit Steinpilzen: Spitzen-Pinot-blanc aus dem Elsass.

Brandade Chablis Premier cru, roter Sancerre oder Pinot noir aus Neuseeland.

Curry Ein allgemeiner Begriff für eine Vielzahl von Geschmacksrichtungen. Wenn das Curry zu scharf ist, wird es für Wein schwierig, ein Rosé könnte aber passen. Sauer-scharfe Gerichte (mit Tamarinde, Tomate usw.) brauchen säurehaltige Weine (vielleicht Sauvignon blanc), milde, sahnige eher solche mit guter Textur (trockener Elsässer Riesling).

Fisch im Salzmantel Ein körperreicher Weißer oder Rosé: Albariño; aus Sizilien, aus Griechenland, aus Ungarn, Côtes du Luberon, Minervois.

Fisch in Beurre blanc Bester Muscadet *sur lie*, ein Sémillon/Sauvignon-blanc-Verschnitt, Chablis Premier cru, Vouvray, Rheingauer Riesling, spanischer Godello.

Fischpastete (mit Sahnesauce) Albariño, Soave Classico von einer Einzellage, Pinot gris aus dem Elsass oder Riesling.

Fish and Chips, Fritto misto, Tempura Chablis, weißer Bordeaux, Sauvignon blanc, Pinot blanc, Gavi, Fino, Montilla, Koshu, Tee; oder Champagner oJ bzw. Cava.

Forelle, gegrillt oder gebraten Delikate Weißweine, z. B. Mosel (v. a. von der Saar oder Ruwer), Elsässer Pinot blanc.

Garnelen *Mit Knoblauch:* leichter, trockener Weiß- oder Roséwein.
Mit Gewürzen (auch scharf, mit Chili): Hier ist etwas mehr Körper nötig, aber keine Eichennote: trockener Riesling ist gut.

Glattbutt Sehr delikater Fisch, geeignet z. B. für feinen alten Puligny.

Heilbutt Siehe Steinbutt.

Heringe, gebraten, gegrillt Ein Weißwein mit guter Säure, der dem ausgeprägten Geschmack des Herings entgegenwirkt: Rully, Chablis, Bourgogne Aligoté, Weißwein aus Griechenland, trockener Sauvignon blanc. Oder Cidre.

Hummer *Kalt:* Champagner oJ, Elsässer Riesling, Chablis Premier cru, Condrieu, Mosel Spätlese oder ein lokaler Schaumwein.
Mit reichlich Sauce: Jahrgangschampagner, feiner weißer Burgunder, Graves Cru classé, kalifornischer Chardonnay oder australischer Riesling, ein deutsches Großes Gewächs, auch Pfälzer Spätlese.

Jakobsmuscheln Am besten halbtrockene Weißweine.
Auf asiatische Art: ein Neuseeländer, Chenin blanc, Verdelho, Godello oder Gewürztraminer.
Gegrillt oder sautiert: Hermitage blanc, Grüner Veltliner, Entre-Deux-Mers, Jahrgangschampagner oder Pinot noir.
In Sahnesauce: Deutsche Spätlese, Montrachet, erstklassiger australischer Chardonnay.

Kabeljau, gebraten Eine gute, neutrale Grundlage für feine trockene bis halbtrockene Weißweine, z. B. Chablis, Meursault, Corton-Charlemagne, Graves Cru classé, Grüner Veltliner; Kabinett oder Großes Gewächs aus Deutschland; oder auch ein guter, eher leichter Pinot noir.

Kedgeree (anglo-indisches Fischgericht) Volle Weißweine, auch schäumend: Mâcon-Villages, südafrikanischer Chardonnay, Grüner Veltliner, ein deutsches Großes Gewächs oder (zum Frühstück) Champagner.

Kipper (kalt geräucherter Hering) Eine gute Tasse Tee, vorzugsweise Ceylon (mit Milch, ohne Zucker). Scotch? Trockener Oloroso Sherry ist überraschend gut.

Kliesche Sehr feiner Fisch, der Ihren vollmundigsten Chardonnay (aber ohne Eichennote) verträgt.

Krabben (Krebse) Krabben und Riesling sind füreinander gemacht.
Mit Chili und Knoblauch: Ein eher kraftvoller Riesling, vielleicht ein Großes Gewächs o. Ä.
Chinesische Art, mit Ingwer und Zwiebeln: Deutscher halbtrockener Riesling (Kabinett oder Spätlese); Tokaji Furmint, Gewürztraminer.
Cioppino: Sauvignon blanc. An der amerikanischen Westküste trinkt man Zinfandel. Auch kalifornischer Schaumwein.
Kalt, angemacht: Riesling aus dem Elsass, aus Österreich oder vom Rhein, trockener Riesling aus Australien oder Condrieu.
Mit Schwarzer-Bohnen-Sauce: Kräftiger Barossa-Shiraz oder Syrah.
Softshell crabs: Chardonnay oder deutsche Spitzen-Riesling-Spätlese.
Thailändische Crabcakes: Ausdrucksvoller Sauvignon blanc (von der Loire, aus Südafrika, Australien, Neuseeland) oder Riesling (deutsche Spätlese oder aus Australien).

Lachs, sautiert oder gegrillt In Mode ist derzeit Pinot noir. Merlot oder leichter Bordeaux sind auch nicht übel. Oder feiner weißer Burgunder: Puligny- oder Chassagne-Montrachet, Meursault, Corton-Charlemagne, Chablis Grand cru; oder Grüner Veltliner, Condrieu, Chardonnay aus Kalifornien, Idaho oder Neuseeland, Riesling aus dem Rheingau (Kabinett/Spätlese) oder aus Australien.
Lachsklößchen: Ähnliche, aber weniger große Weine.

Lamproie à la Bordelaise (Neunauge) 5-jähriger St-Emilion oder Fronsac. In Portugal auch Douro-Rotweine.

Makrelen *Gegrillt:* Weißweine mit kräftiger Säure: Sauvignon blanc aus der Touraine, Gaillac, Vinho Verde, weißer Rioja, englischer Weißwein. Oder Guiness.
Mit Gewürzen: Muskulöse Weißweine: Australischer Riesling, Grüner Veltliner, Großes Gewächs aus Deutschland.

Meeräsche Verdicchio, Rully, Chardonnay ohne Eichenwürze.

Meerbarbe, Rote Eine Verwandlungskünstlerin, passt sich sowohl guten Weiß- als auch Rotweinen an, v. a. Pinot noir.

(Mies)Muscheln Muscadet *sur lie*, Chablis Premier cru, Chardonnay.
Gefüllt, mit Knoblauch: Siehe Vorspeisen/Schnecken.
Mit Chorizo: Frischer Weißwein ohne Eichennote: Grüner Veltliner, südfranzösischer Weißer. Oder trockener Rosé.

Paella, mit Schalentieren Körperreicher Weißwein oder Rosé, Chardonnay ohne Eichennote.

Rochen, in brauner Butter Würziger Weißwein, z. B. Elsässer Pinot gris, oder sauberer, einfacher Wein wie Muscadet oder Verdicchio.

Sardellen *Mariniert:* Die Marinade verträgt sich mit kaum einem Wein. Am ehesten ein leichter, neutraler trockener Weißwein.
In Olivenöl eingelegt oder eingesalzen: Ein robuster Rot-, Weiß- oder Roséwein, z. B. Rioja.

Sardinen, frisch gegrillt Sehr trockener Weißwein, z. B. Vinho Verde, Soave, Muscadet, moderner griechischer Wein.

Sashimi Die Japaner bevorzugen zu weißem Fisch Weißwein mit Körper (Chablis Premier cru, Elsässer Riesling), zu rotem Pinot noir – es sollte aber immer ein Wein mit genug Säure sein. Einfacher Chablis ist vielleicht ein bisschen dünn. Tanninarmer Roter, wenn die Sashimi mit Sojasauce gegessen werden (am besten wieder Pinot noir).

Schalentiere Trockener Weißwein zu gekochten Schalentieren, vollere Weine zu gehaltvollen Saucen.
Zu einem Meeresfrüchteteller: Muscadet, Picpoul de Pinet, Pinot bianco aus Südtirol.

Schellfisch Reichhaltige trockene Weißweine: Meursault, kalifornischer Chardonnay, Marsanne oder Grüner Veltliner.

Schnapper Sauvignon blanc, wenn orientalische Gewürze verwendet werden; Weißweine von der Rhône mit mediterranen Aromen.

Schwertfisch Körperreicher, trockener Weißwein aus dem Heimatland des Gerichts, nichts Besonderes.

Seehecht Sauvignon blanc oder sonst ein frisch-fruchtiger Weißwein, z. B. Pacherenc du Vic-Bilh, Tursan, weißer Navarra.

Seeohr (Abalone) Trockener bis halbtrockener Weißwein, z. B. Sauvignon blanc, Côte de Beaune Blanc, Pinot grigio, Grüner Veltliner.
Chinesisch: Jahrgangschampagner.

Seeteufel Oft gebraten, was eher volle als zu schlanke Weine nahelegt. Versuchen Sie neuseeländischen Chardonnay, Pinot noir aus Oregon oder Neuseeland oder Merlot aus Chile.

Seezunge, Scholle u. Ä. *Gegart, gegrillt oder gebraten:* Ideal zu feinen Weinen: weißer Burgunder und Gleichrangige.
Mit Sauce: Abhängig von den Zutaten der Sauce; säuerlich-trockene Weine bei Tomatensauce; ansonsten ziemlich reichhaltige Tropfen für Seezunge à la Véronique o. Ä.

Steinbutt Gehaltvoller trockener Spitzenweißwein, z. B. Meursault, Chassagne-Montrachet, reifer Chablis oder sein kalifornisches, australisches bzw. neuseeländisches Äquivalent; reife Rheingauer, Mosel- oder Nahe-Spätlese oder Auslese (nicht trocken); Condrieu.

Sushi Wird meist schon mit scharfem Wasabi zubereitet. Trockener deutscher QbA oder einfacher Chablis passen gut, aber auch Champagne Brut oJ. Ansonsten natürlich Sake und Bier.

Tagine, mit Couscous Nordafrikanische Geschmacksnoten brauchen zum Ausgleich gehaltvolle Weißweine – aus Österreich oder von der Rhône – oder aber frische, neutrale Weiße, die nicht mit ihnen konkurrieren. Eingelegte Zitronen verlangen nach etwas Säure. Seien Sie vorsichtig in Bezug auf Eichenholzwürze.

Thunfisch, gegrillt oder sautiert Wird üblicherweise nicht ganz durchgebraten serviert, probieren Sie deshalb Cabernet franc von der Loire oder Pinot noir.

Zander Exquisiter Fisch, verlangt feinsten Wein: weißer Spitzenburgunder, Elsässer Riesling Grand cru oder edler Mosel; erstklassiger Fendant oder Johannisberg aus der Schweiz.

Fleisch, Geflügel & Wild

Barbecue Der lokale Wein wäre ein Australier; ansonsten hängt es von der Marinade ab.
Asiatisch (Limette, Koriander usw.): Rosé, Pinot grigio, Riesling.
Chili: Shiraz, Zinfandel, Pinotage.
Öl, Zitrone, Kräuter: Sauvignon blanc.
Orientalisch (Kreuzkümmel, Minze): Frischer trockener Weißwein, Rosé.
Rotwein: Cabernet, Merlot.
Tomatensaucen: Zinfandel, Sangiovese.

Bœuf Stroganoff Eindrucksvoller Rotwein: Barolo, Amarone della Valpolicella, Cahors, Hermitage, Zinfandel Spätlese, sogar Negru de Purkar aus Moldawien.

Bratenreste, Kalte In der Regel empfiehlt sich eher ein sehr aromatischer Weißwein als Rotwein. Sehr gut passen Spätlese von der Mosel oder Hochheimer sowie Weine von der Côte Chalonnaise und aus dem Beaujolais. Reste von kaltem Braten mit dem Rest aus der Champagnerflasche hinunterzuspülen ist einfach herrlich.

Bratwurst In England trinken wir jungen Malbec aus Argentinien (jedenfalls einen Roten) oder Bier, v.a. traditionelles britisches Ale. Siehe auch Frankfurter Würstchen, bei den Vorspeisen Salami, Wurstwaren.

Boudin blanc Chenin blanc von der Loire, falls mit Äpfeln serviert, v.a. trockener Vouvray, Saumur oder Savennières; ohne Äpfel: reifer roter Côtes de Beaune.

Boudin noir (Blutwurst) Sauvignon blanc oder Chenin blanc aus der Gegend, insbesondere an der Loire. Oder Beaujolais Cru, v.a. Morgan. Oder ein leichter Tempranillo.

Cajun-Küche Beaujolais Cru (Fleurie, Brouilly) oder Sauvignon blanc.
Gumbo: Amontillado oder mexikanisches Bier.

Cassoulet Rotwein aus dem Südwesten Frankreichs (Gaillac, Minervois, Corbières, St. Chinian, Fitou) oder Shiraz. Am besten ist jedoch ein Beaujolais Cru oder junger Tempranillo.

Chili con Carne Junger Rotwein: Beaujolais, Tempranillo, Zinfandel, argentinischer Malbec.

Chinesische Speisen *Kanton- oder Peking-Art:* Roséweine oder trockene bis halbtrockene Weißweine (Riesling Kabinett von der Mosel oder trockene Spätlese) sind oft für chinesische Menüs geeignet. Gewürztraminer wird zwar häufig vorgeschlagen, passt aber selten (zu Ingwer ist er allerdings großartig). Bessere Alternativen sind Chasselas und Pinot gris. Trockener oder halbtrockener Schaumwein passt gut zu öligen Speisen und gleicht die Süße aus. Meiden Sie süß-saure Gerichte; zu Ente jedoch empfiehlt sich ein St-Emilion (★★), Pinot noir aus der Neuen Welt oder Châteauneuf-du-Pape. Zu chinesischer Küche biete ich im Übrigen häufig Weiß- und Rotwein gleichzeitig an.
Szechuan-Art: Verdicchio, Elsässer Pinot blanc oder sehr kaltes Bier.

Choucroute garnie (Schlachtplatte) Elsässer Pinot gris, Pinot blanc, Riesling oder Bier.

Confit d'oie/de canard Junger, tanninreicher roter Bordeaux, kalifornischer Cabernet Sauvignon und Merlot sowie Priorat nehmen diesem Gericht die Schwere; Elsässer Pinot gris oder Gewürztraminer passen ebenso.

Coq au vin Roter Burgunder. Der Idealfall ist eine Flasche Chambertin im Gericht und zwei auf dem Tisch.

Currys Siehe Indische Küche.

Eintopfgerichte Mit Burgunderweinen wie Chambolle-Musigny oder Bonnes-Mares kann nichts schiefgehen; andernfalls kräftiger, geschmacksintensiver Rotwein, z. B. junger Côtes du Rhône, Toro, Corbières, Barbera, Shiraz, Zinfandel o. Ä.

Ente oder **Gans** Gehaltvoller Weißwein: Pfälzer Spätlese oder halbtrockener Elsässer Grand cru; gut reife Rotweine mit Wildaroma wie Morey-St-Denis, Côte Rôtie, Bordeaux oder Burgunder. Mit Orangen oder Pfirsichen ist Sauternes zu empfehlen, aber auch Monbazillac bzw. Riesling Auslese. Darüber hinaus reifer, körperreicher Jahrgangschampagner, der sich zudem überraschend gut mit Rotkohl versteht.

Peking-Ente: Siehe Chinesische Speisen.

Wildente: Ausdrucksstarker, üppiger Rotwein, z. B. Hermitage, Bandol, kalifornischer oder südafrikanischer Cabernet Sauvignon, australischer Shiraz – am besten Penfolds Grange.

Mit Oliven: Spitzen-Chianti oder ein anderer Toskaner.

Mit Granatapfelsirup: Junger roter Burgunder von guter Qualität.

Gebratene Entenbrust sowie Confit mit Puy-Linsen: Mittelschwerer Rotwein mit einer gewissen Fülle.

Fleischbällchen Würzige, mittelschwere Rotweine: Mercurey, Crozes-Hermitage, Madiran, Morellino di Scansano, Langhe Nebbiolo, Zinfandel, Cabernet Sauvignon.

Orientalisch (scharf): Einfacher, rustikaler Rotwein.

Frankfurter Würstchen Deutscher Riesling, Beaujolais oder leichter Pinot noir. Ansonsten Budweiser.

Grillgerichte Siehe Barbecue.

Gulasch Aromatischer junger Rotwein, z. B. Zinfandel, Tannat aus Uruguay, Morellino di Scansano, Mencía, junger australischer Shiraz.

Hamburger Junger Rotwein: australischer Cabernet Sauvignon, Chianti, Zinfandel, argentinischer Malbec, Tempranillo. Oder Cola (aber nicht »light«, sondern die echte).

Hammel Der Geschmack ist intensiver als bei Lamm, das Fleisch wird immer durchgebraten. Hier ist ein robuster, aber eleganter Rotwein angeraten – und auf jeden Fall erstklassig: reifer Cabernet Sauvignon oder Syrah. Eine gewisse süße Fruchtnote passt gut.

Hase Hasenpfeffer verlangt nach einem vollduftigen Rotwein: nicht zu reifer Burgunder oder Bordeaux, von der Rhône (z. B. Gigondas), Bandol, Barbaresco, Ribera del Duero oder Rioja Reserva. Dasselbe gilt für Hasenrücken oder -ragout mit Pappardelle. Australischer Grange könnte interessant sein.

Huhn, Perlhuhn, Pute, gebraten So gut wie jeder Wein, auch bester trockener bis halbtrockener Weißwein und feiner alter Rotwein (v. a. Burgunder). Welcher Wein am besten passt, entscheidet die Sauce. Versuchen Sie Shiraz-Schaumwein zu starken, süßen oder würzigen Füllungen und Beilagen. Siehe auch Tandoori Chicken.

Hühnchen nach Kiewer Art Elsässer Riesling, Collio, Chardonnay, roter Bergerac.

Indische Küche Lieblicher Weißwein, gut gekühlt: z. B. Orvieto abboccato, südafrikanischer Chenin blanc, Elsässer Pinot blanc, Torrontes, indischer Schaumwein, Cava oder Champagner oJ. Rosé passt im Prinzip immer.

Tannin – Barolo, Barbaresco bzw. andere geschmacksintensive Rotweine wie Châteauneuf-du-Pape, Cornas, australischer Grenache bzw. Mourvèdre oder Amarone della Valpolicella – betont die Schärfe. Weiche Rotweine mildern eher. Sauer-scharfe Gerichte brauchen einen säurehaltigen Wein.

Kalbfleisch, gebraten Eine gute Grundlage für feine alte Rotweine, die vielleicht im Lauf der Zeit ein wenig Aroma verloren haben, z. B. Rioja Reserva. Oder ein deutscher bzw. österreichischer Riesling; auch Vouvray oder Elsässer Pinot gris.

Kalbsbries Zu einem besonderen Gericht gehört ein besonderer Wein: Riesling vom Rhein oder Silvaner Spätlese aus Franken, Elsässer Grand cru Pinot gris oder Condrieu, abhängig von der Sauce.

Kaninchen Lebendiger, mittelschwerer, junger italienischer Rotwein oder Aglianico del Vulture; Chiroubles, Chinon, Saumur Champigny oder Roséwein von der Rhône.
Mit Pflaumen: Mächtigerer, gehaltvollerer, fruchtigerer Rotwein.
Als Ragout: Mittelschwerer Rotwein mit genug Säure.

Kebab Kräftiger Rotwein, z. B. ein moderner griechischer Wein, Corbières, chilenischer Cabernet Sauvignon, Zinfandel oder Barossa-Shiraz. Viel Knoblauch wird von Sauvignon blanc gemeistert.

Kohl, gefüllt Ungarischer Cabernet franc oder Kadarka; Côtes du Rhône-Villages; Salice Salentino, Primitivo und andere würzige Rotweine aus Süditalien. Oder argentinischer Malbec.

Lammfleisch, gebraten Traditionell eine der besten Grundlagen für sehr guten Bordeaux oder für entsprechenden Cabernet Sauvignon aus der Neuen Welt. In Spanien trinkt man dazu feinsten alten Rioja bzw. Ribera del Duero Reserva.
Lammkoteletts, -chops: Wie oben, aber weniger fein.
Langsam geschmorter Braten: Ideal für Spitzenrotweine, allerdings mit weniger Tannin als für rosa gebratenes Fleisch.

Leber Junger Rotwein: Beaujolais-Villages, St-Joseph, Médoc, italienischer Merlot, Breganze-Cabernet-Sauvignon, Zinfandel, Tempranillo, Bairrada/Portugal.
Kalbsleber: Roter Rioja Crianza, Salice Salentino Riserva, Fleurie.

Moorschneehuhn (Grouse) Siehe Wildgeflügel – aber hauen Sie dabei auf den Putz.

Moussaka Rot- oder Roséwein, z. B. griechischer Naoussa, Sangiovese, Corbières, Côtes de Provence, Ajaccio, neuseeländischer Pinot noir, junger Zinfandel, Tempranillo.

Nieren Rotwein: St-Emilion oder Fronsac; Nuits-St-Georges, Cornas, Barbaresco, Rioja, spanischer oder australischer Cabernet Sauvignon, Spitzengewächs aus dem Alentejo.

Ochsenbrust, geschmort Ein wunderbar zartes, schmackhaftes Fleisch, das den besten Rotweinen schmeichelt: Vega Sicilia, Bordeaux. Am besten körperreich.

Ochsenschwanz Ziemlich gehaltvoller Rotwein: St-Emilion, Pomerol, Pommard, Nuits-St-Georges, Barolo, Rioja Reserva, Ribera del Duero, kalifornischer oder Coonawarra-Cabernet-Sauvignon, Châteauneuf-du-Pape, mittelschwerer Shiraz.

Osso buco Geschmeidige, tanninarme Rotweine wie z. B. Dolcetto d'Alba oder Pinot noir. Auch trockener italienischer Weißwein wie Soave oder Lugana.

Paella Junge spanische Weine: Rote, trockene Weiß- oder Roséweine, z. B. Penedès, Somontano, Navarra oder Rioja.

Pot au feu, Bollito misto, Cocido Rustikale Rotweine aus dem jeweiligen Heimatland; Sangiovese di Romagna, Chusclan, Lirac, Rasteau, portugiesischer Alentejo oder spanischer Yecla bzw. Jumilla.

Rindfleisch, gebraten Hierzu passt jede Art von feinem Rotwein. Siehe die Bemerkung zu Senf im nächsten Eintrag.

Gekocht: Rotwein, z. B. Bordeaux (Bourg oder Fronsac), Roussillon, Gevrey-Chambertin oder Côte Rôtie. Gut ist auch weißer Burgunder aus dem mittleren Segment, z. B. Auxey-Duresses. Oder besonders gutes Bier. Senf lässt tanninreiche Rote sanfter erscheinen, Meerrettich ruiniert alles – aber manchmal muss man eben Opfer bringen.

Geschmort: Sehr kräftiger Rotwein wie z. B. Pomerol oder St-Emilion, Hermitage, Cornas, Barbera, Shiraz, Napa-Cabernet-Sauvignon, Ribera del Duero, roter Douro.

Saté Australischer McLaren-Vale-Shiraz oder Elsässer bzw. neuseeländischer Gewürztraminer. Mit der Erdnusssauce hat es kein Wein leicht.

Schinken, gekocht Weichere rote Burgunder, z. B. Volnay, Savigny, Beaune, Chinon oder Bourgueil; lieblicher deutscher Weißwein, z. B. eine Spätlese vom Rhein; Furmint aus Tokaj oder tschechischer Frankovka; ein leichter Cabernet Sauvignon (z. B. aus Chile) oder Pinot noir aus der Neuen Welt. Schinken und Sherry (oder Chablis) sind eine göttliche Kombination. Siehe auch Schinken, roh oder luftgetrocknet, unter Vorspeisen.

Schweinefleisch, gebraten Schweinefleisch ist eine kräftige, neutrale Grundlage für leichte Rote oder reichhaltige Weiße. Aber ein ★★-Wein sollte es schon sein, z. B. ein Médoc. Zu portugiesischem Spanferkel trinkt man Bairrada-Garrafeira, zu chinesischen Schweinefleischgerichten Pinot noir.

Schweinebauch Langsam gegart und sehr zart, benötigt er einen Roten mit ausreichend Säure, vielleicht einen Italiener: Dolcetto oder Barbera. Andernfalls Rotwein von der Loire oder einen leichten argentinischen Malbec.

Shepherd's Pie Zum typisch britischen Hackfleisch-Kartoffelpüree-Auflauf ist das einzig Wahre Bier oder trockener Cidre. Ansonsten ist ein robuster Roter am ehesten angemessen, z. B. Sangiovese di Romagna.

Steak *Bistecca alla fiorentina:* Chianti Classico Riserva oder Brunello. Je roher das Steak ist, desto klassischer sollte der Wein sein, je durchgebratener, desto fruchtbetontere Tropfen aus der Neuen Welt eignen sich. Argentinischer Malbec ist ideal für Steaks auf argentinische Art (d. h. komplett durchgebraten).

Filet oder Tournedos: Jeder Rotwein (doch zu Sauce béarnaise keinen alten Wein, dann eher ein Spitzen-Pinot-noir aus der Neuen Welt oder kalifornischer Top-Chardonnay).

Koreanisches Yuk Whe (das weltbeste Steak Tatar) Sake.

Pfeffersteak: Ziemlich junger Rotwein von der Rhône oder Cabernet Sauvignon.

Tatar: Wodka oder leichter junger Rotwein, z. B. Beaujolais, Bergerac, Valpolicella.

T-Bone: Strukturreicher Rotwein wie Barolo, Hermitage, australischer Cabernet Sauvignon oder Shiraz.

Steak and Kidney Pie Rote Rioja Reserva, Douro-Rotwein oder gereifter Bordeaux.

Tagine (nordafrikanisches Schmorgericht) Hier gibt es enorme Unterschiede, doch mit einem fruchtigen jungen Roten fährt man meist gut: Beaujolais, Tempranillo, Sangiovese, Merlot, Shiraz.

Tandoori Chicken Sauvignon blanc oder junger roter Bordeaux, auch leichter, gekühlter Roter aus Norditalien. Ebenso Cava oder Champagner oJ.

Taube Lebendige Rotweine: Savigny, Chambolle-Musigny; Crozes-Hermitage, Chianti Classico, argentinischer Malbec oder kalifornischer Pinot noir. Oder probieren Sie eine Silvaner Spätlese aus Franken.

Thai-Küche *Mit Ingwer und Zitronengras:* Pikanter Sauvignon blanc (Loire, Australien, Neuseeland, Südafrika) oder Riesling (Spätlese oder aus Australien).

Mit Kokosmilch: Hunter-Valley-Chardonnay oder andere reife Chardonnays mit Eichenton; Elsässer Pinot blanc zur Erfrischung; Gewürztraminer oder Verdelho. Natürlich auch Cava oder Champagner oJ.

Vitello tonnato Körperreicher Weißwein, v. a. Chardonnay; oder leichter Rotwein (z. B. Valpolicella), kühl serviert.

Wachtel Feiner weißer oder roter Burgunder, Grand-cru-Riesling aus dem Elsass, reifer Bordeaux; Carmignano, Rioja Reserva, Pinot noir.

Wild Mächtige Rotweine, u. a. Mourvèdre – reinsortig wie aus Bandol oder in Verschnitten. Rhône-Wein, Bordeaux oder kalifornischer Cabernet Sauvignon eines reifen Jahrgangs; auch voller Weißwein, z. B. Pfälzer Spätlese oder Elsässer Pinot gris. Mit pikanter Beerensauce serviert, probieren Sie einen deutschen Riesling Großes Gewächs oder einen Cabernet Sauvignon aus der Neuen Welt.

Wildgeflügel *Jung, gebraten:* Der beste Rotwein, den man auftreiben kann.
Ältere Exemplare in der Kasserolle: Rotwein, z. B. Gevrey-Chambertin, Pommard, Santenay, St-Emilion Grand cru, Cabernet Sauvignon aus Napa oder Rhône-Wein.
Gut abgehangen: Vega Sicilia, ein großer Roter von der Rhône, Château Musar aus dem Libanon.
Zu kaltem Geflügel: Reifer Jahrgangschampagner.

Wildpastete *Kalt:* Guter weißer Burgunder, Cru Beaujolais oder Champagner.
Warm: Rotwein: Pinot noir aus Oregon.

Wildschwein Seriöser Rotwein: Spitzen-Toskaner oder Rioja.

Zunge Ausladender Rot- oder Weißwein, besonders italienischer. Auch Beaujolais, Rotwein von der Loire, Tempranillo sowie voller, trockener Rosé.

Vegetarische Gerichte

Bärlauch Nicht einfach. Am besten dürfte sich ein eher neutraler Weißer mit guter Säure machen.

Blumenkohl, mit Käse überbacken Frischer, aromatischer Weißwein: Sancerre, Riesling Spätlese, Muskat, englischer Seyval blanc oder Schönburger.

Brunnenkresse, roh Egal welchen Wein dieser Welt Sie wählen, er wird es Ihnen nicht danken. Mit Brunnenkressesuppe wird es etwas einfacher, aber sie braucht keinen Wein.

Couscous mit Gemüse Junger Rotwein mit Biss: Shiraz, Corbières, Minervois; oder gut gekühlter Rosé aus Navarra oder Somontano. Auch ein robuster Roter aus Marokko.

Fenchelgerichte Sauvignon blanc (Pouilly-Fumé oder aus Neuseeland), englischer Seyval blanc oder auch ein junger Tempranillo.

Kürbis in Ravioli/Risotto Körperreicher, fruchtiger, trockener oder halbtrockener Weißwein von der Rhône (Viognier oder Marsanne), halbtrockener Vouvray, Gavi oder südafrikanischer Chenin blanc.

Linsengerichte Stämmiger Rotwein, z. B. ein Südfranzose, Zinfandel oder Shiraz.
Dhal mit Spinat: Schwierig. Am besten ein leichter, weicher Roter oder Rosé – und keineswegs ein Spitzengewächs.

Makkaroniauflauf, mit Käse überbacken Wie für überbackenen Blumenkohl.

Mediterranes Gemüse, gegrillt Brouilly, Barbera oder Shiraz.

Nudeln und Pasta, überbacken Vegetarisch gefüllte Lasagne, Cannelloni oder Pasticcio bieten großen Weinen Raum zur Entfaltung, etwa sehr feinem rotem Toskaner, aber auch einem Bordeaux oder Burgunder.

Paprika oder Auberginen, gefüllt Lebhafter Rotwein: Nemea, Chianti, Dolcetto, Zinfandel, Bandol, Vacqueyras.

Pilze Fülliger Rotwein, z. B. Pomerol, kalifornischer Merlot, Rioja Reserva, Spitzen-Burgunder oder Vega Sicilia. Für Pilze auf Toast nehmen Sie Ihren besten Bordeaux. Zu Steinpilzen schmecken am besten: Ribera del Duero, Barolo oder Chianti Rufina oder erstklassiger roter Bordeaux: Pauillac, St-Estèphe.

Ratatouille Kräftiger junger Rotwein, z. B. Chianti; Cabernet oder Merlot aus Neuseeland, Malbec, Tempranillo; junger roter Bordeaux, Gigondas oder Coteaux du Languedoc.

Rote Bete Mittelgewichtiger, eher weicher Rotwein: Südliche Rhône oder Tempranillo. Oder Weißwein.
Als Gratin mit Ziegenkäse: Sauvignon blanc.

Spanakopita Junger griechischer oder italienischer Rot- oder Weißwein.

Vegetarische Gerichte (scharf) Siehe Indische Küche bzw. Thai-Küche (unter »Fleisch«).

Zwiebel-/Lauchkuchen Fruchtiger, trockener bis halbtrockener Weißwein: Elsässer Pinot gris oder Gewürztraminer, kanadischer bzw. neuseeländischer Riesling, Weißweine aus England, Jurançon, australischer Riesling. Oder Loire-Rotwein.

Desserts

Apfelkuchen, -strudel oder -tarte Süßer Weißwein aus Deutschland, Österreich oder von der Loire, Tokaji Aszú oder kanadischer Eiswein.

Birnen in Rotwein Portwein oder andere gespritete Rote (wie Rivesaltes, Banyuls) oder Riesling Beerenauslese – davor aber eine Pause.

Crème brûlée Sauternes oder Rheinwein-Beerenauslese bzw. bester Madeira oder Tokajer. (Mit Früchten: einfacherer Süßwein.)

Crèmes und **Puddings** Sauternes, Loupiac, Ste-Croix-du-Mont oder Monbazillac. Siehe auch Schokoladen-, Kaffee-, Ingwer-, Rumdesserts.

Crêpe Suzette Süßer Champagner, Orange Muscat oder Asti Spumante.

Eiscreme und Sorbet Gespriteter Wein (australischer Liqueur Muscat, Banyuls), süßer Asti Spumante oder Moscato-Schaumwein. Amaretto-Likör zu Vanille; Rum zu Schokolade.

Erdbeeren mit Sahne Sauternes oder ähnlicher süßer Bordeaux, Vouvray moelleux oder Jurançon Vendange tardive.
Walderdbeeren (ohne Sahne): Mit rotem Bordeaux (sehr erlesen ist Margaux) übergießen.

Himbeeren (ohne Sahne, wenig Zucker) Sehr gut zu feinen Rotweinen, die selbst eine Himbeernuance besitzen: junger Juliénas, Regnié.

Ingwergeschmack, Desserts mit Süßer Muskat, edelfauler Riesling und Semillon aus der Neuen Welt.

Kaffeedesserts Süßer Muscat einschließlich australischem Liqueur Muscat oder Tokaji Aszù.

Karamell-Mousse-/Parfait, salzig Riesling Spätlese, Tokaji Aszú.

Käsekuchen Süßer Weißwein (Vouvray, Anjou) oder Schaumwein (etwas Erfrischendes, aber nichts Besonderes).

Kuchen und **Gebäck** Bual- oder Malmsey-Madeira, Oloroso oder Cream Sherry. Siehe auch Schokoladen-, Kaffee-, Ingwer-, Rumdesserts.
Muffins: Mit Prosecco kann man nichts falsch machen.

Meringen Recioto di Soave, Asti oder süßer Champagner.

Millefeuille Delikater süßer Schaumwein, z. B. Moscato d'Asti oder halbtrockener Champagner.

Nüsse Oloroso Sherry, Madeira, Jahrgangs-Port oder Tawny (ideal für Walnüsse), Vinsanto, Muscat aus Setúbal.
Salziges Nussparfait: Tokaji Aszú, Vin Santo.

Obst *Frisch:* Süßer Coteaux du Layon, leicht süßer Muskateller.
Kompott, z.B. Aprikosen, Birnen usw.: Süßer Muskateller: Muscat de Beaumes-de-Venise, Moscato di Pantelleria oder Tarragona-Dessertwein.
Obstsalat, Orangen-Salat: Feiner süßer Sherry; alle Weine auf der Grundlage von Muscat-Trauben.
Obsttorten: Sauternes, Monbazillac oder süßer Vouvray bzw. Anjou.

Orangengeschmack, Desserts mit Versuchsweise alter Sauternes, Tokaji Aszú oder kalifornischer Orange Muscat.

Panettone Jurançon moelleux, Riesling Spätlese, Barsac, Vinsanto, Tokaji Aszú.

Rumdesserts (Baba, Mousse, Eiscreme) Muscat – vom Asti bis zu australischem Likörwein, je nach Schwere des Desserts.

Schokoladendesserts Hier können nur kräftige Geschmacksnoten mithalten: Bual, kalifornischer Orange Muscat, Tokaji Aszú, australischer Liqueur Muscat, 10-Year-Old Tawny, Asti für leichte, luftige Mousse. Experimentieren Sie mit vollen, reifen Rotweinen: Syrah, Zinfandel und vielleicht sogar Shiraz-Schaumwein. Banyuls, wenn man es etwas schwerer mag. Médoc nimmt es auch mit schwarzer Bitterschokolade auf. Oder guter Rum.
Schokoladen-Olivenöl-Mousse: 10 Jahre alter Tawny, oder wie für Bitterschokolade oben.

Soufflés, süß Sauternes oder Vouvray moelleux; süßer (oder reichhaltiger) Champagner.

Tiramisù Vinsanto, junger Tawny, Muscat de Beaumes-de-Venise oder Sauternes bzw. australischer Liqueur Muscat.

Trifle Sollte reichlich mit Sherry getränkt werden.

Trockenfrüchte Banyuls, Rivesaltes, Maury.

Zabaglione Leichter, goldener Marsala, edelfauler australischer Semillon oder Asti.

Zitronengeschmack, Desserts mit Für Nachspeisen wie Tarte au Citron bietet sich süßer deutscher oder österreichischer Riesling an, aber auch Tokaji Aszú – je saurer, desto süßer.

Wein & Käse

Der Glaube, dass die Kombination von Wein und Käse eine göttliche Fügung sei, hält einer objektiven Prüfung nicht stand. Feine Rotweine werden von kräftigen Käsesorten geradezu erschlagen, nur herbe oder süße Weißweine behaupten sich. Trotz gewisser Ausnahmen sollte man sich an folgende Prinzipien halten: Je härter der Käse ist, desto gerbstoffreicher darf der Wein sein. Und je cremiger der Käse ist, desto mehr Säure benötigt der Wein. Käse wird durch seine Konsistenz und die Beschaffenheit seiner Rinde klassifiziert. Sein Aussehen gibt daher schon einen Hinweis darauf, welcher Wein zu ihm passt. Die einzelnen Käsesorten, die im Folgenden aufgeführt werden, sind nur einige wenige Beispiele für die Vielzahl an Sorten, die in guten Käsegeschäften angeboten werden.

Frischkäse ohne Rinde: Rahmkäse, Crème fraîche, Mozzarella, Mascarpone (ohne Blauschimmel) Leichter, lebhafter Weißwein – simpler weißer Bordeaux, Bergerac, englische Weißweine ohne Eichenholzaroma; oder Rosé – Anjou, Rhône-Wein; auch sehr leichter, sehr junger und sehr frischer roter Bordeaux, Bardolino oder Beaujolais.

Hartkäse, gewachst oder geölt, oft mit Spuren von Käseleinen – Gruyère, Manchego und viele andere spanische Käsesorten, Parmesan, Cantal, Comté, alter Gouda, Cheddar und traditioneller englischer Käse Hier lässt sich kaum eine allgemeine Regel aufstellen. Gouda, Gruyère sowie einige spanische und englische Käsesorten harmonieren gut mit feinem roten

Bordeaux oder Cabernet Sauvignon sowie großen Shiraz-Weinen. Kräftige Käse indessen verlangen nach weniger edlen Weinen, vorzugsweise lokalen Erzeugnissen. Der rote holländische Mimolette oder der Beaufort passen zu einem feinen, reifen Bordeaux. Oder zu Tokaji Aszú.

Blauschimmelkäse Zu Roquefort (keinem anderen Blauschimmelkäse!) kann ein Sauternes wunderbar passen; seine Süße, insbesondere wenn er alt ist, verträgt sich gut mit dem Salzgehalt des Käses. Eine klassische Kombination ist auch Stilton mit Port, v. a. Tawny. Gehaltvoller alter Oloroso, Amontillado, Madeira, Marsala und andere gespritete Weine passen zu den meisten übrigen Blauschimmelkäsesorten.

Käse mit natürlicher Rinde (insbesondere Ziegenkäse) und blaugrauem Schimmel. Die Rinde schrumpft im Reifungsprozess und ist manchmal mit Asche bestreut (z. B. St-Marcellin) Sancerre, Valençay, leichter frischer Sauvignon blanc, Jurançon, Savoie, Soave, italienischer Chardonnay, englische Weißweine mit leichtem Eichenholzton.

Weichkäse mit flaumiger Rinde, reiner weißer Rinde, pasteurisiert oder rot gesprenkelt: Brie, Camembert, Chaource, Bougon (Ziegenmilch- »Camembert«) Voller trockener Burgunder oder Rhône-Wein zu weißem, noch nicht reifem Käse; zu reifem, kräftigem, fruchtigem Käse passt St-Emilion, aber auch junger Shiraz/Syrah oder Grenache aus Australien bzw. von der Rhône.

Würziger Weichkäse mit gewaschener oder klebriger orangeroter Rinde: Langres, reifer Epoisses, Maroilles, Carré de l'Est, Milleens, Münsterkäse Lokale Rotweine, besonders zu Burgunder-Käse; lebhafter Languedoc, Cahors, Côtes du Frontonnais, Bairrada sowie Wein aus Korsika, Süditalien oder Sizilien. Auch kräftige Weißweine, v. a. elsässischer Gewürztraminer oder Muskateller.

Halbweicher Käse mit graurosa, dicker Rinde: Livarot, Pont l'Evêque, Reblochon, Tomme de Savoie, St-Nectaire Kräftiger weißer Bordeaux, Chardonnay, Elsässer Pinot gris, trockener Riesling, süditalienischer Wein, alter weißer Rioja, trockener Oloroso Sherry. Doch die stärksten Vertreter dieser Käsesorten sind tödlich für die meisten Weine.

Feinste Genüsse zu edelsten Tropfen

Bei ganz besonderen Gewächsen geht es oft eher darum, das passende Gericht zum Wein zu finden, und nicht – wie sonst üblich – umgekehrt. Die folgenden Anregungen sind weitgehend an die gastronomischen Gepflogenheiten der jeweiligen Weinbauregionen angelehnt und beruhen im Übrigen auf eigenen Studien. Die empfohlenen Gerichte dürften besonders edlen Tropfen zu gebührender Geltung verhelfen.

Rotweine

Roter Bordeaux und andere von Cabernet Sauvignon beherrschte Weine (sehr alt, leicht und zart: z. B. Jahrgänge vor 1960) Lammkeule oder -rippe, gebraten, mit einer Spur Kräuter (jedoch nicht mit Knoblauch) gewürzt; Entrecôte; gebratenes Rebhuhn; Kalbsbries; Käsesoufflé nach Fleischgerichten.

Vollreife große Jahrgänge (z. B. 70er, 61er oder 59er Bordeaux) Lammschulter oder -rücken, gebraten, mit einer Spur Knoblauch; Rippenstück, gebraten, oder Rumpsteak, gegrillt.

Reife, aber noch lebhafte Jahrgänge (z. B. 89er, 86er, 85er, 82er) Lamm- oder Hammelschulter oder -rücken mit Nieren, dazu gehaltvolle Sauce.

Rinderfilet Marchand de Vin (mit Wein und Mark). Beef Wellington ist nicht zu empfehlen: Blätterteig stumpft den Gaumen ab.

Von Merlot beherrschter Bordeaux (Pomerol, St-Emilion) Rindfleisch, insbesondere reichhaltiges Filet, oder Wild.

Roter Burgunder von der Côte d'Or (je nach Schwere und Gefüge, d. h. mit zunehmendem Alter leichter und samtiger, sowie nach dem Charakter: Nuits erdig, Musigny blumig, großer Romanée exotisch, Pommard stämmig usw). Mit Brathähnchen ist man immer auf der sicheren Seite; Perlhuhn ist etwas kräftiger, Reb- oder Waldhuhn und Schnepfe sind zunehmend gehaltvoller/pikanter. Alternativen: Hase und Reh.

Große, alte rote Burgunder Der klassische Begleiter ist ein Käse: ungereifter burgundischer Epoisses. Ein wundervoller Käse – aber eine schreckliche Vergeudung feiner, alter Weine.

Lebhafter jüngerer Burgunder Ente oder Gans, möglichst fettarm.

Große Syrah-Weine wie Hermitage, Côte Rôtie, Grange; oder ein Vega Sicilia Rindfleisch, Wildbret; gut abgehangenes Wild, Mark auf Toast; englischer Käse (v. a. Farm-Cheddar der besten Art), aber auch neuere englische Hartkäsesorten aus Ziegen- und Schafsmilch wie Berkswell und Ticlemore.

Rioja Gran Reserva, Pesquera Kräftige Braten: Wildschwein, Hammel, Hasenrücken, Spanferkel.

Barolo, Barbaresco Risotto mit weißen Trüffeln; Pasta mit Wildsauce (z. B. Pappardelle alle lepre); Steinpilze; Parmesan.

Weißweine

Sehr guter Chablis/weißer Burgunder/Chardonnay Fisch mit weißem Fleisch, gegrillt oder Müllerin-Art. Am besten Dover-Seezunge, Steinbutt oder Heilbutt; in Butter gewendeter Glattbutt kann vorzüglich sein. Seebarsch ist zu zart; Lachs geht, gibt den feinsten Weinen aber nicht viel.

Feinster weißer Burgunder (Le Montrachet, Corton-Charlemagne) oder gleichwertiger Graves Kalbsbraten; Hähnchen aus artgerechter Haltung, das unter der Haut mit Trüffeln oder Kräutern gefüllt ist; Kalbsbries; Felchen mit gehaltvoller Sauce oder Kammmuscheln wie oben. Auch Hummer oder Wildlachs.

Condrieu, Château Grillet oder Hermitage blanc Sehr leichte Nudelgerichte mit Kräutern und jungen Erbsen oder Saubohnen.

Elsässer Riesling Grand cru Forelle blau, Räucherlachs, Choucroute garni.

Pinot gris Kalbfleisch, gebraten oder gegrillt.

Gewürztraminer Käsesoufflé (Münsterkäse).

Vendange tardive Gänseleber oder Tarte Tatin.

Sauternes Einfaches, mürbes Buttergebäck, weiße Pfirsiche, Nektarinen, Erdbeeren (ohne Sahne). Keine tropischen Früchte. Sautierte Gänseleber. Ein Versuch mit (Blauschimmel-)Käse ist zu empfehlen.

Feinster Vouvray moelleux usw. Buttergebäck, Äpfel, Apfelkuchen.

Beeren- und Trockenbeerenauslese Gebäck, Pfirsiche, Renekloden. Rhabarber-, Stachelbeer-, Quitten- oder Apfeldesserts.

Tokaji Aszù (4–6 Puttonyos) Gänseleberpastete, Desserts mit Früchten, Cremespeisen und sogar Schokolade können wundervoll dazu sein.

Alter Jahrgangschampagner (kein Blanc de Blancs) Als Aperitif oder zu kaltem Reb- oder Waldhuhn bzw. Schnepfe.

Technische Weinsprache

Alkoholgehalt (vorwiegend Äthylalkohol) Er wird in Prozenten des Gesamtflüssigkeitsvolumen angegeben. Tischwein enthält in der Regel zwischen 12,5 und 14,5 Vol-%; mehr und mehr findet man aber auch Weine mit bis zu 16 Vol-%.

Barriques sind 225-l-Eichenholzfässer, die aus der modernen Weinbereitung nicht mehr wegzudenken sind. Sie verleihen dem Wein die beliebte Eichenholznote – je neuer das Holz, umso stärker. Häufig kommen aber auch nur Eichenspäne oder, im schlimmsten Fall, Eichenextrakt zum Einsatz. Neulingen soll mit dem typischen Vanillearoma ein vornehmer Wein vorgegaukelt werden, auch wenn er nur künstlich aufpoliert wurde. Doch echte Barriques sind teuer. Sinnvoll setzt man sie nur für Weine ein, die selbst gut genug sind, um langfristig von der Holznote zu profitieren. Französische Eiche, der Klassiker, ist am teuersten, amerikanische Eiche duftet stark nach Vanille.

Biologischer Säureabbau (BSA), auch malolaktische oder Zweitgärung genannt, kann natürlich einsetzen oder bewusst in Gang gebracht werden. Beim BSA wandelt sich die scharfe Apfelsäure in die mildere Milchsäure um; mit der alkoholischen Gärung hat das nichts zu tun. Sowohl Rot- als auch Weißweine können dabei komplexer und runder werden. In heißeren Gegenden, wo der Säuregehalt von Natur aus gering ist, sucht man ihn eher zu vermeiden.

Gesamtsäure (oder **titrierbare Säure**) wird die Summe der flüchtigen und nichtflüchtigen Säuren genannt. Als Faustregel gilt, dass ausgewogener Wein etwa 0,1 % Säure auf je 10° Öchsle haben soll.

Mikrooxidation heißt eine weit verbreitete Methode, den Wein während der Reifezeit kontrolliert mit Sauerstoff in Kontakt treten zu lassen. Der erzielte Effekt ähnelt dem Ausbau im Fass und stabilisiert den Wein.

pH-Wert Das Maß für die Intensität der Säure: je niedriger der Wert, umso stärker die Säure. Im Wein beträgt der pH-Wert normalerweise 2,8 bis 3,8. In heißen Ländern kann ein zu hoher pH-Wert zum Problem werden. Niedrige pH-Werte ergeben eine bessere Farbe, wirken schädlichen Bakterien entgegen und lassen mehr freies, konservierendes SO_2 zu.

Restsüße ist der nach Ende der Gärung im Wein verbliebene Gesamtzucker, gemessen in g/l. Trockener Wein hat praktisch keine Restsüße.

Säure kommt im Wein in nichtflüchtiger und in flüchtiger Form vor. Nichtflüchtige Säuren sind v. a. die schon in der Traube enthaltene Wein-, Apfel- und Zitronensäure sowie die bei der Gärung entstehende Milch- und Bernsteinsäure. Die wichtigste flüchtige Säure ist die Essigsäure, die bei Sauerstoffkontakt von Bakterien gebildet wird. Kleine Mengen an flüchtiger Säure sind unvermeidlich und sogar ansprechend. Zu viel davon gibt dem Wein einen »Stich«; er wird zu Essig. Wenn, etwa in warmen Regionen, der natürliche Säuregehalt zu gering ist, kann dem Wein auch künstlich Säure hinzugefügt werden.

Schwefeldioxid (SO_2) gibt man dem Wein bei, um Oxidation oder andere Fehlentwicklungen bei der Weinbereitung zu verhindern. Ein Teil des SO_2 verbindet sich mit dem Zucker und ist also »gebunden«. Nur »freies« SO_2 wirkt konservierend. Der zulässige SO_2-Gehalt im Wein ist im Verhältnis zur Restsüße gesetzlich festgelegt: je mehr Zucker, desto mehr SO_2.

Tannine (Gerbstoffe) Um sie dreht sich alles, wenn ein Rotwein weicher und zugänglicher bereitet werden soll. Reifere, seidigere Tannine werden durch späte Traubenlese und ein erhöhtes Augenmerk auf die Tanninreife statt auf den Zuckergehalt gefördert.

Toastwürze kommt von der Anröstung des Fasses auf der Innenseite. Ein Wein mit einer starken Toastnote weist karamellähnliche Geschmacksnoten auf.

Die richtige Temperatur

Nichts tut einem Wein beim Servieren so wohl oder weh wie die Temperatur. Weißwein schmeckt unweigerlich flach und langweilig, wenn er zu warm ins Glas kommt, und Rotwein zeigt enttäuschend wenig Duft und Geschmacksfülle, wenn er zu kalt ist. Nachstehend sollen einige Hinweise auf die richtige Serviertemperatur für verschiedene Weine gegeben werden.

Übersichtstabelle der Weinjahrgänge

Diese Tabellen sollen ein allgemeines Bild der in den Hauptanbaugebieten erzeugten Qualitäten vermitteln und als Anleitung dienen, ob ein Wein getrunken oder noch aufbewahrt werden sollte. Verallgemeinerungen sind unvermeidlich.

- jetzt trinken
- kann jetzt mit Genuss getrunken werden, bessere Weine lohnen jedoch weitere Aufbewahrung
- muss noch länger lagern
- nicht trinken
- 0 nicht gut
- 10 am besten

	Deutschland		Italien		Spanien
Jahrgang	Rhein	Mosel	Piemontesischer Rotwein	Toskanischer Rotwein	Rioja
2010	6–8 lagern	6–8 lagern	6–8 lagern	7–8 lagern	7–8 lagern
2009	7–9 lagern	6–8 lagern	7–8 lagern	7–8 lagern	8–9 lagern
2008	6–8 Genuss	6–8 Genuss	7–9 lagern	7–8 Genuss	7–8 lagern
2007	8–9 Genuss	8–9 Genuss	7–9 lagern	8–9 lagern	7–8 lagern
2006	6–7 jetzt trinken	6–9 Genuss	8–9 lagern	7–10 lagern	6–7 Genuss
2005	8–10 Genuss	8–10 Genuss	6–8 Genuss	5–9 lagern	7–8 Genuss
2004	6–8 Genuss	6–8 Genuss	7–9 Genuss	7–9 Genuss	7–9 Genuss
2003	6–9 Genuss	6–9 Genuss	6–8 Genuss	6–8 Genuss	6–7 jetzt trinken
2002	7–8 Genuss	7–8 Genuss	5–6 Genuss	5–6 jetzt trinken	6–7 jetzt trinken
2001	7–9 Genuss	8–10 Genuss	8–9 Genuss	6–9 Genuss	7–9 jetzt trinken
2000	5–8 Genuss	5–8 Genuss	7–8 Genuss	6–7 Genuss	5–7 jetzt trinken
1999	7–10 Genuss	7–10 Genuss	8–10 Genuss	8–10 Genuss	6–7 jetzt trinken
1998	6–9 Genuss	6–9 Genuss	7–8 Genuss	6–7 Genuss	7–8 Genuss

	Australien		Champagner		Portwein	
Jahrgang	Shiraz	Chardonnay	Jahrgang		Jahrgang	
2010	7–8 lagern	7–8 Genuss	2010	6–7 lagern	2010	6–8 lagern
2009	7–9 lagern	7–8 Genuss	2009	8–10 lagern	2009	7–9 lagern
2008	7–8 lagern	7–8 Genuss	2008	8–9 lagern	2008	7–8 lagern
2007	7–8 lagern	7–8 Genuss	2007	6–7 lagern	2007	8–10 lagern
2006	7–8 Genuss	7–8 Genuss	2006	7–9 lagern	2006	6–7 lagern
2005	7–9 Genuss	7–9 Genuss	2005	7–8 lagern	2005	7–8 lagern
2004	6–8 Genuss	6–8 Genuss	2004	8–9 lagern	2004	7–8 lagern
2003	5–7 Genuss	5–7 Genuss	2003	6–7 Genuss	2003	8–9 lagern
2002	5–8 Genuss	5–8 Genuss	2002	8–10 Genuss	2002	k. A.
2001	6–8 Genuss	5–7 jetzt trinken	2001	1–3 nicht trinken	2001	6–7 Genuss
2000	6–8 Genuss	7–9 jetzt trinken	2000	7–8 Genuss	2000	8–10 lagern
1999	7–9 Genuss	5–7 jetzt trinken	1999	6–8 Genuss	1999	7–9 Genuss

	Kalifornien		Neuseeland		Südafrika
Jahrgang	Cabernet	Chardonnay	Rotwein	Weißwein	Rotwein
2010	6–8 lagern	6–8 Genuss	7–9 lagern	7–9 Genuss	7–9 lagern
2009	7–9 Genuss	7–9 Genuss	7–8 Genuss	7–9 Genuss	8–10 Genuss
2008	6–8 Genuss	6–8 Genuss	5–7 Genuss	7–8 Genuss	7–8 Genuss
2006	6–8 Genuss	7–8 Genuss	7–8 Genuss	6–8 Genuss	7–9 Genuss
2006	6–8 Genuss	6–8 Genuss	6–8 Genuss	6–8 Genuss	7–8 Genuss

Frankreich					
	Roter Bordeaux		Weißer Bordeaux		Elsass
Jahrgang	Médoc/Graves	Pom/St-Em	Sauternes & süß	Graves & trocken	
2010	7–10	6–10	8–10	7–8	8–9
2009	7–10	7–10	8–10	7–9	8–9
2008	6–9	6–9	6–7	7–8	7–8
2007	5–7	6–7	8–9	8–9	6–8
2006	7–8	7–9	8–9	8–9	6–8
2005	9–10	9–10	8–10	8–10	8–9
2004	7–8	7–9	5–7	6–7	6–8
2003	5–9	5–8	7–8	6–7	6–7
2002	6–8	5–8	7–8	7–8	7–8
2001	6–8	7–8	8–10	7–9	6–8
2000	8–10	7–9	6–8	6–8	8–10
1999	5–7	5–8	6–9	7–10	6–8
1998	5–8	6–9	5–8	5–9	7–9
1997	5–7	4–7	7–9	4–7	7–9
1996	6–8	5–7	7–9	7–10	8–10
1995	7–9	6–9	6–8	5–9	6–9
1994	5–8	5–8	4–6	5–8	6–9
1993	4–6	5–7	2–5	5–7	6–8
1992	3–5	3–5	3–5	4–8	5–7

Frankreich Fortsetzung					
	Burgund			Rhône	
Jahrgang	Côte d'Or rot	Côte d'Or weiß	Chablis	Rhône (N)	Rhône (S)
2010	7–8	6–7	7–9	8–9	7–8
2009	7–10	7–8	7–8	7–9	7–8
2008	7–9	7–9	7–9	6–7	5–7
2007	7–8	8–9	8–9	6–8	7–8
2006	7–8	8–10	8–9	7–8	7–9
2005	7–9	7–9	7–9	7–8	6–8
2004	6–7	7–8	7–8	6–7	6–7
2003	6–7	6–7	6–7	5–7	6–8
2002	7–8	7–8	7–8	4–6	5–5
2001	6–8	7–9	6–8	7–8	7–9
2000	7–8	6–9	7–9	6–8	7–9
1999	7–10	5–7	5–8	7–9	6–9
1998	5–8	5–7	7–8	6–8	7–9
1997	5–8	5–8	7–9	7–9	5–8

Beaujolais 10, 09, 08, 07. Crus länger haltbar. **Mâcon-Villages** (weiß) 10, 09, 08 jetzt trinken. **Loire** (süße Weine aus dem Anjou und der Touraine) beste neuerer Jahrgänge: 10, 09, 07, 05, 02, 97, 96, 93, 90, 89; Bourgueil, Chinon und Saumur-Champigny: 10, 09, 06, 05, 04, 02, 00, 99. **Obere Loire** (Sancerre, Pouilly-Fumé): 10, 09, 08 **Muscadet** 10 BV.

Frankreich

Die folgenden Abkürzungen werden im Text verwendet:

Beauj	Beaujolais
Bg	Burgund
Bx	Bordeaux
Champ	Champagne
Dor	Dordogne
El	Elsass
H-Méd	Haut-Médoc
Lang	Lan+guedoc
Lo	Loire
Méd	Médoc
N-Rh	Nördliche Rhône
OF	Ostfrankreich
Prov	Provence
Pyr	Pyrenäen
Rh	Rhône
Rouss	Roussillon
Saut	Sauternes
Sav	Savoyen
S-Rh	Südliche Rhône
SWF	Südwestfrankreich
ZF	Zentralfrankreich
AC	Appellation Contrôlée
Ch.	Château
Dom.	Domaine

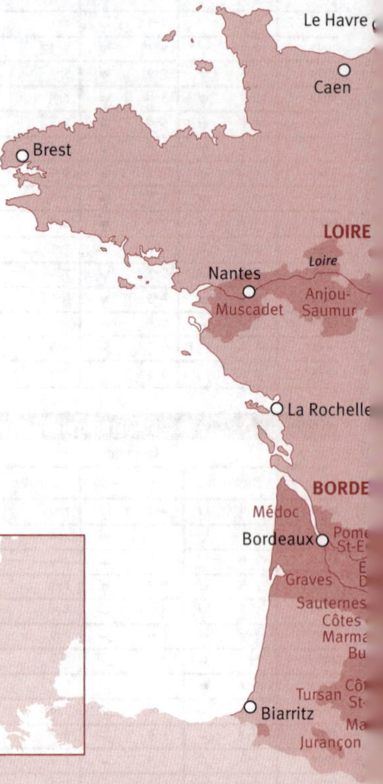

Die dunklen Flächen bezeichnen die Weinbaugebiete

Der Geschmack scheint sich wieder Frankreich zuzuwenden. Nach über einem Jahrzehnt der Begeisterung über immer noch mächtigere, noch extraktreichere und tatsächlich noch alkoholstärkere Weine, wie sie das Markenzeichen der Neuen Welt waren, streben die meisten Erzeuger rund um den Globus jetzt wieder nach Ausgewogenheit und Eleganz. Dabei geht es ihnen keineswegs um kraftlose, fade Gewächse, sondern durchaus um Konzentration, aber eben auch darum, dass die Weine ansprechend und gut trinkbar sind. Ebendies vermag Frankreich zu liefern. Alkoholbomben sind hier nicht beliebt, zumindest nicht unter jenen Konsumenten, für die Wein zum Alltag gehört.

Dennoch darf Frankreich sich nicht auf seinen Lorbeeren ausruhen. Andere Länder bieten den hiesigen Superstars in puncto Qualität und Stil

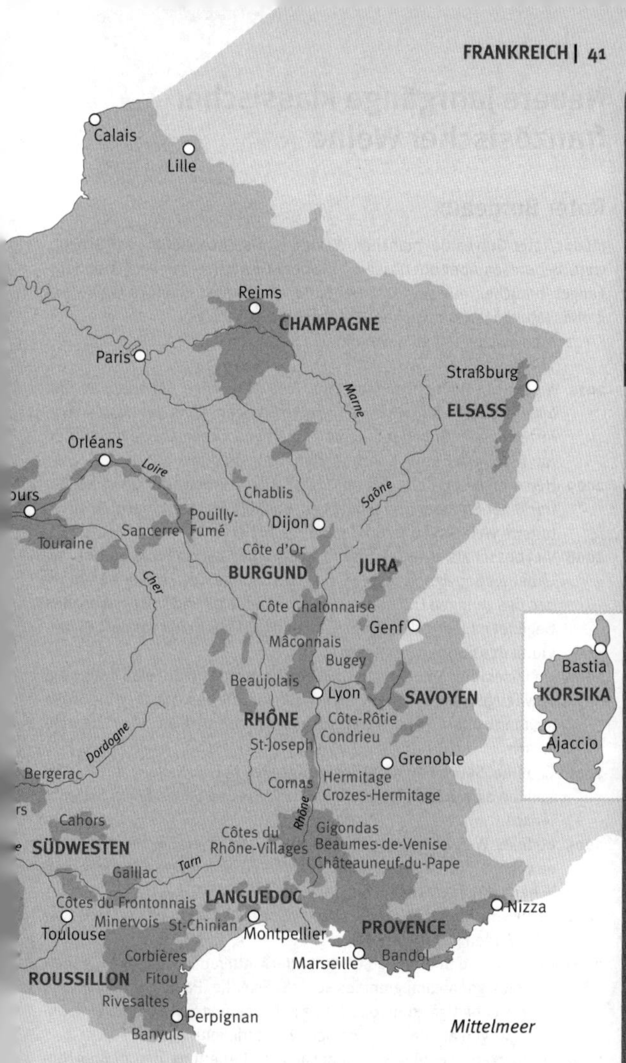

nämlich die Stirn: Von der neuseeländischen Hawkes Bay kommen so manche Syrahs und Bordeaux-Verschnitte, die es mit den besten Rhône- und Médoc-Weinen aufnehmen können, selbst Champagner ist nicht länger der unangefochtene König der Schaumweine, und große Pinot-noir-Gewächse entstehen auch außerhalb der Côte d'Or. Das liegt zum Teil daran, dass urfranzösische Rebsorten im Vergleich etwa zu italienischen überall auf der Welt so gut gedeihen, während bislang noch niemand einen Barolo-ähnlichen Nebbiolo oder einen Chianti-ähnlichen Sangiovese zu erzeugen vermochte. Doch das wurde auch noch nicht so lange versucht.

Als Folge daraus haben die besten Erzeuger jetzt ihren Einsatz erhöht. Nach Terroirtypizität strebt heute die ganze Welt. Plötzlich hat Frankreich hier wieder einen Vorsprung.

Neuere Jahrgänge klassischer französischer Weine

Roter Bordeaux

Médoc/roter Graves Bei manchen Weinen ist Flaschenalterung wünschenswert, bei diesen aber unerlässlich. Kleinere Gewächse aus leichteren Jahrgängen brauchen nur zwei bis drei Jahre, aber selbst einfache Weine aus großen Jahrgängen können über 15 Jahre hinweg noch gewinnen; die großen Kreszenzen solcher Jahrgänge profitieren sogar von der doppelten Zeit.

2010 Wieder ein herausragendes Jahr. Eine schwierige Blüteperiode und winzige Beeren führten zu geringeren Erträgen. Einer der heißesten je verzeichneten Sommer brachte großartigen Cabernet Sauvignon hervor: tiefdunkle Farbe, Konzentration, feste Struktur.

2009 Hervorragendes Jahr, als »das großartigste« beworben. Ein heißer, trockener Sommer und eine lange, sonnige Erntezeit brachten strukturierte Weine mit überbordender Frucht hervor.

2008 Viel besser als erwartet; frische, klassische Geschmacksnuancen. Der Cabernet Sauvignon reifte in der Herbstsonne. Die Erträge waren wegen des geringen Fruchtansatzes, Mehltaubefall und Frost in manchen Gegenden niedrig. Die zunächst niedrigen Preise sind vor dem Hintergrund des 2009ers gestiegen.

2007 Ein miserabler Sommer mit weitverbreitetem Mehltaubefall prägte ein schwieriges Jahr. Leicht zugängliche Weine, die besten haben die Struktur, um zu altern. Je nach Weingut ganz unterschiedlich. Seien Sie wählerisch.

2006 Cabernet Sauvignon hatte Schwierigkeiten bei der Reifung; die Besten können alt werden. Dennoch schöne Farbe und Säure. Seien Sie wählerisch.

2005 Perfekte Wetterbedingungen das ganze Jahr über. Reichhaltige, ausgewogene, für lange Lagerung geeignete Weine eines außergewöhnlichen Jahrgangs. Heben Sie die großen Namen auf.

2004 Gemischte Ergebnisse; die Spitzenweine nach klassischer Art sind aber gut. Werden jetzt trinkreif.

2003 Der heißeste Sommer seit Beginn der Wetteraufzeichnungen. Cabernet Sauvignon kann grandios sein (St-Estèphe, Pauillac). Untypische, aber reichhaltige, kraftvolle Weine auf der einen Seite (aufheben), unausgewogen auf der anderen Seite (jetzt trinken).

2002 Der trockene, sonnige September brachte die Rettung; den größten Nutzen daraus zogen die die später reifenden Cabernet-Sauvignon-Trauben. Bei sorgfältiger Auslese einige gute Weine. Jetzt bis 2018 trinken.

2001 Der kühle September und Regen zur Lese ließen die Cabernet-Sauvignon-Trauben oft nicht voll ausreifen. Einige hervorragende frische Weine, die jetzt bis 2015 trinkreif sind.

2000 Allgemein exzellente Weine. Abgesehen von den Spitzenweinen allmählich trinkreif.

1999 Regen verwässerte die reife Frucht einmal mehr. Annehmbare Weine sind jetzt trinkreif, doch versuchen Sie, sie noch etwas aufzubewahren.

1998 Gut (v.a. in Pessac-Léognan), wenngleich das rechte Ufer eindeutig der Gewinner des Jahres ist. Jetzt bis 2015 trinken.

1997 Eine ungleichmäßige Blüte und der verregnete Sommer bedeuteten eine doppelte Herausforderung. Spitzenweine haben immer noch einen gewissen Reiz, der Rest hat seine guten Tage hinter sich.

1996 Kühler Sommer, gute Ernte. Gut bis ausgezeichnet. Jetzt bis 2020 trinken.

Ältere gute Jahrgänge: 1995, 1994, 1990, 1989, 1988, 1986, 1985, 1982, 1975, 1970, 1966, 1962, 1961, 1959, 1955, 1953, 1949, 1948, 1947, 1945, 1929, 1928.

St-Emilion/Pomerol

2010 Ausgezeichnet. Abermals kraftvolle Weine mit hohem Alkoholgehalt. Viel Konzentration dank kleiner Beeren. Eventuell etwas ausgewogener als der Jahrgang 2009.

2009 Erneut ausgezeichnet. Kraftvolle Weine (mit viel Alkohol), doch offenbar ausgewogen. In St-Emilion zog Hagel die Produktion einiger Güter in Mitleidenschaft.

2008 Ähnlich wie im Médoc, die Lese zog sich bis in den November hinein. Dass die Erträge sehr gering waren, war der Qualität zuträglich, die überraschend gut ist.

2007 Das gleiche Bild wie im Médoc. Die Lese fand zu sehr unterschiedlichen Zeitpunkten statt (Abweichungen von bis zu 5 Wochen). Ausgesprochen durchwachsen.

2006 Zur Lese Regen und Fäulnis. Der früher reifende Pomerol war erfolgreich, gemischte Qualität in St-Emilion und den Satelliten.

2005 Bedingungen wie im Médoc. Überall ein Erfolg. Ab jetzt trinkreif.

2004 Der Merlot in Pomerol oft besser als 2003. Guter Cabernet franc, sonst unterschiedlich.

2003 Der Merlot litt unter der Hitze, aber der Cabernet franc ist hervorragend. Sehr gemischter Jahrgang, teilweise Überextraktion. St-Emilion-Spitzenweine vom Plateau gut. Einige müssen jetzt getrunken werden – welche, kann man nur durch Probieren herausfinden.

2002 Probleme mit der Reife und mit Fäulnis, z. T. auch Überextraktion. Mittelprächtig bis gut. Trinkreif.

2001 Nicht so regnerisch zur Ernte wie im Médoc. Einige kraftvolle Merlot-Weine, teilweise besser als 2000. Jetzt bis 2015 trinken.

2000 Ähnliche Bedingungen wie im Médoc, die Auswirkungen auf die Merlot-Ernte waren allerdings etwas ungünstiger. Dennoch ein sehr guter Jahrgang.

1999 Mit Glück und Geschick konnten einige Winzer gute Weine erzeugen, doch der Regen war erneut ein Problem. Jetzt bis 2015 trinken.

1998 Die früher reifende Merlot-Traube ist dem Regen großteils entgangen. Einige exzellente Weine.

1997 Merlot hat unter dem Regen gelitten. Nur eine Handvoll Weine sind immer noch reizvoll.

1996 Kühler, schöner Sommer. Regen bei der Ernte. Ungleichmäßiger als Médoc. Jetzt bis 2015.

Ältere gute Jahrgänge: 1995, 1994, 1990, 1989, 1988, 1985, 1982, 1971, 1970, 1967, 1966, 1964, 1961, 1959, 1953, 1952, 1949, 1947, 1945.

Roter Burgunder

Côte d'Or Die Rotweine von der Côte de Beaune sind meist früher ausgereift als die größeren Kreszenzen von der Côte de Nuits. Die leichteren Weine, z. B. Volnay, Beaune usw., sind am frühesten trinkreif, am längsten brauchen die ganz großen Gewächse von Chambertin, Romanée usw. Aber auch der beste Burgunder ist jung ansprechender als gleichwertiger roter Bordeaux.

2010 Geringe Ernte; potenziell spannende Côte-de-Nuits- und womöglich strengere Côte-de-Beaune-Weine (mehr Regen).

2009 Herrliches Wetter Mitte und Ende des Sommers sorgte für schöne, reife, füllige Rotweine, die noch vor den 2005ern zugänglich werden.

2008 Wer Pilzkrankheiten wie Mehltau vermeiden konnte, brachte schöne Weine hervor, andere Erzeuger erlebten eine Katastrophe. Sorgfältig auswählen.

2007 Kleine Ernte; attraktive, intensiv duftende Weine. Wer sie kauft, sollte sie trinken, nicht einkellern.

2006 An der Côte de Nuits (weniger Regen) ansprechende, kraftvolle Weine, die sich mittelfristig entfalten. Côte-de-Beaune-Rotweine sollten ab jetzt getrunken werden.

2005 Der beste Jahrgang seit mehr als einer Generation, überall hervorragende Weine. Die Spitzengewächse müssen, so groß die Versuchung auch sein mag, noch lagern.

2004 Leichtere Weine, einige sehr hübsch, andere ziemlich unangenehm krautig. Bald trinken.

2003 Die Rotweine kamen mit der Hitze besser klar als die Weißen. Muskulöse, reichhaltige Weine; die besten sind außergewöhnlich, die anderen alkoholstark und mit kurzem Abgang.

2002 Ausgezeichnete mittelgewichtige Weine, ansprechende frische Note. Zeigen jetzt allmählich ihre wahre Klasse. Können noch eine Weile lagern.

2001 Hätten etwas mehr Sonne benötigt, um exzellent zu sein. Jetzt trinkreif.

2000 Waren erfreulicher als erwartet, aber jetzt austrinken.

1999 Große, gut ausgereifte Ernte; die Weine haben eine schöne Farbe, stahlige Tannine und strotzen vor Fruchtaromen. Die meisten sind trinkreif, die Spitzengewächse werden noch besser.

1998 Reife Frucht, aber herbe Tannine. Die ausgewogenen Gewächse machen jetzt eine gute Figur.

Ältere gute Jahrgänge: 1996, 1995, 1993, 1990, 1988, 1985, 1978, 1971, 1969, 1966, 1964, 1962, 1961, 1959.

Weißer Burgunder

Côte de Beaune Weiße Burgunder werden nur noch selten für eine lange Lagerung bereitet, wie es früher üblich war. Spitzengewächse sollten bis zu 10 Jahre lang von einer Alterung profitieren.

2010 Der Regen im September war problematisch, dennoch könnte es einige gute Weine geben.

2009 Gute Ernte gesunder Trauben. Die Weine werden sicher bezaubernd, aber haben sie auch genug Säure, um zu reifen?

2008 Geringe Ernte; reife Aromen, dennoch viel Säure. Sehr feine Weine; die besten einlagern. Trinkreif 2012–2020.
2007 Große Ernte – wer spät las, erzielte sehr gute Ergebnisse. Bald trinken.
2006 Reiche Ernte charmanter, aromatischer Weine. Jetzt trinken.
2005 Kleiner, aber hervorragender Ertrag. Dichte und konzentrierte Weine. Mit dem Trinken nicht zu lang warten.
2004 Aromatische, manchmal kräuterwürzige Weine. Bald trinken.
2003 Heißer Jahrgang; außer den allerbesten Gewächsen kippen die Weine jetzt bereits um.
2002 Stilvolle Weine, die jetzt von ihrer besten Seite zeigen.
2000 Reiche Ernte reifer, gesunder Trauben. Jetzt trinken.

Mit Weißweinen aus dem Mâconnais (Pouilly-Fuissé, St-Véran, Mâcon-Villages) verhält es sich ähnlich, sie sind aber nicht so lange haltbar und zeichnen sich mehr durch Frische als durch Fülle aus.

Chablis

Grands crus aus Jahrgängen mit Kraft und gutem Säuregehalt entwickeln sich bis zu zehn Jahre superb, Premiers crus entsprechend kürzer, aber auch sie brauchen mindestens drei Jahre.

2010 Das zum Schluss doch noch recht gute Wetter lässt einen weiteren feinen Jahrgang erwarten.
2009 Reichhaltige, zugängliche Weine; weniger mineralisch als die 2007er oder 2008er. Trinkreif 2012–2016.
2008 Hervorragend. Eine geringe Ernte erbrachte kraftvolle, saftige Weine mit Entfaltungspotenzial für 2012–2020.
2007 Hervorragende Grands crus und Premiers crus wurden nicht durch den Hagel beeinträchtigt. Der normale Chablis ist bescheidener. 2012–2017.
2006 Frühe Ernte; attraktive Weine mit ansprechender Aromatik. Jetzt austrinken.
2005 Kleiner, aber hervorragender Ertrag. Die Weine sind dicht und konzentriert. 2012–2017.
2004 Schwieriger Jahrgang wegen Problemen mit Mehltau. Kein Jahrgang für den Keller.
2003 Kleine Mengen reifer Weine, doch geringe Säure. Austrinken.

Beaujolais

2010 Vielversprechender Nachfolger der Jahrgangs 2009.
2009 Wunderbar; der beste Jahrgang seit Langem hat für neu erwachtes Interesse an Beaulolais gesorgt.
2008 Durch weitverbreiteten Hagel stark beeinträchtigter Jahrgang.
2007 Attraktive Weine, doch das gewisse Etwas eines großen Jahrgangs fehlt.
2006 Schwieriger Jahrgang, teilweise durch Traubenfäule beeinträchtigt.
2005 Konzentrierte Weine.

Südwestfrankreich

2010 Reduzierte Erträge, da der schlechte Frühling vielfach zu mangelhaftem Fruchtansatz führte. Der trockene und schließlich sogar heiße Sommer nährte Hoffnungen auf ein insgesamt gutes Jahr.

2009 Sehr gutes, wenn nicht sogar großartiges Jahr, das beste seit 2005. Rot- und Weißweine gleichermaßen exzellent; die sehr süßen Dessertweine wurden noch von spätem Regen erwischt.

2008 Sonne ganz zum Schluss rettete den Jahrgang einigermaßen, allzu gut ist er aber nicht.

2007 Die Vorzeichen waren schauerlich, aber ganz so schlecht sind die Weine dann doch nicht geworden – immerhin Durchschnitt. Die Süßweine behaupteten sich gegen den Trend.

2006 Die Roten trinken sich jetzt recht schön, die Weißen halten sich nicht mehr lange.

2005 Ein großer Jahrgang. Die meisten Wein sind jetzt trinkreif, aber die besten Rot- und süßen Weißweine haben noch viele Jahre vor sich.

Midi

2010 Nach dem kühlen, feuchten Frühling kam der Sommer erst spät; die Trauben reiften aber gut aus. Schöne Qualität im gesamten Anbaubereich; geringere Erträge als sonst wegen der sommerlichen Dürre.

2009 Kühler Frühling, heißer, trockener Sommer. Exzellente Qualität.

2008 Ähnlich wie 2007, aber genug Sonne, um einige elegante Weine von stressfreien Reben hervorzubringen. Hagelschäden in Faugères.

2007 Der feuchte Frühling, der unterdurchschnittlich kühle Sommer und der schöne September brachten gemeinsam einige wunderbar ausgewogene Weine mit Reifepotenzial hervor.

2006 Den besten Erzeugern gelangen schöne Ergebnisse.

Nördliche Rhône

2010 Äußerst vielversprechend. Herrliche Frucht beim Syrah, die Weine sind ausgewogen und frisch. Sehr guter Condrieu, frischer als in den letzten Jahren. Auch bei anderen Weißen viel Potenzial.

2009 Hervorragend. Einige fantastisch üppige rote Hermitage- und sehr volle Côte-Rôtie-Weine. Gute, lebhafte Syrah- und St-Joseph-Abfüllungen. Saubere, recht mächtige Weiße mit Alterungspotenzial.

2008 Schwieriger, von Regen geprägter Jahrgang. Nur Spitzenwinzer schlugen sich gut. Cornas ordentlich, einige schöne Côte-Rôtie- und anständige Hermitage-Weine. Gute, saubere Weiße, die reifen können, v. a. Condrieu. Rotweine halten sich 8–10 Jahre.

2007 Mit zunehmender Reife legen auch Tiefe und Qualität zu. Weine aus den besten Lagen in Hermitage, Côte Rôtie, Cornas und St-Joseph sind bereits ansprechend mit stilvoller Frucht und einer Lebenserwartung von 18 und mehr Jahren. Die Weißen mit genug Tiefe für die Zukunft.

2006 Eine große Ernte, die Weine zeigen klare Frucht mit solider Unterfütterung. Haben sich gut entfaltet, v. a. der Côte Rôtie. Schöne Säure bei den robusten Weißen, alkoholstarker Condrieu.

2005 Ein außergewöhnlicher Jahrgang, mit dem man sich Zeit lassen kann. Immer noch straffe Aromen und gutes Alterungspotenzial bei Hermitage-, Cornas- und den fülligsten Côte-Rotie-Weinen. Die Roten aus St-Joseph haben eine durchdringende Fruchtigkeit. Volle Weiße.

2004 Durchschnittliches Jahr mit mittelgewichtigen Weinen, der Côte Rotie entwickelt sich mit der Zeit schön. Die besten Rotweine kommen von Spitzenlagen. Die Weißen sind jetzt großartig.

2003 Die intensive Sonneneinstrahlung sorgte für gekochte, »südliche« Aromen. Die besten Rotweine warten mit echter Fülle auf und runden sich jetzt ab; sie lassen sich 25 Jahre und mehr einlagern.

2002 Durch starke Regenfälle in Mitleidenschaft gezogen. Man sollte sich an die besten Winzer halten und den roten St-Joseph sowie den Côte Rôtie von kleinen Erzeugerbetrieben austrinken. Hermitage und Cornas halten sich bis 2015/2018. Gute Weiße, v. a. Condrieu.

2001 Schöner Jahrgang. Die Roten entfalten sich gut, sind jetzt stilvoll und immer noch frisch. Ein Spitzenjahr für die Côte Rôtie; auch viele sehr gute Weiße. Günstig, wenn man sie bekommt.

Südliche Rhône

2010 Geringe Erträge, gute Qualität. Schöne Weine mit klarer Frucht, einige Ähnlichkeiten mit 1999. Ein erfolgreicher Jahrgang für Gigondas, Vacqueyras und Vinsobres. Auch die vollen Weißen sind interessant.

2009 Im Bestfall volle Rotweine. Trockenheit sorgte teilweise für körnige Tannine. Sehr reife rote Châteauneuf-du-Pape-Gewächse. Côtes-du-Rhône- und -Villages-Rotweine sind jetzt gut. Ordentliche Weiße.

2008 Schwierig wegen Regen und Mehltau. Viele Güter brachten keine Prestigeweine heraus. Die Besten mit annehmbarem Körper; werden 2012/2013 gut trinkbar sein, können aber auch noch ca. 15 Jahre lagern. Halten Sie sich an die großen Namen. Sehr gute, lebhafte Weiße.

2007 Sehr guter Jahrgang. Sortenreinem Grenache fehlt es z. T. an Tanninen. Herausragender Châteauneuf-du-Pape von Spitzenerzeugern. Sehr guter Gigondas. Côtes-du-Rhône-Weine und Weiße jetzt trinken.

2006 Unterbewertet; einige sehr gute Rote. Reichhaltiger roter Châteauneuf-du-Pape, zugänglicher als 2005, weniger mächtig als 2007. Gute, volle Weiße, ideal zum Essen.

2005 Sehr guter Jahrgang, der sich langsam entfaltet. Straff gewirkte, konzentrierte Weine. Werden sich lange halten, erstklassiger Châteauneuf mehr als 20 Jahre. Die Weißen am besten jung trinken.

2004 Gut, aber uneinheitlich. Mineralischer Châteauneuf mit verführerischen Aromen; von Spitzenerzeugern mit Tiefe. Sind ab jetzt gut zu trinken. Gute, komplexe Weiße, die man einlagern kann.

2003 Allmählich rundet sich dieser Jahrgang ab – eine Überraschung. Robuste, alkoholstarke Weine, die jetzt eine weniger einschüchternde Textur haben. Spitzenweinen steht ein langes Leben bevor. Halten Sie sich an die besten Erzeuger und die besten Bereiche.

2002 Austrinken. Einfache fruchtige, früh trinkreife Rote und akzeptable Weiße. In Gigondas noch am besten.

2001 Ausgezeichneter klassischer Jahrgang. Komplexe Rotweine mit langer Lebenserwartung; bei den Spitzenbereichen muss man Geduld haben. Der fantastische Châteauneuf-du-Pape ist jetzt großartig in Form.

2000 Schmackhafte, zugängliche, fruchtbetonte Weine, die jetzt auf den Punkt kommen bei einer Lebenserwartung von 15–18 Jahren. Halten Sie sich an die Spitzenerzeuger. Gigondas könnte Châteauneuf-du-Pape qualitativ überholen.

1999 Sehr gute, unterschätzte Weine von den besten Erzeugern. Die Roten aus Châteauneuf haben mit dem Alter noch einen Gang zugelegt. Guter Gigondas, gut auch die besten Etiketten in Lirac.

Champagne

2010 Schwere Regenfälle Mitte August führten verbreitet zu Fäule und Ernteverlust bei den roten Sorten, v.a. Pinot Meunier im Marne-Tal. Wesentlich besser erging es dem robusteren Chardonnay – ein Jahr für Blanc de Blancs.

2009 Ein Jahrgang voller Reife, Charme und verfeinerter Aromen, der früher als der 2008er herrlichen Genuss bieten wird. Üppiger Pinot Noir aus der Aube-Region.

2008 Ein klassischer Jahrgang, der sich eher langsam entwickeln dürfte. Das Potenzial für wahrhafte Größe ist da, allerdings mit sehr hohen Säurewerten, die gemeistert sein wollen. Besser für Pinot noir als für Chardonnay.

2006 Während der Wachstumsperiode ging alles drunter und drüber, doch der schöne September sorgte für reife, ausdrucksstarke Weine, v.a. Pinot noir. In einigen Häusern womöglich unterbewertet.

2005 Insgesamt kein großer Champagnerjahrgang. Für echte Klasse war es zu heiß, den Weinen fehlt es an Elan und Schwung. Trotzdem Jahrgangsweine von Bollinger und Jacquesson.

2004 Champagner von klassischer Finesse und Spannung. Auf diesen Jahrgangschampagner kann man sich freuen.

2002 Zweifellos ein großartiger, bestrickender Jahrgang mit herrlichem Pinot noir und üppigem Chardonnay. Im neuen Jahrhundert bis jetzt der beste Jahrgang auf dem Markt. Sehr feiner Dom Pérignon und Piper Heidsieck Cuvée Rare. Kann noch eine Zeit lang gelagert werden.

Ältere gute Jahrgänge: 2000, 1999, 1998, 1996, 1995, 1990, 1989, 1988, 1985, 1982.

Loire

2010 Ein anspruchsvolles und klassisches Jahr mit großen klimatischen Unterschieden. Gut für Muscadet, Anjou, den Großteil der Touraine und die Région Centre (Obere Loire). Montlouis und Vouvray hatten mit Traubenfäule zu kämpfen. Feine Süßweine in Anjou.

2009 Im Allgemeinen sehr gut, trotz Trockenheit in Teilen von Anjou-Touraine und schweren Hagelschäden in Menetou-Salon und Sancerre. Bei einigen Sauvignon-blanc-Weinen ist der hohe Alkoholgehalt problematisch.

2008 Geringe Erträge, v.a. bei Muscadet. Sehr gesunde Trauben, hoher Säuregehalt. Gute, langlebige Rote und exzellente trockene Weiße, v.a. Chenin blanc; Süßweine machte der nasse November zunichte.

2007 Ein schöner September und Oktober retteten die Ernte. Hier ist der Erzeuger entscheidend. Spröde trockene Weiße und wirklich außerordentliche Anjou-Süßweine.

2006 Erfolgreich war nur, wer gewissenhaft arbeitete. Den trockenen Weißen ging es durchweg gut, auch die Roten sind gut, einige alterungswürdig. Für Süßwein kein großes Jahr.

2005 Generell ein exzellenter Jahrgang, den man ohne Bedenken kaufen kann. Einige Rotweine fallen allerdings recht tanninstark aus.

Elsass

2010 Einer der extremsten Jahrgänge im Elsass seit Langem: vor Weihnachten -26 °C, im Juli sengende Hitze. Sehr geringe Ernte, manchmal weniger als 70 % des Üblichen. Exzellente Weine, meist trocken ausgebaut, die man lange einlagern kann.

2009 Ein milder Winter, ein warmer Juli und ein glühend heißer August. Von Dürre- und Trockenstress beeinträchtigter Riesling. Großartiger Pinot gris und Gewürztraminer; einige feine Spätlesen.

2008 Ein kühler, aber trockener August und ein guter September brachten einen gesunden Jahrgang trockener, knackig-frischer Weine hervor.

2007 Ein heißer Frühling und ein nasskalter Sommer, doch sonniges Wetter im Herbst ermöglichte die Lese von gesunden, reifen Trauben. Vielversprechend.

2006 Dem heißesten Juli seit Beginn der Wetteraufzeichnungen folgte der kälteste August. Von Spitzenerzeugern subtiler, feiner Riesling.

2005 Nach dem Altweibersommer konnte eine große Ernte von gesunden Trauben eingefahren werden. Reife, schön ausgewogene, mineralische Weine.

2004 Erzeuger, die früh mit der Lese begannen und ihre Erträge beschränkten, brachten klassische Weine hervor. Ein subtiler Jahrgang.

Abymes Sav w ★ BV – Hügeliger Bereich bei Chambéry; leichter, milder AC Vin de Savoie von der Jacquère-Traube mit alpinem Charme. Savoyen hat eine ganze Reihe solcher lokaler Crus.

Ackerman Lo r rs w; tr s; sch ★→★★ Großer Négociant – bei der Gründung 1811 das erste Schaumweinhaus in Saumur. Die Aktionäre sind Loire-Winzer, darunter die Alliance Loire mit acht Genossenschaften; der Name wurde 2009 von Rémy-Pannier in Ackerman geändert. 2010 erwarb man Les Caves Monmousseau (Touraine). Schäumender Saumur und Crémant sowie Stillwein von der ganzen Loire, oft in eigenen Kellereien bereitet. Siehe Blog www.xnoir.fr.

Agenais SWF r rs w ★ BV – IGP aus dem Departement Lot-et-Garonne. Unabhängige Erzeuger wie Dom. Lou Gaillot und Dom. Campet sind besser als die mäßigen Genossenschaften, und ihre Weine kosten nur unwesentlich mehr.

Aligoté Bg BV – Zweitrangige, etwas scharf schmeckende Traube aus Burgund mit einer eigenen Appellation in Bouzeron. Auch der Grundwein für Crème blanc de Cassis (Kir).

Alliet, Philippe Lo r w ★★→★★★ **02 04** 05' **06** 08 09' (10) – Chinon-Erzeuger der Spitzenklasse, der konzentrierte, lagerfähige Cuvées bereitet. Zu den besten gehören der im Fass ausgebaute Coteau de Noiré von einer Steillage, der Vieilles Vignes sowie l'Huisserie, der von einer neu angelegten Hanglage kommt. Auch etwas Chinon blanc.

Aloxe-Corton Bg r w ★★→★★★ **99' 02' 03** 05' **06 07** 08 09' – Weinort am Nordende der Côte de Beaune; die Grand-cru-Lagen Corton (r) und Corton-Charlemagne (w) sind berühmt, die Premier-cru- und Village-Weine weniger interessant. Wenn Überextraktion vermieden wurde, können die Roten ansprechend sein. Beste Erzeuger: Pierre André, Doms. Follin-Arbelet, Comte Senard.

Alquier, Jean-Michel Lang r w – Führender Erzeuger in Faugères, nicht mit Frédéric, dem Bruder, zu verwechseln. Weißer IGP-Verschnitt von Marsanne und Grenache blanc, IGP Les Pierres Blanches (Sauvignon blanc) sowie die roten Cuvées Les Premières, Maison Jaune und der lagerfähige Les Bastides von einer Einzellage.

Alsace El (r) w; (sch); (s) ★★→★★★★ **00' 02' 04 05' 06 07 08** 09' 10 – Region an den Ostausläufern der Vogesen, v.a. der Bereich zwischen Straßburg und Mühlhausen. Die Weine sind aromatisch, fruchtig, stark, normalerweise trocken und tragen der jeweiligen Rebsorte Rechnung. Der Trend einiger Häuser zu einem süßeren Stil flaut wieder ab. Werden meist nach der Rebsorte verkauft (Pinot blanc, Riesling, Gewürztraminer usw.). Altern (ausgenommen Pinot blanc und Muscat) gut 5–10 Jahre, Grand cru noch länger. Auch guter, preiswerter Crémant. Der einst schwächliche Pinot noir wird immer besser, v.a. **2010**! Siehe auch Vendange tardive, Sélection de grains nobles.

Alsace Grand cru El w ★★★→★★★★ **90' 95 96 97 98 99 00' 02' 04 05' 06 07** 08 09' 10' – AC nur für die 51 (Kaefferkopf kam 2006 dazu) besten Lagen (ca. 1.600 ha, 800 in Produktion) und vier »edle« Trauben: Riesling, Pinot gris, Gewürztraminer und Muscat, überwiegend trocken, einige aber auch süß. Zu den neuen, dringend benötigten Vorschriften zählen ein höherer Mindestreifegrad und das Verbot der Chaptalisierung.

Amiel, Mas Rouss r w; s ★★★ Pionier-Domaine der AC Maury. Üppiger roter Côtes du Roussillon Carérades, weißer Altaïr, Vin de liqueur Plénitude von der Maccabeu-Traube. Eine Reihe namens Vintage mit fassgereiften Vins doux naturels. Der 15 Jahre alte Prestige ist ein Star. Stéphane Derenoncourt (Bordeaux) berät.

Amirault, Yannick Lo r ★★→★★★★ **02 03 04** 05' **06** 08' 09'(10) – Penibler, erstklassiger Erzeuger, dessen Bourgueil- und St-Nicolas-de-Bourgueil-Weine zu den feinsten Roten von der Loire zählen. Spitzencuvées: La Petite Cave und Les Quartiers aus Bourgueil sowie Malagnes und La Mine aus St-Nicolas, alle mit Alterungspotenzial.

André, Pierre Côte d'Or ★★ Négociant im Ch. Corton-André, Aloxe-Corton, mit 5 ha in und um Corton sowie einer großen Auswahl an Weinen von angekauften Trauben. Deutliche Verbesserung seit dem Erwerb durch Ballande 2003. Im Auge behalten.

Angerville, Marquis d' Côte d'Or ★★★★ Eine der Superstar-Domaines von Volnay mit brillanten Premier-cru-Weinen, u. a. Clos des Ducs (Monopole-Lage), Champans und Taillepieds. Die Qualität steigt in letzter Zeit noch weiter. Arbeitet biodynamisch.

Anjou Lo r rs w; (tr) (s); (sch) ★→★★★★ Region, aber auch übergeordnete Appellation an der Loire, die Anjou und Saumur beinhaltet. Große Stilvielfalt: Das Spektrum der trockenen Chenin-blanc-Weißweine reicht von leichten Alltagstropfen bis zu kräftigen Weinen mit Alterungspotenzial. Unter den Roten findet man z. B. den überraschend reichhaltigen AC Anjou Gamay, den saftigen Anjou Rouge auf Cabernet-franc-Basis und den strukturierten Anjou-Villages. Daneben der starke, meist trockene Savennières, der leicht süße bis üppige Coteaux du Layon von Chenin blanc, trockene und süße Rosés sowie Schaumweine. Trotz des traditionell bescheidenen Images der AC Anjou sind die Weine oft hervorragend und zudem preiswert.

Anjou-Coteaux de la Loire Lo w; lbl s ★★→★★★ **02 03 05'** 07 09' (10) – Kleine AC (40 ha) ganz im Westen der AC Anjou für süße Chenin-blanc-Weißweine, die weniger voll, aber nerviger sind als Coteaux du Layon. Erzeuger: v. a. Doms. du Fresche, Musset-Roullier und Ch. de Putille.

Anjou-Villages Lo r ★→★★★★ **02 03 05' 06** 08 09' (10) – Höherwertige AC für Rotweine (vorwiegend Cabernet franc/Cabernet Sauvignon, aber auch einige reinsortige Weine von Cabernet Sauvignon) aus dem Herzen der

AC Anjou. In der Regel ambitioniert; die Qualität ist meist hoch und die Preise sind erträglich. Erzeuger: v.a. Dom. de Brizé, Dom. Cady, Clos de Coulaine, Philippe Delesvaux, Dom. de la Bergerie, Ogereau, Dom. Philippe und Ch. Pierre-Bise. Der Unterbereich Anjou-Villages-Brissac liegt im selben Gebiet wie Coteaux de l'Aubance; Erzeuger hier: v.a.: Bablut, Dom. de Haute Perche, Montigilet, Richou, Rochelles, Ch. de Varière.

Appellation Contrôlée (AC oder **AOC)** Staatliche Herkunfts- und Produktionskontrolle (nicht für Qualität!) für die besten französischen Weine; etwa 45 % der Gesamtmenge.

Apremont Sav w ★★ BV – Einer der besten Weinorte in Savoyen; helle, zarte Weiße, v.a. von der Jacquère-Traube, seit Kurzem aber auch Chardonnay.

Arbin Sav r ★★ Dunkler, lebendiger Rotwein aus Mondeuse-Trauben, etwa wie ein guter Cabernet Sauvignon von der Loire. Trinkreif mit 1–2 Jahren.

Arbois Jura r rs w; (sch) ★★→★★★ meist BV – Verschiedene gute und ursprünglich leichte, wohlschmeckende Weine; Spezialität: Vin jaune (der alt werden kann).

Ariège SWF r ★ **08** 09 (10) – IGP aus dem Gebiet südlich von Toulouse. Bester Erzeuger von Ariège-Wein im neuen Stil: Dom. des Coteaux d'Engraviès. Lagerfähig, v.a. wenn auf Syrah basierend.

Arlaud Côte d'Or ★★→★★★ Weingut in Morey-St-Denis mit Charmes-Chambertin, Clos de la Roche u.a. In allen Preisklassen gute Abfüllungen in relativ zugänglichem, modernem Stil.

AOP und IGP: Was tut sich in Frankreich?

Die Appellationen und Vins de pays Frankreichs werden sukzessive in Appellation d'Origine Protegée (AOP) und Indication Géographique Protegée (IGP) umbenannt. Das heißt, überall, wo eine neue Appellation entstehen soll, wird sie nun AOP statt AOC heißen. IGP ersetzt die Vins des pays, während die Stufe der Tafelweine (Vin de table) durch die Kategorie Vin de France abgelöst wird. Für sie ist neu, dass auch Rebsorte und Jahrgang angegeben werden dürfen, was beim Vin de table bisher verboten war.

Arlay, Château d' Jura ★→★★ Großes Weingut mit 65 ha in tüchtigen Händen. Weine u.a. sehr guter Vin jaune, Vin de paille, Pinot noir und Macvin.

Arlot, Domaine de l' Côte d'Or ★★★ Erzeuger an der Côte de Nuits, führend bei der Ganztraubenvergärung. Die Weine sind blass in der Farbe, aber voller Aroma und Frucht. Die besten Lagen sind Romanée-St-Vivant und Nuits-St-Georges, v.a. Clos de l'Arlot. Auch gute Weißweine.

Armand, Comte Côte d'Or ★★★ Einziger Besitzer des großartigen Clos des Epeneaux in Pommard sowie anderer Weinberge in Auxey und Volnay. Seit 1999 in Topform.

Aube Champ – Südlicher Ausläufer der Champagne; heißt auch Côte des Bar. Pinot noir wird immer besser.

Auxey-Duresses Côte d'Or r w ★★→★★★ **99' 02'** 03 05' **06 07** 08 09' – Versteckt gelegener Ort der Côte de Beaune-Villages; die Weine sind etwas rau, aber auch gute Versionen sind zu haben, v.a. mineralische Weiße. Beste Beispiele (rot): Comte Armand, Maison Leroy, Prunier; (weiß): Lafouge, Maison Leroy (Les Boutonniers).

Aveyron SWF r rs w – In der Entstehung begriffene IGP mit einigen spannenden Erzeugern von Naturweinen. Nicolas Carmarans (★★) verwendet die seltene lokale Rebsorte Négret de Banhars (BV); Patrick Rols (★★) hält es mit Merlot und Cabernet Sauvignon etwas konventioneller, dafür sind die Weine langlebiger.

Avize Champ – Einer der besten Orte der Côte des Blancs für Chardonnay. Überaus vollendete Weine.

Aÿ Champ – Einer der besten Orte der Champagne für Pinot noir. Samtige Weine.

Ayala Champ – Wiederbelebtes Champagnerhaus in Aÿ im Besitz von Bollinger. Schöner Brut Nature Zéro Dosage und rassiger Rosé. Ausgezeichneter Prestige Perle d'Ayala (**02' 04** 05 06 08).

Bandol Prov r rs (w) ★★★ **96 97 98 99 00** 01 02 03 04 05 06 07 08 – Kleine AC an der Küste bei Toulon mit den feinsten Weinen der Provence: in Eiche ausgebaute Rote mit langer Lebenserwartung, vorwiegend von Mourvèdre mit Grenache und Cinsault, auch elegante Rosés von jungen Reben und ein wenig Weißwein von Clairette, Ugni blanc und gelegentlich Sauvignon blanc. Spitzenerzeuger: u. a. Ch. La Bastide Blanche, Ch. La Bégude, Dom. Lafran Veyrolles, Dom. de la Laidière, Ch. Pibarnon, Ch. Mas de la Rouvière, Dom. La Suffrène, Dom. Tempier.

Banyuls Rouss br; s ★★→★★★ Herrlich ursprüngliche Vins doux naturels, hauptsächlich von Grenache. Banyuls Grand cru besteht zu mindestens 75 % aus Grenache und wird 2 Jahre und länger gelagert. Neuere Jahrgangsweine ähneln im Stil Ruby Port, weit besser aber sind die traditionellen Rancios, die jahrelang in großen Fässern reifen. Sie erinnern an feinen alten Tawny Port oder sogar an Madeira. Am besten sind die Domaines Coume del Mas (★★), du Mas Blanc (★★★), la Rectorie (★★★), de la Tour Vieille (★★★) und Vial Magnères. Siehe auch Maury.

Barrique In Bordeaux (und Cognac) gebräuchliche Bezeichnung für ein Eichenfass mit 225 l (300 Normflaschen). Ausbau in Barriques zur Anreicherung des Weins mit Eichenholzaroma war Ende der 1980er-Jahre große Mode, heutzutage jedoch mahnen Konsumentengeschmack und Fasspreise zu mehr Vorsicht.

Barsac Saut w; s ★★→★★★★ **83' 86' 88' 89' 90' 95 96 97' 98 99' 01' 02 03' 05' 07'** 09' 10 – Nachbar von Sauternes mit ähnlich feinen, goldfarbenen Weinen von tiefer liegenden Kalksteinböden; frischer, nicht so kraftvoll, dafür mehr Finesse. Lange Reifezeit lohnt sich sehr. Spitzenweine von Climens, Coutet, Doisy-Daëne, Doisy-Védrines, Nairac.

Barthod, Ghislaine Côte d'Or ★★★→★★★★ Domaine mit eindrucksvollem Angebot an archetypischem Chambolle-Musigny. Fantastische Ausgewogenheit und Feinheit, aber dennoch Tiefe und Konzentration. Neun Premiers crus, darunter Les Cras, Fuées und Beauxbruns.

Barton & Guestier Bx – Handelshaus in Bordeaux, seit 2010 im Besitz des Getränkekonzerns Castel.

Bâtard-Montrachet Côte d'Or w ★★★★ **99' 00 02' 04'** 05' **06'** 07 08 09' – Grand cru (12 ha) unterhalb von Montrachet selbst. Kraftvolle, reichhaltige Weine, gelegentlich etwas stämmig. Die Geschwisterlagen Bienvenues-Bâtard-Montrachet und Criots-Bâtard-Montrachet sind ebenfalls beachtlich. Spitzenerzeuger: J.-M. Boillot, Carillon, Faiveley, Gagnard, Louis Latour, Leflaive, Morey, Pernot, Ramonet, Sauzet.

Baudry, Domaine Bernard Lo r rs w ★★→★★★ **02 03** 04 05 **06** 08 09' (10) – Breite Palette hervorragender Chinon-Weine, von Weißen auf Chenin-blanc-Basis über Rosés auf Cabernet-franc-Basis bis zu etlichen exzellenten roten Cuvées, u. a. saftiger Les Granges, strukturierter Clos Guillot und Croix Boissées. Sohn Mathieu ist jetzt auch mit im Boot.

Baudry-Dutour Lo r rs w ★★→★★★ **02 03 05' 06** 08 09' (10) – Der Zusammenschluss der Domaines de la Perrière und de la Roncée 2003 hat den heute größten Erzeuger in Chinon hervorgebracht. 120 ha, inkl. Ch. de St-Louand und seit Neuestem Ch. de la Grille. Verlässliche Qualität von leichten, jung zu genießenden Alltagsweinen bis hin zu alterungswürdigen Roten. Moderne Kellerei in Panzoult.

Baumard, Domaine des Lo r rs w; tr s; sch ★★→★★★★ tr **02 03 04** 05' **06** 07' (s) 08 09 (10) – Führender Familienbetrieb in Anjou, v. a. mit Weißweinen auf Chenin-blanc-Basis, darunter Savennières (Clos St-Yves, Clos du Papillon) und Quarts de Chaume; auch Clos Ste-Catherine (Coteaux du Languedoc). Erzeugt auch einen herben Vin de table von Verdelho. Baumard ist ein tapferer Vorreiter für Schraubverschlüsse an der Loire und Befürworter der Kryoextration (Tiefgefrieren der Trauben zur Konzentration des Zuckergehalts bei Süßweinen).

Baux-de-Provence, Les Prov r rs ★★→★★★ 03 **04 05 06** 07 08 09 – Weine von den spektakulären Bauxit-Abbaustellen in den Alpilles, gekrönt vom Touristenort Les Baux. Die AC gilt für Rot- und Roséweine; Weißwein läuft unter der Appellation Coteaux d'Aix. Vorwiegend ökologischer Anbau. Bester Erzeuger ist die Dom. de Trévallon mit ihrem Verschnitt von Cabernet Sauvignon und Syrah, der aber nur als IGP verkauft werden darf, da er keinen Grenache-Anteil enthält. Weitere Erzeuger: Mas de la Dame, Dom. Hauvette, Sainte Berthe.

Béarn SWF r rs w ★→★★ w rs (BV) r **08 09'** 10 – Vorwiegend Rosé von Madiran- und Jurançon-Erzeugern sowie der Genossenschaft Béarn. Gute Rotweine bietet die Dom. Lapeyre/Guilhémas (★★). Die Weißen sind weniger erfolgreich.

Beaucastel, Château de S-Rh r w ★★★★ **78' 79 81' 83 85 86' 88 89' 90' 94' 95' 96' 97 98' 99' 00' 01' 03' 04** 05' **06'** 07' 08 09' 10' – Schon seit Langem ökologisch bewirtschaftetes Châteauneuf-Gut mit alten Mourvèdre- und sehr alten Roussanne-Reben. Betreibt daneben die ausgezeichnete Firma Perrin & FIls an der südlichen Rhône (mit über 320 ha eigener Rebflächen). Dunkle, komplexe Weine, die in den ersten beiden Jahren oder aber erst nach 7–8 Jahren getrunken werden sollten. Die letzten Jahrgänge sind weicher ausgefallen. Erstklassig der rote Hommage à Jacques Perrin mit zwei Dritteln Mourvèdre. Wundervoller Roussanne Vieilles Vignes (alte Reben), 5–25 Jahre haltbar. Ausgezeichnet der rote Côtes du Rhône Coudoulet de Beaucastel (Lebensdauer 8 Jahre und mehr). Sehr gut und ausgesprochen günstig sind Perrin & Fils Cairanne, Gigondas (rot und weiß), Rasteau und Vinsobres. Sehr gut auch der Ökowein Perrin Nature Côtes du Rhône. Siehe auch Tablas Creek im Kapitel Kalifornien.

Beaujolais Beauj r (rs) (w) ★ BV – Die einfachste Appellation der großen Region Beaujolais; produziert jährlich 5 Millionen Kisten. Einige der Weine aus den Hügeln können hervorragend sein.

Beaujolais Primeur (oder **Nouveau)** Beauj – Der Beaujolais des neuen Jahrgangs, im Schnellverfahren bereitet (oft nur 4–5 Tage Gärung), um am dritten Mittwoch im November um Mitternacht freigegeben zu werden. Im Idealfall mild, pikant, fruchtig und süffig, zu oft aber auch plump, scharf und zu alkoholstark. Hier ist der Event wichtiger als das Getränk.

Beaujolais-Villages Beauj r ★★ 05' **06 09'** 10 – Wein der mittleren Kategorie zwischen einfachem Beaujolais und den 10 »Crus« (z. B. Moulin-à-Vent). Über die besten Lagen verfügen die Gemeinden Beaujeu und Lantigné – es lohnt sich, auf die Freigabe dieser Weine zu warten.

Beaumes-de-Venise S-Rh r (rs) (w) br ★★ r **05' 06 07' 09'** 10'; Muscat BV – Seit Langem etablierter Vin doux naturel von der Muscat-Traube aus den südöstlichen Côtes du Rhône; mit Moschusaroma und Pfirsich-Aprikosen-Karamell-Noten. Seit Neuestem mehr Eleganz, z. B. von den Doms. Beaumalric, Bernardins, Coyeux, Durban, Jaboulet, Pigeade (sehr gut), Vidal-Fleury und der Genossenschaft. Gut zu Melone, Weichkäse und Schokolade. Auch geradlinige, ausdrucksstarke, leicht spröde Rote (Dom. Cassan, du Fenouillet, Durban, St-Amant, Ch. Redortier), die 2–3 Jahre lagern sollten. Die frischen Weißen und fröhlichen Rosés sind Côtes-du-Rhône-Weine.

Beaumont des Crayères Champ – Genossenschaft an der Côte d'Epernay mit ausgezeichneter Grande Réserve oJ auf Pinot-Meunier-Basis und sehr feinem Fleur de Prestige (**98 02** 04). Exzeptionelle Cuvée Nostalgie (**02'**) auf Chardonnay-Basis. Fleur de Rosé (**02** 04 05).

Beaune Côte d'Or r (w) ★★★ **02' 03 05' 07** 08 09' – Die historische Weinhauptstadt Burgunds ist der Sitz vieler bedeutender Weinhändler, etwa Bouchard, Champy, Drouhin, Jadot, Latour und Hospices de Beaune. Es gibt keinen Grand-cru-Weinberg, aber eine Fülle ordentlicher Premiers crus (z. B. Avaux, Bressandes, Cras, Grèves, Teurons, Clos du Roi) für Rot- und zunehmend auch für Weißweine, unter denen der Clos des Mouches von Drouhin eine Spitzenstellung einnimmt.

Bellet Prov r rs w ★★ BV – Der lokale Wein Nizzas: modisch, teuer und urwüchsig, aber in der Stadt ignoriert. Die unerwartet langlebigen Weißweine von der Rolle-Traube sind am besten. Sehr wenige Erzeuger: Ch. de Bellet (am ältesten und besten), Les Coteaux de Bellet, Ch. de Crémat.

Bellivière, Domaine de Lo r w; s ★★→★★★ **02 03 05' 06** 07 08 09' (10) – Jetzt biodynamisch bewirtschaftetes Gut (die Umstellung begann 2008) mit präzisem Chenin blanc aus Jasnières und den Coteaux du Loir. Der rote Pineau d'Aunis ist eine Offenbarung.

Bergerac SWF r rs w; tr s ★→★★★ **00'** (s) **05' 06 07'** (s) 08 **09'** (10) – Nachbar von Bordeaux mit wesentlich preiswerteren Weinen von denselben Rebsorten. Spitzengüter (★★★): u. a. Dom. l'Ancienne Cure, Clos des Verdots, Jonc Blanc, Les Marnières, La Tour des Gendres. Weitere gute Erzeuger (★★): Chx. Belingard-Chayne, Clos de la Colline, des Eyssards, Les Fontenelles, Grinou, de la Mallevieille, Monestier la Tour, Les Miaudoux, le Paradis, Thénac. Siehe auch Monbazillac, Montravel, Pécharmant, Rosette und Saussignac.

Bertrand, Gérard Lang r rs w ★★ Der frühere Rugbyspieler ist mit 325 ha einer der größten Weinbergbesitzer des Südens: Villemajou im Corbières-Cru Boutenac, Laville-Bertou in Minervois-La Livinière, Ch. l'Hospitalet in La Clape, Dom. de l'Aigle in Limoux sowie IGP d'Oc. Beste Weine: La Viala (Minervois), La Forge (Corbières), Ch. l'Hospitalet (La Clape).

Besserat de Bellefon Champ – Betrieb in Epernay, der sich auf sanft schäumende Weine (nach Art des früheren Crémant) spezialisiert hat. Jetzt im Besitz von Boizel Chanoine. Die Qualität hat sich verbessert.

Beyer, Léon El ★★→★★★ Erzeuger sehr feiner, intensiver trockener Weine, die häufig 10 Jahre und mehr Flaschenreife brauchen. Wunderbarer Riesling Comtes d'Eguisheim aus der Grand-cru-Lage Pfersigberg, was aber auf dem Etikett nicht erwähnt wird. Naturweine für die gehobene Küche, die von vielen Restaurants geführt werden.

Bichot, Maison Albert Bg ★★→★★★ Dynamischer Händler, dem auch Weingüter wie Dom. Long-Depaquit (Chablis), Clos Frantin und andere gehören bzw. der ihre Weine vertreibt. Die Qualität steigt.

Billecart-Salmon Champ – Das Champagnerhaus in Familienbesitz erzeugt teilweise in Holzfässern vergorene exquisite, langlebige Weine. Großartiger Clos St-Hilaire Blanc de Noirs (**96' 98' 99**), Cuvée NF Billecart (**97'** 98 **99 00**), Spitzen-Blanc-de-Blancs (**98'** 99 00), neuer Brut (**04**) und Extra Brut oJ. Erlesener Elisabeth Salmon Rosé (**02**).

Bize, Simon Côte d'Or ★★→★★★★ Wichtigster Erzeuger in Savigny-lès-Beaune mit einer großen Vielfalt an Premier-cru-Lagen, v. a. in Pernand-Vergelesses. Auch unglaublich preiswerter AC Bourgogne beider Farben. Spitzenwein ist der Latricières-Chambertin.

Blagny Côte d'Or r w ★★→★★★ r **99' 02' 03'** 05' **07** 08 09' 10 – Die recht verschlossenen Rotweine sind aus der Mode gekommen, seit die Winzer die Weinberge mit Chardonnay neu bestocken, in der Art von Meursault. Die besten Lagen sind Pièce sous le Bois und Sous le Dos d'âne. Beste Erzeuger: Ampeau, Jobard, Matrot und Martelet-Cherisey.

Blanc de Blancs Ein Weißwein nur aus weißen Trauben, insbesondere bei Champagner. Eine Bezeichnung für den Stil, nicht für Qualität.

Blanc de Noirs Weißwein aus roten Trauben (oft mit rosigem Schimmer); insbesondere Champagner.

Blanck, Paul et Fils El ★★→★★★ Erzeuger in Kientzheim im Elsass mit riesigem Angebot. Die feinsten Gewächse stammen von den 6 ha des Grand cru Furstentum (Riesling, Gewürztraminer, Pinot gris) und von der Grand-cru-Lage Schlossberg (großartiger Riesling; **02' 06** 08). Auch guter Pinot blanc.

Blanquette de Limoux Lang w; sch ★★ Günstiger, cremiger Schaumwein aus einem kühleren Gebiet nahe Carcassonne, angeblich älter als Champagner. Die einfache Mauzac-Traube wird mit Chardonnay, Chenin blanc und neuerdings auch Pinot noir ordentlich aufgebessert, v. a. in der relativ neuen AC Crémant de Limoux. Die große Genossenschaft produziert unter dem Etikett Sieur d'Arques; weitere Erzeuger: Antech, Fourn, Laurens, Martinolles, Rives-Blanques.

Blaye Bx r w ★→★★ **01 03** 04 **05' 06** 08 09' – Bezeichnung für erstklassige, konzentrierte Rotweine (Ertragsbeschränkung usw.) von den früheren Premières Côtes de Blaye, die seit 2008 in der neuen AC Blaye – Côtes de Bordeaux aufgegangen sind (siehe Kasten S. 120).

Blaye – Côtes de Bordeaux Bx r w ★→★★ **00' 01 03 04 05' 06 08** 09' – AC östlich der Gironde, hauptsächlich für Rotwein. Die früheren Premières Côtes de Blaye tragen seit dem Jahrgang 2008 diese neue AC-Bezeichnung (siehe Kasten S. 120). Deutlich gestiegene Qualität. Die besten Châteaux: Bel Air la Royère, Gigault (Cuvée Viva), Haut-Bertinerie, Haut-Colombier, Haut-Grelot, Jonqueyres, Monconseil-Gazin, Mondésir-Gazin, Montfollet, Roland la Garde, Segonzac, des Tourtes.

Boillot Côte d'Or – Verschiedene miteinander verbundene Erzeuger in Burgund. Feine Rot- und Weißweine mit Eichennote (★★★) finden Sie bei Jean-Marc in Pommard, bei Henri in Volnay (★★★; auch Négociant in Meursault) und in Chambolle-Musigny bei dem mit Ghislaine Barthod verheirateten Louis (★★→★★★).

Boisset, Jean-Claude Bg – Der einstige Burgundneuling gilt nach 40 Jahren nun als respektabel. Exzellente Weine vom eigenen Weingut Dom. de la Vougeraie. Daneben gehören ihm eine ganze Reihe anderer Betriebe, der jüngste Ankauf war Rodet. Um seine Projekte in Kanada, Kalifornien, Chile und Uruguay kümmert sich Sohn Jean-Charles, der mit Gina Gallo vom gleichnamigen US-Weingiganten verheiratet ist.

Boizel Champ – Eines der verlässlichsten Unternehmen der Champagne mit grandiosem gealtertem Blanc de Blancs oJ und dem Vorzeigeprodukt Joyau de France (**95 96 98 00**), Joyau Rosé (**00 02'**) sowie Grand Vintage Brut (**98 99 00 02'** 04) und Cuvée Sous Bois. Sehr gut ist der neue Brut Ultime ohne Dosage.

Bollinger Champ – Großartiges, individualistisches Champagnerhaus, besonders erfolgreich in neueren Jahrgängen, etwa Grande Année (**95' 99**

Frankreich

00 02). Luxusmarken: R.D. (90 95 96' 97), Vieilles Vignes Françaises (98 99) von wurzelechten Pinot-noir-Reben, La Côte aux Enfants, Aÿ (02' 05). Siehe auch Langlois-Château.

Bonneau du Martray, Domaine Côte d'Or r ★★ w ★★★★ Brillanter, mineralischer Corton-Charlemagne von einem extrem peniblen Erzeuger mit erstklassigem Besitz im Herzen der AC. Der rote Corton ist fein, aber teuer.

Bonnes-Mares Côte d'Or r ★★★→★★★★ 90' 91 95 96' 98 99' 00 02' 03 05' 06 07 08 09' 10 – 15 ha Grand-cru-Lage zwischen Chambolle-Musigny und Morey-St-Denis. Robuster, langlebiger Wein, nicht so duftig wie Musigny. Spitzenerzeuger: Drouhin-Laroze, Dujac, Groffier, Jadot, Roumier, de Vogüé, Vougeraie.

Bonnezeaux Lo w; s ★★★→★★★★ 88 89' 90' 95' 96' 97' 02 03' 05' 07' 09 (10) – Herrlich voller, praktisch unendlich haltbarer süßer Wein von Chenin blanc. Die Spitzenlage in den Coteaux du Layon ist Quarts de Chaume. Erzeuger: v. a. Ch. de Fesles, Ch. la Fresnaye, Dom. les Grandes Vignes, Dom. du Petit Val (Goizil), Ch. de Varière.

Bordeaux Bx r (rs) w ★→★★ 05' 08 09' – Riesige, alles umfassende AC für Bordeaux-Weine (unter der fast die Hälfte der Produktion der Region läuft). Unterschiedliche, aber in der Regel erkennbare Qualität. Die meisten Markenweine fallen in diese Kategorie.

Bordeaux Supérieur Bx r ★→★★ 00' 01 03 04 05' 08 09' – Eine Stufe über der grundlegenden AC Bordeaux, mit vorschriftsmäßig etwas höherem Alkoholmindestgehalt, kleineren Erträgen und längerer Reifezeit. 75 % der Produktion sind Erzeugerabfüllungen, genau umgekehrt wie in der AC Bordeaux.

Borie-Manoux Bx – Erstklassiges Weinhandelshaus mit Gütern in Bordeaux: u. a. Chx. Batailley, Beau-Site, Croix du Casse, Haut-Bages Monpelou, Trottevieille und Dom. de l'Eglise.

Bouchard Père et Fils Bg ★★→★★★★ Erzeuger mit riesigem Weinbergbesitz, womöglich dem größten an der Côte d'Or. Gute Weiße v. a. aus Meursault und Chevalier-Montrachet. Aushängeschild unter den Roten ist der Beaune Grèves Vigne de L'Enfant Jésus. Wie auch die burgundischen Erzeuger William Fèvre (Chablis) und Villa Ponciago (Beaujolais) im Besitz von Henriot.

Bouches-du-Rhône Prov r rs w ★ IGP in der Umgegend von Marseille. Einfache, fruchtige Rotweine von Lokalrebsorten sowie Cabernet Sauvignon, Syrah und Merlot.

Bourgeois, Henri Lo ★★→★★★ 02 03 05 06 07 08 09 (10) – Führender Sancerre-Winzer (mit insgesamt 70 ha) und Händler in Chavignol; auch Pouilly-Fumé, Menetou-Salon, Quincy, Coteaux du Giennois, Châteaumeillant und IGP Petit Bourgeois. Spitzenweine sind u. a.: MD de Bourgeois, La Bourgeoise (rot und weiß), Jadis, Sancerre d'Antan. Produziert auch im neuseeländischen Marlborough Rot- und Weißwein unter dem Namen Clos Henri.

Bourgogne Bg r (rs) w ★★ r 05' 07 08 09' 10; w 07 08 09' 10 – Umfassende Appellation für Burgund, aber mit höherem Qualitätsstandard als etwa einfacher Bordeaux. Leicht, aber oft voll im Geschmack, nach 2–4 Jahren am besten. Gute Erzeuger haben schöne, preiswerte Weine aus Randlagen von Orten der Côte d'Or zu bieten. Beaujolais Cru (außer Regnié) kann auch als Bourgogne etikettiert werden.

Bourgogne Grand Ordinaire Bg r (w) ★ BV – Wer hat für den einfachsten Burgunder wohl diesen verrückten Namen erfunden? Er wird demnächst in Coteaux Bourguignons geändert. Der Rotwein ist meist von Gamay, der Weiße von Chardonnay, Aligoté und gelegentlich Melon de Bourgogne.

Bourgogne Passetoutgrain Bg r (rs) ★ Der Name lässt vermuten, dass alle Rebsorten verwendet werden können, aber in Wirklichkeit muss es eine Mischung aus mindestens 33 % Pinot noir und Gamay sein. Oft ansprechend von Gütern der Côte d'Or. Sollte 1–2 Jahre lagern.

Bourgueil Lo r (rs) ★★→★★★(★) **96' 02 03 05' 06** 08 09' (10) – Stämmige, geschmacksintensive rote Touraine-Weine und mächtige, duftende Rosés v. a. auf Cabernet-franc-Basis. Gute Jahrgänge können 15 Jahre altern. Erzeuger: v. a. Yannick Amirault, Audebert, Dom. de la Butte, Dom. de la Chevalerie, Delaunay, Druet, Lamé Delisle Boucard. Siehe auch St-Nicolas-de-Bourgueil.

Bouvet-Ladubay Lo ★→★★★ Großer Erzeuger von Saumur-Schaumwein, im Besitz der indischen Firma United Breweries. Am besten ist die fassvergorene Cuvée Trésor (weiß und rosé). Auch Stillweine, hauptsächlich aus Anjou-Saumur. Unterhält auch das Centre d'Art Contemporain Bouvet-Ladubay in St-Hilaire-St-Florent (Saumur).

Frankreich

Bouzereau Côte d'Or ★★→★★★ Familie von Winzern in Meursault, die gute Weißweine zu attraktiven Preisen und besser werdende Rote bereiten. Am besten sind Jean-Baptiste, der Sohn von Michel Bouzereau, und Vincent Bouzereau.

Bouzeron Bg w ★★ Weinort und AC an der Côte Chalonnaise, seit 1998 nur für Aligoté, mit strengeren Vorschriften als für Weine der AC Bourgogne und größerem Potenzial. Bester Erzeuger: Dom. de Villaine.

Bouzy Rouge Champ r ★★★ **90 95 96 97 99 02 05** – Roter Stillwein aus dem für Pinot noir berühmten Ort; ähnlich einem sehr leichten Burgunder, kann in Jahrgängen mit viel Sonne langlebig sein.

Brocard, J.-M. Chablis ★★→★★★ Eine der jüngsten Erfolgsgeschichten in Chablis mit einer schönen Palette von Weinen aller Qualitätsstufen. Auch diverse Bourgognes Blancs von Mergelböden der Juraformation (Kimmeridgium-, Jura- und Portland-Stufen).

Brouilly Beauj r ★★ **05' 08 09'** 10 – Der größte der 10 Beaujolais-Crus: fruchtiger, runder, erfrischender Wein. 3–4 Jahre haltbar. Größtes Gut: Ch. de la Chaize. Spitzenerzeuger: Doms. de Combillaty, Dubost, de Grandes Vignes, Ch. de Pierreux.

Brumont, Alain SWF ★★★ Immer noch der führende Erzeuger in Madiran. Seine in Eiche ausgebauten reinsortigen Tannat-Weine Le Tyre, Ch. Montus und Dom. Bouscassé müssen lange in der Flasche reifen. Die Marke Torus ist für schnelleren, einfacheren Genuss bestimmt. Zu den IGP-Weinen zählen reinsortiger Gros Manseng sowie Verschnitte von Tannat und Cabernet Sauvignon.

Brut Bezeichnung für trockenen klassischen Schaumwein.

Brut Ultra/Zéro Bezeichnung für knochentrockene Weine in der Champagne, die jetzt – dank erhöhter Qualität, Präzision und Gewichtigkeit – wieder in Mode sind. Viele Champagnerhäuser verwenden abgewandelte Bezeichnungen, die aber dasselbe meinen.

Bugey Sav r rs w; sch ★→★★ BV – AC (seit 2009) für leichte Schaum-, Perl- und Stillweine von Roussette (bzw. Altesse) und Chardonnay (gut). Spitzenerzeuger: Montagnieu; auch Rosé de Cerdon, vorwiegend von Gamay.

Burguet, Alain Côte d'Or ★★→★★★ Kleiner Vigneron mit großem Gevrey-Chambertin, v. a. Mes Favorites. Die Söhne Eric und Jean-Luc übernehmen jetzt die Gutsleitung.

Buxy Bg w – Ort in der AC Montagny mit guter Genossenschaft für Chardonnay und Pinot noir.

Buzet SWF r (rs) (w) ★★ **06** 07 **08** 09' (10) – Die AC südwestlich von Bordeaux wird von einer mächtigen Genossenschaft beherrscht. Bemerkenswert ist ihr preisgekröntes Mitglied Ch. de Mazelières (★★). Die unabhängige Dom. du Pech (★★★) mit biodynamischem Anbau stellt alle anderen in den Schatten. Probierenswert: Ch. du Frandat und Ch. Tournelles (beide ★★).

Cabardès Lang r (rs) (w) ★→★★ **03 04** 05 06 07 08 09 – Cabernet Sauvignon und Merlot aus Bordeaux treffen sich mit Syrah und Grenache aus dem Midi für ganz eigene Verschnittweine. Am besten von Dom. de Cabrol mit Vin de l'Est und Vin d'Ouest; gut auch Cazaban, Font Juvénal und Jouclary. Ch. Pennautier ist der größte Erzeugerbetrieb.

Cabernet d'Anjou Lo rs; lbl ★→★★ Traditionell halbsüßer, oft verlachter Rosé, der gerade eine Renaissance erlebt und v.a. an der Loire gern getrunken wird. Kann recht haltbar sein. Erzeuger: Ch. Pierre-Bise, Domaines Bablut, Cady, Clau de Nell, les Grandes Vignes, Ogereau, de Sauveroy, Varière.

Cabrières Lang (r) rs ★★ BV – Ort in den Coteaux du Languedoc. Traditionell körperreicher Rosé, aber auch saubere Rote, hauptsächlich von der tatkräftigen Genossenschaft vor Ort.

Cadillac – Côtes de Bordeaux Bx r (rs) w; tr s ★→★★ **98 00' 01 03 05' 08 09'** – Langer, schmaler, hügeliger Bereich am rechten Ufer der Garonne, gegenüber von Graves. War Teil der früheren AC Premières Côtes de Bordeaux und wurde mit dem Jahrgang 2008 umbenannt (siehe Kasten S. 120). Mittelschwere, frische Rotweine höchst unterschiedlicher Qualität. Die besten Châteaux: Alios de Ste-Marie, Carignan, Carsin, Clos Ste-Anne, Le Doyenné, Grand-Mouëys, Lezongars, Mont-Pérat, Plaisance, Puy Bardens, Reynon, Suau.

Cady, Domaine Lo r rs; tr s ★★→★★★ tr **02 03 04 05' 06** 07' (s) 09 (10) – Ausgezeichnetes familiengeführtes Gut, das die ganze Palette von Anjou-Weinen produziert – von trockenen Weißen über halbtrockene Rosés bis zu herrlich süßem Coteaux de Layon und Quarts de Chaume. Am stärksten bei Süßweinen. Philippe Cady wird jetzt von seinem Sohn Alexandre unterstützt.

Cahors SWF r ★★→★★★ **01' 02 04 05' 06** 08 (09') (10) – Historische AC nur für Rotweine ohne klare Stilrichtung, zusammengehalten v.a. durch die obligatorische Malbec-Traube (mindestens 70%). Leicht zugängliche Weine von: Dom. Boliva, Clos Coutale, Ch. Latuc (alle ★★). Körperreicherer Stil bei: Clos de Gamot (★★★; v.a. Cuvée Vignes Centenaires und Clos St-Jean, beide ★★★★), Triguedina, den Châteaux Armandière, La Coustarelle, Croze de Pys, Gaudou, Clos d'un Jour und den Domaines de la Bérengeraie, Paillas, Pineraie, Les Rigalets, Savarines (ökologisch) (alle ★★). Einen moderneren Stil pflegen die ★★★-Châteaux du Cèdre, Lamartine, La Caminade, Eugénie und la Reyne. Mit Abstand am besten ist die Kult-Domaine Cosse Maisonneuve (★★★★).

Cailloux, Les S-Rh r (w) ★★★ **78' 79' 81' 85' 89' 90 95' 96' 98' 99 00' 01 03' 04' 05' 06' 07'** 09' 10' – Die sehr verlässliche 18-ha-Domaine in Châteauneuf-du-Pape erzeugt von kundiger Hand bereitete, stilvolle, überaus elegante Rote, die ihr Geld wert sind. Die Spezialcuvée Centenaire von 1889 gepflanzten Grenache-Reben präsentiert sich sehr rein und verfeinert. Die Weine der AC Côtes du Rhône, die André Brunel zusammen mit Laurence Féraud und einigen weiteren Winzern unter der Marke Féraud-Brunel vertreibt, sind ordentlich, mehr nicht.

Cairanne S-Rh r rs w ★★→★★★ **01' 03 04' 05' 06' 07'** 09' 10'– Die beste der 17 Côtes du Rhône-Villages: unmittelbar ansprechend, strotzend vor Frucht, mit lebhaften Tanninen, v.a. von den Domaines Alary, Ameillaud, Armand, Brusset, Escaravailles, Grosset, Hautes Cances (traditionell), Oratoire St-Martin (stilvoll), Perrin & Fils, Présidente, Rabasse-Charavin und Richaud (großartige Frucht). Die robusten Weißen passen gut zum Essen.

Canard-Duchêne Champ – Champagnerhaus im Aufschwung unter Alain Thiénot. Jahrgangschampagner Brut (**02 04**); schöne Cuvée Charles VII.

Canon-Fronsac Bx r ★★→★★★ **98 00' 01 03 05' 06** 08 09' – 260 ha große Enklave in Fronsac, recht ähnliche Weine. Die besten sind reichhaltig, voll und fein strukturiert. Châteaux: Barrabaque, Canon Pécresse, Cassagne Haut-Canon La Truffière, La Fleur Caillou, Gaby, Grand-Renouil, Haut-Ballet, Haut-Mazeris, Moulin-Pey-Labrie, Pavillon, Vrai Canon Bouché.

Carillon, Louis Côte d'Or ★★★ Erzeuger mit vernünftigen Preisen und beständig feinen Puligny-Weinen, v. a. Combettes, Perrières und Referts. Seit 2009 gehen die Brüder Jacques und François getrennte Wege.

Frankreich

Cassis Prov (r) (rs) w ★★ BV – Angesagter Küstenort östlich von Marseille, traditionell mit gutem Ruf für trockenen Weißwein auf der Basis von Clairette und Marsanne. Passt gut zur Bouillabaisse, ist aber teuer (z. B. Dom. de la Ferme Blanche, Clos Ste-Magdelaine, Clos d'Albizzi, Paternel, Fontcreuse). Die Winzer sind noch in Rückzugsgefechte mit den Grundstücksmaklern verwickelt. Nicht zu verwechseln mit dem in Dijon hergestellten Cassis, einem Likör aus Schwarzen Johannisbeeren.

Castillon – Côtes de Bordeaux Bx r ★★→★★★ **00' 01 02 03 04 05' 08** 09' – Seit 2008 gültiger Name für die früheren Côtes de Castillon (siehe Kasten S. 120). Blühendes Gebiet östlich von St-Emilion, in das jüngst viel investiert wurde; ähnliche Weine mit Alterungspotenzial. Die besten Châteaux: u. a. de l'A, d'Aiguilhe, Ampélia, Joanin Bécot, Cap de Faugères, La Clarière-Laithwaite, Clos l'Eglise, Clos Les Lunelles, Clos Puy Arnaud, Montlandrie, Poupille, Robin, Veyry, Vieux Château Champs de Mars.

Cathiard Côte d'Or ★★★ Brillanter Erzeuger in Vosne-Romanée, seit Ende der 1990er-Jahre in Hochform. Die duftenden, sinnlichen Weine sind schon jung ansprechend, werden aber auch gut altern. Am besten ist der Premier cru Les Malconsorts.

Cave Kellerei; auch jede beliebige Weinfirma.

Cave coopérative Genossenschaftskellerei. Auf Betriebe dieser Art entfällt über die Hälfte der französischen Weinerzeugung. Viele Genossenschaften sind gut geführt und ausgestattet, die Weine ihren Preis wert, haben aber wirtschaftlich oft schwer zu kämpfen.

Cazes, Domaine Rouss r rs w; s ★★ Großer Erzeuger im Roussillon, immer noch familiengeführt, obwohl jetzt Teil der Jeanjean-Gruppe. Ein Pionier für IGP-Weine von Merlot und Cabernet Sauvignon, v.a. die Marke Le Canon du Maréchal und Le Credo, aber auch Côtes du Roussillon-Villages und köstlicher gereifter Rivesaltes. Sehr gutes Preis-Leistungs-Verhältnis.

Cèdre, Château du SWF r w ★★★ **01' 02 04 06** (08) (09') (10) – Viel bewunderter moderner Cahors; die Cuvée Le Prestige reift schneller als die mächtigen Spitzengewächse, die lagern müssen. Außerdem leckerer weißer IGP (Viognier).

Cépage Rebsorte, z. B. Chardonnay, Merlot.

Cérons Bx w; tr s ★★ **97' 98 99' 01' 02 03' 05' 07** 09' – Nachbar (60 ha) von Sauternes mit einigen guten Süßweinen, die jedoch weniger intensiv sind: z. B. Ch. de Cérons, Ch. Chantegrive und Ch. Grand Enclos.

Chablis Chablis w ★★→★★★ **05' 06' 07 08 09** 10 – Dieser schlanke, aber schöne und in der Regel nicht in Eiche ausgebaute weiße Burgunder ist so berühmt, dass er auf der ganzen Welt nachgeahmt wird. Ein zu großer Teil der Produktion ist jedoch früh abgefüllte, anonyme Chardonnay-Massenware.

Chablis Grand cru Chablis w ★★★→★★★★ **95' 96' 98 99 00' 02' 03** 05' **06** 07' **08' 09** 10 – Ein kleiner Block von sieben Weinbergen an einem Steilhang am rechten Ufer des Flusses Serein. Der üppigste Chablis, den feinen Weißen der Côte de Beaune vergleichbar. Braucht Reife, um Mineralität und den individuellen Stil zum Vorschein zu bringen. Die Lagen heißen Blanchots, Bougros, Clos, Grenouilles, Preuses, Valmur, Vaudésir. Clos und Vaudésir sind die besten.

Chablis Premier cru Chablis w ★★★ **99 00' 02' 05' 06 07 08'** 09 10 – Die besseren Lagen an den Hügeln. Die Weine vom linken Serrein-Ufer (Côte de Léchet, Montmains, Vaillons) zeigen mehr Aromen von weißen Blumen, die vom rechten Ufer (Fourchaume, Mont de Milieu, Montée de Tonnerre) gelbe Frucht. Der Preis liegt etwas höher als beim einfachen Chablis, aber es lohnt sich.

Chablis

Nirgends findet der alles und alle erobernde Chardonnay einen besseren Ausdruck als in den vollen, aber straffen, klaren, mineralischen Weinen, die er auf den schweren Kalkböden in Chablis hervorbringt. Das Anbaugebiet Chablis wird in drei (mit Petit Chablis vier) sehr beständige Qualitätsstufen unterteilt. Die besten Erzeuger machen wenig oder keinen Gebrauch von neuen Eichenfässern, um die deutliche Prägung durch Rebsorte und Terroir nicht zu überdecken: Barat, Bessin*, Billaud-Simon*, Bouchard Père et Fils, Boudin*, J.-M. Brocard, J. Collet*, D. Dampt, R. & V. Dauvissat*, J. Dauvissat, B. Defaix. D. et E. Defaix, J. Defaix, Droin, Drouhin*, Duplessis, Durup, Fèvre*, Geoffroy, J.-P. Grossot*, Laroche, Long-Depaquit, Dom. des Malandes, L. Michel, Christian Moreau*, Picq*, Pupillon, Raveneau*, G. Robin*, Servin, Tribut, Vocoret. Einfacher Chablis ohne Zusatzbezeichnung ist oft dünn; am besten sind Premier cru und Grand cru. Die Genossenschaftskellerei La Chablisienne hat einen hohen Standard (v. a. Grenouille*) und viele verschiedene Etiketten. (* = herausragend)

Chaize, Château de la Beauj r ★★★ Das herrliche, vor Kurzem restaurierte 99-ha-Gut ist Sitz des führenden Erzeugers in Brouilly.

Chambertin Côte d'Or r ★★★★ **88 89 90' 93 95** 96' **97 98 99' 01 02'** 03 05' 06 07 08 09' 10 – 13 ha (bzw. 28 ha inklusive Clos de Bèze) bringen Burgunds gebieterischsten Wein hervor: erstaunlich dicht, üppig, langlebig und teuer. Nicht alle Erzeuger genügen diesem Anspruch; empfehlenswert sind Bouchard Père et Fils, Charlopin, Damoy, Drouhin, Dom. Leroy, Mortet, Prieur Rossignol-Trapet, Rousseau, Trapet.

Chambertin-Clos de Bèze Côte d'Or r ★★★★ **88 89 90' 93 95** 96' **98 99'** 01 02' 03 05' 06 07 08 09' 10 – Darf unter dem Namen des benachbarten Chambertin verkauft werden; ähnlich großartige Weine, vielleicht ein wenig zugänglicher in der Jugend. Erzeuger: u. a. Bruno Clair, Damoy, Drouhin, Drouhin-Laroze, Faiveley, Groffier, Jadot, Prieuré-Roch, Rousseau.

Chambolle-Musigny Côte d'Or r ★★★→★★★★ **90' 93 95' 96' 98 99' 02' 03** 05' **06 07** 08 09' 10 – Ort an der Côte de Nuits mit 170 ha Anbaufläche. Duftende, komplexe, aber niemals schwere Weine. Beste Lagen: Les Amoureuses, Bonnes-Mares, Les Charmes, Cras, Fuées, Musigny. Beachtenswerte Erzeuger: Amiot-Servelle, Barthod, Digoia-Royer, Drouhin, Groffier, Hudelot-Baillet, Jadot, Mugnier, Rion, Roumier, de Vogüé.

Champagner Champ – Schaumwein von Pinot noir, Pinot Meunier und/oder Chardonnay aus der 34.000 ha großen Champagne, 145 km östlich von Paris, hergestellt nach der Méthode traditionelle. Schaumwein anderer Herkunft – so gut er auch sein mag – darf sich nicht Champagner nennen.

Champagne Le Mesnil Champ – Erstklassige Genossenschaft im großartigsten Grand-cru-Dorf für Chardonnay. Hervorragende Cuvée Sublime (**02'** 04) von besten Lagen. Günstig.

Champs-Fleuris, Domaine des Lo r w rs; s ★★→★★★ **02 03 05' 06 07** 08 (09) – Fortschrittliche Domaine mit 34 ha Weinbergbesitz; erstklassiger Saumur Blanc, Saumur-Champigny, ein feiner Crémant, hübscher Rosé und, wenn der Jahrgang es hergibt, ein saftiger Coteaux de Saumur mit dem Namen Cuvée Sarah.

Champagnererzeuger für 2012

Edmond Barnaut Bouzy. Die komplexen, feinen Champagner, v. a. von Pinot noir, gipfeln in der erstklassigen Sélection Ultra Brut, Grand Cru (**02** 04 06 08') und köstlichem Coteaux Champenois Rosé.

Francis Boulard et Fille Visionär im Massif de St-Thierry, der die sehr gute Cuvée Petraea (aus mehreren Jahrgängen) und großartigen, reinsortig von Chardonnay bereiteten Les Rachais (**02** ★★★★ **04** 05 06) erzeugt.

Claude Cazals Spannender Blanc de Blancs Extra Brut (**99 02'** 04) und außergewöhnlicher Clos Cazals (**96** ★★★★ **99** 02).

Richard Cheurlin Einer der besten Winzer und Kellermeister der Aube. Voller, aber ausgewogener Carte d'Or und Jahrgangschampagner Cuvée Jeanne (**99 02** 05). Neue Cuvée Coccinelle & Papillon, so naturbelassen wie möglich und chemiefrei bereitet.

Pierre Cheval-Gatinois Tadelloser Erzeuger in Aÿ von Einzellagenchampagner und ausgezeichnetem stillem Aÿ Coteaux Champenois (**99 02 05**).

Collard-Picard Aufstrebende Domaine im Marne-Tal und an der Côte des Blancs. Eindrucksvolle Prestige-Cuvée aus allen drei Champagnerrebsorten und zwei gute Jahrgangschampagner, teilweise in Eiche vergoren.

Benoît Lahaye Guter Ökowinzer in Bouzy mit exzellentem Brut Essentiel oJ, Blanc de Noirs und Jahrgangschampagner (**02**), der lange altern kann.

Jean-Luc Lallement Außergewöhnlicher Erzeuger in Verzenay mit muskulösem, aber erlesen raffiniertem Blanc de Noirs. Seine ersten Jahrgangsweine kommen 2012 auf den Markt. Auch sehr guter Rosé.

Lilbert et Fils Die Domaine im Grand-cru-Ort Cramant führt den sortenreinen Chardonnay-Champagner mit großartiger Reinheit der Aromen und vibrierender Energie zu neuen Höhen. Beispielhafter Cramant Grand cru (**04**).

V. Testulat Weingut und Händler in Epernay mit ausgezeichnetem Preis-Leistungs-Verhältnis. Erstklassiger Blanc de Noirs und eleganter Jahrgangschampagner Paul Vincent (**99 02 04**).

J.-L. Vergnon Gut in Le Mesnil mit köstlichen Extra-Brut-Cuvées aus 100 % Chardonnay, v. a. Confidence (**02' 03 04 05**).

Veuve Fourny Aufgehender Côte-de-Blancs-Stern in Vertus: Extra Brut (**02' 04** ★★★★) und erstklassiger Einzellagenchampagner Clos du Faubourg Notre Dame (**99 00 02'**).

Champy Père et Cie. Bg ★★→★★★ Altes Weinhandelshaus, wiederbelebt von der Familie Meurgey. Die eigene, biodynamisch bewirtschaftete 17-ha-Domaine mit Rebflächen v. a. in Beaune wird immer noch besser. Der Ankauf von Dom. Laleure-Piot bringt weitere 10 ha dazu.

Chandon de Briailles, Domaine Côte d'Or ★★→★★★ Keine modernen, aber feine leichte Rotweine, v. a. Pernand-Vergelesses, Ile de Vergelesses und Corton. Stilistisch durch jede Menge Stiele im Gärbottich und den Verzicht auf Eiche beim Ausbau gekennzeichnet; die Trauben stammen aus biodynamischem Anbau.

Chanson Père et Fils Bg ★→★★★ Distinguiertes Handelshaus in Beaune mit steigender Qualität. Achten Sie auf den roten Clos des Fèves und den weißen Corton-Vergennes. Die Weine sind vergleichsweise preiswert.

Chapelle-Chambertin Côte d'Or r ★★★ **90' 93 95 96' 98 99'** 01 **02'** 03 05' 07 08 09' 10 – 5,2 ha Anbaufläche, Chambertin benachbart; die Weine sind weniger fleischig, sondern eher »nervig«. In kühleren Jahren sehr gut. Spitzenerzeuger: Damoy, Drouhin-Laroze, Jadot, Rossignol-Trapet, Trapet, Tremblay.

Chapoutier N-Rh ★★→★★★★ Besitzer großartiger Weinberge an der nördlichen Rhône, v. a. Hermitage, aber auch Weinhandelshaus. Intensive, biodynamisch erzeugte Weine. Besondere Beachtung verdienen die Châteauneuf-Cuvées von besonderen ertragsarmen Parzellen: Barbe Rac, Croix de Bois (rot), Côte Rôtie la Mordorée, die roten Hermitage-Weine L'Ermite und Le Pavillon, die weißen Hermitage-Weine L'Ermite, Cuvée de l'Orée und Le Méal. Außerdem St-Joseph Les Granits (rot und weiß). Von der nördlichen Rhône ausgezeichnete Marsanne-Weißweine, die gut zum Essen passen. Preiswerter Crozes Meysonniers. Auch Besitzungen in Banyuls, Coteaux d'Aix-en-Provence, Côtes du Roussillon-Villages (guter Dom. Bila-Haut), Garde-Adhémar und Rivesaltes. Darüber hinaus Joint Ventures in Australien (v. a. Domaines Tournon und Terlato & Chapoutier) und in der portugiesischen Region Lisboa (früher Estremadura). Im Elsass produziert Chapoutier Weine unter dem Etikett Schieferkopf.

Charbonnière, Domaine de la S-Rh r (w) ★★★ **95' 98 99' 00 01' 03** 04 05' 06' 07' 09' 10– Gute 17-ha-Domaine in Châteauneuf-du-Pape. Solide Tradition, bemerkenswerter, authentischer Mourre des Perdrix; auch Hautes Brusquières, Vieilles Vignes von Hängen mit Nord-Süd-Ausrichtung. Ferner beständiger Weißer und ordentlicher roter Vacqueyras.

Chardonnay Nicht nur eine Weißweintraube, sondern auch der Name eines Mâcon-Villages-Weinorts; daher Mâcon-Chardonnay.

Charmes-Chambertin Côte d'Or r ★★★ **90' 93 95 96' 98 99' 01 02'** 03 05' 06 07 08 09' 10 – Weinberg von 31 ha einschließlich der Nachbarlage Mazoyères-Chambertin; gemischte Qualität. Die besten Weine zeigen intensive, reife Noten von dunklen Kirschen und ein köstliches Finish. Erzeuger: u. a. Arlaud, Bachelet, Drouhin, Dugat, Dujac, Leroy, Perrot-Minot, Roty, Roumier, Rousseau, Vougeraie.

Chassagne-Montrachet Côte d'Or r w ★★→★★★★ (w) **99 00 02' 04** 05' **06' 07** 08 09' 10 – Großes Dorf am Südende der Côte de Beaune. Da die Rotweine oft wuchtig ausfallen, wird derzeit vermehrt Weißwein angebaut, v. a. in den Grand-cru-Lagen sowie den Lagen Blanchots, Caillerets und La Romanée. Die besten Roten kommen von den Lagen Morgeot und Clos St-Jean. Die Produktion wird von den miteinander verwandten Familien Colin, Gagnard und Morey dominiert; erstklassig sind außerdem die Domaines Niellon und Ramonet sowie Ch. de la Maltroye.

Château Bezeichnung für Weingut, unabhängig von Größe oder Qualität, vor allem in Bordeaux gebräuchlich. In anderen Teilen Frankreichs wird Château im wörtlicheren Sinn als Schloss oder großes Haus verstanden. In Burgund herrscht der Ausdruck »Domaine« vor.

Château-Chalon Jura w ★★★ Kein Weingut, sondern eine Appellation und eine Ortschaft mit einzigartigem trockenem, gelbem, sherryähnlichem Wein von der Savagnin-Traube. Entwickelt Flor (siehe Kapitel »Port, Sherry und Madeira«) bei der mindestens 6 Jahre dauernden Reifung im Fass. Nach der Abfüllung (in 62 cl fassende »Clavelin«-Flaschen) genussreif, hält sich aber ewig. Eine Kuriosität.

Château-Grillet N-Rh w ★★ **91' 95' 98' 00' 01' 04' 05 06' 07'** 08 09 – Terrassierter 3,6-ha-Weinberg auf Granit an der nördlichen Rhône mit eigener AC, im Frühling 2011 von F. Pinault von Ch. Latour gekauft. Ist in der letzten Zeit besser geworden. Subtiler, manchmal auch mächtiger Viognier, den man am besten zum Essen trinkt. Seit etwa 2005 wird Eleganz angestrebt. Kann drei Jahre brauchen, um trinkreif zu werden. Dekantieren.

Châteaumeillant Lo r rs ★→★★ BV – Kleine, im Jahr 2010 geschaffene AC (82 ha) südwestlich von Bourges in der Gegend, in der Georges Sand lebte. Gamay und Pinot noir für leichte Rote, Vin gris und Rosé. Sortenreine Pinot-Noir-Weine sind nicht zugelassen. Empfehlenswerte Erzeuger: Chaillot und v. a. Geoffrenet-Morval.

Châteauneuf-du-Pape S-Rh r (w) ★★★ **78' 81' 83 85 86 88 89' 90' 94 95' 96 98' 99' 00'** 01' 03' 04' 05' **06'** 07' 09' 10' – 3.230 ha bei Avignon mit rund 45 Weingütern, die die besten Weine erzeugen (die Qualität der anderen 85 ist gemischt). Verschnitte von bis zu 13 roten und weißen Rebsorten, überwiegend Grenache, Syrah, Mourvèdre und Counoise. Intensive, alkoholstarke, sehr langlebige Weine. In der letzten Zeit gab es aber zu viele süß-fruchtige, einfach nur süffige Weine (wie Robert Parker sie liebt). Kleinere Betriebe mit traditionellen Abfüllungen bieten oft ein gutes Preis-Leistungs-Verhältnis. Prestigeweine (alte Reben, späte Lese, Ausbau in neuer Eiche) sind preislich häufig überzogen. Die Weißen sind frisch und fruchtig oder robust; die besten halten sich 15 Jahre. Spitzenerzeuger: u. a. Chx. de Beaucastel, Fortia, Gardine, Mont-Redon, La Nerthe, Rayas, Vaudieu; Doms. de Beaurenard, Bois de Boursan, Bosquet des Papes, les Cailloux, Chante Cigale, Charbonnière, Charvin, Cristia, Font-de-Michelle, Grand Veneur, Marcoux (großartiger Vieilles Vignes), Monpertuis, Pegaü, Roger Sabon, Vieux Télégraphe, Henri Bonneau, Clos du Mont-Olivet, Clos des Papes, Cuvée du Vatican, Clos St-Jean, P. Usseglio, Vieux Donjon.

Chave, Domaine Jean-Louis N-Rh r w ★★★★ Erstklassige Familiendomaine in Hermitage mit ausgeklügelten Verschnitten von erstklassigen Hanglagen. Elegante, großzügige, langlebige Weine, vor allem Weiße (hauptsächlich von Marsanne), gelegentlich wird aber auch sehr guter Vin de paille erzeugt. Besser werdender Rotwein Domaine St-Joseph (2009 wurde die 6 ha große Dom. Florentin zugekauft), fruchtige Abfüllungen unter der Marke J.-L. Chave St-Joseph Offerus sowie feiner roter und weißer Hermitage, die als Négociant vertrieben werden.

Chavignol Lo – Malerisches Dorf in Sancerre mit den beiden berühmten Steillagen Les Monts Damnés und Cul de Beaujeu. Der ton- und kalkhaltige Boden bringt körperreiche, mineralische Weine für mindestens 7–10 Jahre Reifezeit hervor; v. a. von Boulay, Bourgeois, Cotat, Didier Dagueneau, Yves und Pierre Martin sowie Thomas Laballe.

Chénas Beauj r ★★★ **05' 06 07 08** 09 10 – Der kleinste, aber einer der gewichtigsten Beaujolais-Crus; Nachbar von Moulin-à-Vent und Juliénas. Beachtenswerte Erzeuger: u. a. Aufranc, Champagnon, Charvet, Dubœuf, Lapierre, Piron, Robin, Trichard und die Genossenschaft.

Chevalier-Montrachet Côte d'Or w ★★★★ **99' 00' 01 02' 04** 05' **06'** 07 08 09' 10 – Geografisch ein wenig oberhalb von Montrachet, im Hinblick auf die Qualität ein wenig unterhalb, bringt aber trotzdem brillante, langlebige, mineralische Weine hervor. Die besten Lagen sind Les Demoiselles (Jadot, Latour) und La Cabotte (Bouchard). Weitere Spitzenerzeuger sind Colin-Deleger, Dancer, Leflaive, Niellon, Ch. de Puligny.

Cheverny Lo r rs w ★→★★ **05' 06 07 08 09'** (10) – AC (543 ha) an der Loire bei Chambord. Trockene, rassige Weißweine von Sauvignon blanc und Chardonnay; die Roten, vorwiegend von Gamay und Pinot noir (auch von Cabernet Sauvignon, Cabernet franc, Côt), sind in der Regel leicht. Reichhaltiger, seltener und lagerfähiger ist der Cour Cheverny, reinsortig von der Lokaltraube Romorantin. Für Schaumweine gelten AC Crémant de Loire und AC Touraine. Besonders von Cazin, Clos Tue-Bœuf, Gendrier, Huards, Philippe Tessier sowie den Doms. de la Desoucherie, du Moulin, Veillox, Villemade.

Chevillon, R. Côte d'Or ★★★ Erzeuger von köstlichem, zugänglichem Nuits-St-Georges von den besten Lagen, etwa Les St-Georges, Cailles, Vaucrains und Roncières.

Chidaine, François Lo (r) w; tr s; sch ★★★ **02' 05'** 07 08' 09 – Biologisch-dynamisch arbeitender Erzeuger von ambitionierten, sehr reinen und auf den Punkt bereiteten Montlouis-Weinen. Übernahm 2002 Clos Baudoin (ehemals Prince Poniatowski), wo Vouvray in einem ähnlichen Stil bereitet wird; der Weinberg wird gerade neu strukturiert. Der Schwerpunkt liegt auf trockenem und halbtrockenem Stil. AC Touraine im Cher-Tal.

Chignin Sav w ★ BV – Leichter, weicher Weißwein aus Jacquère-Trauben. Für Sommertage in den Alpen. Am besten und lebendigsten Chignin-Bergeron (Roussanne-Trauben).

Chinon Lo r (rs) (w) ★★→★★★ **89' 90' 95 96' 97 02 03** 05' **06** 08 **09'** (10) – Saftiger, leichter bis gehaltvoller Cabernet franc aus der Touraine (2.300 ha). Jung trinken, Spitzenjahrgänge halten sich aber 10 Jahre und mehr. Von 36 ha einige straffe, trockene Chenin-blanc-Weißweine. Erzeuger: Alliet, Baudry, Baudry-Dutour, Ch. de la Bonnelière, Ch. de Coulaine, Couly (Pierre and Bertrand), Couly-Dutheil, Grosbois, Dom. de la Noblaie.

Chiroubles Beauj r **05' 08 09'** 10 – Guter, sehr kleiner Beaujolais-Cru in den Hügeln oberhalb von Fleurie; frischer, fruchtiger, seidiger Wein für baldigen Verbrauch (1–3 Jahre). Erzeuger: u. a. Cheysson, Dubœuf, Fourneau, Métrat, Passot, Raousset, Trenel.

Chorey-lès-Beaune Côte d'Or r (w) ★★ **99' 02' 05' 06 07 08** 09' 10 – Guter, erschwinglicher Burgunder aus der Nachbarschaft von Beaune. Empfehlenswerte Erzeuger: Ch. de la Chorey (Germain), Loichet und Tollot-Beaut.

Chusclan S-Rh r rs w ★→★★ **06' 07' 09' 10** – Eine der Côtes du Rhône-Villages mit guter Genossenschaft. Weiche Rotweine, helle Rosés. Die besten Marken der Genossenschaft sind Cuvée de Marcoule und Seigneurie de Gicon. Ferner gute Weine von Ch. Signac (können altern) und Spezialcuvées von André Roux. Die meisten jung trinken.

Clair, Bruno Côte d'Or ★★→★★★ Großartiges Gut in Marsannay mit ausgedehnten Besitzungen in Fixin, Gevrey-Chambertin (v. a. Clos de Bèze, Clos St-Jacques, Cazetiers), Morey-St-Denis und Savigny (La Dominode von alten Reben).

Clairet Bx – Sehr heller Rotwein, fast Rosé. Bordeaux Clairet ist eine AC. Erzeuger: Ch. Fontenille, Ch. Penin.

Clairette Traditionelle weiße Traube im Midi. Der säurearme Wein diente als Basis für Wermut. Durch verbesserte Weinbereitung jetzt ansprechende Alltagsweine.

Clairette de Bellegarde Lang w ★ BV – AC bei Nîmes mit eleganten, trockenen Weißweinen von der Clairette-Traube; besonders stilvolle Exemplare bereitet Mas Carlot.

Clairette de Die S-Rh w; tr lbl; sch ★★ oJ – Trockener oder (besser) lieblicher zugänglicher Schaumwein aus dem Voralpenland der östlichen Rhône – unterschätzt, traditionsreich, süßfruchtig und nach Muscat schmeckend. Auch trockener Clairette-Weißwein mit Feuersteinnote, 3–4 Jahre haltbar und als Aperitif hervorragend. Erzeuger: Achard-Vincent, A. Poulet, J.-C. Raspail.

Clairette du Languedoc Lang w ★ BV – Weißwein aus einer kleinen AC im Midi. Ursprünglich weich und cremig, wird jetzt teilweise auch in Eiche ausgebaut und sogar als Spätlese oder Rancio bereitet.

Clape, Auguste und Pierre N-Rh r (w) ★★★→★★★★ **90' 95'** **97** 98' 99' **00** 01' **02** 03' **04'** 05' 06' 07' 08 09' 10' – Die Könige von Cornas. Erstklassige zentrale Syrah-Rebfläche mit gut 5 ha in Cornas, viele alte Reben. Tiefgründige, beständige Rotweine, die aus einer längst vergangenen, weit gemächlicheren Ära zu stammen scheinen und mindestens 6 Jahre Zeit brauchen. Gut ist auch der Renaissance von jungen Reben. Zudem guter Côtes du Rhône, St-Péray und Vin de table.

Clape, La Lang r rs w ★★→★★★ Der beachtenswerte Cru in der früheren AC Coteaux du Languedoc soll ab dem Jahrgang 2011 Grand Cru du Languedoc heißen. Warme, würzige Rote von sonnendurchglühten Weinbergen zwischen Narbonne und dem Mittelmeer. Die herben, salzigen Weißen altern erstaunlich gut. Erzeuger: Chx. d'Anglès, Complazens, l'Hospitalet, Moyau, La Négly, Pech-Céléyran, Pech-Redon, Ricardelle, Rouquette-sur-Mer sowie Mas du Soleila.

Climat Bg – Burgundischer Ausdruck für Einzellage, z. B. Meursault Tesson.

Clos Ein prestigeträchtiger Ausdruck, einzelnen, meist umfriedeten Weinbergen vorbehalten, die sich oft in einer einzigen Hand befinden. In Burgund und im Elsass häufig anzutreffen.

Clos de Gamot SWF ★★★ **90' 95 96 98' 00 01' 02' 04** 05' **06** 08 (09') (10) – Für manche der Inbegriff oder gar das Ideal von Cahors. Jouffreaux' langlebige Cuvée Vignes Centenaires (★★★★), die nur in den besten Jahren erzeugt wird, und die Micro-Cuvée Clos St-Jean (★★★★) brauchen die Konkurrenz der modernen Stile der Region nicht zu fürchten.

Clos de la Roche Côte d'Or r ★★★ **90' 93' 95 96' 98 99' 01 02'** 03 05' 06 07 08 09' 10 – Wohl der feinste Grand cru von Morey-St-Denis, die Weine besitzen ebenso viel Grazie wie Kraft. Beste Erzeuger: Amiot, Arlaud, Dujac, Leroy, Lignier, Ponsot, Rousseau.

Clos des Lambrays Côte d'Or r ★★★ **90' 95 99' 00 02 03** 05' **06 07** 09' 10 – Grand-cru-Lage mit 6 ha in Morey-St-Denis, auf die die Domaine du Clos des Lambrays praktisch ein Monopol hat. In den letzen Jahren strengere Auslese der besten Trauben. Würziger, stämmiger Stil.

Clos des Mouches Côte d'Or r w ★★★ Premier cru in Beaune; sehr gute Lage; größtenteils im Besitz von Drouhin; würzige, denkwürdige und beständig gute Weiß- und Rotweine. Kaum bekannte Weinberge gleichen Namens existieren auch in Santenay und in Meursault.

Clos des Papes S-Rh r w ★★★★ **90' 95 98' 99' 00 01'** 03' **04'** 05' 06' 07' 08 09' 10' – Châteauneuf-du-Pape-Spitzengut mit 32 ha in 18 Parzellen; seit Jahrhunderten im Besitz der Familie Avril. Reichhaltige, komplexe und neuerdings süßere, reifere Rotweine (v. a. Grenache und Mourvèdre – mindestens 6 Jahre lagern) und großartige Weiße, die 5–18 Jahre halten und zu feinen Speisen getrunken werden sollten. Bei beiden wird Geduld belohnt.

Clos de Tart Côte d'Or r ★★★★ **90'** 96' **99' 02' 03** 05' **06** 07 08 09' 10 – Grand cru in Morey-St-Denis; der Wein hat unter Gutsleiter Sylvain Pitiot qualitativ, aber auch preislich erheblich zugelegt.

Clos de Vougeot Côte d'Or r ★★★ **90' 93' 95 96' 98 99' 01 02'** 03' 05' 06 **07** 08 09' 10 – 50 ha Grand cru an der Côte de Nuits, unter viele Besitzer aufgeteilt. Manchmal von höchster Feinheit. Die Qualität hängt von den Ideen und Techniken des Erzeugers sowie der Lage am Hang ab. Spitzenerzeuger: u. a. Drouhin, Eugenie, Faiveley, Grivot, Gros, Hudelot-Noëllat, Jadot, Leroy, Liger-Belair, Méo-Camuzet, Mugneret, Ch. de la Tour, Vougeraie.

Clos du Roi Côte d'Or r ★★→★★★ Die beste Parzelle des Grand cru Corton; auch ein Premier-cru-Weinberg in Beaune sowie eine Spitzenlage in Marsannay. Der König hat üblicherweise gut gewählt.

Clos Rougeard Lo r w; (s) ★★★★ **02 03 04** 05' **06 07** 08 09' (10) – Die kleine, seit Langem gut eingeführte, einflussreiche Domaine im Besitz der Brüder Foucault erzeugt Maßstäbe setzenden Saumur-Champigny, feinen Saumur Blanc und, wenn es möglich ist, köstlichen süßen Coteaux de Saumur.

Clos St-Denis Côte d'Or r ★★★ **90' 93' 95 96' 98 99' 01 02'** 03 05' 06 07 08 09' 10 – 6,4 ha Grand cru in Morey-St-Denis. Hervorragender, kräftiger Wein, im Alter seidig. Erzeuger: u. a. Arlaud, Bertagna, Dujac, Ponsot.

Clos Ste-Hune El w ★★★★ Der großartigste Riesling aus dem Elsass (**00'** 02' 04 05 06 08' 09' 10'). Sehr feiner, zunächst verschlossener Wein von Trimbach aus der Grand-cru-Lage Rosacker, der 5–10 Jahre und mehr Flaschenreife braucht.

Clos St-Jacques Côte d'Or r ★★★ **90' 93 95' 96' 98 99' 01 02'** 03 05' 06 **07** 08 09' 10 – Premier-cru-Hanglage (6,7 ha) in Gevrey-Chambertin mit perfekter Südostausrichtung. Fünf ausgezeichnete Erzeuger: Clair, Esmonin, Fourrier, Jadot und Rousseau. Wuchtige, samtige Weine, die oft höher eingeschätzt werden als viele Grands crus.

Coche-Dury Côte d'Or ★★★★ Die herrliche 11,5-ha-Domaine in Meursault wird von Jean-François Coche und seinem Sohn Raphaël geführt. Hervorragende Weißweine von Aligoté bis Corton-Charlemagne sowie sehr schöne Rotweine. Machen sich rar.

Colin Côte d'Or ★★★ Führende Erzeugerfamilie in Chassagne-Montrachet und St-Aubin. Mitglieder der nächsten Generation treten jetzt die Nachfolge von Marc Colin (Pierre-Yves) und von Michel Colin-Deléger (Bruno, Philippe) an.

Collines Rhodaniennes N-Rh r w ★★ IGP-Wein von der Rhône: interessante Rote mit klarer Frucht von Granitböden mit sehr gutem Preis-Leistungs-Verhältnis von guten Erzeugern. Auch Côte Rôtie von jungen Reben; neuerdings Weinberge in Seyssuel. Vorwiegend Rotweine, v. a. von Syrah (die besten), aber auch von Merlot und Gamay. Bei den Weißen authentischer Viognier (die besten) und Chardonnay. Rotweine von: Barou, Bonnefond, L. Cheze, J.-M. Gérin, Jamet (sehr gut), Jasmin, Monier und S. Ogier. Weißweine von: Barou, Y. Cuilleron, Perret (sehr gut) und G. Vernay.

Collioure Rouss r rs w ★★ Zwillingsappellation von Banyuls für Tischweine; die meisten Erzeuger produzieren beides. Warme, robuste, stämmige Rote, meist Grenache, von terrassierten Steilhängen über der Mittelmeerküste. Auch Rosé und, seit 2002, Weißwein auf der Basis von Grenache blanc. Spitzenerzeuger: u. a. Le Clos de Paulilles, Madeloc, Dom. du Mas Blanc, Dom. de la Rectorie, Dom. La Tour Vieille, Dom. Vial-Magnères.

Comté Tolosan SWF r rs w ★ IGP aus ganz Südwestfrankreich, meist BV, aber überraschende Qualität von Ch. de Cabidos in Béarn (★★★) mit einer ganzen Reihe von Weinen, v. a. Süßweine von Petit Manseng. Die Dom.

de Ribonnet (★★) südlich von Toulouse experimentiert mit nicht einheimischen Rebsorten. Im Übrigen ist die Qualität mal so, mal so.

Condrieu N-Rh w ★★★ 04' 05 07 08' 09 10' – Voller, nach Freesien duftender Weißer aus der Heimat des Viognier, häufig von Granithängen. Die Besten sind überaus mineralisch und rein. Viele Neuanpflanzungen und junge Winzer (jetzt 125 ha, 75 Winzer), daher unterschiedliche Qualität (mit Ausnahme des herrlichen Jahrgangs 2004 und des sehr guten 2008ers und 2010ers); nicht selten zu viel Eiche und Alkohol. Führende Erzeuger: Chapoutier, Y. Cuilleron, Delas, Gangloff, Guigal, F. Merlin, Niéro, A. Perret, C. Pichon, Rostaing, G. Vernay (v. a. der elegante, haltbare Coteau de Vernon), F. Villard.

Corbières Lang r (rs) (w) ★★→★★★ 02 03 04 05' 06 07' 08 09 – Die größte AC des Languedoc mit der Cru-Lage Boutenac. Die wildromantische Landschaft wird vom Mont Tauch und dem Mont d'Alaric mit seinen Burgen der Katharer beherrscht. Wie das Land, so die Weine: sonnendurchflutet und schroff. Zu den besten Erzeugern zählen die Châteaux Aiguilloux, de Cabriac, Les Clos Perdus, Lastours, Ollieux Romanis, Les Palais, Pech-Latt, de la Voulte Gasparet und die Domaines du Grand Crès, de Fontsainte, du Vieux Parc, de Villemajou, Villerouge. Genossenschaften: Camplong, Embrès-et-Castelmaure und Tuchan.

Cornas N-Rh r ★★★ 78' 83' 85' 88' 89' 90' 91' 94' 95' 96 97' 98' 99' 00' 01' 02 03' 04 05' 06' 07' 08 09' 10' – Großartiger Syrah von der nördlichen Rhône. Tiefgründiger, mineralisch geprägter Wein, der 5–15 Jahre reifen muss. Jüngere Erzeuger bereiten auch zugänglichere Weine. Spitzenerzeuger: u. a. Allemand, Balthazar (traditionell), Clape (beispielhaft), Colombo (neue Eiche), Courbis (modern), Delas, J. & E. Durand, Jaboulet (v. a. Cuvée St-Pierre), Lemenicier, V. Paris, Tardieu-Laurent (modern), Dom. du Tunnel, Voge (Eichenausbau).

Corton Côte d'Or r (w) ★★★ 90' 95 96' 98 99' 01 02' 03' 05' 06 07 08 09' 10 – 160 ha klassifiziert als Grand cru sind viel zu viel, nur wenige Lagen wie Clos du Roi, Les Bressandes und Rognet verdienen diese Einstufung tatsächlich. Weine von dort haben Gewicht und Struktur, andere sind eher weich und ansprechend. Dass sich seit 2009 die Dom. de la Romanée-Conti hier engagiert, dürfte die Aufmerksamkeit erhöhen. Empfehlenswerte Erzeuger: d'Ardhuy, Bonneau du Martray, Chandon de Briailles, Dubreuil-Fontaine, Faiveley, Camille Giroud, Méo-Camuzet, Senard, Tollot-Beaut. Gelegentlich auch Weißwein, etwa von den Hospices de Beaune.

Corton-Charlemagne Côte d'Or w ★★★★ 99' 00' 02' 03 04 05' 06 07 08 09' 10 – Die nach Südwesten und Westen gerichteten Lagen des Corton-Bergs, dazu ein Streifen um den Gipfel herum, alles eher für Weißwein geeignet. Intensive Mineralität und großes Alterungspotenzial, nur leider oft nicht gut umgesetzt. Spitzenerzeuger: u. a. Bonneau du Martray, Coche-Dury, Faiveley, Hospices de Beaune, Jadot, Javillier, Latour, Rabpet, Rollin, Vougeraie.

Costières de Nîmes S-Rh r rs w ★→★★ 06 07' 09' 10 – Unterbewertetes Anbaugebiet in Rhône-Nähe, südwestlich von Châteauneuf-du-Pape. Die Roten sind voll, würzig und 6–8 Jahre lagerfähig und haben ein gutes Preis-Leistungs-Verhältnis. Die wichtigsten Erzeuger sind die Chx. de Campuget, Grande Cassagne, Mas des Bressades, Mas Carlot, Mas Neuf, Mourgues-du-Grès, de Nages, d'Or et des Gueules, Dom. de la Patience, Roubaud, Dom. Tardieu-Laurent, de la Tuilerie, Dom. du Vieux Relais. Ansonsten gibt es auch lebhafte Rosés sowie stilvolle Weiße von der Roussane-Traube.

Côte Chalonnaise Bg r w; sch ★★ Weinbaugebiet unmittelbar südlich der Côte-d'Or-Weinberge; niedrigere Preise. Bouzeron erzeugt Weiße von der Aligoté-Traube, Mercurey und Givry strukturierte Rote und interessante Weiße, Rully leichtere Weine beider Farben und Montagny schlankeren Chardonnay.

Côte de Beaune Côte d'Or r w ★★→★★★★ Geografische Bezeichnung: die südliche Hälfte der Côte d'Or. Als Appellation nur auf die Hügelspitze oberhalb von Beaune angewandt.

Côte de Beaune-Villages Côte d'Or r ★★ **05' 07 08** 09' 10 – Rotweine aus den geringeren Gemeinden der Südhälfte der Côte d'Or. Selten aufregend.

Côte de Brouilly Beauj r ★★ **05' 07 08 09'** 10 – Die Flanken des Hangs oberhalb von Brouilly bringen einen der reichhaltigsten Beaujolais-Crus hervor. J.-P. Brun, L. Martray und Ch. Thivin sind probierenswert.

Côte de Nuits Côte d'Or r (w) ★★→★★★★ Die nördliche Hälfte der Côte d'Or. Fast nur Rotwein.

Côte de Nuits-Villages Côte d'Or r (w) ★★ **02' 03 05' 06 07 08** 09' 10 – Eine neuere Appellation für das äußerste Nord- und Südende der Côte de Nuits; oft sehr preiswert. Langsam kommen Einzellagenabfüllungen auf den Markt. Empfehlenswerte Erzeuger: u. a. Ardhuy, Jourdan, Chopin und Gachot-Monot.

Côte d'Or Bg – Departementname, gilt für den mittleren und Hauptteil der burgundischen Weinberghänge, bestehend aus der Côte de Beaune und der Côte de Nuits. Der Name wird auf Etiketten nicht verwendet. Momentan wird die Einführung einer AC Bourgogne Côte d'Or diskutiert.

Côte Roannaise Lo r rs ★→★★ **05' 06 08 09'** (10) – Kleine AC (215 ha) auf den niedrigeren Hängen der hohen Granithügel westlich von Roanne und nordwestlich von Lyon. Seidiger, konzentrierter Gamay: Doms. du Fontenay, Lapandéry, des Millets, du Pavillon, Robert Sérol, Vial. Auch IGP-Weißweine von Chardonnay und Viognier.

Côte Rôtie N-Rh r ★★★→★★★★ **78' 85' 88' 89' 90' 91' 94' 95' 98' 99' 00** 01' 03' 04 05' **06' 07'** 08 09' 10' – Der feinste Rhône-Rotwein, v. a. von Syrah mit einem Schuss Viognier. Im Alter aromatisch, blumig, komplex und sehr fein (v. a. nach 5–10 oder mehr Jahren). Beste Erzeuger: Barge (traditionell), Bernard, Bonnefond (Eiche), Bonserine (im Besitz von Guigal), Chapoutier, Clusel-Roch (Ökobetrieb), Delas, Duclaux, Gaillard (Eiche), J.-M. Gérin (Eiche), Guigal (eigener Stil mit Eichennote), Jamet (großartig), Jasmin, Monteillet, Ogier (Eiche), Rostaing, J.-M. Stéphan (Ökobetrieb), Vidal-Fleury (La Chatillonne).

Coteaux Champenois Champ r (rs) w ★★★ BV (Weißwein) – Die Appellation für die Stillweine der Champagne. Jahrgänge wie bei Champagner. Die hohen Preise sind nicht gerechtfertigt.

Coteaux d'Aix-en-Provence Prov r rs w ★★→★★★ Sich ausbreitende AC in den Hügeln nördlich von Aix und in der Ebene um den Etang de Berre. Bunter Rebsortenmix mit Trauben sowohl aus dem Bordelais als auch aus dem Midi. Man vermisst manchmal eine echte Identität. Am besten sind die Rotweine, v. a. von Ch. Beaupré, Ch. Calissanne, Ch. Revelette, Dom. les Bastides, Dom. les Béates, Dom. du Ch. Bas, Dom. la Realtière. Siehe auch Baux-de-Provence.

Coteaux d'Ancenis Lo r rs w; (s) ★ Meist BV – 180 ha großes VDQS-Gebiet an beiden Ufern der Loire, östlich von Nantes; v. a. trockene, halbtrockene und süße Weißweine von Chenin blanc sowie alterungswürdiger Malvoisie; auch leichte Rotweine und Rosés von Gamay, Cabernet franc und Cabernet Sauvignon. Die Beförderung zur AC wird für 2011 erwartet. Empfehlenswert v. a. Dom. Guindon, aber auch Athimon et ses Enfants.

Coteaux de Glanes SWF r ★★ BV – Lebhafter und preiswerter IGP-Wein aus der Nähe von Beaulieu-sur-Dordogne. Acht Winzer betreiben ihre eigene Genossenschaft. Vor Ort ist der Merlot-Gamay-Ségalin-Verschnitt ein echter Hit.

Coteaux de la Loire Lo – Siehe Anjou-und Muscadet-Coteaux de la Loire.

Coteaux de l'Ardèche S-Rh r rs (w) ★→★★ Von Hügeln und Wasserläufen geprägtes Gebiet westlich der Rhône mit vielfältigem, preiswertem Angebot. Neue Erzeuger und frische, z. T. in Eiche ausgebaute Rote sowie Viognier (z. B. Mas de Libian, Chapoutier) und Marsanne. Die besten Rotweine sind von Syrah bereitet, außerdem Gamay und Cabernet Sauvignon (v. a. Serret). Empfehlenswert der burgunderartige Chardonnay Ardèche von Louis Latour; Grand Ardèche ist die eichenholzwürzige Version von alten Reben. Auch Dom. du Colombier, J. & E. Durand, Favette, Flacher, Grangeon, Mazel, Ch. de la Selve und Vigier.

Coteaux de l'Aubance Lo w; s ★★→★★★★ **89' 90' 95' 96' 97' 02 03 05' 06** 07' 09 (10) – Kleine AC für Süßweine von Chenin blanc. Von sanfteren Hügeln, nerviger und allgemein weniger üppig als Coteaux du Layon, ausgenommen Sélection de grains nobles. Oft sehr günstig. Erzeuger: v. a. Bablut, Haute-Perche, Montgilet, Ch. Princé, Richou, Rochelles.

Coteaux de Pierrevert Prov r rs w ★ Kühles Gebiet mit unkomplizierten Weinen von Hochlagen in der Gegend um Manosque; z. B. Dom. la Blaque, Ch. Régusse, Ch. Rousset. Erhielt 1998 AC-Status.

Coteaux de Saumur Lo w; s ★★→★★★ **03 05 07** (10) – Süßer Chenin blanc, eine seit 1989 wiederbelebte Tradition. Die oft zitrusfruchtigen Weine erinnern an Coteaux du Layon, sind aber nicht so reichhaltig. Erzeuger: v. a. Dom. des Champs-Fleuris/Rétiveau-Rétif, Clos Rougeard, Régis Neau (Dom. de Nerleux), Vatan (Ch.de Hureau).

Coteaux des Baronnies S-Rh r rs w ★ BV – IGP von Hügeln an der Rhône bei Vinsobres. Syrah, Merlot, Cabernet Sauvignon und Chardonnay sowie traditionelle Rebsorten. Leichte Rotweine; auch Viognier. Probierenswert sind Dom. du Rieu-Frais und Dom. Rosière.

Coteaux du Giennois Lo r rs w ★ BV – Kleine AC mit 190 ha nördlich von Pouilly. Die Weinberge liegen verstreut zwischen den Orten Cosne und Gien. Leichte Rote, eingeschränkt durch das wenig überzeugende, aufgesetzt wirkende Verschnittrezept Gamay/Pinot noir; besser ist der Sauvignon blanc, der wie ein kleiner Bruder des Sancerre wirkt. Spitzenerzeuger: Emile Balland, Bourgeois, Catherine & Michel Langlois, Paulat, Villargeau.

Coteaux du Languedoc Lang r rs w ★★→★★★ **03 04 05 06** 07 08 09 10 – Die große AC erstreckt sich von Narbonne bis Nîmes mit einer Vielzahl von Crus und Unterbereichen; neuere Namen sind hier etwa Grès de Montpellier, Terrasses du Larzac, Pézenas und Sommières. Zahlreiche neue Erzeuger beweisen, dass im Midi großes Potenzial steckt. Die AC wird 2012 verschwinden, wenn sich die 2007 eingerichtete noch größere AC Languedoc etabliert hat. Für die *grands vins* und Grands crus soll 2011 eine eigene Hierarchie eingeführt werden.

Coteaux du Layon Lo w; lbl s ★★→★★★★ **89 90 95 96 97 02 03 05'** 07 **09** (10) – Das Kernstück von Anjou, mit süßem, üppigem, im Bestfall fast unendlich haltbarem Chenin blanc, der eine wundervolle Säure hat. Neu: Sélection de grains nobles. Sieben Orte (300 ha) können ihren Namen vor die AC setzen. Spitzenappellationen: Bonnezeaux, Quarts de Chaume. Erzeuger: v. a. Baudouin, Baumard, Delesvaux, des Forges, Dom. Les Grandes Vignes, Guegniard, Dom. de Juchepie, Ogereau, Papin (Ch. Pierre-Bise), Pithon-Paillé.

Coteaux du Loir Lo r rs w; tr s ★→★★★ **02 03 04 05' 07 08** 09 (10) – Der Loir ist ein von Norden kommender Nebenfluss der Loire; das dazugehörige Weinbaugebiet mit den Appellationen Coteaux du Loir (80 ha) und Jasnières (65 ha) ist klein, aber dynamisch. Potenziell feine Weine von Chenin blanc (mit Apfelaromen), Gamay, Pineau d'Aunis (pfeffrig, passt gut zu pikantem Käse) sowie Grolleau (rosé), Cabernet und Côt. Spitzenerzeuger: Ange Vin, Dom. de Bellivière, Le Briseau, Fresneau, Les Maisons Rouges, de Rycke, Vins Gigou.

Coteaux du Lyonnais Beauj r rs (w) ★ BV – Kleinere AC des Beaujolais. Als Primeur-Weine am besten.

Coteaux du Quercy SWF r ★ **05' 06** 08 (09') (10) – VDQS südlich von Cahors. Weine auf Cabernet-franc-Basis, am besten von den Domaines du Merchien (★★), de la Combarade, de Guyot, de Lafage, Lagarde (alle ★). Erfolgreiche, fortschrittliche Genossenschaft (★).

Coteaux du Tricastin S-Rh – Siehe Grignan-les-Adhémar.

Coteaux du Vendômois Lo r rs w ★→★★ BV – Kleinere AC (152 ha) nahe der Loire westlich von Vendôme. Am charakteristischsten sind die Vins gris von der Pineau-d'Aunis-Traube, die auch den regionalen roten Verschnitten ihre pfeffrige Eigenart verleiht; außerdem Cabernet franc, Pinot noir und Gamay. Grundlage der Weißweine ist Chenin blanc. Erzeuger: u.a. Patrice Colin, Dom. du Four à Chaux, Dom. J. Martellière, Dom. de Montrieux, Cave du Vendôme-Villiers.

Coteaux et Terrasses de Montauban SWF r rs ★→★★ BV – Immer noch führend ist die Domaine de Montels, die diese Appellation im Alleingang durchgesetzt hat. Die lokale Winzergenossenschaft in Lavilledieu-du-Temple hat den Betrieb eingestellt.

Coteaux Varois-en-Provence Prov r rs w ★→★★ **01 02 03 04 05' 06** 07 08 – Zwischen den Coteaux d'Aix und den Côtes de Provence eingeklemmter AC-Bereich. Liefert gute Rotweine mit warmem Charakter sowie frische Rosés und hätte einen besseren Ruf verdient; es fehlt jedoch noch immer an einem Zugpferd. Empfehlenswert von Ch. la Calisse, Ch. Miraval, Dom. les Alysses, Dom. du Deffends.

Côtes Catalanes Rouss r rs w ★→★★ Der beste IGP-Wein des Roussillon, deckt den Großteil des Gebiets ab. Hier wird erneuert und investiert. Erzeuger: Matassa, La Préceptorie Centernach, Ch. de Casenove, Doms. Gérard Gauby, Padié, Olivier Pithon, des Soulanes, le Soula.

Côtes d'Auvergne ZF r rs (w) ★→★★ Meist BV – Seit November 2010 bestehende kleine AC (412 ha). Überwiegend Gamay, aber auch etwas Pinot noir (nur als Verschnittpartner) und Chardonnay. Die besten Rotweine profitieren von 2–3 Jahren Reife. Wichtige Gemeinden sind Boudes, Chanturgue, Châteaugay, Corent und Madargues (Rotwein) sowie Corent (Rosé). Erzeuger: Cave St-Verny, Jean Maupertuis, Sauvat.

Côtes de Bordeaux Bx 09 – Neue, im Jahr 2008 eingerichtete AC. Erzeugt wird vorwiegend Rotwein, wobei der Verschnitt von Lesegut aus Castillon, Francs, Blaye and Cadillac (früher Premières Côtes de Bordeaux) gestattet ist. Siehe auch Kasten S. 120.

Côtes de Bourg Bx r w ★→★★ **00' 01 02 03** 04 **05' 08** 09' – AC für robuste Rote und (sehr wenige) trockene Weißweine am östlichen Gironde-Ufer mit verlässlicher Qualität. Spitzen-Châteaux: Brulesécaille, Bujan, Civrac, Falfas, Fougas, Grand-Maison, Guerry, Haut-Guiraud, Haut-Maco, Haut-Mondésir, Macay, Mercier, Nodoz, Roc de Cambes, Rousset, Sociondo.

Côtes de Duras SWF r rs w ★→★★★ **06 08** (09') (10) – Satellit von Bordeaux. Zu den Spitzenerzeugern gehören die Neulinge Doms. Chator, Mouthes-les-Bihan, Petit Malromé und Ch. Condom-Perceval (alle ★★★) sowie die schon etablierten Güter Doms. des Allegrets, Laulan und Ch. Lafon (alle ★★). Die Weine der Genossenschaft in Berticot sind langweilig.

Côtes de Gascogne SWF (r) (rs) w ★ BV – Das Exportvolumen der hiesigen IGP-Weine übertrifft das des gesamten übrigen Südwestfrankreichs. Führend bei der Produktion der in Weinbars und Theaterfoyers beliebten Durstlöscher sind die Genossenschaft Plaimont und die Familie Grassa (Ch. de Tariquet). Empfehlenswert: Doms. d'Arton, Chiroulet, Millet, Pellehaut, de San Guilhem (alle ★★) sowie des Cassagnoles, Higiuière, de Joÿ, de Laballe, de Lauroux, de Magnaut, Papolle, St-Lannes, Ch. Monluc und Sédouprat (alle ★). Auch Madiran-Erzeuger wie Brumont mischen mit, außerdem die angrenzenden IGPs Gers und Terroirs Landais, die oft den Namen Gascogne auf dem Etikett verwenden.

Côtes de Millau SWF r rs w; BV – Sechs unabhängige Erzeuger, darunter die Dom. du Vieux Noyes (★★) betreiben gemeinsam die Genossenschaft, wobei ihre Werbung durch den von Norman Foster gestalteten berühmten Viaduc de Millau unterstützt wird.

Côtes de Montravel SWF w; tr s ★★ **04 05' 07** 09 (10) – Unterbereich von Bergerac; der traditionelle halbtrockene Stil geht leider auf Kosten des Montravel Sec (trocken) und des richtig süßen Haut-Montravel zunehmend verloren.

Frankreich

Beachtenswerte Erzeuger im Südwesten für 2012

Patrick Rols (IGP Aveyron). Charaktervolle Bioweine aus der Nähe von Conques. Eine lokale Sensation.

Domaine Peyres-Roses (Gaillac). Leidenschaftliche Biowinzerfamilie, die mit einem Pferd im Weinberg arbeitet.

Domaine de Brin (Gaillac). Brillanter Newcomer, v.a. für Rotweine. Stahl auf den letzten Messen für Gaillac-Weine allen die Show.

Domaine de la Higuière (Côtes de Gascogne). Erzeugte hier schon gute Weine, bevor man an Plaimont oder Grassa auch nur dachte.

Domaine des Thermes (Côtes du Brulhois). In den Restaurants der Region zunehmend beliebt. Hat mit Wellness nichts zu tun. Köstlich süffige Rote.

Château Viguerie de Belaygues (Fronton). Tauchte quasi aus dem Nichts auf und errang diverse Medaillen; zählt jetzt zu den Besten.

Château Neyrac (Pécharmant). Der junge Bouché, Sprössling vom nahe gelegenen Château Champarel, macht sich in der Gegend einen Namen.

Domaine Latapy (Jurançon). Madame Guilhendou erzeugt ganz im Süden der Appellation herrlich knackige Weine.

Domaine dou Bernès (Madiran). Die alteingesessene Domaine hat qualitativ kürzlich einen beachtlichen Schritt nach vorn gemacht.

Domaine L'Escudé (IGP Pyrénées-Atlantiques). Der frühere *maître de chai* von Château Cabidos hat sich selbstständig gemacht und arbeitet jetzt mit einem breiten Spektrum lokaler Rebsorten sowie Merlot und Sauvignon blanc.

Domaine Haut-Campagnau (Côtes de Gascogne). Hochklassiges Angebot konventioneller Weine, ergänzt durch exzentrische oxidierte Stile. Für Abenteuerlustige.

La Métairie, Domaine des Bertranoux und Château Biran. Die früher unterschiedlichen Pécharmant-Güter werden jetzt einer gründlichen Veränderung unterzogen.

Côtes de Provence Prov r rs w ★→★★★ r **04 05 06** 07 08 09 10; rs w BV – Die große AC ist hauptsächlich für Rosé bekannt. Größere Investitionen haben ihr zu einem riesigen Qualitätssprung verholfen. Auch angenehme Rote und kräuterwürzige Weißweine. Unterbereiche sind Ste-Victoire, Fréjus und La Londe; Pierrefeu wird demnächst folgen. Führende Erzeuger: u. a. Castel Roubine, Commanderie de Peyrassol, Doms. Bernarde, de la Courtade, Léoube, Gavoty (großartig), Chx. d'Esclans, de Selle und Clos Mireille, des Planes, Rabiéga, Richeaume und Rimauresq. Siehe auch Coteaux d'Aix, Bandol.

Côtes de St-Mont SWF r rs w ★★ r **06 08** (09') (10); rs w BV – VDQS-Bereich im Departement Gers, vollständig dominiert von den Producteurs Plaimont, der erfolgreichsten Genossenschaft im Südwesten. Gute Rotweine auch von der Dom. des Maouries an der Grenze zu Madiran. Rebsorten wie in Madiran und Pacherenc du Vic-Bilh.

Côtes de Thongue Lang r w ★ BV – Dynamische IGP-Region im Hérault, die zur AOP aufsteigen will. Verlockende Verschnitt-, weniger sortenreine Weine. Lagerfähige Rote. Erzeuger: Domaines Arjolle, les Chemins de Bassac, la Croix Belle, des Henrys, Magellan, Monplézy.

Côtes de Toul El r rs w ★ BV – Sehr leichte Weine aus Lothringen, meist Vin gris (Rosé).

Côtes du Brulhois SWF r rs (w) ★→★★ **06 08** (09') (10) – Die Rotweine in diesem Bereich bei Agen sind meist am besten. Die Genossenschaft arbeitet mit den unabhängigen Erzeugern Ch. La Bastide, Le Bois de Simon, Dom. de Coujétou-Peyret, Clos Pountet und Dom. des Thermes zusammen. Etwas Tannat (obligatorisch) verleiht den Weinen Gewicht und Charakter.

Côtes du Couchois ★→★★ 05' 08 **09'** – Unterbereich von Bourgogne Rouge am südlichen Rand der Côte-d'Or-Weinberge. Kraftvolle, recht tanninreiche Rotweine. Der beste Erzeuger ist Alain Hasard.

Côtes du Forez Lo r rs; (sch) ★ BV – AC am Oberlauf der Loire (200 ha), in der Nähe von St-Etienne. Einfache Rote und Rosés von Gamay. Wichtigster Erzeuger: Les Vignerons Foréziens; daneben Le Clos de Chozieux, Verdier-Logel. IGP-Weine von Chardonnay, Pinot gris und Viognier.

Côtes du Jura Jura r rs w; (sch) ★ BV – Viele verschiedene leichte und helle Weine. Arbois ist gehaltvoller.

Côtes du Rhône S-Rh r rs w ★→★★ **09'** 10' – Riesiges, über 170 Gemeinden an der südlichen Rhône verteiltes Anbaugebiet. Zwischen handwerklich erzeugten Qualitätsweinen und Massenware klafft eine große Lücke. Vorwiegend Grenache, aber auch Syrah und Carignan. Am besten jung (auch als Primeur) zu trinken. Das Vaucluse-Gebiet schneidet am besten ab, gefolgt von Gard (Syrah). Die Jahrgänge 2009 und 2010 zeigen schöne Frucht.

Côtes du Rhône-Villages S-Rh r rs w ★→★★ **05' 06' 07' 09'** 10' – Schlagkräftiger, preiswerter Wein von 7.700 ha, darunter die 18 besten Orte der südlichen Rhône; jede Menge Frucht, Gewürz und Tannin, geliefert von begeisterten Winzern. Die Grundlage der Rotweine ist Grenache, mit Unterstützung von Syrah und Mourvèdre. Auch Weißweine von steigender Qualität, meist von Viognier und Roussanne zusammen mit Clairette und Grenache blanc – gut zum Essen. Siehe auch Cairanne, Chusclan, Laudun, Sablet, Séguret, St-Gervais. Seit 2005 gehören die Gemeinden Massif d'Uchaux (gut), Plan de Dieu (robust), Puyméras und Signargues neu dazu. Beachtenswerte Erzeuger: Ch. Fontségune, Ch. Signac und die Domaines Cabotte, Chaume-Arnaud, Deforge, Grand Moulas, Grand Veneur, Jérôme, Montbayon, de Mourchon, Rabasse-Charavin, Renjarde, Romarins, Ste-Anne, St-Siffrein, Saladin, Valériane, Vieux Chêne, Viret, Mas de Libian, Cave Estézargues sowie Cave Rasteau.

Côtes du Roussillon Rouss r rs w ★→★★ 04 **05' 06 07'** 08 09 10 – AC in den östlichen Pyrenäen, die die Weinberge der Pyrenées-Orientales hinter Perpignan abdeckt. Von Genossenschaften dominiert, v.a. Les Vignerons Catalans. Am besten sind die von Carignan und Grenache gekelterten wärmenden Rotweine.

Côtes du Roussillon Les Aspres Rouss – AC seit 2003, nur für Rote. ähnliche Weine wie einfacher Côtes du Roussillon. Außerhalb der Region kaum zu finden. Rebsorten: Grenache noir, Carignan, Syrah und Mourvèdre.

Côtes du Roussillon-Villages Rouss r ★★ **04 05 06** 07 08 09 10 – 28 Ortschaften im besten Teil der Region, dominiert von der Genossenschaft Les Vignerons Catalans. Beachtenswert: Doms. Cazes, des Chênes, la Cazenove, Gauby (auch charaktervoller weißer IGP), Piquemal, Ch. de Jau, Mas Crémat.

Côtes du Tarn SWF r rs w ★ BV – IGP-Bereich, überschneidet sich mit Gaillac. Die Dom. d'en Segur (★★) außerhalb des Bereichs Gaillac ist ein sehr ernst zu nehmender Erzeuger, v.a. mit halbtrockenem Sauvignon blanc.

Coulée de Serrant Lo w; tr s (★★★) **95 96 97 98 99 02 03 04** 05 07 08 09 (10) – 7 ha Chenin blanc am Nordufer der Loire bei Savennières. Die Weine von Nicolas Joly, dem Hohepriester des biologisch-dynamischen Anbaus, haben abgebaut und werden dem theoretischen Anspruch nicht gerecht, doch jetzt übernimmt seine Tochter Virginie. Zwei Stunden vor dem Servieren dekantieren und nicht kühlen. Alte Jahrgänge sind bisweilen sehr fein.

Spitzenerzeuger der Côtes du Rhône

Châteaux La Courançonne, Domazan, L'Estagnol, Fonsalette (echte Klasse), Grand Moulas, Haut-Musiel, Hugues, Montfaucon, St-Estève, Trignon (u.a. Viognier); Winzergenossenschaften Cairanne, Chantecotes (Ste-Cécile-lesVignes), Puyméras, Rasteau, Villedieu (v.a. Weißwein); Cave Estézargues; Domaines Bramadou, Charvin, Combebelle, Coudoulet de Beaucastel (erstklassiger Rotwein), Cros de la Mûre (preiswert), M. Dumarcher, Espigouette, Ferrand, Gourget, Gramenon (biodynamisch), Janasse, Jaume, Perrin & Fils, Réméjeanne, Romarins, Rouge-Bleu, Soumade, Vieille Julienne, Vieux Chêne; Dubœuf, Guigal, Jaboulet.

Courcel, Domaine de Côte d'Or ★★★ Führendes Gut in Pommard mit den Spitzen-Premiers-crus Rugiens und Les Epenots, außerdem interessante Cuvée Croix Noires. Die Weine altern schön.

Crémant Bedeutete früher »Perlwein« in der Champagne, wo die Bezeichnung aber nicht mehr verwendet wird. Seit 1975 Appellation für Schaumweine hoher Qualität nach der klassischen Methode aus Bordeaux (seit 1990), Burgund, dem Elsass und von der Loire, seit einigen Jahren auch aus Limoux. Oft sehr preiswert.

Crépy Sav w ★★ BV – Leichter, milder Weißwein nach Schweizer Art vom Südufer des Genfer Sees. »Crépitant« bedeutet leicht perlend.

Crozes-Hermitage N-Rh r (w) ★★ **05 06 07** 09' – Appellation rund um den Hügel von Hermitage, 1.355 ha mit Syrah bestockte Rebfläche in der Ebene und in Hanglagen. Die Weine aus der Ebene sind fruchtig und jung zu trinken (nach 2–5 Jahren). Die Besten (einfache Cuvées) zeigen üppige schwarze Frucht; mit Technik und Holzeinsatz aufgemotzte Weine sind teurer. Gute Erzeuger: Belle, Y. Chave, Chapoutier, Dom. du Colombier, Dom. Combier, Ch. Curson, Darnaud, Delas (Tour d'Albon, Le Clos sehr gut), Domaines des Entrefaux (Eiche), A. Graillot, Hauts-Chassis, Lises, Mucyn, du Pavillon-Mercurol, Dom. de Thalabert von Jaboulet. Weißweine (von Marsanne) jung trinken.

Cuve close Abgekürztes Verfahren der Schaumweinherstellung im Tank. Die Bläschenbildung im Glas kommt schneller zum Stillstand als bei der traditionnellen Methode.

Cuvée In einer »Cuve«, d. h. in einem Bottich enthaltener Wein. Sonst auch Allerweltswort, in der Champagne z. B. Bezeichnung für »Verschnitt« und erstgepresste Weine. In Burgund gleichbedeutend mit »Cru«. Bezeichnet oft einfach einen »Posten« Wein.

Dagueneau, Didier Lo ★★★→★★★★ **02 03 04 05'** 07 08' 09 (10) – Der beste Erzeuger von Pouilly-Fumé, ein Großmeister von unglaublich reinem Sauvignon blanc, kam im September 2008 bei einem Flugzeugabsturz ums Leben. Sein Sohn Louis-Benjamin legte als Nachfolger einen beeindruckenden Start hin. Spitzen-Cuvées: Pur Sang, Silex und der – astronomisch teure – Astéroïde von wurzelechten Reben. Von einem kleinen Weinberg in Chavignol auch Sancerre; zudem Jurançon.

Daumas Gassac Siehe Mas de Daumas Gassac.

Dauvissat, Vincent Chablis ★★★ Der erstklassige Erzeuger bereitet mit althergebrachten Methoden außergewöhnlich langlebigen Chablis. Cousin von Raveneau. Am besten sind Forest, Preuses und Les Clos.

Degré alcoolique Alkoholgehalt, d. h. Volumenprozent.

Deiss, Domaine Marcel El ★★★ Bekanntes Elsässer Weingut in Bergheim. Legt den Schwerpunkt auf Verschnitte, deren Lesegut von Einzellagen stammt. Beste Weine: Gewürztraminer und Riesling Schoenenbourg. Arbeitet jetzt biologisch-dynamisch und ist beständiger als früher.

Delamotte Champ Brut; Blanc de Blancs **99 02** 04; Cuvée Nicolas Delamotte – Kleines Haus mit feinen Champagnern (vorwiegend von Chardonnay) in Le Mesnil. Sehr guter schäumender, nach der Saignée-Methode erzeugter Rosé. Wird zusammen mit Salon von Laurent-Perrier geleitet. Alte Jahrgänge im Lager, z. B. großartiger Blanc de Blancs (**85'**).

Delas Frères N-Rh ★→★★★ Handelshaus an der nördlichen Rhône mit großer Auswahl und akkurater Qualität von Lagen in Condrieu, Crozes-Hermitage, Côte Rôtie und Hermitage. Spitzengewächse: Condrieu (Clos Boucher), Côte Rôtie Landonne, Hermitage M. de la Tourette (rot, weiß), Les Bessards (sehr fein, langlebig). Im Besitz von Roederer.

Demi-sec »Halbtrocken«; eher lieblich (z. B. bei Champagner).

Deutz Champ Brut Classic oJ; Rosé oJ; Brut **00 02 04** – Eines der besten unter den kleineren Champagnerhäusern, gehört Roederer. Sehr trockene, klassische Weine. Spitzenreiter: die Chardonnay-Cuvée Amour de Deutz (02). Überragende Cuvée William Deutz (**98 02**).

De Venoge Champ – Altehrwürdiges Champagnerhaus; wiederbelebt, seit es unter der Führung der Boizel-Chanoine-Gruppe steht. Gute Nischenweine: Cordon Bleu Extra Brut, Jahrgangs-Blanc-de-Blancs (00 02), Cuvée 20 Ans und die Prestige-Cuvée Louis XV, ein 10 Jahre alter Blanc de Noirs. Schöne Sammlung alter Etiketten und Plakate.

Domaine In Burgund und in ländlichen Gegenden gebräuchlich für Weingut.

Dom Pérignon Champ Cuvée **98 02'** (superb); Rosé **98 00 02'** – Luxusmarke von Moët & Chandon, benannt nach dem legendären Klosterkellermeister, der als Erster Champagnerwein verschnitt. Erstaunlich beständige

Qualität und cremiger Charakter, v.a. nach 10–15 Jahren Flaschenreife. In der *Oenothèque* kürzlich degorgierte Jahrgänge (**95'**) sowie märchenhafter Dom Pérignon Rosé (**90'**).

Dopff & Irion El ★→★★ Seit dem 17. Jh. bestehender Betrieb in Riquewihr im Elsass, der jetzt zur Genossenschaft in Pfaffenheim gehört. Muscat Les Amandiers und Gewürztraminer Les Sorcières. Auch guter Crémant d'Alsace.

Dopff au Moulin El ★★★ Alteingesessenes Weinhandelshaus der Spitzenklasse in Familienbesitz im elsässischen Riquewihr. Beste Weine: Gewürztraminer Grands crus Brand und Sporen, Riesling Grand Cru Schoenenbourg, Sylvaner de Riquewihr. Pionier für Elsässer Schaumwein; Cuvées Bartholdi und Julien empfehlenswert. Besonders gut sind die Weine in Jahrgängen, die den naturtrockenen Stil begünstigen.

Dourthe, Vins et Vignobles Bx – Handelshaus in Bordeaux mit großem, qualitätsorientiertem Angebot: gut v.a. Chx. Belgrave, Le Boscq, La Garde. Die gut bereiteten einfachen Bordeaux-Abfüllungen heißen Beau Mayne, Pey La Tour und Dourthe No. 1. Der Essence ist ein konzentrierter, moderner Wein.

Doux Süß.

Drappier, André Champ – Hervorragendes Champagnerhaus in der Region Aube, Familienbetrieb. Voller, von Pinot noir dominierter oJ, Brut Zéro, Rosé Saignée, Signature Blanc de Blancs (**02 04**), Millésime d'Exception (**02 04**), herrliche Prestige-Cuvée Grande Sendrée (**99 02 04**). Neu ist der ungeschwefelte Blanc de Noirs. Superbe ältere Jahrgänge (**95 85** 82).

DRC Côte d'Or –Siehe Romanée-Conti, Domaine de la.

Drouhin, J. et Cie. Bg ★★★→★★★★ Handelshaus und Erzeugerbetrieb (61 ha) mit verdientermaßen gutem Ruf in Burgund. Kellerei in Beaune, Weinbergbesitz in Beaune, Chablis, Musigny, Clos de Vougeot und in Oregon (USA). Spitzenweine weiß: u.a. Beaune Clos de Mouches, Chablis Les Clos, Corton-Charlemagne, Puligny-Montrachet, Les Folatières; rot: u.a. Griotte-Chambertin, Musigny, Grands-Echézeaux.

Dubœuf, Georges Beauj ★★→★★★ Der berühmteste Name im Beaujolais, wichtigster Verfechter des Beaujolais Nouveau. Riesiges Angebot an Cuvées und Crus – aber der Lack scheint ein wenig ab zu sein.

Duclot Bx – Négociant in Bordeaux, Spezialist für Spitzengewächse. Im Besitz von Jean-François Moueix.

Dugat Côte d'Or ★★★ Die Cousins Claude und Bernard (Dugat-Py) erzeugen – jeder in seinem eigenen Betrieb – ausgezeichnete, tieffarbige Gevrey-Chambertin-Weine. Geringe Mengen, üppige Preise.

Dujac, Domaine Côte d'Or ★★★→★★★★ Erzeuger in Morey-St-Denis, jetzt mit einer außergewöhnlichen Reihe von Grands crus; heller in der Farbe, aber mit intensiver Frucht sowie Rauch- und Erdbeernoten, da die Stiele mit eingemaischt werden. Besitzt auch die Dom. Triennes in den Coteaux Varois.

Dulong Bx – Bordeaux-Handelshaus; gehört zu Grands Chais de France.

Durup, Jean Chablis ★★ Riesiger Chablis-Erzeuger, dessen Dom. de l'Eglantière und Ch. de Maligny nun durch Heirat mit der Dom. Colinot in Irancy vermählt wurden.

Duval-Leroy Champ – Dynamisches Champagnerhaus an der Côte des Blancs mit 200 ha Rebfläche in Familienbesitz. Guter Fleur de Champagne oJ, feiner Blanc de Chardonnay (**99 00 02 04**) und exzellente Prestige-Cuvée Femme de Champagne (**96' 02**). Neue Abfüllungen mit Rebgut von Einzellagen bzw. aus einzelnen Gemeinden, v.a. Authentis Cumière (**04 05** 09).

Frankreich

Echézeaux Côte d'Or r ★★★ **90' 93 96' 99' 02' 03** 05' 06 **07** 08 09' 10 – Grand cru mit 37,7 ha neben Clos de Vougeot. Mittelschwere Weine, die bisweilen aber einen außergewöhnlich nuancenreichen Geschmack und überwältigende Nachhaltigkeit besitzen. Die besten Erzeuger sind Arnoux, DRC, Dujac, Eugenie, Grivot, Gros, Lamarche, Liger-Belair, Mugneret-Gibourg und Rouget.

Ecu, Domaine de l' Lo r w; tr ★★★ **89 90 95 96 97 02 03 04 05 06** 09' (10) – Guy Bossard ist ein hervorragender biologisch-dynamisch wirtschaftender Erzeuger von Muscadet-Sèvre-et-Maine (v. a. die mineralische Cuvée Granite) und Gros Plant (einschließlich Schaumwein) sowie ausgezeichnetem Cabernet franc. Geringe Erträge 2007 (Mehltau) und 2008 (Frost) – das Gut steht nun zum Verkauf.

Edelzwicker El w ★ BV – Leichter Weißweinverschnitt. Köstlich ist Château d'Ittenwiller (**09**).

Eguisheim, Cave Vinicole d' El ★★ In Anbetracht ihrer Größe sehr gute Elsässer Winzergenossenschaft, die oft überaus günstige Angebote hat: feiner Grand cru Hatschbourg, Hengst, Ollwiller und Spiegel. Willm gehört auch zum Besitz. Hauptmarke Wolfberger; die besten Serien: Grande Réserve, Sigillé und Armorié. Guter Crémant und Pinot noir (v. a. **09** 10').

Elsass Siehe Alsace.

Entraygues et du Fel, Vins d' SWF r rs w ★ BV – Mineralische Weine aus zwei kleinen, kühlen VDQS-Gebieten, die schon beinahe im Gebirge liegen. Empfehlenswert v. a. der schwungvolle Weißwein (★★) von Dom. Méjannassère und die Roten von Laurent Mousset, v. a. der haltbare rote La Pauca. Die Weißen von Nicolas Carmarans werden stets mit Ungeduld erwartet. Alaux (rot) und Fages (weiß) sind die besten Estaing-Winzer.

Entre-Deux-Mers Bx w ★→★★ BV – Trockener weißer Bordeaux aus der Gegend zwischen Garonne und Dordogne, der sich enorm verbessert hat. Empfehlenswerte Châteaux: Bonnet, Castenet-Greffier, Fontenille, Landereau, Marjosse, Nardique-la-Gravière, Sainte-Marie, Tour de Mirambeau, Toutigeac, Turcaud.

Esmonin, Domaine Sylvie Côte d'Or ★★★ Reichhaltige, dunkle Weine von voll ausgereiften Trauben, v. a. seit 2000. Beachtlicher weißer Gevrey-Chambertin Vieilles Vignes und Clos St-Jacques. Cousin Frédéric betreibt das Gut Estournelles St-Jacques.

Etoile, L' Jura w; tr (s); sch ★★ Unterregion des Jura, bekannt für stilvolle Weißweine, u. a. Vin jaune, ähnlich wie Château-Chalon, und guten Schaumwein.

Eugénie, Domaine Côte d'Or – Der neue Name für die alte Dom. Engel, die François Pinault von Ch. Latour 2006 kaufte. Bietet nun konzentriertere Weine zu höheren Preisen. Am besten sind Clos Vougeot und Grands-Echézeaux.

Faiveley, J. Bg ★★→★★★★ Jetzt eher Erzeuger als Weinhändler mit ausgedehnten Besitzungen an der Côte Chalonnaise sowie erstklassigen Weinbergen in Chambertin-Clos de Bèze, Chambolle-Musigny, Corton und Nuits-St-Georges sowie Neuerwerbungen in Meursault und Puligny. Enormer Aufschwung seit 2007.

Faller, Théo/Domaine Weinbach El ★★→★★★★ Das 1612 von Kapuzinermönchen gegründete elsässische Weingut wird heute von Colette Faller und ihren beiden Töchtern geführt. Die ausgezeichneten Weine sind jetzt häufig trockener, v. a. aus den Grand-cru-Lagen Schlossberg (Riesling; v.a. **02 06**) und Furstentum (Gewürztraminer; **05**). Insgesamt zeichnen sie sich durch eine herrlich charaktervolle, elegante Art aus. Großartig die Cuvée Sainte Catherine Gewurztraminer Sélection de grains nobles (**02**).

Fèvre, William Chablis ★★★ Seit dem Kauf durch Henriot 1998 die Hauptattraktion in Chablis. Besitzt die meisten Grand-cru-Lagen. Les Clos ist hervorragend. Es werden keine Kosten gescheut; entsprechende Preise.

Fiefs Vendéens Lo r rs w ★→★★★ Meist BV – AC (seit Februar 2011) mit 460 ha für unkomplizierte Weine aus der Vendée in der Nähe von Les Sables d'Olonne. Rebsorten: Chardonnay, Chenin blanc, Sauvignon blanc, Melon (weiß), Grolleau gris, Cabernet franc, Cabernet Sauvignon, Gamay, Negrette und Pinot noir (Rot- und Roséweine). Spitzen-Cuvées, v.a. von Michon/Dom. St-Nicolas, sind ernst zu nehmende, alterungswürdige Weine. Weitere Erzeuger: Aloha, Coirier, Ch. Marie du Fou.

Fitou Lang r w ★★ **04 05'** 06 07' 08 09 10 – Kraftvolle Rotweine aus den Hügeln südlich von Narbonne sowie von einigen Lagen an der Küste. Die älteste AC des Midi für Tischweine (seit 1948) verlangt 11 Monate Fassausbau, die Weine profitieren außerdem von weiterer Flaschenreife. Die Genossenschaft in Tuchan gibt den Ton für andere Genossenschaften an. Experimente mit Mourvèdre. Gute Erzeuger: u.a. Ch. de Nouvelles, Dom. Bergé-Bertrand, Lérys, Rolland.

Frankreich

Fixin Côte d'Or r ★★★ **99' 02' 03 05' 06** 07 08 09' 10 – Würdiger, aber unterbewerteter nördlicher Nachbar von Gevrey-Chambertin. Oft hervorragende Rotweine. Beste Weinberge: Clos de la Perrière, Clos du Chapître, Clos Napoléon. Erzeuger: u.a. Clair, Faiveley, Gelin, Guyard und das wiederbelebte Gut Manoir de la Perrière.

Fleurie Beauj r ★★★ **05' 07 08 09'** 10 – Der beste Beaujolais-Cru mit herrlich duftenden, seidig texturierten, erdbeerfruchtigen Weinen, die höchstes Vergnügen bereiten. Rassigere Exemplare kommen von der Hanglage La Madone, reichhaltigere von tieferen Lagen. Empfehlenswerte Erzeuger: Chapelle des Bois, Chignard, Clos de la Roilette, Depardon, Desprès, Duboeuf, Ch. de Fleurie, Métrat und die Genossenschaft.

Fourrier, Jean-Claude Côte d'Or ★★★ Jean-Marie Fourrier hat die unauffällige Domaine in Gevrey-Chambertin mit seinen tiefgründigen und doch saftigen Rotweinen zu neuen Höhen geführt; v.a. Combe aux Moines, Clos St-Jacques.

Francs-Côtes de Bordeaux Bx r w ★★ **00' 01 03 04 05' 08** 09' – Die Bordeaux-Randlage nahe Castillon, früher Côtes de Francs, trägt seit 2008 den neuen AC-Namen (siehe Kasten S. 120). Überwiegend Rotwein, daneben auch etwas Weißwein; beide sind schmackhaft und attraktiv. Die Roten vertragen ein wenig Alterung. Am besten von den Châteaux Charmes-Godard, de Francs, Laclaverie, Marsau, Pelan, La Prade, Puygueraud.

Fronsac Bx r ★★→★★★ **96 98 00' 01 03 05'** 06 08 09' – Unterschätzte hügelige Appellation westlich von St-Emilion mit den preiswertesten Rotweinen des Bordelais. Spitzen-Châteaux: Dalem, La Dauphine, Fontenil, La Grave, Haut-Carles, Mayne-Vieil, Moulin Haut Laroque, Richelieu, La Rivière, La Rousselle, Tour du Moulin, Les Trois Croix, La Vieille Cure, Villars. Siehe auch Canon-Fronsac.

Frontignan Lang goldfarben; s ★★ oJ – Kleine AC nahe Sète für süßen, gespriteten Muscat. Es laufen Versuche mit ungespriteten, spät gelesenen, in Eiche gereiften IGP-Weinen. Qualität wird beständig besser. Die besten Erzeuger sind Ch. la Peyrade und Ch. de Stony.

Fronton SWF r rs ★★ **08** (09') (10) – Die hiesige Rebsortenspezialität, Négrette, verleiht diesen Weinen eine besonders fruchtige Note im Bukett und am Gaumen. Der ideale Wein zu Cassoulet (nicht zu schwer – Toulouse liegt in der Nähe). Gute Erzeuger: u.a. Domaines de Caze, Joliet und du Roc sowie Châteaux Baudare, Bellevue-la-Forêt, Boujac, Cahuzac, Cransac, Plaisance und Viguerie de Belaygues.

Fuissé, Château Bg w ★★→★★★ Maßgeblicher Erzeuger mit einigen der besten Terroirs von Pouilly-Fuissé, v. a. Les Clos und Combettes. Auch als Négociant mit eigenen Weinreihen aktiv.

Gagnard Côte d'Or ★★★ Bekannter Clan in Chassagne-Montrachet. Alterungsfähige Weine, v. a. Caillerets und Bâtard von Jean-Noël Gagnard. Das umfassende Angebot von Blain-Gagnard und Fontaine Gagnard schließt auch Chassagne-Montrachet selbst ein.

Gaillac SWF r rs w; tr s; sch ★→★★★ Die AC findet nun endlich zu sich selbst; meist BV, mit Ausnahme der eichenfassgereiften Rotweine (**05' 06 08** (09') (10)) und der süßen Weißen (**05' 07' 08** (09')(10)). Erzeuger: Causse-Marines, Plageoles, de la Ramaye (alle ★★★), Domaines de Brin, Cailloutis, La Chanade, d'Escausses, Gineste, Larroque, Mayragues (Ökoerzeuger), Peyres-Roses (Ökoerzeuger), Rotier, Salmes, Sarrabelle, Chateaux Bourguet, Palvié (alle ★★). Gute Allrounder: Dom. de Labarthe, Dom. Mas d'Aurel, Dom. Mas Pignou, Dom. La Vayssette (alle ★★).

Garagenweine Bx – In der Regel Bordeaux-Weine, die in so winzigen Mengen bereitet werden, dass eine Garage dafür ausreichen würde. Allerhöchste Ansprüche, allerdings kostet eine Flasche mehr als einmal volltanken.

Gard, Vin de Pays du ★ Aus dem Departement Gard westlich der Rhône-Mündung kommen ordentliche IGP-Weine, u. a. des Cévennes, Coteaux du Pont du Gard, Sables du Golfe du Lion. Duché d'Uzès strebt den AOP-Status an.

Gauby, Domaine Gérard Rouss r w ★★★ Wegweisender Erzeuger im Roussillon (»L'histoire, c'est moi!«) Weißer Vin de pays des Côtes Catalanes Calcinaires und Coume Gineste; roter Côtes du Roussillon-Villages Muntada, Les Calcinaires und Vieilles Vignes. Gauby bewirtschaftet zusammen mit anderen auch die Domaine Le Soula (IGP). Dessertwein Le Pain du Sucre. Biodynamischer Anbau. Sohn Lionel tritt in die Fußstapfen des Vaters.

Gevrey-Chambertin Côte d'Or r ★★★ **90' 96' 98 99' 01 02'** 03 05' **06 07** 08 09' 10 – Weinort mit dem großartigen Chambertin und anderen Grand-cru- sowie weiteren feinen Lagen (z. B. Premiers crus Cazetiers, Combe aux Moines, Combottes, Clos St-Jacques). Spitzenerzeuger: u. a. Bachelet, L. Boillot, Burguet, Damoy, Drouhin, Drouhin-Laroze, Dugat, Dugat-Py, Esmonin, Faiveley, Fourrier, Géantet-Pansiot, Harmand-Geoffroy, Jadot, Leroy, Mortet, Rossignol-Trapet, Roty, Rousseau, Sérafin, Trapet und Varoilles.

Gigondas S-Rh r rs ★★→★★★ **78' 89' 90' 95' 98' 99' 00' 01' 03' 04'** 05' 06' 07' 08 09' 10' – 1.200 ha in den Hügeln und der Ebene östlich von Avignon; Grenache, ergänzt durch Syrah und Mourvèdre. Robuste, pfeffrige Weine, die besten mit schöner klarer Frucht. Insbesondere mit Blick auf den US-Markt mehr Einsatz von Eichenholz. Viele Weine zeigen einen unverfälscht lokalen Charakter. Probieren Sie: P. Amadieu, Dom. Boissan, Dom. Bouïssière, Brusset, Cassan, Espiers, Goubert, Gour de Chaulé, Grapillon d'Or, Clos du Joncuas, Ch. de Montmirail, L'Ousteau Fauquet, Dom. les Pallières, Perrin & Fils, Dom. Raspail-Aÿ, Roubine, Saint-Cosme (Eiche), Dom. Santa-Duc, Dom. St-Gayan. Die Roséweine fallen oft recht schwer aus.

Ginestet Bx – Fortschrittlicher Négociant in Bordeaux, der die Traubenqualität seiner Lieferanten genau prüft. Wichtigste Marken: G de Ginestet, Marquis de Chasse, Mascaron.

Girardin, Vincent Côte d'Or r w ★★→★★★ Der ehemalige kleine Winzer, der ein dynamischer Négociant wurde, ist jetzt in größerem Maßstab wieder in den Weinbau eingestiegen. Vor allem moderne, aber feine Weiße aus Meursault und Puligny.

Givry Bg r (w) ★★ **05' 06 07 08** 09' 10 – Unterbewerteter Weinort der Côte Chalonnaise: schmackhafte Rote für mittellange Lagerung. Am besten sind Joblot, Clos Salomon und F. Lumpp.

Gosset Champ – Sehr altes, im 16. Jahrhundert gegründetes Champagnerhaus, das kürzlich nach Epernay umgezogen ist. Champagner in weinigem Stil. Sehr gute Cuvée Elegance oJ, traditioneller Grand Millésime (**99 02**). Gosset Celebris (**98 99 02**) ist die feinste Cuvée. Außerdem bemerkenswerter Celebris Rosé (**03**).

Gouges, Henri Côte d'Or ★★★ Grégory Gouges schreibt die Erfolgsgeschichte der Generation vor ihm fort und bereitet vollen, fleischigen, langlebigen Nuits-St-Georges aus einer Reihe von Premier-cru-Lagen. Empfehlenswert sind Vaucrains, Les St-Georges und Chaignots. Auch interessante Weiße.

Grand cru Der Begriff hat in verschiedenen Anbaugebieten unterschiedliche Bedeutungen. In Burgund bezeichnet er eine Spitzenlage mit eigener Appellation Contrôlée, im Elsass eine der 51 Spitzenlagen innerhalb des AC-Bereichs Alsace Grand cru. In St-Emilion fallen 60 % der Produktion unter die AC St-Emilion Grand cru. Im Médoc gibt es fünf Grand-cru-classé-Stufen. In der Champagne werden die besten Gemeinden als Grands crus bezeichnet. Im Languedoc sollen ab dem Jahrgang 2011 die besten Lagen als Grands crus ausgewiesen sein.

Grande Champagne SWF – AC für den besten Cognac-Bereich. Hat nichts mit Schaumwein zu tun.

Grande Rue, La Côte d'Or r ★★★ **90' 95 96' 98** 00 02' 03 05' 06 07 08 09' 10 – Die in einem schmalen Streifen verlaufende Grand-cru-Lage in Vosne-Romanée (seit 1991) ist im Alleinbesitz der Dom. Lamarche und liefert nun langsam auch wieder feine Weine.

Grands-Echézeaux Côte d'Or r ★★★★ **90' 93 95 96' 99'** 00 **02'** 03 05' 06 07 08 09' 10 – Sehr feine Grand-cru-Lage (9 ha) neben Clos de Vougeot. Die Weine gleichen jedoch eher Musigny mit ihrer aromatischen statt wuchtigen Art. Erzeuger: Drouhin, DRC, Eugénie, Gros, Lamarche, Mongeard-Mugneret.

Grange de Pères, Domaine de la Lang r w ★★★ IGP Pays de l'Herault vom Kultweingut, das Laurent Vaillé gleich neben Mas de Daumas Gassac geschaffen hat; erster Jahrgang 1992. Rotweine von Syrah, Mourvèdre und Cabernet Sauvignon, Weißweine von 80 % Roussanne plus Marsanne und Chardonnay. Originelle Weine, die aufzuspüren sich lohnt.

Gratien, Alfred und **Gratien & Meyer** Champ ★★→★★★ Brut oJ; Brut **97' 98 00 02** 04 – Großartige Prestige-Cuvée Paradis Brut und Rosé, ein Verschnitt aus feinen Jahrgängen – exzellentes, unkonventionelles Champagnerhaus, jetzt in deutschem Besitz. Feine, sehr trockene, langlebige Erzeugnisse, die im Fass vergoren werden, u. a. Hauschampagner von The Wine Society. Ausgezeichnete Prestige-Cuvée Paradis (weiß und rosé). Partnerfirma in Saumur (Loire) ist Gratien & Meyer (gute Cuvée Flamme).

Graves Bx r w ★→★★ **00 01 04 05' 06 08** 09' – Großer Bereich südlich der Stadt Bordeaux mit weichen und erdigen Rotweinen sowie trockenen Weißen, die beständiger sind. Gutes Preis-Leistungs-Verhältnis. Spitzen-Châteaux: d'Archambeau, Chantegrive, Clos Floridène, Crabitey, l'Hospital, Léhoul, Respide, Respide-Médeville, St-Robert (Cuvée Poncet Deville), Venus, Vieux Château Gaubert und Villa Bel Air.

Graves de Vayres Bx r w ★ BV – Winzige Appellation innerhalb des Gebiets Entre-Deux-Mers; v. a. Rotwein, der großteils vor Ort konsumiert wird.

Grès de Montpellier Lang r rs w – Vor Kurzem anerkannter Unterbereich der AC Languedoc mit Weinbergen in den Hügeln hinter Montpellier, darunter St-Georges d'Orques, la Méjanelle, St-Christol und St-Drézery. Probierenswert: Clavel, Ch. de Flaugergues, Terre Megère, St-Martin de la Garrigue, Prose, Grès St-Paul.

Grignan-les-Adhémar S-Rh r (rs) w ★→★★ **07' 09'** 10 – Die einstige AC Coteaux du Tricastin an der mittleren Rhône wurde nach einem Zwischenfall im Atomkraftwerk Tricastin (2008) umbenannt. Man konzentriert sich auf Qualität; die besten Roten sind voll und pikant. Führende Erzeuger: Dom. de Bonetto-Fabrol, Dom. de Grangeneuve (am besten, v.a. der Vieilles Vignes), Dom. de Montine (gute Weißweine), Dom. St-Luc und Ch. la Décelle (auch weißer Côtes du Rhône).

Griotte-Chambertin Côte d'Or r ★★★★ **90' 95 96' 97 99' 00 02'** 03 05' 06 07 08 09' 10 – Kleine Grand-cru-Lage neben Chambertin. Die Weine haben weniger Gewicht, zeigen aber lebhafte Noten von roten Früchten und ein schönes Reifepotenzial, zumindest die von Dugat, Drouhin, Fourrier und Ponsot.

Grivot, Jean Côte d'Or ★★★→★★★★ In dieser Domaine in Vosne-Romanée hat es im letzten Jahrzehnt enorme Fortschritte gegeben. Die erstklassige Auswahl wird von den Grands crus Clos de Vougeot, Echézeaux und Richebourg angeführt.

Gros, Domaines Côte d'Or ★★★→★★★★ Eine herausragende Winzerfamilie in Vosne-Romanée; unter ihrem Dach u.a. die Domaines Jean, Michel, Anne, Anne-Françoise Gros und Gros Frère et Sœur. Die Palette der Weine reicht von Hautes Côtes de Nuits bis Richebourg.

Gros Plant du Pays Nantais Lo w ★ BV – Seit Februar 2011 AC. Im besten Fall knackige, zitronenfrische Weißweine aus der Sorte Gros Plant (Folle blanche in der Region Cognac), die prima zu Austern passen. Die Anbaufläche schwindet aber zusehends (1.400 ha). Erzeuger: Dom. Basse Ville, Bâtard, Luneau-Papin, Ch. de la Preuille.

Gueulasses, Domaine des r w – Ziemlich scheußliche, überholzte 08/15-Produktion, die man glücklicherweise nicht mehr so oft wie früher antrifft.

Guffens-Heynen Bg ★★★★ Belgischer Mâcon- und Pouilly-Fuissé-Erzeuger. Geringe Mengen, Spitzenqualität. Auch Négociant für andere Burgunderweine, z.B. Verget.

Guigal, E. N-Rh ★★→★★★★ Weltberühmter Erzeuger- und Handelsbetrieb für Côte-Rôtie-Wein (31 ha), auch Condrieu, Crozes-Hermitage, Hermitage und St-Joseph; außerdem Handelshaus (Condrieu, Côte Rôtie, Crozes-Hermitage, Hermitage, südliche Rhône). Besitzer von Vidal-Fleury (wird besser) und der Dom. de Bonserine. Hervorragende, sehr reichhaltige Côte-Rôtie-Weine La Mouline, La Landonne und La Turque, die 42 Monate in neuen Eichenfässern ausgebaut werden, also eher untypisch sind. Alle Roten setzen Maßstäbe. Standardweine: preiswert und verlässlich, besonders die sehr guten Côtes-du-Rhône-Rotweine; von dort auch Weiße und Rosés. Dazu fetter, eichenholzwürziger Condrieu La Doriane und ordentlicher weißer Hermitage.

Haut-Médoc Bx r ★★→★★★ **96 98 00' 01 02** 03 **04 05' 06** 08 09' – AC mit 4.600 ha im südlichen Teil der Médoc-Halbinsel. Von hier kommen preisgünstige, mineralische, bekömmliche Weine, die sich je nach Bodenbeschaffenheit unterscheiden: Feinere Tropfen wachsen auf sandigen Kiesböden im Süden, stämmigere Versionen finden sich weiter nördlich auf den schwereren lehmhaltigen Kiesböden. Das Haut-Médoc hat 5 Crus classés, u.a. Cantemerle, La Lagune, La Tour-Carnet. Weitere Spitzen-Châteaux: d'Agassac, Belle-Vue, Sénéjac und Sociando-Mallet.

Haut-Montravel SWF w; s ★★★ **03 05'** 06 **07** (08) (09') (10) – Kleine, aber feine Unterappellation von Bergerac, die sich zusammen mit Monbazillac und Saussignac eigenständig hält. Die besten Weine (insbesondere, wenn man sie einlagert) erzeugen Dom. de Libarde, Dom. Moulin Caresse und Ch. Puy-Servain Terrement.

Haut-Poitou Lo r rs w; sch ★→★★ Am besten nach 3–4 Jahren. Seit November 2010 bestehende AC (800 ha) mit Cabernet Sauvignon, Cabernet franc, Gamay, Pinot noir, Chardonnay und Sauvignon blanc. Mit 60 % der Gesamtproduktion größter Erzeuger ist die Cave du Haut-Poitou (Spitzenwein: Ch. La Fuye). Es gibt inzwischen aber auch 32 individuelle Güter, von denen Ampelidae das beste ist, auch wenn es ausschließlich IGP-Wein produziert.

Hautes Côtes de Beaune/de Nuits Côte d'Or r w ★→★★ r **05' 06 07** 08 w **05' 06' 07 08** – Appellationen für die Dörfer in den Bergen hinter der Côte de Beaune. Attraktive, eher leichte Rot- und Weißweine für frühen Genuss. Spitzenerzeuger: Cornu, Devevey, Duband, Domaines Carré, Gros, Jacob, Jayer-Gilles, Mazilly. Auch eine brauchbare große Genossenschaft nahe Beaune.

Heidsieck, Charles Champ Brut Réserve oJ; Brut **95'**; Rosé **96'** – Die bedeutende, erstklassige Champagnerfirma steht jetzt zum Verkauf. Gute Gelegenheit, reife ältere Jahrgänge zu erwerben. Herausragender Blanc des Millénaires (**95'**). Siehe auch Piper-Heidsieck.

Heidsieck Monopole Champ – Ehemals glanzvolles Champagnerhaus, jetzt ordentliche Qualität. Der Spitzenwein ist Silver Top (**02**).

Hengst El – Grand cru in Wintzenheim im Elsass. Herausragend durch Spitzen-Gewürztraminer von Zind-Humbrecht und Josmeyer; auch Pinot Auxerrois, Chasselas und Pinot noir ohne Grand-cru-Status.

Henriot Champ Brut Souverain oJ; Blanc de Blancs de Chardonnay oJ; Brut **95 96 98**; Brut Rosé 99 **02** – Hochfeiner Champagner-Familienbetrieb. Eleganter, frischer, cremiger Stil. Hervorragend die Prestige-Cuvée Les Enchanteleurs (**88' 95' 96**). Besitzt außerdem Bouchard Père et Fils (seit 1995) und Fèvre.

Hermitage N-Rh r w ★★★→★★★★ **61' 66 78' 83' 85' 88 89' 90' 91' 95' 96 97' 98'** 99' **00 01' 03' 04** 05' **06'** 07' 09' 10' – Gehaltvoller Syrah mit langem Abgang von 133 ha Granitboden am Ostufer der Rhône. Der Rote wie der Weiße profitieren von der über 20-jährigen Reifung. Die opulenten, faszinierenden Weißweine (Marsanne, etwas Roussanne) sollten 6 bis 7 Jahre lagern. Spitzenerzeuger: Belle, Chapoutier, J.-L. Chave, Dom. du Colombier, Delas, Desmeure (Eiche), Faurie (reine Weine), Guigal, Habrard (Weißwein), Jaboulet, M. Sorrel, Tardieu-Laurent (Eiche). Gute Weine auch von der Genossenschaft in Tain (v. a. Epsilon und Gambert de Loche).

Hortus, Dom de l' Lang r rs w ★★★ Bahnbrechender Erzeuger in Pic St-Loup, der auch IGP Val de Montferrand produziert. Stilvolle Weine, etwa die rote Reihe Bergerie und die in Eiche ausgebaute Grande Réserve. Auch roter Clos du Prieur aus dem Bereich Terrasses du Larzac.

Hospices de Beaune Côte d'Or – Die große Wohltätigkeitsauktion am dritten Sonntag im November wurde 2005 von Christie's wiederbelebt. Nun können auch Privatpersonen mitbieten, nicht mehr nur der Handel. Man wünscht sich etwas konsistentere Standards, doch sind auch hervorragende Schnäppchen von Beaune-Cuvées oder teuren Grands crus möglich, etwa Corton und Clos de la Roche (rot) bzw. Corton und Bâtard-Montrachet (weiß).

Hudelot Côte d'Or ★★★ Winzerfamilie an der Côte de Nuits. Bei Hudelot-Noëllat (Vougeot) regt sich neues Leben, doch Hudelot-Baillet (Chambolle) macht ihm harte Konkurrenz. Im Stil ist Ersterer eher elegant, Letzterer eher wuchtig.

Huet-L'Echansonne Lo ★★★→★★★★ **88 89' 90' 95' 96' 97' 02' 03'** 05' **06** 07 08' 09' – Weingut in Vouvray mit biologisch-dynamischem Anbau im Besitz von Anthony Hwang, dem auch die Kellerei Királyudvar in Tokaji (Ungarn) gehört. Gaston Huets Schwiegersohn Noël Pinguet leitet weiterhin das Gut. Drei Weine von Einzellagen: Le Haut Lieu, Le Mont, Clos du Bourg. Alle Weine sind herrlich präzise bereitet und altern hervorragend, Jahrgänge wie 1919, 1924, 1947, 1959 und 1964 sind immer noch erhältlich. Auch Pétillant (Perlwein). Für Chenin blanc der Maßstab, an dem sich die Welt messen lassen muss.

Hugel et Fils El ★★→★★★ Der bekannteste Erzeuger im Elsass erzeugt fantastische Spätlesen. Es gibt drei Qualitätsstufen: Classic, Tradition und Jubilee. Dass die Spitzenweine von Grand-cru-Lagen stammen, wird auf dem Etikett nicht erwähnt.

IGP Indication Géographique Protegée: Neue Bezeichnung für Vin de Pays. Die Qualitätseinstufung bleibt gleich, nur der Name hat sich geändert.

Irancy Bg r (rs) ★★ **05' 06 08 09'** – Leichter Rotwein aus der Nähe von Chablis, bereitet von Pinot noir und der Lokaltraube César. Einzellagenweine stehen immer mehr im Fokus. Beste Erzeuger: Colinot, Richoux, Goisot.

Irouléguy SWF r rs (w) ★→★★★ **04 05' 06** 08 (09') (10) – Große Produktion von Rosé (BV), um die Nachfrage der Sommerurlauber in dieser baskischen AC zu befriedigen. Die Roten auf Tannat-Basis sind das kulturelle Pendant zu Pelota, Stierkampf und Rugby. Guten weißen Xuri d'Ansa (★★★) erzeugen die wegweisende Genossenschaft, außerdem Ameztia, Arretxea, Brana und Ilarria (alle ★★★) sowie Abotia, Bordathio, Etchegaraya und Mouguy (alle ★★).

Jaboulet Aîné, Paul N-Rh – Die im 19. Jahrhundert gegründete, inhabergeführte Weinhandelsfirma in Tain wurde Anfang 2006 an einen Schweizer Investor verkauft; die Weine sind international, die Preise eher hoch. Einst führender Erzeuger von Hermitage (v. a. La Chapelle ★★★, seit den 1990er-Jahren mit wechselnder Qualität), Cornas St-Pierre, Crozes Thalabert und Roure; handelt außerdem mit anderen Rhône-Weinen, v. a. Côtes du Rhône Parallèle 45, Condrieu, Ventoux, Vacqueyras. Den Weißweinen fehlt es an Körper, sie sind jung zu trinken. Man setzt jetzt auf Marken, auch beim neuen, sehr teuren Weißen La Chapelle.

Jacquart Champ Brut oJ; Brut Rosé oJ (Carte Blanche und Cuvée Spéciale); Brut 00 **02** 04 – Champagnermarke auf Genossenschaftsbasis, mengenmäßig die sechstgrößte. Steigende Qualität. Luxusmarken: Cuvée Nominée Blanc (**00 02 04**), feiner Mosaïque Blanc de Blancs (**02 04**) und Rosé (**02 04**). Ältere Weine aus der Reihe Oenothèque kommen jetzt heraus.

Jacquesson Champ – Eine Perle von einem Champagnerhaus in Dizy. Köstlich der Avize Grand cru (**96'**), der jetzt als Einzellagenchampagner Caïn (**02'**) herausgebracht wird, außerdem weißer Champagner (**90 95 96'**) und der neue, auf den Schalen vergorene Saignée-Rosé Terre Rouge (**04**). Dazu kommen Corne Bautray und Dizy (**02 04**) sowie die hervorragenden nummerierten Cuvées oJ 728, 729, **730'**, 731, 732, **733**, 734.

Jadot, Louis Bg ★★→★★★★ In seinem gesamten Angebot hochklassiges Handelshaus mit bedeutendem Weinbergbesitz an der Côte d'Or und starker Expansion in Mâcon und dem Beaujolais (v. a. Dom. Ferret in Pouilly-Fuissé sowie Ch. des Jacques und Clos du Grand Carquelin in Moulin-à-Vent). Die mineralischen Weißen sind ebenso gut wie die strukturierten Rotweine.

Jasnières Lo w; tr (s) ★★→★★★ **97 02 03 05' 06** 07 08' 09' (10) – An Vouvray erinnernder Wein (Chenin blanc) in einer trockenen und einer halbtrockenen Version aus einem winzigen (65 ha), aber dynamischen Anbaugebiet nördlich von Tours an den Südhängen um La Chartre-sur-le-Loir. Spitzenerzeuger: L'Ange Vin, Aubert la Chapelle, Dom. de Bellivière, Le Briseau, Fresneau, Gigou, Les Maisons Rouges, Ryke.

Jobard, François Côte d'Or – Winzerfamilie in Meursault. Antoine, der Sohn von François, steht für langlebigen Genevrières usw., Cousin Rémi für eher unmittelbar ansprechende Weine. Beide sind ★★★.

Joblot Bg ★★★ Hervorragender Erzeuger in Givry mit hohen Standards im Weinberg. Probieren Sie den Premier cru La Servoisine (rot und weiß).

Joseph Perrier Champ Verbesserte Cuvée Royale Brut oJ mit geringerer Dosage; Cuvée Royale Blanc de Blancs oJ; Cuvée Royale Rosé oJ; Brut **99 00 02** – Exzellentes kleineres Champagnerhaus in Châlons mit guten Lagen im Marne-Tal. Süffiger, fruchtiger Stil; am besten die Spitzen-Prestige-Cuvée Joséphine (**98 02**; ★★★★).

Josmeyer El ★★→★★★ Elsässer Weingut, das sich auf feine, elegante, langlebige Bioweine im trockenen Stil spezialisiert hat. Fantastischer Riesling Grand cru Hengst. Auch von geringeren Sorten, v. a. Auxerrois, sehr gute Abfüllungen. 2002 und 2009 außergewöhnlich gute Weine. Biologisch-dynamischer Anbau mit Köpfchen.

Frankreich

Juliénas Beauj r ★★★ **05' 07 08 09'** 10 – Führender Cru des Beaujolais; gehaltvoller, fruchtiger Wein, 2–3 Jahre haltbar. Erzeuger: Ch. du Bois de la Salle, Ch. des Capitans, Ch. de Juliénas, Ch. des Vignes, Dom. Bottière, Dom. du Chapon, Dom. R. Monnet, Michel Tête und die Genossenschaft.

Jura Jura –Siehe Côtes du Jura.

Jurançon SWF w; tr s ★→★★★ s **97' 03 04' 05' 06 07'** (09) (10); tr **04' 05 06** (08') (09') (10) – Die große Erfolgsgeschichte der Pyrenäen. Separate ACs für trockene und süße Weine. Die Boutiquekellerei Jardins de Babylon/Louis-Benjamin Dagueneau (★★★★) ist (auch preislich) eine Klasse für sich. Empfehlenswerte Erzeuger: die Domaines du Bellegarde, Bordenave, Castéra, Cauhapé, Lapeyre, Larrédya, Guirouilh, de Souch, Uroulat, Vignau-la-Juscle (alle ★★★) sowie die Domaines Bellevue, Capdevielle, Guirardelle, Nigri und Thou (alle ★★). Günstiger trockener Weißwein von der Genossenschaft.

Kaefferkopf El w; tr (s) ★★★ Die Lage in Ammerschwihr ist seit 2006 der 51. Grand cru des Elsass, von dem nicht nur sortenreine, sondern auch Verschnittweine kommen dürfen.

Kientzler, André El ★★→★★★ Kleiner, aber sehr feiner Erzeuger im elsässischen Ribeauvillé. Sehr guter Riesling von den Grands crus Osterberg und Geisberg (**02** 06) sowie aromatischer Gewürztraminer vom Grand cru Kirchberg (**05**). Gehaltvolle, aromatische Süßweine.

Korsika (Vin de Corse) Korsika r rs w – Die Insel besitzt die ACs Ajaccio und Patrimonio sowie die besseren Crus Cap Coteaux du Corse, Sartène und Calvi. IGP: Ile de Beauté. Leichte, würzige Rotweine von der Sciacarello-Traube, strukturiertere Tropfen mit mehr Tannin von Nielluccio. Auch gute Rosés. Pikante Weißweine mit Kräuternote von Vermentino. Spitzenerzeuger: Abbatucci, Antoine Arena, Clos d'Alzeto, Clos Capitoro, Fiumicicoli, Gentile, Yves Leccia, Montemagni, Peraldi, Saperale, Torraccia, Vaccelli. Die Weine sind (fast) eine Reise wert.

Kreydenweiss, Marc El ★★→★★★ Guter Elsässer Erzeuger mit 12 ha in Andlau, v. a. Pinot gris (sehr gut aus der Grand-cru-Lage Moenchberg), Pinot blanc und Riesling. Spitzenwein: Grand cru Kastelberg (Riesling, 20 Jahre haltbar). Auch feiner Auxerrois Kritt Klevner und gute Vendange tardive; ebenfalls guter Riesling/Pinot gris Clos du Val d'Eléon. Setzte als einer der Ersten im Elsass neue Eichenfässer ein – verwendet jetzt auch ältere Fässer. Arbeitet hier und im Rhône-Tal biodynamisch.

Krug Champ Grande Cuvée; Vintage **88 90 95 96 98**; Rosé; Clos du Mesnil (Blanc de Blancs) **88 90 95'**; Krug Collection **76 81 85** – Kleines Champagnerhaus mit größtem Prestige. Reichhaltige, nussige Weine, die, wenn sie in Eiche vergoren werden, von allerfeinster Qualität und für lange Lagerung bestimmt sind, aber astronomische Preise haben. Die Assemblage für den Jahrgangs-Brut war im schwierigen Jahr **98'** großartig. Der neue Clos d'Ambonnay (**95' 96**) ist etwas für Milliardäre.

Kuentz-Bas El ★→★★ Berühmte elsässische Erzeuger- und Handelsfirma in Husseren-les-Châteaux, besonders für Gewürztraminer und Pinot gris. Auch gut: Vendange tardive. Jetzt im Besitz von Caves J. B. Adam.

Ladoix Côte d'Or r (w) ★★ **02' 03** 05' 07 08 09' 10 – Ort am Nordende der Côte de Beaune, u. a. mit etwas Corton und Corton-Charlemagne. Stand jahrelang im Schatten von Aloxe-Corton und wird jetzt unter der Ägide von Claude Chevalier, Michel Mallard und Sylvain Loichet neu belebt. Auch die üppigen Weißweine sind interessant.

Ladoucette, de Lo (r) (rs) w ★★→★★★ **05 06 07 08** 09 (10) – Der größte Einzelerzeuger von Pouilly-Fumé, mit Basis im Château de Nozet und der teuren Luxusmarke Baron de L. Ferner Sancerre Comte Lafond, La Poussie (der Weinberg ist stark erodiert), Vouvray Marc Brédif. Besitzt auch Albert Pic (Chablis).

Lafarge, Michel Côte d'Or ★★★★ Klassisches Volnay-Gut mit den großartigen Premiers crus Clos des Chênes, Caillerets und Clos du Château des Ducs. Außerdem feine Beaune- und Pommard-Weine, die Frédéric Lafarge, der Sohn des omnipräsenten Michel, nach biologisch-dynamischen Prinzipien bereitet.

Lafon, Domaine des Comtes Bg ★★★→★★★★ Seit Langem für Weißweine aus Meursault und Montrachet berühmt; der rote Volnay ist jetzt hervorragend. Ist auch im Mâconnais tätig; Dominique Lafon hat einen eigenen Betrieb in Beaune eröffnet.

Laguiche, Marquis de Côte d'Or ★★★→★★★★ Größter Grundbesitzer in Le Montrachet. Herrliche Weine, auch feiner Premier Cru Chassagne, von Drouhin bereitet.

Lalande de Pomerol Bx r ★★ **95 96 98 99 00' 01' 04 05' 06 07** 08 09' – Nördlicher Nachbar von Pomerol; ähnliche, aber nicht so strukturierte und verfeinerte Weine. Eine neue Generation mit neuen Investoren hat das Niveau angehoben. Spitzen-Châteaux: des Annereaux, Bertineau-St-Vincent, Chambrun, Les Cruzelles, La Fleur de Boüard, Garraud, Grand Ormeau, Haut-Chaigneau, Les Hauts-Conseillants, Jean de Gué, Perron (La Fleur), La Sergue, Siaurac, Tournefeuille.

Landron, Domaines Lo w; tr; sch ★★→★★★ **05 06 09** (10) – Erstklassiger, ökologisch wirtschaftender Erzeuger von Muscadet de Sèvre-et-Maine (48 ha) mit verschiedenen Cuvées, die je nach Terroir abgefüllt werden; u. a. der Amphibolite, der lagerfähige Fief du Breil, der Clos de la Carizière und ein guter Schaumwein (Gros Plant/Pinot noir).

Langlois-Chateau Lo ★★→★★★ Einer der Spitzenerzeuger von Saumur-Schaumwein (ausschließlich Crémant), in der Hand von Bollinger. Auch Stillweine, v. a. der alterungsfähige Saumur Blanc Vieilles Vignes.

Languedoc Lang r rs w – Allgemeine Bezeichnung für den Süden Frankreichs (Midi); außerdem der Name einer neuen AC, die die jetzige AC Coteaux du Languedoc erweitern und zusätzlich Minervois, Corbières und Roussillon umfassen soll. Die Vorschriften sind dieselben wie für Coteaux du Languedoc; eine fünfjährige Übergangsphase ist für den Namenswechsel vorgesehen (bis April 2012). Die neue AC bildet die Basis der AC-Pyramide im Midi. Ab dem Jahrgang 2011 soll ein neues Stufensystem für *grands vins* und die noch besseren Grands crus gelten.

Lanson Père et Fils Champ Black Label oJ; Rosé oJ; Brut **99** 02 – Bedeutendes Champagnerhaus im Aufwärtstrend; gehört jetzt zu Boizel Chanoine. Langlebige Luxusmarke: Noble Cuvée als Blanc de Blancs, Rosé und Jahrgangsverschnitt (**98'**). Neu sind der Einzellagenwein Clos Lanson (07 08) und der Extra Age (ein Verschnitt der Jahrgänge 1999, 2002 und 2003).

Lapierre, Marcel Beauj ★★ Der verstorbene Marcel Lapierre war bei seinen erstklassigen Beaujolais-Weinen, v. a. Morgon, ein Wegbereiter der Weinerzeugung ohne Schwefeldioxidzusatz.

Laroche Chablis ★★ Der große Chablis-Erzeuger und Weinhändler, der auch Beteiligungen in Südfrankreich, Chile und Südafrika hält, hat einen neuen Besitzer bekommen: Mehrheitseigner ist jetzt die Groupe Jeanjean. Probieren Sie den Grand cru Réserve de l'Obédiencerie.

Latour, Louis Bg ★★→★★★ Berühmtes traditionelles Handelshaus in Familienbesitz mit sauberen Weißweinen von Lagen an der Côte d'Or (v. a. Corton und Corton-Charlemagne), dem Mâconnais und der Ardèche (alle Chardonnay). Die Rotweine (alle Pinot noir) von der Côte d'Or und den Coteaux du Verdon sind weniger spannend. Zum Besitz gehört jetzt auch Henry Fessy im Beaujolais.

Latour de France Rouss r (w) ★→★★★ Theoretisch hochklassiger Ort in der AC Côtes du Roussillon-Villages; v. a. Weine der Erzeuger Clos de l'Oum und Clos des Fées. Die besten Abfüllungen werden oft als IGP Côtes Catalanes verkauft.

Latricières-Chambertin Côte d'Or r ★★★ **90' 93 95 96' 99' 02'** 03 05'06 **07** 08 09' 10 – 7,35 ha Grand cru neben Chambertin. Ähnlich gehaltvoller Wein, aber nicht ganz so intensiv, z. B. von Bize, Drouhin-Laroze, Duband, Faiveley, Leroy, Rossignol-Trapet, Trapet.

Laudun S-Rh r rs w ★→★★ **07' 09' 10'** – Einer der Côtes-du-Rhône-Villages am Westufer. Unmittelbar ansprechende, klare Rotweine (viel Syrah), lebhafte Rosés, stilvolle Weiße. Jung zu trinkende Weine von der Genossenschaft Serre de Bernon. Dom. Pelaquié ist am besten, besonders der fabelhafte Weißwein; daneben die Châteaux de Bord, Courac, Marjolet, St-Maurice sowie Dom. Duseigneur und Prieuré St-Pierre.

Laurent-Perrier Champ Brut oJ; Rosé oJ; Brut **98 02** – Dynamische und erfolgreiche Champagnerfirma einer Familie in Tours-sur-Marne. Feiner mineralischer Brut oJ sowie exzellente Luxusmarken: Grand Siècle La Cuvée Lumière du Millénaire (**90 96'**); Grand Siècle Alexandra Brut Rosé (**98'** 02). Der Ultra Brut ist nicht so prickelnd.

Leflaive, Domaine Bg ★★★★ Biodynamisch arbeitender Spitzenerzeuger von weißem Burgunder in Puligny-Montrachet mit diversen Grands crus, u. a. Le Montrachet und Chevalier-Montrachet. Auch legendäre Premiers crus wie Combettes, Folatières und Pucelles. Seit 2004 auch (preiswerter) Mâcon.

Leflaive, Olivier Côte d'Or ★★→★★★ Ausgezeichnetes Handelshaus in Puligny-Montrachet, Cousin des zuvor Genannten. Sehr verlässliche Weine, meist weiß, die jung getrunken werden sollten. Der Weinbergbesitz hat sich jetzt um Oliviers Anteil am Familiengut vergrößert.

Leroy, Domaine Côte d'Or ★★★★ Aus der 1988 gekauften Dom. Noëllat in Vosne-Romanée und der Dom. Philippe Rémy ist dieser Erzeugerbetrieb entstanden. Außerordentliche Qualität (und ebensolche Preise) bei winzigen Erträgen aus biodynamischem Anbau. Die Dom. d'Auvenay ist ebenfalls im Besitz der Familie Leroy.

Leroy, Maison Côte d'Or ★★★★ Der bedeutendste Négociant-éleveur in Auxey-Duresses. Kleine Partien großer alter Weine zu Preisen, bei denen man sich die Augen reibt.

Liger-Belair Côte d'Or ★★★→★★★★ Zwei Weingüter, die sich in jüngster Zeit mit hoher Qualität wieder etabliert haben: Vicomte Louis-Michel Liger-Belair erzeugt brillant ätherische Weine in Vosne-Romanée, während sein Cousin Thibault gewichtige Rote in Nuits-St-Georges produziert.

Lignier Côte d'Or ★★→★★★ Familie in Morey-St-Denis. Der beste Erzeuger ist Hubert Lignier (z.B. Clos de la Roche), aber auch Virgile Lignier-Michelot und Dom. Lucie & Auguste Lignier sind empfehlenswert.

Limoux Rouss r w ★★ AC mit dem sehr preisgünstigen Schaumwein Blanquette de Limoux oder dem besseren Crémant de Limoux, daneben auch Schaumweine nach der ungewöhnlichen Méthode ancestrale. Außerdem in Eiche ausgebauter Chardonnay für die weiße AC Limoux; soll ab dem Jahrgang 2011 als Grand cru du Languedoc eingestuft werden. Seit 2003 gibt es zudem eine AC für Rote (auf Merlot-Basis, plus Syrah, Grenache, beiden Cabernets sowie Carignan). Pinot noir ist für den Crémant und IGP-Weine zugelassen. Erzeuger: u.a. Domaines de Fourn, Laurens, des Martinolles, de Mouscaillou, Rives Blanques. Ordentliche Genossenschaft: Sieur d'Arques.

Lirac S-Rh r rs w ★★ **03 04 05' 06' 07'** 09' 10' – Unbedeutender Nachbarort von Tavel, der kaum nennenswerte Qualität produziert. Passabler preiswerter Rotwein (kann bis zu 5 Jahre und länger reifen), unterstützt von einigen Châteauneuf-du-Pape-Erzeugern, die für fruchtigere, saubere Weine sorgen. Am besten sind die Roten, v.a. von den Domaines Beaumont, Joncier, Lafond Roc-Epine, Lorentine, Maby (Fermade), André Méjan, de la Mordorée (der beste), Rocalière, R. Sabon sowie den Châteaux de Bouchassy, Manissy, Mont-Redon, St-Roch, Ségriès. Gute Weiße (5 Jahre haltbar).

Listrac-Médoc H-Méd r ★★→★★★ **95 96 98 00' 01 03 05' 06** 08 09' – Nachbar von Moulis im südlichen Médoc. Eigenständige Rotweine mit zupackenden Tanninen, die jetzt in der Regel durch Zugabe von etwas mehr Merlot runder werden. Auch etwas Weißwein. Beste Châteaux: Cap Léon Veyrin, Clarke, Ducluzeau, Fonréaud, Fourcas-Dupré, Fourcas-Hosten, Mayne-Lalande, Reverdi.

Livinière, La Siehe Minervois-La Livinière.

Long-Depaquit Chablis ★★★ Chablis-Domaine im Besitz von Bichot mit der Spitzenmarke des Hauses Grand cru La Moutonne.

Lorentz, Gustave El ★★ Elsässischer Erzeuger und Händler in Bergheim; v.a. Gewürztraminer und Riesling aus den Grand-cru-Lagen Altenberg de Bergheim und Kanzlerberg. Ist auch Eigentümer von Jérôme Lorentz. Sowohl die Spitzen- als auch die Basisweine sind gut.

Lot SWF – Wachsende IGP, oft von Cahors-Erzeugern verwendet, deren Weine – mit Blick auf größere Marktanteile – nicht mit den AC-Vorschriften übereinstimmen (z.B. gibt es keinen weißen Cahors). Zudem für Weine von Gütern, die in der Umgebung neue Gebiete bestockt haben, z.B. Dom. Belmont und Dom. de Sully (beide ★★). Teilweise relativ teuer.

Loupiac Bx w; s ★★ **96 97' 98 99' 01' 02 03' 05' 07** 09' – Nachbar von Sauternes am anderen Garonne-Ufer mit leichterem, frischerem Stil. Spitzen-Châteaux: Clos-Jean, Loupiac-Gaudiet, Noble, Ch. de Ricaud, Les Roques.

Luberon S-Rh r rs w ★→★★ **09'** 10 – Protziger, 2.500 ha umfassender Anbaubereich für Investoren im südöstlichen Teil der Rhône; mittelprächtiges Terroir, moderne Methoden. Syrah ist sehr beliebt. Viele neue Möchtegernerzeuger. Spitzenerzeuger ist Ch. de la Canorgue. Außerdem gut:

Dom. de la Citadelle, Ch. Clapier, Edem, Fontvert, D. Ravoire, St-Estève de Neri (wird besser), Tardieu Laurent (Eiche), Cellier de Marrenon, Val-Joanis, La Vielle Ferme (weiß).

Lugny Siehe Mâcon-Lugny.

Lussac St-Emilion Bx r ★★ **95 98 00' 01 03 05' 08** 09' – Satellit von St-Emilion mit den leichtesten Weinen. Hauptproduzent ist die Genossenschaft. Spitzen-Châteaux: Barbe-Blanche, Bel-Air, Bellevue, Courlat, la Grenière, Lussac, Lyonnat, Mayne-Blanc.

Macération carbonique Kohlensäuremaischung. Traditionelle Methode der Gärung von ganzen, unzerquetschten Trauben in einem geschlossenen Tank. Die in den einzelnen Trauben stattfindende Gärung bringt sie zum Aufplatzen. Das Ergebnis ist ein spritziger, sehr fruchtiger, milder Wein, der sich nicht lange lagern lässt. Kohlensäuremaischung ist typisch für die Beaujolais-Bereitung, wird heute aber auch in vielen anderen Gegenden, z. B. im Midi, angewandt, sogar bei Châteauneuf-du-Pape.

Mâcon Bg r (rs) w; BV – Saubere, meist wenig bemerkenswerte Rote (von Gamay) und schmackhafte trockene Weißweine (Chardonnay).

Mâcon-Lugny Bg w ★★ **09' 10** – Führender Ort der Mâcon-Villages. Zu empfehlen: Les Charmes von der ausgezeichneten Genossenschaft oder Les Genevrières von Louis Latour.

Mâcon-Villages Bg w ★★→★★★ **07 08 09'** 10 – Umfassende Appellation für alle besseren Weine aus dem Mâconnais, es kann aber auch der Name der jeweiligen Ortschaft genannt werden, z. B. Mâcon-Lugny, Mâcon-La Roche Vineuse, Mâcon-Solutré usw. Die Anzahl individueller Qualitätserzeuger nimmt zu: etwa Bonhomme, Guillot-Broux, Lafon, Maillet, Merlin, außerdem die Genossenschaften in Lugny, Prissé und Viré.

Macvin Jura w; s ★★ AC für einen »traditionellen« Aperitif aus Marc und Traubensaft.

Madiran SWF r ★★→★★★ **00' 01 02 04 05'** 06 08 (09') (10) – Viele Erzeuger streben jetzt nach einem leichteren Stil dieses einst machohaft klobigen Rotweins und setzen auf zugänglichere, fruchtigere, für Einsteiger besser geeignete Versionen, obgleich die Tradition sich hält. Die Châteaux Montus und Bouscassé (beide ★★★) werden inzwischen hart bedrängt von Barréjat, Berthoumieu, Capmartin und Chapelle Lenclos. Clos Basté, du Crampilh, Damiens, dou Bernés, Labranche Laffont, Laffitte-Teston und Laplace müssen alle altern.

Mähler-Besse Bx – Erstklassiger holländischer Négociant in Bordeaux mit vielen alten Jahrgängen. Hält auch eine Beteiligung an Ch. Palmer.

Mailly-Champagne Champ ★★★ Erstklassige Genossenschaft in der Champagne mit allen Grand-cru-Rebsorten. Die Prestige-Cuvée des Echansons (**97 98'**) ist ein großer Wein, der sehr alt werden kann. Gutes Preis-Leistungs-Verhältnis.

Maire, Henri Jura ★→★★ Größter Erzeuger und Händler für Jura-Weine mit der Hälfte der gesamten AC. Einige Spitzenetiketten, viele ansprechende Handelsmarken. Ein Besuch macht Spaß.

Malepère Lang r ★ BV – Die ehemalige Appellation Côtes de la Malepère für Rotweine aus einer Kombination von Trauben aus Bordeaux und dem Midi nahe Limoux heißt jetzt nur noch AC Malepère. Frische, etwas rustikale Rote mit eigenem Charakter, v. a. von Ch. Guilhem.

Mann, Albert El ★→★★★ In Wettolsheim ansässiger Erzeuger mit reichhaltigen, eleganten Weinen. Sehr guter Pinot blanc, Auxerrois und Pinot noir sowie ein schönes Angebot von Grand-cru-Abfüllungen aus den Lagen Schlossberg, Hengst, Furstentum und Steingrubler. Tadellose, biodynamisch bewirtschaftete Weinberge.

Maranges Côte d'Or r (w) ★★ **02' 03'** 05' 07 08 09' 10 – Die südlichste AC der Côte de Beaune mit relativ tanninstarken Roten. Weine mit gutem Preis-Leistungs-Verhältnis von den Premiers crus. Am besten von: Bachelet-Monnot, Contat-Grangé und Chevrot.

Marc Trester; auch der daraus bereitete, streng riechende Branntwein (das Gegenstück zum italienischen Grappa).

Marcillac SWF r rs ★★ Seit 20 Jahren bestehende AC an terrassierten Hanglagen in Aveyron. Die Mansois-Traube (auch Fer Servadou) verleiht den Weinen die unverwechselbare violette Farbe sowie den würzigen und weich-fruchtigen Charakter; am besten sind sie mit 3 Jahren. Erzeuger: Domaines du Cros, Costes, Mioula, Vieux Porche, gute Genossenschaft.

Margaux H-Méd r ★★→★★★★ **89 90' 95 96 98 00' 01 02 04 05'** 06 08 09' (10) – Größte kommunale Appellation im südlichen Médoc, die die Weinberge von fünf Ortschaften umfasst. Bekannt für ihren eleganten, duftigen Stil. 21 Crus classés. Spitzen-Châteaux: Brane-Cantenac, Ferrière, Giscours, Malescot-St-Exupéry, Margaux, Palmer, Rauzan-Ségla.

Marionnet, Henry Lo r w ★★→★★★ **05' 08' 09'** (10) – Einflussreicher Winzer im äußersten Osten der Touraine, der sich für Rebsorten begeistert. Weine: u. a. verschiedene Gewächse von Sauvignon blanc (angeführt von M. de Marionnet) und Gamay (v. a. der ungeschwefelte Première Vendange). Außerdem der Provignage (von im Jahr 1850 gepflanzten wurzelechten Romorantin-Reben) sowie eine Reihe saftiger Côt-Weine von wurzelechten Reben und mineralischer Chenin blanc.

Marmande SWF ★→★★★ **04 05' 06** 08 (09') (10) – Die Dom. Elian da Ros (★★★) führt eine Handvoll unabhängiger Erzeuger an, darunter Ch. de Beaulieu, Dom. Bonnet et Laborde und Ch. Lassolle (beide ★★). Die wohlmeinende, gut ausgestattete Genossenschaft krankt an ihren lustlosen Mitgliedern.

Marne et Champagne Champ – Champagnerhaus, dem viele kleinere Marken, u. a. Besserat de Bellefon, gehören. Die Marke Alfred Rothschild bietet sehr gute Weine auf Chardonnay-Basis. Steigende Qualität, seitdem es zu Boizel Chanoine gehört.

Marque déposée Schutzmarke.

Marsannay Côte d'Or r rs (w) ★★ **05' 06 08 09'** 10; Rosé BV – Einfache Weine aller drei Farben, die kaum besondere Beachtung verdienen, mit Ausnahme der Rotweine von fähigen Erzeugern wie Audoin, Charlopin, Clair, Fournier, Pataille und Trapet. Bis jetzt noch keine Premiers crus, aber Pläne gibt es schon.

Mas, Domaines Paul Lang r rs w ★★ Eine große Nummer im Süden; produziert IGP- und AC-Weine sowohl als Négociant als auch von eigenen Gütern. Innovatives Marketing. Bekannt für die IGP-Reihe Arrogant Frog; auch La Forge und Les Vignes de Nicole. Eine Neuerwerbung ist die Domaine Crès Richard.

Mas de Daumas Gassac Lang r rs w ★★ **98 99 00 01 02 03 04** 05 06 07 08 09 – Wegweisendes IGP-Gut, das im Midi neue Standards setzte mit seinen Weinen auf Cabernet-Basis von offensichtlich einzigartigen Böden glazialen Ursprungs. Bekommt in qualitativer Hinsicht mittlerweile viel Konkurrenz und wird sogar übertroffen, etwa vom benachbarten Gut Grange des Pères. Produziert u. a. die neue Super-Cuvée Emile Peynaud, den Rosé Frizant und einen vollen, duftenden weißen Verschnitt, der mit 2–3 Jahren getrunken werden sollte. Faszinierender süßer Weißwein: Vin de Laurence (Muscat und Sercial).

Massif d'Uchaux S-Rh r ★★ Zu den Côtes du Rhône-Villages gehörendes kühles Gebiet mit fähigen Erzeugern und stilvollen, reinfruchtigen Weinen. Beachtenswert: Ch. St-Estève, Doms. La Cabotte, Chapoton, Cros de la Mûre (sehr gut), de la Guicharde, Renjarde.

Mau, Yvon Bx – Jetzt zu Freixenet gehörendes Handelshaus. Behalten haben die ursprünglichen Eigentümer, die Familie Mau, Ch. Brown (Pessac-Léognan) und Ch. Preuillac (Médoc).

Maury Rouss r; s ★★ oJ – Roter Vin doux naturel aus dem Roussillon von Grenache-Trauben, die auf mit Schiefer durchsetzten Kalksteinböden wachsen. Seit einiger Zeit erheblich besser geworden, v.a. bei Mas Amiel. Mehrere neue Weingüter, ordentliche Genossenschaft. Rancio-Weine altern wunderbar. Auch gute rote Tischweine.

Mazis- (oder Mazy-) Chambertin Côte d'Or r ★★★ **90' 93 95 96' 99' 02'** 03 05' 06 **07** 08 09' 10 – Der nördlichste Grand cru (9 ha) von Gevrey-Chambertin; der oberen Teil des Hangs ist Spitzenklasse und liefert himmlische Weine. Beste Erzeuger: Dugat-Py, Faiveley, Hospices de Beaune, Leroy, Maume und Rousseau.

Mazoyères-Chambertin Côte d'Or – Siehe Charmes-Chambertin.

Médoc Bx r ★★ **98 00' 02 03 04 05' 06 08** 09' – AC für Rotwein aus dem flacheren nördlichen Teil der Médoc-Halbinsel. Wer gezielt sucht, findet gute Weine. Erdige Tropfen, denen Merlot zur Fülle verhilft. Spitzen-Châteaux: u.a. Goulée, Greysac, Loudenne, Lousteauneuf, Les Ormes-Sorbet, Potensac, Rollan-de-By (Haut-Condissas), La Tour de By und Tour Haut-Caussan.

Meffre, Gabriel S-Rh ★★ Großes Rhône-Handelshaus, seit 2009 in der Hand von Boisset/Eric Brousse. Besitzt auch die Dom. Longue Toque in Gigondas. Neuerdings Fortschritte, unterschiedliche Qualität, die neue Ausrichtung zielt auf geschmeidige Weine. Übernimmt auch Abfüllung und Vermarktung für kleine Châteauneuf-du-Pape-Weingüter. Jetzt auch die recht gute Reihe Laurus (in neuer Eiche ausgebaut) von der nördlichen Rhône, v.a. Crozes-Hermitage und St-Joseph.

Mellot, Alphonse Lo r rs w ★★→★★★ **02 03 04 05 06 07** 08' 09' (10) – Sehr feine Reihe von weißen und v.a. roten Sancerre-Weinen von einem der führenden Winzer (seit 2009 biodynamisch). Weine: La Moussière (weiß und rot), fassvergorene Cuvée Edmond, Génération XIX (rot und weiß), La Demoiselle und der rote En Grands Champs. Erzeugt seit 2005 auch in Les Pénitents (Côtes de La Charité IGP) Chardonnay und Pinot noir.

Menetou-Salon Lo r rs w ★★ **05 06 07 08** (10) – AC (465 ha) südwestlich von Sancerre mit ähnlichen, aber leichteren Weinen. Beste Erzeuger: Bourgeois, Clement (Dom. de Chatenoy), Jacolin, Henry Pellé, Jean-Max Roger, Teiller, Tour St-Martin. War ausgerechnet 2009, als die AC ihr 50-jähriges Bestehen feierte, von schweren Hagelschäden betroffen.

Méo-Camuzet Côte d'Or ★★★★ Sehr gute Domaine in Vosne-Romanée, v.a. mit den Lagen Aux Brûlées und Cros-Parantoux, plus Weine aus den Grand-cru-Lagen Corton, Clos de Vougeot und Richebourg. Auch weniger teure Négociant-Cuvées.

Mercier et Cie., Champagne Champ Brut oJ; Brut Rosé oJ; Demi-sec – Eine der größten Champagnerfirmen in Epernay. In der Hand von Moët & Chandon, Absatz vorwiegend in Frankreich. Körperreiche Cuvée Eugène Mercier auf Pinot-noir-Basis.

Mercurey Bg r (w) ★★→★★★ **03 05' 06 07 08** 09' 10 – Führender Rotweinort der Côte Chalonnaise. Guter Mittelklasse-Burgunder, auch zunehmend bessere Weißweine. Erzeuger: u.a. Ch. de Chamirey, Faiveley, M. Juillot, Lorenzon, Raquillet, de Suremain.

Mesnil-sur-Oger, Le Champ ★★★★ Einer der besten Côte des Blancs-Villages; strukturierter Chardonnay für sehr langes Altern.

Méthode champenoise Champ – Traditionelle aufwendige Methode der Champagnerbereitung durch Zweitgärung in der Flasche. Außerhalb der Champagne ist nur die Bezeichnung »Méthode traditionnelle« oder »klassische Methode« zulässig.

Meursault Côte d'Or (r) w ★★★→★★★★ **99' 00' 02' 04 05' 06' 07 08 09'** 10 – Ort an der Côte de Beaune mit einigen der großartigsten Weißweinen der Welt: geschmacksintensiv, trocken, nusswürzig und saftigreif. Beste Lagen: Charmes, Genevrières, Perrières. Ebenfalls gut: Goutte d'Or, Meursault-Blagny, Narvaux, Poruzots, Tesson, Tillets. Erzeuger: u.a. Ampeau, J.-M. Boillot, M. Bouzereau, V. Bouzereau, Boyer-Martenot, Coche-Dury, Ente, Fichet, Girardin, Javillier, Jobard, Lafon, Latour-Labille, Martelet de Cherisey, Matrot, Ch. de Meursault, Mikulski, P. Morey, Prieur, G. Roulot. Siehe auch Blagny.

Meursault, Château de Côte d'Or r w ★★ Weingut mit 61 ha im Besitz von Patriarche; gute Lagen in Beaune, Meursault, Pommard, Volnay und entsprechende Weine. Kellerei für Besucher geöffnet.

Midi Umfassende Bezeichnung für den Süden Frankreichs, die das Languedoc, Roussillon und sogar die Provence beinhaltet. Ein Schmelztiegel, in dem die Qualität mit jedem Jahrgang zunimmt. Brillante Aussichten, doch natürlich ohne Garantie.

Minervois Lang r (rs) (w) br; s ★★ **03 04** 05' 06 07' 08 09 – Bergiger AC-Bereich; seine lebendigen Rotweine gehören zu den besseren aus dem Midi, v.a. von den Châteaux Bonhomme, Borie-de-Maurel, Clos Centeilles, Coupe-Roses, Faiteau, la Grave, Oupia, Ste-Eulalie, St-Jacques d'Albas, La Tour Boisée, Villerembert-Julien sowie den Genossenschaften La Livinière, de Peyriac und Pouzols. Siehe auch St-Jean de Minervois.

Minervois-La Livinière Lang r ★★→★★★ Ort im Minervois mit hoher Qualität, ab dem Jahrgang 2011 Grand cru du Languedoc – strengere Auswahl und längere Reifung. Beste Erzeuger: Abbaye de Tholomies, Borie de Maurel, Clos Centeilles, Combe Blanche, Ch. de Gourgazaud, Laville-Bertrou, Dom. Ste-Eulalie, Vipur und die Genossenschaft La Livinière.

Mise en bouteille au Château, au Domaine Erzeugerabfüllung. Häufig gebrauchte Angaben wie *dans nos caves* (in eigener Kellerei abgefüllt) oder *dans la région de production* (im Erzeugungsgebiet abgefüllt) haben dagegen nicht viel zu besagen.

Moët & Chandon Champ – Das mit Abstand größte Champagnerhaus ist auch führend bei der Erforschung und Entwicklung von Weinbergen. Besitzt jetzt 1.500 ha, meist in den besten Lagen. Stark verbesserter Brut oJ und eine feine Reihe großer Jahrgangsweine (v.a. **90**, **95** und ein großartiger **02'**). Eindrucksvolle Prestige-Cuvée Dom Pérignon. Hat Ableger in ganz Europa sowie in der Neuen Welt.

Mommessin, J. Bg – Der Familie gehört noch die Grand-cru-Lage Clos de Tart in Morey-St-Denis, während das Handelshaus im Beaujolais an Boisset verkauft wurde. Ch. de Pierreux (Brouilly) ist eine Spezialität.

Monbazillac SWF w; s ★★→★★★★ **90' 95' 01' 03' 05' 06 07'** (09') (10) – Wie schon zu früheren Zeiten macht diese Subappellation von Bergerac vielen schicken Sauternes-Süßweinen Konkurrenz. Spitzenerzeuger: u.a. Tirecul-la-Gravière (★★★★), L'Ancienne Cure, Clos des Verdots, La Grande Maison und Les Hauts de Caillavel (alle ★★★) sowie die Châteaux de Belingard-Chayne, Le Fagé, Poulvère, Theulet (alle ★★). Ebenfalls gut: Ch. de Monbazillac von der Genossenschaft.

Mondeuse Sav r ★★ BV – Rote Traube aus Savoyen, möglicherweise identisch mit der italienischen Refosco. Hat das Potenzial für guten, kräftigen dunklen Wein. Zugreifen, z.B. bei Gilles Berlioz!

Monopole Lage in der Hand eines einzigen Besitzers.

Montagne St-Emilion Bx r ★★ **95 98 00' 01 03 05' 08** 09' – Größter und wahrscheinlich auch bester »Satellit« von St-Emilion (1.600 ha) mit ähnlichen Weinen. Spitzen-Châteaux: Beauséjour, Calon, La Couronne, Croix Beauséjour, Faizeau, La Fleur-Carrère, Haut-Bonneau, Maison Blanche, Roudier, Teyssier, Vieux Château St-André.

Montagny Bg w ★★ **07 08 09'** 10 – Ort an der Côte Chalonnaise, geografisch wie gastronomisch zwischen Mâcon und Meursault gelegen. Spitzenerzeuger: Aladame, J.-M. Boillot, Cave de Buxy, Michel, Ch. de la Saule.

Monthelie Côte d'Or r (w) ★★→★★★ **99' 02' 03' 05' 07** 08 09' 10 – Dorf auf dem Hügel oberhalb von Volnay mit etwas rustikaleren Weinen. Die besten Lagen sind Champs Fulliot und Duresses. Beste Erzeuger: Bouchard Père et Fils, Coche-Dury, Darviot-Perrin, Garaudet, Lafon, Ch. de Monthelie (Suremain).

Montille, de Côte d'Or ★★★ Vater Hubert de Montille erzeugt sehr langlebigen Volnay und Pommard. Sohn Etienne hat die Expansion der Domaine vorangetrieben mit Zukäufen in Beaune, Nuits-St-Georges und dem potenziell herausragenden Vosne-Romanée Malconsorts. Etienne betreibt auch das Ch. du Puligny sowie zusammen mit seiner Schwester Alix die Négociant-Firma Deux Montille (Weißweine).

Montlouis Lo w; tr s; (sch) ★★→★★★★ **89' 90' 95' 96' 97' 02' 03' 05' 07** 08' 09 – Das Pendant zu Vouvray am südlichen Ufer der Loire (370 ha) bringt ähnliche Weine von Chenin blanc hervor. Zurzeit eine der interessantesten Loire-Appellationen. Spitzenerzeuger: u. a. Berger, Chatenay, Chidaine, Damien Delecheneau, Deletang, Jousset, Moyer, Frantz Saumon, Taille aux Loups, Weisskopf.

Montrachet Côte d'Or w ★★★★ **92' 93 95 96' 97 99 00' 01 02'** 04 05' 06 07 08 09' 10 – Grand-cru-Lage mit 8,01 ha in Puligny und Chassagne-Montrachet. Der potenziell großartigste weiße Burgunder: stark, bukettreich, intensiv, trocken und doch von üppiger Fülle. Spitzenweine von Lafon, Laguiche (Drouhin), Leflaive, Ramonet und Romanée-Conti. Dom. Thénard ist enttäuschend.

Montravel SWF r rs w; tr ★★ r **02' 04 05' 06** (08) (09') (10); w rs BV – Unterregion von Bergerac mit eigener AC. Eichenwürzige Rotweine (vorwiegend Merlot) in modernem Stil. Beste Erzeuger: die Domaines du Bloy und de Krevel sowie die Châteaux Jonc Blanc, Laulerie, Masburel, Masmontet, Moulin-Caresse (alle ★★). Eigene AC für lieblichen Côtes de Montravel und süßen Haut-Montravel.

Montus, Château SWF r w ★★★ **00 01' 02 04** 05' 06 (08) (09') (10) – Alain Brumont führt noch immer, wenn auch nicht mehr unangefochten, die Riege der Top-Madiran-Erzeuger an: Sein Spitzengewächs erfordert ebenso viel kritischen Respekt wie lange Flaschenreifung.

Morey, Domaines Côte d'Or ★★★ Winzerfamilie in Chassagne-Montrachet, v. a. Jean-Marc, Marc, Thomas, Vincent und Michel Morey-Coffinet. Auch Pierre Morey in Meursault. Alle sind bekannter für Weiße als für Rote.

Morey-Saint-Denis Côte d'Or r (w) ★★★ **90' 93 95 96' 98 99' 02'** 03 05' 06 **07** 08 09' 10 – Kleiner Ort mit vier Grands crus zwischen Gevrey-Chambertin und Chambolle-Musigny. Häufig übersehener, ganz hervorragender Wein: u. a. Amiot, Arlaud, Clos des Lambrays, Clos de Tart, Dujac, Lignier, Perrot-Minot, Ponsot, Roumier, Taupenot-Merme.

Morgon Beauj r ★★★ **03 05' 06 07 08 09'** 10 – Fester, tanninreicher Beaujolais-Cru, v. a. aus der Hanglage Côte de Py. Wird im Alter recht fleischig. Les Charmes ist weicher und früher trinkreif. Probieren Sie z. B. Desvignes, Foillard, Gaget, Lafont, Lapierre, Ch. de Pizay.

Mortet, Denis Côte d'Or ★★★→★★★★ Arnaud Mortet fügt den Gevrey-Chambertin-Weinen, die sein früh verstorbener Vater in kraftvollem, dunkelfarbigem Stil ausbaute, einen Hauch von Eleganz hinzu, angefangen vom Bourgogne Rouge bis hin zum Chambertin Grand cru. Es gibt viele Gevrey-Chambertin-Cuvées zu entdecken.

Moueix, J.-P. et Cie Bx – Das Erzeuger- und Handelshaus mit Hauptsitz in Libourne ist nach dem legendären Gründer benannt, dessen Sohn Christian die Firma führt. Châteaux: u. a. Lafleur-Pétrus, Hosanna, Magdelaine, Providence, Trotanoy. 2008 wurde Belair-Monange erworben. Besorgt den Vertrieb für Ch. Pétrus. Auch in Kalifornien aktiv, siehe dort Dominus.

Moulin-à-Vent Beauj r ★★★ **99 03 05' 07 08** 09' 10 – Der potenziell beste und großartigste Wein des Beaujolais; kann kräftig, extraktreich und langlebig sein, kommt im Geschmack einem feinen Rhône-Wein oder Burgunder nahe. Viele gute Erzeuger, v. a. Ch. du Moulin-à-Vent, Ch. des Jacques, Dom. des Hospices, Jadot, Janodet, Merlin.

Moulis H-Méd r ★★→★★★ **98 00' 01 02 03 04 05' 06** 08 09' – Kleine, im Landesinneren gelegene Appellation des südlichen Médoc mit vielen anständigen, preisgünstigen Weinen. Spitzen-Châteaux: Anthonic, Biston-Brillette, Branas Grand Poujeaux, Brillette, Chasse-Spleen, Duplessis, Dutruch Grand Poujeaux, Maucaillou, Poujeaux.

Mouton Cadet Bx – Umsatzstärkste Marke für roten Bordeaux (12 Millionen Flaschen). Seit 2004 neu aufgestellt und fruchtiger. Daneben auch Weißwein, Rosé und Réserve der Appellationen Graves, Médoc, St-Emilion und Sauternes.

Mugneret Côte d'Or ★★★ Winzerfamilie in Vosne-Romanée. Am besten ist Dr. Georges Mugneret-Gibourg (v. a. Echézeaux); außerdem Gérard Mugneret, Dominique Mugneret und die zu alter Form zurückfindende Dom. Mongeard-Mugneret.

Mugnier, J.-F. Côte d'Or ★★★→★★★★ Herausragender Erzeuger von Chambolle-Musigny Les Amoureuses und Musigny im Ch. de Chambolle. Die Kellerei wurde umgebaut, um seit 2004 den 9 ha großen Clos de la Maréchale in Nuits-St-Georges einzubeziehen.

Mumm, G. H. & Cie Champ Cordon Rouge oJ; Mumm de Cramant oJ; Cordon Rouge **98 00 02** 04; Rosé oJ – Bedeutendes Champagnererzeuger- und -handelshaus. Bietet unter dem neuen Kellermeister nun wieder Qualität, v. a. bei der Prestige-Cuvée R. Lalou (**98'**) und dem Grand Cru Verzenay. Jetzt im Besitz von Pernod Ricard.

Muré, Clos St-Landelin El ★★→★★★ Einer der großen Namen im Elsass, mit 16 ha Grand cru Vorbourg. Besonders gut mit körperreichem Riesling und Pinot gris. Die wunderbar reife, weinige Pinot-noir-Cuvée »V« (**04 05 09** 10') ist die beste der Region. Ab 2011/12 gibt's den üppigen 2009er.

Muscadet Lo w ★→★★★ BV (vgl. aber unten) – Beliebter, preiswerter, oft köstlicher knochentrockener Wein von 3.600 ha aus der Gegend von Nantes. Muscadet sollte nie zu säurereich, aber immer erfrischend sein. Besonders gut zu Fisch und Meeresfrüchten. Die besten stammen aus AC-Zonen: Muscadet Coteaux de la Loire, Muscadet Côtes de Grand Lieu, Muscadet de Sèvre-et-Maine. Wählen Sie Weine *sur lie*. 2009 war der erste Jahrgang seit 2005, der wieder die üblichen Produktionsmengen hervorbrachte; 2010 gab es finanzielle Schwierigkeiten.

Muscadet Coteaux de la Loire Lo w ★→★★ **05 09** (10) – Kleine Muscadet-Zone (200 ha) östlich von Nantes, am besten *sur lie*; v. a. Guindon, Ch. du Ponceau, Les Vignerons de la Noëlle.

Muscadet Côtes de Grand Lieu Lo ★→★★ **05 09** (10) – Jüngste (1995) AC-Zone für Muscadet (300 ha) und dem Atlantik am nächsten gelegen.

Am besten *sur lie*, z. B. von Bâtard, Eric Chevalier, Choblet (Dom. des Herbauges), Malidain.

Muscadet de Sèvre-et-Maine Lo ★→★★★ **02 03 04 05' 06 09'** (10) – Die größte und beste der Muscadet-Appellationen (8.800 ha). Spitzenerzeuger: Guy Bossard (Dom. de l'Ecu), Bernard Chereau, Bruno Cormerais, Michel Delhommeau, Douillard, Gadais, Dom. de la Haute Fevrie, Joseph Landron, Luneau-Papin, Louis Métaireau, Marc Olivier, Sauvion. Die Weine von diesen Gütern altern wunderbar, versuchen Sie mal den Jahrgang 1989 oder 1999.

Muscat Meist süßer Wein mit charakteristischem Aroma von der gleichnamigen Traube; oft gespritet als Vin doux naturel bereitet. Wird im Elsass als Aperitifwein trocken und ungespritet ausgebaut.

Muscat de Beaumes-de-Venise Siehe Beaumes-de-Venise.

Muscat de Frontignan Siehe Frontignan.

Muscat de Lunel Lang goldfarben; s ★★ oJ – Winziger AC-Bereich für gespritete Weine auf Muscat-Basis, süß und köstlich. Einige Erzeuger experimentieren mit IGP-Spätlesen. Empfehlenswert: Dom. de Bellevue, Ch. du Grès St. Paul.

Muscat de Mireval Lang s ★★ oJ – Winzige AC für gespriteten Muscat aus der Gegend von Montpellier. Eine Handvoll Erzeuger, am besten ist Dom. La Capelle.

Muscat de Rivesaltes Rouss goldfarben; s ★★ oJ – AC für süßen, gespriteten Muscat aus der Nähe von Perpignan. Nicht mehr so beliebt, stattdessen trinkt man Muscat Sec als IGP. Am besten von Dom. Cazes, Ch. de Jau und der Genossenschaft in Baixas.

Musigny Côte d'Or r (w) ★★★★ (★) **85' 88' 89' 90' 91 93 95** 96' **98 99' 01 02' 03** 05' 06 07 08 09' 10 – 11 ha Grand cru in Chambolle-Musigny. Oft der schönste, wenn auch nicht der kraftvollste aller roten Burgunder. Beste Erzeuger: Drouhin, Jadot, Leroy, Mugnier, Prieur, Roumier, de Vogüé, Vougeraie.

Napoléon Champ – Der Markenname eines Champagnerhauses der Familie Prieur in Vertus, jetzt im Besitz eines britischen Weinhändlers. Lohnende reife Jahrgangsweine (**90 95 96**).

Nature Natürlich bzw. unbehandelt, v. a. bei Champagne-Stillwein.

Négociant-éleveur Händler, der den Ausbau des Weins übernimmt.

Nerthe, Château La S-Rh r w ★★★ **78' 81' 89' 90' 95' 96' 97 98' 99' 00 01 03 04'** 05' **06'** 07' 09' 10' – Sehr guter Erzeuger mit 90 ha in Châteauneuf-du-Pape. Moderne, geschliffene Weine, neuerdings im internationaleren Stil. Spezielle Cuvées sind der köstliche, volle Cadettes (rot) und der eichenholzwürzige Beauvenir (weiß). Betreibt auch das sehr gute Weingut Prieuré Montézargues (Tavel), die gute Dom. de la Renjarde (Côtes du Rhône) sowie Ch. Signac (Chusclan).

Nuits-St-Georges Côte d'Or r ★★→★★★★ **90' 93 96' 98 99' 02' 03 05' 06 07** 08 09' 10 – Bedeutende Weinstadt mit unterschätzten Weinen, die immer kräftig und relativ tanninbetont sind und Zeit brauchen. Die besten Lagen sind Cailles, Vaucrains und Les St-Georges südlich von Nuits, außerdem Boudots und Murgers bei Vosne sowie Clos de la Maréchale und Clos St-Marc in Prémeaux. Viele Erzeuger und Händler, v. a. Ambroise, Dom. de l'Arlot, J. Chauvenet, R. Chevillon, Confuron, Faiveley, Gouges, Grivot, Lechéneaut, Leroy, Liger-Belair, Machard de Gramont, Michelot, Mugnier, Rion.

Pacherenc du Vic-Bilh SWF w; tr s ★★→★★★ Der Weißwein der Madiran-Erzeuger. Das Spektrum reicht von trockenen (BV) bis zu süßen Stilen (in Eiche ausgebaute Versionen müssen reifen), v. a. Ch. Montus und

Ch. Bouscassé (beide ★★★) sowie Ch. Laffitte-Teston und die Domaines Barréjat, Berthoumieu, Capmartin, Crampilh, Damiens, Labranche-Lafont (alle ★★).

Paillard, Bruno Champ Brut Première Cuvée oJ; Rosé Première Cuvée; Chardonnay Réserve Privée; Brut **96' 98**; neuer Jahrgangs-Blanc-de-Blancs **95' 96**; grandiose Prestige-Cuvée Nec-Plus-Ultra **90 95** 96 – Das jüngste der großen Champagnerhäuser. Spitzenqualität; der verfeinerte, sehr trockene Stil kommt am besten in der Blanc de Blancs Réserve Privée und dem Nec-Plus-Ultra zum Ausdruck (**90** ist erst jetzt voll ausgereift). Monsieur Paillard steht Boizel Chanoine vor und ist Eigentümer des Ch. Sarrin in der Provence.

Palette Prov r rs w ★★★ Winzige AC nahe Aix-en-Provence mit körperreichen Roten, duftenden Rosés und verlockenden Weißen. Das alteingesessene Ch. Simone bekommt nun Konkurrenz von Ch. Henri Bonnaud.

Patriarche Bg ★→★★ Eines der größeren Handelshäuser für Burgunder. Kellereien in Beaune; besitzt auch Ch. de Meursault (61 ha), Schaumwein Kriter usw.

Patrimonio Korsika r rs w ★★→★★★ Appellation in den spektakulären Kalksteinhügeln im Norden Korsikas; einige der besten Weine der Insel stammen von hier. Charaktervolle Rotweine von der Nielluccio-Traube, verlockende Weiße von Vermentino, auch Spätlesen. Spitzenerzeuger: Antoine Arena, Clos de Bernardi, Gentile, Yves Leccia von der Dom. E Croce, Pastricciola.

Pauillac H-Méd r ★★★→★★★★ **89' 90' 94 95' 96' 98 00' 01 02 03' 04'** 05' 06 08' 09' (10) – Kommunale Appellation im Médoc mit drei Premier-cru-Gütern (Ch. Lafite, Latour, Mouton Rothschild). Berühmt für kraftvolle, langlebige Weine auf Cabernet-Sauvignon-Basis. Andere Spitzen-Châteaux sind u.a. Grand-Puy-Lacoste, Lynch-Bages, Pichon-Longueville, Pichon Lalande und Pontet-Canet.

Pays d'Oc, IGP Lang r rs w ★→★★ Die größte IGP-Region (früher Vin de pays d'Oc), die das gesamte Languedoc-Roussillon umfasst, produziert v.a. sortenreine Weine. In jüngster Zeit gewaltige technische Fortschritte. Wichtigste Erzeuger: Jeanjean, Dom. Paul Mas, Val d'Orbieu; außerdem örtliche Genossenschaften sowie eine ganze Reihe von kleineren Weingütern. Umfasst gleichermaßen das Beste und das Schlechteste aus dem Midi.

Pécharmant SWF r ★★→★★★ **01' 04 05'** 06 (08) (09') (10) – Subappellation von Bergerac, deren Weine wegen des Eisengehalts des Unterbodens besonders mineralisch und fest ausfallen. Am besten: Dom. du Haut-Pécharmant, Les Chemins d'Orient, Clos des Côtes, Terre Vieille und Ch. de Tiregand. Weine in modernem Stil von Dom. des Costes. Die einstigen Stars Métairie, Dom. des Bertranoux und Ch. de Biran erleben gerade eine Renaissance.

Pernand-Vergelesses Côte d'Or r w ★★★ r **99' 02' 03' 05' 06 07** 08 09' 10 – Ort bei Aloxe-Corton, in dessen Gemarkung sich Teile der großen Lagen Corton und Corton-Charlemagne befinden. Auch Ile des Vergelesses ist erstklassig. Erzeuger: u.a. Chandon de Briailles, Chanson, Delarche, Dubreuil-Fontaine, Jadot, Latour, Rapet, Rollin.

Perrier-Jouët Champ Brut oJ; Blason de France oJ; Blason de France Rosé oJ; Brut **98** – Historisches Champagnerhaus in Epernay, eines der ersten, die trockenen Champagner produzierten, und einst der schickste Name von allen; jetzt am meisten für beachtliche Jahrgangsweine zu empfehlen. Luxusmarken: Belle Epoque (**85' 95' 96 98 02'**) in einer bemalten Flasche und Belle Epoque Rosé (**02**).

Pessac-Léognan Bx r w ★★★→★★★★ **90' 95 96 98 00' 01 02 04** 05' 06 08 09' (10) – 1987 eingerichtete AC für den besten Teil des nördlichen Graves mit den Weinbergen all der Grands crus wie Haut-Brion, La Mission Haut-Brion, Pape-Clément, Dom. de Chevalier usw. Füllige, mineralische Rote mit hohem Merlot-Anteil und zugleich die feinsten fassvergorenen trockenen Weißen im Bordelais.

Petit Chablis Chablis w ★ BV – Frischer, einfacher und leichterer Beinahe-Chablis von etwas außerhalb gelegenen Weinbergen. Gute Genossenschaft La Chablisienne.

Pézenas Lang r rs w ★→★★ Unterbereich des Languedoc, der ab dem Jahrgang 2011 zum Grand cru du Languedoc erhoben werden soll; die Weinberge liegen rund um die gleichnamige Stadt. Empfehlenswert: Prieuré de St-Jean de Bébian, Doms. du Conte des Floris, des Aurelles, Stella Nova, Monplézy.

Pfaffenheim El ★→★★ Respektable Elsässer Winzergenossenschaft. Etwas vierschrötige Weine.

Pfersigberg El – Grand cru in Eguisheim (Elsass) mit zwei Parzellen; sehr aromatische Weine. Gewürztraminer gedeiht prächtig. Guter Riesling von Paul Ginglinger, Bruno Sorg und Leon Béyer (Comtes d'Eguisheim). Spitzenerzeuger: Kuentz-Bas.

Philipponnat Champ Rosé oJ; Brut **99** 02; Cuvée 1522 **00**; Clos des Goisses **85' 91 95 96 98 99** – Kleine Champagnerfirma, die für ihre gut strukturierten Weine bekannt ist; gehört jetzt zur Boizel-Chanoine-Gruppe. Beachtlicher Einzellagenwein Clos des Goisses und charmanter Rosé.

Pic St-Loup Lang r (rs) ★★→★★★ **03 04 05 06** 07 08 09 10 – Die nördlichsten Weinberge des Languedoc und ab dem Jahrgang 2011 Grand cru du Languedoc. Beste Erzeuger: Ch. de Cazeneuve, Clos Marie, Ch. de Lancyre, Ch. Lascaux, Mas Bruguière, Dom. de Mortiès, Dom. de l'Hortus, Ch. Valflaunès. Einige der besten Weine des Midi, stilvoll und nachhaltig.

Picpoul de Pinet Lang w ★→★★ BV – Ab dem Jahrgang 2011 *grand vin* du Languedoc; exklusiv für Weine von der alten Rebsorte Picpoul. Beste Erzeuger: St-Martin de la Garrigue, Félines-Jourdan und die Genossenschaften Pomerols und Pinet. Lecker zu Austern.

Pierre-Bise, Château Lo r rs w ★★→★★★★ tr **02 03 04** 05 **06** 07'; s **08** 09 (10) – Claude Papin ist ein Terroirspezialist mit Weinen der Coteaux du Layon, darunter auch Chaume, Quarts de Chaume und Savennières, v. a. Clos de Grand Beaupréau und Roche aux Moines. Ausgezeichnet auch die Cuvées Schist (Anjou-Gamay) und Spilite (Anjou-Villages) sowie der Anjou Blanc Haut de la Garde.

Pineau des Charentes SWF – Starker, süßer Aperitif aus Traubenmost und Cognac.

Pinon, François Lo w; s sch ★★★ **89 90 95 96 97 02 03 04** 05 **06** 08 09 – Hervorragender Öko-Erzeuger von unverfälschtem Vouvray in allen Facetten, auch sehr guter Pétillant (Perlwein).

Pinot gris Im Elsass eine hervorragende Traubensorte, früher Tokay d'Alsace genannt: volle, reichhaltige Weiße – eine subtilere Ergänzung zu Foie gras als der übliche Moelleux.

Piper-Heidsieck Champ – Champagnerfirma auf der Suche nach einem neuen Eigentümer. Jetzt erheblich besserer Brut oJ; außerdem fruchtige Brut Rosé Sauvage und Brut (**00 02 04**). Exzellent die halbtrockene Cuvée Sublime – reichhaltig, aber ausgewogen. Der Piper Heidsieck Rare (v. a. **99 02'**) ist eins der bestgehüteten Geheimnisse der Champagne.

Plageoles, Robert et Bernard SWF – Bernard setzt die Pionierarbeit seines Vaters mit traditionellen Gaillac-Sorten fort: Die Ondenc-Traube lie-

Frankreich

fert den Vin d'Autan (★★★★; einer der großen sehr süßen Dessertweine Frankreichs), Prunelard einen dunklen, fruchtigen Rotwein (★★★), Verdanel einen modernen trockenen Weißen mit sehr eigener Persönlichkeit und Mauzac den leicht schäumenden Mauzac Nature.

Plan de Dieu S-Rh r ★→★★ AC für Côtes du Rhône-Villages seit 2005. Alkoholstarke Weine (vorwiegend Grenache) von einer sehr steinigen, windigen Ebene nahe Rasteau. Erzeuger: Ch. La Courançonne, Doms. Durieu, Espigouette, Pasquiers, Saint-Pierre, Vieux-Chêne.

Pol Roger Champ Brut White Foil oJ wurde umbenannt in Brut Réserve oJ; Brut **96' 98 99 00 02**; Rosé **99**; Blanc de Chardonnay ★★★★ **98'** – Überragendes Champagnerhaus in Familienbesitz in Epernay, das jetzt auch Reben in Avize hat und zusammen mit den familieneigenen Weinbergen 85 ha bewirtschaftet. Sehr feiner blumiger White Foil oJ und neuer Pure Brut (Zéro Dosage), der hervorragend zu Fischgerichten passt. Prächtige Cuvée Sir Winston Churchill (**96' 98** 02).

Pomerol Bx r ★★★→★★★★ **88 89' 90'** 94 **95** 96 **98' 00' 01** 04 05' 06' 08 09' (10) – Kleine AC mit nur 800 ha an der Grenze zu St-Emilion, aber keine Kalkböden, sondern nur Lehm, Kies und Sand. Berühmt für seinen von Merlot dominierten vollen, reichhaltigen, geschmeidigen Stil. Spitzengüter: La Conseillante, L'Eglise-Clinet, L'Evangile, La Fleur-Pétrus, Hosanna, Lafleur, Pétrus, Le Pin, Trotanoy und Vieux Château Certan.

Pommard Côte d'Or r ★★★ **90' 96' 98 99' 02' 03** 05' 06 07 08 09' 10 – Größter Weinort an der Côte d'Or. Wenige überragende Weine, aber viele kräftige und oft tanninreiche mit mindestens 10 Jahren Lebensdauer. Beste Lagen: Epenots und Rugiens. Erzeuger: u. a. Billard-Gonnet, J.-M. Boillot, Comte Armand, Courcel, Hospices de Beaune, Huber-Vedereau, Leroy, Machard de Gramont, de Montille, Ch. de Pommard, Pothier-Rieusset.

Pommery Champ Brut oJ; Rosé oJ; Brut **82' 98 00 02** – Historisches Champagnerhaus; die Marke gehört jetzt Vranken. Hervorragende Cuvée Louise (**89' 90' 98**) und geschmeidiger Blanc de Noirs.

Ponsot Côte d'Or ★★→★★★★ Sehr eigenwilliges Spitzenweingut in Morey-St-Denis mit einer großen Auswahl an Grands crus, v. a. Clos de la Roche. Mit seinem Kampf gegen betrügerische Abfüllungen hat sich Laurent Ponsot besondere Meriten erworben.

Potel, Nicolas Côte d'Or ★★→★★★ Handelsmarke im Besitz von Cottin Frères (Labouré Roi), seit 2009 ohne Beteiligung von Nicolas Potel selbst, der jetzt die Dom. de Bellene und Maison Roche de Bellene in Beaune betreibt.

Pouilly-Fuissé Bg w ★★→★★★ **02'** 04 **05' 06 07 08** 09' 10 – Spitzenappellation des Mâconnais, wo man momentan die Möglichkeiten einer Premier-cru-Klassifikation auslotet. Der Stil variiert je nach Herkunftsort: Die Weine aus Chaintré sind am weichsten, die aus Fuissé am kraftvollsten, die aus Vergisson mineralisch. Spitzenerzeuger: Barraud, Ch. de Beauregard, Cornin, Ferret, Forest, Ch. de Fuissé, Merlin, Ch. des Rontets, Saumaize, Verget.

Pouilly-Fumé Lo w ★→★★★★ **04 05' 06 07 08 09'** (10) – Häufig enttäuschender Weißwein aus der Gegend von Sancerre an der oberen Loire. Die besten sind rund und geschmacksintensiv. Nur Sauvignon blanc ist zugelassen. Spitzen-Cuvées können sich 5–6 Jahre entwickeln. Erzeuger: u. a. Bourgeois, Alain Cailbourdin, Chatelain, Didier Dagueneau, Serge Dagueneau et Filles, Ch. de Favray, Edmond und André Figeat, Masson-Blondelet, Jean Pabiot, Michel Redde, Tabordet, Ch. de Tracy.

Pouilly-Loché Bg w ★★ **07 08 09'** 10 – Nachbarort von Pouilly-Fuissé; der Wein wird in der Regel als Pouilly-Vinzelles verkauft. Erzeuger: u. a. Bret

Brothers, Clos des Rocs, Tripoz. Am meisten Pouilly-Loché produziert die Genossenschaft.

Pouilly-sur-Loire Lo w ★ BV – Geschichtsträchtiger, aber neutraler Wein aus den gleichen Lagen wie Pouilly-Fumé, aber von einer anderen Traube, nämlich Chasselas. Heute stehen nur noch 33 ha unter Reben. Am besten von Serge Dagueneau et Filles, Landrat-Guyollot, Michel Redde.

Pouilly-Vinzelles Bg w ★★ **05' 06'** **07 09'** 10 – Hervorragender Nachbar von Pouilly-Loché; am besten von der Lage Quarts. Beste Erzeuger: Bret Brothers und Valette.

Premier cru Bx – In Bordeaux Lagen 1. Klasse, in Burgund (einschließlich Chablis) jedoch Lagen 2. Klasse, hinter Grand cru.

Premières Côtes de Bordeaux Bx w sw ★→★★ 01 02 03 05 **07 09'** – Geografisch mit Cadillac – Côtes de Bordeaux identische, aber nur für Süßwein geltende Appellation. Üblicherweise eher lieblich *(moelleux)* oder leicht süß als im edelfaulen Dessertweinstil *(liquoreux)* ausgebaut. Unterschiedliche Qualität. Beste Châteaux: Crabitan-Bellevue, du Juge, Suau.

Prieur, Domaine Jacques Côte d'Or ★★★ Weingut in Meursault mit einer Reihe guter Grand-cru-Lagen, von Montrachet bis Musigny. Der Stil zielt eher auf Gewichtigkeit ab als auf Finesse.

Primeur Frischer, belebender junger Wein, besonders Beaujolais, auch Vin de pays. »En primeur«-Verkauf bezieht sich dagegen auf Wein, der noch im Fass liegt und erst nach der Flaschenabfüllung ausgeliefert wird – wenn Sie »en primeur« kaufen, sollten Sie sich an etablierte und angesehene Firmen halten.

Producteurs Plaimont SWF – Die brillante Genossenschaft im Südwesten eilt von Erfolg zu Erfolg. Ihre Rotweine bereitet sie ausschließlich von den traditionellen Gascogner Rebsorten Tannat und Fer Servadou, ihre Weißen von Petit Courbu und Arrufiac.

Propriétaire-récoltant Besitzer und Betriebsleiter; »récoltant« ist vom Verb »récolter« abgeleitet, das »ernten, sammeln« bedeutet.

Provence Prov – Siehe Côtes de Provence, Cassis, Bandol, Palette, Les Baux-de-Provence, Bouches-du-Rhône, Coteaux d'Aix-en-Provence, Coteaux de Pierrevert, Coteaux Varois-en-Provence.

Puisseguin St-Emilion Bx r ★★ **98 00' 01 03** **05'** **08** 09' – Östlicher »Satelliten«-Nachbar von St-Emilion mit festen, soliden Weinen. Spitzen-Châteaux: Bel Air, Branda, Durand-Laplague, Fongaban, Guibot La Fourvieille, Laurets, La Mauriane, Soleil. Ferner der Genossenschaftswein Roc de Puisseguin.

Puligny-Montrachet Côte d'Or (r) w ★★★→★★★★ **00 02' 04 05' 06** **07 08** 09' 10 – Kleinerer Nachbar von Chassagne-Montrachet mit potenziell noch feineren, vitaleren, komplexeren Weinen; scheinbare Finesse kann aber auf Überproduktion beruhen. Lagen: u. a. Bâtard-Montrachet, Bienvenues-Bâtard-Montrachet, Caillerets, Chevalier-Montrachet, Combettes, Folatières, Montrachet, Pucelles. Erzeuger: u. a. Ampeau, J.-M. Boillot, Bouchard Père et Fils, L. Carillon, Chavy, Drouhin, Jadot, Latour, Dom. Leflaive, O. Leflaive, Pernot, Ch. de Puligny, Sauzet.

Pyrénées-Atlantiques SWF BV – IGP-Bezeichnung für Weine, die die AC-Qualitätsanforderungen der Bereiche Madiran, Pacherenc du Vic-Bilh, Tursan oder Jurançon nicht erfüllen, sowie für einige Weine aus Nicht-AC-Bereichen. Empfehlenswert sind v. a. sortenreine Weine von Brumont.

Quarts de Chaume Lo w; s ★★★→★★★★ **89' 90' 95' 96' 97' 02 03** **04** 05' 07' 09 (10) – Winzige Hanglage (40 ha) mit hervorragender Ausrichtung in der Nähe von Layon, ausschließlich für Chenin blanc. Manchmal der großartigste Loire-Süßwein, mit stark mineralischem Charakter; v. a. von

Baumard, Branchereau, Yves Guegniard, Ch. Pierre-Bise, Suronde. Fantastischer 2007er.

Quatourze Lang r (rs) w ★★ BV – Winziger Cru im Languedoc nahe Narbonne. Sein Renommee hält fast ausschließlich die Dom. Notre Dame du Quatourze hoch.

Quincy Lo w ★→★★ Kleiner Bereich (224 ha) mit Kiesboden westlich von Bourges im Tal des Cher. Sauvignon-blanc-Weine im Sancerre-Stil, probierenswert; innerhalb von 3 Jahren trinken. Erzeuger: Mardon, Portier, Jacques Rouzé, Tatin-Wilk (Doms. Ballandors und Tremblay).

Rancio Rouss – Der originellste, nachhaltigste und köstlichste Stil eines Vin doux naturel, der an Tawny Port erinnert, wird in Banyuls, Maury, Rivesaltes und Rasteau erzeugt. Reift in Holzfässern, die unter Sauerstoff- und Hitzeeinwirkung stehen. Bei Tischweinen wäre der daraus resultierende Geschmack ein Fehler.

Rangen El – Der südlichste elsässische Grand cru in Thann: 18,8 ha auf extrem steilen Hängen mit vulkanischem Boden. Spitzenweine: kraftvoller Riesling und Pinot gris von Zind-Humbrecht (Clos St Urbain **02** 05 06) und Schoffit.

Rasteau S-Rh r (rs) (w) br; (tr) s ★★ **06 07' 09'** 10' – Seit dem Jahrgang 2009 hat der Ort an den Côtes du Rhône seine eigene Rotwein-Appellation, jetzt geht's um die Einlösung des Versprechens. Wuchtig-körperreiche, fleischige Rote, hauptsächlich von Grenache, v. a. von Beaurenard, Cave des Vignerons (gut), Ch. du Trignon, den Domaines Didier Charavin, Collière, Escaravailles, Girasols, Gourt de Mautens (geringe Erträge), Perrin & Fils (auch guter Weißwein), Rabasse-Charavin, St-Gayan und Soumade. Der als Vin doux naturel von Grenache-Trauben erzeugte Dessertwein wird immer besser.

Ratafia de Champagne Champ – Süßer Aperitif aus der Champagne: zwei Drittel Traubensaft, ein Drittel Branntwein. Nicht unähnlich dem Pineau des Charentes.

Raveneau Chablis ★★★★ Traditionelle Methoden verhelfen diesem großartigen Betrieb zu außerordentlich langlebigem Chablis. Cousin von Dauvissat. Am besten sind Vaillons, Blanchots und Les Clos.

Rayas, Château S-Rh r w ★★★→★★★★ **78' 79 81' 85 86 88' 89 90' 93 94 95' 96' 98' 99 00 01** 03 **04'** 05' 06' 07' 08 09' 10' – Fantastisches, sehr traditionelles 12-ha-Gut in Châteauneuf-du-Pape mit subtilen, komplexen, köstlichen Weinen (100% Grenache), die wunderbar altern. Der weiße Rayas (Grenache blanc, Clairette) in traditionellem Stil hält sehr gut 18 und mehr Jahre. Günstiger Zweitwein: Pignan. Auch sehr guter Côtes du Rhône Ch. Fonsalette. Alle müssen dekantiert werden. Gut auch der Vacqueyras Ch. des Tours.

Régnié Beauj r ★★ **08 09' 10** – Früher einer der Orte der Beaujolais-Villages, jetzt ein Cru. Die sandigen Böden bringen leichtere Weine hervor als in den anderen Crus; der 2009er ist wundervoll. Probierenswert: Aucœur, Dom. des Braves, Dubœuf, Laforest, Pechard.

Reuilly Lo r rs w ★→★★★ **05' 06 07 08 09'** (10) – Kleine AC (186 ha) westlich von Bourges für Weißweine von Sauvignon blanc sowie Rosé und Vin gris von Pinot noir und/oder Pinot gris. Auch für Rotweine von Pinot noir. Am besten von: Claude Lafond, Dom. de Reuilly, Rouze, Sorbe.

Ribonnet, Domaine de SWF ★★ Vor dem Hintergrund der Pyrenäen verwendet der Rebell Christian Gerber Rebsorten aus ganz Europa und bereitet daraus eine faszinierende Reihe von IGP-Weinen (sortenrein und als Verschnitt) in allen drei Farben.

Riceys, Rosé des Champ rs ★★★ BV – Winzige Appellation in Aube, ausschließlich für einen beachtenswerten Pinot-noir-Rosé. Wichtigste Erzeuger: A. Bonnet, Jacques Defrance.

Richeaume, Domaine Prov ★★ Beachtlicher Cabernet Sauvignon/Syrah, ökologischer Anbau, mustergültig.

Richebourg Côte d'Or r ★★★★ **90' 93'** 95 96' **98 99' 00 02' 03** 05' 06 **07** 08 09' 10 – Grand cru in Vosne-Romanée (8 ha). Fabelhafter, magischer und unglaublich teurer Burgunder. Spitzenerzeuger: DRC, Grivot, Gros, Hudelot-Noëllat, Leroy, Liger-Belair, Méo-Camuzet.

Rimage Rouss – Im Trend liegende Vins doux naturels mit Jahrgangsbezeichnung. Jung trinken. Ähneln gutem Ruby Port.

Rion, Patrice Côte d'Or ★★★ Domaine mit Sitz in Prémeaux mit ausgezeichnetem Weinbergbesitz in Nuits-St-Georges, v. a. Clos des Argillières, Clos St-Marc und Chambolle. Ebenfalls gut ist die Patrice Rions Cousins gehörende Domaine Armelle et Bernard Rion in Vosne-Romanée.

Rivesaltes Rouss r w br; tr s ★★ oJ – Gespriteter Wein aus der Nähe von Perpignan. Eine gefährdete, aber erhaltenswerte Tradition. Es lohnt sich, nach den Spitzenerzeugern zu suchen: Dom. Cazes, Ch. de Jau, Dom. Sarda-Malet, Dom. des Schistes, Dom. Vaquer. Die besten Weine sind köstlich und originell, v. a. alte Rancios. Siehe auch Muscat de Rivesaltes.

Roche-aux-Moines, La Lo w; s ★★→★★★ **89' 90' 95' 96' 97' 99 02 03 04 05' 06 07** 08' 09 (10) – 33-ha-Cru in Savennières, Anjou. Potenziell kraftvoller, intensiv mineralischer Wein, der altern oder gleich jung und fruchtig getrunken werden sollte. Erzeuger: u. a. Le Clos de la Bergerie (Joly), Dom. des Forges, Damien Laureau, Ch. Pierre-Bise.

Roederer, Louis Champ Brut Premier oJ; Rich oJ; Brut **97 99 00 02**; Blanc de Blancs **97 99 00 02**; Brut Rosé **99 02** – Der Familienbetrieb ist das Nonplusultra eines Champagnerhauses mit beneidenswerten 218 ha Weinbergen in Toplagen. Herrlicher Cristal (vielleicht die großartigste aller Prestige-Cuvées, z. B. **88' 90' 95** 02' 04) und Cristal Rosé (**90' 95 96 02**). Seit 2010 neuer Brut Nature. Eigentümer von Deutz (Champagner), Delas an der Rhône sowie Ch. de Pez und Ch. Pichon-Lalande in Bordeaux. Siehe auch Roederer Estate im Kapitel Kalifornien.

Rolland, Michel Bx – Allgegenwärtiger, sehr gefragter Berater und Merlot-Spezialist, der in Bordeaux und überall auf der Welt tätig ist und Wert auf superreife Geschmacksnoten legt, wie Robert Parker Jr. sie empfiehlt.

Rolly Gassmann El ★★ Vornehmer Erzeuger im elsässischen Rorschwihr, v. a. Auxerrois und Muscat von der Lage Moenchreben. Der halbtrockene Stil des Hauses findet seinen schönsten Ausdruck in dem gehaltvollen Gewürztraminer Cuvée Yves (**00 02 05** 06 08 09 10'). Jetzt biodynamisch.

Romanée, La Côte d'Or r ★★★★ **96' 98 99' 00 01 02'** 03 05' 06 07 08 09 10 – Mit 0,85 ha der kleinste Grand cru in Vosne-Romanée; Monopole von Comte Liger-Belair. Außerordentlich feine, duftende, intensive und verständlicherweise sehr teure Weine.

Romanée-Conti Côte d'Or r ★★★★ **71 76 78' 85'** 88' **89' 90' 93'** 95 96' **97** 98 99' **00 01** 02' 03 04 05' 06 07 09' 10 – 1,8-ha-Grand-cru-Monopole in Vosne-Romanée, erbringt jährlich 450 Kisten des gefeiertsten und teuersten Rotweins der Welt mit allmählich sich entfaltenden, unvorstellbaren Geschmacksnuancen.

Romanée-Conti, Domaine de la (DRC) Côte d'Or ★★★★ Das großartigste Weingut in Burgund. Dazu gehören ganz Romanée-Conti und La Tâche sowie größere Teile von Echézeaux, Grands-Echézeaux, Richebourg und Romanée-St-Vivant, außerdem ein sehr kleiner Teil von Le Montrachet.

Majestätische Preise; fast unbezahlbar. Beste DRC-Spitzenjahrgänge brauchen jahrzehntelange Reife.

Romanée-St-Vivant Côte d'Or r ★★★★ **90' 93 95 96' 99' 02'** 03 05' 06 **07** 08 09' 10 – Grand cru in Vosne-Romanée (9,4 ha), etwas tiefer gelegen als Romanée-Conti. Der Wein hat ein schönes Bukett, ist aber nicht so üppig. Erzeuger: Arlot, Cathiard, J. J. Confuron, DRC, Drouhin, Hudelot-Noëllat, Leroy.

Rosacker El – Elsässischer Grand cru (26 ha) in Hunawihr. Von hier kommt der beste Riesling des Elsass. Siehe auch Clos Ste-Hune, Sipp-Mack.

Rosé d'Anjou Lo rs ★→★★ BV – Blasser, lieblicher Rosé (vorwiegend von Grolleau), der gerade in der Hand junger Winzer ein Comeback erlebt: Mark Angeli, Clau de Nell und die Domaines de la Bergerie, les Grandes Vignes, des Sablonnettes.

Rosé de Loire Lo rs ★→★★ BV – Der trockenste der Anjou-Rosés von sechs zugelassenen Rebsorten, v. a. Gamay und Grolleau. Die AC deckt theoretisch auch Saumur und die Touraine ab, wird dort jedoch nur selten verwendet. Beste Erzeuger: Bablut, Ogereau, Ch. Pierre-Bise, Richou.

Rosette SWF w; lbl ★★ BV – Winzige AC bei Bergerac, deren halbtrockene Aperitifweine, die auch grandios zu Foie gras oder Pilzen schmecken, gerade etwas in Mode kommen. Probieren Sie Clos Romain, Ch. Puypezat-Rosette, Dom. de la Cardinolle und Dom. de Coutancie.

Rostaing, René N-Rh ★★★ Côte-Rôtie-Domaine mit 8 ha erstrangigen Anbauflächen für drei sehr präzise bereitete Rotweine, die 4–5 Jahre reifen sollten. An der Spitze steht der verführerische Côte Blonde (mit 5 % Viognier); außerdem La Landonne (dunklere Früchte, 15–20 Jahre haltbar). Der Stil erinnert in der Anlage an guten Burgunder, im Kern mit reiner Frucht; ein wenig neue Eiche. Stattlicher Condrieu, außerdem Languedoc Dom. Puech Noble (rot, weiß).

Roty, Joseph Côte d'Or ★★★ Kleiner Erzeuger von klassischem Gevrey-Chambertin, v. a. Charmes-Chambertin und Mazis-Chambertin. Langlebige Weine.

Rouget, Emmanuel Côte d'Or ★★★★ Erbe des legendären Besitzes von Henri Jayer in Echézeaux, Nuits-St-Georges und Vosne-Romanée. Spitzenwein: Vosne-Romanée Cros Parantoux.

Roulot, Domaine Guy Côte d'Or ★★★ Ausgezeichneter Erzeuger in Meursault mit einer schönen Auswahl guter Lagen, v. a. Tessons Clos de Mon Plaisir und Premiers crus wie Bouchères und Perrières.

Roumier, Georges Côte d'Or ★★★★ Das Musterweingut für Bonnes-Mares und andere brillante Chambolle-Weine, bereitet von dem fähigen Christophe Roumier. Langlebige, aber auch schon jung attraktive Weine.

Rousseau, Domaine Armand Côte d'Or ★★★★ Unschlagbare Domaine in Gevrey-Chambertin, brillant der Clos St-Jacques und die Grands crus. Der Pinot noir verströmt nach wie vor einen Duft von außergewöhnlicher Intensität.

Roussette de Savoie Sav w ★★ BV – Der schmackhafteste unter den frischen Weißweinen aus der Gegend südlich vom Genfer See.

Roussillon Rouss – Wichtigste Region für Vin doux naturel (z. B. Maury Rivesaltes, Banyuls). Jüngere Jahrgangsweine (Rimage) konkurrieren mi gereiften Rancio-Weinen. Siehe auch Côtes du Roussillon (und -Villages sowie Collioure für Tischweine, außerdem Côtes Catalanes (IGP). Jetzt i die neue AC Languedoc integriert.

Ruchottes-Chambertin Côte d'Or r ★★★★ **90' 93' 95 96' 98 99' 00 02'** 0 05' 06 **07** 08 09' 10 – Winziger Grand-cru-Nachbar (3,3 ha) von Chambertin; weniger körperreich, dafür ätherischer, fein gewirkter, langlebige

Wein von großer Finesse. Spitzenerzeuger: Mugneret-Gibourg, Roumier und Rousseau.

Ruinart Champ »R« de Ruinart Brut oJ; Ruinart Rosé oJ; »R« de Ruinart Brut **98 99** – Zu Moët-Hennessy gehörende, älteste Champagnerfirma. Das bereits hohe Niveau dürfte sich mit dem sehr talentierten neuen Kellermeister (seit 2007) noch weiter steigern. Die Prestige-Cuvée Dom Ruinart ist einer der beiden besten Blanc-de-Blancs-Jahrgangsweine der Champagne (z. B. **88' 90 95'** 96 98), und auch der Dom Ruinart Rosé (**88' 90'** 02) ist etwas ganz Besonderes.

Rully Bg r w ★★ r **05' 07 08** 09' 10 (w) **07 08 09'** 10 – Ort an der Côte Chalonnaise. Die Weißweine sind leicht, frisch, schmackhaft, preiswert und ebenso wie die Roten fruchtbetont. Erzeuger: u. a. Delorme, Devevey, Dureuil-Janthial, Faiveley, Dom. de la Folie, Hasard, Jacqueson, Ninot, Rodet und Sounit.

Sables du Golfe du Lion Lang r rs w ★ BV – IGP-Wein von Sanddünen an der Mittelmeerküste; v. a. Rosé Gris de Gris von Carignan, Grenache und Cinsault. Die Produktion wird von dem Riesen Listel dominiert.

Sablet S-Rh r (rs) w ★★ **07' 09** 10' – Steigende Qualität bei den besten Gütern dieses Orts der Côtes du Rhône-Villages mit sandigen Böden. Vielfach geschmeidige, beerenfruchtige Rote, v. a. von den Domaines de Boissan, Espiers, Les Goubert, Piaugier und Roubine. Auch gute vollmundige Weißweine, die sowohl als Aperitif wie auch zum Essen passen.

St-Amour Beauj r ★★ **06 07 08 09'** 10 – Nördlichster Cru im Beaujolais; leichter, fruchtiger Wein, dem man durchaus widerstehen kann (außer am 14. Februar). Empfehlenswerte Erzeuger: Janin, Patissier, Revillon.

St-Aubin Côte d'Or r w ★★★ r **02' 03 05' 06 07 08** 09' 10' w **05' 06 07 08 09'** 10 – Weißweinort der Côte de Beaune, jetzt in der ersten Reihe. Auch nette Rotweine. Beste Lagen: En Remilly, Murgers Dent de Chien. Spitzenerzeuger: J. C. Bachelet, Colin, Lamy, Prudhon.

St-Bris Bg w ★ BV – Nachbar von Chablis, die einzige AC für Sauvignon blanc in Burgund. Frische, lebhafte Weine von J. H. Goisot, die sich zum Einkellern eignen.

St-Chinian Lang r ★→★★★ **03 04** 05' 06 07' 08 09' 10 – Hügeliges Gebiet mit wachsendem Ansehen im Languedoc. Seit 1982 AC für Rotwein, seit 2005 auch für Weißwein. Ab dem Jahrgang 2011 *grand vin* du Languedoc, die bestehenden Crus Berlou und Roquebrun werden zu Grands crus hochgestuft. Warme, würzige, südliche Rotweine auf der Basis von Syrah, Grenache und Carignan. Gute Erzeuger: die Genossenschaften in Berlou und Roquebrun sowie Ch. de Viranel und die Domaines Borie la Vitarèle, Canet Valette, Madura, Mas Champart Navarre und Rimbaud.

Ste-Croix-du-Mont Bx w; s ★★ **97' 98 99' 01' 02 03' 05' 07** 09' – AC für süße Weißweine gegenüber von Sauternes auf der anderen Seite der Garonne. Wirklich probierenswert, v. a. von den Chx. Crabitan-Bellevue, Loubens, du Mont, Pavillon und la Rame.

St-Emilion Bx r ★★→★★★★ **89' 90'** 94 **95** 96 98' 00' **01 03 04 05'** 08 09' (10) – Großer, von Merlot dominierter Bereich (5.500 ha) von Bordeaux auf dem rechten Ufer. Die AC St-Emilion Grand cru ist die Klassifikation der Spitzengewächse. Warmer, voller, runder Stil; die besten Weine sind fest und lange haltbar. Spitzen-Châteaux: Angelus, Ausone, Canon, Cheval Blanc, Figeac, Magdelaine, Pavie, daneben die *garagistes* La Mondotte und Valandraud. Auch gute Winzergenossenschaft.

St-Estèphe H-Méd r ★★→★★★★ **88' 89' 90'** 94 **95'** 96' **98 00' 01 02 03 04** 05' 06 08 09' (10) – Nördlichste kommunale Appellation im Médoc. Solider, strukturierter Wein. Spitzen-Châteaux: Cos d'Estournel, Calon-Ségur,

Frankreich

Montrose. Dazu viele gute Châteaux ohne Klassifizierung, etwa Haut-Marbuzet, Ormes-de-Pez, de Pez, Phélan-Ségur.

St-Gall Champ Brut oJ; Extra Brut oJ; Brut Blanc de Blancs oJ; Brut Rosé oJ; Brut Blanc de Blancs **99 00** 02; Cuvée Orpale Blanc de Blancs **95 96' 98** – Markenname der Genossenschaft Union Champagne. Feiner und preisgünstiger Pierre Vaudon oJ und ausgezeichneter Orpale (**95' 96**).

St-Georges St-Emilion Bx r ★★ **98 00' 01 03 05' 08** 09' – Winziger Satellit von St-Emilion mit 200 ha. Normalerweise gute Qualität. Spitzen-Châteaux: Calon, Macquin-St-Georges, Tour du Pas-St-Georges und Vieux Montaiguillon.

St-Gervais S-Rh r (w rs) ★ **07' 09'** 10' – Ort am Westufer der Rhône. Passable Genossenschaft; der örtliche Star ist der ausgezeichnete, langlebige (10 Jahre und mehr) Rote der Dom. Ste-Anne (ausgeprägte Lakritzaromen von Mourvèdre); auch guter Viognier. Erwähnenswert auch Dom. Clavel.

St-Jean de Minervois Lang w; s ★★ Feiner süßer Vin doux naturel von Muscat. Deutliche Qualitätssteigerung in jüngster Zeit, v. a. von Dom. de Barroubio, Michel Sigé (Clos du Gravillas) und der örtlichen Winzergenossenschaft.

St-Joseph N-Rh r w ★★ **99' 01' 03' 05' 06' 07' 09'** 10' – AC, die sich über die gesamte nördliche Rhône erstreckt (65 km). Rotweine von Syrah. Um Tournon angenehme Weine mit roten Fruchtnoten; anderswo dunklere Aromen und stärkerer Einsatz neuer Eichenfässer. Vollständigere, strukturiertere Weine als Crozes-Hermitage, v. a. von Chapoutier (Les Granits), Gonon (Spitzenklasse), B. Gripa und Guigal (*lieu-dit* St-Joseph); auch: J.-L. Chave, Chèze, Courbis, Coursodon, Cuilleron, Delas, J. & E. Durand, B. Faurie, P. Faury, Gaillard, Jaboulet, Monier-Perréol, Perrin Frères, A. Perret, Vallet, F. Villard. Gute, zu Mahlzeiten passende Weiße (hauptsächlich Marsanne), v. a. von Barge, Chapoutier (Les Granits), Cuilleron, Gonon (fabelhaft), B. Gripa, P. Faury, A. Perret.

St-Julien H-Méd r ★★★→★★★★ **88' 89' 90'** 94 **95' 96' 98** 00' **01 02 03 04** 05' 06 08 09' (10) – Kommunale AC im mittleren Médoc mit elf Weingütern, die in die Klassifizierung von 1855 aufgenommen wurden: u. a. drei verschiedene Léoville-Châteaux, Beychevelle, Ducru-Beaucaillou, Gruaud-Larose. Der Inbegriff eines harmonischen, duftenden und würzigen Rotweins.

St-Nicolas-de-Bourgueil Lo r rs ★→★★★ **89' 90' 95 96' 97 02' 03 05' 06 08 09'** (10) – Geschwisterappellation von Bourgueil mit hohem Anteil an Kiesböden und den gleichen Weinen von Cabernet franc, die alles zwischen unkompliziertem Genuss und alterungswürdig sein können. Tanninreicher und weniger geschmeidig als Chinon. Probierenswert: Yannick Amirault, Cognard, Lorieux, Frédéric Mabileau, Mabileau-Rezé, Taluau-Foltzenlogel, Gérard Vallée.

St-Péray N-Rh w; sch ★★ **04' 05' 06' 07' 08' 09'** 10' – Unterschätzter weißer Rhône-Wein, v. a. aus der Marsanne-Traube, von 60 ha Weinberger auf Granithügeln bei Valence. Auch etwas Méthode champenoise – probierenswert. Der weiße, sehr mineralische Stillwein kann stilvoll ode auch fett ausfallen, falls von sehr reifer Frucht bereitet. Spitzenerzeuger S. Chaboud, Chapoutier, Clape, Colombo, B. Gripa (sehr gut), J.-L. Thiers du Tunnel, Voge (Eiche) sowie die Genossenschaft in Tain.

St-Pourçain ZF r rs w ★→★★ BV – Wurde im Jahr 2009 zur AC erhobe (600 ha). Leichte Rot- und Roséweine von Gamay und Pinot noir; Weißweine von der Lokalsorte Tressalier und/oder Chardonnay (sehr beliebt oder Sauvignon blanc. Erzeuger: Dom. de Bellevue, Grosbot-Barbara Nebout, Pétillat, Ray und die gute Genossenschaft Vignerons de St-Pour çain mit einer Reihe von Stilen, darunter die ungemein süffige Cuvée Ficelle. Sortenreiner Pinot noir ist aufgrund der AC-Bestimmungen jetzt nicht mehr zugelassen.

St-Romain Côte d'Or r w ★★ w **05' 06 07 08 09'** 10 – Frische mineralische Weißweine und schnörkellos bereitete Rotweine von Rebflächen, die sich hinter der Côte de Beaune verstecken. Bald soll es Premier-cru-Lagen geben. Der beste Erzeuger ist Alain Gras. Außerdem Buisson und Dom. de Chassorney.

St-Sardos SWF r rs w; BV – VDQS-Gebiet nahe Montauban. Der Eigentümer der Domaine de la Tucayne (★) hat die ambitionierte Genossenschaft in dieser abgelegenen Gegend westlich von Toulouse gegründet. Gute, preiswerte Weine auf Syrah-Grundlage.

St-Véran Bg w ★★ **07 08 09'** 10 – Appellation, die in etwa Pouilly-Fuissé umgibt. Je nach Boden und Erzeuger unterschiedliche Ergebnisse. Günstige Weine von Deux Roches, Dubœuf und Poncetys, Spitzenqualität liefern Cordier, Corsin und Merlin.

Ste-Victoire Prov r rs ★★ Neuer Unterbereich der Côtes de Provence an den Südhängen der Montagne Ste-Victoire. Gute Weine aus einer beeindruckenden Landschaft. Probierenswert sind Mas de Cadenet und Mauvan.

Salon Champ ★★★★ Champagnerhaus mit dem originalen Blanc de Blancs aus Le Mesnil an der Côte des Blancs. Die langlebigen Weine genießen ein Ehrfurcht gebietendes Renommee, sind in Wirklichkeit aber manchmal ungleichmäßig. Neuerdings jedoch ganz auf der Höhe (z. B. **90 96' 97'** 99 02').

Sancerre Lo (r) (rs) w ★→★★★ **03 05' 06 07 08' 09** (10) – Der Maßstab für Sauvignon blanc (von 2.808 ha). Oft aromatischer und lebendiger als Pouilly-Fumé. Die besten Weine halten sich 8 Jahre und länger. Spitzenerzeuger produzieren nun auch beachtliche Rotweine (Pinot noir). Der Sancerre Rosé dagegen ist selten sein Geld wert. Besonders empfehlenswert: u. a. Gérard Boulay, Bourgeois, Cotat, François Crochet, Lucien Crochet, André Dezat, Fouassier, Michel Girard, Thomas Laballe, Alphonse Mellot, Mollet, Vincent Pinard, Pascal & Nicolas Reverdy, Claude Riffault, Jean-Max Roger, Vacheron, André Vatan.

Santenay Côte d'Or r (w) ★★★ **99' 02' 03** 05' **06 07** 08 09' – Kräftiger Rotwein aus dem Kurort südlich von Chassagne-Montrachet. Die besten Lagen sind: La Comme, Les Gravières, Clos de Tavannes. Spitzenerzeuger: Girardin, Jessiaume, Lequin-Roussot, Muzard, Vincent.

Saumur Lo r rs w; sch ★→★★★ **05' 06 07 08 09'** (10) – Übergeordnete AC für leichte sowie ein paar ernster zu nehmende Weißweine, vor allem aus dem Gebiet Saumur-Champigny. Ansonsten hauptsächlich leicht zugängliche Rote, angenehme Rosés, pikanter Crémant und Saumur Mousseux. Die neue AC Saumur-Le-Puy-Notre-Dame für Cabernet-franc-Rotweine umfasst ein großes Gebiet mit 17 Gemeinden. Erzeuger: u. a. Bouvet-Ladubay, Dom. des Champs-Fleuris/Rétiveau-Rétif, Antoine Foucault, Clos Rougeard, René-Hugues Gay, Guiberteau, Dom. Paleine, Dom. St-Just, Cave des Vignerons de Saumur, Ch. de Villeneuve.

Saumur-Champigny Lo r ★★→★★★ **95 96' 97 02' 03 04 05' 06 07 08'** 09' (10) – Beliebte, neun Kommunen umfassende Appellation (1.500 ha) für qualitätvolle Rotweine von Cabernet franc; gute Jahrgänge halten sich sehr schön. Beachtenswerte Erzeuger: Bruno Dubois, die Châteaux de Targé und de Villeneuve, Clos Cristal, Clos Rougeard, die Domaines Champs-Fleuris, de la Cune, Filliatreau, Legrand, Nerleux, Roches Neuves, St-Just, Antoine Sanzay, Val Brun sowie die Cave des Vignerons de Saumur-St-Cyr-en-Bourg.

Saussignac SWF w; s ★★→★★★ **05' 06 07'** (09') – Nachbarregion von Monbazillac, ähnlicher Weinstil, vielleicht mit etwas mehr Säure. Beste Erzeuger: Dom. Lestevénie, La Maurigne, Les Miaudoux, de Richard und Clos d'Yvigne (alle ★★★) sowie die Châteaux Le Chabrier, Court-les-Mûts, Le Payral, Le Tap und Tourmentine (alle ★★).

Sauternes Bx w; s ★★→★★★★ **83' 86' 88' 89' 90' 95 96 97' 98 99' 01' 02 03' 05' 07'** 09' – Bereich mit fünf Orten (einschließlich Barsac), aus denen Frankreichs beste Süßweine kommen: stark, üppig und goldfarben, brauchen 10 Jahre Alterung. Verglichen mit Rotweinen dieser Qualität immer noch recht niedrige Preise. Spitzen-Châteaux: u. a. Guiraud, Lafaurie-Peyraguey, Rieussec, Suduiraut, La Tour Blanche, d'Yquem. Trockene Weine dürfen nicht als Sauternes verkauft werden.

Sauzet, Etienne Côte d'Or ★★★ Wieder führendes Weingut in Puligny mit großartigen Premiers crus (Les Combettes) und Grands crus (Bâtard-Montrachet u. a.). Frische, lebhafte Weine.

Savennières Lo w; tr s ★★★→★★★★ **89' 90' 93 95 96' 97' 99 02' 03 04 05' 06 07** 08' 09 (10) – Kleiner Bereich in Anjou (150 ha) mit eindringlichen, extrem mineralischen, langlebigen Weißen. Erzeuger: Baumard, Closel, Clos de Coulaine (Ch. Pierre-Bise), Ch. d'Epiré, Yves Guignard, Dom. Damien Laureau, Eric Morgat, Vincent Ogereau,Ch. Soucherie, Mathieu-Tijou. Spitzenlagen: Coulée-de-Serrant, La Roche-aux-Moines und Clos du Papillon.

Savigny-lès-Beaune Côte d'Or r (w) ★★★ **99' 02' 03 05' 07 08** 09' 10 – Bedeutender Ort bei Beaune mit ähnlichen ausgeglichenen mittelschweren Weinen, die köstlich und lebhaft sein sollten, manchmal aber rustikal sind. Beste Lagen: Dominode, Les Guettes, Lavières, Marconnets, Vergelesses. Erzeuger: u. a. Bize, Camus, Chandon de Briailles, Clair, Ecard, Girard, Guyon, Leroy, Pavelot, Tollot-Beaut.

Savoyen (Savoie) Sav r w; sch ★★ BV – Alpiner Bereich mit leichten, trockenen Weinen, ähnlich den Schweizer oder einfacheren Loire-Weinen. Bekannteste Weiße: Apremont, Crépy und Seyssel; interessanter sind die Roussette-Abfüllungen. Auch guter roter Mondeuse.

Schlossberg El – Elsässer Grand cru (80 ha) in Kientzheim, berühmt seit dem 15. Jahrhundert. Prächtiger Riesling von Faller.

Schlumberger, Domaines El ★→★★★ Riesiger Elsässer Betrieb in Guebwiller, dem etwa 1% aller Weinberge im Elsass gehören. Besitzt Lagen in den Grands crus Kitterlé, Kessler, Saering und Spiegel. Das Angebot umfasst u. a. seltenen Riesling, Cuvée Ernest und als neueste Errungenschaft den Pinot gris Grand cru Kessler.

Schoenenbourg El – Sehr voller, erfolgreicher Riquewihr-Grand-cru (Elsass): Pinot gris, Riesling, sehr feine Vendage tardive und Sélection de grains nobles. Erzeuger: u. a. Marcel Deiss und Dopff au Moulin. Außerdem sehr guter Muscat.

Schoffit, Domaine El ★★→★★★ Vielseitiger Elsässer Winzer in Colmar mit exzellentem Vendange-tardive-Gewürztraminer Grand cru Rangen Clos St-Theoblad (**00 05**) von vulkanischen Böden. Auch seltener, aber guter Chasselas und feiner Riesling Sonnenberg (**06 08 09'**).

Schröder & Schÿler Bx – Altes Handelshaus in Bordeaux, Eigentümer von Ch. Kirwan.

Sciacarello Korsika – Autochthone korsische Rebsorte für authentische Rotweine und Rosés.

Sec Wörtlich: trocken; so bezeichneter Champagner ist allerdings eher lieblich (für Sektfrühstück und Hochzeiten besser geeignet als Brut).

Séguret S-Rh r rs w ★★ **05' 06' 07'** 09' 10' – Malerischer Weinort auf einem Hügel bei Gigondas. Pfeffrige, unmittelbar ansprechende Rotweine, v. a. von Grenache, sowie Weißweine mit klarer Frucht. Beste Erzeuger: Ch. La Courançonne, Domaines de l'Amauve, de Cabasse, J. David (ökologischer Anbau), Garancière, Mourchon (kräftige Weine), Pourra, Soleil Romain.

Sélection de grains nobles El – Von Hugel geprägter Ausdruck für das elsässische Gegenstück zur deutschen Beerenauslese; seit 1984 strengsten Bestimmungen unterworfen. *Grains nobles* sind Trauben mit Edelfäule.

Sérafin Côte d'Or ★★★ Christian Sérafins intensive Weine, der Gevrey-Chambertin Vieilles Vignes und der Charmes-Chambertin, haben bei ihren Anhängern bereits Kultstatus erreicht. Jede Menge neue Eiche.

Seyssel Sav w; sch ★★ oJ – Delikater Weißwein und sehr angenehmer Schaumwein, z. B. aus Corbonod.

Sichel & Co. Bx – Eines der renommiertesten Handelshäuser in Bordeaux (eine Spitzenmarke ist Sirius) mit Beteiligungen an Ch. d'Angludet, Ch. Palmer und in Corbières.

Simone, Château Prov r rs w ★★→★★★ Geschichtsträchtiges Familienweingut, auf dem Winston Churchill einst die Montagne Ste-Victoire malte. Seit über zwei Jahrhunderten im Besitz derselben Familie. Praktisch ein Synonym für die AC Palette bei Aix-en-Provence. Vollmundige Rote, die Weißweine profitieren von Flaschenreifung. Auch körperreicher Rosé. Ein Original, aber traditionell.

Sipp, Jean & Louis El ★★ Elsässer Erzeuger in Ribeauvillé (Louis ist auch Négociant). Beide erzeugen sehr guten Riesling vom Grand cru Kirchberg: Jean bietet jugendfrische Eleganz, Louis mehr Festigkeit bei reifen Weinen. Louis produziert auch sehr guten Gewürztraminer, v. a. von der Grand-cru-Lage Osterberg.

Sipp-Mack El ★★→★★★ Ausgezeichnete Domaine in Hunawihr im Elsass mit 20 ha. Großartiger Riesling von den Grands crus Rosacker (**02** 06 08 10') und Osterberg; auch sehr guter Pinot gris.

Sorg, Bruno El ★★→★★★ Erstklassiger kleiner Winzer in Eguisheim im Elsass mit den Grands crus Florimont (Riesling) und Pfersigberg (Muscat). Tadellose, umweltfreundlich bewirtschaftete Rebflächen; Weinbereitung mit Gefühl.

Sur lie »Auf der Hefe.« Muscadet wird oft direkt vom Fass abgefüllt, um Schwung, Körper und Charakter zu bewahren.

Tâche, La Côte d'Or r ★★★★ **90' 93' 95** 96' **97 98** 99' **00** 01 02' 03 05' 06 07 09 10 – Grand cru in Vosne-Romanée (6 ha; 1.500 Kisten). Eine der besten Lagen der Welt; großer, bukettreicher, luxuriöser Wein. Monopole der Dom. de la Romanée-Conti.

Taille-aux-Loups, Domaine de la Lo w; s; sch ★★★ **02' 03' 05' 06** 07' 08' 09 (10) – Der ehemalige Weinmakler Jacky Blot ist nun einer der führenden Erzeuger an der Loire (gut 60 ha): fassvergorener Montlouis und Vouvray von trocken bis herrlich süß; ausgezeichneter Triple Zéro Montlouis Pétillant und feine Rotweine von der Domaine de la Butte (14 ha) in Bourgueil. Im Dezember 2010 wurde der Triple Zéro Rosé Pétillant (Grolleau/Gamay) herausgebracht.

Tain, Cave de N-Rh ★★ Erstklassige Genossenschaft der nördlichen Rhône mit 290 Mitgliedern und guten Weinbergen im richtigen Alter, darunter ein Viertel der Gesamtrebfläche von Hermitage. Steigende Qualität. Ordentlicher roter Hermitage, v. a. Epsilon und Gambert de Loche; moderner Stil, v. a. Crozes. Günstige Weißweine, hauptsächlich Marsanne, und großartiger Vin de paille.

Taittinger Champ Brut oJ; Rosé oJ; Brut **00 02 04**; Collection Brut **90 95 96** – Einst gefragtes Champagnererzeuger- und -handelshaus in Reims, gehört seit 2006 der Crédit Agricole. Weine mit seidigem, blumigem Stil, aber manchmal unbeständig und häufig mit deutlicher Dosage. Hervorragende Luxusmarke: Comtes de Champagne Blanc de Blancs (**96' 98'** 02) und Comtes de Champagne Rosé (**96** 02). Auch sehr guter voller Pinot Prestige Rosé oJ. Neu sind die Cuvées Nocturne und Prélude. Außerdem ein ausgezeichneter neuer Einzellagenwein namens La Marquetterie. Siehe auch Domaine Carneros im Kapitel Kalifornien.

Tavel S-Rh rs ★★ BV – Früher einfach nur stämmig und wuchtig aromatisch, geht dieser Rosé als zartfarbiger, moderner, unkomplizierter Aperitif stilistisch nun mehr in Richtung Provence. Spitzenerzeuger: Dom. Corne-Loup, Guigal, Lafond Roc-Epine, Maby, Dom. de la Mordorée (voll), Prieuré de Montézargues, Rocalière (fein), Ch. de Manissy, Trinquevedel.

Tempier, Domaine Prov r rs w ★★★★ Der ehemalige Pionier unter den Bandol-Erzeugern produziert Weine von beachtlicher Eleganz und Langlebigkeit. Etliche andere qualitätsbewusste Winzer machen ihm mittlerweile aber Konkurrenz.

Terrasses du Larzac Lang r rs w ★★→★★★ Der nördliche Teil des Languedoc, ab dem Jahrgang 2011 Grand cru du Languedoc – eine wilde, bergige Region nahe dem Lac du Salagou in Richtung Aniane. Die kühleren Temperaturen sorgen für frischere Weine. Zu den Stars und denen, die es bald sein werden, gehören Ca del Moura, Clos des Serres, Mas de l'Ecriture, Mas Jullien und Montcalmès. Strebt AOP-Status an.

Thénard, Domaine Bg – Großer Erzeuger in Givry, am bekanntesten jedoch durch seinen bedeutenden Anteil (1,6 ha) an Le Montrachet. Die Weine müssten eigentlich besser sein.

Thévenet, Jean Bg ★★★ Erzeuger gehaltvoller, teilweise edelfauler Weine im Mâconnais, z.B. Cuvée Levroutée von der Dom. de la Bongran. Auch Dom. Emilian Gillet.

Thézac-Perricard SWF r rs ★★ **06** 08 **09'** (10) – Westliche Erweiterung von Cahors. IGT-Weine auf Malbec-Basis, die aber jung zu trinken sind. Die Genossenschaft ist gut, doch die Dom. de Lancement (★★) ist besser.

Thiénot, Alain Champ Brut oJ; Rosé Brut oJ; Cuvée Stanislas **02 04**; fülliger Vigne aux Gamins Blanc de Blancs (Einzellagen-Avize) **99 02**; Grande Cuvée **96' 98 02'** – Der ehemalige Makler und jetzige Weinhändler ist eine dynamische Kraft in der Champagne. Stets steigende Qualität im ganzen Angebot. Eindrucksvolle Brut-Champagner oJ zu vernünftigen Preisen. Auch Eigentümer von Marie Stuart und Canard-Duchêne in der Champagne sowie Ch. Ricaud in Loupiac.

Thomas, André et Fils El ★★★ Sehr feiner Erzeuger im elsässischen Ammerschwihr mit strikten ökologischen Weinbaumethoden. Im Keller ein Kunsthandwerker, der sehr guten Riesling Kaefferkopf und herrlichen Gewürztraminer Vieilles Vignes (**05 06** 08) erzeugt.

Thorin, J. Beauj ★ Bedeutender Beaujolais-Négociant im Besitz von Jean-Claude Boisset.

Tollot-Beaut Côte d'Or ★★★ Stilvoller, beständiger Burgundererzeuger; besitzt 20 ha an der Côte de Beaune, darunter Beaune-Grèves und Clos du Roi, Corton, Savigny-lès-Beaune (Les Champs Chevrey) und in seinem Heimatort Chorey-lès-Beaune.

Touraine Lo r rs w; tr s; sch ★→★★★★ **05' 06 08 09'** (10) – Riesige Region (5.500 ha) mit einer Reihe von Appellationen (z.B. Vouvray, Chinon, Bourgueil) sowie der umfassenden AC Touraine mit unterschiedlicher Qualität: würzige Rote (Cabernet franc, Côt, Gamay, Pinot noir), pikante

Weiße (Sauvignon blanc, Chenin blanc), Rosés und Mousseux. Viele gute Bistro-Weine, oft preiswert. Erzeuger: Ch. de Petit Thouars, Clos Roussely, Domaines des Bois-Vaudons, Corbillières, Joël Delaunay, de la Garrelière (François Plouzeau), de la Presle; Clos Roche Blanche, Mandard, Jacky Marteau, Marionnet, Oisly-Thesée, Thierry Puzelat/Clos de Tue-Bœuf, Vincent Ricard. Nicht durchdachte Reformvorschläge sind angekündigt.

Touraine-Amboise Lo r rs w ★→★★ Subappellation (220 ha) der AC Touraine. Eine leckere, zum Essen passende lokale Spezialität für Einsteiger ist die Cuvée François 1er (Gamay/Côt/Cabernet franc). Weißweine aus Chenin blanc. Erzeuger: Dom. des Bessons, Closerie de Chanteloup, Damien Delecheneau, Dutertre, Xavier Frissant, de la Gabillière.

Touraine Azay-le-Rideau Lo rs w ★→★★ Kleine Subappellation (60 ha) der AC Touraine für trockene und halbtrockene Weißweine auf Chenin-blanc-Basis; Rosés v. a. von der Grolleau-Traube. Erzeuger: Ch. de l'Aulée, Nicolas Paget und Pibaleau.

Touraine Mesland Lo r rs w ★→★★ Die besten Vertreter dieser kleinen Subappellation (105 ha) der AC Touraine sind die leicht zugänglichen roten Verschnitte (Gamay/Côt/Cabernet franc). Weißweine auf Chenin-blanc-Basis, auch ein kleiner Anteil Chardonnay ist zugelassen. Erzeuger: Clos de la Briderie, Ch. Gaillard.

Touraine Noble-Joué Lo rs ★→★★ BV – Alter, aber jetzt zu neuen Ehren gekommener Rosé von drei Pinot-Sorten (noir, gris, Meunier) aus dem Süden von Tours. Empfehlenswert von Rousseau und Sard. Wurde 2001 als eigenständige AC Touraine Noble-Joué anerkannt und umfasst jetzt 28 ha Rebland.

Trapet Père et Fils, Domaine Côte d'Or ★★→★★★ Alteingesessene Domaine in Gevrey-Chambertin, die zu neuem Leben erwacht ist. Sinnliche Weine aus biologisch-dynamischem Anbau. Das Gleiche gilt für die Etiketten der Cousins von der Dom. Rossignol-Trapet, die aber ein wenig verschlossener sind.

Trévallon, Domaine de Prov r w ★★★ **95 96 97 98 99 00' 01 03 04** 05 06 07 08 09 – Erzeuger von IGP Bouches du Rhône in Les Baux, der seinem ausgezeichneten Ruf voll und ganz gerecht wird: intensiver, lagerfähiger Cabernet Sauvignon/Syrah. Im Barrique ausgebaute Weißweine von Marsanne und Roussanne, ein Quäntchen Chardonnay und jetzt auch Grenache blanc. Die Suche nach diesen Weinen lohnt sich wirklich.

Trimbach, F. E. El ★★★→★★★★ Hervorragender Erzeuger von Elsässer Riesling von den Kalksteinböden um Ribeauvillé, v. a. der großartige Clos Ste-Hune (**02'**) und der beinahe so gute Frédéric Emile (**02 06** 08). Trockene, elegante Weine für die gehobene Cuisine.

Tursan SWF r rs w ★★→★★★ Meist BV – Meisterkoch Michel Guérard erzeugt schöne, aber kaum AC-typische Weine (★★★). Wer Authentizität sucht, ist bei der Domaine de Perchade (★★) besser aufgehoben. Auch die Weine der rührigen Genossenschaft (★), die sich mittlerweile mit der Kooperative der Coteaux de Chalosse zusammengeschlossen hat, sind nicht schlecht.

Vacqueyras S-Rh r (rs) (w) ★★ **95' 98' 99' 00' 01' 03 04' 05' 06' 07' 09'** 10' – Unmittelbar ansprechende, volle, pfeffrige Weine auf Grenache-Basis; Nachbar von Gigondas, wärmeres Klima in den Weinbergen, sodass die Weine mächtig ausfallen können. Halten sich 10 und mehr Jahre. Empfehlenswert: Arnoux Vieux Clocher, Jaboulet; Chx. de Montmirail, des Tours (sehr fein), Vidal-Fleury; Clos des Cazaux (günstig); Doms. Amouriers, Archimbaud-Vache, Charbonnière, Couroulu (traditionell), Font de Papier, Fourmone, Garrigue, Grapillon d'Or, Monardière (sehr gut), Montirius

(Ökoanbau), Montvac, Perrin & Fils, Roucas Toumba (Ökoanbau), Sang des Cailloux (sehr gut).

Val de Loire Lo r rs w; BV – Einer der vier regionalen IGP-Bereiche Frankreichs; hieß früher Jardin de la France. Große Bandbreite sortenreiner Weine, u. a. Chardonnay, Cabernet franc, Gamay, Sauvignon blanc.

Valençay Lo r rs w ★ AC mit 139 ha in der östlichen Touraine. Leichte, süffige, manchmal etwas rustikale und säuerliche Weine von ähnlichen Rebsorten wie in der Touraine, v. a. Sauvignon blanc. Erzeuger: Clos Delorme (Minchin), Jacky Preys, Hubert und Olivier Sinson, Sébastien Vaillant.

Val d'Orbieu, Vignerons du ★★ Zusammenschluss von etwa 200 Erzeugern und Genossenschaften in Corbières, Languedoc, Minervois, Roussillon usw. als Vertriebsorganisation für eine ordentliche Auswahl an AC- und IGP-Weinen. Flaggschiff ist die Cuvée Mythique.

Valréas S-Rh r (rs w) ★★ **07' 09'** 10 – Bescheidener Ort der Côtes du Rhône-Villages mit großer Genossenschaft im Norden des Departements Vaucluse, wo man schwarze Trüffel findet. Rotweine von ordentlicher Tiefe (hauptsächlich von Grenache) und besser werdende Weiße. Erzeuger: v. a. Emmanuel Bouchard, Dom. des Grands Devers, Ch. la Décelle.

Varichon & Clerc Sav – Die bedeutendste Erzeuger- und Händlerfirma für Schaumweine aus Savoyen.

VDQS Vin Délimité de Qualité Supérieure. Qualitätsstufe im Appellationssystem unterhalb der AC. Soll nur noch bis Ende 2011 verwendet werden.

Vendange Lese.

Vendange tardive Spätlese. Im Elsass gleichwertig mit deutscher Auslese, aber meist alkoholstärker.

Venoge, de Siehe De Venoge.

Ventoux S-Rh r rs (w) ★★ **07' 09'** 10' – Sich über mehr als 6.000 ha erstreckende AC rund um den Mont Ventoux zwischen der Rhône und der Provence. Süffige Rotweine (Grenache/Syrah, vom Hauswein bis zu volleren, tiefgründigeren Versionen), Rosés und gute Weiße (zunehmend in Eiche ausgebaut). Die Höhenlage begünstigt angenehm frische Noten bei einigen Weinen. Am besten von: La Vieille Ferme (rot; gehört dem Ch. de Beaucastel), den Genossenschaften Bédoin, Goult und St-Didier, Domaines Anges, Berane, Brusset, Cascavel, Champ-Long, Croix des Pins, Fondrèche, Font-Sane, Grand Jacquet, Jaboulet Aîné, Martinelle, Murmurium, Pesquié (hervorragend), Pigeade, Terres de Solence, Valcombe, Verrière, Vidal-Fleury.

Verget Bg ★★→★★★ Das im Mâconnais beheimatete Handelshaus für Weißweine von J.-M. Guffens ist fast so unverwechselbar wie seine Domaine. Feine Qualität; es ist geplant, auch Rotweine ins Sortiment aufzunehmen.

Veuve Clicquot Champ Yellow Label oJ; White Label Demi-Sec oJ; Vintage Réserve **98' 99 02'**; Rosé Réserve **95 96 98 99' 02'** – Ein historisches Champagnerhaus mit höchstem Ansehen, jetzt im Besitz von LVMH. Vollmundiger, fast reichhaltiger Champagner der verlässlichen Art. Kellereien in Reims. Luxusmarken: La Grande Dame (**90' 95**) und Rich Réserve (**96 99** 02) sowie Rosé La Grande Dame (**95 96**). Ab 2010 in Eiche vergorene Jahrgangsweine. Seit Kurzem werden alte Jahrgänge der Reihe Cave Privée in unterschiedlichen Formaten neu herausgebracht; großartig der 78er und der 85er Rosé.

Veuve Devaux Champ – Der Spitzenchampagner der mächtigen Genossenschaft Union Auboise in Bar-sur-Seine. Hervorragende gereifte Grande Réserve oJ, Rosé Œil de Perdrix, Prestige-Cuvée D (**96**) sowie exzellenter Jahrgangs-Brut (**02**).

Vézelay Bg r w ★→★★ Aufstrebender Unterbereich der übergeordneten AC Bourgogne. Aromatische Weißweine von Chardonnay oder Melon (z. B. Bourgogne Grande Ordinaire), aber auch guter örtlicher Bourgogne Rouge von Pinot noir. 1–2 Jahre lagern. Probierenswert: Dom. de la Cadette, des Faverelles, Maria Cuny, Elise Villiers.

Vidal-Fleury, J. N-Rh ★★ Es tut sich viel bei dem im Besitz von Guigal befindlichen Handelshaus für Rhône-Weine und erstklassigen Erzeuger von Côte-Rôtie-Weinen, v. a. dem sehr eleganten La Chatillonne (mit 12% Viognier, mindestens 5 Jahre lagern). Das Angebot wird rasch deutlich besser. Guter Côtes du Rhône Viognier, Ventoux, Muscat de Beaumes-de-Venise und Vacqueyras.

Vieille Ferme, La S-Rh r w ★★ Marke insbesondere für roten Ventoux und weißen Luberon, oft ein erstklassiger Kauf. Erzeuger ist die Familie Perrin, die auch Ch. de Beaucastel besitzt. Jede Menge Frucht, gutes Preis-Leistungs-Verhältnis.

Vieilles Vignes »Alte Reben«, und diese sollten eigentlich die besten Weine hervorbringen, z. B. de Vogüé Musigny Vieilles Vignes. Allerdings ist das genaue Alter nicht festgelegt, deshalb kann die Bezeichnung auch ein Marketingschwindel sein.

Frankreich

Vieux Télégraphe, Domaine du S-Rh r w ★★★ **78' 81' 85 88 89' 90 94' 95' 96' 97 98' 99' 00 01'** 03' 04' 05' **06'** 07' 09' 10' – Spitzenweingut und Erzeuger von komplexem, langlebigem rotem Châteauneuf-du-Pape und vollen, seit den 1990ern üppigeren Weißweinen, die ausgezeichnete Begleiter zum Essen und auch in geringeren Jahrgängen gut sind. Zweite Domaine: De la Roquète erzeugt schön fruchtige Rote, die an Tiefe gewinnen, und frische Weiße – alle im Aufstieg begriffen. Besitzt zusammen mit der US-Importfirma Kermit Lynch die unterschätzte Dom. Les Pallières in Gigondas, die langsam reifende Weine erzeugt.

Vigne Weinberg; Rebe.

Vigneron Winzer.

Vignoble Weinberg; Anbaugebiet.

Villeneuve, Château de Lo r w ★★→★★★★ **96 99 02 03** 05 **06 07** 08 09' (10) – Penibler Erzeuger mit herrlichem Saumur Blanc (v. a. fassvergorener Les Cormiers) und Saumur-Champigny (v. a. Vieilles Vignes, Grand Clos). Der 2003er Coteaux de Saumur ist großartig. Die Spitzencuvées werden nur in entsprechenden Jahrgängen erzeugt.

Vin de paille »Strohwein«, aus auf Strohmatten getrockneten Trauben, daher sehr süß, etwa wie italienischer Passito. Besonders im Jura zu finden. Siehe auch Chave und Vin Paillé de Corrèze.

Vin de pays (VdP) Die dynamischste Kategorie im französischen Weinsystem (mit mehr als 150 Regionen). Mit dem Jahrgang 2009 wurde sie in Indication Géographique Protégée (IGP) umbenannt, allerdings haben nicht alle Gebiete die neue Bezeichnung übernommen. Die Namen der einzelnen Zonen sind höchst individuell, etwa Côtes de Gascogne, Côtes de Thongue, Haute Vallée de l'Orb, Duché d'Uzès. Enorme Vielfalt in Geschmack und Qualität und immer wieder überraschend.

Vin de table Alltagswein, der keinen besonderen Bestimmungen über Trauben und Herkunft unterliegt. Kann Quelle unerwarteter Genüsse sein, wenn ein talentierter Weinmacher diese Kategorie zur Umgehung bürokratischer Zwänge benutzt. Die Regeln werden sich jetzt dahingehend ändern, dass die Angabe von Rebsorte und Jahrgang erlaubt sein wird.

Vin doux naturel (VDN) Rouss – Süßer, mit Weingeist gespriteter Wein; die Süße ist also »natürlich«, nicht aber der Alkoholgehalt. Eine Spezialität des Roussillon; basiert auf Grenache oder Muscat. Spitzenweine, v. a. Rancios, sind bemerkenswert.

Vin gris »Grauer Wein«; er ist blassrötlich und wird aus roten Trauben hergestellt, die vor Einsetzen der Gärung gepresst werden – anders als beim Rosé, der nach kurzer Gärung abgepresst wird. Œil de Perdrix ist ungefähr dasselbe. In Kalifornien sagt man »blush« dazu.

Vin jaune Jura w ★★★ Spezialität von Arbois, von eigentümlich gelber Farbe wie Fino Sherry; nach dem Abfüllen (frühestens nach 6 Jahren) genussreif. Am besten ist der Château-Chalon. Siehe auch Plageoles. Eine nicht gänzlich oxidierte Variante ist der vor Ort verkaufte weiße *vin typé*.

Vin Paillé de Corrèze SWF – Kürzlich wiederbelebter Vin de paille, erzeugt von 25 Winzern und einer kleinen Genossenschaft in Beaulieu-sur-Dordogne. Wird heute nicht mehr nur (eine Legende?) stillenden Müttern empfohlen. Die meisten Erzeuger bevorzugen moderne Rebsorten; insbesondere die Weine von Christian Tronche (★) bieten einen guten Einstieg in diesen Stil.

Vinsobres S-Rh r (rs) (w) ★→★★ **06' 07' 09'** 10' – AC mit Schwerpunkt Syrah nahe Nyons, begünstigt durch hohe Lagen und frische Winde. Die besten Rotweine zeigen lebhafte Frucht und massigen Körper. Führende Erzeuger: Cave la Vinsobraise, Doms. Les Aussellons, Bicarelle, Chaume-Arnaud, Constant-Duquesnoy, Coriançon, Deurre (traditionell), Jaume, Moulin (traditionell), Perrin & Fils (sehr günstig), Peysson, Ch. Rouanne.

Viré-Clessé Bg w ★★ **07 08 09'** 10' – AC um zwei der besten Weißweinorte in der Gegend von Mâcon. Extrovertierter Stil, Restzucker war ursprünglich nicht erlaubt. Beachtenswerte Erzeuger: A. Bonhomme, Bret Brothers, Chaland, Clos du Chapitre, Lafon (ab 2009), Michel, Thévenet und die Genossenschaft.

Visan S-Rh r (rs w) ★ **07' 09'** 10' – Die rasch an Qualität zulegende Gemeinde der Côtes du Rhône-Villages bringt Rote mit schöner Frucht, Frische und mittlerer Tiefe sowie akzeptable Weiße hervor. Junge Winzer sorgen für Schwungkraft. Am besten sind die Domaines Coste Chaude, Florane, Fourmente (v. a. der Nature), des Grands Devers, Roche-Audran.

Vogüé, Comte Georges de Côte d'Or ★★★★ Weingut in Chambolle-Musigny mit Kultstatus, dem der Löwenanteil der Lage Musigny gehört. Die angekündigten Jahrgänge aus den 1990ern brauchen noch Zeit.

Volnay Côte d'Or r ★★★→★★★★ **90' 95 96' 98 99' 02' 03** 05' 06 **07** 08 09' 10 – Ort zwischen Pommard und Meursault; oftmals die besten Rotweine von der Côte de Beaune, strukturiert und seidig. Beste Lagen: Caillerets, Champans, Clos des Chênes, Santenots, Taillepieds usw. Spitzenerzeuger: d'Angerville, J.-M. Boillot, Hospices de Beaune, Lafarge, Lafon, de Montille, Rossignol.

Volnay-Santenots Côte d'Or r ★★★ Rotwein aus den besten Lagen in Meursault wird unter dieser Bezeichnung verkauft. Von anderen Volnay-Premiers-crus kaum zu unterscheiden, vielleicht körperreicher, weniger delikat. Beste Erzeuger: Ampeau, Hospices de Beaune, Lafon, Leroy, Prieur.

Vosne-Romanée Côte d'Or r ★★★→★★★★ **90' 93 95 96' 98 99' 02' 03 05'** 06 **07** 08 09' 10 – Der Ort mit den grandiosesten Crus von Burgund (Romanée-Conti, La Tâche u. a.) und herausragenden Premiers crus wie Malconsorts, Suchots, Brûlées u. a. Gewöhnlichen Wein gibt es in Vosne kaum (sollte es zumindest nicht geben). Erzeuger: u. a. Arnoux, Cathiard, Clavelier, DRC, Eugenie, Grivot, Gros, Lamarche, Leroy, Liger-Belair, Méo-Camuzet, Mugneret, Rouget, Tardy.

Vougeot Côte d'Or r w ★★★ **90' 93 95' 96' 98 99' 02'** 03 05' 06 **07** 08 09' 10 – Vorwiegend Grand-cru- (u. a. Clos de Vougeot), aber auch Villages- und Premier-cru-Weine, einschließlich des außergewöhnlichen weißen Clos Blanc de Vougeot (Monopole), tragen diesen Namen. Die besten Erzeuger sind Hudelot-Noëllat und Vougeraie.

Vougeraie, Domaine de la Côte d'Or r ★★→★★★ Hier sind seit 1999 alle Weinberge der Firma Jean-Claude Boisset vereinigt. Die Bandbreite reicht vom preiswerten Bourgogne Rouge bis zum feinen Musigny Grand cru und dem einzigartigen weißen Clos Blanc de Vougeot.

Vouvray Lo w; tr s; sch ★★→★★★★ s **89' 90' 95' 96' 97' 03'** 05' 08 09' tr **89 90 96' 97 02' 03 05'** 06 07 08' 09 – Bedeutendes AC-Gebiet östlich von Tours mit sehr unterschiedlichen, zunehmend besser und verlässlicher werdenden Stillweinen. Demi-sec im klassischen Stil, Moelleux kann in sehr guten Jahren intensiv süß und fast ewig haltbar sein. Unterschiedlich guter trockener Schaumwein (60% der Produktion); empfehlenswert: Pétillant. Spitzenerzeuger: Allias, Bonneau, Vincent Carême, Champalou, Clos Baudoin (Chidaine), Dhoye-Deruet (Dom. de la Fontainerie), Foreau, Fouquet (Dom. des Aubuisières), Ch. Gaudrelle, Huët, Dom. de la Taille-aux-Loups, Vigneau-Chevreau. Falls Sie alte Jahrgänge wie 1921, 1924, 1947 oder 1959 entdecken sollten, greifen Sie zu.

Vranken Champ – Immer mächtiger werdendes Champagnerhaus, das 1976 von einem belgischen Marketingexperten gegründet wurde. Recht gute Qualität. Spitzenmarke heißt Demoiselle. Zum Besitz gehören nun auch Heidsieck Monopole und Pommery.

Wolfberger El ★★ Hauptmarke der Genossenschaft von Eguisheim (Elsass). Außergewöhnliche Qualität für einen solchen Massenerzeuger; sehr bedeutend für Crémant.

Y (Aussprache: igrek) Bx **80' 85 86 88 94 96** 00 02 **04 05 06 07** 08 – In der letzten Zeit regelmäßiger erzeugter intensiver, trockener Weißwein von Château d'Yquem. Jung verführerisch, gereift jedoch interessanter. 2004 wurde ein trockener Stil bereitet, sonst klassische halbtrockene Weine – neuerdings aber reiner und frischer als in der Vergangenheit.

Zind-Humbrecht, Domaine El ★★★★ Seit 1620 im Elsass tätige Winzer. Die inzwischen führende biodynamische Domaine wird von Olivier Humbrecht, dem großartigen Weinmacher und Gelehrten, umsichtig geführt. Reichhaltige, kraftvolle und doch ausgewogene Weine von sehr geringen Erträgen. Die Spitzengewächse stammen von den Einzellagen Clos St-Urbain, Jebsal (wunderbarer Pinot gris **02' 06** 09 10) und Windsbuhl (v.a. Gewürztraminer **05**) sowie von den Grands crus Rangen, Hengst, Brand und Goldert.

Die Châteaux von Bordeaux

Die dunklen Flächen bezeichnen die Weinbaugebiete

Die folgenden Abkürzungen werden im Text verwendet:

Bar	Barsac	**Pes-L**	Pessac-Léognan
Bx	Bordeaux	**Pom**	Pomerol
H-Méd	Haut-Médoc	**Saut**	Sauternes
Mar	Margaux	**St-Em**	St-Emilion
Méd	Médoc	**St-Est**	St-Estèphe
Pau	Pauillac	**St-Jul**	St-Julien

Schon in den Jahren 1988, 1989 und 1990 gab es im Bordelais drei große Jahrgänge in Folge, und 20 Jahre später war es mit 2008, 2009 und 2010 wieder so weit. Der erste dieser Jahrgänge profitierte von einem wunderbaren Altweibersommer und wirkt im Stil recht klassisch (ein bisschen wie 1988, für Leute, die zu viel Überschwang nicht schätzen), der zweite brachte eine Explosion von Frucht, die sogar den 1982er übertreffen könnte, und der dritte trumpft mit unglaublich tiefer Farbe und männlicher Struktur auf. Jeder dieser Jahrgänge besitzt einen ganz eigenen Charakter, aber großartige, alterungswürdige Weine haben sie alle hervorgebracht. Nur die Preise, so könnte man einwenden, dämpfen die Begeisterung. Nun, die großen Namen sind tatsächlich nur etwas für Investmentfonds und Millionäre. Aber die weniger prominenten Bordeaux-Weine verkaufen sich keineswegs von selbst, daher sind auf mittlerem und niedrigerem Niveau durchaus Schnäppchen zu finden – in Restaurants wohl aber eher nicht.

Wenn also die Jahrgänge 2008 bis 2010 noch ein paar Jahre im Keller liegen sollten (wie ja auch 2005 und 2006), was trinken wir dann im kommenden Jahr? Der 07er ist unmittelbar fruchtig, der 02er und 04er recht klassisch, das heißt, beide Jahrgänge werden gerade trinkreif, und der 01er (am besten zwischen 2010 und 2015 zu trinken) zeigt jene Balance und jenen Charme, wegen derer wir Bordeaux als Alltagsgetränk so schätzen. 2003 fällt aus der Reihe; dieses Jahr war einfach zu heiß. Wer seine Erwartungen zurückschraubt, kann aber auch damit angenehme Überraschungen erleben. Oder wenden Sie sich den älteren Jahrgängen in Ihrem Keller zu: 00, 99, 98. Probieren Sie, wie weit sie sind. Und vergessen Sie nicht, dass es auch trockenen weißen Bordeaux gibt (2010 war ein weiteres hervorragendes Jahr) – und eine ganze Reihe ausgezeichneter Sauternes-Jahrgänge (09, 07, 05, 03, 02, 01).

Agassac, d' H-Méd r ★★ **00' 02 03 04 05 06 07** 08 09' – Dornröschenschloss aus dem 14. Jahrhundert mit 42 ha Weinbergen, nur wenig außerhalb der Stadt Bordeaux. Moderner, zugänglicher Médoc.

Andron Blanquet St-Est r ★★ **96 98 00' 03 04 05' 06** 08 09 – 16 ha, Schwester-Château von Cos Labory. Nicht in Mode, aber gutes Preis-Leistungs-Verhältnis.

Angélus, L' St-Em r ★★★★ **89' 90' 92' 95 96 98' 99 00' 01 02 03'** 04 05 06 **07** 08 09' 10 – Führender Premier grand cru classé mit 23 ha in den Côtes von St-Emilion. Pionier des modernen Stils; dunkel, voll, opulent. Seit 2009 wird von Hand entrappt, 2010 wurde eine lasergestützte optische Sortieranlage eingeführt. Zweitwein: Le Carillon de L'Angélus. Im selben Besitz wie Fleur de Boüard in Lalande de Pomerol und Bellevue in St-Emilion.

Angludet, d' Mar r ★★★ **90 95 96' 98' 00 02 04 05 06** 08 09' 10 – 32 ha im Besitz des Weinhändlers Sichel; oft preisgünstig. Lebendiger, duftiger Margaux mit viel Stil, beliebt in Großbritannien.

Archambeau, d' Graves r w; tr (s) ★★ r **98 00 02 04 05 06 08** 09; w **01 02 04 05 06 07 08** 09 – Modernes 27-ha-Gut in Illats. Guter, fruchtiger Weißwein und duftiger, fassgereifter Rotwein. Im selben Besitz wie das aufstrebende Ch. Suau (Cru classé in Barsac).

Arche, d' Saut w; s ★★ **96 97' 98 99 00 01' 02 03' 05 07** 09 – Deutlich verbessertes 29-ha-Gut, Cru classé. Spitzenjahrgänge sind cremig; eine vollere Micro-Cuvée ist Château d'Arche-Lafaurie. Bietet im Klostergebäude aus dem 17. Jahrhundert auch Übernachtungsmöglichkeit.

Armailhac, d' Pau r ★★★ **89 90' 94 95' 96' 98 99 00 01 02 03 04** 05' 06 07 08 09' 10 – Ehemals Ch. Mouton-Baronne-Philippe. Bedeutender 5. Cru im Besitz der Familie Rothschild. 51 ha liefern einen Pauillac der Spitzenklasse, finessenreicher als seine Schwester Clerc-Milon. Seit 2004 in Bestform mit guten Preisen.

Arrosée, L' St-Em r ★★★ **98' 00 01 02 03 04 05'** 06' 07 08 09' 10 – Weingut mit 9,7 ha in den Côtes, gegenüber der Genossenschaft von St-Emilion. Hat sich unter dem neuen Besitzer verbessert. Aromatische, strukturierte Weine, darunter viel Cabernet franc und Cabernet Sauvignon (40 %).

Ausone St-Em r ★★★★ **85 86' 88 89' 90 95 96' 97 98' 99 00' 01' 02 03'** 04 05' 06' 07 08 09' 10 – 7 ha in allerbester Lage in den Côtes, legendärer Premier cru (rund 1.500 Kisten); berühmte Keller, die unter dem Weinberg in den Felsen gehauen wurden. Seit 1996 in Topform, daher die astronomischen Preise. Langlebige Weine mit zusätzlichem Gewicht, Gehalt und Finesse. Das Zweitetikett Chapelle d'Ausone (500 Kisten) ist ebenfalls hervorragend. Bernard Arnault von LVMH hat ein Kaufangebot gemacht.

Balestard La Tonnelle St-Em r ★★ **96 98' 00' 01 03 04 05** 06 09 – Historisches Gut, 11 ha Cru classé auf dem Kalksteinplateau. Ein Partner von Michel Rolland berät. Seit 2003 voller und reifer.

Barde-Haut St-Em r ★★ **98 99 00 01 02 03 05'** 06 **07** 08 09 10 – Schwestergut von Clos L'Eglise und Haut-Bergey mit 17 ha. Reichhaltiger, opulenter, moderner Stil.

> Jahrgänge in Magerdruck sollten jetzt nur geöffnet werden, wenn ein Interesse daran besteht, ihre künftige Entwicklung zu beurteilen. Jahrgänge in Fettdruck gelten als genussreif. Es ist jedoch zu bedenken, dass vielen 89ern, 90ern, 95ern und 96ern noch mindestens ein Jahrzehnt der Entfaltung bevorsteht. Mit einem Apostroph gekennzeichnete Jahrgänge (»05'«) hält der jeweilige Erzeuger selbst für besonders gut gelungen. Farbig hervorgehobene Jahrgänge sind 2012 bevorzugt zu genießen.

Bastor-Lamontagne Saut w; s ★★ **96' 97' 98 99 01' 02 03' 05 07** 09' – Großes Gut (56 ha) in Preignac. Schwestergut von Ch. Beauregard. Sauberer, harmonischer Stil; preisgünstig. Zweitetikett: Les Remparts de Bastor. Fruchtiger Caprice (ab 2004) für frühen Trinkgenuss. Beachtenswert auch Ch. St-Robert in Pujols für roten und weißen Graves.

Batailley Pau r ★★★ **95 96 98 00' 02 03 04** 05' 06 08 09' – 5.-Cru-Gut mit 55 ha zwischen Pauillac und St-Julien. Fester, geschmacksintensiver und preiswerter Pauillac in zuverlässiger Form. Denis Dubourdieu berät.

Beaumont Méd r ★★ **98 00' 02 04 05' 06 07 08** 09 – Mit 114 ha eines der größten Güter im Médoc; große Mengen, schön zugängliche Weine. Gleiche Besitzer wie Ch. Beychevelle. Zweitetikett: Ch. Moulin d'Arvigny.

Beauregard Pom r ★★★ **95' 96' 98' 00' 01 02 03 04** 05' 06 08 09' 10 – Ein (für Pomerol) größeres Gut mit 17 ha Weinbergen und Château aus dem 17. Jahrhundert, nahe La Conseillante. Eher harmonischer als fülliger Stil. Zuverlässig. Zweitetikett: Benjamin de Beauregard.

Beau-Séjour-Bécot St-Em r ★★★ **89' 90' 95' 96 98' 99 00' 01 02 03 04** 05' 06 **07** 08 09' 10 – 18 ha auf dem Kalksteinplateau. 1986 herabgestuft, doch 1996 wieder zum Premier grand cru classé aufgewertet. Verführerische Weine mit mehr Finesse seit 2001. Ch. Grand-Pontet und La Gomerie gehören derselben Familie.

Beauséjour Duffau St-Em r ★★★ **95 96 98 99 00 01 02 03 04** 05' 06 08 09' 10 – Premier grand cru classé mit 7 ha am Westhang der Côtes in Besitz der Familie Duffau-Lagarosse. Seit 2009 sind Kellerei und Führung in den Händen neuer Kräfte: Nicolas Thienpont und Stéphane Derenoncourt stehen jetzt am Ruder.

Beau-Site St-Est r ★★ **96 98 00 03 04 05** 06 08 09 – 40-ha-Weingut im selben Besitz wie Château Batailley usw.; 70 % Cabernet Sauvignon. Durchschnittliche Weine, in den letzten Jahren mit mehr Fleisch.

Belair-Monange St-Em r ★★★ **89' 90'** 94 **95' 96 98 99 00' 01 02 03 04** 05' 06 08 09' 10 – Cru-classé-Nachbargut von Ausone. Seit 2008 im Besitz des Négociant J.-P. Moueix, der investierte und den Château-Namen mit dem Zusatz »Monange« versah. Feine, duftige, elegante Weine, seit 2008 konzentrierter. Zweitetikett: Ch. Haut Roc Blanquant.

Belgrave H-Méd r ★★ **96' 98' 00' 02' 03 04' 05'** 06 **07** 08 09' – 60 ha, 5. Cru. Gutes Management von CVBG-Dourthe (siehe La Garde, Reysson). Im Stil ein moderner Klassiker; passables Preis-Leistungs-Verhältnis. Zweitetikett: Diane de Belgrave.

Bellefont-Belcier St-Em r ★★ **00 01 02 03 04 05'** 06 **07** 08 09' – 14 ha, im Jahr 2006 zu Recht zum Grand cru classé aufgewertet. Nachbar von Larcis-Ducasse in den Côtes bei St-Laurent-des-Combes. Sanfte, frische, verfeinerte Weine; die letzten Jahrgänge sind sehr gut.

Bel-Orme-Tronquoy-de-Lalande H-Méd r ★★ **96 98' 00 02 03 04 05** 08 09 – 24-ha-Weingut nördlich von St-Estèphe. Tonige Kalksteinböden, daher von Merlot dominiert. Fester, muskulöser Stil. Gleicher Besitzer wie Croizet-Bages und Rauzan-Gassies.

Berliquet St-Em r ★★ **96 98' 99 00' 01 02 04 05'** 06 08 09 – Grand cru classé (9,3 ha), gute Lage in den Côtes. Seit 2008 ist Derenoncourt hier Berater, entsprechend hat sich der Ansatz geändert.

Bernadotte H-Méd r ★★ **99 00' 01 02** 03 **04 05' 06 07** 08 09 – 30-ha-Weingut, das seit 1997 vom Team von Pichon Lalande betrieben wird. Roederer ist seit 2006 Eigentümer. Strukturierte Weine, die letzten Jahrgänge haben mehr Finesse.

Bertineau St-Vincent Bx r ★★ **98 99 00' 01 04 05 06** 08 09 – Das 5,6-ha-Gut in Lalande-de-Pomerol gehört dem hochrangigen Önologen Michel Rolland. Alte Reben, einigermaßen verlässlich. Siehe auch Le Bon Pasteur.

Beychevelle St-Jul r ★★★ **96 98 99 00' 01 02 03 04** 05' 06 07 08 09' 10 – 90 ha, 4. Cru, mit auffälligem Schiffsmotiv auf dem Etikett. Im gemeinsamen Besitz einer Versicherungsgesellschaft und von Suntory (Lagrange). Die Weine sind eher elegant als kraftvoll. Seit Ende der 1990er in Topform. Zweitwein: Amiral de Beychevelle.

Biston-Brillette Moulis r ★★ **00 01 02 03 04 05' 06** 08 09 – Attraktiver, fruchtiger, preiswerter Moulis-Wein, Familienbesitz. 25 ha werden bewirtschaftet.

Bonalgue Pom r ★★ **96' 98' 99 00 01 04 05** 06 08 09 – Dunkler, reichhaltiger, fleischiger Pomerol. Man bekommt was für den Preis. Beratung durch Michel Rolland. Schwestergut: Clos du Clocher.

Bonnet Bx r w ★★ r **04 05 06 08** 09; w BV – Im Besitz des über 80-jährigen André Lurton. Großproduzent (270 ha); gehört mit zum Besten, was Entre-Deux-Mers und roter Bordeaux zu bieten haben. Seit 2000 rote Prestige-Cuvée Divinus. La Louvière, Couhins-Lurton und Rochemorin gehören ebenfalls dazu.

Bon Pasteur, Le Pom r ★★★ **95 96' 98' 99 00 01 02 03 04 05'** 06 08 09' 10 – Ein ausgezeichnetes kleines Weingut (7 ha) an der Grenze zu St-Emilion, im Besitz von Michel Rolland. Reife, opulente, verführerische Weine sind hier garantiert. Siehe auch Bertineau St-Vincent.

Boscq, Le St-Est r ★★ **98 00 01 03 04 05'** 06 08 09' – Qualitätsorientiertes 18-ha-Gut im Besitz von CVBG-Dourthe. Merlot dominiert (60 %), sehr preisgünstig.

Bourgneuf-Vayron Pom r ★★ **96' 98' 99 00 01' 03 04 05'** 06 08 09 10 – Ausladender, warmer, fest gefügter Pomerol von 9 ha sandigem Kiesboden.

Bouscaut Pes-L r w ★★ r **90 95 98 00 01 02 04** 05' 06 **07** 08 09; w **00 01 02 03 04 05' 06 07 08** 09 – Cru-classé-Gut mit 46 ha, das der Schwester von Henri Lurton (Besitzer von Château Brane-Cantenac) gehört. Rotweine auf Merlot-Basis, markige Weiße.

Boyd-Cantenac Mar r ★★★ **95 96' 98' 00 02 03 04 05'** 06 **07** 08 09' – Kaum bekannter 3. Cru mit 18 ha; seit 2000 wieder besser in Form. In den Wei-

Bordeaux

nen dominiert Cabernet Sauvignon, dazu kommt ein kleiner Teil pfeffriger Petit Verdot. Zweitetikett: Jacques Boyd. Siehe auch Pouget.

Branaire-Ducru St-Jul r ★★★ **90' 93' 94 95 96 98 99 00' 01 02 03 04** 05' 06 08 09' 10 – 4. Cru in St-Julien mit 51 ha, verstreut in der Appellation. »Frucht, Frische, Finesse« ist das Motto hier, dafür vergleichsweise weniger Kraft und Konzentration. Zweitetikett: Duluc.

Brane-Cantenac Mar r ★★★ **89' 95 96 98** 99 00' **01 02 03 04** 05' 06 **07** 08 09' 10 – 74 ha, 2. Cru. Dichter, duftender Margaux. Unter der Leitung von Henri Lurton seit 1995 verbessert. Zweitetikett: Baron de Brane.

Brillette Moulis r ★★ **98 99 00 02 03 04 05 06** 08 09 – Gut in Moulis, das Weine von schöner Tiefe und Frucht erzeugt. Michel Rolland berät. Zweitetikett: Berthault Brillette.

Cabanne, La Pom r ★★ **95 96 98' 00 04 05** 06' 08 09 – 10-ha-Gut westlich des Pomerol-Plateaus. Im Stil rustikal, seit 2006 feiner und fleischiger, könnte aber noch besser sein. Zweitwein: Dom. de Compostelle.

Cadet-Piola St-Em r ★★ **95 98 00 01 03 04 05** 06 08 09 – Kleiner Grand cru classé (7 ha), seit 2009 unter derselben Leitung wie Soutard und Lamande. Frische, feste, langlebige Weine.

Caillou Saut w; s ★★ **89' 90' 95 96 97 98 99 01' 02 03'** 05' 07 09' – Gut geführtes Weingut mit 13 ha Rebflächen in Barsac, 2. Cru; fester, fruchtiger Wein. Spitzenauslesen sind die Cuvée Reine (**99 01' 03'**) und die Cuvée Prestige.

Calon-Ségur St-Est r ★★★ **90' 94 95 96' 98 99 00' 01 02 03' 04** 05' 06 07 08 09' – 60 ha, 3. Cru mit großem historischem Renommee. Im Besitz der Matriarchin Madame Capbern-Gasqueton. Seit 2006 bereitet der ehemalige Qualitätskontolleur von Ch. Margaux die Weine, seitdem sind sie richtig gut. Zweitetikett: Marquis de Calon.

Cambon-la-Pelouse H-Méd r ★★ **98' 99 00 01 02** 03 **04 05' 06 07** 08 09 – Üppiger, geschmeidiger und leicht zugänglicher Wein von einem Gut im südlichen Haut-Médoc. Der L'Aura de Cambon ist eine Micro-Cuvée aus Margaux.

Camensac H-Méd r ★★ **95 96' 98 01 02 03 05 06** 08 09 – 5. Cru, 75 ha. Der neue Eigentümer (2005) hat Verbindungen zu Chasse-Spleen; seit 2006 gibt es Veränderungen zum Besseren. Zweitetikett: La Closerie de Camensac.

Canon St-Em r ★★★ **96 98' 99 00 01 02 03 04 05'** 06 07 08' 09' 10 – Berühmter, 22 ha großer, umfriedeter Premier grand cru auf dem Plateau westlich der Stadt St-Emilion. 1996 von den Eigentümern von Rauzan-Ségla (Chanel) aufgekauft. Die Investitionen und Neustrukturierung der Rebflächen (70 % wurden neu bepflanzt) machen sich bezahlt. Elegante, langlebige Weine, der 2009er ist bisher der beste von allen. Zweitetikett: Clos Canon.

Canon de Brem r ★★ **00 01 03 04 05'** – 2006 kam das Ende: Die Weine des im Jahr 2000 von Jean Halley (Carrefour-Supermärkte) gekauften Guts sind jetzt in Ch. de la Dauphine aufgegangen. In neuester Zeit wurde enorm investiert. Feste Weine, Ausdruck pur.

Canon-la-Gaffelière St-Em r ★★★ **95 96 98' 99 00' 01 02 03 04** 05' 06 08 09' 10 – Führender Grand cru classé (19 ha) am Fuß der Côtes, gleiche Besitzer wie Clos de L'Oratoire, La Mondotte und Aiguilhe in Castillon. Beeindruckende Weine mit Stil und Überzeugungskraft (40 % Cabernet franc und 5 % Cabernet Sauvignon).

Cantegril Graves, Saut; r w; s ★★ r **00 02 04 05 06 08** 09; w **02 03 04 05' 06 07** 09 – Geschmeidiger, gut verträglicher Rotwein und feiner, aromatischer Barsac-Sauternes aus der Doisy-Daëne- und Clos-Floridène-Connection. Günstig.

Cantemerle H-Méd r ★★★ **90 95 96' 98 00 01 02 03 04 05' 06' 07** 08 09' 10 – Großer 90-ha-Besitz im Süden des Médoc. Hat seine Einstufung als 5. Cru jetzt verdient. Die sandigen Kiesböden sorgen für einen feineren Stil. Zweitetikett: Les Allées de Cantemerle.

Cantenac-Brown Mar r ★★→★★★ **94 95 96 98 99 00 01 02 03 04** 05' 06 08 09' 10 – 42 ha, 3. Cru; gehörte seit dem Ende der 1980er-Jahre AXA Millésimes und wurde 2006 an einen privaten Investor verkauft. Früher robust im Stil, wird aber immer feiner (2009 sehr gut). Zweitetikett: Brio du Château Cantenac-Brown.

Capbern-Gasqueton St-Est r ★★ **98 00 02 03 04 05** 06 08 09' – 38-ha-Besitz mit solidem Angebot; gleicher Eigentümer wie Ch. Calon-Ségur. Hoch bewerteter 2009er.

Cap de Mourlin St-Em r ★★→★★★ **96 98' 99 00 01 03 04 05** 06 08 09 – Bekanntes Weingut, 15 ha, im Besitz der Familie Capdemourlin (Eigentümer von Ch. Balestard und Ch. Roudier, Montagne St-Emilion). Reifer und konzentrierter als früher.

Carbonnieux Pes-L r w ★★★ **95 96 98 99 00 02 04** 05' 06 **07** 08 09' 10 – Großes historisches Gut (90 ha) in Léognan für gediegene Rot- und Weißweine. Der charismatische Besitzer Antony Perrin verstarb 2008; seine Söhne Eric und Philibert leiten nun das Gut. Die Weißen (65 % Sauvignon blanc; **98** 99 00**01** 02 03 04 05 06 **07 08** 09 10) können bis zu 10 Jahre altern. Ch. Le Pape und Ch. Le Sartre gehören ebenfalls zum Familienbesitz. Zweitetikett: La Tour-Léognan.

Carles, de Bx r ★★→★★★ **99 00 01 02 03 04 05' 06' 07** 08 09 10 – Gut in Fronsac mit der Spitzenauslese Haut-Carles (★★★). Der Wein wird in dem eigens dafür gebauten Keller allein mithilfe der Schwerkraft bewegt. Investitionen und Ehrgeiz wie ein Spitzen-Cru. Seit 2006 großartig. Der saftige de Carles ist der Zweitwein.

Carmes-Haut-Brion, Les Pes-L r ★★★ **90' 94 95 96 98 99 00 01 02 03 04** 05' 06 **07** 08 09 10 – Kleiner (4,7 ha) Nachbar von Haut-Brion, Cru-classé-Standard. 55 % Merlot. Seit 2010 neue Eigentümer.

Caronne-Ste-Gemme H-Méd r ★★ **00 01 02 03 04 05 06** 08 09' – 40 ha im Médoc. Olivier Dauga berät. Seit den jüngsten Jahrgängen hochklassiger.

Carruades de Château Lafite Pau 10 – Der Zweitwein von Ch. Lafite ist relativ leicht zugänglich (40 % Merlot). Dank der chinesischen Nachfrage geht sein Preis weiterhin steil nach oben.

Carteau Côtes Daugay St-Em r ★★ **00 01 02 03 04 05** 08 09 – Verlässliches Grand-cru-Gut in St-Emilion mit 16 ha. Vollmundige, früh genussreife Weine.

Certan-de-May Pom r ★★★ **95 96 98 00' 01' 04** 05' 06 08 09' 10 – 5 ha auf dem Plateau von Pomerol gegenüber von Vieux-Château-Certan. Großzügiger Wein, dem es etwas an Finesse fehlt.

Certan Marzelle Pom – Kleines Weingut im Besitz von J.-P. Moueix mit duftigem, leichtem, fruchtbetontem Pomerol.

Chantegrive Graves r w ★★→★★★ **99' 00 01 02 03 04 05' 06 07** 08 09 10 – Mit 92 ha das größte Weingut in der Appellation; moderne Graves-Interpretationen von sehr guter Qualität. Volle Rotweine mit feiner Eichennote. Cuvée Caroline heißt die weiße Spitzenauslese (**00 01 02 03 04 05' 06 07 08** 09 10).

Chasse-Spleen Moulis r ★★★ **98 99 00 01 02 03 04** 05' 06 **07** 08 09' 10 – 104-ha-Gut auf Cru-classé-Niveau. Stets guter, oft ausgezeichneter (z. B.

Bordeaux

90' 00' 05'), lang reifender Wein. Zweitetikett: L'Heritage de Chasse-Spleen. Eines der verlässlichsten Dinge in Bordeaux. Erzeugt auch etwas Weißwein. Siehe auch Camensac und Gressier-Grand-Poujeaux.

Chauvin St-Em r ★★ **98' 99 00 01 03 04 05 06** 08 09 – Grand Cru Classé mit 15 ha im Nordwesten von St-Emilion. Zuverlässiger Erzeuger; mehr und mehr ernst zu nehmen. Seit 2008 neuer Kellermeister.

Cheval Blanc St-Em r ★★★★ **88 89 90' 93 94 95 96' 97 98' 99 00' 01' 02 03 04** 05' 06 07 08 09' 10 – 40 ha Premier grand cru classé (A) von St-Emilion. Hoher Anteil an Cabernet franc (60 %). Gehaltvolle, duftende, kraftstrotzende Weine, die etwas von der Üppigkeit des benachbarten Pomerol haben. Schmecken auch jung schon köstlich und leben doch eine Generation lang. Gleiche Besitzer und Führung wie Yquem und Quinault L'Enclos (St-Emilion). Eine Imperial-Flasche (6 Liter) von 1947 hat bei einer Auktion 2010 den Rekordpreis von 304.375 Dollar erzielt. Neue umweltfreundliche Kellerei für den Jahrgang 2011. Das Zweitetikett heißt Le Petit Cheval.

Chevalier, Domaine de Pes-L r w ★★★→★★★★ **89 90' 95 96' 98' 99' 00' 01' 02 03 04'** 05' 06 07 08 09' 10 – Herrliches Gut in Léognan, 47 ha. Seit 1998 beeindruckende Weine, der Rote hat an Finesse, Frucht und Textur gewonnen. Der vielschichtige, langlebige Weißwein besticht durch Beständigkeit und reift langsam zu vollem Geschmack (**89 90' 93 94 95 96' 97 98' 99 00 01 02 03 04 05' 06** 07' 08' 09 10). Zweitmarke: Esprit de Chevalier. Beachtenswert ist auch Domaine de la Solitude, Pessac-Léognan.

Cissac H-Méd r ★★ **95 96' 98 00 02 03 04** 05 08 09 – Medóc-Weingut mit 50 ha westlich von Pauillac. Feste, tanninstarke Weine, die ihre Zeit brauchen. Seit 2001 gewichtiger. Zweitetikett: Reflets du Château Cissac.

Citran H-Méd r ★★ **96 98 99 00 02 03 04 05' 06** 08 09 – 90-ha-Gut, seit 1996 im Besitz der Familie Villars-Merlaut (der Patriarch Jacques Merlaut starb 2008; siehe Chasse-Spleen, Gruaud-Larose). Seit 2001 reife, geschmeidige Tropfen, die früh zugänglich sind. Zweitetikett: Moulins de Citran.

Clarence de Haut-Brion, Le Pes-L r ★★★ **89' 90 93 94 95 96' 98 99 00 01 02 03 04** 05' 06 **07** 08 09 10 – Zweitetikett von Ch. Haut-Brion, bis 2007 als Bahans Haut-Brion bekannt. Der Verschnitt ändert sich mit jedem Jahrgang erheblich, im Stil folgt er aber immer einem *grand vin*.

Clarke Listrac r (rs) (w) ★★ **98' 99 00 01 02 03 04 05' 06** 08 09 – Großes (54 ha) Listrac-Gut, in dem enorme Investitionen durch (Edmond) Rothschild getätigt wurden. Gute Fortschritte nach 2000: dunkle Frucht und feine Tannine. Auch ein trockener Weißer: Le Merle Blanc du Château Clarke. Ch. Malmaison in Moulis gehört ebenfalls dazu.

Clerc-Milon Pau r ★★★ **89' 90' 94 95 96' 98' 99 00 01 02 03 04** 05' 06 **07** 08 09 10 – Früher ein fast vergessener 5. Cru im Besitz der Rothschilds (Mouton). Mehr Merlot, daher deutlich ausladendere und gewichtigere Weine als Ch. d'Armailhac.

Climens Saut w; s ★★★★ **85' 86' 88' 89 90' 95 96 97' 98 99' 00 01' 02 03' 04 05' 06 07** 09 – 30 ha Cru classé in Barsac; produziert mit den stilvollsten Wein der Welt: konzentriert, aber mit lebendiger Säure für die Balance, sehr gutes Reifepotenzial. Stellt auf biodynamischen Weinbau um. Zweitetikett: Les Cyprès. Im Besitz von Bérénice Lurton (Schwester Henris von Brane-Cantenac). Teurer als früher.

Clinet Pom r ★★★★ **95 96 98' 99 00 01 02 03 05'** 06 **07** 08 09' 10 – Hat sich in den 1980er-Jahren einen Ruf für intensive, üppige Weine erworben (der 89er und 90er sind legendär). Mit den Jahrgängen 2008 und 2009 wurde dieses Niveau wieder erreicht. Michel Rolland ist Berater. Als Zweitetikett wurde 1997 Fleur de Clinet eingeführt, inzwischen ist es aber die Marke eines Négociants.

Clos de L'Oratoire St-Em r ★★ **95 96 98 99 00' 01 03 04 05'** 06 **07** 08 09 10 – Seriöser Erzeuger auf den nordöstlichen Hängen von St-Emilion. Im gleichen Besitz wie Canon-la-Gaffelière und La Mondotte. Geschliffene Weine, vernünftiges Preis-Leistungs-Verhältnis. Wegen Hagel fiel die Ernte 2009 gering aus.

Clos des Jacobins St-Em r ★★→★★★ **95 96 98 00 01 02 03 04 05'** 06 **07** 08 09' – Cru-classé-Gut mit 8,5 ha, das seit 2000 an Statur gewonnen hat. Neuer Besitzer seit 2004 (der Familie gehören auch Ch. La Commanderie und Fleur Cardinale), neuer, cremiger Stil. Der Besitzer von L'Angélus berät.

Clos du Marquis St-Jul r ★★→★★★ **98 99 00 01 02 03 04** 05' 06 **07** 08 09' 10 – Gilt seit 2007 nicht mehr als das Zweitetikett von Léoville-Las Cases, sondern als eigenständiger Wein von einem eigenen Weinberg (was ja immer schon der Fall war). Qualitativ so gut wie viele Crus clasées.

Clos Floridène Graves r w ★★ r **00 01 02 03 04 05 06** 08 09'; w **00 01' 02 03 04' 05' 06 07 08** 09 – Eine sichere Sache von einem der berühmtesten Weißweinerzeuger in Bordeaux, Denis Dubourdieu. Sauvignon blanc/Sémillon von Kalksteinböden geben dem Wein gute Alterungsfähigkeit mit. Der Rotwein ist erheblich besser geworden. Siehe auch Cantegril, Doisy-Daëne und Reynon.

Clos Fourtet St-Em r ★★★ **89 90 94** 95 96 **98 99 00 01 02 03 04 05'** 06 07 08 09' 10 – Premier cru auf dem Kalksteinplateau mit Kellern fast in der Stadt. Seit 2001 neuer Eigentümer, der investiert hat und dem auch Ch. Poujeaux gehört. Jetzt in Topform. Stéphane Derenoncourt und der frühere Kellermeister von Ch. Pétrus (J.-C. Berrouet) beraten. Zweitetikett: Domaine de Martialis.

Clos Haut-Peyraguey Saut w; s ★★★ **88' 89 90' 95' 96 97' 98 99 00 01' 02 03' 04** 05' 06 07 09 – Familienbetrieb mit 12 ha; der »obere« Teil des ehemaligen Guts Peyraguey. Elegante, harmonische Weine. Haut-Bommes (5 ha) gehört auch dazu.

Clos L'Eglise Pom r ★★★ **96 98 99 00' 01 02 03 04** 05' 06 **07** 08 09' 10 – 6-ha-Gut in einer der besten Lagen von Pomerol. Seit 1998 reichhaltiger, runder, moderner Stil. Ch. Haut-Bergey und Barde-Haut gehören derselben Familie.

Clos Puy Arnaud Bx r ★★ **00 01' 02 03 04 05'** 06 08 09 10 – Das biodynamisch bewirtschaftete Weingut mit 11 ha ist eines der besten in Castillon. Charakteristische Weine mit Tiefgang. Der Besitzer hatte früher Verbindungen zu Pavie.

Clos René Pom r ★★ **95 96 98' 00' 01 04 05'** 06 08 09 – Weine von Merlot dominieren, mit ein wenig würzigem Malbec von sandigen Kiesböden. Nicht so sinnlich wie ein Spitzen-Pomerol, aber günstig im Preis. Auch unter dem Etikett Ch. Moulinet-Lasserre bekannt.

Clotte, La St-Em r ★★ **96 98' 99 00' 01 02 03 04 05** 06 08 09' – Kleines (4 ha) Grand-cru-classé-Gut in den Côtes mit feinem, duftigem, geschmeidigem Wein. Günstig (aber nicht weitersagen!).

Colombier-Monpelou Pau r ★★ **98 99 00' 02 03 04 05** 06 09 – Gut in Pauillac mit 24 ha neben Pontet-Canet. Ruft sein Potenzial nicht ab; leichter, einfacher Stil.

Conseillante, La Pom r ★★★★ **88 89 90' 94 95' 96' 98' 99 00' 01 02 03 04** 05' 06' 07 08 09' 10 – 12 ha großer historischer Besitz auf dem Plateau zwischen Pétrus und Cheval Blanc. Eines der nobelsten und duftigsten

Bordeaux

Pomerol-Gewächse, im Stil fast wie ein Médoc; wird sehr alt. Zweitwein (seit 2007): Duo de Conseillante.

Corbin St-Em r ★★ **98 99 00' 01 02 04 05** 08 09 – Stark verbessertes Grand-cru-classé-Gut mit 12 ha auf sandigen und tonigen Böden. Das neue Millennium hat Verbesserungen gebracht. Runde, geschmeidige Weine mit weicher, roter Frucht.

Corbin Michotte St-Em r ★★ **98' 99 00 01 02 04 05** 06 08 09 – Das Cru-classé-Gut nahe Pomerol ist kompetent, aber nicht unbedingt aufregend. Fruchtige Weine mit mittlerem Körper für baldigen Genuss. Im gleichen Besitz wie Ch. Calon und Ch. Cantelauze.

Cordeillan-Bages Pau r ★★→★★★ Knapp 1.000 Kisten schmackhafter Pauillac, den man außerhalb des Bordelais kaum findet. Erzeugt vom Team von Lynch-Bages. Besser bekannt ist das gleichnamige Luxus-Hotelrestaurant.

Côtes de Bordeaux – jetzt ist es offiziell

Seit 2009 ist die Angabe der neuen AC Côtes de Bordeaux (14.000 ha) anstatt der bisherigen Appellationen Côtes de Castillon, Côtes de Francs, Premières Côtes de Blaye und Premières Côtes de Bordeaux verpflichtend. Weine dieser Gebiete dürfen miteinander verschnitten werden. Erzeuger, die Wert darauf legen, die Identität ihres Terroirs zu zeigen, können unter strengeren Auflagen vor der Angabe Côtes de Bordeaux den Zusatz Blaye, Castillon, Francs und Cadillac (für die Premières Côtes de Bordeaux) verwenden. Die Côtes de Bourg sind nicht Teil der neuen Appellation.

Cos d'Estournel St-Est r ★★★★ **88' 89' 90' 94 95 96' 98' 00 01 02 03 04** 05' 06 07 08 09' – Angesagter 2. Cru mit 89 ha und einem exzentrischen pagodenähnlichen *chai* (Fasslager). Sehr feiner St-Estèphe; seit 2007 mehr Cabernet Sauvignon im Verschnitt. Neue (2008), hochmoderne (und sündteure) Kellerei; seit 2005 auch teurer Weißwein. Zweitetikett: Les Pagodes de Cos (für manche Märkte auch Ch. Marbuzet). Im selben Besitz wie das supermoderne Médoc-Gut Goulée.

Cos Labory St-Est r ★★ **90' 94 95 96' 98' 99 00** 02 **03 04** 05' 06 07 08 09 10 – 5. Cru, unbeständiger Nachbar von Cos d'Estournel; 18 ha. Die jüngsten Jahrgänge besitzen mehr Tiefe und Struktur. Gutes Preis-Leistungs-Verhältnis. Andron Blanquet ist das Schwestergut.

Coufran H-Méd r ★★ **98 99 00 01 02 03 04 05 06** 08 09 – Die Güter Ch. Coufran (76 ha) und Ch. Verdignan im hohen Norden des Haut-Médoc sind in derselben Hand. Coufran hat hauptsächlich geschmeidige Merlot-Weine. Ein weiteres kleines Schwestergut ist Soudars.

Couhins-Lurton Pes-L r w ★★→★★★ r **02 03 04 05 06** 09; w **98' 99 00 01 02 03 04 05 06 07** 08 09 – Feine, mineralische, langlebige weiße Cru-classé-Weine von Sauvignon blanc. Seit 2002 ist ein geschmeidiger Roter auf Merlot-Basis (17 ha) im Angebot. La Louvière und Bonnet gehören derselben Familie.

Couspaude, La St-Em r ★★★ **95 96 98 99 00' 01 02 03 04 05** 06 08 09' – Cru classé in guter Lage auf dem Plateau von St-Emilion. Moderner Stil, reichhaltig und cremig mit viel Eichenholzwürze. Michel Rolland berät.

Coutet Saut w; s ★★★ **88' 89' 90' 95 96 97' 98' 99 01' 02 03' 04 05 07** 09' – Traditioneller Rivale von Château Climens, im Stil aber pikanter. 38 ha in

Barsac. Zuverlässig sehr feine Weine. In bestimmten Jahrgängen (**89 90 95**) ist Cuvée Madame eine sehr volle Auslese.

Couvent des Jacobins St-Em r ★★ **95 96 98' 99 00' 01 03 04 05 06** 08 09' – Grand cru classé (10,7 ha) in St-Emilion mit herrlichen Kellern in der Stadt. Leichter, einfacher Stil; Denis Dubourdieu berät. Zweitetikett: Le Menut des Jacobins.

Crock, Le St-Est r ★★ **96 98 99 00' 01** 02 **03 04 05** 06 **07** 08 09' – Hervorragender Besitz mit 32 ha; gehört derselben Familie (Cuvelier) wie Ch. Léoville-Poyferré. Solider, vollfruchtiger St-Estèphe.

Croix, La Pom r ★★ **95 96 98 99 00 01 04 05** 06 **07** 08 09 – Angesehenes 10-ha-Gut im Besitz des Négociant Janoueix. Ansprechender, pflaumenduftiger Pomerol. Hat auch La Croix-St Georges sowie andere Güter in Pomerol und St-Emilion.

Croix de Gay, La Pom r ★★★ **90 94' 95 96 98 99 00' 00' 01' 02 04 05** 06 09' – 10 ha im besten Teil der Gemarkung. Abgerundeter, eleganter Stil. Die Spitzenauslese La Fleur de Gay stammt aus den besten Parzellen. Die Familie besitzt auch Ch. Faizeau (Montagne St-Emilion).

Croix du Casse, La Pom r ★★ **98 99 00' 01' 04 05 06** 08 09 – 9-ha-Gut auf sandigen Kiesböden im Süden von Pomerol. Seit 2005 im Besitz von Borie-Manoux, ab 2008 Investitionen und Verbesserungen. Weine mittleren Körpers; jetzt besseres Preis-Leistungs-Verhältnis.

Croizet-Bages Pau r ★★→★★★ **95 96' 98 00' 03 04** 05 06 **07** 08 09 – 30 ha, 5. Cru; derselbe Besitzer wie Rauzan-Gassies. Die neue Führung im Keller sorgt für reichhaltigere, seriösere Weine, insbesondere seit 2006.

Croque-Michotte St-Em r ★★ **96 98 00 01 03 04 05** 08 09 – 14-ha-Gut auf den sandigen Kiesböden am Rand von Pomerol. Standard St-Emilion.

Cru Bourgeois Siehe Kasten »Cru Bourgeois«, S. 122.

Cruzeau, de Pes-L r w; s ★★ r **98 00 01 02 04 05 06** 08 09; w **01 02 03 04 05 06 07 08** 09 – 97 ha großer Besitz (zwei Drittel Rotwein) in Pessac-Léognan, der von André Lurton vom Ch. La Louvière erschlossen wurde. Gutes Preis-Leistungs-Verhältnis. Auch ein Weißwein auf Sauvignon-blanc-Basis.

Dalem Bx r ★★ **96' 98' 99 00 01 02 03 04 05' 06** 08 09' – Der neuerdings leicht feminine Touch des einst vollblütigen Fronsac hat ihm mehr Lebhaftigkeit und Charme verliehen. 15 ha Rebfläche, davon 85 % mit Merlot bestockt.

Dassault St-Em r ★★ **96 98' 99 00 01 02 03 04** 05' 06 08 09 – Grand cru classé (24 ha). Solider, moderner Wein mit Eichenholznote von beständiger Qualität. Im Besitz der berühmten Familie Dassault (Flugzeugbauer), denen auch La Fleur in St-Emilion sowie Unternehmen in Chile und Argentinien gehören.

Dauphine, de la Bx r ★★→★★★ **98' 99 00 01 03 04 05 06'** 08 09 10 – Seit das Gut in Fronsac im Jahr 2000 von einem neuen Eigentümer übernommen wurde, hat sich hier alles geändert. 2002 wurden Gebäude und Weinberge von Grund auf renoviert und neue, moderne Kellereianlagen gebaut. 2006 ist das im selben Besitz befindliche Ch. Canon de Brem in die Produktion integriert worden, seitdem mehr Raffinesse und Struktur. Zweitwein: Delphis (seit 2006).

Dauzac Mar r ★★→★★★ **89' 90' 94 95** 96 **98'** 99 **00' 01** 02 **04** 05 06 08' 09 10 – 5.-Cru-Gut (49 ha) südlich von Margaux; inzwischen dichte, volle, dunkle Weine. Gehört einer Versicherungsgesellschaft und wird von André Lurtons Tochter Christine (La Louvière) gemanagt. Zweitetikett: La Bastide Dauzac.

Bordeaux

Derenoncourt, Stéphane Führender Kellermeister und önologischer Berater; ein Autodidakt. Terroir, Balance und Eleganz stehen bei ihm im Mittelpunkt. Hat in Castillon mit der Domaine de l'A eine eigenes Gut.

Desmirail Mar r ★★→★★★ **00' 01 02 03 04 05** 06 **07** 08 09 – 3. Cru mit 30 ha im Besitz von Denis Lurton, dessen Bruder Henri Eigentümer von Brane-Cantenac ist. Feiner, delikater Stil.

Destieux St-Em r ★★ **98 99 00' 01 03' 04 05'** 06 07 08 09' – 2006 zum Grand cru classé erhoben. 8-ha-Gut in St-Hippolyte östlich von St-Emilion. Berater ist Michel Rolland. Mächtiger, kraftvoller Stil; zuverlässig.

Cru bourgeois – nicht alle sind glücklich

Die neue Bezeichnung Cru bourgeois – jetzt ein Zertifikat, das ein unabgängiges Gremium, das Bureau Véritas, jedes Jahr neu vergibt – wurde 2010 für den 2008er Jahrgang offiziell eingeführt. Von den 290 Antragstellern aus dem Médoc bekamen 243 Châteaux das Gütesiegel für diesen Jahrgang bescheinigt. Mit 177 Châteaux kam der Großteil aus den Appellationen Haut-Médoc und Médoc. Die nicht berücksichtigten Güter können sich uneingeschränkt in den folgenden Jahren erneut bewerben. Da die Qualitätsstandards nicht einheitlich sind, ist offenkundig, dass eine Hierarchie eingeführt werden muss. Eine Reihe bekannter Namen hat sich zudem unbeeindruckt gezeigt und sich nicht am Auswahlverfahren beteiligt. Dazu zählen die neun Châteaux, die in der annullierten Klassifikation von 2003 als Cru bourgeois exceptionnel eingestuft worden waren.

Doisy-Daëne Bar (r) w; tr s ★★★ **88' 89' 90' 95 96 97' 98' 99 01' 02 03 04 05' 06 07** 09 10 – Familienbesitz (Dubourdieu) mit 17 ha, der lagerfähigen trockenen Weißwein und Ch. Cantegril erzeugt, v. a. aber einen bemerkenswert feinen süßen Barsac. L'Extravagant (**90 96 97 01 02 03 04 05 06 07** 09) ist eine enorm reichhaltige und teure Cuvée.

Doisy-Dubroca Bar w; s ★★ **90' 95 96 97' 99 01 03' 04 05 07** 09 – Kleiner (3,4 ha), Cru classé in Barsac, gehört zu Ch. Climens.

Doisy-Védrines Saut w; s ★★★ **89' 90 95 96 97' 98 99 01' 03' 04** 05 07 09 10 – 27 ha Cru classé in Barsac im Besitz der Familie Casteja (der auch der Négociant-Betrieb Joanne gehört). Köstliche, robuste, volle Weine, die gut altern. Eine sichere Sache für viele Jahre.

Dome, Le St-Em ★★★ **04 05** 06 08 09 10 – Kleinsterzeuger, dessen Wein bisher extrem eichenholzwürzig war; seit 2004 mehr auf Eleganz und Terroir bedacht. Zwei Drittel alte Cabernet-franc-Reben. Besitzer ist Jonathan Maltus, der auch andere Güter in St-Emilion (z. B. Ch. Teyssier, Le Carré, Les Astéries) sowie je einen Betrieb in Australien (Colonial Estate) und im kalifornischen Napa Valley (World's End) besitzt.

Dominique, La St-Em r ★★★ **89' 90' 94 95 96 98 99 00' 01 04 05'** 06 08 09' 10 – 23 ha Cru classé angrenzend an Cheval Blanc. Bot bis 1996 solide Qualität zu fairen Preisen und geriet dann aus der Spur. Seit 2006 wieder in Form; Renovierung der Keller 2011. Im Auge behalten. Zweitetikett: St-Paul de Dominique.

Ducluzeau Listrac r ★★ **95 96 00 01 03 04 05 06** 08 09 – Kleines Schwestergut von Ducru-Beaucaillou. Baut auf 10 ha je zur Hälfte Merlot und Cabernet Sauvignon an. Runde, schön ausgewogene Weine.

Ducru-Beaucaillou St-Jul r ★★★★ **85' 94 95' 96' 98 99 00' 01 02 03 04** 05' 06 07 08 09' 10 – Hervorragendes 2.-Cru-Château in exzellenter Verfassung, wenn man von einem Aussetzer in den späten 1980er-Jahren absieht. 75 ha oberhalb des Flusses. Zusätzliche Impulse seit 2003 durch den Besitzer Bruno Borie. Klassischer, zedernholzduftiger, langlebiger Bordeaux. Siehe auch Lalande-Borie. Zweitwein: Croix de Beaucaillou.

Duhart-Milon-Rothschild Pau r ★★★ **95 96' 98 00' 01 02 03 04' 05'** 06 07 08 09' 10 – 4. Cru, aus demselben Stall wie Lafite. Seit 2002 höhere Präzision, zunehmend feine Qualität. Die Preise steigen mit dem chinesischen Durst nach der Marke Rothschild (Lafite). Zweitetikett: Moulin de Duhart.

Durfort-Vivens Mar r ★★★ **89' 90 94 95 96 98 99 00 02 03 04 05'** 06 08 09' 10 – 2. Cru; Besitzer ist Gonzague Lurton (Präsident der Winzervereinigung Margaux), der die Qualität steigert. Die neueren Weine zeigen Struktur (hoher Cabernet-Sauvignon-Anteil) und Finesse.

Echo de Lynch-Bages Pau r ★★ **00 01 02 03 04 05** 08 09 – Der Zweitwein von Lynch-Bages war bis 2008 als Haut-Bages Averous bekannt. Lecker zu trinken und ziemlich zuverlässig.

Eglise, Domaine de l' Pom r ★★ **90 95 96 98 99 00 01 02 03 04** 05' 06 07 08 09 10 – Kleines Gut auf dem Kies-Ton-Plateau; stil- und ausdrucksvoller Wein. Denis Dubourdieu berät. Gehört zum selben Stall wie Trottevieille und Croix de Casse.

Eglise-Clinet, L' Pom r ★★★→★★★★ **89 90' 93' 94 95 96 98' 99 00' 01' 02 03 04** 05' 06 **07** 08 09' 10 – 6-ha-Gut mit ganz ausgezeichnetem und enorm beständigem Pomerol: voll, konzentriert und üppig. Hohe Preise, begrenzte Mengen. Zweitetikett: La Petite Eglise.

Evangile, L' Pom r ★★★★ **88' 89' 90 95 96 98' 99 00' 01 02 03 04'** 05' 06 07 08 09' 10 – 13 ha zwischen Pétrus und Cheval Blanc. Tiefgründiger, eleganter Stil in klassischer Pomerol-Manier. Die vom Eigentümer (Lafite) Rothschild getätigten Investitionen haben die Qualität enorm gesteigert. Neue Kellerei 2004. Zweitwein: Blason de l'Evangile.

Fargues, de Saut w; s ★★★ **85' 86 88 89 90 95 96 97 98 99' 01 02 03' 04 05' 06 07** 09' 10 – 15-ha-Gut mit Schlossruine im Besitz des ehemaligen Eigentümers von Ch. d'Yquem, Lur-Saluces, der dieselben Techniken verwendet. Reichhaltige, ölige Weine, die trotzdem ausgewogen sind. Großes Alterungspotenzial.

Faugères St-Em r ★★ **98 99 00' 02 03 04 05 06 07** 08 09' 10 – 49-ha-Gut; dunkle, fleischige, moderne St-Emilion-Abfüllungen. Der »Garagenwein« ist die Cuvée Péby (100 % Merlot). 2009 wurde die tolle neue, von Mario Botta gestaltete Kellerei eingeweiht. Gehört zu Cap de Faugères (Castillon) und Chambrun (Lalande de Pomerol).

Faurie de Souchard St-Em r ★★ **95 96 98' 00 03 04** 05 06 07 08 09 – Das Gut in den Côtes hat früher nicht seine Bestleistung gezeigt und ist 2006 der Herabstufung entgangen. Jetzt aber ist eine neue Generation am Ruder, die investiert und sich größere Mühe gibt. Stéphane Derenoncourt berät. Im Auge behalten.

Ferrand, de St-Em r ★★ **98 00 01 03 04 05 06** 08 09 10 – Großes Gut (30 ha) in St-Hippolyte im Besitz der Familien von Baron Bich (Bic-Schreibgeräte). Die jüngsten Investitionen brachten Verbesserung, die Weine werden nach fünf Jahren freigegeben.

Ferrande Graves r (w) ★★ **00 01 02 04 05 06** 08 09 – Bedeutendes Gut in Castres im Besitz des Négociant Castel; über 40 ha. Angenehmer, gefälliger Roter und ordentlicher, zwischen 1 und 4 Jahren genussreifer Weißer.

Ferrière Mar r ★★→★★★ **96' 98 99 00' 02 03 04** 05 06 08 09 10 – Château in einem Dorf in Margaux. 3. Cru (8 ha) in derselben fähigen Hand wie La Gurgue und Haut-Bages-Libéral. Dunkle, feste Weine mit großer Duftfülle, die Zeit brauchen. Im Auge behalten.

Feytit-Clinet Pom r ★★ **95 96 98 99 00 01 03 04** 05' 06 07 08 09' 10 – Kleines Gut (6,5 ha), das ehemals von J.-P. Moueix geleitet wurde; seit 2000 hat die Besitzerfamilie Chasseuil wieder selbst das Ruder übernommen. Seitdem gibt es Verbesserungen: reichhaltiger, voller Pomerol mit Alterungspotenzial.

Fieuzal Pes-L r (w) ★★★ r **98' 00 01** 06 07 08 09' 10; w **98' 99 01 02 03 05 06 07 08** 09 10 – Cru classé in Léognan. Bei den Roten nicht mehr so in Form wie zu den besten Zeiten Mitte der 1980er-Jahre, doch seit 2006 geht es wieder aufwärts. Die Weißweine bleiben beständig. Seit 2001 in irischem Besitz. Der Eigentümer von Ch. L'Angélus berät jetzt bei den Rotweinen. Im Auge behalten.

Figeac St-Em r ★★★★ **95' 96 98' 99 00' 01 02 03 04 05'** 06 07 08 09' 10 – Premier cru; 40 ha Weinberge auf Kiesböden mit einem ungewöhnlich hohen Anteil von 70 % Cabernet franc und Cabernet Sauvignon. Reichhaltige, aber elegante, bestechend langlebige Weine. Der legendäre Besitzer Thierry Manoncourt, der 63 Jahrgänge erlebt hat, ist 2010 gestorben, sein Schwiegersohn Eric d'Aramon setzt sein Werk fort. Zweitetikett: Grange Neuve de Figeac.

Filhot Saut w; tr s ★★ **90 95 96' 97' 98 99 01' 02 03' 04** 05 07 09 10 – 2.-Cru-classé-Gut mit schönem Château und 60 ha Weinbergen. Weine in der Jugend recht schwierig, gewinnen mit dem Alter aber an Komplexität. Mittelsüß mit mineralischem Abgang.

Fleur Cardinale St-Em r ★★ **98 99 00 01 02 03 04 05'** 06 **07** 08 09 10 – Weingut (18 ha) östlich von St-Emilion. Seit den 1980er-Jahren gut, mit dem neuen Besitzer und dem neuen *chai* (Fasslager) seit 2001 nun wirklich auf der Überholspur. 2006 zum Grand cru classé aufgewertet. Reifer, üppiger, moderner Stil.

Fleur de Gay, La Pom r ★★★ Super-Cuvée (1.000 Kisten) von Ch. La Croix de Gay. 100 % Merlot.

Fleur-Pétrus, La Pom r ★★★★ **90'** 94 **95** 96 **98' 99 00' 01 02 03 04** 05' 06 08 09' 10 – 13 ha Weinberge, neben Pétrus gelegen und vom selben Management (J.-P. Moueix) geführt. Seit 2009 lasergesteuerter optischer Sortiertisch. Feiner im Stil als Pétrus oder Trotanoy. Braucht Zeit.

Fombrauge St-Em r ★★→★★★ **96 98 99 00' 01** 02 **03 04 05** 06 08 09 – Wein von Bernard Magrez (siehe Pape Clément), was jede Menge Extraktion bedeutet. Großes Gut mit 52 ha östlich von St-Emilion. Seit 1999 werden gehaltvolle, dunkle, schokoladige Weine mit viel Körper bereitet. Der »Garagenwein« heißt Magrez-Fombrauge.

Fonbadet Pau r ★★ **95 96' 98' 00' 01 02 03 04 05'** 06 08 09 – Familienbetrieb mit 20 ha. Verlässlich und günstig; typischer Wein im Pauillac-Stil; gutes Alterungspotenzial.

Fonplégade St-Em r ★★ **96 98 00' 01 03 04 05** 06' **07** 08 09 – 19 ha Grand cru classé. Hat sich unter dem neuen amerikanischen Besitzer (seit 2004) eindeutig verbessert: reifer und eleganter als in der Vergangenheit. Seit 2007 gehört ihm auch L'Enclos in Pomerol. Michel Rolland berät.

Fonréaud Listrac r ★★ **98 00' 02** 03 **04 05 06** 08 09' – Eines der größeren (39 ha) und besseren Listrac-Güter mit schmackhaften, mundfüllenden Weinen. Seit 1998 fortlaufend Investitionen. Trockener Weißwein von 2 ha: fassvergorener Le Cygne. Siehe auch Ch. Lestage. Preiswert.

Fonroque St-Em r ★★★ **96 98 01 03 04 05** 06 08 09' – 19 ha auf dem Plateau nördlich von St-Emilion. Wird von Alain Moueix (siehe Mazeyres) geleitet, der 2008 biodynamischen Anbau eingeführt hat. Fest und ein wenig verschlossen; in jüngeren Jahrgängen mehr Eleganz. Schwestergut: Moulin du Cadet.

Fontenil Bx r ★★ **98' 99' 00' 01' 02 03 04 05** 06 08 09' – Führendes Gut in Fronsac, das 1986 von Michel Rolland gegründet wurde. Reife, opulente, aber ausgewogene Weine. Der »Garagenwein« heißt Défi de Fontenil.

Forts de Latour, Les Pau r ★★★→★★★★ **88 89' 90' 94 95' 96' 98 99 00' 01 02 03 04'** 05' 06 07 08 09' 10 – Der (würdige) zweite Wein von Ch. Latour; authentischer Geschmack in (etwas) leichterem Format zum 2.-Cru-Preis; von erweiterten Rebflächen außerhalb des zentralen Bereichs.

Fourcas Dupré Listrac r ★★ **95 96' 98' 99 00' 01 02 03 04 05 06** 08 09 – Gut geführtes Château mit ziemlich beständigem Wein im festen Listrac-Stil. 46 ha. Zweitetikett: Ch. Bellevue-Laffont. Generalrenovierung 2000.

Fourcas Hosten Listrac r ★★→★★★ **98' 00 01 02 03 05 06** 08 09 – Das 48-ha-Gut hat seit 2006 neue Besitzer (mit Verbindungen zur Modefirma Hermès), seitdem führten beträchtliche Investitionen und Verbesserungen zu mehr Präzision und Finesse. Im Auge behalten.

France, de Pes-L r w ★★ r **98 99 00 02 03 04 05** 06 08 09; w **96 98 99 01' 02 03 04 05 06 07 08** 09 – Gut in Pessac-Léognan, Nachbar von Ch. de Fieuzal. Produziert verlässliche Weine in einem reifen, modernen Stil. Beratung durch Michel Rolland.

Franc Mayne St-Em r ★★ **95 96 98' 99 00' 01 03 04 05** 06 08 09 – 7,2 ha Grand cru classé in den Côtes. Seit 2004 neue Eigentümer (Schwestergüter sind Ch. de Lussac und Vieux Maillet in Pomerol). Investitionen und Renovierungen; ein Luxushotel gehört auch dazu. Weine in einem frischen, fruchtigen, strukturierten Stil, rund, aber fest.

Gaby, du Bx r ★★ **00' 01' 03 04 05** 06 **07** 08 09 10 – Herrliche Südlagen in Fronsac. Neue Eigentümer 1999 und erneut 2006 (Kanadier). Ernst zu nehmende Weine.

Gaffelière, La St-Em r ★★★ **89' 90' 94 95 96 98' 99 00' 01 03 04 05'** 06 07 08 09' 10 – 22 ha Premier cru am Fuß der Côtes. Eleganter, langlebiger Wein. Seit 2000 mehr Präzision und Reinheit. Stéphane Derenoncourt berät seit 2004.

Galius St-Em r ★★ Eichenholzgereifte Auslese der Genossenschaft St-Emilion mit hohem Qualitätsstandard. Früher Haut Quercus.

Garde, La Pes-L r w ★★ r **98' 99 00 01' 02 04 05** 06 07 08 09'; w **01 02 04 05 06 07 08** 09 – Beachtliches Gut im Besitz der Négociant-Firma CVBG-Dourthe. 58 ha für zuverlässigen, geschmeidigen Rotwein. Kleine Produktion von Weißen auf Basis von Sauvignon blanc und Sauvignon gris.

Gay, Le Pom r ★★★ **95 96 98 99 00 01 03 04 05'** 06 07 08 09 10 – Schönes 10,5-ha-Gut am nördlichen Rand von Pomerol. Beträchtliche Investitionen; Michel Rolland berät. Im Stil jetzt sehr reif und saftig. Verbesserungen seit 2003. Ch. Montviel gehört zum selben Stall und zur selben AC. Der Besitzer stammt aus dem Hause Cristal d'Arques (Glaswaren).

Gazin Pom r ★★★ **90' 94' 95 96 98' 99 00' 01 02 03 04** 05' 06 07 08 09' 10 – Großes Gut (für Pomerol-Verhältnisse) mit 24 ha im Besitz einer Familie großen Namens: de Bailliencourt dit Courcol. Nachbar von Pétrus. Sehr fit im Vertrieb und derzeit gut in Form. Zweitetikett: L'Hospitalet de Gazin.

Gilette Saut w; s ★★★ **53 55 59 61 67 70 71 75 76 78 79 81 82 83 85 86 88 89** – Ungewöhnliches kleines Gut in Preignac, das seine üppigen Weine zwischen 16 und 20 Jahren in Betontanks lagert. Jeweils nur 5.000 Flaschen. Etwas Flaschenreife ist dann immer noch empfohlen. Ch. Les Justices ist das Schwester-Château (**96 97 99** 01 **02 03'** 05 07 09).

Giscours Mar r ★★★ **89' 90 95 96' 98 99 00' 01 02 03 04** 05' 06 **07** 08' 09' 10 – Herrlich gelegener 3. Cru südlich von Cantenac mit 85 ha. Produzierte in den 1970er-Jahren hervorragenden, kraftvollen Wein; die 1980er Jahrgänge dagegen sind sehr unbeständig. Besitzer ist seit

Bordeaux

1995 ein Niederländer; seit 1999 wiederbelebt. Verkauft auch direkt ab Gut. Zweitetikett: La Sirène de Giscours. Ch. La Houringue ist ein kleines Schwestergut in der AC Haut-Médoc. Du Tertre kommt aus dem gleichen Stall.

Glana, du St-Jul r ★★ **98 99 00 02 03 04 05** 06 08 09 – Großes Gut mit 44 ha in St-Julien. Die Rebflächen wurden durch Zukäufe von Parzellen des Cru-classé-Guts Ch. Lagrange erweitert. Anspruchslos, bescheiden, preiswert. Im selben Besitz wie Bellegrave (Pauillac). Zweitetikett: Pavillon du Glana.

Gloria St-Jul r ★★→★★★ **96 98 99 00' 01 02 03 04 05'** 06 **07** 08 09' 10 – Das 45-ha-Gut in St-Julien mit Weinbergen zwischen Cru-classé-Rebflächen gehört demselben Besitzer wie St-Pierre. Ist regelmäßig besser, als sein Preis vermuten lässt. Zweitetikett: Peymartin.

Gomerie, La St-Em 09 10 – Garagiste mit 1.000 Kisten, 100 % Merlot. Siehe Beau-Séjour-Bécot.

Grand Corbin-Despagne St-Em r ★★→★★★ **90' 94 95 96 98 99 00' 01 03 04 05** 06 08 09 10 – Verlor 1996 den Status eines Grand cru classé, errang ihn 2006 aber wieder. Dazwischen lagen Investitionen und umfangreiche Veredelungsmaßnahmen. Die aromatischen Weine haben nun eine reifere und vollere Note. Immer noch ziemlich günstig. Zum Besitz gehört auch Ch. Maison Blanche (Montagne St-Emilion) und Ch. Ampélia (Castillon). Zweitmarke: Petit Corbin-Despagne.

Grand cru classé Siehe Kasten »Die St-Emilion-Klassifikation«, S. 140.

Grand Mayne St-Em r ★★★ **89' 90' 94 95 96 98 99 00' 01' 02 03 04 05'** 06 07 08 09 – Führender Grand cru classé (16 ha) in den westlichen Côtes. Beständige, feste, volle, schmackhafte Weine. Die neue Generation der Familie Nony hat nun übernommen.

Grand-Pontet St-Em r ★★★ **96 98' 99 00' 01 02 03 04 05** 06 08 09 – Grand cru classé mit 14 ha. Üppige, fruchtige Weine. Dieselbe Familie und dasselbe Kellereiteam wie Beau-Séjour-Bécot.

Grand-Puy Ducasse Pau r ★★★ **95 96' 98' 99 00 01 02 03 04 05'** 06 07 08 09' 10 – 5. Cru im Besitz einer Bank mit sehr unterschiedlicher Qualität; seit 2005 beständiger. Neuer Kellermeister 2010. Denis Dubourdieu berät. Zweitetikett: Ch. Artigues-Arnaud.

Grand-Puy-Lacoste Pau r ★★★ **86' 88' 89' 90' 94 95' 96' 98 99 00' 01 02 03 04** 05' 06 07 08' 09' 10 – 5. Cru mit 50 ha, berühmt für von Cabernet Sauvignon dominierten Pauillac zum Einkellern. Gleicher Besitzer wie Ch. Haut-Batailley. Kürzlich Investitionen. Zweitetikett: Lacoste-Borie.

Grave à Pomerol, La Pom r ★★★ **95 96 98' 00 01 02 04 05** 06 08 09' 10 – Kleines 9-ha-Gut gegenüber von Lalande de Pomerol im Besitz von Christian Moueix. Feiner Pomerol von mittlerer Fülle. Hieß früher La Grave Trigant de Boisset.

Gressier-Grand-Poujeaux Moulis r ★★ **90 94 95 96 98 00 01 04 05** 09 – Wenig auffälliges Gut mit durchschnittlich 5.000 Kisten. Seit 2003 im selben Besitz wie Chasse-Spleen. In der Vergangenheit solide Weine, die reifen müssen.

Greysac Méd r ★★ **98 00' 02 03 04 05 06** 08 09 – Elegantes Médoc-Gut mit 70 ha. Steht unter derselben Leitung wie Cantemerle. Beständig und fein in Qualität und Stil.

Gruaud-Larose St-Jul r ★★★★ **86' 88 89' 90' 95' 96' 98 99 00' 01 02 04** 05' 06 07 08 09' 10 – Eines der größten und beliebtesten Güter, 2. Cru, 82 ha; kraftvoller, weicher, reichhaltiger roter Bordeaux, der sich über 20 Jahre hält. Mehr Finesse seit 2007. Der Zweitwein heißt Sarget de Gruaud-Larose.

Guadet St-Em ★★ **01 04 05** 06 08 09 – War früher als Guadet St-Julien bekannt. Entging 2006 um Haaresbreite dem Verlust des Grand-cru-classé-Status. Wird jetzt von Stéphane Derenoncourt beraten, seitdem einige Verbesserungen.

Guiraud Saut (r) w; (tr) s ★★★ **88' 89' 90' 95 96' 97' 98 99 01' 02 03 04** 05' 06 07 09' 10 – Cru-classé-Gut der Spitzenklasse; 100 ha. Zum neuen Besitzerkonsortium (seit 2006) gehört auch der langjährige Betriebsleiter Xavier Planty. Mehr Sauvignon blanc als die meisten. Der trockene Weißwein heißt G de Château Guiraud, der Zweitwein Le Dauphin de Guiraud.

Gurgue, La Mar r ★★ **98 00' 01 02 03 04 05'** 06 08 09 – Kleiner, gut gelegener Besitz (10 ha) mit feinem Margaux; steht unter derselben Leitung wie Ferrière.

Hanteillan H-Méd r ★★ **00' 02 03 04 05' 06** 09 – Großer Besitz (82 ha) in Cissac im Haut-Médoc. Sehr ordentliche, jung zu trinkende Weine mit 50 % Merlot-Anteil. Zweitwein: Château Laborde.

Haut-Bages-Libéral Pau r ★★★ **96' 98 99 00 01 02 03 04 05'** 06 08 09 10 – Weniger bekanntes Gut, 5. Cru, 28 ha (neben Latour); gehört zum selben Besitz wie La Gurgue. Schöne Erfolge, echte Pauillac-Vitalität, meist günstig.

Haut-Bages Monpelou Pau r ★★ **95 96 98 99 00 03 04 05** 06 08 09 – Gehört zu Ch. Batailley. 15 ha ehemaliges Land von Duhart-Milon. Könnte besser sein.

Haut-Bailly Pes-L r ★★★★ **89' 90' 95 96 98' 99 00' 01 02 03 04** 05' 06 07 08 09' 10 – Gut in Léognan mit mehr als 30 ha, das seit 1979 einen der besten roten Graves erzeugt: würzig, rund, intelligent ausgebaut. Der mit Neuinvestitionen verbundene Besitzerwechsel (nun in amerikanischer Hand) von 1998 hat die Qualität noch mehr gesteigert. Denis Dubourdieu berät. Zweitetikett: La Parde de Haut-Bailly.

Haut-Batailley Pau r ★★★ **95 96' 98 99 00 02 03 04** 05' 06 07 08 09 – Der kleinere Teil der geteilten Besitzung Batailley, 5. Cru, 20 ha. Bevorzugt eine sanftere Art als das Schwester-Château Grand-Puy-Lacoste. Neue Kellerei 2005, seitdem größere Präzision. Zweitetikett: La Tour d'Aspic.

Haut-Beauséjour St-Est r ★★ **98 99 00 01 03 04 05** 08 09 – 18-ha-Besitz, der seit 1992 vom Eigentümer, dem Champagnerhaus Roederer, wieder auf Vordermann gebracht wurde. Reichlich Merlot (60 %). Siehe auch Ch. de Pez.

Haut-Bergey Pes-L r (w) ★★ r **98 99 00 01 02 04 05** 06 **07** 08 09; w **03 04 05 06 07 08** 09 – 29-ha-Gut, das jetzt dichten, sehr fruchtigen, leicht eichenholzwürzigen Graves bereitet und etwas trockenen Weißwein. In den 1990er-Jahren komplett renoviert. Derselbe Besitzer wie Barde-Haut und Clos L'Eglise. Branon ist das Schwester-Château.

Haut-Brion Pes-L r (w) ★★★★ r **82' 83' 85' 86' 88' 89' 90' 93 94 95' 96' 97 98' 99 00' 01 02 03 04** 05' 06 08 09' 10; w **90 93 94 95 96 98 99 00' 01 02 03 04' 05' 06 07 08'** 09 10 – Das älteste der großen Châteaux von Bordeaux und seit 1855, als einziges nicht im Médoc gelegenes Gut, Premier cru (51 ha). Seit 1935 im Besitz der amerikanischen Familie Dillon. Sehr harmonische, nie aggressive Weine mit nicht enden wollender, honigartiger, erdiger Komplexität, beständig hochklassig seit 1975. Voller, trockener, verführerischer Weißwein in kleinen Mengen. Siehe auch Le Clarence de Haut-Brion, La Mission Haut-Brion und Laville Haut-Brion.

Haut Condissas Méd r ★★★ **99 00 01 02 03 04 05 06 07** 08 09 – Médoc mit internationalem Geschmack: reichhaltig, konzentriert, mit kräftiger Eichennote, v. a. von Merlot (60 %) und Petit Verdot (20 %). Schwestergut von Ch. Rollan de By.

Bordeaux

Haut-Marbuzet St-Est r ★★→★★★ **95 96' 98 99 00' 01 02 03 04 05'** 06 **07** 08 09 – Führendes, nicht klassifiziertes Gut in St-Estèphe mit gehaltvollen, üppigen Weinen, die gut altern. M. Duboscq hat die alte Dom. de Marbuzet mit 71 ha Rebfläche wiederbelebt und besitzt auch Chambert-Marbuzet, MacCarthy und Tour de Marbuzet. Der verführerische und auffallend beständige Haut-Marbuzet besteht aus 60 % Merlot. Das Ch. Layauga-Duboscq in der AC Médoc ist ein neues Projekt (seit 2005).

Haut-Pontet St-Em r ★★ **98 00 01 03 04 05** 09 – Kleines Gut mit 4,8 ha Merlot-Lagen in den Côtes. Seit 2007 neuer Besitzer (Janoueix, siehe nächsten Eintrag).

Haut-Sarpe St-Em r ★★ **95 96 98 00' 01 04 05** 06 08 09 – Grand cru classé mit sehr elegantem Château und Park. 21 ha; 70 % Merlot. Gleicher Besitzer (Janoueix) wie Ch. La Croix (Pomerol) und Haut Pontet (St-Emilion). Reichhaltiger, dunkler, moderner Stil.

Hosanna Pom r ★★★★ **99 00 01 03 04** 05' 06 07 08 09' 10 – Ehemals Ch. Certan-Guiraud, bis zum Kauf durch J.-P. Moueix und seiner Umbenennung 1999. Nur die besten 4,5 ha werden bewirtschaftet. Die ersten Jahrgänge bestätigen die Kraft, Komplexität und Klasse. 2008 neue Kellerei, die sich Hosanna mit Ch. Providence teilt. Stallgefährte von Pétrus und Trotanoy.

Issan, d' Mar r ★★★ **96' 98 99 00' 01 02 03 04'** 05' 06 07 08 09' – 45 ha, 3. Cru mit burgartigem Château. Duftige Weine, die seit Ende der 1990er-Jahre mehr Substanz bekommen haben. Der Besitzer Emmanuel Cruse ist Großmeister der Bruderschaft Commanderie de Bontemps. Zweitetikett: Blason d'Issan.

Kirwan Mar r ★★★ **94 95 96 98 99 00' 01 02 03 04** 05' 06 **07** 08 09 10 – 3. Cru, 35 ha. Seit 1997 mehrheitlich im Besitz von Schröder & Schyler. Die Jahrgänge bis 2007 sind von Michel Rolland beeinflusst (voll, reif und holzlastig), jetzt eher klassischer Margaux. Zweitetikett: Les Charmes de Kirwan.

Labégorce Mar r ★★→★★★ **98 99 00 01 02 03 04 05' 07** 08 09 10 – Schluckte 2009 das benachbarte Gut Labégorce Zédé und hat nun insgesamt 55 ha. Solider, langlebiger Margaux. Ch. Marquis-d'Alesme gehört zum selben Stall.

Labégorce Zédé Mar r ★★→★★★ **95 96' 98 99 00' 01 02 03 04** 05' 06 **07** – Eigenständigkeit ade. Gehört seit 2009 zum Ch. Labégorce (siehe vorigen Eintrag). Die älteren Jahrgänge sind duftig und klassisch im Stil.

Lafaurie-Peyraguey Saut w; s ★★★ **83' 85 86' 88' 89' 90' 95 96' 97 98 99 01' 02 03' 04 05' 06 07** 09' 10 – Feiner Cru classé mit 36 ha in Bommes; gehört der Groupe Suez Bank. Ein echtes Schnäppchen in Sauternes. Der 2006 gekommene neue Betriebsleiter war früher bei Pape-Clément. Zweitetikett: La Chapelle de Lafaurie.

Lafite-Rothschild Pau r ★★★★ **82' 83 85 86' 88' 89' 90' 93 94 95 96' 97 98' 99 00' 01' 02** 03' 04' 05' 06 07 08' 09' 10 – Premier cru mit berühmtem verschwenderischem Duft und Stil, aber niemals schwer. Seit 1996 jedoch dichter und geschmeidiger. Große Jahrgänge brauchen jahrzehntelange Lagerung. Der unstillbare Durst der Chinesen hat die Preise in astronomische Höhen getrieben. Joint Ventures in Chile (1988), Kalifornien (1989), Portugal (1992), Argentinien (1999) und neuerdings auch im Midi, in Italien und sogar in China. Zweitetikett: Carruades de Lafite. 91 ha. Zum Besitz gehören auch Ch. Duhart-Milon, L'Evangile und Rieussec.

Lafleur Pom r ★★★★ **85' 86 88' 89' 90' 93 94 95 96 98' 99' 00' 01' 02 03 04'** 05' 06 07 08 09' 10 – Prachtvolles Gut in Familienhand mit 4,8 ha, kultiviert wie ein Garten. Elegante, intensive Weine zum Einkellern. 50 % Cabernet franc. Zweitetikett: Pensées de Lafleur.

Lafleur-Gazin Pom r ★★ **98 00 01 04 05 06** 08 09 10 – Kleines Gut (8 ha) von J.-P. Moueix in der nordöstlichen Ecke von Pomerol. Eine recht leichte Pomerol-Interpretation.

Lafon-Rochet St-Est r ★★★ **88' 89' 90' 94 95 96' 98 99 00' 01 02 03' 04 05'** 06 08 09' 10 – 4. Cru, Nachbar von Ch. Cos d'Estournel; 45 ha. Eigenwillige gelbe Keller (und Etiketten). Investitionen, Rebenselektion und ein höherer Merlot-Anteil haben seit 1998 dazu geführt, dass der St-Estèphe gehaltvoller und opulenter geworden ist. Gutes Preis-Leistungs-Verhältnis. Zweitetikett: Les Pèlerins de Lafon-Rochet.

Lagrange St-Jul r ★★★ **89' 90' 94 95 96 98 99 00' 01 02 03 04 05'** 06 08 09 10 – Seit 1983 im Besitz von Suntory befindliches 3.-Cru-Gut (117 ha); früher vernachlässigt, jetzt in bester Verfassung – die Weine entsprechend. Bis zu seiner Pensionierung 2007 überwachte Marcel Ducasse die Wiederauferstehung. Seitdem weitere Investitionen. Seit 1997 gibt es den trockenen Weißen Les Arums de Lagrange. Zweitetikett: Les Fiefs de Lagrange (preisgünstig).

Lagrange Pom r ★★ **95 96 98 00 01 04 05** 06 09 – Kleines 5-ha-Weingut im Zentrum von Pomerol unter der Leitung der allgegenwärtigen Firma J.-P. Moueix. Gute Qualität, spielt aber nicht in derselben Liga wie Hosanna, La Fleur-Pétrus, Latour à Pomerol usw.

Lagune, La H-Méd r ★★★ **90' 95 96' 98 00' 02 03 04 05'** 08 09 – 3. Cru, 80 ha, im äußersten Süden des Médoc, mit sandigen Kiesböden. Schwächelte in den 1990er-Jahren, hat aber seit 2001 seine Form wiedergefunden. Fein gebaute Weine, die jetzt mehr Struktur und Tiefe haben. Im Besitz von Jean-Jacques Frey, der vor Kurzem auch den Rhône-Erzeuger Jaboulet-Aîné gekauft hat. Seine Tochter Caroline ist Kellermeisterin.

Lalande-Borie St-Jul r ★★ **98 00 01 02 03 04 05** 06 **07** 08 09' – Kleiner Bruder (25 ha) des großen Ducru-Beaucaillou, ist ein Teil des früheren Besitzes von Ch. Lagrange. Angenehme, leicht trinkbare Weine.

Lamarque, de H-Méd r ★★ **95 96 98 99 00' 02 03 04 05 06** 08 09 – Mittelalterliche Burg im mittleren Médoc; 35 ha Rebfläche; gut gebauter, mittelschwerer Wein. Zweitetikett: Donjon de L.

Lamothe Bergeron H-Méd r ★★ **98' 00 02 03 04 05** 09 – Großes 67-ha-Gut in Cussac Fort Médoc im selben Besitz wie Grand-Puy Ducasse und Rayne Vigneau. Verlässliche, wenn auch unspektakuläre Weine, aber steigende Qualität.

Lanessan H-Méd r ★★ **95 96' 98 00' 02 03 04 05** 08 09' – Vornehmes Gut (44 ha) südlich von St-Julien. Paz Espejo, ehemals Kellermeister bei Calvet und Cordier-Mestrezat, ist seit 2009 am Ruder, man kann also auf Veränderungen gefasst sein. Hat auch ein Pferden gewidmetes Museum und bietet Reitausflüge an.

Langoa-Barton St-Jul r ★★★ **90' 94 95' 96' 98 99 00' 01 02 03 04'** 05' 06 07 08 09' 10 – 15 ha großes Schwester-Château von Léoville-Barton, 3. Cru. Anthony Barton ist hier zu Hause. Untadelige Qualität und ausgesprochen günstiger Preis. Zweitwein: Réserve de Léoville-Barton.

Larcis-Ducasse St-Em r ★★★ **89' 90' 94 95 96 98 00 02 03 04** 05' 06 07 08 09' 10 – Grand cru classé mit 11 ha in St-Laurent, östlich von St-Emilion in den Côtes. Seit 2002 spektakulärer Anstieg der Qualität (und der Preise). Gleiche Leitung wie Ch. Pavie Macquin.

Larmande St-Em r ★★ **95' 96 98' 00' 01 03 04 05 07** 08 09 – Größerer Besitz (24 ha), wie auch Ch. Soutard im Besitz der Versicherung La Mondiale. Neu bestockt und ausgestattet; liefert zuverlässig solide Abfüllungen.

Weinbereitung und Management vollständig in Frauenhand. Zweitetikett: Ch. des Templiers.

Laroque St-Em r ★★→★★★ **89 90 94 95 96 98 99 00' 01 03 04** 05 06 08 09 – 27 ha Grand cru classé mit einem Schloss aus dem 17. Jh. Frische, vom Terroir geprägte Weine. 2007 wurde der Keller renoviert.

Larose-Trintaudon H-Méd r ★★ **00 01 02 03 04 05 06 07** 09' – Größte Rebfläche im Médoc: 190 ha, nachhaltig bewirtschaftet. Früher ein leichter, süffiger Wein, seit 2007 besser. Zweitetikett: Larose-St-Laurent; Sonder-Cuvée (seit 1996): Larose-Perganson von einer 35-ha-Parzelle.

Laroze St-Em r ★★ **96' 98' 99 00 01 05** 06 **07** 08 09' 10 – Großes Rebenareal (30 ha) westlich von St-Emilion. Recht leichte Weine von Sandböden, früh genussreif; seit 1998 mit mehr Tiefe. Neuerdings wird eine Traubensortiermaschine *(tribaie)* verwendet, die in der Lage ist, die Weinbeeren nach spezifischem Gewicht und damit nach Reife zu sortieren. Zweitetikett: La Fleur Laroze.

Larrivet-Haut-Brion Pes-L r w ★★★ r **96' 98' 00 01 02 03 04 05'** 06 **07** 08 09; w **00 01 02 04' 05 06 07 08** 09 – Bedeutendes 72-ha-Gut in Léognan mit Ambitionen, Cru classé zu werden. Gehaltvoller, moderner Rotwein. Auch fassvergorener feiner Weißwein (Sauvignon blanc/Sémillon). Neuer Fasskeller und Verkostungsraum. 2007 wurde der frühere Betriebsleiter von Montrose verpflichtet. Zweitwein: Les Demoiselles de Larrivet-Haut-Brion.

Lascombes Mar r (rs) ★★★ **90' 96' 98' 99 00 01 02 03 04 05'** 06 07 08 09' 10 – 2.-Cru-Gut mit 97 ha im Besitz eines amerikanischen Rentenfonds. Die Weine waren lange nicht zufriedenstellend, sind seit 2001 aber viel besser. Michel Rolland berät. Der Kellermeister arbeitete zuvor bei Lafite-Rothschild. Moderner Stil. Zweitetikett: Chevalier de Lascombes.

Latour Pau r ★★★★ **78' 82' 85 86 88' 89 90' 91 93 94 95' 96' 97 98 99 00' 01 02 03'** 04' 05' 06 07 08 09' 10 – Premier cru mit jetzt über 80 ha, davon 48 ha »Enclos« für den *grand vin.* Gilt als großartigste Verkörperung des Médoc. Tief, intensiv, in guten Jahren fast ewig haltbar, und sogar schwächere Jahrgänge lassen das charakteristische Terroir erkennen und halten sich jahrelang. Nach wie vor braucht der Latour 10 Jahre, um voll zur Geltung zu kommen. Im neuen, hypermodernen *chai* (2003) kann jetzt ein noch präziserer Ausbau erfolgen. Etwa 10 % der Rebflächen werden mittlerweile biologisch bewirtschaftet. Zweitetikett: Les Forts de Latour; Drittwein: Pauillac.

Latour à Pomerol Pom r ★★★ **88' 89' 90' 94 95 96 98' 99 00' 01 02 04 05'** 06 07 08 09' 10 – Premier cru, 7,6 ha auf dem Plateau von Pomerol, unter Leitung von J.-P. Moueix. Reichhaltige, schön strukturierte Weine, die gut altern und selten enttäuschen.

Latour-Martillac Pes-L r w ★★ r **98 00 01 02 03 04 05'** 06 08 09' 10; w **00 01 02 03 04 05 06 07 08** 09 – 46 ha Cru-classé-Familienbesitz in Martillac. Ordentliche Qualität, günstige Preise für dieses Niveau. Auch der Weißwein hält sich gut.

Laurets, des St-Em r ★★ **00 01 03 04 05 06 08** 09 – Wichtiges Gut in Puisseguin St-Emilion und Montagne St-Emilion (im Osten) mit 72 ha, gleichmäßig verteilt in den Côtes (40.000 Kisten). Seit 2003 im Besitz von Benjamin de Rothschild (Ch. Clarke).

Laville Haut-Brion Pes-L w ★★★★ **92 93' 94 95' 96' 98 00' 01 02 03 04' 05' 06** 07 08' 09 – Der frühere Name für La Mission Haut-Brion Blanc (umbenannt 2009). Nur 8.000 Flaschen pro Jahr, aber der beste weiße Graves; entfaltet langsam saftige Reife. Sehr zuverlässig; überwiegend

Sémillon. Zweitwein: La Clarté de Haut-Brion (ehemals Les Plantiers); hat auch Wein von Haut-Brion.

Léoville-Barton St-Jul r ★★★★ **88' 89' 90' 94' 95' 96' 98 99 00' 01 02 03' 04** 05' 06 07 08' 09' 10 – Teil des großen Rebenareals Léoville. Ein »Super-Deuxième-cru« von 48 ha, seit über 180 Jahren in anglo-irischem Besitz der Familie Barton (gegenwärtig Anthony Barton). Harmonischer, klassischer Rotwein; traditionelle Methoden und anständige Preise. Große Investitionen heben den bereits hohen Qualitätsstand weiter an. Siehe auch Langoa-Barton.

Léoville-Las Cases St-Jul r ★★★★ **83' 85' 86' 88 89' 90' 93 94 95' 96' 97 98 99 00' 01 02** 03' 04' 05' 06 07 08 09' 10 – Mit 97 ha das größte Léoville-Gut, der Kern sind allerdings die 53 ha des *Grand Enclos*. Elegante, komplexe, kraftvolle Weine von ungeheurer Langlebigkeit. Zweitwein: Le Petit Lion (2007), früher Clos du Marquis, doch dieser gilt jetzt als eigenständiger Wein. Seit 2009 optische Traubenauslese auf Laserbasis.

Léoville-Poyferré St-Jul r ★★★ **86' 88 89' 90' 94 95 96 98 99 00' 01 02 03' 04** 05' 06 07 08 09' 10 – Der beste Teil der Weinberge liegt dem *grand enclos* von Léoville-Las Cases gegenüber. Jetzt auf dem Niveau eines »Super-Deuxième-cru«, mit dunklen, gehaltvollen, würzigen, langlebigen Weinen. Michel Rolland berät auf dem 80-ha-Gut. Zweitetikett: Ch. Moulin Riche.

Lestage Listrac r ★★ **96 98 00 02 03 04 05 06** 08 09 – Listrac-Gut mit 42 ha, gleicher Besitz wie Ch. Fonréaud. Fester, etwas verschlossener Bordeaux. Zweitetikett: La Dame du Cœur de Château Lestage.

Lilian Ladouys St-Est r ★★ **95 96 98 00 02 03 04 05** 06 **07** 08 09 – In den 1980er-Jahren gegründetes Gut, das nun 100 Rebparzellen mit einer Gesamtfläche von 45 ha besitzt. Feste, manchmal robuste Weine; die jüngsten Jahrgänge zeigen größere Finesse. Seit 2008 neuer Besitzer (ihm gehört auch der Rugbyclub Racing Métro 92 und seit 2009 Pédesclaux). Gleiches Management wie in Belle-Vue (Haut-Médoc).

Liot Bar w; s ★★ **89' 90' 95 96 97' 98 99 01' 02 03 05 07** 09 – Durchweg ziemlich leichte, goldfarbene Weine von 20 ha Rebgelände. Einfach, zugänglich und nicht teuer.

Liversan H-Méd r ★★ **95 96 98 00 02 03 04 05 07** 09 – 47-ha-Gut landeinwärts von Pauillac. Derselbe Eigentümer (Jean-Michel Lapalu) wie Patache d'Aux. Qualitätsbewusst. Zweitetikett: Les Charmes de Liversan.

Loudenne Méd r (w) ★★ **00' 01 02 03 04 05 06** 09' – Schönes rosafarbenes Château am Flussufer, das ein Jahrhundert lang den Gilbeys gehörte und seit 2000 im Besitz der Familie Lafragette ist. Michel Rolland berät. Reife, runde Rotweine, außerdem ein weißer Sauvignon blanc mit Eichenholznote, der nach 2–4 Jahren am besten ist (**02 04 05 06 07 08 09**). Man kann dort auch übernachten.

Loupiac-Gaudiet w; s ★★ **97 98 99 01 02 03' 05 07** 09 – Eine zuverlässige Quelle für preiswerten »Beinahe-Sauternes«, auf der anderen Seite der Garonne.

Louvière, La Pes-L r w ★★★ r **98 99 00' 01 02 04 05 06 07** 08 09; w **00 01 02 03 04' 05' 06 07 08 09** 10 – André Lurtons ein und alles ist ein 61-ha-Gut mit einem als historisches Monument eingestuften Château. Ausgezeichneter Weißer und Rotwein in Cru-classé-Qualität. Neuer Fasskeller 2009. Siehe auch Bonnet, de Cruzeau, Couhins-Lurton sowie de Rochemorin.

Lussac, de St-Em r ★★ **99 00 03 04 05 06 07** 08 09 – Eines der besten Weingüter in Lussac-St-Emilion. Neue Besitzer und technische Verfahren seit 2000. Gehört zu Franc Mayne und Vieux Maillet (Pomerol).

Bordeaux

Lynch-Bages Pau r (w) ★★★★ **82' 85' 86' 88'** 89' **90' 94 95' 96' 98 99 00' 01 02 03 04'** 05' 06 07 08 09' 10 – Allseits beliebtes Weingut (96 ha), heute ein regelrechter Star. Höhere Preislage, als sie dem Status eines 5. Cru zukommt. Produziert reichhaltigen, robusten, köstlich dichten Wein; darf Anspruch auf Größe erheben. Siehe auch Echo de Lynch-Bages. Seit 2007 ein Weißwein im frischeren Stil: Blanc de Lynch-Bages. Derselbe Besitzer (Familie Cazes) wie Les Ormes de Pez und Villa Bel-Air.

Lynch-Moussas Pau r ★★ **95' 96' 98 00' 01 02 03 04 05'** 07 08 09 – 5. Cru. Vom Leiter von Ch. Batailley wieder aufgebaut. Seit 2000 geht es aufwärts: mehr Frucht und Geschmack.

Lyonnat, du St-Em r ★★ **00' 01 03 04 05 06** 08 09 – 49-ha-Gut in Lussac-St-Emilion mit verlässlichem Wein. Jean-Luc Colombo von der Rhône ist beratender Önologe.

Macquin-St-Georges St-Em r ★★ **96 98 99 00 01 03 04 05 06** 09 – Gleichmäßig guter Erzeuger mit 30 ha in St-Georges. Köstlicher, nicht zu schwerer Wein aus einem der St-Emilion-»Satelliten«.

Magdelaine St-Em r ★★★ **89' 90' 94 95 96 98' 99 00 01 03 04 05** 06 08 09' – Führender Premier cru der Côtes. 11 ha, im Besitz von J.-P. Moueix. Delikate, feine, trügerisch langlebige Weine. Seit 2008 dichter und schwerer.

Malartic-Lagravière Pes-L r (w) ★★★ r **95 96 98 99 00' 01 02 03 04'** 05' 06 08 09' 10; w **99 00 01' 02 03 04' 05' 06 07 08 09'** 10 – Cru classé in Léognan, 47 ha, überwiegend Rotwein. Seit Ende der 1990er-Jahre volle, moderne rote Gewächse sowie kleine Mengen an langlebig-saftigem Sauvignon blanc. Der belgische Eigentümer (seit 1997) hat den Besitz revolutioniert; Michel Rolland berät. 2006 wurde auch Ch. Gazin Rocquencourt (Pessac-Léognan) neu dazugekauft.

Malescasse H-Méd r ★★ **00 01 02 03 04 05 06 07** 08 09 – Renoviertes Weingut mit 40 ha in guter Lage nahe Moulis. Zweitetikett: La Closerie de Malescasse. Geschmeidige, preisgünstige Weine, die früh zugänglich sind.

Malescot St-Exupéry Mar r ★★★ **94 95 96 98 99 00' 01 02 03 04 05'** 06 07 08' 09' – 3. Cru, 24 ha. Seit den 1990ern wieder voll in Form. Jetzt reifer, duftiger, schön strukturierter Margaux. Michel Rolland berät.

Malle, de Saut r w; tr s ★★★ w s **89' 90' 94 95** 96' **97' 98 99 01' 02 03' 05 06 07** 09 – Schönes Château in Preignac mit 50 ha, von denen 28 ha für sehr feinen, mittelschweren Sauternes reserviert sind; auch trockener weißer M. de Malle und Graves Ch. du Cardaillan.

Marbuzet St-Est r ★★ **98 99 00' 01 02 03 04 05'** 06 – Seit 2007 sind die 7 ha in das Ch. Cos d'Estournel integriert. Der Name wird jetzt als Zweitetikett für bestimmte Märkte verwendet.

Margaux, Château Mar r (w) ★★★★ **83' 85' 86' 88' 89' 90' 93 94 95' 96' 97 98' 99 00' 01' 02 03' 04'** 05' 06' 07 08 09' 10 – Premier cru (91 ha); der verführerischste und feinduftigste Margaux. Beständige Qualität seit dem Kauf durch André Mentzelopoulos im Jahr 1977, dessen Tochter Corinne das Gut jetzt besitzt und führt. Nur 40 % der Produktion entfallen auf den *grand vin*. Zweitetikett: Pavillon Rouge (**99 00' 01 02** 03 04' 05' 06 08 09'); Pavillon Blanc (100 % Sauvignon blanc) ist der beste Weißwein des Médoc, aber teuer (**00' 01' 02 03 04' 05 06 07 08** 09').

Marojallia Mar r ★★★ **99 00'** 01 **02 03 04 05'** 06 **07** 08 09' – Mikro-Château mit 4,5 ha. Will mit mächtigen, gehaltvollen, muskulösen, für Margaux untypischen Weinen hohe Preise erzielen. Der Besitzer von Valandraud berät. Angeschlossen ist auch ein Hotel der gehobenen Klasse. Zweitetikett: Clos Margalaine.

Marquis d'Alesme Mar r ★★ **89 90 95 98 00 01 04 05 07** 09 10 – 15 ha, 3 Cru. Der Beiname Becker wurde 2009 aufgegeben. Enttäuschte in den letzten Jahren, wurde aber 2006 von Ch. Labégorce gekauft und hat sich seit 2007 wieder verbessert. Im Auge behalten.

Marquis de Terme Mar r ★★→★★★ **89' 90' 95 96 98 99 00' 01 02 03 04** 05' 06 **07** 08 09' – 4.-Cru-Gut mit 40 ha, verstreut in der Appellation. Seit 2000 besser in Form. Mit dem neuen Manager 2009 vollerer Stil; bislang war es eher solider als eleganter Margaux.

Martinens Mar r ★★ **98 99 00 02 03 04 05 06** 09 – 30-ha-Besitz in Cantenac. Leichter, geschmeidiger Stil.

Maucaillou Moulis r ★★ **98' 00' 01 02 03 04 05 06** 08 09 10 – 63-ha-Weingut in Moulis; gutes Niveau. Saubere, frische, günstige Weine. Zweitwein: No. 2 de Maucaillou.

Mazeyres Pom r ★★ **96' 98' 99 00 01 04 05' 06** 08 09 – 20 ha auf eher sandigen Böden. Beständiger, wenn auch nicht gerade aufregender einfacher Pomerol. Seit 1996 besser; die Leitung hat Alain Moueix inne, der Cousin von Christian Moueix. Siehe auch Fonroque.

Meyney St-Est r ★★→★★★ **89' 90' 94 95 96 98 00 01 02 03 04 05'** 06 08 09 – Großer Besitz (50 ha) an den Uferhängen nahe Ch. Montrose. Gehaltvoller, robuster, gut strukturierter Wein. Im Besitz derselben Bank wie Grand-Puy-Ducasse und Rayne Vigneau. Zweitetikett: Prieur de Meyney.

Mission Haut-Brion, La Pes-L r ★★★★ **83 85' 86 88 89' 90' 93 94 95 96' 98' 99 00' 01 02 03 04** 05' 06 07 08 09' 10 – Nachbar und alter Rivale von Ch. Haut-Brion, seit 1983 im selben Besitz. Beständig hochklassiger, vollblütiger Wein; lange Reifezeit; sogar gehaltvoller als Haut-Brion. Auf 26 ha vergrößert, seit 2006 der Weinberg La Tour Haut-Brion integriert wurde. Zweitetikett: La Chapelle de La Mission. Der Weißwein hieß früher Laville Haut-Brion und wurde 2009 in La Mission-Haut-Brion Blanc umbenannt.

Monbousquet St-Em r (w) ★★★ **96 98 99 00' 01 02 03 04 05' 06 07** 08 09' – Bedeutender Besitz auf St-Emilion-Kiesboden, der von dem neuen Eigner Gérard Perse gründlich umgekrempelt wurde. Jetzt werden konzentrierte Weine der üppigsten Art mit Eichennote erzeugt. 2006 als Grand cru classé eingestuft. Erzeugt seit 1998 auch seltene Weißweine (AC Bordeaux). Gleicher Eigentümer wie Ch. Pavie und Ch. Pavie Decesse.

Monbrison Mar r ★★→★★★ **89' 90 95 96' 98 99 00 01 02 04 05'** 06 08 09' 10 – 13 ha auf feinem Kiesboden. Delikater, duftiger Margaux.

Mondotte, La St-Em r ★★★→★★★★ **96' 97 98' 99 00' 01 02 03 04'** 05' 06 07 08 09' 10 – Intensive, stets feste und maskuline »Garagenweine« von 4,3 ha auf dem Kalksteinplateau von St-Emilion. Gleicher Besitzer wie Canon-la-Gaffelière und Clos de L'Oratoire.

Montrose St-Est r ★★★→★★★★ **88 89' 90' 93 94 95 96' 98 99 00' 01 02 03' 04'** 05' 06 07 08 09' 10 – 70-ha-Gut, 2. Cru. Bekannt für wuchtigen Rotwein mit tiefer Farbe, den man den »Latour von St-Estèphe« nennt. Die Jahrgänge zwischen 1979 und 1985 (außer 1982) waren leichter. Nach 110 Jahren in Familienbesitz hat 2006 der Eigentümer gewechselt. Der frühere Direktor von Haut-Brion, Jean-Bernard Delmas, hat die Leitung inne. Umweltbewusste Renovierung. Zweitwein ist La Dame de Montrose.

Moulin-à-Vent Moulis r ★★ **98 00' 02 03 04 05' 06** 09 – Gut in Moulis mit 25 ha; recht ordentliche Qualität. Geschmeidiger Wein für baldigen Genuss.

Moulin de la Rose St-Jul r ★★ **96 98 00' 01' 02 03 04 05 06** 08 09 – Kleines Gut (5 ha) in St-Julien mit hohen Standards. Gleicher Besitzer wie Ségur de Cabanac in St-Estèphe.

Moulin du Cadet St-Em r rs ★★ **95 96 98 00 01 03 05** 09 – Grand cru classé (5 ha) auf dem Kalksteinplateau, jetzt unter der Leitung von Alain Moueix (siehe auch Mazeyres). Biologisch-dynamische Methoden. Robuste Weine, doch 2009 mehr Tiefe und Finesse.

Moulinet Pom r ★★ **96 98 00 01 04 05 06** 08 09 – In Pomerol eines der größeren Güter; 18 ha auf relativ leichtem Boden. Berater ist seit 2009 Stéphane Derenoncourt. Gutes Preis-Leistungs-Verhältnis.

Moulin-Pey-Labrie r ★★ **96 98' 99 00' 01 02 03 04 05' 06** 08 09' – Führendes Gut in der Appellation. Stilvolle, von Merlot dominierte Weine mit Eleganz und Struktur.

Moulin-St-Georges St-Em r ★★ **98 99 00' 01 02 03 04 05' 06** 08 09' 10 – Stilvolle, reichhaltige Weine mit Cru-classé-Niveau. Derselbe Besitzer wie Ch. Ausone.

Mouton Rothschild Pau r (w) ★★★★ **82' 83' 85' 86' 88' 89' 90' 93' 94 95' 96 97 98' 99 00' 01' 02 03** 04' 05' 06' 07 08 09' 10 – 85 ha (davon 80% Cabernet Sauvignon), der exotischste und sinnlichste der Grands crus von Pauillac. Hat seit 2004 noch höhere Höhen erklommen. Die Keller wurden 2011 komplett renoviert. Das Künstleretikett 2008 gestaltete der chinesische Maler Xu Lei; die Preise gehen weiter steil nach oben. Seit 1991 gibt es den Weißwein Aile d'Argent. Zweitetikett seit 1997: Le Petit Mouton. Siehe auch Opus One (Kalifornien) und Almaviva (Chile).

Nairac Bar w; s ★★ **89 90' 95' 96 97' 98 99 01' 02 03' 04 05' 06** 07 09 10 – Barsac im reichhaltigen Stil, seit 2003 in Topform. Zweitetikett: Esquisse de Nairac, ebenfalls reichhaltig, aber frischer im Stil.

Nenin Pom r ★★★ **95 96 98 99 00' 01 02 03 04** 05 06 **07** 08 09' 10 – Seit 1997 im Besitz von Ch. Léoville-Las Cases. Beträchtliche Investitionen; neue Keller. 1999 wurden 4 ha des einstigen Ch. Certan-Giraud erworben, jetzt 34 ha Gesamtrebfläche. Ist im Aufschwung; die Weine müssen altern. 2009 der bisher beste Jahrgang. Der preisgünstige Zweitwein heißt Fugue de Nenin.

Olivier Pes-L r w ★★★ r **95 96 00 01 02 04' 05'** 06 08 09' 10; w **98' 00 01 02 03 04' 05' 06 07 08 09** 10 – 55 ha Cru classé (vorwiegend rote Sorten), um ein befestigtes Schloss in Léognan angelegt. Ist endlich aufgewacht: seit 2002 neue Investitionen sowie größere Reinheit, mehr Ausdruck und Qualität. Auf diesem Niveau durchaus preisgünstig.

Ormes de Pez, Les St-Est r ★★→★★★ **96 98 99 00' 01 02 03 04 05** 06 **07** 08 09' 10 – Hervorragendes 29-ha-Gut in St-Estèphe, im Besitz von Ch. Lynch-Bages. Die dichten, fleischigen Weine brauchen mindestens 5–6 Jahre Reifezeit.

Ormes Sorbet, Les Méd r ★★ **98' 99 00' 01 02 03' 04 05 06** 08 09 – Seit Langem führender Erzeuger im nördlichen Médoc. 21 ha in Couquèques. Elegante, leicht eichenholzwürzige Weine, die altern können. Beständig und verlässlich. Zweitetikett: Ch. de Conques.

Palmer Mar r ★★★★ **83' 85 86' 88'** 89 **90 93 94 95 96' 98' 99 00 01' 02 03 04'** 05' 06 07 08 09' 10 – Nachbar von Ch. Margaux; 3. Cru, der den »Super-Deuxième-crus« ebenbürtig ist. Wein mit Wucht, Gehalt und Delikatesse; hoher Merlot-Anteil (40%). Das 55 ha umfassende Rebenareal ist in holländischem, englischem (Familie Sichel) und französischem Besitz. Zwischen 2010 und 2012 werden ca. 8 Millionen Euro in neue Keller investiert. Zweitetikett: Alter Ego de Palmer.

Pape Clément Pes-L r w ★★★→★★★★ r **90' 94 95 96 98' 99 00' 01 02 03 04** 05 06 07 08 09' 10; w **01 02 03 04 05' 07 08** 09 10 – Altehrwürdiges Gut in Pessac mit 35 ha im Besitz von Bernard Magrez. Bekannt für mächtige, duftige, langlebige Rotweine. 2,5 ha für elegante Weiße. Seit 2000 unter ehrgeiziger, sehr moderner Leitung; die Weine haben jetzt mehr Eichenholzeinfluss und größere Konzentration. Die Trauben werden von Hand (!) entrappt. Ch. Poumey in Gradignan hat denselben Besitzer.

Parenchère, de Bx r (w) ★★ **03 04 05 06 07** 08 09 – Ordentlicher AC Ste-Foy Bordeaux und AC Bordeaux Supérieur aus einem hübschen Château mit 65 ha. Am besten ist die Cuvée Raphaël.

Patache d'Aux Méd r ★★ **00 02 03 04 05' 06 07** 09 – 43-ha-Besitz im nördlichen Médoc. Von Cabernet Sauvignon bestimmter, verlässlicher, preisgünstiger Wein. Siehe auch Ch. Liversan.

Pavie St-Em r ★★★★ **90' 94 95 96 98 99 00' 01 02 03' 04** 05' 06 07 08 09' 10 – Premier cru in herrlicher Lage in den Côtes, 37 ha am mittleren Hang; großartige Vergangenheit. Wurde zusammen mit dem benachbarten Ch. Pavie Decesse vom Besitzer des Ch. Monbousquet aufgekauft. Das ist der neue Stil (und Anlass hitziger Debatten) in St-Emilion: ausladend, holzlastig, intensiv, süß.

Pavie Decesse St-Em r ★★ **98' 99 00' 01' 02 03 04** 05' 06 07 08 09' 10 – Kleiner Cru classé mit 3,6 ha (nur 1.000 Kisten); noch kraftvoller und muskulöser als der große Bruder Pavie.

Pavie Macquin St-Em r ★★★ **89' 90' 94 95 96' 98' 99 00' 01 02 03 04** 05' 06 07 08 09' – Wurde 2006 überraschend in den Status eines Premier grand cru classé erhoben. 15 ha auf dem Kalksteinplateau östlich der Stadt. Hellwaches Management und raffinierte Weinerzeugung durch Nicolas Thienpont von Ch. Puygueraud, der sich von Stéphane Derenoncourt beraten lässt. Kraftvolle, strukturierte Weine, die einige Zeit in der Flasche brauchen.

Pédesclaux Pau r ★★ **98' 99 00 02 03 04 05** 06 09 – 5. Cru mit 27 ha, der nicht das leistet, was er sollte, aber gerade wieder aufgepäppelt und restrukturiert wird. Seit 2009 neuer Besitzer (siehe Lilian Ladouys) und manche Verbesserungen. Geschmeidige Weine mit bis zu 50% Merlot. Man sollte die Entwicklung verfolgen.

Petit-Village Pom r ★★★ **95 96 98' 99 00' 01 03 04 05** 06 07 08 09' 10 – Spitzengut mit 11 ha gegenüber von Vieux Château Certan, das bis 2005 schwächelte. Stèphane Derenoncourt berät jetzt. 2007 neue Kellerei. Seit 1989 im selben Besitz wie Ch. Pichon Longueville (Pauillac). Kraftvoller, pflaumenduftiger Wein. Zweitetikett: Le Jardin de Petit-Village.

Pétrus Pom r ★★★★ **75' 76 78 79' 81 82' 83 85' 86 88' 89' 90 93' 94 95' 96 97 98' 99 00' 01 02 03** 04' 05' 06 07 08 09' 10 – Das inoffizielle Spitzengewächs von Pomerol: reiner, himmlischer Merlot. Auf 11 ha kiesigem Lehmboden wachsen Weine von unvergleichlicher Fülle und Konzentration (2.500 Kisten). Mit jedem Jahrgang erhöht sich der Glanz. Leider nur für Millionäre erschwinglich. Der altgediente Kellermeister Jean-Claude Berrouet (44 Jahrgänge) ist 2007 in den Ruhestand gegangen; nun ist Sohn Olivier am Ruder. Eigentümer ist Jean-François Moueix.

Peyrabon H-Méd r ★★ **00' 01 02 03** 04 **05 06** 09' – Zuverlässiges Gut im Haut-Médoc, 53 ha; Besitzer ist das Handelshaus Millésima. La Fleur Peyrabon in Pauillac gehört auch dazu.

Pez, de St-Est r ★★→★★★ **95' 96' 98' 99 00 01 02 03 04 05'** 06 07 08 09' 10 – Herausragender St-Estèphe-Erzeuger mit 26 ha. Jetzt höherer Merlot-Anteil (40%), üppiger, zuverlässiger Stil. 1995 vom Champagnerhaus Roederer erworben.

Phélan Ségur St-Est r ★★★ **89' 90' 95 96' 98 99 00' 01 02 03 04** 05' 06 07 08 09' 10 – Das Gut verkaufte 2010 von seinem Rebland 22 ha an Ch. Montrose – wird sich der Weinstil dadurch verändern? Hat nun noch 68 ha und ein beachtliches Château; nimmt die Spitzenpositionen in

St-Estèphe ein. Verlässliche Reputation seit 1988, geschmeidiger Stil, langer Nachhall.

Pibran Pau r ★★ **95 96 99 00' 01 03 04 05'** 06 07 08 09 10 – Kleiner Besitz (17 ha), mit Pichon-Longueville verbunden. Klassischer Wein mit Pauillac-Elan.

Pichon-Longueville (früher **Baron de Pichon-Longueville**) Pau r ★★★★ **86' 88' 89' 90' 93 94' 95 96 98 99 00' 01 02 03' 04** 05' 06 07 08 09' 10 – 73 ha, 2. Cru; im Besitz der AXA-Versicherungsgruppe. Neuer Fasskeller (unter einem künstlichen See) und neues Besucherzentrum seit 2008. Wieder kraftvoller Pauillac für lange Lagerung. Zweitetikett: Les Tourelles de Longueville.

Pichon-Longueville, Comtesse de Lalande (Pichon Lalande) Pau r ★★★★ **82' 83 85' 86' 88' 89' 90' 94 95 96 98 99 00 01 02 03' 04** 05' 06 07 08 09' 10 – »Super-Deuxième-cru«, Nachbar von Latour; 87 ha. Stets Spitzenprodukte; langlebige, Merlot-betonte Weine von fabelhafter Rasse und üppiger Art, selbst in ungünstigen Jahren. Roederer ist seit 2007 Eigentümer; Sylvie Cazes (siehe Lynch-Bages) wurde 2011 als neue Gutsleiterin eingesetzt. Die Tendenz der kommenden Jahre geht in Richtung mehr Cabernet Sauvignon. Zweitetikett: Réserve de la Comtesse. Weiteres Gut: Ch. Bernadotte.

Pin, Le Pom r ★★★★ **85 86 88 89 90' 94 95 96 97 98' 99 00 01 02 04' 05'** 06' 07 08 09' 10 – Der erste der kleinen Kult-Crus in Bordeaux, bereitet in einem Keller kaum größer als eine Garage. Inzwischen (2011) gibt es eine neue moderne Kellerei. Knapp 500 Kisten reinsortiger Merlot; derselbe Besitzer wie Vieux Château Certan. Der Wein ist fast so reich wie die Leute, die ihn trinken, aber die Preise sind jenseits von Gut und Böse.

Pitray, de Bx r ★★ **96' 98' 00' 03 04 05 06** 09' – Einst das bekannteste Gut in Castillon, steht jetzt jedoch im Schatten der dortigen Spitzenerzeuger. Erdiger Stil, aber günstig und leicht erhältlich.

Plince Pom r ★★ **98' 99 00' 01** 04 **05 06** 08 09 – Recht leichte, geschmeidige, süffige Weine von 9 ha auf sandigem Boden.

Pointe, La Pom r ★★→★★★ **98' 99 00' 01 04 05 06 07** 08 09' 10 – Auffallendes 22-ha-Gut. Der neue Eigentümer (seit 2007) hat investiert; der Besitzer von Ch. Angélus berät. 2009 klare Entwicklung zum Besseren. Im Auge behalten.

Pontac Monplaisir Pes-L r (w) ★★ **00 02 04 05' 06 07** 08 09 – Das 16-ha-Gut in Pessac-Léognan liegt in einem Vorort der Stadt Bordeaux. Attraktiver, geschmeidiger Weißwein, passabler Roter. Günstig

Pontet-Canet Pau r ★★★→★★★★ **88 89' 90 94' 95 96' 98 99 00' 01 02' 03** 04' 05' 06' 07 08 09' – Nachbar-Château (81 ha) von Mouton Rothschild; eines der am meisten verbesserten Médoc-Güter der letzten 10 Jahre. Weine in sehr typischem Pauillac-Stil. Der einzige Cru classé, der vollständig biodynamisch bewirtschaftet wird, inklusive Pflügen mit Pferden. Zweitwein: Les Hauts de Pontet-Canet.

Potensac Méd r ★★ **95 96 98 99 00' 01 02 03 04' 05' 07** 08 09' – Bekannter 70-ha-Besitz im nördlichen Médoc. Gehört der Familie Delon von Ch. Léoville-Las Cases, die auch die Leitung innehat. Feste, kraftvolle Weine für lange Lagerung. Zweitwein: Chapelle de Potensac.

Pouget Mar r ★★ **95 96 98' 00' 02 03 04 05'** 06 07 08 09' – Zu Ch. Boyd-Cantenac gehörendes, kaum bekanntes 11-ha-Gut mit altem Rebenbestand, 4. Cru. Eher solider als eleganter Margaux.

Poujeaux Moulis r ★★ **90' 94' 95' 96' 98 99 00' 01 03 04 05** 06 08 09' – 2007 vom Besitzer von Clos Fourtet erworbenes Gut mit 68 ha. Zusammen mit Chasse-Spleen in der Spitzengruppe von Moulis. Stéphane Derenoncourt berät. Volle, robuste Weine für lange Lebensdauer. Zweitetikett: La Salle de Poujeaux.

Premier grand cru classé Siehe »Die St-Emilion-Klassifikation«, S. 140.

Prieuré-Lichine Mar r ★★★ **89' 90' 94' 95 96 98' 99 00' 01 02 03 04** 05 06 07 08 09' 10 – 70 ha großes Gut im Besitz eines Négociants, 4. Cru; von dem verstorbenen Alexis Lichine hochgebracht. Weit in der Gegend verstreute Rebflächen. Stéphane Derenoncourt (siehe Canon-la-Gaffelière und Pavie Macquin) berät. Duftiger Margaux in guter Verfassung. Zweitwein: Ch. de Clairefont. Auch guter weißer Bordeaux.

Puygueraud Bx r ★★ **98 99 00' 01' 02 03' 05' 06** 08 09 10 – Führendes Château in der kleinen AC Côtes de Francs. In Eiche gereifter Wein von überraschender Klasse. Vom selben Besitzer kommt der gute, preiswerte Weiße Les Charmes-Godard. Die Cuvée Spéciale George hat einen Anteil von über 35 % Malbec. Selber Kellermeister wie bei Pavie Macquin und Larcis-Ducasse.

Rabaud-Promis Saut w; s ★★→★★★ **89' 90 95 96 97' 98 99 01' 02 03' 04 05' 06 07** 09' – 30 ha Cru classé in Bommes. Dezent, aber in der Regel sehr gut.

Rahoul Graves r w ★★ r **98' 00' 01 02 04 05** 08 09; w **01 02 04' 05 07 08** 09 – 40-ha-Gut in Portets. Geschmeidige, von Sémillon dominierter Weißweine; die Roten könnten besser sein.

Ramage La Bâtisse H-Méd r ★★ **98 99 00' 02 03 04 05' 07** 08 09 – Haut-Médoc-Gut mit 65 ha in St-Sauveur, nördlich von Pauillac. Recht beständige Qualität; weitverbreitet. Zweitetikett ist Ch. Tourteran.

Rauzan-Gassies Mar r ★★ **96' 98 99 00 01' 02 03 04** 05' **07** 08 09' 10 – 30 ha, 2. Cru. Nachbar von Rauzan-Ségla, dem er bisher nicht das Wasser reichen kann. Die neue Generation macht Fortschritte, hat aber noch einen langen Weg vor sich. Eher solide als feine Weine.

Rauzan-Ségla Mar r ★★★★ **86' 88' 89' 90' 94' 95 96 98 99 00' 01 02 03 04'** 05 06 07 08 09' 10 – 62 ha, 2. Cru, seit Langem durch sein Bukett berühmt; im Besitz der Eigentümer von Chanel (siehe Canon). Einer der wirklich großen Namen in Margaux, mit umfangreich renoviertem Château und Fasslagern (*chais*). Zweitwein: Ségla.

Raymond-Lafon Saut w; s ★★★ **88 89' 90' 95 96' 97 98 99' 01' 02 03' 04 05' 06 07'** 09' – Sauternes-Gut (18 ha), das 1972 von dem ehemaligen Leiter von Ch. d'Yquem gekauft wurde und jetzt von seinen Kindern geführt wird. Reichhaltige, komplexe Weine auf Cru-classé-Niveau, die lange lagern können.

Rayne Vigneau, de Saut w; s ★★★ **89 90' 95 96 97 98 99 01' 02 03 05' 07** 09' – 80 ha Cru classé in Bommes, beraten von Denis Dubourdieu. Seit 2006 besser. Zweitetikett: Madame de Rayne.

Respide-Médeville Graves r w ★★ r **99 00' 01 02 04 05' 06 07** 09; w **00 01 02 04' 05' 07 08 09** – Gehört zu den besseren Weingütern der AC Graves mit Rot- und Weißweinen. Im gleichen Besitz wie Gilette in Sauternes. Die Rotweine sind mit etwa 4–6 Jahren genussreif.

Reynon r w ★★ 40-ha-Besitz mit duftendem Weißwein von Sauvignon blanc (**04' 05' 06 07 08 09**) und seriösem Rotem (**00 01 02 03 04' 05' 06 07** 09). Siehe auch Clos Floridène. Zweitetikett (rot): Ch. Reynon-Peyrat. Im Besitz der Familie von Denis Dubourdieu.

Reysson H-Méd r ★★ **00 02 03 04 05 06** 08 09' – Neu bestocktes Haut-Médoc-Gut mit 49 ha; wird von CVBG-Dourthe geleitet (siehe Belgrave, La Garde). Gehaltvoller, moderner Stil.

Ricaud (r) w; (tr) s ★★ **97 99 01' 02 03' 05 07** 09 – Größerer Erzeuger (80 ha) von lagerfähigem Dessertwein in der Art eines Sauternes, aber am anderen Flussufer. Auch Rot- und trockener Weißwein.

Rieussec Saut w; s ★★★★ **83' 85 86' 88' 89' 90' 95 96' 97' 98 99 01' 02 03' 04 05' 06 07** 09' 10 – Würdiger Nachbar von Ch. d'Yquem mit 90 ha in Fargues; wurde 1985 von den (Lafite) Rothschilds gekauft. Seit 1996 Weinbereitung in Eiche. Fabelhaft kraftvoller, üppiger Wein. Auch eine trockene Version namens »R«, die jetzt im neuen, modernen Stil bereitet wird – und dabei eher an Charakter verloren hat. Zweitetikett: Carmes de Rieussec.

Rothschild-Manie in China

Schon lange lieben die Chinesen Château Lafite-Rothschild. Um die zarten Bande noch enger zu knüpfen, kündigte das Weingut nun an, in die Flaschen des Jahrgangs 2008 das chinesische Zeichen für die Ziffer 8 zu prägen, da sie in China als Glückszahl gilt. Um nicht ins Hintertreffen zu geraten, gab Château Mouton-Rothschild prompt bekannt, wer die Etiketten der 2008er Künstleredition gestalten soll: der chinesische Maler Xu Lei. Dass die Preise beider Weine in die Höhe geschossen sind, versteht sich von selbst.

Ripeau St-Em r ★★ **98 00' 01 04 05' 06** 08 09 – Weniger bedeutender Grand cru classé auf sandigem Boden in der Nähe von Cheval Blanc, 16 ha. Eher leichter Stil. Seit 2000 besser, aber unbeständig.

Rivière, de la Bx r ★★ **98' 99 00' 01 02 03 04 05' 06** 08 09 – Das größte und eindrucksvollste Gut in Fronsac mit einem Schloss und Kellern wie aus einer Wagner-Oper. 58 ha. Die ehemals mächtigen, gerbstoffreichen Weine sind inzwischen feiner geworden. Seit 2003 neuer Besitzer; Claude Gros aus dem Languedoc berät.

Rochemorin, de Pes-L r w ★★→★★★ r **98' 99 00' 01 02 04 05 06** 08 09; w **01 02 03 04 05 06 07 08 09** – Wiederbelebtes großes Weingut in Martillac, gehört André Lurton von Ch. La Louvière. 105 ha Rebfläche (drei Viertel für Rotwein) im guten Alter. 2004 hochmoderne neue Kellerei. Ziemlich beständige Qualität; weitverbreitet.

Rol Valentin St-Em r ★★★ **99 00' 01' 02 03 04 05' 06 07** 08 09 10 – In Größe und Stil ursprünglich ein *garagiste*, jetzt 7,5 ha Rebfläche. Gehaltvolle, moderne Weine, aber ausgewogen. Neuer Besitzer 2010.

Rouget Pom r ★★ **95 96 98' 99 00' 01' 03 04 05'** 06 **07** 08 09' – Bezaubernder alter Besitz mit 17 ha am Nordrand von Pomerol. Seit 1992 Besitzer aus Burgund, Michel Rolland berät. Mittlerweile exzellente Weine, gehaltvoll und üppig. Preisgünstig.

Royal St-Emilion St-Em – Ein Markenname der bedeutenden, dynamischen Winzergenossenschaft von St-Emilion. Siehe auch Galius.

St-André Corbin St-Em r ★★ **99 00' 01 03 04 05** 08 09 – 22 ha großer Besitz in Montagne St-Emilion und St-Georges St-Emilion. Geschmeidige, von Merlot dominierte Weine.

St-Georges St-Em r ★★ **95' 96 98' 00' 01 03 04 05'** 08 09 – Vornehmes Château aus dem 18. Jahrhundert, über dem Plateau von St-Emilion auf einem Hügel im Norden gelegen. 51 ha, ein Viertel davon in der AC St-Georges. Guter Wein, wird direkt verkauft.

St-Pierre St-Jul r ★★★ **89 90' 94 95' 96' 98 99 00' 01' 02 03 04** 05' 06 07 08 09' 10 – Früher unterschätztes 4.-Cru-Gut (17 ha). Der Besitzer ist Präsident des Fußballklubs in Bordeaux. Sehr stilvoller, beständiger, klassischer St-Julien. Siehe auch Gloria.

Sales, de Pom r ★★ **95 96 98' 00' 01' 04 05 06** 08 09 – Größtes Rebenareal von Pomerol (47 ha) auf sandigen Kiesböden, zu dem ein grandioses Schloss gehört. Leichtgewichtig, nie wirklich glanzvoll: Halten Sie sich an die Spitzenjahrgänge. Zweitetikett: Ch. Chantalouette.

Sansonnet St-Em r ★★ **00' 01 02 03 04 05' 06** 08 09' – Engagierter kleiner Erzeuger seit 1999 mit 6,8 ha auf dem Plateau; Weine im ausladenden, üppigen neuen St-Emilion-Stil. Stéphane Derenoncourt berät seit 2006, seitdem sind die Weine etwas eleganter geworden.

Saransot-Dupré Listrac r (w) ★★ **98' 99 00' 01 02 03 04 05 06** 09 – Kleines 17-ha-Gut mit festen, fleischigen Weinen. Hoher Merlot-Anteil. Außerdem weißer Listrac (60 % Sémillon).

Sénéjac H-Méd r (w) ★★ **99 00 01 02 03 04 05' 06** 08 09' – Gut im südlichen Médoc (37 ha); Eigentümer ist seit 1999 die Familie, der auch Ch. Talbot gehört. Schön ausgewogene Weine. Der Weinberg wird seit 2009 vom Team von Ch. Pontet-Canet biodynamisch bewirtschaftet.

Serre, La St-Em r ★★ **95 96 98' 99 00' 01 02 03 04 05 06** 08 09' – Kleiner Grand cru classé (6,5 ha) auf dem Kalksteinplateau. Reichhaltige, stilvolle Weine mit viel Frucht.

Sigalas Rabaud Saut w; s ★★★ **85 86 88 89' 90' 95' 96' 97' 98 99 01' 02 03' 04 05' 07** 09' 10 – Der kleinere Teil des früheren Besitzes Rabaud; 14 ha in Bommes. Das Kellerteam ist dasselbe wie bei Lafaurie-Peyraguey. Äußerst duftige und schöne Weine. Gehört jetzt mit zur Spitze. Zweitetikett: Le Lieutenant de Sigalas.

Siran Mar r ★★→★★★ **95 96 98 99 00' 01 02 03 04 05 06 07** 08 09' 10 – 40-ha-Weingut, seit 1859 im Besitz der Familie Miailhe – derzeit hat Edouard die Leitung. Nachbar von Ch. Dauzac. Die Weine altern gut und strotzen vor Aromen.

Smith Haut Lafitte Pes-L r (rs) (w) ★★★ r **90' 94 95 96 98 99 00' 01 02 03 04' 05'** 06 **07** 08 09' 10; w **96 97 98 99' 00 01 02 03 04 05 06 07' 08' 09** 10 – Cru-classé-Gut in Martillac mit 67 ha; regelmäßig einer der Stars in Pessac-Léognan. Der Besitzer, ein ehemaliger Skiläufer, hat die Qualität erheblich gehoben. Ein luxuriöses Wellness-Hotel mit Restaurant gehört auch dazu. Die Weißen sind voll, reif und markig, die Roten großzügig. Zweitetikett: Les Hauts de Smith. Achten Sie auch auf Ch. Cantelys (Pessac-Léognan).

Sociando-Mallet H-Méd r ★★★ **89' 90' 94 95 96' 98' 99 00' 01' 02 03 04** 05' 06 07 09' 10 – Prachtvolles Gut (85 ha) in St-Seurin mit großer Anhängerschaft, das Spitzengewächse von Cru-classé-Format hervorbringt. Der Besitzer geht beharrlich seinen eigenen Weg und konnte 2009 seinen 40. Jahrgang feiern. Schwere, konservative Weine für jahrelange Reifezeit. Zweitwein: Demoiselle de Sociando.

Soudars H-Méd r ★★ **95 96' 98 99 00' 01 03 04 05 06** 09 – Schwester-Château von Coufran und Verdignan, 22 ha. Relativ traditionell, ordentliche Qualität.

Soutard St-Em r ★★★ **90' 94 95 96 98' 99 00' 01 03 04 05** 06 07 08 09 – Potenziell exzellenter Cru classé auf dem Kalksteinplateau, 27 ha. Seit 2006 im Besitz derselben Versicherung wie Ch. Larmande und Cadet-Piola. Beträchtliche Investitionen; neue Keller 2010. Seit 2007 feinerer Stil (2009 gab es Hagel). Zweitetikett: Jardins du Soutard.

Suduiraut Saut w; s ★★★★ **85 86 88' 89' 90' 95 96 97' 98 99' 01' 02 03' 04 05' 06 07'** 09' 10 – Einer der besten Crus classés in Sauternes; 90 ha, mit renoviertem Château samt Gärten bei Le Nôtre. Der Eigentümer, die AXA-

Bordeaux

Versicherung, hat größere Beständigkeit und saftige Qualität erreicht. Siehe auch Pichon Longueville. Zweitwein: Castelnau de Suduiraut. Der neue trockene »S« ist sehr vielversprechend.

Tailhas, du Pom r ★★ **95 96' 98' 99 00 01 04 05** 08 09 – Bescheidener 10-ha-Besitz unweit von Figeac mit Pomerol der leichteren Art, durchschnittliche Qualität.

Taillefer Pom r ★★ **95' 96 98' 00' 01 02 03 04 05' 06** 08 09 – Ein 11-ha-Gut am Rand von Pomerol, das von Catherine Moueix klug geführt wird. Die Weine sind zwar nicht so kraftvoll wie die der Spitzengüter, zeichnen sich aber durch Harmonie aus. Günstig.

Die St-Emilion-Klassifikation – neue Regeln für 2012

Die französische Behörde für Appellationen INAO hat die neuen Regeln der Klassifikation von St-Emilion für 2012 bekannt gegeben. Man hofft, dass die Klageflut deklassifizierter Châteaux, die nach der letzten Einstufung 2006 ausbrach, dieses Mal ausbleibt. Die neue Klassifikation, die gesetzlich nun eher als Prüfung denn als Konkurrenzkampf angelegt ist, wird von einer Kommission durchgeführt, bestehend aus sieben von der INAO benannten Fachleuten – keiner davon aus Bordeaux. Alle Anwärter werden aufgesucht und zehn Jahrgänge (1999–2008) von einer unabhängigen Jury verkostet (15 Jahrgänge, wenn der Aufstieg vom Grand cru classé zum Premier grand cru classé angestrebt wird). Das Ergebnis der Verkostung fließt zu 50 % in die Bewertung des Grand-cru-classé-Status ein, die andere Hälfte wird durch den Bekanntheitsgrad, das Management und das Terroir bestimmt. Derzeit gibt es 15 Premiers grands crus classés und 57 Grands crus classés.

Talbot St-Jul r (w) ★★★ **88' 89' 90 94 95 96' 98' 99 00' 01 02 03 04** 05' 08' 09' 10 – Bedeutender 4. Cru mit 102 ha, viele Jahre lang das Kleine-Schwester-Château von Gruaud-Larose. Ähnlich attraktiver, voller, anmutiger und zuverlässiger Wein (wenn auch durchwachsen in den Jahren 2006 und 2007). Zweitetikett: Connétable de Talbot. Der weiße Caillou Blanc ist 5–6 Jahre lang ein Genuss. Der Eigentümerfamilie gehört auch Ch. Sénéjac.

Tertre, du Mar r ★★★ **95 96' 98' 99 00' 01 03 04' 05'** 06 **07** 08 09' 10 – 5. Cru südlich von Margaux, isoliert gelegen. 50 ha. Duftender (20 % Cabernet franc), fruchtiger Wein, schon immer stark unterbewertet. Seit 1997 derselbe Eigentümer wie von Ch. Giscours. Der Kellermeister war früher bei Latour. Neue Technik und umfangreiche Investitionen im Jahr 2000 haben in schön konzentrierten, strukturierten Weinen Früchte getragen. Voll in Fahrt seit 2003.

Tertre-Daugay St-Em r ★★★ **96 98 99 00' 01 04 05** 06 **07** 09' – 16 ha in Hanglagen; Schwester-Château von La Gaffelière. Entging 2006 der Herabstufung vom Rang eines Grand cru classé. Seit 2000 Verbesserungen erkennbar. Seit 2004 berät Stéphane Derenoncourt.

Tertre-Rotebœuf St-Em r ★★★★ **88' 89' 90' 93 94 95 96 97 98' 99 00' 01 02 03' 04** 05' 06' 07 08 09' 10 – Erzeuger mit Kultstatus in St-Emilion (6 ha); konzentrierter, geradezu dramatischer Wein (v. a. Merlot) seit 1983. Erschreckend hohe Preise. Besitzt auch ein Gut in den Côtes de Bourg: Roc de Cambes mit St-Emilion-Cru-classé-Qualität.

Thieuley Bx r rs w ★★ Das Entre-deux-Mers-Weingut erzeugt verlässlich guten roten und weißen AC Bordeaux, fruchtigen Clairet sowie die in Eiche ausgebaute Cuvée Francis Courselle (rot und weiß). Besitzt auch Clos Ste-Anne in der Appellation Cadillac Côtes de Bordeaux.

Tour Blanche, La Saut (r) w; s ★★★ **85 86 88' 89' 90' 95 96 97' 98 99 01' 02 03' 04 05' 06 07** 09' 10 – Führendes Cru-classé-Gut in Sauternes; seit 1988 wieder in Form. Sauvignon blanc und Muscadelle machen 20% des Verschnitts aus. Reichhaltige, kraftvolle Weine. Zweitetikett: Les Charmilles de Tour Blanche.

Tour Carnet, La H-Méd r ★★ **95 96 98 99 00' 01 02 03 04 05'** 06 08 09' 10 – 4. Cru (65 ha), mit mittelalterlicher Burg im Besitz von Bernard Magrez (siehe Fombrauge, Pape Clément). Die seit 2000 vorgenommenen Investitionen haben zu reichhaltigeren, moderneren Weinen geführt. Zweitetikett: Les Douvres de Château La Tour Carnet. Als »Garagenwein« wird angeboten: Servitude Volontaire du Tour Carnet.

Tour de By, La Méd r ★★ **98 00 01 02 03 04 05' 06** 08 09 – Sehr gut geführtes Familiengut, 74 ha im nördlichen Médoc. Bekannt für stämmige, aber verlässliche Weine mit fruchtiger Note. In der Regel gutes Preis-Leistungs-Verhältnis.

Tour de Mons, La Mar r ★★ **96' 98' 99 00 01 02 04 05' 06** 08 09' – Der Margaux-Cru mit 44 ha gehört jetzt einer Bank. Nach längerer Schwächeperiode zahlen sich die jüngsten Investitionen nun aus. 2009 war seit Längerem der beste Jahrgang.

Tour du Haut-Moulin H-Méd r ★★ **95 96 98 00' 02 03 04 05' 06** 08 09 – 32-ha-Gut in Familienbesitz; intensive, beständige Weine zum Einkellern.

Tour du Pas St-Georges St-Em r ★★ **98 99 00' 01 03 04 05 06** 09 – Wein von 16 ha in St-Georges St-Emilion, im Besitz von Pascal Delbeck. In letzter Zeit wurde investiert.

Tour du Pin, La St-Em r ★★ **95 96 98 00' 01 04 05 06** 08 09' 10 – 8 ha, war früher Ch. du Pin Figeac-Moueix, wurde 2006 aber von Cheval Blanc gekauft und umbenannt. Vormals in schwacher Form, das neue Team steuert aber jetzt gegen. Im Auge behalten.

Tour-Figeac, La St-Em r ★★ **90' 94' 95 96' 98' 99 00' 01' 02 04 05 06 07** 08 09' 10 – 15 ha Grand cru classé zwischen Figeac und Pomerol. Biodynamische Methoden (Derenoncourt und seine Frau beraten). Volle, fleischige, harmonische Weine.

Tour Haut-Brion, La Pes-L r ★★★ **95 96' 98' 99 00' 01 02 03 04' 05'** – 2005 war Schluss mit dem Prädikat Cru classé, dann wurde der 5,05-ha-Weinberg in den Rebbestand von La Mission Haut-Brion integriert. Der Besitzer ist derselbe.

Tour Haut-Caussan Méd r ★★ **00' 01 02 03 04 05' 06 08** 09' – Gut geführter Besitz mit 18 ha in Blaignan; verlässlich und günstig. Hält auch Anteile in Corbières.

Tournefeuille Bx r ★★ **00' 01' 02 03 04 05 06 07** 08 09 10 – 18-ha-Gut in Lalande de Pomerol oberhalb des Flüsschens Barbanne. Seit 1998 beständige Investitionen und Verbesserungen. Verlässlich.

Tour St-Bonnet, La Méd r ★★ **98 99 00' 02 03 04 05 06 08** 09' – 40 ha. Gleichmäßig gut bereiteter, üppiger Wein aus St-Christoly im nördlichen Médoc. Günstig.

Tronquoy-Lalande St-Est r ★★ **98 99 00' 02 03 04 05** 06 **07** 08 09' – Seit 2006 dieselben Besitzer wie Ch. Montrose. Auf 19 ha viel Merlot und Petit Verdot. Entwickelt sich eindeutig weiter. Zweitwein: Tronquoy de Ste-Anne. Im Auge behalten.

Bordeaux

Troplong Mondot St-Em r ★★★ **89' 90' 94' 95 96' 98' 99 00' 01' 02 03 04 05'** 06 07 08 09' 10 – Seit 2006 Premier grand cru classé. 22 ha in guter Lage auf dem Kalksteinplateau. Weine mit Kraft und Tiefe, die immer eleganter werden. Michel Rolland berät. Zweitwein: Mondot.

Trotanoy Pom r ★★★★ **88 89' 90' 93 94 95 96 98' 99 00' 01 02 03 04'** 05' 06 07 08 09' 10 – Seit 1953 im Besitz von Jean-Pierre Moueix. Nur 7 ha, die im besten Fall herrlich körperreiche, strukturierte, duftende Weine erbringen. War in den 1980ern ein wenig ungleichmäßig, ist aber seit 1989 wieder auf Spitzenniveau – und kann es manchmal durchaus mit Pétrus aufnehmen.

Warum Bordeaux?
Es wird oft gefragt, ob Bordeaux immer noch ein eigenes Kapitel in diesem internationalen Weinführer verdient. Die Antwort ist eindeutig: Bordeaux bleibt die stärkste Antriebskraft in der Welt der feinen Weine. Es ist mit Abstand ihr größter Erzeuger, regt weltweit Diskussionen an, fördert Investitionen und beflügelt Sammler. Und natürlich gibt es kaum ein schöneres Getränk.

Trottevieille St-Em r ★★★ **89' 90 94 95 96 98 99 00' 01 03' 04 05'** 06 07 08 09' 10 – Premier grand cru auf dem Kalksteinplateau. Die Besitzer, denen auch Batailley und Domaine de l'Eglise gehören, haben den Einsatz seit 2000 erhöht. Denis Dubourdieu berät. 2009 wegen Hagelschäden nur geringe Mengen. Limitierte Abfüllungen von alten, wurzelechten Cabernet-franc-Reben.

Valandraud St-Em r ★★★★ **93 94 95' 96 98 99 00' 01' 02 03 04 05'** 06 07 08 09' 10 – Führende der winzigen »Garagenkellereien«, die ihre eigenen hohen Ansprüche erfüllt. War ursprünglich extrem konzentriert, seit 1998 komplexer. Durchschnittlich 15.000 Flaschen werden aus einer Auslese von 10 ha bereitet. Weitere Auslese: Virginie de Valandraud. Seit 2003 auch Blanc de Valandraud (weiß).

Verdignan H-Méd r ★★ **98 99 00' 01 02 03 04 05 06** 08 09 – Bedeutendes Gut im Haut-Médoc (60 ha); Schwester-Château von Coufran und Soudars. Mehr Cabernet Sauvignon als bei Coufran. Hat Alterungspotenzial und ist seinen Preis wert.

Vieille Cure, La Bx r ★★ **00' 01' 02 03 04 05' 06** 08 09' 10 – 20-ha-Château in amerikanischem Besitz, führend in Fronsac. Nach 4 Jahren zugänglich. Verlässliche, günstige Weine.

Vieux Château Certan Pom r ★★★★ **82' 83' 85 86' 88' 89 90' 94 95' 96' 98' 99 00' 01 02 04' 05'** 06 07 08 09' 10 – In der Qualität oft fast mit Pétrus gleichgesetzt, in der Art aber ganz anders (30 % Cabernet franc und 10 % Cabernet Sauvignon) – ein authentischer Wein mit viel Finesse. 14 ha; im Durchschnitt 40–50 Jahre alte Reben.

Vieux Château St-André St-Em r ★★ **00' 01 02 03 04 05 06** 08 09 – Kleines 6-ha-Weingut in Montagne St-Emilion; Besitzer ist der ehemalige Kellermeister von Ch. Pétrus. Ordentliche Qualität.

Villegeorge H-Méd r ★★ **96' 98' 99 00' 02 03 04 05 06** 08 09' – 20-ha-Gut im Besitz von Marie-Laure Lurton, der Schwester von Henri Lurton (Ch. Brane-Cantenac). Klassischer Médoc-Stil. Schwester-Château von Duplessis in Moulis und von La Tour de Bessan in Margaux.

Vray Croix de Gay Pom r ★★ **90 95 96 98' 00' 04 05 06** 08 09' 10 – Sehr kleines, in der besten Gegend von Pomerol gelegenes 4-ha-Gut. Seit 2005 Verbesserungen, aber die Arbeit ist noch nicht ganz getan. Schwester-Châteaux von Ch. Siaurac in der Appellation Lalande de Pomerol. Beratung erfolgt durch Stéphane Derenoncourt.

Yon-Figeac St-Em r ★★ **98 99 00' 02 03 04 05 06** 09 – Weingut mit 24 ha; die Rebfläche wurde zwischen 1985 und 1995 neu strukturiert. Konnte 2006 den Verlust des Prädikats Grand cru classé vermeiden. Ordentliche Weine: nicht schlecht, aber auch kein Brüller.

Yquem, d' Saut w; (tr) s ★★★★ **79 80' 81' 83' 85 86' 88' 89' 90' 93 94 95' 96 97' 98 99' 00 01' 02 03' 04 05' 06' 07'** 08 09' 10 – Das Gut mit dem berühmtesten Süßwein der Welt; 10.000 Kisten von 101 ha. Sehr starke, intensive, üppige Gewächse. 3 Jahre Fassausbau. Die meisten Jahrgänge sollten mindestens 15 Jahre reifen; einige überdauern auch 100 Jahre und mehr in überirdischer Grandezza. Seit das Gut im Besitz von LVMH ist, hat es leichte Veränderungen hin zu ein wenig mehr Frische und etwas kürzerem Fassausbau gegeben. Das Management (dasselbe wie bei Cheval Blanc) ist vorausschauend und steigert die Preise ins Astronomische. Auch trockener »Y« (sprich: igrek) ist im Angebot.

Italien

Die folgenden Abkürzungen werden im Text verwendet:

Abr	Abruzzen
Ao	Aostatal
Apu	Apulien
Bas	Basilikata
Em-Ro	Emilia-Romagna
F-JV	Friaul–Julisch Venetien
Kal	Kalabrien
Kamp	Kampanien
Lat	Latium
Lig	Ligurien
Lomb	Lombardei
Mar	Marken
Mol	Molise
Piem	Piemont
Sar	Sardinien
Siz	Sizilien
Tosk	Toskana
T-S	Trentino–Südtirol
Umb	Umbrien
Ven	Venetien
CS	Cantina Sociale
DOC(G)	Denominazione di Origine Controllata (e Garantita): Kontrollierte (und garantierte) Herkunftsbezeichnung; DOCG ist die höchste Stufe der DOC; siehe auch Seite 163.
IGT	Indicazione Geografica Tipica
VdT	Vino da Tavola (Tafelwein)
fz	frizzante
Pa	Passito

Ist das 21. Jahrhundert das goldene Zeitalter für italienische Weine? Obwohl es die älteste kontinuierliche Weinbaukultur besitzt, hat Italien im Laufe seiner 3.000-jährigen Weingeschichte zwischen den seltenen Hochs jede Menge Tiefs erlebt, und das Beste, was man über die dunkleren Zeiten des italienischen Weins sagen kann, ist vielleicht, dass es trotzdem immer weiterging.

Seit dem letzten Drittel des 20. Jahrhunderts ist die Qualität in Italien jedoch sprunghaft gestiegen, während die Produktionsmenge abgenommen hat. Der Weinphilosoph des Landes, Angelo Gaja, formuliert das so: Wein ist in Italien kein Grundnahrungsmittel mehr, sondern ein Luxusgut und immer mehr eine Kunstform. Und wenn Italiens Weine auch noch nicht die Höhen erreicht haben, in denen sich die besten Erzeugnisse seiner einstigen Kolonie Gallia Transalpina – Frankreich also – bewegen, so würde doch die These, dass es dazu durchaus fähig ist, in den »Wein-ist-Kunst«-Kreisen kein spöttisches Gelächter mehr ernten.

Wir sagen das nicht zum ersten Mal: Mit seinem Schatz an einheimischem Rebmaterial, seiner geologischen und mikroklimatischen Vielfalt, seinem Spektrum an Breitengraden und Höhenlagen und nicht zuletzt mit der Kreativität seiner Einwohner hat Italiens Wein ein ungeheures Qualitäts-

Die dunklen Flächen bezeichnen die Weinbaugebiete

potenzial. Das bedeutet nicht, dass man ihm mit Ehrfurcht begegnen müsste. Schalten Sie Ihre Vorurteile aus und lassen Sie sich von komplizierten Namen nicht irritieren, sondern erfreuen Sie sich einfach an seinem Unterhaltungswert. Halten Sie sich fern von Flaschen mit Hinguck-Preisen und lassen Sie sich Italiens Wein – wie sein Essen – unbeschwert auf der Zunge zergehen.

Neuere Jahrgänge

Toskana

2010 Schlechtes Wetter während der Blüte verringerte den Ertrag um 10%. Auf einen sehr heißen Juli folgten ein wechselhafter August und September. Gute Frucht, wo sorgfältig ausgelesen wurde. Der Brunello ist sehr erfolgreich.

2009 Eher feuchter Juni und Juli, ein heißer, trockener, später Sommer und ein paar Tropfen im September. Rote wie weiße Trauben waren bei der Lese gesund, mit guter Säure und gutem Zuckergehalt: mindestens sehr gute Qualität bei durchschnittlichen Erträgen. Ab 2014 trinken (Brunello/Vino Nobile/Chianti Classico aus Einzellagen).

2008 Feuchter Frühling, sehr trockener Sommer mit einzelnen, teilweise heftigen Regen- und Hagelschauern. Unterschiedliche Ergebnisse, darunter hervoragende Weine, aber nicht unbedingt lange haltbar. Ab 2015 noch 5 Jahre trinken.

2007 Ideale Lesebedingungen sorgten für eine frühe Ernte von unterdurchschnittlicher Quantität, aber hoher Qualität. Ab 2013 noch 10 Jahre trinken.

2006 Ein ausgeglichenes Jahr ohne Temperaturextreme und mit maßvollem Regen. Der August war kühl, aber zur Erntezeit herrschte gutes Wetter. Vielleicht der beste Jahrgang seit 20 Jahren. Ab 2014 noch 20 Jahre trinken.

2005 Am erfolgreichsten an der Küste und für die Erzeuger, die vor dem heftigen Regen Anfang Oktober ernteten. Sangiovese in jeder Qualität: von Spitzenweinen bis zu verwässerten Tropfen. Sorgfältig auswählen.

2004 Hervorragend an der Küste, in Montepulciano und in Montalcino. Trotz der kühlen Witterung überall einige elegante Weine, die nun trinkreif werden. Ab 2012 noch 20 Jahre trinken.

Ältere gute Jahrgänge: 2001, 1999, 1997, 1995, 1990. Jahrgänge, die noch lagern können: 2001, 1999. Jahrgänge, die man austrinken sollte: 1997, 1995, 1990.

Piemont

2010 Kalter Winter, feuchter Frühling, glühend heißer Juli und wechselhaftes Saisonende. Die Qualität ist dementsprechend ungleichmäßig, aber geduldige Winzer bereiteten sehr gute Weine.

2009 Höhere Erntemenge, gute bis sehr gute Qualität, insbesondere bei Nebbiolo, der unter idealen Bedingungen gelesen wurde. Preise im Abwärtstrend. Zeit für die Schnäppchenjagd. Ab 2014 noch 10 Jahre und länger trinken (Barolo/Barbaresco).

2008 Auf einen feuchten Frühling folgte ein trockener, heißer Sommer. Einige großartige Barbera-Weine; für Nebbiolo ist es wohl noch zu früh für ein Urteil. Ab 2014 noch 20 Jahre trinken.

2007 Gute bis ausgezeichnete Qualität bei Barolo, Barbaresco und Barbera. Einige klassische Weine. Ab 2013 noch 10 Jahre und länger trinken.

2006 Ausgezeichneter Nebbiolo und Barbera. Der lagernswerteste Jahrgang des Jahrzehnts. Ab 2014 noch 20 Jahre trinken.

2005 Uneinheitlich für Barbera, der wegen des andauernden Regens gelegentlich sogar Fäulnisprobleme hatte, und für Nebbiolo. Es entstanden einige gute Weine, die auf dem derzeitigen Markt allerdings schwer zu verkaufen sind. Ab jetzt noch 5 Jahre und länger trinken.

Ältere gute Jahrgänge: 2004, 2001, 2000, 1999, 1998, 1997, 1996, 1995, 1990, 1989, 1988. Jahrgänge, die noch lagern können: 2001, 1999, 1996. Jahrgänge, die man austrinken sollte: 2000, 1997, 1990, 1988.

Amarone, Venetien, Friaul

2010 Gleiche Mengen wie 2009. Der Septemberregen wurde durch gelegentliche Sonnenstrahlen und Wind abgemildert. Gut für leichtere Weine, wenn auch der Regen Trauben im *appassimento* – die also trocknen sollten – Probleme bereitete.

2009 Geringe Ernte im Valpolicella, aber ausgezeichnete Fruchtqualität. Ideale Bedingungen zum Trocknen für Passito: klassische Weine. Gut für Prosecco, Pinot grigio und andere weiße Sorten im Osten. Ab 2015 trinken (Amarone).

2008 Bilderbuchjahr im Hinblick auf Temperaturen und Regen: Lese unter Idealbedingungen. Ein etwas geringer Ertrag, aber klassische Weine guter Qualität. Ab 2016 trinken.

2007 Die hochfliegenden Erwartungen gingen für einige Erzeuger im August in Hagel unter. Teilweise hervorragende Weine, aber sehr geringer Ertrag. Sorgfältig auswählen.

2006 Herausragend, mit neuem Rekord bei der zum Trocknen vorgesehenen Traubenmenge: 30 % mehr als in jedem früheren Jahrgang. Ab 2012 trinken.

2005 Die moderne Technologie zur Trocknung von Trauben rettete Amarone und Recioto. Weniger erfolgreich für Soave und andere Weißweine. Jetzt trinken.

2004 Klassische Weine, weniger konzentriert und voll als 2003. Ab jetzt bis 20 Jahre nach dem Lesejahr trinken.

Marken und Abruzzen

2010 Menge um 5 % (Marken) bis 15 % (Abruzzen) höher. Das wechselhafte Wetter war gut für die Aromen, aber es gab auch Fäulnisprobleme durch Regen bei der Lese. Ein schwieriges Jahr, zum Teil aber auch gute bis ausgezeichnete Ergebnisse.

2009 Feuchter Frühling, aber heißer, trockener Sommer. Ertragseinbruch bei Verdicchio und Montepulciano, dafür gute bis sehr gute Qualität, v. a. bei den Weißen. Ab 2012 trinken (Montepulciano d'Abruzzo/Conero).

2008 Östlich der Appeninnen war es regnerischer und kühler als im Norden und Westen, aber zur Lesezeit war es schön. Einige ausgezeichnete Weine. Ab 2011/2012 trinken.

2007 Unglaublich geringe Erntemengen, verursacht durch Hitze und Wassermangel, aber einige exzellente Rotweine. Ab 2012 trinken.

2006 Wo der Hagel ausblieb, allgemein positiv; besser als 2004 und 2005, aber nicht so gut wie 2003. Sorgfältig auswählen.

2005 Wer sich mit der Lese Zeit gelassen hatte, wurde mit reifen, gut strukturierten Weinen belohnt. Ab jetzt in den nächsten 5 Jahren trinken.

Kampanien und Basilikata

2010 Kräftiger Wuchs erforderte Sorgfalt im Weinberg. Wo diese gegeben war, entstanden leichtere Weißweine mit guten Aromen. Die Rotweine sind guter Durchschnitt, aber es ist noch zu früh, um Genaueres zu sagen.

2009 Feuchter Winter, trockener Sommer: reife, gesunde, aromatische Weißweine, Rote mit viel Substanz und Konzentration. Lagern (klassischer Aglianico/Taurasi).

2008 Trockener, langer Sommer. Ein klassischer Jahrgang für Aglianico; ebenfalls gut für Weißweine. Ab 2013 trinken.

2007 Gute bis ausgezeichnete Qualität. Ab 2013 trinken.

2006 Regen und Fäulnisprobleme in den tiefer gelegenen Gebieten; viel Sonne und eine lange Wachstumsperiode in den höheren Lagen. Sorgfältig auswählen.

2005 Aglianico weist Gewicht, Komplexität und Charakter auf. Möglicherweise der feinste aller italienischen Weine des Jahrgangs 2005. Ab 2012 trinken.

2004 Der Aglianico reifte langsam und unstet, hat sich aber besser entwickelt als ursprünglich erwartet. Ab jetzt in den nächsten 10 Jahren trinken.

Aglianico del Vulture Bas DOC r; tr ★★★ **01' 04** 05 06 07 08 (09) (10) – Nach drei Jahren Reife als Vecchio, nach fünf Jahren als Riserva bezeichnet. Italiens am spätesten reifende Qualitätstraube bringt auf den Hängen des erloschenen Vulkans Monte Vulture mit den besten Wein des Südens hervor. Spitzenweingüter: Alovini, Basilisco, Cantine del Notaio, Lucania, Macarico, Paternoster. Das wohl bekannteste, D'Angelo, heißt infolge eines Familienzerwürfnisses jetzt Donato D'Angelo.

Alba Piem – Die bedeutende Weinstadt im Piemont, südöstlich von Turin, ist für Trüffel, Schokolade und die prestigeträchtigsten Weine des Piemont, wenn nicht Italiens, berühmt: Barolo, Barbaresco, Nebbiolo d'Alba, Roero, Barbera d'Alba und Dolcetto d'Alba.

Albana di Romagna Em-Ro DOCG w; tr lbl s; (sch) ★→★★★ BV – Italiens erste »weiße« DOCG – die Einstufung ist nachvollziehbar für die süße Passito-Version, weniger verständlich für die unbedeutenden und kaum im Ausland anzutreffenden trockenen Stile. Bertinoro ist die Gemeinde mit den besten Erzeugern, zu denen Campodelsole, Celli, Madonia Giovanna und Fattoria Paradiso zählen. Zerbina produziert mit dem Scacco Matto die wohl beste süße Version.

Allegrini Ven ★★★ Spitzenerzeuger von Veroneser Weinen, u. a. überragenden Einzellagen-IGT-Gewächsen (La Grola und La Poja), Amarone und Recioto. Ist auch Anteilseigner von Poggio al Tesoro in Bolgheri und seit 2009 Poggio San Polo in Montalcino (Toskana).

Altare, Elio Piem ★★★ Wegweisender Erzeuger von Barolo mit kurzer Maischestandzeit. Beachtenswert: Barolo Arborina, Barolo Brunate, Langhe DOC Arborina (Nebbiolo), Larigi (Barbera), La Villa, VdT L'Insieme und Dolcetto d'Alba.

Alto Adige (Südtirol) T-S DOC r rs w; tr s; sch ★★→★★★★ Die weitgehend deutschsprachige Provinz Bozen feiert in Italien und im Ausland phänomenale Erfolge mit ihren bergfrischen mineralischen Weißen, weniger mit Rotweinen, außer mit dem hervorragenden Pinot nero. Mehrere ausgezeichnete Genossenschaften und viele kleine und mittlere Privatbetriebe echter Qualität.

Ama, Castello di Tosk ★★★ Eines der besten und beständigsten Chianti-Classico-Weingüter (bei Gaiole). Erstklassige Einzellagenweine: La Casuccia und Bellavista; gute IGT-Versionen von Chardonnay und Merlot (L'Apparita).

Amarone della Valpolicella Ven DOCG r ★★→★★★★ **90' 95 97 98 00 01 03' 04** 06' 07 (08) (09) (10) – Hieß früher Recioto della Valpolicella Amarone. Relativ trockene Version des Recioto della Valpolicella aus luftgetrockneten Valpolicella-Trauben; konzentriert, recht langlebig. Erzeuger siehe Kasten Valpolicella S. 185. Ältere Jahrgänge sind schwer zu bekommen und neigen nach mehr als 20 Jahren zum Austrocknen. Die Weine werden nun nach langem Hin und Her als DOCG auf den Markt kommen.

Anselmi, Roberto Ven ★★★ Erzeuger in Monteforte (Soave), der vor einigen Jahren lieber die DOC verließ, als sich unsinnigen neuen Regeln zu unterwerfen. Verkauft seine Weine jetzt als IGT unter Markennamen wie Capitel Croce, Capitel Foscarino (trocken) und I Capitello Passito (süß). Die Keller wurden nach heftigen Regenfällen im November 2010 überflutet.

Antinori, Marchesi L. & P. ★★→★★★★ Alteingesessenes, immens einflussreiches Haus in Florenz mit (in der Regel zu Recht) bestem Renommee, heute Alleinbesitz von Piero Antinori, der die Leitung der Firma mittlerweile immer mehr seinen drei Töchtern und dem Önologen Renzo Cotarella überlässt. Berühmt für Chianti Classico (v. a. Tenute Marchese Antinori und Badia a Passignano) sowie Wein aus Umbrien (Castello della Sala) und Piemont (Prunotto), insbesondere aber für die Supertoskaner Tignanello und Solaia. Besitzt auch ein Gut in der südtoskanischen Maremma (Fattoria Aldobrandesca), in Montepulciano (La Braccesca), Montalcino (Pian delle Vigne), in Asti (für Barbera), in der Franciacorta mit Schaumwein (Montenisa) sowie in Apulien (Vigneti del Sud). Antinori erzeugt auch sehr guten DOC Bolgheri Guado al Tasso.

Apulien Italienisch Puglia, der Absatz des italienischen Stiefels. Historisch ein Massenweinerzeuger, heute mit einem zunehmend besseren Verhältnis von Qualität und Preis. Beste DOCs: Brindisi, Castel del Monte, Primitivo di Manduria, Salice Salentino. Erzeuger: Antinori, Botromagno, Michele Calò, Candido, Cantele, Cantine Paradiso, Castel di Selva, CS Due Palme, Conti Zecca, Coppadoro, La Corte, D'Alfonso del Sordo, Li Veli, Azienda Monaci (früher Masseria Monaci), Racemi, Rivera, Rubino, Rosa del Golfo, Taurino, Valle dell'Asso, Vallone.

Argiano Tosk – Hypermodernes Brunello-Gut, auf dem Hans Vinding-Diers auch den Cabernet Sauvignon/Merlot/Syrah-Verschnitt Solengo und den geschmeidigen sortenreinen Sangiovese Suolo erzeugt.

Argiano, Castello di, alias **Sesti** Tosk – Der Astronom Giuseppe Maria Sesti erzeugt hochklassigen biodynamischen Brunello und Bordeaux-artigen Terra di Siena.

Argiolas, Antonio Sar ★★→★★★ Spitzenerzeuger auf Sardinien mit ausgezeichnetem Cannonau, Nuragus, Vermentino und Bovale. Die roten IGT-Weine Turriga (★★★) und Korem gehören zu Italiens erster Riege von Rotweinen; dasselbe gilt für den Cerdena bei den Weiß- und den Angialis bei den Süßweinen.

Arneis Piem DOCG w ★★→★★★ BV – Feiner Weißwein mit Pfirsich-/Apfelnote aus der Gegend um Alba. Zwei Qualitätsbereiche: Roero DOCG und Langhe DOC. Am besten von Correggia, Bruno Giacosa, Malvirà, Angelo Negro, Prunotto, Sorilaria, Vietti.

Asti Piem DOCG w; s; sch ★→★★★ oJ – Piemontesischer Schaumwein von der Muscat-Traube, früher als Asti Spumante bekannt. Die Erzeuger sind meist mehr an niedrigen Preisen als an hoher Qualität interessiert, was den DOCG-Status fragwürdig macht. Siehe auch Moscato, Barbera. Zu den wenigen Spitzenerzeugern gehören Bera, Cascina Fonda, Contratto, Dogliotti-Caudrina, Vignaioli di Santo Stefano.

Avignonesi Tosk ★★★ Edles Montepulciano-Weingut, sehr bekannt für lange gereiften Vin Santo und Occhio di Pernice (★★★★), aber auch für Vino Nobile aus Weinbergen mit Buschreben in hoher Pflanzdichte, die nach dem traditionellen Settonce-System erzogen sind. Spitzenrotwein ist der Riserva Grandi Annate.

Zehn Spitzen-Barberas

Die meisten erstklassigen Barbera-Weine stammen aus den piemontesischen DOC-Bereichen Barbera d'Asti und Barbera d'Alba, doch gelegentlich entstehen auch anderswo ausgezeichnete Versionen.
Barbera d'Alba: Boglietti (Vigna dei Romani), Clerico (Trevigne), Prunotto (Pian Romualdo), Voerzio Gianni (Ciabot della Luna), Voerzio Roberto (Pozzo dell'Annunziata)
Barbera d'Asti: Braida (Bricco dell'Uccellone), Coppo (Pomorosso), CS Vinchio Vaglio (Vigne Vecchie), Perrone (Mongovone)
Langhe: Altare (Larigi)

Azienda agricola (oder **agraria**) Ein – großes oder kleines – Weingut, das selbst angebaute Trauben verkeltert.

Badia a Coltibouno Tosk ★★→★★★ Der erstklassige Erzeuger von Chianti Classico ist auf Riservas spezialisiert, auch wenn sein Spitzenwein heute der von 100 % Sangiovese bereitete, im Barrique ausgebaute Supertoskaner namens Sangioveto ist.

Banfi (Castello oder **Villa)** Tosk ★★→★★★ Kellerei eines großen US-Importeurs italienischer Weine in Montalcino. Ausgedehnte Weinberge auf niedriger gelegenen Südhängen bei Montalcino, in denen auch aus eigenem Versuchsanbau stammende Sangiovese-Klone stehen; dazu Cabernet Sauvignon, Merlot, Syrah, Pinot nero, Chardonnay, Sauvignon blanc und Pinot grigio. Die Supertoskaner-Verschnitte von französischen Sorten machen sich meist besser als die etwas zu extraktreichen Brunello-Weine.

Barbaresco Piem DOCG r ★★→★★★★ **88 89' 90' 95 96' 97 98 99' 00 01 04** 06' 07 08' (09) (10) – Klassischer piemontesischer Rotwein, reinsortig von Nebbiolo, der über ähnlich große aromatische und geschmackliche Komplexität wie Barolo verfügt, aber mit weniger Kraft und mehr Eleganz. Mindestalterung 2 Jahre, davon 1 Jahr im Holz; nach 4 Jahren Riserva.

Barbera Die meistangepflanzte Rotweinsorte Nordwestitaliens, vorherrschend im Piemont, in der Lombardei und in den Colli Piacentini, kommt außerdem in Verschnitten in ganz Italien, ja auf der ganzen Welt vor. Viel Säure, wenig Tannin und eine charakteristische Kirschfruchtigkeit sind ihre wichtigsten Merkmale. Kann unterschiedliche Charaktere aufweisen, von ernsthaften Versionen mit Barriqueausbau bis hin zu lieblich und schäumend. Die bedeutendsten Barbera-Weine entstehen in Alba (Barbera d'Alba), wo die Sorte hinter Nebbiolo die zweite Geige spielt, und in Asti (Barbera d'Asti), wo sie die rote Protagonistin ist. Siehe auch Braida. Spitzenerzeuger siehe Kasten oben.

Barco Reale Tosk DOC r ★★ **06 07 08** 09 (10) – DOC für eine früher genussreife Version des Carmignano aus den gleichen Trauben wie dieser. Siehe Capezzana.

Bardolino Ven DOC r rs ★→★★ BV – Heller, sommerlicher, etwas bitterer Rotwein vom Gardasee. Bardolino Chiaretto (heller Rosé) ist der wohl passendste Stil. Spitzenerzeuger: u. a. Buglioni, Cavalchina, Guerrieri Rizzardi, Le Fraghe, Montresor, Pantini, Zenato, Zeni.

Barolo Piem DOCG r ★★★→★★★★ **88' 89' 90' 95 96' 97' 98' 99' 00 01' 04' 05** 06' 07' (08') (09') (10') – Italiens großartigster Rotwein, reinsortig von Nebbiolo, aus dem gleichnamigen Ort südlich von Alba oder einem von zehn anderen Gemeinden (bzw. Teilen davon). Die besten verbinden Kraft und Eleganz, frische Tannine und Duft und müssen bei der Freigabe 3 Jahre (5 für Riserva) ausgebaut worden sein, davon 2 Jahre im Holzfass. Zwischen 1995 und 2001 genoss Barolo eine Serie von sieben guten bis ausgezeichneten Jahrgängen, die sich zwischen 2004 und 2010 wiederholte. Die Erzeuger (siehe Kasten S. 152) unterteilen sich in Traditionalisten (lange Maischestandzeit, große Eichenfässer) und Modernisten (kürzere Maischestandzeit, oft Ausbau im Barrique).

Barolo Chinato Piem – Ein »medizinischer« Wein aus Barolo, Alkohol, Zucker, Kräutern, Gewürzen und Chinarinde. Von Giuseppe Cappellano erfunden, dessen Erben immer noch die besten Erzeuger dafür sind.

Barrique Dieses 225 l fassende, meist, aber nicht notwendigerweise aus französischer Eiche gebaute Fass wurde zur wichtigsten Waffe der Internationalisten Italiens und zum roten Tuch für die Traditionalisten, die die rauchigen Vanillenoten, die es dem Wein mitgibt, ablehnen und die größere Botte bevorzugen.

Die Besten bei Barbaresco

Hier sind zehn hervorragende Barbaresco-Weine, die es sich zu erjagen lohnt, v. a. da die Preise zurzeit sehr nach unten tendieren: Cantina del Pino (Ovello), Castello di Neive (Riserva Santo Stefano), Castello di Verduno (Rabajà), Gaja (Barbaresco), Giacosa Bruno (Asili Riserva), Marchesi di Gresy (Camp Gros), Paitin (Vecchie Vigne), Produttori del Barbaresco (Ovello), Rocca Albino (Brich Ronchi), Rocca Bruno (Rabajà).

Basciano Tosk ★★ Erzeuger von gutem DOCG Chianti Rùfina sowie IGT-Weinen.

Bellavista Lomb ★★★ Weingut in der Franciacorta mit überzeugendem Schaumwein im Champagnerstil (Gran Cuvée Franciacorta ist hervorragend). Auch Satèn, ein Schaumwein im Crémant-Stil. Daneben DOC Terre di Franciacorta sowie IGT Sebino namens Solesine (beides Verschnitte von Cabernet Sauvignon und Merlot). Der Besitzer, Vittorio Moretti, ist inzwischen auch in der toskanischen Maremma, im Val di Cornia (Petra) und in Monteregio aktiv.

Bera, Walter Piem ★★→★★★ Kleines piemontesisches Weingut mit erstklassigen Moscato-Weinen (Moscato d'Asti, Asti) und feinen Roten (Barbera d'Asti, Barbaresco, Langhe Nebbiolo).

Berlucchi, Guido Lomb ★★ Größter Hersteller von Metodo-classico-Schaumwein in Italien.

Bersano Piem ★→★★ Historisches Weinhaus in Nizza Monferrato mit Barbera d'Asti Generala und Barolo Badarina sowie den meisten piemontesischen DOC-Weinen, darunter Barbaresco, Moscato d'Asti sowie Asti.

Bertani Ven ★★→★★★ Bekannter Erzeuger von Veroneser Qualitätsweinen, namentlich traditionellem Amarone und Valpolicella Valpantena Secco Bertani.

Bianco di Custoza Ven DOC w; (sch) ★→★★ BV – Frischer Weißwein vom Gardasee aus einer ganzen Reihe verschiedener Sorten, darunter die Garganega-Traube des Soave und Cortese aus dem Piemont. Empfehlenswert von Cavalchina, Le Tende, Le Vigne di San Pietro, Montresor und Zeni.

Barolo-Top-Ten

Hier sind – in alphabetischer Reihenfolge – zehn herausragende Versionen des großartigsten italienischen Weins aufgelistet, alle aus Weinbergen in den zentralen Gemeinden Barolo, Castiglione Falletto, Monforte d'Alba und Serralunga: Cavallotto (Bricco Boschis Vigna San Giuseppe), Conterno Aldo (Granbussia), Conterno Giacomo (Monfortino), Mascarello Bartolo (Barolo), Mascarello Giuseppe (Monprivato), Massolino (Vigna Rionda), Rinaldi Giuseppe (Brunate-Le Coste), Sandrone (Cannubi Boschis), Scavino Paolo (Bric del Fiasc), Vietti (Lazzarito).

Biondi-Santi Tosk ★★★★ Franco Biondi-Santi ist schon hoch in den Achtzigern, bereitet aber auf seinem Gut Il Greppo weiterhin Brunello di Montalcino auf sehr traditionelle Art – so, wie es schon sein Vater Tancredi und sein Großvater Ferruccio getan haben. In den besten Jahren sollen die Weine 100 Jahre alt werden können. Die Riserva von 2004 (★★★★) könnte so ein Wein sein.

Bisol Ven – Hochklassige Prosecco-Marke.

Boca Piem – Siehe Gattinara.

Boglietti, Enzo Piem ★★★ Dynamischer neuer Erzeuger in La Morra im Barolo-Gebiet. Erstklassige Barolos im modernen Stil (Arione, Case Nere) und hervorragender Barbera d'Alba (Vigna die Romani, Roscaleto).

Bolgheri Tosk DOC r rs w; (s) ★★→★★★★ Das von einer Stadtmauer umgebene Künstlerdorf an der toskanischen Küste steht Pate für eine zunehmend stilvolle und teure Gruppe von Supertoskanern, die vornehmlich von Bordeaux-Sorten mit etwas Syrah und einem Schuss Sangiovese erzeugt werden. Klingende Namen sind hier Sassicaia (ursprünglicher Auslöser des Kults), Antinori (Guado al Tasso), Frescobaldi (Ornellaia), Gaja (Ca' Marcanda), Allegrini (Poggio al Tesoro), Folonari (Campo al Mare) sowie die einheimischen Erzeuger Le Macchiole und Michele Satta.

Bolla Ven ★★ Historischer Veroneser Erzeuger von Soave, Valpolicella, Amarone, Recioto. Heute im Besitz der mächtigen Gruppo Italiano Vini.

Bonarda Lomb DOC r ★★ **06 07 08** 09 (10) – Milder, frischer roter Frizzante und Stillwein aus dem lombardischen Oltrepò Pavese, von der Croatina-Traube erzeugt und nicht zu verwechseln mit der Rebsorte Bonarda aus dem Piemont.

Borgo del Tiglio F-JV ★★★→★★★★ Nicola Manferrari gehört zu den besten Weißweinerzeugern in Italien; besonders eindrucksvoll sind der Collio Friulano Ronco della Chiesa und der Studio di Bianco. Der Rosso della Centa ist einer der besten Merlot-Weine des Landes.

Boscarelli, Poderi Tosk ★★★ Kleines Weingut mit sehr gutem Vino Nobile di Montepulciano Nocio dei Boscarelli und Supertoskaner-Verschnitt Boscarelli.

Botte (Plural *botti*) Großes Fass mit 6 bis 250 hl, meist aber zwischen 20 und 50 hl Kapazität, traditionell aus slawonischer, immer öfter jedoch auch aus französischer Eiche. Für Traditionalisten der ideale Behälter für den Ausbau italienischer Weine, in denen kein zu deutlicher Eichenton erwünscht ist.

Brachetto d'Acqui Piem DOCG r; s; (sch) ★★ BV – Süßer roter Schaumwein mit verlockendem Muskataroma. Einige diskutieren schon über einen erhöhten DOCG-Status.

Braida Piem ★★★ Weingut des verstorbenen Giacomo Bologna: erstklassiger Barbera d'Asti (Bricco dell'Uccellone, Bricco della Bigotta, Ai Suma).

Bramaterra Piem – Siehe Gattinara.

Breganze Ven DOC r w ★→★★★ **01 02 03 04** 06 07 08 (09) (10) – Großes Anbaugebiet für Pinot grigio; auch guter Vespaiolo (stiller und schäumender Weißwein sowie süßer Torcolato), Pinot nero und Cabernet Sauvignon. Spitzenerzeuger: Maculan und Beato Bartolomeo.

Brindisi Apu DOC r rs ★★ r **04 05 06 07** 08 (09) (10); rs BV – Geschmeidiger Rotwein auf Negroamaro-Basis mit Montepulciano; v. a. von Vallone, Due Palme, Rubino. Die Rosato-Version gehört manchmal zu Italiens besten.

Brolio, Castello di Tosk ★★→★★★ Das historische Gut ist das größte im Chianti-Classico-Gebiet und gedeiht nach einem Tief unter fremder Leitung nun wieder unter der Familie Ricasoli. Sehr guter Chianti Classico und IGT Casalferro.

Brunelli, Gianni Tosk ★★★ Vor Kurzem verstorbener Erzeuger von elegantem, verfeinertem Brunello di Montalcino. Nicht mit anderen Brunellis in Montalcino zu verwechseln. Wird jetzt von Giannis Witwe Laura geführt.

Die besten Brunellos – Top Ten und der Rest

Von jedem der folgenden Erzeuger kann man einen anständigen Brunello di Montalcino erwarten; die zehn, die wir für die besten halten, sind mit einem Stern (*) gekennzeichnet.

Pieri Agostina, Altesino, Argiano, Argiano (Castello di), Baricci, Biondi-Santi *, Gianni Brunelli*, Camigliano, La Campana, Campogiovanni, Canalicchio di Sopra, Canalicchio di Sotto, Caparzo, Casanova di Neri, Case Basse*, Castelgiocondo, Cerbaiona*, Ciacci Piccolomini, Col d'Orcia, Collemattoni, Corte Pavone, Costanti, Eredi Fuligni, Il Colle, Il Paradiso di Manfredi, La Fuga, La Gerla, Lambardi, Lisini*, La Magia, La Mannella, Le Potazzine, Marroneto, Mastrojanni*, Oliveto, Siro Pacenti, Palazzo, Pertimali, Pieve di Santa Restituta, La Poderina, Pian dell'Orino*, Il Poggione*, Poggio Antico, Poggio di Sotto*, Salvioni-Cerbaiola*, Uccelliera, Val di Suga, Valdicava.

Brunello di Montalcino Tosk DOCG r ★★★→★★★★ **85' 87 88 90' 93 95 97 99' 00** 01 03 04' 06' (07) (08') (09') (10) – Neben Barolo der gefeiertste Rotwein Italiens: hocharomatisch, tanninbetont und langlebig. Mindestens 4 Jahre Reife, nach 5 Jahren Riserva. Puristen kämpfen für den Erhalt des Reinheitsgebots, das reinsortigen Sangiovese vorschreibt, und gegen den selbstmörderischen Vorschlag, kleine Anteile anderer Rebsorten wie Cabernet Sauvignon, Merlot oder Syrah zuzulassen.

Brunellopoli Tosk – Der Brunello di Montalcino soll zu 100 % aus Sangiovese bestehen, doch 2008 gerieten einige sehr bekannte Erzeuger in den Verdacht, andere Sorten mitverschnitten zu haben. Inzwischen haben sich die Wogen geglättet, doch fallende Preise legen nahe, dass Montalcino noch nicht aus dem Gröbsten heraus ist.

Burlotto, Commendatore G. B. Piem ★★★ Fabio Alessandria erzeugt schön bereitete und klar definierte sortenreine Piemonteser Weine, allen voran Barolo Cannubi und Monvigliero; für Letzteren werden die Trauben mit den Füßen gestampft.

Bussola, Tommaso Ven ★★★★ Führender Erzeuger von Amarone, Recioto und Ripasso in der Region Valpolicella. Überwältigender Amarone Vigneto Alto und Recioto TB.

Caberlot Tosk – Vollmundiger, saftiger Rotwein von einer Kreuzung aus Cabernet franc und Merlot, die angeblich ausschließlich von Bettina Rogosky auf ihrem Gut Il Carnasciale bei Arezzo (Toskana) angebaut wird. Der Wein wird nur in Magnumflaschen verkauft.

Cabernet franc Italienische Internationalisten geben dieser Sorte immer öfter den Vorzug vor Cabernet Sauvignon. Viele der vermeintlichen Cabernet-franc-Bestände in Nordostitalien wurden inzwischen als Carmenère identifiziert.

Cabernet Sauvignon Die große Bordeaux-Traube hat bei der Renaissance des italienischen Rotweins (siehe z. B. Sassicaia) eine entscheidende Rolle gespielt. Besonders einflussreich in der Toskana als Juniorpartner des Sangiovese, verliert jetzt aber an Boden gegen einheimische Verschnittsorten sowie Cabernet franc.

Ca' dei Frati Lomb ★★★ Der beste Erzeuger von DOC Lugana; außerdem sehr guter trockener weißer IGT-Verschnitt Pratto, süßer Tre Filer und roter IGT Ronchedone.

Ca' del Bosco Lomb ★★★★ Nummer eins der Weingüter in der Franciacorta, das dem großen Pinot-grigio-Erzeuger Santa Margherita gehört, aber immer noch vom Gründer Maurizio Zanella geleitet wird. Hervorragender Schaumwein nach der klassischen Methode, v. a. Annamaria Clementi (der Dom Pérignon Italiens) und Dosage Zéro; daneben auch ausgezeichneter Rotwein Maurizio Zanella im Bordeaux-Stil, burgunderartiger Pinot nero Pinero und Chardonnay.

Cafaggio, Villa Tosk ★★★ Sehr verlässliches Chianti-Classico-Weingut mit den hervorragenden IGT-Weinen San Martino (Sangiovese) und Cortaccio (Cabernet Sauvignon).

Caiarossa Tosk ★★★ Riparbella in der nördlichen Maremma beginnt dank seiner Höhe (durchschnittlich 200 m) und seiner Nähe zum Meer anspruchsvolle Weinerzeuger anzulocken. Dieses internationale Projekt (der niederländische Besitzer Jelgersma aus Bordeaux und der französische Kellermeister Dominique Génot mit australischem Background) bringt einige äußerst hochklassige Rotweine (Pergolaia, Caiarossa) sowie den sehr schmackhaften Caiarossa Bianco hervor.

Calatrasi Siz ★→★★★ Produktiver Erzeuger von guten sizilianischen IGT-Weinen der Reihen D'Istinto und Ginestra.

Ca' Marcanda Tosk – Weingut in Bolgheri, seit 1996 im Besitz von Gaja. Der Fokus liegt auf internationalen Sorten: Cabernet Sauvignon, Merlot, Cabernet franc und Syrah.

Cannonau di Sardegna Sar DOC r (rs); tr – Cannonau, oder Grenache, ist die rote Haupttraube Sardiniens, die, besonders im Südosten, gehaltvolle, weiche Rotweine erbringt, aber sowohl reinsortig als auch in Verschnitten auf der ganzen Insel verwendet wird – wie es die DOC Cannonau di Sardegna widerspiegelt. Spitzenerzeuger: Argiolas, Contini, Dettori, Giuseppe Gabbas, Jerzu, Loi, Sedilesu.

Cantalupo, Antichi Vigneti di Piem ★★→★★★ Erstklassige Ghemme-Weine, v. a. Breclemae und Carellae aus Einzellagen.

Cantina Kellerei, doch auch Weinbars schmücken sich mit diesem Namen.

Capezzana, Tenuta di Tosk ★★★ Von dem toskanischen Gut der produktiven Familie Contini Bonacossi kommt guter Barco Reale, hervorragender Carmignano (v. a. Villa di Capezzana, Trefiano) sowie ein sehr guter Rotwein im Bordeaux-Stil namens Ghiaie della Furba und ein Trebbiano-Weißwein im alten Stil.

Capichera Sar ★★★ Sehr guter Erzeuger von Vermentino di Gallura zu Spitzenpreisen, v. a. Vendemmia tardiva. Jetzt auch exzellenter roter Manènghja von Carignano-Trauben.

Cappellano Piem ★★★ Der verstorbene Teobaldo Cappellano war einer der Charakterköpfe des Barolo, der einen Teil seiner Lagen im Cru Gabutti für wurzelechte Nebbiolo-Reben reserviert hatte (Pie Franco). Exzellente Barolos in einem ausgeprägt traditionellen Stil, auch Barolo Chinato, der von einem Vorfahren erfunden wurde.

Caprai Umb ★★★→★★★★ Großer, hochklassiger Erzeuger im umbrischen Montefalco, gleichermaßen Marktführer und Experimentierer. Wunderbarer DOCG Montefalco Sagrantino (v. a. der 25 Anni); sehr guter DOC Rosso di Montefalco.

Capri Kamp DOC r rs w ★→★★ Legendäre Insel mit viel missbrauchtem Namen. Interessante Weine nur von La Caprense.

Carema Piem DOC r ★★→★★★ **99 00 01 03 04'** 06' 07 (08) (09) (10) – Eleganter Rotwein von Nebbiolo-Trauben, die auf niedrigen, aber steilen Hängen an der Grenze zum Aostatal wachsen. Am besten von Luigi Ferrando.

Carignano del Sulcis Sar DOC r rs ★★→★★★ **04 06** 08 (09) (10) – Milder, aber intensiver Rotwein aus dem Südwesten Sardiniens. Am besten sind Terre Brune und Rocca Rubia von der CS di Santadi.

Carmignano Tosk DOCG r ★★★ **90' 95 97' 99 00 01 02 04** 06 07 08 (09) (10) – Region westlich von Florenz; Sangiovese mit etwas Cabernet franc und Cabernet Sauvignon ergeben markante, potenziell außergewöhnliche Rotweine. Am besten von Ambra, Capezzana, Farnete, Piaggia, Le Poggiarelle, Pratesi.

Carpenè Malvolti Ven – Führende Marke für Prosecco und andere Schaumweine in Conegliano.

Carricante Die wichtigste Weißweintraube des Etna Bianco feiert gerade ein rauschendes Comeback.

Cartizze Ven – Bekannter, häufig zu teurer und zu süßer DOC Prosecco aus der angeblich besten Unterzone von Valdobbiadene.

Casanova di Neri Tosk ★★★ Moderner Brunello di Montalcino, teurer Cerretalto und Tenuta Nova, dazu Pietradonice (Cabernet Sauvignon) und sehr guter Rosso di Montalcino.

Case Basse Tosk ★★★★ Gianfranco Soldera, ein Ökomusterknabe, behauptet, den definitiven Brunello zu erzeugen – und viele Freunde des traditionellen Stils sind ganz seiner Meinung. Sehr teuer und schwer zu bekommen.

Castel del Monte Apu DOC r rs w ★→★★ r **04 06 07** 08 09 (10); w rs BV – Trockene, frische, ausgeglichene Weine aus einer DOC in Apuliens Mitte. Von Vigneti del Sud (Antinori) stammen der gute Pietrabianca und der ausgezeichnete Bocca di Lupo; sehr gut auch Le More von Santa Lucia. Interessante neue Rote kommen von Cocevola und Giancarlo Ceci. Siehe auch Rivera.

Italien

Castelgiocondo Tosk ★★★ Frescobaldi-Weingut, das zweitgrößte in Montalcino. Guter IGT Merlot Lamaione.

Castellare Tosk ★★→★★★ Chianti-Classico-Erzeuger mit erstklassigem IGT I Sodi di San Niccolò auf Sangiovese-Basis und zeitgemäßem Chianti, v.a. Riserva Vigna Poggiale. Außerdem Poggio ai Merli (Merlot) und Coniale (Cabernet Sauvignon).

Castell' in Villa Tosk ★★★ Sehr gutes Chianti-Classico-Weingut in Castelnuovo Berardenga.

Castello Burg, Schloss (siehe unter dem jeweiligen Eigennamen, z.B. Ama, Castello di).

Castelluccio Em-Ro ★★→★★★ Erzeuger von hochwertigem sortenreinem Sangiovese aus der Romagna: IGT Ronco dei Ciliegi und Ronco delle Ginestre. Der Massicone ist ein hervorragender Sangiovese/Cabernet Sauvignon-Verschnitt.

Cataratto Die ertragreiche Weißweintraube ist in ganz Sizilien anzutreffen, v.a. im Westen in der DOC Alcamo.

Caudrina – Romano Dogliotti Piem ★★★ Moscato d'Asti der Spitzenklasse (La Galeisa und La Caudrina).

Cavicchioli Em-Ro ★→★★ Erzeuger mit großer Produktion von Lambrusco und anderen Perlweinen: Lambrusco di Sorbara Vigna del Cristo ist am besten. Auch Terre di Franciacorta.

Ca' Viola Piem – Wortspielerischer Name des piemontesischen Guts des einflussreichen Weinberaters Beppe Caviola. Erstklassige Weine auf Dolcetto- und Barbera-Basis.

Ca' Vit – Cantina Viticoltori T-S – Verbund von Genossenschaften bei Trient. Umfangreiche Produktion, am besten ist der Schaumwein Graal.

Cecchi Tosk ★→★★ Großer toskanischer Erzeuger und Abfüller von Chianti Classico, Riserva und IGT.

Cerasuolo Abr DOC rs ★ Die Rosato-Version von Montepulciano d'Abruzzo. Probierenswert.

Cerasuolo di Vittoria Siz DOCG r ★★ **04 05 06** 07 08 (09) (10) – Mittelschwerer Rotwein von Frappato- und Nero-d'Avola-Trauben in Südostsizilien; interessant v.a. von Planeta, Valle dell'Acate und COS.

Ceretto Piem ★★→★★★ Führender Erzeuger von Barbaresco (Bricco Asili), Barolo (Bricco Rocche, Brunate, Prapò), Langhe Rosso Monsordo und Arneis.

Cerro, Fattoria del Tosk ★★★ Weingut im Besitz des Versicherungsgiganten SAI, das sehr guten DOCG Vino Nobile di Montepulciano (v.a. Einzellagenwein Antica Chiusina) erzeugt. Mit dazu gehören La Poderina (Brunello di Montalcino), Colpetrone (Montefalco Sagrantino) und das 1.000 ha große Weingut Monterufoli im Norden der Maremma.

Chardonnay Die weiße Traube aus Burgund gedeiht seit dem 19. Jahrhundert in Nordostitalien (Trentino–Südtirol, Friaul–Julisch Venetien). Seit jüngerer Zeit ist sie auch in hochklassigen Weinen aus der Toskana (Isole e Olena Collezione de Marchi), aus Umbrien (Cervaro vom Castello della Sala) und sogar aus Sizilien (Planeta) anzutreffen.

Chianti Tosk DOCG r ★→★★★ Seit Jahrhunderten der örtliche Wein zwischen Florenz und Siena, frisch, fruchtig, leicht adstringierend, unkompliziert. Die sieben im 20. Jahrhundert geschaffenen Unterbereiche streben nach Höherem: in Rùfina (★★→★★★), den Colli Fiorentini (★→★★★) und Montespertoli kann Riserva im Classico-Stil entstehen; in Montalbano, den Colli Senesi und Aretini sowie in den Colline Pisane sind die Weine im Allgemeinen weniger anspruchsvoll.

Chianti Classico Tosk DOCG r ★★→★★★★ **97' 99 01 04'** 06' 07' 08 (09') (10) – Das historische Gebiet durfte seinem Namen den Begriff Classico hinzufügen, als die Weinbauregion Chianti Anfang des 20. Jahrhunderts auf praktisch die ganze mittlere Toskana ausgeweitet wurde. Es umfasst ganz oder teilweise 9 Gemeinden im hügeligen oder felsigen Gelände auf Höhen zwischen 250 und 500 Metern. Chianti Classico muss aus 80–100 % Sangiovese bestehen; die optionalen 20 % »andere Trauben« sind meist Cabernet Sauvignon oder Merlot – darüber gibt es immer wieder Auseinandersetzungen zwischen Modernisten und Traditionalisten.

Chiaretto Ven – Rosé, v. a. vom Gardasee. Siehe Bardolino.

Chiarlo, Michele Piem ★★→★★★ Guter Erzeuger im Piemont mit den Barolo-Weinen Cerequio und Cannubi sowie Barbera d'Asti, Langhe und Monferrato Rosso. Auch Barbaresco.

Wer macht wirklich guten Chianti Classico?

Da das Chianti-Classico-Gebiet wirklich groß ist und sich dort Hunderte von Erzeugern tummeln, ist es gar nicht so einfach, die besten herauszupicken. Die Top Ten sind mit einem Stern gekennzeichnet. Ama*, Antinori, Badia a Coltibuono*, Bibbiano, Le Boncie, Il Borghetto, Bossi, Brolio, Cacchiano, Cafaggio, Capannelle, Capraia, Carobbio, Casaloste, Casa Sola, Castellare, Castell'in Villa, Le Cinciole, Collelungo, Le Corti, Mannucci Droandi, Fèlsina*, Le Filigare, Fonterutoli, Fontodi*, Isole E Olena*, Lilliano, Il Molino di Grace, Monsanto*, Monte Bernardi, Monteraponi*, Nittardi, Nozzole, Palazzino, Paneretta, Petroio-Lenzi, Poggerino, Poggiolino, Poggiopiano, Poggio al Sole, Querciabella*, Rampolla, Riecine, Rocca di Castagnoli, Rocca di Montegrossi*, Ruffino, San Fabiano Calcinaia, San Felice, San Giusto a Rentennano*, Savignola Paolina, Selvole, Vecchie Terre di Montefili, Verrazzano, Vicchiomaggio, Vignamaggio, Villa La Rosa*, Viticcio, Volpaia*.

Ciabot Berton Piem ★★★ Kleiner Erzeuger in La Morra mit erstklassigem Barolo zu bescheidenen Preisen.

Ciliegiolo In der toskanischen Maremma einheimische Rebsorte, von der vermutlich Sangiovese abstammt. Traditionell ein Verschnittpartner; jetzt zunehmend reinsortig verwendet, besonders eindrucksvoll von Rascioni e Cecconello und Sassotondo.

Cinque Terre Lig DOC w; tr s; Pa ★★ Trockener Weißwein aus wenig bekannten Rebsorten, die im Touristenparadies an der ligurischen Küste in felsigen Steillagen wachsen. Die süße Version heißt Sciacchetrà.

Cirò Kal DOC r (rs w) ★→★★★ Kräftiger Rotwein von der wichtigsten kalabrischen Traube Gaglioppo, oder leichter, fruchtiger Weißwein von Greco (BV). Spitzenerzeuger: Caparra, Ippolito, Librandi (Duca San Felice ★★★), San Francesco (Donna Madda und Ronco dei Quattro Venti), Santa Venere.

Classico Bezeichnung für Wein aus einem begrenzten Bereich innerhalb einer DOC. Dem Namen nach, oft aber auch in der Praxis, der beste Wein der jeweiligen Gegend. Siehe auch Metodo classico.

Clerico, Domenico Piem ★★★ Etablierter Barolo-Erzeuger der modernistischen Fraktion, v. a. mit den Crus Percristina und Ciabot Mentin

Ginestra. Dazu kommt ein exzellenter Verschnitt von Nebbiolo und Barbera namens Arte.

Coffele Ven ★★★ Erzeuger mit einigen der besten Lagen im Soave-Classico-Gebiet; stahlige, mineralische Weine im klassischen Stil. Probieren Sie den Cru Cà Visco.

Col d'Orcia Tosk ★★★ Das drittgrößte Weingut in Montalcino (Besitzer Francesco Marone Cinzano) mit Topqualität. Am besten ist der Brunello Riserva Poggio al Vento.

Colli Hügel (Singular *colle*). Kommt in vielen Weinnamen vor.

Colli Bolognesi Em-Ro DOC r w ★★ DOC-Bezeichnung für selten anzutreffende reinsortige Weine, ohne die sonst allgegenwärtigen Sangiovese- und Trebbiano-Gewächse. Terre Rosse war der Vorreiter unter den Erzeugern, jetzt sind auch Bonzara (★★→★★★) und andere dazugekommen.

Colli del Trasimeno Umb DOC r w ★→★★★ r **04 05 06'** 07' 08 (09) (10) – Lebhafte Weiße aus der Gegend um Perugia, aber auch gute Rotweine. Spitzenerzeuger: Duca della Corgna, La Fiorita, Pieve del Vescovo, Poggio Bertaio.

Colli Euganei Ven DOC r w; tr lbl; (sch) ★→★★★ BV – DOC südwestlich von Padua. Rot-, Weiß- und Schaumwein sind gefällig, aber selten besser. Spitzenerzeuger: Ca' Lustra, La Montecchia, Speaia, Vignalta.

Colline Novaresi Piem – Siehe Gattinara.

Collio F-JV DOC r w ★★→★★★★ Bedeutendes Qualitätsanbaugebiet an der slowenischen Grenze. Bekannt v. a. für komplexe, manchmal absichtlich oxidierte Weine, die in irdenen Gefäßen/Amphoren, die im Boden eingegraben sind, zusammen mit den Schalen vinifiziert werden dürfen. Aus verschiedenen französischen, deutschen und slawischen Sorten entstehen auf diese Weise einige exzellente, einige entsetzliche Weine. Zu den vielen guten bis ausgezeichneten Erzeugern gehören u. a. Borgo del Tiglio, La Castellada, Castello di Spessa, Marco Felluga, Fiegl, Gravner, Renato Keber, Livon, Aldo Polencic, Primosic, Princic, Russiz Superiore, Schiopetto, Tercic, Terpin, Venica & Venica, Villa Russiz, Zuani.

Colli Orientali del Friuli F-JV DOC r w; tr s ★★→★★★★ DOC in den Hügeln östlich von Udine; ähnlich wie Collio, aber weniger experimentell ausgerichtet. Spitzenerzeuger: u. a. Meroi Davino, Miani, Moschioni, Livio Felluga, Rosa Bosco, Ronco del Gnemiz. Von Verduzzo oder Picolit gekelterte Süßweine können großartig sein (Cos, Dri).

Colli Piacentini Em-Ro DOC r rs w ★→★★ BV – DOC in der Gegend südlich von Piacenza mit 11 französischen und lokalen Rebsorten, aus denen Weine wie der traditionsreiche Gutturnio und der Monterosso Val d'Arda gekeltert werden. Guter, perlender Malvasia. Die meisten Weine sind *frizzante*. Gute Erzeuger: Montesissa, Mossi, Romagnoli, Solenghi, La Stoppa, Torre Fornello, La Tosa.

Colterenzio, Cantina Produttori (Schreckbichl) T-S ★★→★★★ Pionier der Qualitätsweinherstellung unter den Kellereigenossenschaften Südtirols. Besonders empfehlenswert: die Auslesen unter dem Etikett Cornell, die Lafoa-Weine (Cabernet Sauvignon und Sauvignon blanc) sowie die weißen und roten Verschnitte namens Cornelius.

Conterno, Aldo Piem ★★★★ Legendärer Erzeuger von Barolo usw. in Monforte d'Alba. Sehr guter Chardonnay Bussiadoro und Barbera d'Alba Conca Tre Pile. Die besten Barolo-Weine werden traditionell erzeugt: Gran Bussia, Cicala und Colonnello. Der Langhe Favot ist ein moderner, im Barrique ausgebauter Nebbiolo.

Conterno, Giacomo Piem ★★★★ Kulterzeuger von extrem traditionellem Barolo mit Sitz in Monforte d'Alba; Giacomos Enkel Roberto führt nun das

Werk seines Vaters Giovanni fort. Im Angebot sind zwei Barolos: Cascina Francia und der Monfortino, mit langer Maischestandzeit bereitet und sehr langlebig.

Conterno Fantino Piem ★★★ Zusammenschluss zweier Familien, die in Monforte d'Alba die ausgezeichneten Barolos (im modernen Stil) Sorì Ginestra und Vigna del Gris erzeugen. Außerdem ein Nebbiolo-Barbera-Verschnitt namens Monprà.

Contini, Attilio Sar ★→★★★ Berühmter sardischer Erzeuger von Vernaccia di Oristano. am besten ist der Jahrgangsverschnitt Antico Gregori.

Contratto Piem ★★ Die Familie Bocchino, die auch Grappa produziert, erzeugt auf diesem Gut in Canelli sehr guten Barbera d'Asti, Barolo, Spumante, Asti (De Miranda) und Moscato d'Asti.

Contucci Tosk ★★→★★★ Tausendjähriger Erzeuger von Vino Nobile im traditionellen Stil. Ein Besuch im Keller des Guts in Montepulciano ist jeden Umweg wert.

Copertino Apu DOC r (rs) ★★★ **06 07** 08 (09) (10) – Geschmeidiger, saftiger Rotwein von Negroamaro-Trauben vom Stiefelabsatz Italiens. Gute Erzeuger sind Azienda Monaci und die CS Copertino.

Coppo Piem ★★→★★★ Spitzenerzeuger von Barbera d'Asti (Pomorosso und Riserva della Famiglia). Ausgezeichnet sind auch der Chardonnay Monteriolo und der Schaumwein Riserva del Fondatore.

Cordero di Montezemolo-Monfalletto Piem ★★→★★★ Historischer Erzeuger von gutem Barolo; auch feiner Barbera d'Alba und Chardonnay.

Cortese di Gavi Piem – Siehe Gavi (Cortese ist der Name der Traube).

Cortona Tosk – Toskanische DOC, die an das Gebiet des Vino Nobile di Montepulciano angrenzt. Verschiedene rote und weiße Sorten, die besten Ergebnisse bisher sind der Desiderio, ein Bordeaux-Verschnitt von Avignonesi, einige erstklassige Syrah-Weine von Luigi d'Alessandro, Il Castagno und La Braccesca.

Corzano & Paterno, Fattoria di Tosk ★★★ Dynamisches Chianti-Weingut in den Colli Fiorentini. Sehr gute Riserva, roter IGT Corzano und hervorragender Vin Santo.

CS (Cantina Sociale) Genossenschaftskellerei.

Curtefranca Lomb – Siehe Terre di Franciacorta.

Dal Forno, Romano Ven ★★★★ Erzeuger von Valpolicella, Amarone und Recioto von sehr hoher Qualität. Die Perfektion ist umso bemerkenswerter, als die Weinberge außerhalb des Classico-Gebiets liegen.

D'Angelo Bas ★★★ Donato d'Angelo ist der neue Name des bisher offiziell als »Casa Vinicola d'Angelo« bezeichneten Erzeugers. Kauft man einen Wein des alten Namens, läuft man Gefahr, dass er nicht von dem altbewährten Magier des Aglianico del Vulture bereitet wurde. Dahinter steckt eine komplizierte Familienzwistigkeit, doch Käufer müssen nur darauf achten, dass der Erzeuger mit dem vollen Namen Donato D'Angelo genannt ist.

Di Majo Norante Mol ★★→★★★ Einziges Spitzengut in Molise südlich der Abruzzen mit sehr gutem Biferno Rosso, Ramitello, Molise Rosso Riserva Don Luigi und Molise Aglianico Contado, dem weißen Falanghina-Greco-Verschnitt Biblos sowie Moscato Passito Apianae.

DOC, DOCG Qualitätsweinbezeichnung; siehe Kasten S. 163.

Dolcetto Piem ★→★★★ Viele trockene Alltagsrotweine aus dem Piemont werden von dieser benutzerfreundlichen Traube erzeugt, deren Sortenname in zahlreichen Ursprungsbezeichnungen vorkommt. Kann, gelegentlich, von explosiver Tiefgründigkeit sein. Die besten Versionen sind Dolcetto di Dogliani, Dolcetto di Diano d'Alba und Dolcetto d'Alba.

Donnafugata Siz r w ★★→★★★ Gut gemachte Weine der DOC Contessa Entellina. Die besten Roten sind Mille e Una Notte und Tancredi, die besten Weißen Chiarandà und Vigna di Gabri. Dazu sehr feiner Moscato Passito di Pantelleria Ben Ryé.

Duca di Salaparuta – Vini Corvo Siz ★★ Der früher in jedem Gasthaus der christlichen Welt auf der Weinkarte zu findende Corvo sieht sich mit der Tatsache konfrontiert, dass die Leute zum Essen etwas weniger Mittelmäßiges trinken möchten. Der rote Duca Enrico und der weiße Valguarnero sind recht erfolgreiche Versuche, dieser Situation gerecht zu werden.

Elba Tosk r w; (sch) ★→★★ BV – Der Weißwein der Insel (aus den Sorten Ansonica und Trebbiano) passt meist gut zu Fisch. Trockene Rotweine basieren auf Sangiovese. Dazu gute weiße (Moscato) und rote (Aleatico) Süßweine. Spitzenerzeuger: Acquabona und Sapereta.

Enoteca »Vinothek«; das kann ein Weinladen ebenso sein wie ein Restaurant mit umfangreicher Weinkarte. In der Fortezza von Siena gibt es die nationale Enoteca Italiana.

Est! Est!! Est!!! Lat DOC w; tr lbl ★ BV – Wenig bemerkenswerter Weißwein aus Montefiascone nördlich von Rom; profitiert von der (wenig wahrscheinlichen) Legende über die Entstehung seines Namens. Falesco ist der beste Erzeuger.

Etna Siz DOC r rs w ★★→★★★ **01 04 05 06** 07 08 (09) (10) – Wein von den vulkanischen Hängen des Ätna, nicht selten in beträchtlicher Höhe. Die einstmals ausgedehnten Rebflächen am Ätna schrumpften im 20. Jahrhundert rapide – doch Investitionen der jüngsten Zeit haben Neuanpflanzungen und einige ausgezeichnete Weine ermöglicht, die feinem Burgunder nicht unähnlich sind, obwohl sie auf den Sorten Nerello mascalese (rot) und Carricante (weiß) beruhen. Gute Erzeuger sind u. a. Benanti, Il Cantante, Cottanera, Nicosia, Passopisciaro, Russo, Terre Nere, Barone di Villagrande.

Etschtaler Siehe Valdadige.

Falchini Tosk ★★→★★★ Erzeuger von gutem DOCG Vernaccia di San Gimignano (Vigna a Solatio und dem in Eiche gereiften Ab Vinea Doni), dem erstklassigen Bordeaux-Verschnitt Campora und dem Paretaio auf Sangiovese-Basis. Die Nachfolge des im November 2010 verstorbenen Riccardo Falchini, einem der ersten Erzeuger von Qualitätswein aus San Gimignano, treten seine halb amerikanischen Kinder an, allen voran Michael.

Falerno del Massico Kamp DOC r w ★★→★★★ **01 03 04** 06 07 08 – Der Falernum (oder Falerner) war der bekannteste Wein der Antike, wahrscheinlich ein süßer Weißwein. Heute tragen ein eleganter Aglianico-Rotwein und ein fruchtiger trockener Weißer von der Falanghina-Traube diesen Namen. Die besten Erzeuger: Villa Matilde, Amore Perrotta, Felicia, Moio, Trabucco.

Falesco Lat ★★→★★★ Weingut im Besitz der Brüder Cotarella mit sehr gutem Merlot Montiano und Cabernet Sauvignon Marciliano (beide ★★★). Außerdem guter roter IGT Vitiano und DOC Est! Est !! Est!!!

Fara Piem – Siehe Gattinara.

Farnese Abr ★★ Lieferant qualitativ guter Abruzzen-Weine, v. a. Montepulciano d'Abruzzo, Colline Teramane, Riserva Opis, Pecorino (weiß) und Edizione (rot).

Faro Siz DOC r ★★★ **00 01' 04'** 06' 07' 08 (09) (10) – Intensive, elegante Rotweine von Nerello mascalese und Nerello Cappuccio, die in den Hügeln im Hinterland von Messina (Sizilien) angebaut werden. Der größte

Erzeuger, Palari, hat sie wieder zum Leben erweckt, als das endgültige Aus schon festzustehen schien.

Fazi-Battaglia Mar ★★ Bekannter Erzeuger von Verdicchio, am bekanntesten ist der Titulus in der amphorenförmigen Flasche (Produktion 2,8 Mio. Flaschen). Außerdem die Crus Le Moie, Massaccio und San Sisto. Besitzt auch Fassati (Erzeuger von Vino Nobile di Montepulciano).

Felluga, Livio F-JV ★★★ Beständig feine Colli-Orientali-Weine, v. a. Pinot bianco Illivio, Pinot grigio, Sauvignon blanc, Friulano, Picolit und Merlot-Refosco-Verschnitt Sosso.

Felluga, Marco F-JV ★★→★★★ Livio Fellugas produktiver Bruder besitzt ein einflussreiches Weinhandelshaus, das neben eigenen Gewächsen auch Russiz Superiore in der DOC Collio und Castello di Buttrio in der DOC Colli Orientali führt.

Fèlsina Tosk ★★★ Der ehemalige Lehrer Giuseppe Mazzocolin führte dieses inzwischen fest etablierte Chianti-Classico-Gut 30 Jahre lang und erzeugte Klassiker wie den Chianti Classico DOCG Riserva Rancia und den IGT Fontalloro, beides reinsortige Sangiovese-Weine, sowie verlässlichen Chianti Classico und den überragenden Cabernet Sauvignon Maestro Raro. Im Besitz von Fèlsina ist auch das Castello di Farnetella in den Colli Senesi.

Ferrari T-S ★★→★★★ In Trient ansässiger Produzent des besten Metodo-classico-Schaumweins außerhalb der Franciacorta. Sein Spitzen-Cru ist Giulio Ferrari.

Feudi di San Gregorio Kamp ★★→★★★ Äußerst angesagter Erzeuger in Kampanien mit DOCG Taurasi, DOC Fiano sowie Falanghina und Greco di Tufo. Dazu die roten IGT-Weine Serpico (Aglianico) und Pàtrimo (Merlot) sowie der weiße IGT Campanaro (Fiano di Avellino). Besitzt auch Güter in der Basilikata und in Apulien.

Fiano di Avellino Kamp DOCG w ★★→★★★ BV – Die Fiano-Traube etabliert sich rasch als die weiße Qualitätssorte Süditaliens schlechthin und wird nicht nur in ihrer Urheimat Kampanien, sondern auch in Molise, Apulien, Kalabrien und Sizilien erfolgreich angebaut. Sie kann intensive Aromen von Haselnuss und Honig entfalten. Spitzenerzeuger: Caggiano, Caputo, Feudi di San Gregorio, Grotta del Sole, La Guardiense, Mastroberardino, Villa Raiano, San Paolo, Vesevo.

Fiorita, La Umb – Das Gut der Familie Lamborghini am Trasimenischen See in Umbrien bringt den beachtlichen Sangiovese/Merlot-Verschnitt Campoleone hervor.

Florio Siz – Historischer Qualitätserzeuger von Marsala. Der beste Wein: Marsala Vergine Secco Baglio Florio. Der beste Name: Terre Arse (»verbranntes Land«).

Folonari Ven – Ambrogio Folonari und sein Sohn Giovanni haben sich von den Brüdern und Cousins bei Ruffino getrennt und selbstständig gemacht. Sie erzeugen weiterhin Cabreo (Chardonnay bzw. Sangiovese/Cabernet Sauvignon), die Nozzole-Weine (u. a. den erstklassigen Cabernet Sauvignon Pareto), Brunello di Montalcino La Fuga sowie Vino Nobile di Montepulciano Gracciano Svetoni. Außerdem Weine aus Bolgheri, Montecucco und den Colli Orientali del Friuli.

Fontana Candida Lat ★★ Einer der größten Erzeuger von Frascati; besonders gut die Einzellage Santa Teresa. Siehe auch Gruppo Italiano Vini.

Fontanafredda Piem ★★→★★★ Großer Erzeuger von Weinen aus dem Piemont auf ehemals königlichen Gütern, darunter Barolo Serralunga (150.000 Flaschen) und die Barolo-Crus La Delizia und La Villa. Außerdem Weine der DOC Alba sowie trockene und süße Schaumweine.

Fonterutoli Tosk ★★★ Historisches Chianti-Classico-Gut der Familie Mazzei in Castellina mit neuer Hightechkellerei. Bemerkenswert der Castello di Fonterutoli (eichenholzwürziger, dunkler, modischer Chianti) und der IGT Siepi (Sangiovese/Merlot). Den Mazzei gehört auch die Tenuta di Belguardo in der Maremma mit gutem Morellino di Scansano und IGT-Weinen.

Fontodi Tosk ★★★→★★★★ Giovanni Manetti führt diesen hervorragenden Familienbetrieb in Panzano und erzeugt neben dem Riserva Vigna del Sorbo, einem absolut großartigen einfachen Chianti Classico, auch den klassischen reinen Sangiovese IGT Flaccianello. Die IGT-Weine Case Via Pinot Nero und Syrah zählen zu den besten sortenreinen Weinen von diesen Trauben in der Toskana.

Foradori ★★★ Elisabetta Foradori erzeugt sehr guten DOC Teroldego Rotaliano, exzellenten Teroldego IGT Granato und weißen IGT Myrto. Darüber hinaus interessante Weine vom Gut Ampeleia in der toskanischen Maremma, v. a. IGT Kepos aus verschiedenen Sorten der südlichen Rhône, aber ohne Syrah.

Fossi, Enrico Tosk ★★★ Aufgeschlossener toskanischer Erzeuger mit Spezialisierung auf internationale Sortenweine: Merlot, Cabernet Sauvignon, Syrah, Pinot nero, Gamay, Malbec, Sauvignon blanc, Chardonnay, Riesling, Pinot blanc und Sangiovese.

Franciacorta Lomb DOCG (rs) w; sch ★★→★★★★ Italiens wichtigstes Gebiet für erstklassige Schaumweine im Champagnerstil. Spitzenerzeuger: Barone Pizzini, Bellavista, Ca' del Bosco, Castellino, Cavalleri, Gatti, Uberti, Villa; ebenfalls sehr gut: Contadi Gastaldi, Monte Rossa, Il Mosnel, Ricci Curbastri. Für weiße und rote Stillweine siehe Terre di Franciacorta.

Frascati Lat DOC w; tr lbl s; (sch) ★→★★ BV – Der bekannteste Wein von den Hügeln um Rom: sollte weich, sauber, golden, angenehm fruchtig sein. Heute ist er meistens enttäuschend neutral. Zu empfehlen sind Weine von Castel de Paolis, Conte Zandotti, Villa Simone bzw. Santa Teresa von Fontana Candida. Eine süße Version heißt Cannellino.

Freisa Piem DOC r; tr lbl s; fz (sch) ★→★★★ Zwei verschiedene Stile werden erzeugt: einer lebhaft, manchmal perlend, manchmal süßlich, der andere anspruchsvoll, trocken und tanninbetont zum Einkellern (es gelten daher die Jahrgangsempfehlungen für Barolo). Am besten von seriösen Erzeugern wie Brezza, Cigliuti, Clerico, Aldo Conterno, Coppo, Franco Martinetti, Giuseppe Mascarello, Parusso, Pecchenino, Pelissero, Sebaste, Trinchero, Vajra, Voerzio.

Frescobaldi Tosk ★★→★★★★ Alte Adelsfamilie und führender Pionier für Chianti Rùfina auf dem Gut Nipozzano (probieren Sie den Montesodi ★★★); außerdem Brunello vom Gut Castelgiocondo in Montalcino. Alleineigentümer des Guts Luce in Montalcino und von Ornellaia in Bolgheri. Weinberge auch in der Maremma, in Montespertoli und im Collio.

Friaul–Julisch Venetien Nordöstliche Region an der slowenischen Grenze. Viele DOCs, darunter Isonzo, Collio und Colli Orientali. Es gibt auch gute Rotweine, doch gilt die Region v. a. als Heimat der spannendsten Weißen Italiens.

Friulano F-JV ★→★★ alias Sauvignonasse oder Sauvignon vert. Das ist jetzt der Name für den ehemaligen Tocai friulano, der auf Druck aus Ungarn auf Etiketten so nicht mehr erscheinen darf. Liefert frische, pikante, subtil florale Weißweine in den Gebieten Collio, Isonzo und Colli Orientali. Gute Erzeuger: u. a. Borgo del Tiglio, Livio Felluga, Lis Neris, Pierpaolo Pecorari, Ronco del Gelso, Ronco di Gnemiz, Russiz Superiore, Schiopetto,

Le Vigne di Zamò, Villa Russiz. Der neue Name für den ehemaligen Tocai aus Venetien ist übrigens Tai.

Frizzante Leicht schäumend, spritzig, etwa Moscato d'Asti oder die meisten Proseccos.

Fuligni Tosk ★★★ Sehr guter Erzeuger von Brunello und Rosso di Montalcino.

Was die Abkürzungen bedeuten

Denominazione di Origine Controllata (DOC) Geprüfte Herkunftsangabe; entspricht der französischen AC.

Denominazione di Origine Controllata e Garantita (DOCG) Geprüfte und garantierte Herkunftsangabe; die höchste Qualitätsstufe in Italien.

Indicazione Geografica Tipica (IGT) Geografische Angabe des Typs. Umfassender und weniger reguliert als DOC, vergleichbar mit dem französischen Vin de pays bzw. neuerdings IGP.

Denominazione di Origine Protetta/Indicazione Geografica Protetta (DOP/IGP) Geschützte Ursprungsbezeichnung/geschützte geografische Angabe. Die EU möchte, dass diese Terminologie auf lange Sicht die Bezeichnungen DOC(G)/IGT ablöst, doch wird man Letztere wohl noch eine Zeit lang auf Etiketten finden.

Gaja Piem ★★★★ Altes Familienunternehmen in Barbaresco unter der Leitung von Angelo Gaja. Hohe Qualität, noch höhere Preise. Der Barbaresco ist der einzige Piemonteser DOCG-Wein, den Gaja noch erzeugt, nachdem er die Weine von den Barbaresco-Einzellagen Sorì Tildin, Sorì San Lorenzo und Costa Russi sowie den Barolo Sperss jetzt nur noch als DOC Langhe produziert, um den Nebbiolo mit kleinen Mengen Barbera verschneiden zu können. Außerdem Chardonnay (Gaia e Rey) und Cabernet Sauvignon Darmagi. Hat überall in Italien zugekauft, etwa die Handelsmarke Gromis, das Weingut Marengo-Marenda (Barolo), das Gut Pieve di Santa Restituta in Montalcino und Ca' Marcanda in Bolgheri.

Galardi Kamp ★★★→★★★★ Erzeuger von Terra di Lavoro, einem hoch angesehenen Verschnitt von Aglianico und Piedirosso im nördlichen Kampanien unweit der DOC Falerno del Massico.

Gancia Piem – Ehemals berühmte Asti-Firma, die auch trockenen Schaumwein erzeugt. Lebt heute v. a. von der vergangenen Glorie.

Garda Ven DOC r rs w ★→★★ r **06** **07** 08 (09) (10); w rs BV – Übergeordnete DOC für in der Regel jung zu trinkende Weine aller Farben, aus den Provinzen Verona (Veneto), Brescia und Mantova (Lombardei). Gute Erzeuger sind Cavalchina und Zeni.

Garganega Wichtigste weiße Traube für Soave und Gambellara.

Garofoli Mar ★★→★★★ Spitzenreiter in puncto Qualität in den Marken (bei Ancona) mit Spezialisierung auf Verdicchio (Podium, Macrina und Serra Fiorese) und Rosso Conero (Piancarda und Grosso Agontano).

Gattinara Piem DOCG r ★★→★★★ **95 96' 97' 98 99' 00 01'** **04'** 06 07' (08) (09) (10) – Bekanntester einer Gruppe nordpiemontesischer DOC(G)-Bereiche auf Nebbiolo-Basis. Zu den besten Erzeugern zählen Travaglini, Antoniolo, Bianchi, Nervi, Torraccia del Piantavigna. Ähnliche DOC(G)s in der Umgebung sind Ghemme, Boca, Bramaterra, Colline Novaresi, Costa della Sesia, Fara, Lessona und Sizzano, von denen es aber leider keiner mit Barolo/Barbaresco in Bestform aufnehmen kann.

Gavi Piem DOCG w ★→★★★ BV – Von Cortese-Trauben gekelterter, bestenfalls (aber selten) subtiler, trockener Weißwein. Am besten von Castellari Bergaglio, Franco Martinetti, Villa Sparina, Toledana, Broglia, Cascina degli Ulivi, Castello di Tassarolo, Chiarlo, La Giustiniana, Podere Saulino.

Gewürztraminer Siehe Traminer aromatico.

Ghemme Piem DOCG – Siehe Gattinara.

Giacosa, Bruno Piem ★★→★★★★ Das tiefgründige Genie der Weinbereitung, von manchen als der größte Kellermeister Italiens angesehen, erlitt 2006 einen schweren Schlaganfall, doch er steht weiter am Steuer und bereitet im traditionellen Stil herausragenden Barbaresco (Asili, Santo Stefano) und Barolo (Falletto und Le Rocche del Falletto). Trotz der Qualität des Jahrgangs (die nur er bestreitet) wurden die 2006er Spitzenweine nicht verkauft. Erzeugt auch hervorragende Rot- (Dolcetto, Nebbiolo, Barbera) und Weißweine (Arneis) sowie den erstaunlichen Schaumwein Brut Metodo classico.

Grappa Alkoholstarker, kräftiger Tresterbranntwein (d. h. aus den nach dem Pressen übrig gebliebenen Traubenschalen usw. bereitet). Die Bandbreite reicht von scheußlich bis ausgezeichnet. Entspricht dem französischen Marc.

Grasso, Elio Piem ★★★→★★★★ Erstklassiger Barolo-Erzeuger (mit den Crus Vigna Chiniera, Casa Maté). Auch sehr guter Barbera d'Alba Vigna Martina, Dolcetto d'Alba und Chardonnay Educato.

Grave del Friuli F-JV DOC r w ★→★★ r **06 07** 08 09 (10) – Die größte DOC in Friaul–Julisch Venetien, v. a. in der Ebene gelegen, produziert bedeutende Mengen kaum überzeugender Weine. Lobenswerte Ausnahmen sind Borgo Magredo, Di Lenardo, Plozner, Ronco Cliona, San Simone, Villa Chiopris.

Gravner, Josko F-JV ★★★ Umstrittener Erzeuger im Collio, der auf Mazeration auf den Schalen und langen Ausbau in Holz oder in Amphoren für Weißweine schwört. Normalerweise sind die Leute entweder völlig begeistert von der Komplexität der Weine, oder sie finden sie grässlich wegen ihrer Oxidiertheit und des Phenolprofils. In jedem Fall sind sie teuer und schwer zu finden.

Grechetto Umbrische Weißweintraube, die in der Toskana Pulcinculo heißt und mehr Charakter hat als Trebbiano; gelangt in Orvieto und anderen umbrischen Gegenden immer öfter in den Verschnitt oder wird reinsortig verarbeitet. Beachtenswert sind Barberani, Bigi, Caprai, Cardeto, Colli Amerini, Falesco, Palazzone.

Greco In Süditalien tragen einige Weißweinsorten den Namen Greco (wahrscheinlich griechischen Ursprungs), was aber nicht bedeutet, dass sie verwandt sein müssen. Zwischen Greco di Tufo und der Greco aus Cirò beispielsweise besteht kein Zusammenhang. Es gibt auch Greco nero.

Greco di Tufo Kamp DOCG w; (sch) ★★→★★★ BV – Einer der besten Weißweinbereiche des Südens, fruchtig, mit leichten Zitrusnoten im Geschmack und im besten Fall lagerfähig. Spitzenerzeuger: Caggiano, Caputo, Benito Ferrara, Feudi di San Gregorio, La Guardiense, Maccialupa, Mastroberardino (Nova Serra und Vignadangelo), Vesevo, Villa Raiano.

Gresy, Marchesi de (Cisa Asinari) Piem ★★★ Beständiger, machmal inspirierter Erzeuger von Barbaresco im traditionellen Stil von den Cru-Lagen Gaiun und Camp Gros. Auch sehr guter Sauvignon blanc, Chardonnay, Moscato d'Asti und Barbera d'Asti.

Grevepesa Tosk – Genossenschaft für Chianti Classico, nach und nach mit besserer Qualität.

Grignolino Piem DOC r ★ BV – Lebhafter, leichter, jung zu trinkender Rotwein aus dem Asti-Gebiet im Piemont. Am besten von Braida, Marchesi Incisa della Rocchetta. Daneben gib es auch die DOC Grignolino del Monferrato Casalese (Accornero, Bricco Mondalino, La Tenaglia).

Gruppo Italiano Vini (GIV) Zusammenschluss von Genossenschaften und Kellereien mit dem größten Weinbergbesitz Italiens. Zu den angeschlossenen Weingütern gehören Bigi, Bolla, Ca' Bianca, Calissano, Conti Serristori, Folonari, Fontana Candida, Lamberti, Machiavelli, Melini, Nino Negri, Santi und Vignaioli di San Floriano. Haben mit Investitionen in Sizilien und der Basilikata auch Richtung Süden expandiert.

Guardiense, La Kamp ★★ Die dynamische Genossenschaft mit 1.000 Mitgliedern und 2.000 ha Rebland erzeugt unter der Leitung von Riccardo Cotarella überduchschnittliche Weiß- und Rotweine zu unterduchschnittlichen Preisen.

Gutturnio dei Colli Piacentini Em-Ro DOC r; tr ★→★★ BV – Barbera-Bonarda-Verschnitt aus den Bergen von Piacenza. Erzeuger: Castelli del Duca, La Stoppa, La Tosa.

Haas, Franz T-S ★★★ Erzeuger in Südtirol mit sehr gutem Pinot nero und Lagrein sowie roten und weißen IGT-Verschnittweinen.

Hofstätter T-S ★★★ Südtiroler Erzeuger von erstklassigem Pinot nero, v. a. dem Barthenau Vigna Sant'Urbano, sowie Lagrein, Cabernet Sauvignon/Petit Verdot und Gewürztraminer.

Indicazione Geografica Tipica (IGT) Siehe Kasten S. 163.

Insolia Sizilianische Weißweintraube, auch Inzolia genannt. Heißt auf Elba und an der Toskana-Küste Ansonica.

Ischia Kamp DOC (r) w ★→★★ BV – Vor Neapel liegende Insel mit eigenen Rebsorten (z. B. Forastera, Biancolella), deren Weine hauptsächlich an Touristen verkauft werden. Spitzenerzeuger: D'Ambra (Biancolella, Frassitelli, Forastera, Euposia). Gute Weine kommen auch von Il Giardino Mediterraneo und Pietratorcia.

Isole e Olena Tosk ★★★→★★★★ Erstklassiges Chianti-Classico-Weingut unter Leitung des scharfsinnigen Paolo de Marchi mit feinem rotem IGT Cepparello. Sehr gut auch Vin Santo, Cabernet Sauvignon, Chardonnay und Syrah L'Eremo. Besitzt auch Sperino in Lessona (siehe Gattinara).

Isonzo F-JV DOC r w ★★★ Die Kiesebene des friaulischen Isonzo-Gebiets hat etliche DOCs für unterschiedliche Rot- und Weißweine, sowohl sortenrein als auch im Verschnitt. Die Stars sind jedoch fast alle duftende, strukturierte Weißweine, etwa der Flors d'Uis von Vie di Romans oder der Fiore de Campo von Lis Neris. Gut auch: Borgo Conventi, Pierpaolo Pecorari, Ronco del Gelso.

Jermann, Silvio F-JV ★★→★★★ Das berühmte Gut mit Weinbergen im Collio und in Isonzo erzeugt die hochwertigen weißen Verschnitte Vintage Tunina und Capo Martino (in Eiche ausgebaut) sowie einen Chardonnay namens »Were dreams, now it is just wine« (sic!).

Kampanien Kamp – Der Spielplatz der alten Römer ist heute eine äußerst interessante Region. Die ausgezeichneten einheimischen Sorten Falanghina, Fiano, Greco und Coda di Volpe (weiß) sowie Aglianico und Piedirosso (rot), vulkanische Böden und kühle Weinberge auf hoch gelegenen Hängen ergeben insgesamt ein enormes Potenzial, das nun nach und nach ausgeschöpft wird. Die interessantesten Weine sind meist reinsortig; zu den klassischen DOCGs zählen Fiano di Avellino, Greco di Tufo und Taurasi, doch neuere Anbaugebiete wie Sannio (DOC) oder Beneventano (IGT) machen nun ebenfalls von sich reden. Gute Erzeuger sind

u. a. Caggiano, Cantina del Taburno, Caputo, Colli di Lapio, D'Ambra, De Angelis, Benito Ferrara, Feudi di San Gregorio, Galardi, La Guardiense, Mastroberardino, Molettieri, Montevetrano, Mustilli, Terredora di Paolo, Trabucco und Villa Matilde.

Kante, Edi F-JV ★★→★★★ Der wichtigste Erzeuger im Carso (Friaul) mit feinem DOC Chardonnay, Sauvignon blanc, Malvasia und gutem roten Terrano.

Lacrima di Morro d'Alba Mar BV – Leichter Rotwein mit kuriosem Namen und Muskatnote aus einer kleinen Gemeinde in den Marken – mit dem piemontesischen Alba oder La Morra hat er nichts zu tun. Gute Erzeuger: Mancinelli, Monte Schiavo.

Italiens feinste Weißweine

Die meisten Leute denken bei italienischem Wein zuerst an Rotwein, vielleicht wegen rotweinfreundlicher italienischer Spezialitäten wie Pizza, Pasta, Bistecca fiorentina usw. Doch sollte man die lange Mittelmeerküste, im Osten wie im Westen, nicht vergessen sowie den Fisch und die Meeresfrüchte, die sie reichlich liefert. Daher mangelt es auch nicht an Weißweinen als Begleiter zu der Fülle an Gerichten, die für jede einzelne Provinz typisch sind. Hier sind zehn Weißweinsorten (in geografischer Reihenfolge von Nord nach Süd) mit je einem herausragenden Weinbeispiel:
Piemont – **Arneis** (Giacosa); Südtirol – Traminer (CS Tramin); Venetien – **Garganega** (Soave Pieropan); Friaul – **Friulano** (Borgo del Tiglio); Marken – **Verdicchio** (Bucci); Umbrien – **Grechetto** (Barberani); Abruzzen – **Pecorino** (Contesa); Sardinien – **Vermentino** (Capichera); Kampanien – **Fiano** (Mastroberardino); Sizilien – **Carricante** (Etna Bianco Benanti).

Lacryma (oder Lacrima) Christi del Vesuvio Kamp r rs w; tr (s); (fz) ★→★★ Weine der DOC Vesuvio auf Grundlage der Trauben Coda di Volpe (weiß) und Piedirosso (rot). Leider kann trotz des romantischen Namens der Vesuv in puncto Qualität nicht im Entferntesten mit dem Ätna mithalten. Caputo, De Angelis und Mastroberardino erzeugen eher uninspirierte Weine.

Lageder, Alois T-S ★★→★★★ Spitzenerzeuger in Südtirol. Die faszinierendsten Weine sind sortenreine Einzellagengewächse: Lehenhof (Sauvignon blanc), Benefizium Porer (Pinot grigio), Löwengang (Chardonnay), Am Sand (Gewürztraminer), Krafuss (Pinot nero), Lindenberg (Lagrein) und Cor Römigberg (Cabernet Sauvignon). Mit zum Besitz gehört das Gut Cason Hirschprunn mit sehr guten roten und weißen IGT-Verschnitten.

Lago di Corbara Umb r ★★ **05** 06' 07' 08 (09) (10) – Vor relativ kurzer Zeit eingerichteter DOC-Bereich für Qualitätsrotweine aus der Gegend um Orvieto. Am besten von Barberani (Villa Monticelli) und Decugnano dei Barbi.

Lagrein T-S DOC r rs ★★→★★★ **01 03 04' 06'** 07' 08 (09) (10) – Sortenreine Weine aus Südtirol; die Roten dunkel, mit voller Pflaumenfrucht und leicht bitterem Abgang, die Rosés hell und mit mineralischen Tönen. Am besten aus Gries, einem Vorort von Bozen. Spitzenerzeuger: die Genossenschaften Gries, St. Magdalener, Schreckbichl und Terlan sowie die Güter Gojer, Haas, Hofstätter, Lageder, Laimburg, Josephus Mayr, Thomas Mayr, Muri-Gries, Nals Margreid, Niedermayr, Niedrist, St-Magdalener, Tiefenbrunner.

Lambrusco Em-Ro DOC (teilweise) r rs w; tr lbl ★→★★ BV – Perlender Rotwein aus der Nähe von Modena, der in seiner lieblichen Massenversion (ohne DOC) früher extrem beliebt war. Manchmal als Blanc de Noirs bereitet. Am besten ist der Secco, in der Flasche oder im Tank vergoren. DOCs: Lambrusco Grasparossa di Castelvetro, Lambrusco Salamino di Santa Croce und Lambrusco di Sorbara. Beste Erzeuger: Bellei, Caprari, Casali, Cavicchioli, Graziano, Lini Oreste, Medici Ermete (v. a. Concerto), Rinaldo Rinaldini, Venturini Baldini.

Langhe Piem – Die Hügel in der Mitte des Piemont, Heimat von Barolo, Barbaresco usw. DOC für sechs sortenreine Piemonteser Weine sowie die Verschnitte Bianco und Rosso. Erzeuger, die wie Gaja andere Rebsorten in ihren Nebbiolo einbringen möchten, können dies unter der DOC Langhe Nebbiolo bis zu einem Limit von 15 % tun.

Latisana F-JV DOC r w ★→★★ DOC für 13 Sortenweine, etwa 80 km nordöstlich von Venedig. Bester Wein ist der Friulano (früher Tocai friulano). Empfehlenswerte Erzeuger: Grandi und Gabana.

Lessona Piem – Siehe Gattinara.

Librandi Kal ★★★ Praktisch der einzige Spitzenerzeuger in Kalabrien und Vorreiter bei der Nutzbarmachung kalabresischer Rebsorten. Sehr guter roter Cirò (Riserva Duca Sanfelice ★★★), IGT Gravello (Cabernet Sauvignon/Gaglioppo), roter Magno Megonio (Magliocco) und weißer IGT Efeso (Mantonico). Weitere sortenreine Weine von autochthonen Sorten sind in der Erprobungsphase.

Ligurien Die italienische Riviera ist lang und felsig, der Weinbau schwierig und gefährlich – aber lohnend. Die meisten Weine verkaufen sich mit sattem Gewinn an sonnenhungrige Touristen. Die wichtigsten Trauben sind Vermentino (weiß) und Dolcetto (rot), doch einen Sciacchetrà von den Cinque Terre oder einen roten Ormeasco di Pornassio sollte man sich bei Gelegenheit nicht entgehen lassen.

Lisini Tosk ★★★→★★★★ Historisches Weingut mit besonders feinem und lange haltbarem Brunello di Montalcino, v. a. Riserva Ugolaia.

Lis Neris F-JV ★★★ Spitzenweingut im Bereich Isonzo, bekannt für hochklassige Weiße, v. a. Pinot grigio (Gris), Chardonnay (Jurosa), Sauvignon blanc (Picol), Friulano (Fiore di Campo) sowie die Verschnittweine Confini und Lis. Sehr gut sind auch der Lis Neris Rosso (Merlot/Cabernet Sauvignon) und der süße weiße Tal Luc (Verduzzo/Riesling).

Livon F-JV ★★→★★★ Bedeutender Erzeuger von Collio- und einigen guten Colli-Orientali-Weinen, z. B. Verduzzo. Ist jetzt auch in die DOCG-Gebiete Chianti Classico und Montefalco vorgestoßen.

Loacker T-S ★★→★★★ Der biodynamische Erzeuger Südtiroler Weine hat sich auch in der Toskana niedergelassen und produziert dort feinen Brunello und Rosso di Montalcino unter dem Etikett Corte Pavone. Auch guter Morellino di Scansano Valdifalco.

Locorotondo Apu DOC w; (sch) ★ BV – Süffiger trockener Weißwein aus den apulischen Sorten Verdeca und Bianco d'Alessano. Wird vor Ort v. a. von Urlaubern konsumiert.

Luce Tosk ★★→★★★ Frescobaldi ist, nachdem der ursprüngliche Partner Mondavi ausbezahlt wurde, inzwischen alleiniger Besitzer dieser Marketingübung in großer Übertreibung und hohen Preisen. Der gleichnamige Wein ist ein für russische Oligarchen entwickelter Sangiovese-Merlot-Verschnitt.

Italien

Lugana DOC w; (sch) ★→★★ BV – Weißwein vom südlichen Gardasee; Hauptrebe Trebbiano di Lugana (Verdicchio). Trocken und saftig. Gute Erzeuger: Ca' dei Frati, Zenato, Zeni.

Lungarotti Umb ★★→★★★ Das führende Haus für Torgiano-Weine mit Kellern, Hotel und Weinmuseum in der Nähe von Perugia. Spitzenwein ist der Rubesco Riserva DOCG. Erzeugt auch gute IGT-Weine: Sangiorgio (Sangiovese/Cabernet Sauvignon), Aurente (Chardonnay) und Giubilante. Inzwischen auch guter Montefalco Sagrantino.

Macchiole, Le Tosk ★★★→★★★★ Eugenio Campolmis Witwe Cinzia führt das Werk fort mit Cabernet franc (Paleo Rosso), Merlot (Messorio) und Syrah (Scrio).

Maculan Ven ★★★ Erzeuger in Breganze mit exzellentem Cabernet Sauvignon (Fratta, Ferrata), Chardonnay (Ferrata), Merlot (Marchesante) und Torcolato (v. a. die Riserva Acininobili).

Malvasia Alte Rebsorte griechischen Ursprungs, die schon so lange in einem so großen Gebiet kultiviert wird, dass viele Subvarietäten entstanden sind, die teilweise kaum noch Ähnlichkeiten miteinander haben: Es gibt sie in rot und weiß, für Schaum- und Stillweine, kräftig oder mild, lieblich oder trocken, aromatisch oder eher neutral. Die beste Variante ist wohl der süße Malvasia delle Lipari von den Liparischen Inseln vor der Küste Siziliens.

Mancini, Fattoria Mar ★★ Familienbetrieb an der Küste nahe Pesaro. Beachtlicher (roter und weißer) Pinot nero, frischer weißer Albanella und ein merkwürdiger Ancellota-Rotwein namens Blu, dessen Farbe so intensiv ist, dass man die Flecken niemals wieder rauskriegt.

Manduria (Primitivo di) Apu DOC r; lbl ★★→★★★ Die Primitivo-Traube, die so heißt, weil sie früh reift, kam ebenso aus Kroatien wie der genetisch sehr ähnliche kalifornische Zinfandel. Zu den vielen Erzeugern des dunklen, geschmeidigen Weins mit straffer Säure zählen Cantele, de Castris, Racemi und CS Manduria.

Marchesi di Barolo Piem ★★ Historischer, vielleicht der erste Barolo-Erzeuger in der Gemeinde Barolo, der Weine von den Crus Cannubi und Sarmassa erzeugt, aber auch andere Gewächse aus Alba.

Maremma Tosk – Küstengebiet im Süden der Toskana, hauptsächlich in der Provinz Grosseto gelegen. Die DOCs umfassen Monteregio, Morellino di Scansano, Parrina, Pitigliano und Sovana (Grosseto). Das große Qualitätspotenzial der Weine wurde in letzter Zeit mit gesteigertem Interesse verfolgt und hat schon einige Investitionen nach sich gezogen. Spitzenerzeuger verwenden immer mehr die IGT Maremma Toscana anstatt der DOCs, die mit einem weniger guten Preis-Leistungs-Verhältnis verbunden werden.

Marsala Siz DOC w; s ★→★★★ Der einstmals berühmte gespritete Wein Siziliens, 1773 von den Gebrüdern Woodhouse aus Liverpool »erfunden«. Sehr guter Aperitif oder Dessertwein, von dem aber leider meist nur minderwertige Versionen in der Küche verwendet werden (z. B. für Zabaglione). Trockene Versionen (*vergine*) werden manchmal nach der Solera-Methode bereitet und müssen 5 Jahre alt sein. Spitzenerzeuger: Florio Pellegrino, Rallo. Sieha auch Vecchio Samperi.

Marzemino (Trentino) T-S DOC r ★→★★ **06 07** 08 09 (10) – Angenehmer Alltagsrotwein, fruchtig und leicht bitter. Empfehlenswerte Erzeuger: Bossi Fedrigotti, Ca' Vit, De Tarczal, Gaierhof, Letrari, Longariva, Simoncelli, E. Spagnoli, Vallarom.

Mascarello Piem – Name zweier führender Barolo-Erzeuger: Bartolo Mascarello in Barolo (verstorben), dessen Tochter Maria Teresa den sehr tradi tionellen Weg ihres Vaters weitergeht, sowie Giuseppe Mascarello in Monchiero, dessen Sohn Mauro großartigen Barolo im ausgeprägt traditionellen Stil von der Spitzenlage Monprivato in Castiglione Falletto bereitet. Andere Mascarellos sollten Sie besser meiden.

Masi Ven ★★→★★★ Begeisterter Experimentierer und Vorzeigewinzer in Sachen Valpolicella, Amarone, Recioto, Soave usw., u. a. mit feinem Rosso Veronese Campofiorin und amaroneartigen Weinen aus dem Friaul und aus Argentinien. Sehr guter fassgereifter roter IGT Toar von Corvina und Oseleta sowie Osar (Oseleta). Die besten Amarones sind Mazzano und Campolongo di Torbe.

Massa, La Tosk ★★★ Giampaolo Motta ist ein Bordeaux-Liebhaber, der auf seinem schönen Gut im Chianti Classico (dessen DOCG er den Rücken gekehrt hat) dem französischen Gewächs immer ähnlichere IGT-Weine mit toskanischen Akzent von Cabernet Sauvignon, Merlot und Sangiovese erzeugt: La Massa und Giorgio Primo.

Masseria Monaci Apu ★★→★★★ Weingut von Severino Garofano, jahrzehntelang der für den unaufhaltsamen Aufstieg der Qualitätsweine im apulischen Salento verantwortliche Önologe. Charaktervoller Negroamaro (Eloquenzia, Simpotica und herrlicher Le Braci von spät gelesenen Trauben) sowie Uva di Troia (Sine Pari) und Aglianico (Sine Die).

Die Maremma: Weinberge mit Meerblick

Empfehlenswerte IGT-Weinerzeuger in der Maremma sind Ampeleia, Belguardo, La Carletta, Casina, Col di Bacche, Lhosa, Fattoria di Magliano, La Marietta, Marsiliana, Monteti, Moris Farms, Montebelli, La Parrina, Poderi di Ghiaccioforte, Poggio Argentiera, Poggio Foco, Poggio al Lupo, Poggio Paoli, Poggio Verrano, Rascioni e Cecconello, Rocca di Frasinello, San Matteo, Sassotondo, La Selva, Solomaremma, Suveraia.

Guten **Morellino di Scansano** bekommt man bei Belguardo, Cantina di Scansano, La Carletta, Fattoria di Magliano, Mantellasi, Masi de Mandorlaia, Moris Farms, Podere 414, Poderi di Ghiaccioforte, Poggio Argentiera, Poggio al Lupo, Poggio Paoli, Fattoria Le Pupille, Roccapesta, San Matteo, La Selva, Terre di Talamo und Vignaioli del Morellino di Scansano.

Mastroberardino Kamp ★★→★★★ Historischer Erzeuger in der gebirgigen kampanischen Provinz Avellino, der in der finsteren Zeit Mitte des 20. Jahrhunderts die Fackel der Qualität für Italiens Süden hochhielt. Taurasi der Spitzenklasse (v. a. Historia Naturalis und Radici) sowie Fiano di Avellino More Maiorum und Greco di Tufo Nova Serra.

Melini Tosk ★★ Großer Erzeuger von Chianti Classico in Poggibonsi; gehört zur Gruppo Italiano Vini. Gute Qualität, guter Preis, v. a. Chianti Classico Selvanella sowie die Riserva-Weine La Selvanella und Masovecchio.

Merlot Die Rotweintraube wird heute in ganz Italien angebaut; man verwendet sie sortenrein und, offiziell oder nicht, als Verschnittpartner für Sangiovese und andere. Tradition hat sie im Nordosten, wo sie auch recht produktiv ist, doch in der Regel ist die Qualität in der Toskana besser. Weltklasse-Toskaner sind u. a. Masseto (Ornellaia), Redigaffi (Tua Rita), Messorio (Le Macchiole), L'Apparita (Castello di Ama) und Lamaione (Castelgiocondo).

Italien

Metodo classico/tradizionale Italienisch für »Champagnermethode«, weil diese Bezeichnung nicht verwendet werden darf.

Mezzacorona T-S ★★ Sehr große Genossenschaft im Trentino mit guten Weinen, v. a. Teroldego Rotaliano Nos und Rotari Metodo classico.

Monferrato Piem DOC r rs w; s ★→★★ Das Hügelland zwischen Po und Apennin bringt in der Regel eher Alltagsweine als anspruchsvollere Kreszenzen hervor.

Monica di Sardegna Sar DOC r ★→★★ BV – Die Monica-Traube ist die wichtigste Stütze dieses leichten, trockenen Rotweins aus Sardinien.

Monsanto Tosk ★★★ Hoch angesehenes Chianti-Classico-Weingut mit der Einzellage Il Poggio (von der der erste Chianti Classico aus einer Einzellage stammt). Außerdem die IGTs Fabrizio Bianchi (Sangiovese) und Nemo (Cabernet Sauvignon).

Montalcino Tosk – Die Kleinstadt in der Provinz Siena ist berühmt für ihren konzentrierten, sehr teuren Brunello und den etwas zugänglicheren, günstigeren Rosso di Montalcino.

Montecarlo Tosk DOC r w ★★ w BV – Weiß- und immer mehr Rotwein aus einem Bereich bei Lucca im Norden der Toskana. Gute Erzeuger: Buonamico (v. a. rote IGTs Cercatoja Rosso und Fortino), Carmignani (sehr guter IGT For Duke); empfehlenswert auch die roten IGT-Weine von La Torre, Montechiari und Fattoria del Teso.

Montecucco Tosk – Toskanischer DOC-Bereich zwischen Monte Amiata und Grosseto, der angesichts des unaufhaltsamen Anstiegs der Grundstückspreise in Montalcino immer beliebter wird. Empfehlenswert: v. a. Castello di Potentino (Sacromonte); außerdem Begnardi, Ciacci Piccolomini, Colli Massari, Fattoria di Montecucco, Villa Patrizia. Betriebe wie Folonari, Masi, Pertimali, Riecine und Talenti haben hier beträchtlich investiert.

Montefalco Sagrantino Umb DOCG r; tr (s) ★★★→★★★★ Enorm tanninhaltige, kraftvolle, langlebige Weine, denen bis vor Kurzem ein großes Potenzial nachgesagt wurde. Angesichts der Schwierigkeit, die Phenole zu zähmen, ohne dem Wein seinen Charakter zu nehmen, wird diese Einschätzung heute aber überdacht. Die traditionelle bittersüße Passito-Version ist dem Profil der Traube vielleicht angemessener, hat aber kaum einen Markt. Gute Erzeuger: Adanti, Antonelli, Paolo Bea, Benincasa, Caprai, Colpetrone, Lungarotti, Tabarrini und Terre de' Trinci.

Montepulciano Die dunkle Rotweintraube ist vorherrschend in den Abruzzen und bedeutend entlang der Adriaküste von den Marken bis in den Süden Apuliens. Die gleichnamige bekannte toskanische Stadt hat nichts mit der Traube zu tun.

Montepulciano d'Abruzzo Abr DOC r rs ★→★★★ **04' 05 06 07'** 08 09 (10) – Der außerordentlich beliebte, geschmacksintensive Rotwein und der pikante, schmackhafte Rosé (Cerasuolo) von der Region an der Adria auf der Höhe von Rom haben beide meist ein exzellentes Preis-Leistungs-Verhältnis. Die Produktion wird von Genossenschaften dominiert; gut sind u. a. Casal Thaulero, Citra, Miglianico, Roxan und Tollo. Exzellente private Erzeuger sind u. a. Cornacchia, Contesa, Contucci Ponno, Illuminati, Marramiero, Masciarelli, Pepe, La Valentina, Valentini, Zaccagnini.

Montepulciano, Vino Nobile di Tosk – Siehe Vino Nobile di Montepulciano.

Monteregio Tosk – DOC nahe Massa Marittima in der Maremma. Gute Weine von Sangiovese und Cabernet Sauvignon (rot) sowie Vermentino (weiß) liefern u. a. Moris Farms und Tenuta del Fontino. Namhafte Investoren, darunter Antinori, Bellavista, Eric de Rothschild und Zonin, haben investiert, da die Grundstückspreise relativ niedrig waren, doch die DOC muss sich marktmäßig erst noch etablieren. Probierenswert.

Monte Schiavo Mar ★★→★★★ Mit der Mode gehender mittelgroßer Erzeuger von Verdicchio und Rotweinen auf Montepulciano-Basis verschiedener Qualitätsstufen im Besitz von Pieralisi, dem weltgrößten Hersteller von Maschinen für die Olivenölpressung. Güter auch in den Abruzzen, in Apulien und auf Sizilien.

Montescudaio Tosk DOC r w ★★ Bereich zwischen Pisa und Livorno; die besten Weine sind von Sangiovese oder Verschnitte von Sangiovese und Cabernet Sauvignon. Erzeuger: Merlini, Poggio Gagliardo, La Regola und Sorbaiano.

Montevertine Tosk ★★★★ Weingut in Radda. Klassische Weine im Chianti-Stil, aber ohne DOCG. Der IGT Le Pergole Torte war früher ein bahnbrechendes und ist heute immer noch ein ausgezeichnetes Beispiel für lange haltbaren reinen Sangiovese.

Montevetrano Kamp ★★★ Angesehene kampanische Azienda im Besitz von Silvia Imparato; die Weinbereitung leitet Riccardo Cotarella. Hervorragender IGT Montevetrano (Cabernet Sauvignon/Merlot/Aglianico).

Morellino di Scansano Tosk DOC r ★→★★★ **04' 05 06 07'** 08 (09) (10) – Die »kleine Schwarze« aus Scansano in der Maremma ist eigentlich Sangiovese. Der Wein ist beliebt geworden, weil er leicht und ansprechend ist, kann jedoch auch mit beträchtlichem Gewicht und starker Präsenz auftrumpfen. Zum Glück wird die überschüssige Eiche der Anfangsjahre jetzt zurückgeschraubt. Erzeuger siehe Kasten zur Maremma S. 169.

Moris Farms Tosk ★★★ Einer der ersten modernen Erzeuger in der toskanischen Maremma mit den DOC-Weinen Monteregio und Morellino di Scansano sowie IGT Vermentino. Spitzencru ist der jetzt hoch angesehene IGT Avvoltore, ein reichhaltiger Verschnitt aus Sangiovese, Cabernet Sauvignon und Syrah. Moris ist ein alter spanischer Name.

Moscato Familie duftig-fruchtiger Trauben, zu denen u. a. Moscato bianco/di Canelli (in Asti und Montalcino verwendet), Moscato giallo oder Goldmuskateller (Trentino–Südtirol und Venetien), Moscato d'Alessandria (Sizilien, Pantelleria) und Moscato rosa gehören. Aus ihnen entstehen recht unterschiedliche Weine: schäumend oder still, leicht oder körperreich, weiß oder rosé, aber stets süß.

Moscato d'Asti Piem DOCG w; s; sch ★★→★★★ BV – Die Weine sind ähnlich wie die der DOCG Asti, doch gewöhnlich von besserem Rebgut gekeltert, außerdem weniger alkoholstark, süßer und fruchtiger und meist von kleineren Gütern bereitet. Spitzenerzeuger: L'Armangia, Bera, Braida, Ca' d'Gal, Cascina Fonda, Cascina Pian d'Oro, Caudrina, Il Falchetto, Forteto della Luja, Di Gresy, Icardi, Isolabella, Manfredi/Patrizi, Marino, La Morandina, Marco Negri, Elio Perrone, Rivetti, Saracco, Scagliola, Vajra, Vietti, Vignaioli di Santo Stefano.

Müller-Thurgau Rebsorte, die in Trentino–Südtirol und in Friaul beachtliche Ergebnisse zeitigt. Führende Erzeuger: Lageder, Lavis, Pojer & Sandri, Zeni. Tiefenbrunners Feldmarschall von einem in 1.000 m Höhe gelegenen Weinberg ist wohl der beste trockene Müller-Thurgau der Welt.

Murana, Salvatore Siz ★★★ Sehr guter Moscato und Passito di Pantelleria.

Muri-Gries T-S ★★→★★★ Das für seinen Lagrein berühmte Kloster im Bozener Vorort Gries ist ein traditioneller und immer noch erstklassiger Erzeuger von Südtiroler DOC-Weinen. Empfehlenswert v. a. der Cru Abtei-Muri.

Nals Margreid T-S ★★→★★★ Kleine, aber qualitätsbewusste Südtiroler Winzergenossenschaft mit alpenfrischen Weißweinen (v. a. Pinot bianco Sirmian).

Nebbiolo Die beste Rotweintraube im Piemont, vielleicht ganz Italiens, wird für Barolo, Barbaresco und andere Weine im Nordwesten (z. B. im lombardischen Valtellina) verwendet. Allerdings ist sie nirgendwo sonst auf der Welt erfolgreich.

Nebbiolo d'Alba Piem DOC r; tr ★★→★★★ **04 06 07** 08 09 (10) – Dieser Wein wird in zwei Stilen erzeugt: voll und komplex, ähnlich wie Barolo/Barbaresco, oder leicht, fruchtig und duftig. Spitzenexemplare des Ersteren von Pio Cesare, Fontanafredda, Giacosa, G. Mascarello, Prunotto, Sandrone, Vajra.

Negroamaro Wörtlich »schwarzer Bitterer«. Apulische Traube mit Zeug zu Qualität oder Quantität oder ein bisschen von beidem. Siehe Brindisi, Copertino und Salice Salentino.

Nerello mascalese Einst im Nordosten Siziliens weitverbreitete Rotweinsorte mit Charakter, mittlerer Farbintensität und dem Zeug zur Erbringung von Weinen beträchtlicher Eleganz, kürzlich wiederentdeckt von dem hervorragenden Erzeuger Palari in Messina (DOC Faro) und Winzern mit Rebflächen in hohen Hanglagen des Ätna (Etna).

Nero d'Avola Dunkelrote Traube aus dem Südosten Siziliens, die inzwischen auf der ganzen Insel verwendet wird. Das Qualitätsniveau reicht von großartig bis industrielle Massenerzeugung.

Nipozzano, Castello di Tosk ★★★ Das Frescobaldi-Weingut im Bereich Rùfina östlich von Florenz erzeugt die exzellenten Chianti-Rùfina-Riserva-Weine Nipozzano und v. a. Montesodi.

Nittardi Tosk ★★→★★★ Verlässlicher Erzeuger von modernem Chianti Classico sehr guter Qualität, erzeugt vom Önologen Carlo Ferrini und dem deutschen Eigentümer Peter Femfert.

Nozzole Tosk ★★→★★★ Berühmtes Gut im Zentrum des Chianti-Classico-Bereichs, nördlich von Greve; im Besitz von Ambrogio und Giovanni Folonari. Sehr guter Chianti Classico Nozzole und ausgezeichneter Cabernet Sauvignon Pareto.

Nuragus di Cagliari Sar DOC w ★★ BV – Lebhafter, unkomplizierter sardischer Weißwein von der Nuragus-Traube.

Oasi degli Angeli Mar – Mustergültige sortenreine Montepulciano-Weine von einem kleinen Erzeuger in den südlichen Marken: üppig und vollmundig.

Occhio di Pernice Tosk – Eine Art von Vin Santo, der vorwiegend von dunklen Trauben, insbesondere Sangiovese, bereitet wird. Bester Erzeuger ist Avignonesi. Auch eine seltene dunkle Rebsorte, die u. a. in Chianti Rùfina anzutreffen ist.

Oddero Piem ★★→★★★ Für preisgünstigen Barolo (v. a. Mondoca di Bussia, Rocche di Castiglione, Vigna Rionda) bekanntes Weingut in La Morra.

Oltrepò Pavese Lomb DOC r w; tr s; sch ★→★★★ DOC für 14 eher leichte, meist nach der Traubensorte benannte Weine aus der Provinz Pavia. Pinot nero und Spumante können sehr gut sein. Gute Erzeuger: u. a. Anteo, Barbacarlo, Casa Re, Castello di Cigognola, CS Casteggio, Frecciarossa, Le Fracce, Monsupello, Mazzolino, Ruiz de Cardenas, Travaglino, Vercesi del Castellazzo und die Genossenschaft La Versa.

Ornellaia Tosk ★★-★★★★ **95 97** 98 99 00 **01'** 04' 05 06' 07'08 (09) (10) – Das berühmte Weingut bei Bolgheri wurde von Lodovico Antinori gegründet, der es an das Konsortium Frescobaldi/Mondavi verkaufte; inzwischen befindet es sich im Alleinbesitz von Frescobaldi. Die Spitzenweine, Bolgheri DOC Ornellaia und IGT Masseto (Merlot), sind im Hinblick auf Rebsorten und Methode französisch und in einem kompakten, modernen Stil gehalten. Ebenfalls gut sind Bolgheri DOC Le Serre Nuove und IGT Le Volte.

Orvieto Umb DOC w; tr lbl s ★→★★★ BV – Der klassische umbrische Weißwein aus dem geistigen Zentrum des alten Etruskerreichs. Die auf Tuffsteinböden wachsenden Weine erinnern an Vouvray in Frankreich. Heute ist *secco* der beliebteste Stil, *amabile* die traditionelle Variante. Süße Exemplare von edelfaulen *(muffa nobile)* Trauben können großartig sein, z. B. der Calcaia von Barberani. Weitere gute Erzeuger: Bigi, Cardeto, Castello della Sala, Decugnano dei Barbi, La Carraia, Palazzone.

Pacenti, Siro Tosk ★★★ Wunderschön bereiteter Brunello und Rosso di Montalcino im modernen Stil von einem kleinen, sorgfältig arbeitenden Erzeuger.

Pantelleria Siz – Windige Insel mit schwarzer (vulkanischer) Erde vor der Küste Siziliens, bekannt für ihre großartigen Süßweine von Moscato d'Alessandria. Die Passito-Versionen sind besonders dicht und intensiv. Empfehlenswert: Abraxas, Colosi, De Bartoli, Donnafugata, Murana.

Parrina, La Tosk DOC r w ★★ Imposantes Gut in der südlichen Maremma, nahe der Halbinsel des Monte Argentario, mit Parrina Bianco (Trebbiano/Chardonnay) und Parrina Rosso (Sangiovese/französische Sorten).

Pasqua, Fratelli Ven ★→★★ Großer Erzeuger und Abfüller veronesischer Weine: Valpolicella, Amarone, Soave. Auch Bardolino und Recioto.

Passito Oft süßer Wein von Trauben, die auf Gestellen in der Sonne (im Süden) oder in entsprechenden Räumen ausgebreitet bzw. hängend (im Norden) getrocknet wurden. Die bekanntesten Vertreter sind Vin Santo (Toskana) sowie Valpolicella/Soave und Amarone/Recioto (Venetien). Siehe auch Montefalco, Orvieto, Torcolato.

Paternoster Bas ★★→★★★ Spitzenerzeuger von Aglianico del Vulture, v. a. Don Anselmo.

Pecorino Abr w ★★→★★★ Keine Käsesorte, sondern ein verführerischer trockener Weißwein (IGT Colline Pescaresi) von der gleichnamigen, beinahe schon ausgestorbenen Sorte. Gute Erzeuger: Contesa, Franco Pasetti, Farnese.

Pelaverga Piem – Siehe Verduno.

Petit Verdot Die Bordeaux-Sorte hat sich mittlerweile in Italien breitgemacht, insbesondere in den Weingärten der Internationalisten, hauptsächlich als Verschnittpartner. Von Casale del Giglio in Latium stammt eine interessante sortenreine Version.

Piaggia Tosk – Herausragender Erzeuger von Carmignano Riserva, IGT Il Sasso und fantastischem Poggio dei Colli (Cabernet franc).

Piave Ven DOC r w ★→★★ r **06 07 08** 09 (10); w BV – DOC in der Ebene nordwestlich von Venedig für die Produktion großer Mengen sortenreiner Rot- und Weißweine. Die Cabernet-Sauvignon-, Merlot- und Raboso-Weine vertragen Reifezeit. Erzeuger: v. a. Duca di Casalanza, Molon, Loredan Gasparini und Villa Sandi.

Picolit F-JV DOC w; lbl s ★★→★★★ **04 05 06** 07 08 09 (10) – Irgendwie mythischer Süßwein aus den Colli Orientali del Friuli; könnte jedoch diejenigen enttäuschen, die ihn a) auftreiben und b) bezahlen können. Gute Erzeuger: Livio Felluga, Meroi, Perusini, Specogna, Villa Russiz und Vinae dell'Abbazia. Es besteht anscheinend keine Verwandschaft zum roten Picolit Neri, der um Spilimbergo in Grave del Friuli angebaut wird.

Piemont Zusammen mit der Toskana das bedeutendste italienische Anbaugebiet für Wein in Spitzenqualität, mit Turin als Hauptstadt und Asti und Alba als Weinzentren. Keine IGT-Weine zugelassen, DOC Piemonte ist die niedrigste Herkunftsbezeichnung. Siehe Barbaresco, Barbera, Barolo, Dolcetto, Grignolino, Moscato, Roero.

Piemonte Piem DOC r w; (sch) ★→★★ Übergeordnete DOC des Piemont (in dieser Region gibt es keine IGT), umfasst einfache Rote, Weiße, Schaum- und Perlweine von Trauben wie Barbera, Bonarda, Brachetto, Cortese, Chardonnay, Grignolino und Moscato.

Pieropan Ven ★★★ Die Nummer eins unter den Soave-Erzeugern und der Betrieb, der das Banner der Qualität weiter hochhielt, als in den mageren Jahren des 20. Jahrhunderts alle anderen dem Druck der billigen Massenproduktion nachgaben. Die Crus La Rocca und Calvarino gelten als das Beste, was Soave zu bieten hat.

Pieve di Santa Restituta Piem ★★★ Weingut im Besitz von Gaja; erzeugt eine piemontesische Interpretation von Brunello di Montalcino.

Pinot bianco Potenziell exzellente Traube für viele DOC-Weine aus Nordostitalien, v.a. von hohen Lagen in Südtirol (★★★). Spitzenerzeuger in Südtirol: Hofstätter, Lageder, Nals Margreid, Niedrist, Schreckbichl und die Genossenschaften in Terlan und Tramin. Gute Produzenten im Collio (★★→★★★) sind u. a. Renato Keber, Aldo Polencic, Russiz Superiore, Schiopetto, Villa Russiz; die besten Erzeuger in den Colli Orientali (★★→★★★) sind La Viarte und Zamò & Zamò. Empfehlenswert im Bereich Isonzo: Masut da Rive.

Pinot grigio Die Nachfrage nach den weltweit beliebten, relativ säurearmen, ansprechend fruchtigen sortenreinen Weinen dieser Traube ist so groß, dass unzählige Nachahmer – um nicht zu sagen, schlichte Fälschungen – aufgetaucht sind. Caveat emptor. Das Original kann ganz hervorragend sein, in der Regel trocken (anders als der mit Restsüße ausgestattete elsässische Pinot gris), körperreich und samtig. Und keineswegs billig! Probierenswert sind der Sanct Valentin von St. Michael-Eppan (Südtiroler) und der Gris von Lis Neris (Friuli Isonzo).

Pinot nero Wird in weiten Teilen Nordostitaliens angebaut. DOC-Status und teilweise erstaunlich hohe Qualität in der Lombardei (Pinero von Ca' del Bosco) und in Südtirol (Haas, Haderburg, Hofstätter, Lageder, Laimburg, Nals Margreid, Niedermayr, Genossenschaften Kurtatsch, Kaltern, St. Michael-Eppan, Schreckbichl, Tramin) sowie im Oltrepò Pavese (Frecciarossa, Ruiz de Cardenas). Nicht schlecht in Friaul (Le Due Terre, Masut da Riva), aber immer weniger empfehlenswert, je weiter südlich man kommt.

Pio Cesare Piem ★★→★★★ Alteingesessener Erzeuger in Alba, der Barolo und Barbaresco sowohl in modernen, barriquegereiften Versionen anbietet als auch im traditionellen Stil mit Ausbau in großen Fässern. Erzeugt auch Alba-Weine, inklusive Weiße (z. B. Gavi). Besonders gut ist der Nebbiolo d'Alba.

Planeta Siz ★★→★★★ Einer der sizilianischen Spitzenerzeuger. Besonders gut sind die Verschnittweine Segreta Bianco und Segreta Rosso; überragend der Chardonnay, außerdem Cabernet Sauvignon, Fiano, Merlot und Nero d'Avola (Santa Cecilia).

Podere Toskanische Bezeichnung für einen kleinen Hof, der ehemals zu einem größeren Gut gehörte.

Poggio Das Wort für »Hügel« im toskanischen Dialekt. *Poggione* heißt »großer Hügel«.

Poggio Antico Tosk ★★★ Kellerei in Montalcino mit bewundernswert regelmäßig zur Spitzenklasse zählendem Brunello.

Poggione, Tenuta Il Tosk ★★★ In Anbetracht der großen Mengen sehr zuverlässiges Weingut für Brunello; auch Rosso di Montalcino.

Pojer & Sandri T-S ★★→★★★ Spitzenerzeuger im Trentino: Rot- und Weißweine sowie Spumante.

Poliziano Tosk ★★★ Federico Carletti produziert in Montepulciano hervorragenden Vino Nobile (v. a. Asinone) und guten IGT Le Stanze (Cabernet Sauvignon/Merlot).

Pomino Tosk DOC r w ★★★ r **04** **06** **07** 08 (09) (10) – Feine rote und weiße Verschnitte (v. a. Il Benefizio). Frescobaldi ist hier praktisch exklusiv vertreten.

Der beste Prosecco

Pinot grigio ist out! Dieses Jahr reden in italienischen Weinkreisen alle von Prosecco, diesem charmanten, wenn auch etwas schwächlichen Perl- bzw. Schaumwein, der anscheinend Boden gut gemacht hat. Manche mögen ihn für substanzlos halten, doch die Prosecco-Erzeuger selbst nehmen ihn ernst genug, um die Vorschriften zu ändern und die IGT- zur DOC-Produktion sowie die DOC zur DOCG zu befördern. Dass dabei auch gleich die Preise befördert wurden, war zu erwarten. Valdobbiadene-Conegliano, nun wie gesagt DOCG, ist das Herz des Prosecco-Landes und von den einfachen DOC-Bereichen umgeben. Halbtrocken ist normal, wirklich trocken (brut) ist selten. Die süßesten Weine heißen Superiore di Cartizze. Zu der wachsenden Anzahl von Erzeugern, die sich ihr Stück vom Kuchen abschneiden, gehören Adami, Biancavigna, Bisol, Bortolin, Canevel, Carpenè-Malvolti, Case Bianche, Col Salice, Le Colture, Col Vetoraz, Nino Franco, Gregoletto, La Riva dei Frati, Ruggeri und Zardetto.

Potentino, Castello di Tosk ★★ Die englische Exzentrikerin Charlotte Horton restauriert eine mittelalterliche Festung an den unwirtlichen Hängen des Monte Amiata (Toskana) und erzeugt gleichzeitig sehr guten Sangiovese Sacromonte und noch besseren Piropo.

Prà Ven ★★★ Ausgezeichneter Erzeuger von Soave Classico; empfehlenswert v. a. der Monte Grande (Einzellage) und der neue Staforte, der sechs Monate in Stahltanks auf dem (regelmäßig mechanisch aufgerührten) Hefesatz liegt.

Produttori del Barbaresco Piem ★★→★★★ Eine der ersten und besten Genossenschaften in Italien; erzeugt ausgezeichneten traditionellen einfachen Barbaresco sowie die Crus Asili, Montefico, Montestefano, Ovello, Pora, Rio Sordo.

Prosecco Eine jüngst erfolgte Gesetzesänderung, entstanden aus dem Bedürfnis heraus, wie Champagner-Erzeuger den eigenen Namen zu schützen, hat zur Folge, dass Prosecco keine Rebsorte mehr ist, sondern ein Wein, der in bestimmten DOC/DOCG-Gebieten (IGT ist nicht mehr zugelassen) Venetiens und Friaul–Julisch Venetiens von der nun in Glera umbenannten Traube gekeltert wird. Kann Still-, Schaum- oder Perlwein sein und ist meist Letzteres. Siehe auch Kasten oben.

Prunotto, Alfredo Piem ★★★→★★★★ Das traditionelle Haus in Alba wurde in den 1990er-Jahren von Antinori modernisiert und wird von Pieros Tochter Albiera geführt. Sehr guter Barbaresco (Bric Turot), Barolo (Bussia), Nebbiolo (Occhetti), Barbera d'Alba (Pian Romualdo), Barbera d'Asti (Costamiole) und Monferrato Rosso (Mompertone und ein Barbera-Syrah-Verschnitt).

Italien

Puglia Siehe Apulien.

Pupille, Le Tosk ★★★ Spitzenerzeuger von Morellino di Scansano (empfehlenswert: Poggio Valente) und ausgezeichnetem IGT-Verschnitt Saffredi (Cabernet Sauvignon/Merlot/Syrah/Alicante).

Querciabella Tosk ★★★★ Erstklassiges Chianti-Classico-Gut mit IGT-Einzellagenweinen Camartina (Sangiovese/Cabernet Sauvignon) und fassvergorenem Batàr (Chardonnay/Pinot bianco). Die jüngst erfolgten Zukäufe in Radda und der Maremma haben die Produktion von Chianti Classico gesteigert und den Mongrana (Sangiovese plus Cabernet Sauvignon und Merlot) mit ins Angebot gebracht. Der Palafreno, jetzt ein sortenreiner Merlot, ist einer der Besten seiner Art.

Quintarelli, Giuseppe Ven ★★★★ Erztraditionalistischer Erzeuger von feinem Valpolicella, Recioto und Amarone in handwerklicher Qualität. Tochter und Enkel des über 80-jährigen Bepi übernehmen jetzt das Steuer und ändern – nichts.

Racemi Apu ★★ Zusammenschluss von Gütern bzw. Kellereien unter der Leitung des dynamischen Gregory Perrucci mit Basis in Manduria. Erzeugt werden spezielle Primitivo-Weine, u. a. Dunico, Giravolta, Sinfarosa Zinfandel, Vigna del Feudo und Felline. Empfehlenswert sind auch die raren sortenreinen Gewächse Ottavianello (= Cinsault) Dedalo und Susumaniello Sum.

Rampolla, Castello dei Tosk ★★★ Auf Cabernet Sauvignon spezialisiertes Weingut in Panzano im Chianti-Classico-Gebiet. Spitzenreiter sind die IGT-Weine Sammarco und d'Alceo. Hier entsteht Chianti Classico im internationalen Stil.

Recioto della Valpolicella Ven DOC r; lbl; (sch) ★★★→★★★★ Potenziell umwerfender Rotwein mit reichhaltigen Kirsch- und Schokoladennoten; wird aus Valpolicella-Trauben bereitet, die bis zu 6 Monate auf Gestellen ausgebreitet trocknen.

Recioto di Soave Ven DOCG w; s; (sch) ★★★→★★★★ **07** 08 (09) (10) – Soave aus ausgewählten rosinierten Trauben: süß, fruchtig, leichte Mandelnoten; hoher Säuregehalt, der die Süße in Schach hält. Hervorragend von Anselmi, Coffele, Gini, Pieropan, Tamellini, häufig auch sehr gut von Ca' Rugate, Pasqua, Prà, Suavia und Trabuchi.

Refosco (dal Peduncolo Rosso) F-JV r ★★ **04 05 06 07** 08 09 (10) – Dunkler, tanninstarker Rotwein rustikalen Stils. Am besten aus der DOC Colli Orientali von den Erzeugern Moschioni, Le Vigne di Zamo und Volpe Pasini. Auch gut von Livio Felluga und Miani, außerdem von Ca' Bolani, Dorigo, Ronchi di Manzano, Venica sowie von Denis Montanara in der DOC Aquileia.

Regaleali Siz – Siehe Tasca d'Almerita.

Ribolla F-JV DOC w ★→★★ BV – Säurehaltiger Weißwein mit Charakter aus dem Nordosten. Die besten Exemplare stammen aus dem Collio. Spitzenweingüter: Il Carpino, La Castellada, Damijan, Fiegl, Gravner, Primosic, Radikon, Tercic.

Ricasoli Tosk – Geschichtsträchtige Familie in der Toskana, die im 19. Jahrhundert den Verschnitt für den Chianti einführte. Ihr wichtigster Zweig lebt im mittelalterlichen Castello di Brolio. Castello di Cacchiano und Rocca di Montegrossi sind im Besitz anderer Familienmitglieder.

Riesling Die große Weißweinsorte Deutschlands ist heute in Italien nur noch von untergeordneter Bedeutung, mit Ausnahme vielleicht von ein paar Erzeugern in Südtirol (Hofstätter, Niedrist) und Friaul–Julisch Venetien (Ronco del Gelso, Vie di Romans). Der Riesling von Vajra im Piemont ist erstaunlich erfolgreich.

Ripasso Ven – Valpolicella, der an Recioto- oder Amarone-Trestern nachvergoren wird, sodass ein komplexerer, langlebigerer und vollerer Wein entsteht. Sehr gut von Bussola, Castellani, Dal Forno, Quintarelli und Zenato.

Riserva Über eine vorgeschriebene Zeit meist im (großen oder kleinen) Fass gelagerter Wein.

Rivera Apu ★★ Zuverlässiger Weinproduzent in Andria mit dem Castel del Monte Il Falcone Riserva (★★★) und dem sehr guten Puer Apuliae auf Nero-di-Troia-Basis.

Rivetti, Giorgio (La Spinetta) Piem ★★★ Feiner Moscato d'Asti, hervorragender Barbera, interessanter IGT Pin sowie eine Reihe von äußerst konzentrierten, in Eiche ausgebauten Barbarescos. Besitzt jetzt auch Weinberge in den DOCGs Barolo und Chianti Colline Pisane. Die ersten Barolo-Jahrgänge folgen dem Stil des Barbaresco.

Die toskanische Küste

In den letzten Jahren war zu beobachten, wie in großem Stil Weinberge in einer Gegend angelegt wurden, die sich in der Vergangenheit nicht gerade durch besonders feinen (wenn überhaupt) Wein hervorgetan hat: an der Küste der Toskana, d.h. in den Provinzen Pisa, Livorno und Grosseto. Es werden in erster Linie internationale Rebsorten wie die Cabernet-Brüder, Merlot, Syrah und Petit Verdot angebaut, doch einheimische Trauben wie Sangiovese, Ciliegiolo und Alicante finden immer mehr Beachtung. Hier ist eine Auswahl der besten Erzeuger:

Argentiera, Belguardo (Mazzei), Caiarossa, Ca' Marcanda (Gaja), Castello del Terriccio, Colle Massari, Guado al Tasso (Antinori), Gualdo del Re, Le Macchiole, Le Pupille, Michele Satta, Montepeloso, Moris Farms, Ornellaia (Frescobaldi), Poggio al Tesoro (Allegrini), Tenuta San Guido (Sassicaia), Tua Rita.

Rocca, Bruno Piem ★★★ Bewundernswerter Barbaresco (Rabajà) und andere Alba-Weine, auch sehr feiner Barbera d'Asti.

Rocche dei Manzoni Piem ★★★ Modernes Weingut in Monforte d'Alba. Eichenholzwürziger Barolo (v.a. Vigna d'la Roul, Cappella di Stefano, Pianpolvere), Bricco Manzoni (wegweisender Nebbiolo-Barbera-Verschnitt) sowie Quatr Nas (Langhe).

Roero Piem DOCG r ★★ **96 97' 98' 99' 00 01' 04' 05** 06' 07' (08') (09) (10) – Im Prinzip seriöse, gelegentlich Barolo-Niveau erreichende Nebbiolo-Weine aus den Hügeln der Langhe, von Alba aus gesehen jenseits des Flusses Tanaro. Gute Erzeuger: Almondo, Buganza, Ca' Rossa, Cascina Chicco, Correggia, Funtanin, Malvirà, Monchiero-Carbone, Morra, Pace, Pioiero, Taliano, Val di Prete. Siehe auch Arneis.

Ronco In Nordostitalien, v.a. in Friaul–Julisch Venetien, Bezeichnung für eine Hanglage.

Rosato Rosé. Auch die Begriffe Chiaretto (v.a. um den Gardasee), Cerasuolo (Abruzzen) und Kretzer (Südtirol) sind gebräuchlich.

Rosato del Salento Apu rs ★★ BV – Stämmige Weine auf Negroamaro-Basis aus der Nähe von Brindisi, wo man sich schon seit langem auf Rosé spezialisiert hat. Erzeuger siehe Copertino, Salice Salentino.

Rosso Conero Mar DOCG r ★★→★★★ **01' 03' 04 05** 06' 07' (08) (09) – Einige der besten sortenreinen Roten Italiens aus der Montepulciano-Traube, u.a. Grosso Agontano von Garofoli, Dorico von Moroder, Adeodato von

Monte Schiavo, Nerone und Vigneti del Parco von Terre Cortesi Moncaro sowie Sassi Neri und Visions of J. von Le Terrazze. Ebenfalls gut: Casato, Fazi-Battaglia, Lanari, Leopardi Dittajuti, Malacari, Marchetti, Piantate Lunghe, Poggio Morelli, Umani Ronchi.

Rosso di Montalcino Tosk DOC r ★★→★★★ **06' 07'** 08 (09) (10) – DOC für früher reifende Weine von Brunello-Trauben, die aus jüngeren Rebbeständen oder weniger guten Weinberglagen kommen. Zurzeit wird hitzig darüber debattiert, ob das Sangiovese-Reinheitsgebot gelockert werden sollte.

Rosso di Montefalco Umb DOC r ★★→★★★ **01' 03 04' 05** 06' 07' 08 (09) (10) – Verschnitt von Sangiovese und Sagrantino, oft mit einem Schuss milderndem Merlot. Erzeuger siehe Montefalco Sagrantino.

Rosso di Montepulciano Tosk DOC r ★★ **04 05 06 07** 08 (09) (10) – Juniorversion des Vino Nobile di Montepulciano; Erzeuger siehe dort. Im Vergleich zum Rosso di Montalcino trifft man ihn seltener an, vielleicht wegen der möglichen Verwechslung mit Montepulciano d'Abruzzo, mit dem er nichts zu tun hat.

Rosso Piceno Mar DOC r **06 07** 08 (09) (10) – Süffige Verschnitte von Montepulciano und Sangiovese aus der Südhälfte der Marken. Eine Superiore-Version kommt aus der engeren Classico-Zone bei Ascoli; hat sich in den letzten Jahren deutlich verbessert und ist sehr preiswert. Spitzenerzeuger: u. a. Aurora, Boccadigabbia, Bucci, Fonte della Luna, Montecappone, Monte Schiavo, Saladini Pilastri, Terre Cortesi Moncaro, Velenosi Ercole, Villamagna.

Ruffino Tosk ★→★★★ Der ehrwürdige Chianti-Erzeugerbetrieb ist nun seit fast 100 Jahren in den Händen der Familie Folonari. Doch die große Zeit des einfachen Chianti ist vorüber, weshalb dieser Zweig der Familie wie die Cousins (siehe Folonari) eifrig dabei ist, neue Weingüter in der Toskana zu erwerben. Bei der letzten Zählung waren es sieben, davon drei im Chianti Classico (inklusive Santedame mit Spitzenwein Romitorio), eines in Montalcino (Greppone Mazzi) und eines in Montepulciano (Lodola Nuova). Zum Besitz gehört auch Borgo Conventi in Friaul.

Rùfina Tosk ★★★ Bedeutender nördlicher Chianti-Unterbereich. Erzeuger: v. a. Basciano, Tenuta Bossi, Castello del Trebbio, Castello di Nipozzano (Frescobaldi), Colognole, Frascole, Lavacchio, Selvapiana, Travignoli. Villa di Vetrice/Grati führt alte Jahrgänge, die z. T. mehr als 20 Jahre in Eichenfässern oder Betontanks ausgebaut wurden.

Sala, Castello della Umb ★★→★★★ Weingut von Antinori in Orvieto. Der Standardweißwein ist Campogrande. Spitzenerzeugnis: Cervaro della Sala (Chardonnay/Grechetto), in Eiche ausgebaut. Muffato della Sala war wegweisend in Italien für edelfaule Dessertweine. Auch verlässlicher Pinot nero.

Salento Apu – Die flache Halbinsel am Absatz des italienischen Stiefels, heiß, aber windig dank ihrer Lage zwischen zwei Meeren, verfügt über weite Flächen mit alten Reben und noch älteren Olivenbäumen und ist seit Langem für kräftige Rot- und reifen Roséweine auf Negroamaro-Basis bekannt. Es gibt eine ganze Reihe von DOCs, von denen die meisten überflüssig sind – vielleicht ist deshalb die IGT Salento im Aufwind.

Salice Salentino Apu DOC r ★★→★★★ **04 06 07** 08 (09) (10) – Der bekannteste der auf Negroamaro basierenden DOC-Weine des Salento, erzeugt von alteingesessenen Betrieben wie Leone de Castris, Candido, Taurino, Apollonio und Vallone. Nach 2 Jahren Riserva.

Sandrone, Luciano Piem ★★★ Erzeuger von Alba-Weinen im modernen Stil mit tiefgründigem, konzentriertem Barolo Cannubi Boschis, Barolo Le Vigne, Dolcetto, Barbera d'Alba und Nebbiolo d'Alba.

San Felice Tosk ★★ →★★★ Bedeutender historischer Erzeuger in der Toskana, im Besitz von Gruppo Allianz. Feiner Chianti Classico und Riserva Poggio Rosso von einem Gut in Castelnuovo Berardenga. Berühmt ist sein Vitiarium, ein Versuchsweinberg für seltene Rebsorten, dessen erstes Ergebnis der ausgezeichnete IGT Pugnitello von der gleichnamigen Traube ist. Ebenfalls gut: IGT Vigorello (der allererste Supertoskaner aus dem Jahr 1968) und Brunello di Montalcino Campogiovanni.

San Gimignano Tosk – Das von Touristen überlaufene toskanische Städtchen ist für seine Türme und seinen trockenen weißen Vernaccia di San Gimignano berühmt. Letzter ist oft überteuert und überbewertet, aber gelegentlich auch als Wein überzeugend, wenn nicht sogar als *vin de terroir*. Es gibt auch einige gute Rote auf Sangiovese-Basis unter der DOC San Gimignano. Erzeuger: u.a. Falchini, Guiccardini Strozza, Montenidoli, Mormoraia, Panizzi, Poderi del Paradiso, Pietrafitta, Pietrasereno, La Rampa di Fugnano.

Sangiovese (Sangioveto) Die wichtigste Rotweintraube des westlichen Mittelitaliens mit dem Ruf, schwierig in der Behandlung zu sein; wenn man sie aber erfolgreich verarbeitet, ergibt sie vorzügliche, langlebige Weine. Seit Kurzem steht sie im Mittelpunkt groß angelegter Forschungsvorhaben und Experimente: Neue Klone liefern Trauben von verlässlicherer Qualität. Vorherrschend in Chianti, Vino Nobile, Brunello di Montalcino, Morellino di Scansano, feinen IGT-Weinen und vielen anderen. Auch überall in Umbrien (z.B. Torgiano Riserva und Montefalco Rosso) und jenseits der Apenninen in der Romagna und in den Marken zu finden. Weniger gut geht es ihr in den wärmeren, niedriger gelegenen Weinbergen an der toskanischen Küste, in anderen Gegenden Italiens (obwohl sie fast allgegenwärtig ist) und in anderen Teilen der Welt, z.B. in Kalifornien und Australien.

Sangiovese di Romagna Mar DOC r ★★→★★★ Oft gut gemachte und sehr günstige Weine von: La Berta, Berti, Calonga, Ca' Lunga, Cesari, Drei Donà, Paradiso, San Patrignano, Tre Monti, Trere (DOC Emilia-Romagna) und Zerbina. Von Castelluccio sind die IGT-Weine Ronco delle Ginestre und Ronco dei Ciliegi empfehlenswert.

San Giusto a Rentennano Tosk ★★★→★★★★ Erstklassiges Chianti-Classico-Gut im Besitz der Familie Martini di Cigala, die mit den Ricasolis verwandt ist. Hervorragender IGT Percarlo von Sangiovese und ein feiner Vin Santo namens Vin San Giusto.

San Guido, Tenuta Tosk – Siehe Sassicaia.

St. Magdalener (Santa Maddalena) T-S DOC r ★→★★ BV – Kurioser leichter Rotwein von Vernatsch (Schiava), der auf sehr steilen Hängen hinter Bozen wächst. Gute Erzeuger sind u.a. CS Santa Maddalena (z.B. Huck am Bach), Gojer, Josephus Mayr, Hans Rottensteiner (Premstallerhof), Heinrich Rottensteiner.

St. Michael-Eppan (San Michele Appiano) T-S – Spitzengenossenschaft in Südtirol, v.a. für Weißwein. Besonders beachtenswert sind der Schulthauser Pinot bianco und die Sanct Valentin-Auslesen (★★★): Chardonnay, Pinot grigio, Sauvignon blanc, Cabernet Sauvignon, Pinot nero, Gewürztraminer.

San Leonardo T-S ★★★ Spitzenweingut im Trentino, geführt von Marchesi Guerrieri Gonzaga mit dem Berater Carlo Ferrini. Hauptwein ist der Bordeaux-Verschnitt San Leonardo, manchmal der »Sassicaia des Nordens« genannt. Auch sehr vielversprechender Villa Gresti (Merlot).

Santadi Sar ★★★ Die beste sardische Winzergenossenschaft und eine der besten Italiens, v.a. mit den auf Carignano basierenden Rotweinen Terre Brune, Grotta Rossa und Rocca Rubia (alle DOC Carignano del Sulcis). Erzeugt werden auch die Weißen Vermentino Villa Solais und Villa di Chiesa (Vermentino/Chardonnay).

Santa Margherita Ven – Großes Weinhandelsunternehmen in Venedig (Portogruaro), berühmt für ordentlichen, aber zu teuren Pinot grigio. Außerdem Weine aus Venetien (Torresella), Südtirol (Kettmeir), der Toskana (Lamole di Lamole, Vistarenni) und der Lombardei (Ca' del Bosco).

Sant'Antimo Tosk DOC r w; s ★★→★★★ Umfassende DOC, benannt nach einer romanischen Abtei. Deckt (fast) alles in der Montalcino-Zone ab, was nicht der DOCG Brunello di Montalcino oder der DOC Rosso di Montalcino angehört.

Sardinien Sar – Die zweitgrößte Insel des Mittelmeers produziert viele ordentliche und einige ausgezeichnete Weine, z.B. Turriga von Argiolas, Arbeskia und Dule von Gabbas, Vermentino von Capichera, die Cannonau-Riserva-Weine von Jerzu und Loi, Vermentino- und Cannonau-Auslesen von Dettori sowie den fantastischen, unter Flor gereiften Vernaccia von Contini. Die besten DOCs sind Vermentino di Gallura (z.B. Canayli von Cantina Gallura) und Carignano del Sulcis (Terre Brune und Rocca Rubia von Santadi).

Sartarelli Mar ★★★ Einer der Spitzenerzeuger von Verdicchio dei Castelli di Jesi (Tralivio); überragender, seltener Verdicchio Vendemmia tardiva (Contrada Balciana).

Sassicaia Tosk r ★★★★ **85' 88' 90' 95' 97 98' 99 01'** 04' 05 06 07' (08) (09) (10) – Verschnitt aus Cabernet Sauvignon und Cabernet franc von erstklassigen Lagen, bereitet von Marchese Incisa della Rocchetta auf dem Gut Tenuta San Guido in Bolgheri. Der Sassicaia ist heute auf dem internationalen Markt als einer der Spitzenprestigeweine der Welt (auch als Investitionsobjekt) vollständig akzeptiert, in einer Reihe mit Latour, Pétrus und Grange. Manche mögen es schade finden, dass ausgerechnet ein Cabernet Sauvignon als Italiens feinster Wein gilt, doch insgesamt hat der Sassicaia einen ausgesprochen positiven Einfluss auf das Ansehen von Bolgheri, der toskanischen Küste, der Supertoskaner und hochklassiger italienischer Weine im Allgemeinen ausgeübt.

Satta, Michele Tosk ★★★ Praktisch der einzige Bolgheri-Erzeuger, der mit reinsortigem Sangiovese (Cavaliere) Erfolg hat. Daneben gibt es die guten roten Verschnitte Piastraia und I Castagni Superiore (beide DOC Bolgheri).

Sauvignon blanc Weinliebhaber, denen zu erstklassigem Sauvignon blanc Italien partout nicht einfallen mag, sollten einmal etwas aus kühleren Klimazonen probieren, etwa aus Südtirol (Voglar von Peter Dipoli), Isonzo (Piere von Vie di Romans) oder dem Piemont (Viridis von Burlotto).

Scavino, Paolo Piem ★★★ Modernistischer Barolo-Erzeuger in Castiglione Falletto. Empfehlenswert: v.a. Bric del Fiasc, Cannubi, Carobric und Rocche dell'Annunziata. Guter Barbera Langhe Corale.

Schiava Ertragreiche Rotweintraube in Südtirol, wo sie Vernatsch genannt wird, erbringt leichte Weine wie Kalterersee (Lago di Caldaro), St. Magdalener usw.

Schiopetto, Mario F-JV ★★★→★★★★ Inzwischen verstorbener legendärer Pionier des Collio-Weins; geräumige moderne Kellerei. Ausgezeichneter

Sauvignon blanc, Pinot bianco, Friulano (alle DOC), weißer IGT-Verschnitt Blanc de Rosis. Seit Kurzem gibt es auch Weine aus den Colli Orientali.

Schreckbichl Deutscher Name von der Cantina Produttori Colterenzio in Südtirol. Siehe Colterenzio.

Sciacchetrà Lig – Siehe Cinque Terre.

Scolca, La Piem ★★ Berühmtes Gut in Gavi mit gutem Gavi und Spumante.

Sella & Mosca Sar ★★ Bedeutendes Erzeuger- und Handelshaus in Sardinien. Sehr angenehmer weißer Torbato sowie leichter, fruchtiger Vermentino Cala Viola (BV). Daneben guter roter DOC Alghero Marchese di Villamarina (Cabernet Sauvignon) und Tanca Farrà (Cannonau/Cabernet Sauvignon) sowie der interessante Anghelu Ruju im Port-Stil.

Selvapiana Tosk ★★★ Mit Ausnahme des berühmteren Frescobaldi-Guts Nipozzano allgemein als der beste Chianti-Rùfina-Erzeuger angesehen. Am besten sind die Weine Riserva Bucerchiale und IGT Fornace, doch schon der einfache Chianti Rùfina ist köstlich. Unter dem Etikett Petrognano auch etwas feiner roter DOC Pomino – außer Frescobaldi ist Selvapiana in dieser DOC der einzige nennenswerte Erzeuger.

Settesoli, CS Siz ★→★★ Die Genossenschaftskellerei mit fast 7.000 ha wird von der Familie Planeta geführt und ist mit ihren stets verlässlichen und preislich korrekten sortenreinen Weinen (Nero d'Avola, Syrah, Merlot, Cabernet Sauvignon, Chardonnay, Grecanico, Viognier) und Verschnitten der Marke Mandrarossa ein Aushängeschild für Sizilien.

Sforzato Lomb – Siehe Valtellina.

Sizilien Die größte Mittelmeerinsel wird viel gelobt wegen des kreativen Ansatzes ihrer Weinmacher. Verwendet werden sowohl einheimische (Nero d'Avola, Nerello mascalese, Frappato, Inzolia, Grecanico, Grillo) als auch internationale Rebsorten. Sinnvollerweise wird die IGT Sicilia viel genutzt, während eher unbekannte DOCs wie Contea di Sclafani und Contessa Entellina meist gemieden werden. Erzeuger: v. a. Benanti, Il Cantante, Ceusi, Colosi, COS, De Bartoli, Donnafugata, Duca di Salaparuta, Fazio, Firriato, Foraci, Gulfi-Ramada, Morgante, Murana, Pellegrino, Planeta, Rapitalà, Romeo del Castello, Santa Anastasia, Settesoli, Spadafora, Tasca d'Almerita, Terre Nere.

Sizzano Piem – Siehe Gattinara.

Soave Ven DOC w; (s) ★→★★★ **08 09** 10 – Berühmter, immer noch unterschätzter Weißwein aus Verona. Weine aus der Classico-Zone können intensiv, mineralisch, sehr fein und ziemlich langlebig sein. Soave Superiore ist sogar DOCG, aber die besten Classico-Erzeuger verzichten auf die zusätzliche »Ehre« und bleiben bei ihrer DOC. Süßer Recioto kann großartig sein. Spitzenerzeuger: Cecilia Beretta, Cantina del Castello, La Cappuccina, Ca' Rugate, Coffele, Dama del Rovere, Fattori, Gini, Guerrieri Rizzardi, Inama, Montetondo, Pieropan, Portinari, Prà, Sartori, Suavia, Tamellini, Tedeschi.

Solaia Tosk r ★★★★ **85' 90' 95' 97' 99' 01' 04** 06 07' (08) (09) (10) – Potenziell grandioser, wenn auch etwas sehr wuchtiger Cabernet Sauvignon/Sangiovese-Verschnitt von Antinori, der im Einklang mit höchsten Bordeaux-Anforderungen bereitet wird und jahrelanger Lagerung bedarf.

Sorì Piem – Name für hoch gelegene Süd-, Südost- oder Südwestlagen im Piemont.

Sovana Tosk – DOC in der Maremma, im Binnenland nahe Pitigliano gelegen. Empfehlenswert: Sangiovese und Ciliegiolo von Tenuta Roccaccia, Pitigliano, Ripa und Sassotondo sowie Malbec von Antinori.

Spanna Lokaler Name für Nebbiolo im nördlichen Piemont. Siehe Gattinara.

Spumante Schaumwein. Der ehemalige Asti Spumante heißt jetzt nur noch Asti.

Südtirol Deutschsprachiger Teil der Region Trentino – Alto Adige. Siehe Alto Adige.

Superiore Wein mit längerer Fassreife sowie mit 0,5 bis 1% mehr Alkoholgehalt als normaler DOC-Wein. Bezeichnet manchmal auch einen Teil eines Anbaugebiets, z. B. Rosso Piceno Superiore.

Supertoskaner Von den 1970er-Jahren an verbesserten sich die Weine der Toskana rapide, oft auch durch die Zugabe eines mehr oder weniger großen Anteils an Bordeaux-Trauben zum Verschnitt sowie den Ausbau im Barrique. Damals brauchte Sangiovese Hilfe, heute ist das nicht mehr nötig. Diejenigen der zunächst englisch »Super Tuscans« genannten Weine, die sich bis zur Jahrtausendwende auf dem Markt etabliert hatten, konnten ihre Stellung halten. Der Rest gilt zunehmend als überteuert und unbedeutend.

Syrah Die große Traube der nördlichen Rhône ist in der Toskana und in Sizilien sehr beliebt, v. a. für Verschnitte. Gute Beispiele sind Il Bosco von d'Alessandro oder Case Vie von Fontodi.

Tasca d'Almerita Siz ★★★ Traditionsreicher sizilianischer Weinerzeuger im Besitz einer Adelsfamilie, beheimatet in der Provinz Palermo. Gute IGT Regaleali-Weine (rot, rosé, weiß), sehr guter Nero d'Avola Rosso del Conte sowie eindrucksvoller Chardonnay und Cabernet Sauvignon.

Taurasi Kamp DOCG r ★★★ **95 97' 98 99 00 01'** 04' 05 06 07' (08) (09) (10) – Der historische und gefeiertste Rotwein Kampaniens und eines der herausragendsten Gewächse Italiens – auch wenn er Flaschenreife braucht und nicht jeder so schnell Zugang zu ihm findet. Nach 4 Jahren Riserva. Sehr gute Weine von Caggiano, Caputo, Colli di Lapio, Feudi di San Gregorio, Mastroberardino, Molettieri und Terredora di Paulo.

Taurino, Cosimo Apu ★★★ Zu Lebzeiten Cosimos der bekannteste Erzeuger von Salento (Apulien); sehr guter Salice Salentino, VdT Notarpanaro und IGT Patriglione Rosso.

Tedeschi, Fratelli Ven ★★→★★★ Alteingesessener Erzeuger von Valpolicella, Amarone und Recioto. Guter roter IGT Capitel San Rocco.

Tenuta Landwirtschaftliches Gut (siehe unter dem Eigennamen, z. B. San Guido, Tenuta).

Terlan T-S w ★★→★★★ BV – Die Bezeichnung DOC Alto Adige Terlano (bzw. DOC Terlaner) steht für einen Weißweinverschnitt und 8 sortenreine Weißweine, v. a. Pinot bianco und Sauvignon blanc. Spitzenerzeuger ist v. a. die CS Terlan (der Pinot bianco Vorberg altert bemerkenswert gut); auch Lageder, Niedermayr, Niedrist.

Teroldego Rotaliano T-S DOC r rs ★★→★★★ Die beste einheimische Rebsorte des Trentino erbringt anspruchsvollen, gehaltvollen Wein; die Reben wachsen hauptsächlich auf dem flachen Campo Rotaliano. Spitzenerzeuger ist Foradori. Ebenfalls gut: Dorigati, Endrizzi, die Riserva Nos von Mezzacorona sowie Zeni.

Terre Cortesi Moncaro Mar ★★★ Genossenschaftskellerei in den Marken, die bei sehr bescheidenen Preisen mit den Besten der Region im Wettstreit liegt: guter Verdicchio dei Castelli di Jesi Le Vele, Rosso Conero, Riserva Nerone und Rosso Piceno Superiore Campo delle Mura.

Terre da Vino Piem ★→★★★ Vereinigung von 27 Piemonteser Erzeugern mit insgesamt 4.500 ha, die die meisten örtlichen DOC-Weine produziert. Von den Barbera-Spezialisten stammen der Barbera d'Asti La Luna e I Falò und der Barbera d'Alba Croero. Ebenfalls gut: Barolo Essenze und Barbaresco La Casa in Collina.

Terre di Franciacorta Lomb DOC r w ★★ r **06** **07** 08 09 (10); w BV – Heißt so, um Stillweine vom DOCG-Schaumwein namens Franciacorta zu unterscheiden, alternativ auch DOC Curtefranca genannt. Der Rotwein ist ein ungewöhnlicher Verschnitt aus Cabernet Sauvignon, Barbera, Nebbiolo und Merlot. Weniger ausgefallene Weißweine von Chardonnay und Pinot grigio. Beste Erzeuger: siehe Franciacorta DOCG.

Terriccio, Castello del Tosk ★★★ Großes Weingut südlich von Livorno mit vorzüglichem, sehr teurem IGT Lupicaia und sehr gutem IGT Tassinaia im Bordeaux-Stil. Eindrucksvoller neuer IGT Terriccio, ein ungewöhnlicher Verschnitt hauptsächlich von Rhône-Sorten.

Tiefenbrunner T-S ★★→★★★ Mittelgroßer Erzeugerbetrieb mit Sitz in der wahrlich teutonisch anmutenden Turmburg im malerischen Südtiroler Dorf Entiklar. Christoph Tiefenbrunner hat seinen über 80-jährigen Vater Herbert (Kellermeister seit 1943) abgelöst und erzeugt ein breites Spektrum an gebirgsfrischen Weiß- und klar definierten Rotweinen von französischen, deutschen und einheimischen Reben, v. a. den Feldmarschall (siehe Müller-Thurgau) von Weingärten auf 1000 m Höhe und die Linticlarus-Reihe mit Chardonnay, Lagrein und Pinot nero.

Tignanello Tosk r ★★★★ 95 97' 98 **99'** **00** **01'** **04'** 06' 07' 08 (09) (10) – Im Barrique ausgebauter Sangiovese/Cabernet Sauvignon-Verschnitt, von Antinoris Spitzen-Önologen Giacomo Tachis Anfang der 1970er-Jahre eingeführt. Dies war der Wein, mit dem die Supertoskaner groß herauskamen.

Tocai F-JV – Siehe Friulano.

Torcolato Ven – Der süße Wein aus Breganze in Venetien wird von Vespaiolo-Trauben bereitet, die, wie beim Recioto di Soave, monatelang zum Trocknen aufgehängt oder auf Matten ausgelegt wurden. Beste Erzeuger: Maculan, CS Beato Bartolomeo.

Torgiano Umb DOC r rs w; (sch) ★★ und **Torgiano Rosso Riserva** Umb; DOCG r ★★→★★★ 97 **99** **00'** **01'** 01' 03 04 06 07' 08 (09) (10) – Guter bis hervorragender Chianti-artiger Rotwein aus Umbrien; der Bereich wird dominiert von Lungarottis Rubesco. Der Rubesco Riserva Vigna Monticchio war in Jahrgängen wie 1975, 1979 und 1985 überragend; kann viele Jahre lagern.

Toskana Brennpunkt der »Renaissance« des italienischen Weins gegen Ende des 20. Jahrhunderts mit experimentellen Abfüllungen wie den Supertoskanern und modernisierten Klassikern wie Chianti, Vino Nobile und Brunello.

Traminer aromatico (Gewürztraminer) T-S DOC w ★★→★★★ BV – Pikanter Weißwein, der heute das ganze Aromenspektrum der Elsässer Versionen ohne deren Restsüße aufweist. Am besten an seinem Geburtsort Tramin/ Termeno, v. a. von der dortigen Genossenschaft und von Hofstätter. Weitere gute Erzeuger: u. a. die Genossenschaften Kaltern, Prima & Nuova, St. Michael-Eppan, Schreckbichl, Terlan sowie die Erzeuger Haas, Kloster Neustift, Kuenhof, Lageder, Laimburg, Nals Margreid, Niedermayr.

Trebbiano Die wichtigste Weißweintraube in der Toskana, kommt aber in verschiedenster Gestalt in ganz Italien vor. Erhebt sich selten über die Masse, außer im toskanischen Vin Santo. Einige gute trockene Weißweine unter DOC Romagna und DOC Abruzzo. Trebbiano di Soave und Trebbiano di Lugana (alias Verdicchio) sind nur entfernt verwandt.

Trebbiano d'Abruzzo Abr DOC w ★→★★ BV – Der für gewöhnlich preiswerte Weißwein mit guter Säure und neutralem Geschmack erreicht beträchtliche Qualität in den Händen eines Meisters wie Valentini. Doch welche Trauben verwendet er?

Italien

Trentino T-S DOC r w; tr s ★→★★★ DOC für 20 meist nach der Traubensorte benannte Weine; am besten Chardonnay, Pinot bianco, Marzemino und Teroldego. Die Hauptstadt der Provinz ist Trient.

Trinoro, Tenuta di Tosk ★★★★ Individualistisches Gut für Rotweine, Pionier in der DOC Val d'Orcia zwischen Montepulciano und Montalcino. Die ersten Jahrgänge des Bordeaux-Verschnitts Trinoro riefen große Begeisterung hervor, dann schoss der Preis in die Höhe. Im Le Cupole sind dem Bordeaux-Verschnitt die Sorten Cesanese (aus Latium) und Uva di Troia (aus Apulien) beigemischt. Andrea Franchetti besitzt auch Weinberge in Sizilien am Ätna.

Tua Rita Tosk ★★→★★★★ Der erste Erzeuger, der in den 1990er-Jahren Suvereto als das »neue Bolgheri« etablierte. Der Redigaffi ist vielleicht Italiens großartigster Merlot; empfehlenswert auch der Bordeaux-Verschnitt Giusto di Notri. Siehe auch Val di Cornia.

Umani Ronchi Mar ★★→★★★ Führender Erzeuger in den Marken; v. a. Verdicchio (Casal di Serra, Plenio), Rosso Conero Cùmaro, IGTs Le Busche (weiß) und Pelago (rot).

Vajra, G. D. Piem ★★★ Erzeuger von makellosem Barolo, Barbera, Dolcetto und Freisa in der Rotweinabteilung sowie Riesling bei den Weißen. Erwarb vor kurzem das Gut Luigi Caudana in Serralunga.

Valdadige (Etschtaler) T-S DOC r w; tr lbl ★ Bezeichnung für die einfachen Weine die an der Etsch (ital. Adige) entstehen, d. h. in Südtirol, im Trentino und in Nordvenetien.

Val di Cornia Tosk DOC r rs w ★★→★★★ **00 01'** **04' 05 06'** 07 08 (09) (10) – DOC südlich von Bolgheri in der Provinz Livorno. Sangiovese, Cabernet Sauvignon, Merlot, Syrah und Montepulciano. Erzeuger: Ambrosini, Jacopo Banti, Bulichella, Gualdo del Re, Incontri, Montepeloso, Petra, Russo, San Michele, Tenuta Casa Dei, Terricciola, Tua Rita.

Valentini, Edoardo Abr ★★★→★★★★ Edoardos Sohn Francesco führt die Tradition lange gemaischter, nicht filtrierter, nicht geschönter und von Hand abgefüllter Montepulciano-, Cerasuolo- und Trebbiano-d'Abruzzo-Weine fort. Die Qualität ist nicht vorhersehbar, aber potenziell hervorragend.

Valle d'Aosta Ao DOC r rs w ★★ DOC für etwa 25 Weine aus dem Aostatal, die geografische oder Rebsortenbezeichnungen tragen. Dazu gehören z. B. Prëmetta, Fumin, Blanc de Morgex et de La Salle, Chambave, Nus Malvoisie, Arnad Montjovet, Torrette, Donnas, Enfer d'Arvier. Sehr kleine Produktion, die Weine gelangen nur selten ins Ausland.

Valle Isarco (Eisacktal) T-S DOC w ★★ BV – Alto Adige Valle Isarco (bzw. Eisacktaler) ist die DOC für sieben »germanische« sortenreine Weißweine, die entlang des Eisack (ital. Isarco) nordöstlich von Bozen entstehen. Guter Gewürztraminer, Müller-Thurgau, Riesling und Silvaner. Spitzenerzeuger sind CS Eisacktaler, Kloster Neustift, Kuenhof.

Vallone, Agricole Apu ★★→★★★ Erzeuger mit ausgedehntem Weinbergbesitz auf der apulischen Salento-Halbinsel. Exzellenter und preisgünstiger Brindisi Rosso/Rosato Vigna Flaminio; bekannt aber v. a. für seinen Graticciaia, ein Wein aus rosinierten Trauben, der einem Amarone ähnelt. Der Vigna Castello ist eine erstklassige Ergänzung des Angebots.

Valpolicella Ven DOC r ★→★★★★ Superiore **00 01 03 04 05** **06** **07** 08 09 (10) – Vielfältige Appellation, die vom leichten Durstlöscher mit einer gewissen fruchtigen Wärme über stärkeren Superiore bis hin zu Amarone und Recioto mit uraltem Stammbaum alles enthält. Gemeinsames Geschmacksmerkmal sind bittere Kirschnoten. Die besten Weine kommen in der Regel aus dem Classico-Unterbereich.

Valtellina Lomb DOC r ★→★★★ DOC für in der Hauptsache aus Chiavennasca-Trauben (Nebbiolo) in der alpinen Provinz Sondrio (Nordlombardei) gekelterte tanninreiche, aber elegante Weine. Sehr guter Superiore DOCG, umfasst Lagen in den Unterbereichen Grumello, Inferno, Sassella und Valgella. Erzeuger: v. a. Caven Camuna, Conti Sertoli-Salis, Fay, Nera, Nino Negri, Plozza, Rainoldi, Triacca. Sforzato ist der konzentrierteste Valtellina, er ähnelt dem Amarone.

Valpolicella – die Besten

Das Valpolicella-Gebiet in Verona, dessen beste Weinberge auf den letzten Alpenhängen an der Grenze zur breiten Poebene liegen, ist eines der klassischsten und ältesten in Italien – es gibt schriftliche Belege dafür, dass hier schon vor 2.000 Jahren Passito-Weine erzeugt wurden. Ob Amarone, Recioto, Ripasso oder normaler Valpolicella, ob DOC oder IGT, folgende Betriebe erzeugen gute bis großartige Weine (die Crème de la crème ist mit einem Stern gekennzeichnet): Accordini Stefano*, Serego Alighieri, Allegrini*, Begali, Bertani, Bolla, Boscaini, Brigaldara, Brunelli, Bussola*, Ca' la Bianca, Campagnola, Ca' Rugate, Castellani, Corteforte, Corte Sant'Alda, CS Valpantena, Cantina Valpolicella, Valentina Cubi, Dal Forno*, Guerrieri-Rizzardi, Masi, Mazzi*, Nicolis, Quintarelli*, Roccolo Grassi*, Le Ragose, Le Salette, Speri*, Tedeschi*, Tommasi, Venturini, Viviani*, Zenato, Zeni.

Vecchio Samperi Siz ★★★ VdT in der Art eines *vergine*-Marsala von einem berühmten Weingut. Am besten ist der fassgereifte Ventennale, ein Verschnitt aus jungen und sehr alten Jahrgängen. Der Eigentümer Marco de Bartoli erzeugt außerdem Spitzenweine der DOC Marsala sowie herausragenden Passito Bukkuram in seiner Kellerei auf der Insel Pantelleria.

Vendemmia Lese bzw. Jahrgang

Venegazzù Ven ★★★→★★★★ Kult-Bordeaux-Verschnitt von Erzeuger Loredan Gasparini im östlichen Venetien. Noch hochwertiger ist der Einzellagenwein Capo di Stato (was so viel heißt wie »Staatsoberhaupt«: Er wurde ursprünglich für den italienischen Staatspräsidenten geschaffen).

Verdicchio dei Castelli di Jesi Mar DOC w; (sch) ★★→★★★ BV – Vielseitiger Weißwein aus der Gegend um Ancona. Kann leicht und süffig ausfallen, schäumend oder strukturiert, komplex und langlebig (v. a. als Riserva mit mindestens 2 Jahren Reifung). Auch Classico. Besonders beachtliche Qualität von Accadia, Bonci-Vallerosa, Brunori, Bucci, Casalfarneto, Cimarelli, Colonnara, Coroncino, Fazi-Battaglia, Fonte della Luna, Garofoli, Laila, Lucangeli Aymerich di Laconi, Mancinelli, Montecappone, Monte Schiavo, Santa Barbara, Sartarelli, Terre Cortesi Moncaro, Umani Ronchi.

Verdicchio di Matelica Mar DOC w; (sch) ★★→★★★ BV – ähnlich wie Jesi, kleiner und nicht so bekannt, aber langlebiger. Erzeuger: v. a. Barone Pizzini, Belisario, Bisci, La Monacesca, Pagliano Tre, San Biagio.

Verduno Piem DOC r ★★ (BV) – Dem Grignolino ähnlicher blasser Rotwein von der Pelaverga-Traube, die ausschließlich in der Gemeinde Verduno angebaut wird. Empfehlenswert: Alessandria, Bel Colle, Burlotto und Castello di Verduno.

Verduno, Castello di Piem ★★★ Ein Ehepaar, Franco Bianco mit Weinbergen in Neive und Gabriella Burlotto mit Weinbergen in Verduno, erzeugt zusammen mit dem Kellermeister Mario Andrion sehr guten Barbaresco Rabajà und Barolo Monvigliero.

Verduzzo Colli Orientali, F-JV DOC w; tr lbl s ★★→★★★ Körperreicher Weißwein aus einer indigenen friaulischen Traube. Ramandolo ist der bedeutendste Unterbereich für Süßweine. Spitzenerzeuger: Dario Coos, Dorigo, Giovanni Dri, Meroi. Lis Neris erzeugt im Bereich Isonzo den köstlichen süßen VdT Tal Luc.

Vermentino Lig w ★★ BV – Eine der charaktervollsten weißen Rebsorten in Italien, die zu leichtem, trockenem, aber auch auch zu kräftigem Wein verarbeitet wird . Sie wächst überall im westlichen Ligurien und in Sardinien, zunehmend auch entlang der toskanischen Küste und im Landesinneren in Richtung Umbrien. Empfehlenswert in Ligurien: Lambruschi und Lupi; in der Toskana: San Giusto und Satta. Siehe auch Vermentino di Gallura.

Vermentino di Gallura Sar DOCG w ★★→★★★ BV – Der beste trockene Weißwein Sardiniens, kräftiger und intensiver im Geschmack als der DOC Vermentino di Sardegna. Spitzenerzeuger: CS di Gallura, CS del Vermentino, Capichera, Depperu.

Vernaccia di Oristano Sar DOC w; tr (s); (fz) ★→★★★ **90' 93' 97' 00' 01** 04 06 07 (08) (09) – Sardische, unter Flor gereifte Spezialität, ähnlich leichtem Sherry, ein wenig bitter, körperreich und interessant. Superiore mit 15,5 % Alkohol und 3 Jahren Alterung. Vor allem von Contini.

Vernaccia di San Gimignano Tosk – Siehe San Gimignano.

Vernatsch Siehe Schiava.

Vie di Romans F-JV ★★★→★★★★ Gianfranco Gallo hat in wenigen Jahren das Gut seines Vaters im DOC-Bereich Isonzo in Friaul zum Spitzenstatus geführt. Exzellenter Chardonnay, Pinot grigio Dessimis, Sauvignon blanc Piere und Vieris (in Eiche ausgebaut) sowie der Malvasia/Riesling/Friulano-Verschnitt Flors di Uis.

Vietti Piem ★★★ In Castiglione Falletto alteingesessener Erzeuger charaktervoller piemontesischer Weine, u. a. Barbaresco Masseria, Barbera d'Alba Scarrone und Barbera d'Asti La Crena. Hauptsächlich mustergültige Barolo-Weine: Lazzarito, Rocche, Brunate, Villero.

Vigna oder **vigneto** Einzellage. In der Regel ein Zeichen für bessere Qualität.

Vignalta Ven ★★ Spitzenerzeuger in den Colli Euganei bei Padua (Venetien); sehr guter Cabernet Sauvignon Colli Euganei Riserva und Merlot/Cabernet Sauvignon Gemola.

Vignamaggio Tosk ★★→★★★ Ausgezeichnetes, sehr schönes historisches Chianti-Classico-Gut bei Greve. Angeblich hat Leonardo da Vinci hier die Mona Lisa gemalt.

Vigne di Zamò, Le F-JV ★★★ Erstklassiges Weingut in Friaul mit Pinot bianco, Friulano, Pignolo, Cabernet Sauvignon, Merlot und Picolit von Weingärten aus drei Gebieten der DOC Colli Orientali del Friuli.

Villa Matilde Kamp ★★★ Spitzenweingut in Kampanien mit Falerno Rosso (Vigna Camarato) und Bianco (Vigna Caracci) sowie Eleusi Passito.

Villa Russiz Lomb ★★★ Hier entstehen beeindruckende weiße DOC-Collio-Weine: sehr guter Sauvignon blanc und Merlot (v. a. die Auslesen De la Tour), außerdem Pinot bianco, Pinot grigio, Friulano und Chardonnay.

Vino Nobile di Montepulciano Tosk DOCG r ★★→★★★ **99' 00 01' 04' 05** 06' 07' 08 (09) (10) – Traditionsreicher Sangiovese (hier Prugnolo gentile genannt) aus der Stadt Montepulciano (nicht zu verwechseln mit der gleichnamigen Rebsorte der Abruzzen). Häufig anspruchsvolle Weine mit adstringierenden Tanninen, doch komplex und nachhaltig von der besten Erzeugern: u.a. Avignonesi, Bindella, Boscarelli, La Braccesca, La Calonica, Canneto, Le Casalte, Fattoria del Cerro, Contucci, Dei, Gracciano della Seta, Gracciano Svetoni, Icario, Nottola, Palazzo Vecchio, Poliziano, Romeo, Salcheto, Trerose, Valdipiatta, Villa Sant'Anna. Nach 3 Jahren Riserva. Im Vergleich zum Rivalen Brunello sind die Preise noch recht vernünftig.

Vin Santo, Vinsanto oder Vino Santo Starker, meist süßer Wein, der von Passito-Trauben erzeugt wird, in der Toskana (»Vin Santo«) meist von Trebbiano, Malvasia und/oder Sangiovese, im Trentino (»Vino Santo«) von Nosiola. Toskanische Exemplare können außerordentlich vielseitig sein, von fast trocken und sherryartig bis süß und unglaublich reichhaltig. Viele reifen zwischen 3 und 10 Jahren in kleinen Fässern, den *caratelli*, ohne umgefüllt zu werden. Legendär ist der Vin Santo von Avignonesi, doch es gibt auch andere hervorragende Erzeuger: Capezzana, Fattoria del Cerro, Corzano & Paterno, Fèlsina, Frascole, Isole e Olena, Rocca di Montegrossi, San Gervasio, San Giusto a Rentennano, Selvapiana, Villa Sant'Anna, Villa di Vetrice. Siehe auch Occhio di Pernice.

Vivaldi-Arunda T-S ★★→★★★ Der Kellermeister Josef Reiterer erzeugt erstklassigen Südtiroler Schaumwein. Am besten: Extra Brut Riserva, Cuvée Marianne.

Viviani Ven ★★★ Claudio Viviani beweist nach wie vor, wie modern ein Valpolicella oder Amarone sein kann. Sehr gut der Classico Superiore Campo Morar, besser der Recioto La Mandrella, überragend der Amarone Casa di Bepi und der Tulipano Nero.

Voerzio, Roberto Piem ★★★→★★★★ Modernistischer Barolo-Erzeuger mit ausgezeichneten, sehr teuren Einzellagenweinen: Brunate, Cerequio, Rocche dell'Annunziata-Torriglione, Sarmassa, La Serra; auch eindrucksvoller Barbera d'Alba.

Volpaia, Castello di Tosk ★★→★★★ Das erstklassige Chianti-Classico-Gut in Radda erzeugt die Supertoskaner Coltassala (Sangiovese/Mammolo) und Balifico (Sangiovese/Cabernet Sauvignon).

Zenato Ven ★★ Sehr verlässliches Weingut für Weine vom Gardasee; auch Valpolicella, Soave, Amarone und Lugana.

Zerbina, Fattoria Em-Ro ★★★ Führendes Weingut in der Romagna mit dem besten süßen DOCG Albana (Scacco Matto), sehr gutem Sangiovese (Pietramora) und im Barrique ausgebautem IGT Marzieno.

Zibibbo Siz w; tr s ★★ Name des Alexandria-Muskatellers (Muscat d'Alexandrie) auf der Insel Pantelleria. Erzeuger: v.a. de Bartoli, Murana.

Zonin ★→★★ Eines der größten in Privatbesitz befindlichen italienischen Weingüter, beheimatet in Gambellara; v.a. DOC- und DOCG-Weine aus dem Valpolicella. Auch Güter in Asti, Chianti Classico (Castello di Albola), San Gimignano, Friaul, Apulien und Sizilien sowie in Virginia, USA.

Zuani Lomb ★★★ Kleines Gut in Collio, das Patricia Felluga, der Tochter von Marco Felluga, gehört. Ausgezeichnete weiße Verschnitte Zuani Zuani (Eichennote) und Zuani Vigne.

Deutschland

Die folgenden Abkürzungen werden im Text verwendet:

Bad	Baden
Fran	Franken
Hess-B	Hessische Bergstraße
M	Mosel
MM	Mittelmosel
MR	Mittelrhein
Na	Nahe
Pfz	Pfalz
R	Ruwer
Rhg	Rheingau
Rhh	Rheinhessen
S	Saar
Sa-Un	Saale-Unstrut
Würt	Württemberg

Die dunklen Flächen bezeichnen die Weinbaugebiete

Fast mein halbes Leben lang habe ich eine Riesling-Renaissance aus- (oder jedenfalls nach ihr) gerufen – und es geht tatsächlich voran. Deutscher Wein ist zuallererst Riesling, die großartigste und vielseitigste aller Trauben, zumindest der Weißweinsorten – nein, aller Rebsorten, denn es gibt keine Rotweinsorte, die auch nur annähernd so vielseitig wäre. Doch man kann niemanden zu seinem Glück zwingen ... bis heute war Riesling nur schwer verkäuflich.

Hat sich etwas geändert? Die Verkaufsstatistiken sagen Ja. Die Verkoster sagen Ja. Eine erstaunliche Abfolge guter Jahrgänge – Klimawandel von seiner positiven Seite – hat guten Winzern das Vertrauen eingeflößt, einen Zahn zuzulegen, vor allem aber in den weltweiten Wettbewerb um hundertprozentig trockene Weine einzutreten, die sich als Begleiter zu feinen Speisen eignen. Das ist die Erfolgsgeschichte der vergangenen Jahre. Die Winzer haben sich auf ihrem kaufkräftigen Heimatmarkt wieder Respekt verschafft, indem sie ihren traditionellen Stil ganz durchgegorener trockener Weine voller Aroma und Charakter wiederbelebten und damit den Geschmack der modernen Küche trafen. In den USA findet trockener deutscher Riesling Anklang, die britische Klientel ist etwas zögerlicher (und hält sich noch immer an die alten lieblichen Stilrichtungen), doch die Richtung ist klar erkennbar. Unterstützt vom Klimawandel, beteiligt sich Deutschland an einem durch und durch modernen Markt mit durch und durch klassischen Weinen – und mit einem Spektrum an Trauben und Anbaugebieten, das über die klassische Riesling-Tradition deutlich hinausgeht.

Die Todsünde des selbstmörderischen deutschen Weingesetzes von 1971 ist nun 40 Jahre alt. Warum nur fällt der britischen Öffentlichkeit das Vergeben und Vergessen so schwer? Die Spitzenriege der Erzeuger, die sich im Verband VDP zusammengeschlossen haben, bereiten individuelle Weine unter Beachtung höchster Qualitätsstandards. Sie und ihre neuen Ideen nicht zu beachten wäre eine sträfliche Vernachlässigung.

Neuere Jahrgänge

Mosel

Weine von der Mosel (einschließlich Saar und Ruwer) sind jung so ansprechend, dass ihre Haltbarkeit selten auf die Probe gestellt wird. Aber gut gepflegte Rieslinge der Kabinettklasse gewinnen bei mindestens fünf Jahren Flaschenlagerung (und oft viel mehr), Spätlesen bei fünf bis 20 Jahren und Auslesen sowie Beerenauslesen bei über zehn bis 30 Jahren. Als Faustregel gilt, dass Weine von Saar und Ruwer in schwachen Jahren scharf und schlank geraten; in guten Jahren aber, die mehr und mehr zur Normalität werden, kommt ihnen an Eleganz und erregender, stahliger Rasse kein anderer gleich.

2010 Ein schwieriger, von Krankheiten geprägter Jahrgang; der Ertrag war nur halb so groß wie sonst. Es wurde viel Entsäuerung betrieben, doch im Erfolgsfall waren sowohl Zucker- als auch Säuregehalt außergewöhnlich hoch – vergleichbar mit 1990.

2009 Ungleichmäßiger Blütenansatz führte zu schwachem Ertrag (20 % unter dem Durchschnitt). Qualitativ aber hervorragend. Ein trockener, sonniger September und ein kühler, sonniger Oktober brachten viele prachtvolle Spät- und Auslesen mit perfekter Säure hervor. Die trockenen Weine besitzen eine seltene Ausgewogenheit von Kraft und Finesse. Die besten sollten weiter im Keller reifen.

2008 Eine frühe Blüte, dennoch ein gewohnt kühler Sommer mit Regen und Sonne. Kühle Septembertemperaturen verlangsamten den Reifeprozess und hielten den Säuregehalt hoch. Nasser Oktober. Kein Jahrgang für Auslesen, doch Kabinette und Spätlesen können fein und elegant sein. Trinken oder einlagern.

2007 Gute Qualität mit schönen, sehr säurereichen Kabinett-Weinen – und eine ebenso gute Quantität. Am Ende der Lese gab es sogar noch etwas Edelfäule. Schön zu trinken.

Die deutschen Qualitätsstufen und Weinstile

Die amtlichen Qualitätsstufen sind in aufsteigender Reihenfolge:

1. **Deutscher Tafelwein:** nach amtlicher Definition leichter, lieblicher Wein ohne näher festgelegte Eigenart. Die Bezeichnung wird nun vom Markt verschwinden.
2. **Landwein:** trocken bis halbtrocken, gebietstypisch.
3. **Qualitätswein:** trocken bis lieblich, Zuckerzusatz vor der Gärung, um ihm mehr Stärke zu geben; stets auf Qualität geprüft und mit ausgeprägtem Charakter, je nach Landschaft und Traubensorte.
4. **Kabinett:** trocken bis lieblich (ungezuckert) mit ausgeprägter, gelegentlich vorzüglicher Eigenart und charakteristischer Leichtigkeit.
5. **Spätlese:** alkoholreicher als Kabinett, meist mit mehr Süße. Körperreich. Viele hochklassige Spätlesen sind heutzutage halb- oder ganz trocken.
6. **Auslese:** süßer, oft auch alkoholreicher als Spätlese, vielfach mit an Honig erinnerndem Aroma, intensiv und langlebig. Gelegentlich trocken und schwer.
7. **Beerenauslese:** ziemlich süß und gelegentlich alkoholreich, intensiv im Geschmack, kann superb sein.
8. **Eiswein:** von am Rebstock natürlich gefrorenen Trauben der Qualitätsstufe für Beeren- oder Trockenbeerenauslese, hochkonzentriert, intensiv süß. Manchmal extrem einseitig.
9. **Trockenbeerenauslese:** intensiv süß und aromatisch, oft nicht so alkoholreich. Ein außergewöhnlicher, unendlich haltbarer Wein.

Siehe auch Kasten zur neuen EU-Terminologie S. 205

2006 Die Trauben der besten Erzeuger erlangten sehr gute Reife und lebhafte Säure. Die schonungslose Auslese bedeutete allerdings auch, dass die Mengen gering sind. Trinken.

2005 Überaus reife Trauben, die aber mit einem besseren Säurerückgrat ausgestattet sind als etwa 2003. Außergewöhnlich, v. a. an der Saar. Trinken oder noch aufbewahren.

2004 Der feuchte Sommer ließ die Winzer das Schlimmste befürchten, aber ein herrlicher Herbst rettete den Jahrgang noch. Jetzt schön zu trinken.

2003 Einige Spitzenlagen litten unter der Trockenheit, während kühler gelegene, weniger angesehene Weinberge vielfach bessere Ergebnisse brachten. Beachtliche Bandbreite in der Qualität, trotz einiger sensationeller Trockenbeerenauslesen. Nicht länger aufbewahren.

2002 Wie sich der Riesling in einer der nässesten Weinlesen seit Langem behaupten konnte, ist schon ein kleines Wunder. Er hat reife, saftige, lebhafte Weine erbracht (v. a. Kabinett und Spätlese), die jung ebenso wie gereift (jetzt) großen Genuss bieten.

2001 Ein goldener Oktober mündete in den besten Mosel-Riesling seit 1990. An Saar und Ruwer ebenfalls perfekt ausgewogen, wenn auch weniger aufregend. Viele Spät- und Auslesen, die man jetzt trinken oder noch aufheben kann.

2000 Bis zum Ernteregen ging es dem Riesling hier besser als in den meisten anderen Gebieten. Vorwiegend gute QbA- und Kabinett-Weine. Auslesen seltener, aber köstlich.

1999 Exzellent an Saar und Ruwer, viele Auslesen hier. An der Mosel insgesamt ein nur guter Jahrgang, bedingt durch hohe Erträge. Die Besten sind bereits jung genussreif und werden auch noch gut weiter altern.

1998 Erstaunlich gute Ergebnisse an der Mittelmosel; an Saar und Ruwer hatte man weniger Glück, hier vornehmlich QbA. Viel Eiswein. Trinken.

1997 Durchweg fruchtig-elegante Weine. An Saar und Ruwer wunderbare Auslesen.

1996 Durchwachsen, mit feinen Spätlesen und Auslesen, doch nur von Spitzenlagen. Viele Eisweine.

1995 Ein hervorragender Jahrgang, hauptsächlich Spätlese und Auslese mit fester Struktur und großem Alterungspotenzial. Trinken.

1994 Ein weiterer guter Jahrgang, viele Auslesen schmecken noch immer gut.

1993 Kleiner Ertrag in ausgezeichneter Qualität; viele Auslesen mit Edelfäule und nahezu vollkommener Harmonie. Jetzt wundervoll zu genießen.

Ältere gute Jahrgänge: 1990, 1989, 1988, 1976, 1971, 1969, 1964, 1959, 1953, 1949, 1945, 1937, 1934, 1921.

Nahe/Rheingau/Rheinhessen/Pfalz

Auch die besten Weine lassen sich in ihrer Jugend mit Genuss trinken, aber Riesling-Spätlesen und -Auslesen aus guten Jahren gewinnen enorm an Charakter, wenn man sie lagert. Rheingauweine sind wohl die langlebigsten und verbessern sich oft 15 Jahre lang oder mehr, jedoch können auch die besten Weine von der Nahe oder aus der Pfalz ebenso lang haltbar sein. Rheinhessische Weine sind meist früher ausgereift, trockene Weine aus Franken und Baden im Allgemeinen mit drei bis sechs Jahren am besten.

2010 Zum ersten Mal seit einem Jahrzehnt gelangten die Trauben nur schwer zur Reife. Späte Blüte, ein heißer Juni und kühles, regnerisches Wetter im Spätsommer und zur Lese führten zu uneinheitlicher Qualität und niedrigen Erträgen (40 % unter dem Durchschnitt). Einige ordentliche Weine in Baden und Franken.

2009 Wechselvolles Jahr mit früher Blüte und einem nassen Sommer. Trockenes Wetter im Juli besiegte den Mehltau. Viel Sonne im September und Oktober förderten eine sehr gute Reife bei erstaunlich geringer Säure. Zum ersten Mal seit 2003 wurde wieder Aufsäuerung gestattet. Exzellente Weine, v. a. die trockenen.

2008 Ein schwieriges Jahr: gute Quantität, ungleichmäßige Qualität. Ein nasser Sommer förderte Mehltaubefall. Regen im September und Oktober machten die Ernte schwierig. Einige gute (und alterungswürdige) Spätlesen, v. a. im Rheingau. Sehr angenehm, dass der Alkoholgehalt der trockenen Weine nur noch um 12 Vol.-% liegt.

2007 Wer mit der Lese bis Oktober wartete, wurde mit reifen Trauben belohnt, deren Säuregehalt durch die kühlen Nächte bewahrt wurde.

Trockene Weine reifen jedoch schneller als erwartet; die meisten jetzt trinken.

2006 Ein Albtraum: Der heftige Regen im Oktober, verbunden mit ungewöhnlich hohen Temperaturen, ruinierte eine vielversprechend geglaubte Ernte. Spitzengütern gelangen annehmbare, mittelgewichtige Weine in geringen Mengen. Der Großteil sollte schon getrunken sein.

2005 Ein warmer, aber nicht zu trockener Sommer. Der sehr schöne Herbst führte zu hohen Reifegraden bei exzellenter Säure und Extrakt. Ein vorzüglicher Jahrgang. Trinken oder noch aufheben.

2004 Überall am Rhein reife, gesunde Frucht. Großer Ertrag, manchmal etwas verwässert, aber nicht bei den Spitzengütern.

2003 Das sehr heiße Wetter erbrachte reichhaltige Weine im Rheingau; vielen fehlt es an Säure. Herrliche Rieslinge in der Pfalz, und die Roten gelangen überall gut. Trinken.

2002 Kaum ein Wein wird es wohl mit den 2001er Spitzentropfen aufnehmen können; nichtsdestoweniger dürfte sich dies als ein sehr guter Jahrgang sowohl für Kabinette und Spätlesen im klassischen Stil als auch für trockene Weine erweisen. Hervorragender Spätburgunder. Trinken.

2001 Wenngleich nicht so einheitlich wie an der Mosel, ein hervorragender, wunderbar ausgewogener Jahrgang sowohl für den trockenen als auch für den klassischen Stil. Trinken oder noch aufheben.

2000 Nach Süden hin wurde die Lese zunehmend durch Regen beeinträchtigt, am meisten in der Pfalz. In allen Bereichen gibt es jedoch Gebiete, in denen exzellente Weine entstanden. Trinken.

1999 Durchschnittsqualität dort, wo hohe Erträge zustande kamen; für Spitzenerzeuger jedoch ein ausgezeichneter Jahrgang mit sehr ansprechenden, reichhaltigen und aromatischen Weinen. Bald trinken.

1998 Ein hervorragender Jahrgang mit vollen, ausgewogenen Weinen, viele gute Spätlesen und Auslesen mit hervorragendem Alterungspotenzial. Ein Großteil von Baden und Franken litt unter Regen; für Eiswein aber ein großes Jahr.

1997 Sehr saubere, reife Trauben ergaben exzellente QbA, Kabinette und Spätlesen in trockenen und klassischen Stilrichtungen. Aufgrund der geringen Edelfäule nur wenig Auslesen.

1996 Besonders in der Pfalz und im Rheingau ein exzellenter Jahrgang mit vielen feinen Spätlesen. Großartige Eisweine. Trinken.

1995 Ungleichmäßig, aber einige exzellente Spätlesen und Auslesen reifen gut – wie der 1990er-Jahrgang. In der Pfalz durch die verregnete Ernte kaum ausgeprägt.

1994 Guter Jahrgang, meist QmP, üppig fruchtig mit fester Struktur. Süßweine bisweilen überragend.

Ältere gute Jahrgänge: 1993, 1990, 1983, 1976, 1971, 1969, 1964, 1959, 1953 1949, 1945, 1937, 1934, 1921.

Achkarren Bad (r) w ★★→★★★ Weinort am Kaiserstuhl, v. a. bekannt fü opulenten, durch Mineralität in der Balance gehaltenen Grauburgunde von vulkanischen Böden. Erste Lage: Schlossberg. Spitzenerzeuger: D Heger, Michel, St. Remigius, Schwarzer Adler und die Winzergenossen schaft.

Adelmann, Weingut Graf Würt ★★→★★★ Das Gut hat seinen Sitz auf de malerisch gelegenen Burg Schaubeck in Württemberg und macht vor a lem mit subtilen roten Verschnitten (v. a. der Vignette), Riesling (v. a. Erste Lage Süßmund) und dem seltenen Muskattrollinger von sich reden.

Ahr Ahr ★★→★★★ **97 99 03 05 06 07** 08 **09** (10) – Anbaugebiet südlich von Bonn. Mineralische, elegante Spät- und Frühburgunder, einst bekannt für ihre Leichtigkeit. In neuerer Zeit reifen die Trauben auf den Schieferböden des Tals besser aus: Die Weine haben jetzt regelmäßig über 14 Vol.-% Alkohol – leider. Beste Produzenten sind Adeneuer, Deutzerhof, Kreuzberg, Meyer-Näkel, Nelles und Stodden.

Aldinger, Weingut Gerhard Würt ★★★ Einer der führenden Erzeuger Württembergs; Spezialiäten sind dichter Lemberger und Spätburgunder sowie komplexer Sauvignon blanc. Auch guter Riesling.

Amtliche Prüfungsnummer Abkürzung: A.P.Nr. – Muss auf jedem Etikett eines Qualitätweins abgedruckt sein. Besonders nützlich zur Unterscheidung von Auslesen aus verschiedenen Parzellen desselben Weinbergs.

> Die Jahrgangsangaben bei den Stichwörtern im Kapitel Deutschland erfolgen nach einem anderen Schema als sonst in diesem Buch üblich. Es gibt zwei verschiedene Kategorien:
> **Fettdruck** (z. B. **08**) – Klassischer, reifer Jahrgang mit einem hohen Anteil von Spät- und Auslesen bzw. bei Rotweinen mit schöner phenolischer Reife und einem guten Mostgewicht.
> Normaldruck (z. B. 07) – Erfolgreicher, aber nicht außergewöhnlicher Jahrgang.
> Deutsche Weißweine, insbesondere Riesling, enthalten viel Säure und altern gut, dazu weisen sie einen reinen Fruchtcharakter auf, da sie nicht in Berührung mit neuer Eiche kommen. Deswegen können sie jung getrunken werden, um ihre intensive Fruchtigkeit zu genießen, aber auch 10 bis 20 Jahre gelagert werden, wobei sie eine größere aromatische Finesse entwickeln. Den »idealen Zeitpunkt«, sie zu trinken, gibt es also nicht, darum werden keine Empfehlungen für bevorzugt zu genießende Jahrgänge gegeben.

Assmannshausen Rhg r ★→★★★ **93 96** 97 98 **99 01** 02 **03 04 05 07** 08 **09** (10) – Ort im Rheingau, v. a. bekannt durch seine nach Cassis duftenden, sehr haltbaren Spätburgunder von Schieferböden. Erste Lage: Höllenberg. Erzeuger: u. a. August Kesseler, Robert König, Weingut Krone, Staatsweingut.

Auslese Wein von ausgelesenen, besonders reifen Trauben, oft durch Edelfäule verfeinert und entsprechend gehaltvoll im Geschmack. Trockene Auslesen fallen für meinen Geschmack oft zu alkoholstark und plump aus.

Ayl M w ★→★★★ **90 93 95** 96 **97 99 01 02 03 04 05 07 08 09** – Alle Weinberge in Ayl sind seit 1971 unter dem Namen der historisch besten Lage bekannt: Kupp (was viel über das deutsche Weingesetz sagt). Erzeuger: u. a. Bischöfliche Weingüter, Lauer.

Bacharach MR (r) w ★→★★★ **96** 97 **01 02** 03 **04 05 07** 08 **09** – Größte Weinstadt am Mittelrhein. Rassige, herbe, z. T. sehr feine Rieslinge. Erste Lagen: Hahn, Posten, Wolfshöhle. Erzeuger: u. a. Bastian, Jost, Ratzenberger.

Baden **71 83 90 97 03 05** 07 **08 09** (10) – Großes Anbaugebiet im Südwesten mit verstreut liegenden Rebflächen, vor allem für die verschiedenen Pinot-(»Burgunder«-)Trauben bekannt; mit Enklaven von Riesling, in der

Regel trocken. Beste Bereiche: Kaiserstuhl und Ortenau. Der Spätburgunder ist nun ausgewogener und feiner als ehedem.

Badische Bergstraße Bad – Kleines Gebiet in Nordbaden in der Umgebung von Heidelberg. Gute Rieslinge und Spätburgunder. Bester Produzent: Seeger.

Badischer Winzerkeller Bad – Deutschlands (und Europas) größte Winzergenossenschaft, die fast ein Viertel aller badischen Weine erzeugt. Nicht sehr ambitioniert, darin aber verlässlich; im Niedergang begriffen.

Bassermann-Jordan Pfz ★★★ **90 96 97 99 01 03 04 05 07** 08 **09** (10) – Weingut an der Mittelhaardt mit 49 ha hervorragenden Lagen in Deidesheim, Forst, Ruppertsberg u. a. Seit 2003 neue Eigentümer. Kellermeister Ulrich Mell glänzt bei der Bereitung von majestätischem trockenem Riesling und üppigen Süßweinen.

Bastian, Friedrich MR ★★ 6 ha großes Gut in Bacharach. Rassige, herbe Riesling-Weine, ähnlich delikat wie an der Mosel, v. a. von der Ersten Lage Posten.

Becker, Friedrich Pfz ★★★ Renommiertes Gut in Schweigen in der Südpfalz mit 18 ha, spezialisiert auf feine, im Fass ausgebaute Spätburgunder. Besitzt auch einige Weinberge auf der anderen Seite der Grenze im Elsass.

Becker, J. B. Rhg ★★→★★★ Das beste Weingut in Walluf; Spezialist für altmodische, fassgereifte (und langlebige) trockene Rieslinge und Spätburgunder.

Beerenauslese (BA) Köstlich süßer Wein aus besonders reifen, einzeln ausgelesenen Beeren, durch Edelfäule verfeinert. Rar und teuer.

Bercher Bad ★★★ Weingut mit 25 ha in Burkheim am Kaiserstuhl. Beständig exzellenter Grauburgunder (v. a. der 2009er Feuerberg Großes Gewächs nach fünf Jahren im Keller), Chardonnay und Spätburgunder.

Bergdolt, Weingut Pfz ★★★ Südlich von Neustadt in der Pfalz produziert dieses 24-ha-Gut hervorragenden Weißburgunder (vom Kirrweiler Mandelberg) sowie guten Riesling und Spätburgunder.

Bernkastel MM w ★→★★★★ **21 37 59 71 76 83 90 94 95 96 97 98 01 02** 03 **04 05 06 07** 08 **09** (10) – Erstklassige Weinstadt an der Mittelmosel; Inbegriff des Rieslings. Erste Lagen: Doctor (selten, manchmal preislich überzogen), Lay. Beste Erzeuger: u. a. Kerpen, Loosen, Pauly-Bergweiler, Prüm, Studert-Prüm, Thanisch (beide Güter), Wegeler.

Bernkastel (Bereich) MM – Großer Bereich, meist Müller-Thurgau, mit häufig minderer Qualität und oberflächlich blumigem Charakter. Umfasst die gesamte Mittelmosel. Meiden.

Bischöfliche Weingüter M ★★ Berühmtes Gut mit Kellerei in Trier, das allerdings besser sein könnte. Vereinigt kirchlichen sowie den Besitz von drei anderen Stiftungen: Friedrich-Wilhelm-Gymnasium, Bischöfliches Priesterseminar und Bischöfliches Konvikt. 130 ha bester Lagen, v. a. an Saar und Ruwer. Durch die Wechsel in der Führung 2007 und 2010 ist die zukünftige Richtung schwer vorherzusagen. Hoffen wir das Beste.

Bocksbeutel Bauchig-flache Weinflasche, v. a. für Weine aus Franken und Nordbaden.

Bodensee Bad – Idyllischer Bereich in Südbaden. Trockene Weine am besten jung trinken. Eine Spezialität ist der an Riesling erinnernde Müller-Thurgau; außerdem leichter, aber delikater Spätburgunder. Spitzenweinbauort: Meersburg.

Boppard MR ★→★★★ **90** 97 **01 02** 03 **04 05 07** 08 **09** (10) – Wichtige Weinstadt am Mittelrhein. Die besten Rebflächen befinden sich alle in dem wie ein Amphitheater geformten Bopparder Hamm (Erste Lage). Erzeu ger: Toni Lorenz, Matthias Müller, August Perll, Weingart. Unschlagbares Preis-Leistungs-Verhältnis.

Brauneberg MM w ★★★★ **88 89 90 93** 94 95 96 **97** 98 **99 01 02** 03 **04 05** 06 **07** 08 **09** (10) – Erstklassiger Ort bei Bernkastel mit 304 ha Anbaufläche; ausgezeichnete, bukettreiche Rieslinge. Erste Lagen: Juffer, Juffer-Sonnenuhr. Erzeuger: u. a. Fritz Haag, Willi Haag, Paulinshof, Richter, Schloss Lieser, Thanisch.

Breuer, Georg Rhg ★★★→★★★★ 24-ha-Familienweingut in Rüdesheim, dazu 7,2 ha in Rauenthal, mit überragendem trockenem Riesling. Auch der Sekt ist sehr fein, ebenso der Spätburgunder. 2004 verstarb überraschend der innovative Kellermeister Bernhard Breuer, jetzt leitet seine Tochter Theresa das Gut und hält die Qualitätsstandards hoch.

Bereich und Großlage – aufgepasst!
Bereich bedeutet Abschnitt innerhalb eines Anbaugebiets (Region). Auf einem Etikett, wie z. B. bei »Bernkastel (Bereich)«, ist diese Bezeichnung als Warnsignal zu verstehen. Der Wein ist ein Verschnitt aus beliebigen Lagen innerhalb dieses Anbaugebiets und sollte besser nicht gekauft werden. Das Gleiche gilt für Weine mit der Bezeichnung Großlage, obwohl diese viel schwerer zu erkennen sind. Wer könnte schon aus dem Stegreif erraten, ob »Forster Mariengarten« eine Einzellage oder eine Großlage ist?

Buhl, Reichsrat von Pfz ★★★ Historisches, neuerdings ökologisch bewirtschaftetes 60-ha-Gut in der Pfalz. Seit 2005 im Besitz des Geschäftsmanns Achim Niederberger, dem auch Bassermann-Jordan und Dr. Deinhard/von Winning gehören. Fruchtbetonter, vorwiegend trocken ausgebauter Riesling in modernem Stil von Weinbergen in Deidesheim, Forst und Ruppertsberg.

Bürgerspital zum Heiligen Geist Fran ★★→★★★ Alter Stiftsbesitz mit 110 ha. Traditionell bereitete Weiße (Silvaner und Riesling) von hervorragenden Lagen in und um Würzburg. Die Lage Stein-Harfe (in Alleinbesitz) umfasst die besten Parzellen der berühmten Ersten Lage Stein.

Bürklin-Wolf, Dr. Pfz ★★★→★★★★ Das dynamische Familienweingut in der Pfalz ist für seinen alterungsfähigen Riesling bekannt. 85 ha in Deidesheim, Forst, Ruppertsberg und Wachenheim, darunter viele Erste Lagen. Die körperreichen trockenen Weine von diesen sind sehr individuell. Jetzt biologisch-dynamischer Anbau.

Busch, Clemens M ★★→★★★ Biologisch-dynamisch bewirtschaftetes 10-ha-Familiengut. Seit 1985 arbeitet Busch in der steilen Lage Pündericher Marienburg an der unteren Mosel. Seine besten Rieslinge sind nach den verschiedenfarbigen Schieferböden benannt: Fahrlay, Falkenlay, Rothenpfad und Raffes.

Chardonnay Wird jetzt in ganz Deutschland auf 1.170 ha angebaut. Die Weine sind oft neutral oder mit Eichenwürze überladen; nur die besten können überzeugen, z. B. Bercher, Bergdolt, Huber, Johner, Rebholz, Dr. Wehrheim, Wittmann.

Christmann Pfz ★★★ Ein 16-ha-Gut im pfälzischen Gimmeldingen mit vollem trockenem Riesling und Spätburgunder von Ersten Lagen, v. a. Königsbacher Idig. Biologisch-dynamischer Anbau. Steffen Christmann ist Bundesvorsitzender des VDP.

Deutschland

Christoffel, J. J. MM ★★→★★★ Kleines Weingut mit Besitz in Ürzig (4 ha). Klassischer, eleganter Riesling. Seit 2001 an Robert Eymael vom Gut Mönchhof verpachtet.

Clüsserath, Ansgar M ★★→★★★ Der Familienbetrieb mit 5 ha Anbaufläche wird von der jungen Eva Clüsserath-Wittmann geführt. Bemerkenswert gut alternde trockene Rieslinge von der Lage Trittenheimer Apotheke: leicht, fein und mineralisch, ohne herb zu sein.

Clüsserath-Weiler M ★★★ Helmut Clüsserath und seine Tochter Verena erzeugen klassischen Riesling vom Spitzenweinberg Trittenheimer Apotheke und der Einzellage Fährfels (6 ha). Niveau beständig steigend.

Crusius, Dr. Na ★★→★★★ 18-ha-Familienweingut in Traisen, Nahe. Lebendige, sehr haltbare Rieslinge aus den Lagen Bastei und Rotenfels in Traisen sowie aus Schloßböckelheim.

Dautel, Ernst Würt ★★★ Ein zuverlässiger Erzeuger (12 ha) von Württemberger Rotweinspezialitäten, insbesondere Lemberger.

Deidesheim Pfz (r) w ★★→★★★★ **90 96** 97 **01 02 04 05 07** 08 **09** (10) – Größter Weinort (405 ha) mit Spitzenqualität in der Pfalz. Bukettreiche, lebendige Weine. Erste Lagen: Gainhübel, Hohenmorgen, Kalkofen, Kieselberg, Langenmorgen, Paradiesgarten. Spitzenerzeuger: Bassermann-Jordan, Biffar, Buhl, Bürklin-Wolf, Christmann, Deinhard, Mosbacher, von Winning.

Deinhard, Dr. Pfz ★★★ Ausgezeichnetes Gut (35 ha) im Besitz von Achim Niederberger (siehe Bassermann-Jordan und Buhl) und seit 2008 Teil des neu gegründeten Weinguts von Winning (siehe dort). Erzeugt nach wie vor Pfälzer Riesling im klassischen Stil.

Deutzerhof Ahr ★★→★★★ 10-ha-Besitz an der Ahr mit konzentriertem, im Barrique ausgebautem Spätburgunder. Feine Qualität, beängstigende Preise.

Diel, Schlossgut Na ★★★→★★★★ Derzeit gefragtes Weingut (22 ha) an der Nahe. Pionier für den Ausbau von Grau- und Weißburgunder in Barriques. Der im traditionellen Stil erzeugte Riesling mit Lagenbezeichnung ist oft exquisit. Auch guter Sekt.

Dönnhoff, Hermann Na ★★★★ **90 94 95 96** 97 **98** 99 00 **01 02 03 04 05** 06 **07** 08 **09** (10) – Führendes 20-ha-Gut an der Nahe mit fantastischem Riesling in allen Qualitätsstufen aus Niederhausen, Oberhausen und Schloßböckelheim. Auch umwerfender Eiswein.

Dornfelder Rote Sorte, die dunkle, in der Regel rustikale Weine erbringt. Die Rebfläche hat sich seit dem Jahr 2000 auf erstaunliche 8.100 ha verdoppelt.

Duijn, Jacob Bad ★★→★★★ Ehemaliger Sommelier und Weinhändler, der jetzt auf 7 ha in Baden Wein anbaut. Spezialisierung auf würzige, tannin-betonte Spätburgunder von steilen Weinbergen auf Granituntergrund im Bühlertal in der Ortenau.

Durbach Bad (r) w ★★→★★★ **01** 02 03 **04 05 07 08 09** – Ort mit 314 ha Anbaufläche; der Weinberg Plauelrain ist eine Erste Lage. Spitzenerzeuger A. Laible, H. Männle, Gräflich Wolff Metternich'sches Weingut, Schloss Staufenberg. Klingelberger (Riesling) ist die herausragende Rebsorte.

Egon Müller – Scharzhof M ★★★★ **59 71 76 83** 85 **88 89 90 93 94 95** 96 **9**
98 **99 01 02 03 04 05** 06 **07** 08 **09** (10) – Spitzengut an der Saar mit 8 ha in Wiltingen; die Weinberge erheben sich steil direkt hinter dem Gutshaus. Der reichhaltige und rassige Scharzhofberger Riesling gehört in Auslese-jahrgängen zu den besten Weinen der Welt: erhaben, honigartig, unsterblich. Spitzenweine tragen goldene Kapseln. Kabinette präsentieren sich federleicht, halten sich aber 5 Jahre und länger. Le Gallais ist ein zweite

4-ha-Gut im selben Besitz mit der Lage Wiltinger Braune Kupp, die gute, aber nicht so herausragende Qualität hervorbringt.

Einzellage Individuelle Weinberglage. Darf nicht mit Großlage verwechselt werden.

Eiswein Wein aus am Stock gefrorenen Trauben mit stark herabgesetztem Wassergehalt, daher sehr konzentriert in Aroma, Säure und Süße, mit mindestens dem Reifegrad der Beerenauslese. Der Alkoholgehalt muss nicht höher als 5,5 Vol.-% sein. Sehr teuer. Herausragende Jahrgänge für Eiswein waren 1998, 2002, 2004 und 2008.

Ellwanger, Jürgen Würt ★★→★★★ Jürgen Ellwanger hat eichenfassgereiften Rotweinen in Württemberg den Weg bereitet. Inzwischen hat er die Gutsleitung an seine Söhne übergeben, die die Produktion von saftigem, dabei jedoch strukturiertem Lemberger, Spätburgunder und Zweigelt fortführen.

Emrich-Schönleber Na ★★★→★★★★ Weingut mit 16 ha in der Ortschaft Monzingen an der Nahe, bekannt für klassischen, präzise bereiteten und verlässlichen Riesling. Werner Schönleber hat ein Händchen sowohl für trockene als auch für süße edelfaule Weine.

Erden MM w ★★★ **88 89 90 93 95 96 97 98 99 01 02 03 04 05 06 07 08 09** (10) – An Ürzig angrenzender Ort mit edlen, geschmacksintensiven, kraftvollen Weinen (mineralischer und mit mehr Kräuternoten als die Weine der Nachbarorte Bernkastel und Wehlen, aber genauso langlebig). Erste Lagen: Prälat, Treppchen. Weingüter: u. a. J. J. Christoffel, Erbes, Loosen, Lotz, Meulenhof, Mönchhof, Weins-Prüm.

Erste Lage Weinberglage von herausragender Qualität, klassifiziert nach den Kriterien des einflussreichen Verbands Deutscher Prädikatsweingüter (VDP). Erste Lagen sind auf dem Etikett mit dem Logo einer Weintraube gekennzeichnet, vor der eine 1 steht. Trockene Spitzenweine von Ersten Lagen werden Großes Gewächs bzw. (im Rheingau) Erstes Gewächs genannt, halbtrockene oder edelsüße Kreszenzen tragen das Logo der Ersten Lage auf dem Etikett, jedoch nicht die Bezeichnung Großes bzw. Erstes Gewächs, sondern die traditionellen Prädikate (Spätlese bis Trockenbeerenauslese).

Erstes Gewächs Rhg – Wein von einem als Spitzenlage klassifizierten Weinberg im Rheingau. Diese Bezeichnung darf nur im Rheingau verwendet werden, das Pendant in anderen Gebieten heißt Großes Gewächs (siehe dort).

Erzeugerabfüllung Vom Erzeuger aus eigenem Lesegut gekelterter und selbst abgefüllter Wein. Wird auf Weingütern durch »Gutsabfüllung« verdrängt; die Genossenschaften behalten den Begriff jedoch bei.

Escherndorf Fran w ★★→★★★ **97 01 02 03 04 05 06 07 08 09** (10) – Bedeutende Weinstadt mit Erster Lage Lump (Steillage). Beste Weine sind Riesling und Silvaner. Weingüter: u. a. Michael Fröhlich, Juliusspital, Horst Sauer, Rainer Sauer, Egon Schäffer.

Feinherb Nicht genau definierter Begriff für Weine mit 10–20 g/l Restsüße. Wird von manchen als flexiblere Bezeichnung gegenüber halbtrocken favorisiert. Erzeuger wie Kerpen, Kesselstatt, Molitor u. a. führen den Begriff auf ihren Etiketten.

Forst Pfz w ★★→★★★★ **90 96** 97 **01 02 03 04 05 07** 08 **09** (10) – Ort in der Mittelhaardt mit 175 ha bester Lagen. Reife, vollduftige, fein abgestimmte, körperreiche Weine. Erste Lagen: Jesuitengarten, Kirchenstück, Freundstück, Pechstein, Ungeheuer. Spitzenerzeuger: u. a. Acham-Magin, Bassermann-Jordan, Bürklin-Wolf, Dr. Deinhard/von Winning, Mosbacher, Wolf.

Franken Anbaugebiet mit eigenständigen, trockenen Weinen, v.a. Silvaner, meist in Bocksbeutel-Flaschen. Mittelpunkt ist Würzburg. Bereiche: Maindreieck, Mainviereck, Steigerwald. Spitzenerzeuger: u.a. Bürgerspital, Fürstlich Castell'sches Domänenamt, Fürst, Juliusspital, Löwenstein, Ruck, Horst Sauer, Staatlicher Hofkeller, Störrlein, Wirsching.

Franzen, Reinhold M ★→★★ Von Europas steilster Weinberglage, Bremmer Calmont an der Mosel, erzeugt die Familie Franzen trockene Rieslinge von verlässlicher, machmal auch aufregender Qualität sowie Eiswein. Der Eigentümer Ulrich Franzen verunglückte 2010 bei der Arbeit im Weinberg tödlich.

Franz Keller – Schwarzer Adler Bad ★★→★★★ Fritz Keller erzeugt auf diesem Gut mit seinen 55 ha in Oberbergen (Kaiserstuhl) hervorragende badische Grau-, Weiß- und Spätburgunder. Lehnt Restzucker in Pinot-Sorten vehement ab. Produziert jetzt auch für eine Discounterkette.

Frühburgunder Eine alte Mutation von Spätburgunder (Pinot noir), die man vor allem an der Ahr findet, aber auch in Franken und in Württemberg, wo man sie verwirrenderweise als Clevner kennt. Nicht so säurereich wie Spätburgunder und daher leichter zugänglich.

Fuder Traditionelles Riesling-Fass mit einem Fassungsvermögen von 500 bis 1.500 Litern, je nach Anbaugebiet. Anders als das Barrique wird ein Fuder über viele Jahre eingesetzt, von traditionsbewussten Winzern nicht nur für die Lagerung, sondern auch für die Gärung. So gibt jedes Fuder seinem Wein eine eigene Persönlichkeit.

Warm, wärmer – aber nicht zu warm

Die Prognosen des sogenannten Huglin-Index, der den Einfluss von Wärme auf Rebsorten misst, zeigen, dass sich der Rheingau sogar im Jahr 2050 besser für den Anbau von Riesling eignen wird als die Adelaide Hills oder das Clare Valley heute, jedenfalls vom meteorologischen Standpunkt aus betrachtet. Darüber hinaus hat Professor Hans R. Schultz mit einer Reihe von Experimenten begonnen, die den Reifungsprozess unter wärmeren Klimabedingungen verlangsamen sollen. Vielversprechend scheint eine Entlaubung oberhalb des Fruchtbereichs zu sein, sodass die Triebe intakt bleiben. Auch wenn diese Maßnahme dem Weinberg ein befremdliches Aussehen verleihen mag, kann sie den Alkoholgehalt eines Rieslings von 13,5 auf 12,5 Vol.-% reduzieren, ohne dass erkennbar Geschmacksnuancen verloren gehen.

Fürst Fran ★★★→★★★★ 18-ha-Gut in Bürgstadt, das einige der besten Frankenweine erzeugt, v.a. im burgundischen Stil bereitete Spätburgunder (die zu Recht als die feinsten Deutschlands gelten), vollaromatische Rieslinge und in Eiche ausgebaute Weißburgunder.

Fürstlich Castell'sches Domänenamt Fran ★→★★★ Historischer Gutsbesitz (65 ha) in Franken. Der Stil der Einstiegsweine ist recht gefällig; traditionell bereitet werden hingegen trockener und süßer Silvaner, Riesling und Rieslaner aus Einzellagen sowie der Spätburgunder mit wachsendem Renommee. Exzellenter Weinberg im Alleinbesitz: Casteller Schlossberg.

Gallais, Le M – Siehe Egon Müller – Scharzhof.

Gewürztraminer Vor allem im Elsass angebaute hocharomatische Traubensorte, die aber auch in Deutschland eindrucksvolle Weine hervorbring (besonders Pfalz, Baden und Sachsen).

Graach MM w ★★★→★★★★ **88 89 90 93 94 95** 96 **97** 98 **99 01 03 04 05 07** 08 **09** (10) – Kleiner Ort zwischen Bernkastel und Wehlen. Erste Lagen: Domprobst, Himmelreich, Josephshöfer. Viele Spitzenweingüter, darunter Kees-Kieren, Kesselstatt, Loosen, M. Molitor, J. J. Prüm, S. A. Prüm, Schaefer, Selbach-Oster, Weins-Prüm. Alle sind vom geplanten Bau einer Schnellstraße bedroht.

Grans-Fassian M ★★★ Feines Gut (10 ha) an der Mosel mit sehr gutem Ruf für stahlig-elegante Rieslinge von Lagen in Trittenheim, Piesport, Leiwen und Drohn. Als Spezialität Eiswein.

Grauburgunder oder **Grauer Burgunder** Beides Synonyme für Ruländer oder Pinot gris. Die Traube ergibt weiche, körperreiche Weine; am besten in Baden (besonders am Kaiserstuhl) und der südlichen Pfalz. Insgesamt 4.480 ha Rebfläche.

Großer Ring M – Gruppe von Spitzenweingütern (VDP) im Anbaugebiet-Mosel, bei deren jährlicher Auktion im September in Trier manchmal sogar Weltrekordpreise erzielt werden.

Großes Gewächs Bezeichnung für trockene Spitzenweine von Ersten Lagen nach der Klassifizierung des VDP (siehe Erste Lage). Aus Gründen der internationalen Verständlichkeit wird auch die Schreibweise »Grosses Gewächs« verwendet (vom VDP nur so). Im Rheingau besteht ein eigenes System, das vom sogenannten Ersten Gewächs angeführt wird.

Großlage Zusammenfassung einer Gruppe zweitrangiger Weinberge mit angeblich ähnlichen Eigenschaften. Keine Qualitätsangabe.

Gunderloch Rhh ★★★→★★★★ **90 96 97** 99 **01** 02 03 **04 05 07 08 09** (10) – Auf dem Weingut in Nackenheim erzeugt Fritz Hasselbach einige der feinsten Rieslinge der gesamten Rheinregion, vor allem auf Auslese-Niveau und darüber. Auch Eigentümer des Guts Balbach in Nierstein.

Gutedel Deutscher Name für die uralte Chasselas-Traube, angebaut v. a. in Südbaden (Markgräflerland). Ergibt frische, aber recht neutrale Weißweine.

Gutsabfüllung Auf Weingütern (im Unterschied zu Genossenschaften) anstelle von »Erzeugerabfüllung« verwendet.

Haag, Fritz M w ★★★★ **88 89 90 94 95** 96 97 **98 99 01 02 03 04 05 06 07** 08 **09** (10) – Braunebergs Spitzenweingut, jahrzehntelang unter der Leitung des Veterans von der Mittelmosel, Wilhelm Haag, und nun geführt von seinem Sohn Oliver. Mosel-Riesling mit kristalliner Reinheit für langes Altern. Haags anderer Sohn, Thomas, führt das Gut Schloss Lieser.

Haag, Willi M ★★ 6 ha großes Gut in Brauneberg. Volle Rieslinge im »alten Stil«. Einige feine Auslesen.

Haart, Reinhold M ★★★→★★★★ Das beste Weingut in Piesport und Wintrich. Ausgefeilte aromatische, langlebige Weine, mineralisch und rassig – Mosel-Riesling wie aus dem Bilderbuch.

Haidle, Karl Würt ★★→★★★ Ein 19 ha großer Familienbetrieb in Stetten (Württemberg), spezialisiert auf anmutige Rieslinge von der hoch gelegenen Ersten Lage Pulvermächer.

Halbtrocken Mit unter 18, jedoch über 9 g/l Restsüße. Eine etwas seltsame Kategorie: zu süß für den deutschen Gaumen und in der Regel zu trocken für den Export. Siehe auch Feinherb.

Hattenheim Rhg w ★★→★★★★ **90 97 01** 02 **03 04 05 07** 08 **09** (10) – Berühmte Weinstadt mit 202 ha Rebfläche, wenngleich nicht alle ansässigen Erzeuger das Potenzial auszuschöpfen vermögen. Erste Lagen: Hassel, Mannberg, Nussbrunnen, Pfaffenberg, Schützenhaus, Wisselbrunnen und, am bekanntesten, Steinberg. Erzeuger: u. a. Barth, Knyphausen, Lang, Langwerth von Simmern, Ress, Schloss Schönborn, Staatsweingut.

Heger, Dr. Bad ★★★→★★★★ **97 99 03 05 07 08 09** (10) – 20-ha-Gut am Kaiserstuhl in Baden mit mineralischen Weißen von den steilen Lagen Achkarren und Ihringen (v. a. Weißburgunder, Grauburgunder, Riesling und Silvaner). Seit Kurzem mehr Spätburgunder, darunter der »Häusleboden« von raffiniert ausgewählten Parzellen. Zudem werden unter dem Namen Weinhaus Joachim Heger die Weine von Vertragswinzern vermarktet.

Hessische Bergstraße (r) w ★★→★★★ **90 93 95** 96 **97 98 99** 01 02 **03 04 05 07** (08) – Kleines Anbaugebiet mit 436 ha Rebfläche nördlich von Heidelberg. Gefällige Rieslinge vom Staatsweingut, von Simon-Bürkle und dem Weingut der Stadt Bensheim.

Heyl zu Herrnsheim Rhh ★★ Führendes Gut (12 ha) in Nierstein, 2006 von Detlev Meyer gekauft. Gehört nun zum Weingut St. Antony und hat denselben Besitzer. Große Gewächse von der in Alleinbesitz befindlichen Ersten Lage Brudersberg können ausgezeichnet sein; die meisten Basisqualitäten aber fallen enttäuschend aus.

Heymann-Löwenstein M ★★★ Familiengeführtes Weingut (16 ha) an der unteren Mosel nahe Koblenz, das sich auf spontanvergorenen, trockenen und süßen Riesling mit Terroirbetonung von den malerischen terrassierten Steillagen Uhlen und Röttgen spezialisiert hat. Löwenstein hat auch andere Winzer in Winningen dazu angeregt, seinen Stil zu übernehmen.

Hochheim Rhg w ★★→★★★★ **90 93 95 96 97 98** 01 **03 04 05 07** 08 **09** (10) – Weinstadt am Main mit 242 ha Rebfläche im östlichen Rheingau, galt einst als die beste am Rhein. Volle, ausgesprochen erdige Rieslinge aus den Ersten Lagen Domdechaney, Hölle, Kirchenstück und Reichestal. Erzeuger: u. a. Himmel, Königin Victoriaberg, Franz Künstler, Schloss Schönborn, Staatsweingut, Werner. Hochheimer Wein ist in England so berühmt geworden, dass er dort in der Kurzform »Hock« für Rheinwein überhaupt steht.

Hoensbroech, Reichsgraf zu Bad ★★ Erstklassiges Gut im Kraichgau. Probieren Sie den trockenen Weißburgunder vom Michelfelder Himmelberg mit Kalk-Löss-Boden.

Hohenlohe-Oehringen, Fürst zu Würt ★★ Vornehmes 17-ha-Weingut in Oehringen, Württemberg. Knochentrockener Riesling und strukturierter Lemberger.

Hövel, von M ★★→★★★ Feines Saar-Weingut in Oberemmel mit der Lage Hütte (4,8 ha, Alleinbesitz) und einem Anteil am Scharzhofberg. In manchen Jahrgängen uneinheitliche Qualität.

Huber, Bernhard Bad ★★★ Führender Erzeuger im badischen Breisgau mit kräftigem, langlebigem Spätburgunder; außerdem Muskateller sowie Weißburgunder und Chardonnay in burgundischem Stil.

Ihringen Bad r w ★→★★★ 97 **99 01 03** 04 **05** 07 08 **09** (10) – Zu Recht berühmter Ort am Kaiserstuhl, historische Hochburg des Silvaners, heute aber weit bekannter für seine Spätburgunder und Grauburgunder. Der hervorragende Weinberg Winklerberg besteht aus steilen Terrassen auf vulkanischen Böden. Idiotischerweise erlaubt das Weingesetz von 1971 den Vertrieb von auf Lössböden angebauten Weinen unter demselben Namen. Spitzenweingüter: Dr. Heger, Konstanzer, Pix, Stigler.

Iphofen Fran w ★★→★★★ **90 97 01** 03 **04 05** 06 **07** 08 **09** (10) – Weinort im fränkischen Steigerwald mit gutem Ruf für Riesling, Silvaner und Rieslaner. Erste Lagen: Julius-Echter-Berg, Kronsberg. Weingüter: u. a. Juliusspital, Ruck, Wirsching, Zehntkeller.

Johannisberg Rhg w ★★→★★★★ **89 90 93 95** 96 **97 99 01 04 05 07** 08 **09** (10) – Klassischer Weinort im Rheingau mit unübertrefflichen, langlebigen Rieslingen. Erste Lagen: Hölle, Klaus, Schloss Johannisberger. Großlage: Erntebringer (meiden!). Spitzenerzeuger: Johannishof, Schloss Johannisberg, Prinz von Hessen.

Johannishof Rhg ★★→★★★ Familienweingut in Johannisberg (20 ha). Johannes Eser bereitet intensive Rieslinge im modernen Stil, eher fruchtbetont als mineralisch.

Johner, Karl-Heinz Bad ★★→★★★ 17-ha-Weingut in Bischoffingen (Baden). Seit Langem Spezialist für Spätburgunder im Stil der Neuen Welt und in Eiche ausgebauten Weißburgunder, Chardonnay und Grauburgunder.

Josephshöfer M – Erste Lage in Graach. Alleinbesitz von Reichsgraf von Kesselstatt. Harmonischer, beerenfruchtiger Riesling, trocken und süß ausgebaut. Wie seine Nachbarn ist auch dieses Gut vom Bau der neuen Schnellstraße bedroht.

Jost, Toni MR ★★★ Führendes Weingut am Mittelrhein. 14 ha in Bacharach, vorwiegend Riesling, ausgesprochen mineralische Weine. Seit 2009 ist die hervorragende Erste Lage Hahn im Alleinbesitz von Jost. Besitzt auch ein zweites Gut in Walluf (Rheingau).

Juliusspital Fran ★★★ Alte kirchliche Stiftung in Würzburg mit besten Frankenwein-Lagen (170 ha). Beständig gute Qualität. Trockene Silvaner (die sehr schön altern), Riesling und die weiße Top-Cuvée BT sind besonders beachtenswert.

Kabinett Siehe Kasten »Die deutschen Qualitätsstufen und Weinstile«, Seite 190.

Kaiserstuhl (Bereich) Bad – Hervorragender Bereich in Baden mit ausgesprochen warmem Klima und vulkanischem Boden. Berühmte Weinorte: u. a. Achkarren, Burkheim, Ihringen, Jechtingen, Oberrotweil. Bekannt für weiße und rote Pinot-Sorten sowie für überraschend guten Riesling und Muskateller.

Kanzem M w ★★★ **93** 94 **95** 96 **97 99 01** 02 **03 04 05** 06 **07** 08 **09** (10) – Kleiner Nachbarort von Wiltingen. Erste Lage: Altenberg. Erzeuger: u. a. Bischöfliche Weingüter, von Othegraven, Vereinigte Hospitien.

Karlsmühle M ★★★ Kleines Gut, in dessen Alleinbesitz die beiden Lorenzhöfer Einzellagen sind. Erzeugt werden klassische Ruwer-Rieslinge in beständiger Spitzenqualität.

Karthäuserhof M ★★★★ **90 93 95 97** 99 **01 03** 04 **05 07** 08 **09** (10) – Herausragendes Weingut mit 19 ha in Eitelsbach mit dem Weinberg Karthäuserhofberg im Alleinbesitz (Ruwer). Leicht zu erkennen an den Flaschen, die nur ein Etikett am Hals tragen. Bewunderte trockene Weine und großartige Auslesen.

Kasel M w ★★→★★★ **90 99 01 03 05 07** 08 **09** (10) – Ort mit ausgeprägt blumigen und schön alternden Riesling-Weinen. Erste Lagen: Kehrnagel, Nies'chen. Spitzenerzeuger: Beulwitz, Bischöfliche Weingüter, Karlsmühle, Kesselstatt.

Keller, Weingut Rhh ★★→★★★★ Tief im wenig modischen Rheinhessen kann mit minutiöser Lagenauswahl viel erreicht werden – die Familie Keller beweist es! Überragender, kristalliner Riesling Großes Gewächs von der Lage Dalsheimer Hubacker und teurer Riesling-Verschnitt von unterschiedlichen Weinbergen namens G-Max. Auch erstaunliche Trockenbeerenauslese und Spätburgunder.

Kesseler, August Rhg ★★★ 21-ha-Gut mit den besten Spätburgunder-Rotweinen in Assmannshausen und Rüdesheim. Außerdem sehr gute klassische Rieslinge.

Kesselstatt, Reichsgraf von M ★★★ Größtes privates Weingut an der Mosel mit 650-jähriger Geschichte, das seit 20 Jahren von der qualitätsbesessenen Annegret Reh-Gartner geführt wird. Rund 38 ha quer durch

Deutschland

das Anbaugebiet Mosel; beständig hohe Qualität von den Lagen Josephshöfer, Piesporter Goldtröpfchen, Kaseler Nies'chen und Scharzhofberg. Köstliche, preiswerte 2009er Weine; unschlagbar das Preis-Leistungs-Verhältnis des Wiltinger Riesling QbA.

Kiedrich Rhg w ★★→★★★★ Ein Ort im Rheingau, dessen guter Ruf untrennbar mit dem Gut von Robert Weil verknüpft ist. Weitere Erzeuger (u. a. Knyphausen und die Hessischen Staatsweingüter) besitzen hier kleine Parzellen.

> In roter Schrift erscheinender Text in Einträgen verweist auf Weine, die Hugh Johnson in den vergangenen zwölf Monaten (Mitte 2010 bis Mitte 2011) besonders genossen hat.

Klingelberger Bad – In der Ortenau (Baden), v. a. um Durbach gebräuchlicher Name für Riesling.

Kloster Eberbach Rhg – Herrliches Zisterzienserkloster aus dem 12. Jahrhundert bei Hattenheim, das in der Verfilmung von Umberto Ecos »Der Name der Rose« zu bewundern ist. Gehört heute zu den Hessischen Staatsweingütern und besitzt neben dem gesamten Steinberg auch eine Reihe anderer großartiger Weinberge, u. a. in Assmannshausen, Rüdesheim und Rauenthal. War jahrelang auf dem absteigenden Ast, hat sich mit einer nagelneuen Kellerei aber wieder gefangen.

Knebel M ★★★ Winningen ist der renommierteste Weinort an der unteren Mosel, und Knebel beweist, wie man aus seinen Lagen bemerkenswerten Riesling aller Stilrichtungen hervorbringen kann.

Knipser Pfz ★★★→★★★★ Führendes Pfälzer Familienweingut und einer der seriösesten und verlässlichsten Betriebe in ganz Deutschland (40 ha). Die Brüder Werner und Volker Knipser sind spezialisiert auf barriquegereiften Spätburgunder und andere Rotweine wie St. Laurent (siehe Kasten S. 277), Syrah und Cuvée X (ein Bordeaux-Verschnitt). Ihr trockener Riesling kann hervorragend sein.

Koehler-Ruprecht Pfz ★★→★★★★ **97 99 01** 02 **03 05 07** 08 **09** – Hervorragendes Weingut in Kallstadt. Bernd Philippi arbeitet bei der Weinbereitung durchweg mit traditionellen Methoden und erzeugt sehr langlebige, denkwürdige trockene Rieslinge aus der Lage Saumagen, hervorragenden Spätburgunder und überzeugende Pinot-Weine mit Barriqueausbau unter dem Etikett Philippi.

Kraichgau Bad – Kleiner Bereich südöstlich von Heidelberg. Spitzenerzeuger: Burg Ravensburg, Hoensbroech, Hummel.

Krone, Weingut Rhg ★★→★★★ 4-ha-Gut in Assmannshausen mit einigen der besten und ältesten Parzellen in der Ersten Lage Höllenberg. Berühmt für duftende, körperreiche und alterungsfähige Spätburgunder. Nun unter der Verwaltung von Wegeler; beachtliche Investitionen werden gerade getätigt.

Kruger-Rumpf, Weingut Na ★★→★★★ Das wichtigste Gut in Münster-Sarmsheim. Charmanter, aber keineswegs trivialer Riesling.

Kuhn, Philipp Pfz ★★★ Talentierter und zuverlässiger Produzent in Laumersheim. Die trockenen Rieslinge sind sogar auf QbA-Niveau reichhaltig und harmonisch, die fassgereiften Spätburgunder vereinen saftige Frische mit Kraft und Komplexität.

Kühn, Peter Jakob Rhg ★★★ Ausgezeichnetes Weingut in Oestrich. Kühns penible Weinbergpflege (inzwischen mit biodynamischen Anbaumethoden) und seine individualistischen Bereitungsmethoden (z. B. werden die Weißen fast in Rotweinmanier vinifiziert) bringen unkonventionelle, aber aufregende Rieslinge mit viel Charakter hervor.

Künstler, Franz Rhg ★★★ 25-ha-Weingut in Hochheim, das von Gunter Künstler mit kompromisslosem Qualitätsanspruch geführt wird. Überragende trockene Rieslinge, v. a. von den Ersten Lagen Hölle und Kirchenstück; auch exzellente Auslesen.

Laible, Andreas Bad ★★★ 7-ha-Weingut in Durbach. Reiner, oft kristallklarer trockener Riesling von der Lage Plauelrain, dazu Scheurebe und Gewürztraminer. Vater Andreas wird jetzt von seinem Sohn Andreas Jr. unterstützt. Dessen jüngerer Bruder Alexander hat ein eigenes Weingut gegründet – mit bemerkenswerten Ergebnissen.

Landwein Siehe Kasten »Die deutschen Qualitätsstufen und Weinstile«, Seite 190.

Langwerth von Simmern, Weingut Rhg ★★→★★★ Berühmtes Weingut in Eltville in Familienbesitz, das sich für traditionelle Bereitungsmethoden einsetzt. Spitzenlagen: Baiken, Mannberg (im Alleinbesitz), Marcobrunn. Seit Georg Freiherr Langwerth von Simmern das Gut 1996 übernahm, ist es wieder in Form und wird immer besser. Unbedingt sichern sollten Sie sich den umwerfenden 2009er Erbacher Marcobrunn Riesling Erstes Gewächs.

Lauer, Peter M ★★→★★★ Es hatte in Ayl an der Saar ein wenig an gewissenhaften Erzeugern gemangelt, bis Florian Lauer Anfang 2000 begann, mit einer Reihe von sehr guten Selektions-Weinen von einzelnen Parzellen die hier möglichen Feinheiten auszuloten.

Leitz, J. Rhg ★★★ Sehr guter Familienbetrieb in Rüdesheim mit reichhaltigen, aber eleganten trockenen und süßen Rieslingen. Seit 1999 erzielt Johannes Leitz immer größere Erfolge.

Leiwen MM w ★★→★★★ **93 97** 98 **99 01 02** 03 **04 05 07** 08 **09** (10) – Nachbarort von Trittenheim. Erste Lage: Laurentiuslay. Erzeuger wie Grans-Fassian, Carl Loewen, Rosch und St. Urbans-Hof haben diese früher wenig bekannten Lagen wieder nachdrücklich im Bewusstsein der Weinwelt verankert.

Lemberger Rote Traubensorte, die im 18. Jahrhundert aus Ungarn – wo sie Kékfrankos heißt – nach Deutschland und Österreich importiert wurde. Ergibt leicht tanninbetonte, dunkelrote Weine, eine Spezialiät aus Württemberg.

Liebfrauenstift-Kirchenstück Rhh – Eingefriedeter, 13,5 ha großer Weingarten in der Gemarkung Worms auf Kiesboden, liefert aromatische (aber selten spektakuläre) Rieslinge. Erzeuger: Gutzler, Schembs. Hat nichts mit der billigen, faden Imitation Liebfrauenmilch zu tun!

Lieser MM w ★★ **97 01 02** 03 **04 05 07 08 09** (10) – Weinort zwischen Bernkastel und Brauneberg mit früher vernachlässigten Weinbergen. Erste Lage: Niederberg-Helden. Spitzenerzeuger: Schloss Lieser.

Loewen, Carl M ★★→★★★ Erzeuger mit Unternehmergeist in Leiwen an der Mosel, der eine hinreißende Auslese von der Ersten Lage Laurentiuslay produziert sowie von der Thörnicher Ritsch, einem Weinberg, den Loewen vor dem Vergessen bewahrt hat.

Loosen, Dr. MM ★★→★★★★ **93 95** 96 **97 01 02 03 04 05 07** 08 **09** (10) – Die Mittelmosel in ihrer schönsten Form: Das 18-ha-Gut erzeugt komplexen, noblen Riesling von alten Reben in Bernkastel, Erden, Graach, Ürzig, Wehlen. Zuverlässiger Wein aus zugekauften Trauben unter dem Etikett Dr. L Riesling. Der unermüdliche Ernst Loosen hat seit 1996 auch J. L. Wolf in der Pfalz gepachtet. In Kooperation mit Ch. Ste Michelle wird im US-

Bundesstaat Washington seit 1999 Riesling erzeugt, und ein neues Projekt widmet sich Pinot noir in Oregon.

Lorch Rhg (r) w ★→★★★ **90** 97 99 **01 02** 03 **04 05 07 08 09** – Der Ort im äußersten Westen des Rheingaus, gegenüber der Mittelrhein-Kapitale Bacharach, wird jetzt von dynamischen Erzeugern wiederentdeckt. Mineralisch-strenge Rieslinge sowie Spätburgunder. Beste Erzeuger: Fricke, Johanninger, von Kanitz, Kesseler, Ottes.

Löwenstein, Fürst Fran, Rhg ★★★ Erstklassiges, 30 ha großes Weingut in Franken; ausdrucksvolle, schmackhafte Silvaner und mineralische Rieslinge vom historischen Homburger Kallmuth, einem der spektakulärsten Hänge Deutschlands mit Steinmauern über eine Länge von 12 km. Besitzt auch ein 22 ha großes Gut in Hallgarten (Rheingau). Im April 2010 erlitt Erbprinz zu Löwenstein, Geschäftsführer und Eigentümer des Guts, einen tödlichen Unfall auf dem Nürburgring; die Gutsleitung hat seine Witwe übernommen.

Lützkendorf Sa-Un ★→★★ Führender Erzeuger (9 ha) in der Region Saale-Unstrut. Am besten schmecken für gewöhnlich die eleganten, knochentrockenen Silvaner und Weißburgunder.

Maindreieck Fran – Bereichsname für den mittleren Teil von Franken, einschließlich Würzburg.

Mainviereck Fran – Bereichsname für den westlichen Teil Frankens. Am bekanntesten sind die Spätburgunder-Weinberge von Bürgstadt und Klingenberg. Böden aus rotem Sandstein.

Marcobrunn Rhg – Historische Lage in Erbach. Hinsichtlich des Potenzials eine der deutschen Spitzenlagen. Die heutigen Weine werden aber selten dem Ruf gerecht, den dieser Weinberg in den vergangenen Jahrhunderten genoss.

Markgräflerland Bad – Traditionsreiches Rebland südlich von Freiburg, v. a. bekannt durch den Gutedel, der jung getrunken erfrischend sein kann.

Maximin Grünhaus M w ★★★★ **88 89 90 93 95** 96 **97** 98 99 **01 03 05 07** 08 **09** (10) – Erstklassiges Ruwer-Weingut, 31 ha in Mertesdorf. Eigentümer Dr. Carl von Schubert arbeitet jetzt mit seiner Tochter Anna Helene zusammen. Die Weine, trockene wie süße, sind nach wie vor ein Wunder an Feinheit, Subtilität und Langlebigkeit. Und für die Zukunft darf man noch mehr erwarten: Kürzlich wurde 1 ha mit Pinot noir bestockt.

Meyer-Näkel Ahr ★★★→★★★★ 15-ha-Gut an der Ahr. Die feinen Spätburgunder aus Dernau, Walporzheim und Bad Neuenahr sind typische Beispiele für die neuen, in Eiche ausgebauten (aber dennoch mineralischen) Rotweine aus dem Ahrtal.

Mittelhaardt Pfz – Der beste Teil der Pfalz (nördliche Mitte) mit Deidesheim, Forst, Ruppertsberg, Wachenheim usw.; Haupttraube: Riesling.

Mittelmosel Der mittlere und beste Teil der Mosel mit Bernkastel, Piesport, Wehlen usw. Die besten Lagen sind komplett mit Riesling bestockt (oder sollten es zumindest sein).

Mittelrhein Wildromantisches Anbaugebiet am Rhein mit 465 ha Rebland, sehr beliebt bei Touristen. Die wichtigsten Städte sind Bacharach und Boppard. Die delikaten und gleichzeitig stahligen Rieslinge werden unterschätzt und unter Wert verkauft. Zahlreiche exzellente Lagen liegen brach.

Molitor, Markus MM ★★★ Mit 38 ha hervorragender Weinberglagen an Mosel und Saar ist Molitor seit 1995 zu einem der bedeutendsten Betriebe in der Region avanciert. Maßstäbe setzender süßer Riesling und umjubelter, wenngleich erdiger Spätburgunder.

Mönchhof MM ★★ Von seinem Gutshotel in Ürzig (Mittelmosel) aus erzeugt Robert Eymael fruchtige, stilvolle Rieslinge aus Lagen in Ürzig und Erden. Der Erdener Prälat dürfte der beste Wein sein. Betreibt auch das Weingut J. J. Christoffel.

Mosbacher, Georg Pfz ★★★ 18 ha großes vorzügliches Gut in der Pfalz, das einige der besten Großen Gewächse (Riesling) in Forst erzeugt. Die Weine werden der Tradition folgend in großen Eichenfässern ausgebaut.

Die neue EU-Terminologie

Die Umsetzung der neuen EU-Klassifikation für Wein führt in Deutschland dazu, dass der Begriff »Tafelwein« abgeschafft und einfach durch »Wein« ersetzt wird. »Landwein« bekommt den Namen »geschützte geografische Angabe« (g. g. A.), die Stufen Qualitätswein und Prädikatswein werden in der »geschützten Ursprungsbezeichnung« (g. U.) zusammengefasst. Die Prädikate (Spätlese, Auslese usw.) können weiterhin an »g. U.« angehängt werden, die Regeln dafür ändern sich nicht. Allerdings sind die alten Bezeichnungen noch bis Ende 2011 in Gebrauch, nur der »Tafelwein« verschwindet schon ab Dezember 2010.

Mosel Anbaugebiet von 9.030 ha zwischen Trier und Koblenz, hieß bis 2007 Mosel-Saar-Ruwer. Umfasst Mittelmosel, Saar, Ruwer und die Randgebiete. 60 % Riesling.

Moselland, Winzergenossenschaft M – Große Winzergenossenschaft in Bernkastel, einschließlich Saar-Winzerverein in Wiltingen. Hat sich seit dem Jahr 2000 auch an der Nahe als bedeutende Genossenschaft etabliert. Seine 3290 Mitglieder erzeugen auf insgesamt 2.400 ha 25 % aller Moselweine (einschließlich Sekt in Flaschengärung), doch mehr als Mittelklasse ist selten dabei.

Müller-Catoir Pfz ★★→★★★ **90 93 96** 97 **98** 99 **01 05** 08 **09** (10) – Seit den 1970er-Jahren folgt dieses hervorragende Weingut in Neustadt/Pfalz der Weisheit konventioneller Methoden und setzt auf eine Weinbereitung mit möglichst wenig Eingriffen von außen. Doch der frühere Gutsverwalter Hans Günter Schwarz hat große Fußstapfen hinterlassen, und seit er sich in den Ruhestand zurückgezogen hat, tut sich das Team schwer, dem früheren Ruhm des Guts gerecht zu werden.

Müller-Thurgau Fruchtige, früh reifende Traubensorte, meist säurearm; am verbreitetsten in Rheinhessen, der Pfalz, an der Nahe, in Baden und Franken. Nahm 1998 21 % der deutschen Rebflächen ein, heute sind es nur noch 14 %. Süffige Weine, aber nicht mehr.

Muskateller Alte aromatische weiße Traube mit lebhafter Säure. Wird als Rarität in der Pfalz, in Baden und Württemberg angebaut, wo man sie meist zu trockenen Weinen ausbaut.

Nackenheim Rhh w ★→★★★★ **90 97 01 03 04 05** 06 **07** 08 **09** (10) – Nachbarort von Nierstein; beide mit besten Lagen an der Rheinterrasse (Rotschiefer), ähnliche Weine (v. a. aus der Ersten Lage Rothenberg). Spitzenerzeuger: Gunderloch, Kühling-Gillot.

Nahe Nebenfluss des Rheins und hochwertiges Anbaugebiet (4.155 ha) mit ausgewogenen, frischen, sauberen, oft preiswerten Weinen, v. a. Riesling, der sich in Bestform mineralisch à la Mosel sowie pfälzisch fruchtig zeigt. Als Spezialität wird immer mehr Eiswein erzeugt.

Neckar Würt – Rechter Nebenfluss des Oberrheins, entlang dessen viele der besten Weingärten Württembergs liegen, v. a. zwischen Stuttgart und Heilbronn.

Neipperg, Graf von Würt ★★→★★★ Vornehmes Weingut in Schwaigern, Württemberg, mit elegantem trockenem Riesling und robustem Lemberger. Eine Spezialität ist der Muskateller, der die Qualität einer Beerenauslese erreichen kann. Ein Spross der Familie, Stephan von Neipperg, ist Weinmacher bei Château Canon-la-Gaffelière in St-Emilion und anderswo.

Niederhausen Na w ★★→★★★★ **90** 97 **98** 99 **01 02 03 04 05 07** 08 **09** (10) – Nachbarort von Schloßböckelheim. Rieslinge mit Anmut und Kraft. Erste Lagen: Felsensteyer, Hermannsberg, Hermannshöhle, Kertz, Steinberg. Spitzenerzeuger: Crusius, Dönnhoff, Gutsverwaltung Niederhausen-Schloßböckelheim, Mathern.

Nierstein Rhh w ★→★★★★ **90** 97 **01** 03 **04 05 07** 08 **09** (10) – 526 ha. Berühmter, aber mitunter trügerischer Ortsname. Die Großlage Gutes Domtal etwa liefert nur Supermarktweine. Hervorragend sind die Ersten Lagen Brudersberg, Hipping, Ölberg, Orbel und Pettenthal. Reife, aromatische, reichhaltige Weine, trocken und süß ausgebaut. Empfehlenswerte Weingüter: Gehring, Guntrum, Heyl zu Herrnsheim, Kühling-Gillot, Manz, St. Antony, Strub.

Obermosel M – Bereichsname für die Mosel oberhalb von Trier. Meist einfache Weine aus der Elbling-Traube, sehr jung am besten.

Ockfen M w ★★→★★★ **90 93 95** 96 **97 01** 02 **03 04 05 07 08 09** (10) – Weinort mit stämmigen, intensiven Saar-Rieslingen von der Ersten Lage Bockstein. Weingüter: u. a. Dr. Fischer, Weinhof Herrenberg, von Othegraven, St. Urbans-Hof, Dr. Wagner, Zilliken.

Öchsle Die Maßeinheit für den Zuckergehalt des Traubenmosts.

Oestrich Rhg w ★★→★★★ **90 97** 01 **02 03 04 05 07 08 09** (10) – Bedeutender Weinort; unterschiedliche Qualität bis hin zu herrlichem Riesling. Erste Lagen: Doosberg, Lenchen. Spitzenerzeuger: August Eser, Peter Jakob Kühn, Querbach, Spreitzer, Wegeler.

Oppenheim Rhh w ★→★★★ **90** 97 01 **03 04 05 07** 08 **09** (10) – Stadt südlich von Nierstein mit einer imposanten Kirche aus dem 13. Jahrhundert. Erste Lagen: Kreuz, Sackträger. Weingüter: u. a. Heyden, Kühling-Gillot, Manz. Die jüngere Generation beginnt das Potenzial dieser Lagen auszuschöpfen.

Ortenau Bad (r) w – Bereich um und südlich von Baden-Baden. Guter Klingelberger (Riesling) und Spätburgunder, hauptsächlich von Granitböden. Beste Anbauorte: Durbach, Neuweier, Waldulm.

Othegraven, Weingut von M ★★→★★★ Im vergangenen Jahrzehnt hat Dr. Heidi Kegel dem Traditionsweingut in Kanzem (Saar) mit seinen ausgezeichneten Rebflächen in der Lage Altenberg wieder zu Ruhm und Ansehen verholfen. 2010 ging der Besitz an Fernsehmoderator Günther Jauch über, einen Spross der Familie Othegraven. In betrieblicher Hinsicht bleibt aber anscheinend alles beim Alten.

Paulinshof MM ★★ Ehemaliges Klostergut mit 8 ha in Kesten und Brauneberg. Die Familie Jüngling ist, ungewöhnlich für die Mittelmosel, auf trockene und halbtrockene Weine sowie feine Auslesen spezialisiert.

Pauly-Bergweiler, Dr. MM ★★→★★★ Feines Weingut in Bernkastel. Gute Lagen hier (am besten ist Alte Badstube am Doctorberg) und in den meisten Ortschaften der Mittelmosel, insgesamt 18 ha. Die einst renommierten Weine, die unter dem Etikett Peter Nicolay verkauft wurden, sind vom heimischen wie auch von einigen Exportmärkten (z.B. Großbritannien) verschwunden.

Pfalz Anbaugebiet mit 23.500 ha südlich von Rheinhessen, vorwiegend sehr mildes Klima. Aus dem Gebiet Mittelhaardt kommen körperreiche, oft trockene Rieslinge, während die Südliche Weinstraße sich mehr für weiße und rote Burgundersorten eignet. Größtes Riesling- Erzeugungsgebiet nach der Mosel.

Piesport MM w ★→★★★★ **90 93** 94 96 **97 99 01 02** 03 **04 05 07** 08 **09** (10) – Kleiner Ort, im Halbrund umgeben von berühmten Weinbergen, die im Idealfall herrlichen, reichhaltigen, aromatischen Riesling liefern. Großartig sind die Ersten Lagen Goldtröpfchen und Domherr. Treppchen bleibt dagegen deutlich zurück. Großlage: Michelsberg (vorwiegend Müller-Thurgau; meiden). Spitzenweingüter: Grans-Fassian, Joh. Haart, R. Haart, Kurt Hain, Kesselstatt, St. Urbans-Hof.

> Denken Sie daran, dass sich die Jahrgangsangaben bei den deutschen Weinen von den Differenzierungen bei anderen Ländern – genussreif/nicht genussreif – unterscheiden. Lesen Sie dazu die Erklärungen auf Seite 193.

Portugieser Zweitrangige Rotweintraube, v. a. in Rheinhessen und der Pfalz angebaut, wird oft als Weißherbst gekeltert. 4.350 ha sind mit dieser Sorte bestockt.

Prädikatswein Spitzenkategorie, umfasst alle Qualitätsweine mit Prädikat – vom Kabinett bis zur Trockenbeerenauslese. Siehe auch »Die deutschen Qualitätsstufen und Weinstile« S. 190.

Prinz von Hessen Rhg ★★★→★★★★ Von dem Traditionsgut in Johannisberg kommen herrlich lebhafte, präzise bereitete Weine.

Prüm, J. J. M ★★★★ **71 76 83 88 89 90** 94 **95** 96 **97 99 01 02 03 04 05** 06 **07** 08 **09** (10) – Legendäres Mosel-Weingut mit 22 ha besten Lagen in Bernkastel, Graach und Wehlen. Delikate, doch langlebige Weine mit erstaunlicher Finesse und ganz eigenem Charakter. Die Weine liegen lange auf der Hefe und sind deshalb in ihrer Jugend nur schwer zugänglich, Geduld wird jedoch reich belohnt. Gute Jahrgänge halten sich 30 Jahre. Dr. Manfred Prüm arbeitet jetzt mit seiner Tochter Katharina zusammen.

Prüm, S. A. M ★★→★★★ **90 97 01 02 03 04 05 07 08 09** – Während man den Wehlener Nachbarn J. J. Prüm als konsequenten Vertreter des traditionellen Stils bezeichnen kann, pflegt Raimund Prüm einen populäreren Stil. Tadellos bereitete, manchmal aber unbeständige Weine aus Wehlen und Graach.

QbA – Qualitätswein bestimmter Anbaugebiete Die mittlere deutsche Weinqualität. Zugabe von Zucker zum Most vor der Gärung (Chaptalisation) ist zulässig, es findet aber eine Kontrolle der zulässigen Menge – nach Rebsorte und Anbaugebiet – statt. Wird Ende 2011 in g. U. (geschützte Ursprungsbezeichnung) umbenannt.

QmP – Qualitätswein mit Prädikat Bis Ende 2007 gültig gewesene Bezeichnung für die Spitzenkategorie deutscher Qualitätsweine. Siehe Prädikatswein.

Randersacker Fran w ★★→★★★ **97 01** 02 03 04 **05 07** 08 **09** (10) – Südöstlich von Würzburg gelegener führender Weinbauort der Region mit ausdrucksvollem, trockenem Wein, v. a. Silvaner. Erste Lagen: Pfülben, Sonnenstuhl, Teufelskeller. Spitzenerzeuger: u. a. Bürgerspital, Juliusspital, Schmitt's Kinder, Staatlicher Hofkeller, Störrlein & Krenig, Trockene Schmitts.

Ratzenberger MR ★★ Gut in Bacharach, das rassige trockene und halbtrockene Rieslinge erzeugt; die besten von den Ersten Lagen Posten und Steeger St. Jost. Auch guter Sekt.

Rauenthal Rhg w ★★★→★★★★ **97 98 99 01** 02 **03 04 05 07 08 09** (10) – Erstklassiger Ort mit Hanglagen abseits des Rheins; würzige, komplexe Rieslinge. Erste Lagen: Baiken, Gehrn, Nonnenberg, Rothenberg, Wülfen. Spitzenerzeuger: G. Breuer, Kloster Eberbach, Langwerth von Simmern.

Rebholz Pfz ★★★→★★★★ Seit Jahrzehnten Spitzenweingut (19 ha) im Bereich Südliche Weinstraße, bekannt für seine knochentrockenen und langlebigen Weine (Muskateller, Gewürztraminer sowie Chardonnay und Spätburgunder im burgundischen Stil). Erstklassiger Riesling Großes Gewächs aus der Lage Kastanienbusch (Rotschiefer).

Regent Die dunkle Rotweintraube, eine Neuzüchtung, ist bestens geeignet für ökologischen Anbau und erfreut sich mit nunmehr 2.180 ha Anbaufläche beachtlicher Beliebtheit, v. a. in den südlichen Anbaugebieten. Nach Pflaume duftende, tanninbetonte Weine mit geringer Komplexität.

Ress, Balthasar Rhg ★★ Weingut mit 42 ha Rebfläche, Sitz in Hattenheim. Guter Riesling als Gutswein; die Basisreihe »Von Unserm« mit Rot- und Weißwein bietet oft ziemlich viel fürs Geld.

Restsüße Unvergorener Traubenzucker, der im Wein verbleibt (oder bei billigen Weinen zugeführt wird), um ihm Süße zu verleihen. Das reicht von 3 g/l in trockenen Weinen bis zu 300 g/l in Trockenbeerenauslesen.

Rheingau Bestes Anbaugebiet am Rhein, großteils westlich von Wiesbaden (3.125 ha). Klassischer, gehaltvoller Riesling, der inzwischen jedoch von anderen hervorragenden Weinen übertroffen wird. Zudem befinden sich einige der renommierten Weingüter derzeit nicht ganz auf der Höhe. Ein Drittel der Rebfläche ist seit 2000 als Erstes Gewächs klassifiziert und unterliegt strengen Auflagen, die sich allerdings von denen unterscheiden, die der VDP für die Bezeichnung Großes Gewächs festgelegt hat.

Rheinhessen Deutschlands größtes Anbaugebiet erstreckt sich auf 26.440 ha zwischen Mainz und Worms. Viel Massenware, aber auch hochklassiger Riesling u. a. aus Nackenheim, Nierstein, Oppenheim. In früher kaum bekannten Gebieten ist bei Erzeugern wie Keller und Wittmann im Süden und Wagner-Stempel im Westen ein bemerkenswerter Qualitätssprung zu verzeichnen.

Richter, Max Ferd. MM ★★→★★★ Verlässliches Weingut in Mülheim an der Mittelmosel; v. a. guter Riesling Kabinett und Spätlesen, voll und aromatisch. Weine, die aus zugekauften Trauben bereitet werden, können ein etwas anderes Etikett tragen.

Rieslaner Fran – Kreuzung zwischen Silvaner und Riesling; bekannt für geringe Erträge und schwierige Reifung, jetzt eine Rarität (weniger als 50 ha). Erbringt in Franken und der Pfalz gute Auslesen.

Riesling Die beste deutsche Rebsorte: duftig, fruchtig, rassig und langlebig; gilt neben Chardonnay als edelste Weißweintraube der Welt.

Ruck, Johann Fran ★★→★★★ Verlässliche, würzige Silvaner und Rieslinge aus Iphofen im fränkischen Bereich Steigerwald. Traditioneller Stil.

Rüdesheim Rhg w ★★→★★★★ **90 93 96 97 98 01** 02 **03 04 05 07** 08 **09** (10) – Fremdenverkehrsort am Rhein mit hervorragenden, als Erste Lagen klassifizierten Weinbergen. Die drei besten (Roseneck, Rottland und Schlossberg) tragen die Bezeichnung »Rüdesheimer Berg«. Körperreiche, fein aromatische Weine, auch in weniger guten Jahren durchaus beachtlich. Beste Erzeuger: Breuer, Hessische Staatsweingüter, Johannishof, Kesseler, Leitz, Ress, Schloss Schönborn.

Ruländer Deutscher Name der Pinot-gris-Traube, heutzutage meist Grauburgunder genannt.

Ruppertsberg Pfz w ★★→★★★ **90** 97 **01** 02 **03 04 05 07 08 09** – Ort in der südlichen Mittelhaardt. Klassische Pfälzer Rieslinge aus den Ersten Lagen Gaisböhl, Reiterpfad und Spiess. Weingüter: u. a. Bassermann-Jordan, Biffar, Buhl, Bürklin-Wolf, Christmann, Dr. Deinhard.

Ruwer M **90 97 01 02 03 04 05 07** 08 **09** (10) – Nebenfluss der Mosel bei Trier. Sehr feiner, delikater, aber außerordentlich aromatischer und bemerkenswert langlebiger Riesling, sowohl süß als auch trocken. Eine Abfolge warmer Sommer hat der Taubenreife sehr gut getan. Beste Winzer: Beulwitz, Karlsmühle, Karthäuserhof, Kesselstatt, Maximin Grünhaus.

Saale-Unstrut 03 05 07 08 09 – Anbaugebiet mit 685 ha am Zusammenfluss dieser beiden Flüsse bei Naumburg in der Nähe von Leipzig; klimatisch für den Weinbau eine Herausforderung. Die u. a. mit Weißburgunder, Silvaner, Riesling, Gewürztraminer und Spätburgunder bestockten Weinbergterrassen gehen auf die Zisterzienser zurück. Qualitätsbetriebe: Böhme, Born, Gussek, Kloster Pforta, Lützkendorf, Pawis.

Saar 90 93 94 95 96 **97** 98 **99 01** 02 **03** 04 **05 07** 08 **09** (10) – In Hügel eingebetteter Nebenfluss der Mosel südlich der Ruwer. Das Klima unterscheidet sich erheblich von der Mittelmosel: Die Weinberge liegen 50 bis 100 Meter höher. Erzeugt die brillantesten aller Rieslinge mit herb-stahligem Charakter. Zu den Anbauorten zählen u. a. Ayl, Kanzem, Ockfen, Saarburg, Serrig, Wiltingen (Scharzhofberger) u. a. Viele gute Erzeuger, die zudem oft auf höchstem Niveau arbeiten.

Saarburg M – Kleine Stadt im Saartal. Die Lage Rausch ist eine der besten der Region. Beste Erzeuger: Wagner, Zilliken.

Sachsen 03 05 **07** 08 **09** (10) – 462 ha großes Weinbaugebiet im Elbtal um Dresden und Meißen. Immer noch überwiegend Müller-Thurgau, aber Weiß- und Grauburgunder, Traminer und Riesling ergeben trockene Weine mit echtem Charakter. Beste Erzeuger: Schloss Proschwitz, Vincenz Richter, Martin Schwarz, Schloss Wackerbarth, Zimmerling.

Salm-Salm, Michael Prinz zu Besitzer von Schloss Wallhausen (an der Nahe) und Villa Sachsen in Rheinhessen. Ersteres bietet mit dem Jahrgang 2009 eine schöne Kollektion, z. B. trockener Riesling vom Roten Schiefer QbA.

Salwey Bad ★★★ Führender Weinbaubetrieb in Oberrotweil (Baden) mit 40 ha. Die körperreichen Grauburgunder und Spätburgunder sind beispielhafte Kaiserstuhl-Weine mit genügend Struktur, um ein gewisses Alter zu erreichen. Eine Spezialität sind Riesling und Weißherbst von hoch gelegenen Weinbergen im Glottertal (Schwarzwald). Im Januar 2011 starb Wolf-Dietrich Salwey bei einem Verkehrsunfall, Sohn Konrad führt seine Arbeit fort.

St. Antony, Weingut Rhh ★★ 28-ha-Gut in Nierstein (Rheinhessen) mit hervorragenden Weinlagen. In den letzten Jahren war die Qualität durchwachsen, aber der neue Eigner (dem auch Heyl zu Herrnsheim gehört) will's wieder richten.

St. Urbans-Hof M ★★★ Neuer Star in Leiwen, Piesport und Ockfen. Kristallklarer Riesling von tadelloser Reintönigkeit und Rasse auf 33 ha. Umwerfende 2008er Kollektion.

Sauer, Horst Fran ★★★→★★★★ Eine der Spitzenlagen in Franken ist der Escherndorfer Lump, und Sauer ist mit seinen rassigen, schnörkellosen Silvanern und Rieslingen sowie sensationellen Trockenbeerenauslesen sein großartigster Interpret. 15 ha.

Deutschland

Sauer, Rainer Fran ★★★ Aufstrebendes Familiengut (10 ha) in Escherndorf (siehe Horst Sauer). Reichhaltig-kraftvoller, aber schön ausgewogener Riesling und Silvaner (vorwiegend trocken).

Schaefer, Willi M ★★★ Spitzenweingut (nur 4 ha) in Graach mit klassischem, reintönigem, über alle Qualitätsstufen hinweg probierenswertem Mosel-Riesling. Mit dem Powerjahrgang 2009 gelang Schaefer ein kleines Wunder: ein Großes Gewächs (Himmelreich) mit nur 11,5 Vol.-% Alkohol – eine atemberaubende Köstlichkeit.

Schäfer-Fröhlich Na ★★★ Zunehmend brillante trockene und edelsüße Rieslinge von einem 12 ha großen Gut in Bockenau an der Nahe.

2009er brechen Rekorde

Auf den VDP-Auktionen 2010 erzielten deutsche Weine des Jahrgangs 2009 erstaunliche Preise. Egon Müllers Scharzhofberger Kabinett von alten Reben kam für 52 Euro unter den Hammer – im Einzelhandel dürfte er etwa 40 bis 50 % mehr kosten. Fritz Haags Brauneberger Juffer Sonnenuhr Spätlese No. 16 kostete 364 Euro pro Flasche, ein bemerkenswerter Preis für eine Spätlese. Und ein trockener Riesling aus Rheinhessen – eine Doppelmagnumflasche (3 l) von Kellers G-Max – wurde gar für für 3.998 Euro verkauft. Dafür hätte man fast 80 Flaschen von Egon Müllers Kabinett bekommen.

Scharzhofberg M w ★★★★ **71 83 88 89 90 93 94 95** 96 **97** 98 **99 01 02 03 04 05 07** 08 **09** (10) – Hervorragende Lage an der Saar: Ein seltenes Zusammenspiel von Mikroklima, Boden und menschlicher Klugheit bringt Riesling in Vollendung hervor, am besten in Auslesen. Spitzenerzeuger: Bischöfliche Weingüter, Egon Müller, von Hövel, Kesselstatt, Van Volxem.

Scheurebe Traubensorte mit Grapefruitduft und schönem Potenzial (ein Elternteil ist Riesling), v. a. in der Pfalz. Exzellent für edelfaule Beeren- und Trockenbeerenauslesen.

Schloßböckelheim Na w ★★→★★★★ **90** 97 **01 02 03 04 05 07 08 09** (10) – Ort an der Nahe mit besten Lagen, u. a. In den Felsen und Königsfels sowie den Ersten Lagen Felsenberg und Kupfergrube. Feste, aber delikate Weine, die gut altern können. Spitzenweingüter: Crusius, Dönnhoff, Gutsverwaltung Niederhausen-Schloßböckelheim, Schäfer-Fröhlich.

Schloss Johannisberg Rhg w ★★→★★★ **90** 94 95 96 97 98 **99 01** 02 **03 04 05 07** 08 **09** (10) – Berühmter Besitz im Rheingau mit 35 ha und 100 % Riesling, gehört Henkell (Oetker-Gruppe). Die Verbesserungen bei der Weinbergbewirtschaftung unter dem neuen Direktor Christian Witte beginnen sich auszuzahlen.

Schloss Lieser MM ★★★ 10-ha-Gut an der Mittelmosel im Besitz von Thomas Haag (siehe Fritz Haag). Erzeugt reintönige, rassige Rieslinge von der unterbewerteten Lage Niederberg-Helden in Lieser sowie den besten Lagen in Brauneberg.

Schloss Neuweier Bad ★★★ Führender Erzeuger von trockenem Riesling in Baden; die Reben wachsen auf vulkanischen Böden in der Nähe von Baden-Baden. Besonders 2008 und 2009 sehr erfolgreich, z. B. Schlossberg Alte Reben oder Mauerberg Großes Gewächs.

Schloss Proschwitz Sachsen ★★ Wiederaufgebautes fürstliches Weingut in Meißen (Sachsen) mit 59 ha. Spitzenklasse in den ostdeutschen Anbaugebieten, besonders mit trockenem Weißburgunder und Grauburgunder. Ein Riesenerfolg!

Schloss Reinhartshausen Rhg ★★→★★★ Berühmtes Gut mit 80 ha in Erbach, Hattenheim, Kiedrich usw. Gehörte einst der preußischen Königsfamilie, jetzt in kompetentem Privatbesitz.

Schloss Saarstein M ★→★★★ **90 97 01 03** 04 **05 07** 08 **09** (10) – Die steilen, aber kühlen Weinberglagen in Serrig brauchen warme Jahre für den Erfolg, doch dann liefern sie stahlig-mineralische, langlebige Auslesen und Eisweine.

Schloss Schönborn Rhg ★★→★★★ 50-ha-Weingut mit Sitz ist in Hattenheim. Vollaromatische Weine von unterschiedlicher, manchmal ausgezeichneter Qualität. Der Familie Schönborn gehört auch das Weingut Schloss Hallburg (28 ha) in Franken.

Schloss Vaux Rhg ★★→★★★ Hochwertiger Sekthersteller, spezialisiert auf flaschenvergorene Rieslinge und Spätburgunder aus erstklassigen Rheingaulagen (z.B. Steinberg oder Assmannshäuser Höllenberg). Die Gesellschaft selbst besitzt keine Weinberge, doch sie kauft Wein bei führenden Weingütern ein (v.a. von VDP-Mitgliedern).

Schloss Vollrads Rhg w ★★ 90 **97 01 03 05 07** 08 **09** (10) – Eines der großartigsten Traditionsweingüter im Rheingau, jetzt im Besitz einer Bank. Riesling in populärem und zugänglichem Stil, das wahre Potenzial des Guts muss allerdings erst wiederentdeckt werden.

Schmitt's Kinder Fran ★★→★★★ Kompromisslos trockene Weine von den besten Lagen in Randersacker, 18 ha. Fränkische Silvaner und Rieslinge wie aus dem Lehrbuch. Guter fassgereifter Spätburgunder sowie süße Scheurebe.

Schnaitmann, Weingut Würt ★★→★★★ Der neue Württemberger Starerzeuger produziert zwar guten Riesling und Sauvignon blanc, sein Ruf rührt jedoch mehr von der komplexen Reihe körperreicher Rotweine her, die er aus einer großen Bandbreite von Rebsorten bereitet. Am besten: Simonroth »R« Spätburgunder.

Schneider, Cornelia und Reinhold Bad ★★→★★★ Familienbetrieb mit 7 ha in Endingen am Kaiserstuhl, bekannt für sehr langlebigen Spätburgunder und traditionellen, opulenten Ruländer.

Schoppenwein Wein im offenen Ausschank.

Schwarzer Adler Siehe Franz Keller.

Schwarzriesling Bei dieser Traube, die auf 2.360 ha angebaut wird, handelt es sich schlichtweg um den Pinot Meunier der Champagne. In Württemberg entsteht daraus ein roter Stillwein mit leichtem Körper.

Schwegler, Albrecht Würt ★★★ Der kleine Betrieb ist bekannt für ungewöhnliche, doch geschmacksintensive rote Verschnitte wie etwa den Granat (Merlot, Zweigelt, Lemberger und andere Sorten). Nur 2 ha Anbaufläche, ein Besuch lohnt sich aber.

Schweigen-Rechtenbach Pfz r w ★★ **97 99 01** 02 **03 04 05 07** 08 **09** – Südlichster Ort der Pfalz. Spitzenerzeuger: Friedrich Becker, Bernhart, Jülg.

Sekt Deutscher Schaumwein, sehr variabel in der Qualität. Flaschengärung ist nicht vorgeschrieben, billige Exemplare können sogar in einem Drucktank hergestellt werden. Sogar bei angesehenen Winzern ist Sekt meist nur ein Nebenprodukt. Zu den Sektspezialisten zählen Raumland, Schloss Vaux und Wilhelmshof.

Selbach-Oster MM ★★★ Sehr gewissenhaft arbeitendes 20-ha-Weingut in Zeltingen; gehört zur Spitzenklasse der Mittelmosel. Bereitet auch Wein aus zugekauften Trauben, die Gutsabfüllungen sind aber am besten.

Silvaner Mit 5.260 ha, also 5% der Gesamtrebfläche Deutschlands, nimmt Silvaner den dritten Rang unter den deutschen Weißweinreben ein. Die besten Erzeugnisse kommen aus Franken, wo die hübschen vegetabil-erdigen Aromen des Silvaners und sein trockener mineralischer Geschmack Perfektion erreichen. Beachtlich auch der Silvaner aus Rheinhessen und vom Kaiserstuhl (besonders aus Ihringen).

Sonnenuhr Name mehrerer Lagen, insbesondere der berühmten Ersten Lagen in Wehlen und Zeltingen (Mosel); gegenwärtig vom Bau einer Schnellstraße bedroht.

Spätburgunder Pinot noir; die beste Rotweintraube in Deutschland, v. a. an der Ahr, in Baden, Württemberg und zunehmend in der Pfalz. Gewinnt an Qualität, die Weine sind aber oft noch geschmacksarm oder überholzt. Wirklich hervorragend nur von den besten Erzeugern, z. B. Fürst, Huber, Knipser, Meyer-Näkel. Angeblich brachte Karl der Dicke im Jahr 884 den Pinot noir aus Burgund an den Bodensee.

Spätlese Prädikatsklasse über Kabinett; aus nach der Hauptlese geernteten, vollreifen Trauben, meist reifer, alkoholstärker, gehaltvoller und in der Regel auch süßer als Kabinett. Gute Exemplare sind mindestens 7 Jahre lagerfähig, häufig auch länger. Trockene Spätlesen, deren Stil oft Großen Gewächsen ähnlich ist, können vorzüglich zu Mahlzeiten passen.

Spreitzer Rhg ★★★ Die Brüder Andreas und Bernd Spreitzer erzeugen auf 17 ha köstlich rassige Rheingau-Rieslinge, v. a. in Oestrich, die mit Geduld und Liebe zum Detail bereitet werden.

Staatlicher Hofkeller Fran ★★ Bayerisches Staatsweingut. 120 ha feinste Frankenweinlagen und prachtvolle Keller unter der herrlichen Barockresidenz in Würzburg. Die Qualität ist ordentlich, aber selten besonders aufregend.

Staatsweingut (auch **Staatliche Weinbaudomäne**) Meist Muster- und Lehrgut in Staatsbesitz. Einige Staatsweingüter wurden in den letzten Jahren privatisiert.

Steigerwald Fran – Weinbaubereich im östlichen Franken. Die Weinberge liegen in beträchtlicher Höhe, liefern aber dank der warmen Keuperböden kraftvolle Silvaner und Rieslinge. Empfehlenswerte Erzeuger: Castell, Ruck, Weltner, Wirsching.

Steinberg Rhg w ★★★ **90** 97 **99 01** 02 **03 04 05 07** 08 **09** (10) – Berühmte, von einer Mauer umschlossene 32-ha-Lage bei Hattenheim, eine Art deutscher Clos de Vougeot, vor 700 Jahren von Zisterziensermönchen angelegt und im Alleinbesitz von Kloster Eberbach. Der trockene 2007er Riesling »aus dem Cabinettkeller« ist zwar teuer, aber ein Schritt in die richtige Richtung.

Steinwein Fran – Wein aus der besten Lage von Würzburg, dem Stein. Übrigens auch Goethes Lieblingswein!

Stodden, Jean Ahr ★★★ Ein neuer Star an der Ahr: Gerhard Stodden, ein großer Bewunderer Burgunds, bereitet Spätburgunder mit deutlicher Holznote. Seit 1999 erstklassige, aber sehr teure Weine.

Störrlein & Krenig Fran ★★→★★★ Gediegener trockener, ausdrucksstarker Silvaner und Riesling aus dem fränkischen Randersacker; ein schönes Großes Gewächs aus der Lage Sonnenstuhl.

Südliche Weinstraße Pfz – Bereichsname für die südliche Pfalz. In den letzten 25 Jahren hat sich die Qualität bedeutend verbessert. Siehe Friedrich Becker, Bergdolt, Rebholz, Schweigen, Dr. Wehrheim.

Tauberfranken Bad – Unterbewerteter Bereich im nordöstlichen Baden: Weine im fränkischen Stil auf Muschelkalkböden, knochentrocken und ausgeprägt kaltklimatisch im Stil.

Thanisch, Witwe Dr. H. MM ★★→★★★ Erzeuger in Bernkastel mit einem Teil der Lage Doctor. In den 1980er-Jahren wurde das berühmte Gut geteilt, und leider haben beide Nachfolger denselben Namen behalten. Zu unterscheiden sind sie nur durch den Zusatz »Erben Müller-Burggraef« bzw. »Erben Thanisch«. In Sachen Qualität sind sie sich recht ähnlich, Letztere vielleicht manchmal einen Tick besser.

Traisen Na w ★★★ **90** 97 **01 02 03 04 05 07** 08 **09** – Kleiner Ort mit den Spitzenlagen Rotenfels (Erste Lage) und Bastei. Riesling mit Konzentration und Klasse von vulkanischen Böden. Spitzenerzeuger: Crusius, von Racknitz.

Traminer Siehe Gewürztraminer.

Trier M w ★★→★★★ Bedeutende Weinstadt an der Mosel, etwa auf halbem Weg zwischen Saar und Ruwer gelegen. Inmitten der beeindruckenden Ruinen aus römischer Zeit haben die großen Stiftungsweingüter von der Mosel ihre Keller.

Tor!

Deutschland verfügt über eine ehrgeizige Fußballmannschaft aus Spitzenwinzern, die regelmäßig gegen Teams ausländischer Erzeuger oder Küchenchefs oder Politiker antritt. Doch, das stimmt! Die Aufstellung der sogenannten Weinelf ist in der Regel die folgende: Die Verteidigung bilden Michael Gutzler aus Rheinhessen, bekannt für kultivierten Spätburgunder und brillantes Tackling, Hansjörg Rebholz mit knochentrockenem Stellungsspiel und der Weinhändler Nedjelko Mrcela aus Geisenheim. Besonders beeindruckend ist das Mittelfeld: Gunter Künstler und die Brüder Spreitzer bilden die unüberwindliche Rheingauphalanx, während Philipp Wittmann und Armin Diel über die Flügel Druck machen. Die Torjäger: Tim Fröhlich vom Gut Schäfer-Fröhlich, ein dynamisches Talent mit dem Spitznamen »Turbo«, der Ihringer Steillagenwinzer Andreas Stigler, ein Spieler mit demoralisierender Ausdauer, sowie der Veteran unter den Weinpublizisten, Rudi Knoll. Raten Sie mal, was nach dem Spiel in Strömen fließt ...

Trittenheim MM w ★★→★★★ **90** 97 **01** 02 **03 04 05 07** 08 **09** (10) – Attraktive leichte Weine von der südlichen Mittelmosel. In der Ersten Lage Apotheke verdienen allerdings nur die besten Parzellen diese Klassifizierung, denn leider gehört auch ein Menge zweitklassiges flaches Land dazu. Erzeuger: u. a. Ansgar Clüsserath, Ernst Clüsserath, Clüsserath-Weiler, Grans-Fassian, Milz.

Trocken Bezeichnung für einen Wein mit einem Restzuckergehalt von höchstens 9 g/l. Seit 1980, als die meisten trockenen Weine noch eher sauer zu nennen waren, ist die Qualität erheblich gestiegen. Am verlässlichsten in südlichen Gebieten, etwa der Pfalz.

Trockenbeerenauslese Die süßeste und teuerste Kategorie deutscher Weine, von ausgewählten, geschrumpften edelfaulen Trauben bereitet. Ausgesprochene Rarität mit feiner Honigsüße. Die halben Flaschen sind eine gute Idee.

Trollinger In Württemberg verbreitete hellrote Traube. Identisch mit Südtirols Vernatsch. Die Erträge liegen meist zu hoch, der Wein ist im »Ländle« aber sehr beliebt.

Ürzig MM w ★★★★ **83 90 93** 94 **95** 96 **97** 98 **99 01** 02 **03 04 05 07** 08 **09** (10) – Ort auf rotem Sandstein und rotem Schiefer, berühmt durch kräftigen, vollen, würzigen Wein, wie es ihn anderswo an der Mosel nicht gibt. Erste Lage: Würzgarten. Erzeuger: u. a. Berres, Christoffel, Loosen,

Mönchhof, Pauly-Bergweiler, Weins-Prüm. Dies ist die Gegend, die vom Bau der überflüssigen, 160 m hohen Hochmoselbrücke bedroht ist.

Van Volxem M ★★→★★★ Das Saar-Weingut wurde 1999 von dem Brauereierben Roman Niewodniczanski übernommen und wiederbelebt. Die sehr niedrigen Erträge aus Spitzenlagen (Scharzhofberg, Kanzem, Altenberg) bringen extrem reife trockene (oder leicht halbtrockene) Rieslinge hervor. Untypisch, aber eindrucksvoll.

VDP – Verband Deutscher Prädikatsweingüter Die richtungweisende Vereinigung von Spitzenwinzern. Achten Sie auf das Wappen mit dem Adler auf dem Etikett und auf das Traubenlogo, das Weine von Ersten Lagen kennzeichnet. Bundesvorsitzender ist Steffen Christmann.

Die Renaissance der großen Fässer

Neue Eiche war für deutschen Riesling – glücklicherweise – nie ernstlich in Mode, obwohl Vanillenoten für Burgundersorten aller Farben durchaus populär wurden. Jetzt kehren Winzer für die Vergärung wie auch für den Ausbau der Weine zu den großen (und alten) Fässern zurück. Diese unterstreichen die Frucht, überdecken sie aber nicht.

Vollenweider M ★★★ Daniel Vollenweider aus der Schweiz hat seit 2000 der Lage Wolfer Goldgrube nahe Traben-Trarbach neues Leben eingehaucht. Exzellenter Riesling, leider nur in sehr geringen Mengen.

Wachenheim Pfz w ★★★ **90** 97 **01 02 03 04 05 07 08 09** (10) – Ort mit 340 ha Reblagen und etwas weniger Prestige als seine Nachbarorte in der Mittelhaardt. Erstklassige Lagen: Belz, Gerümpel, Goldbächel, Rechbächel. Spitzenerzeuger: Biffar, Bürklin-Wolf, Karl Schaefer, Wolf.

Wagner, Dr. M ★★ Weingut mit 9 ha Rebland in Saarburg und Ockfen (Saar). Sehr traditionelle Methoden: alle Weine gären im Fuder.

Wagner-Stempel Rhh ★★★ Weingut mit 16 ha, davon die Hälfte Riesling, im kaum bekannten Siefersheim unweit der Grenze zum Anbaugebiet Nahe. Die letzten Jahre haben exzellente Weine hervorgebracht, sowohl Große Gewächse als auch edelsüße Kreszenzen.

Walluf Rhg w ★★★ **90** 96 **97** 98 **99 01** 02 **03 04 05 07** 08 **09** (10) – Nachbarort von Eltville. Oft zu gering bewertete Weine. Erste Lage: Walkenberg. Weingüter: u. a. J. B. Becker, Jost.

Wegeler MM ★★→★★★ Bedeutende Weingüter in Familienbesitz im Rheingau (Oestrich) und an der Mittelmosel (Bernkastel) mit insgesamt 73 ha; außerdem gehört ein Anteil am berühmten Gut Krone in Assmannshausen zum Besitz. Weine von hoher Qualität in ausreichender Menge; sogar bei der Marke Geheimrat J hält man sehr hohe Standards ein. Die Familie Wegeler war bis 1997 im Besitz des Handelshauses Deinhard.

Wehlen MM w ★★★→★★★★ **90 93 94 95** 96 **97 99 01 02** 03 **04 05 07** 08 **09** (10) – Nachbarort von Bernkastel mit ebenso feinen, etwas volleren Weinen. Erste Lage: Sonnenuhr. Beste Erzeuger: Kerpen, Kesselstadt, Loosen, Molitor, J. J. Prüm, S. A. Prüm, Richter, Selbach-Oster, Studert-Prüm, Wegeler, Weins-Prüm. Auch hier sind die Weinberge vom Bau der Schnellstraße »B 50 neu« bedroht.

Wehrheim, Dr. Pfz ★★★ Im sonnigen Bereich der Südlichen Weinstraße können Pinot-Sorten, Chardonnay und Riesling voll ausreifen. Körperreiche Weine mit festem mineralischem Kern.

Weil, Robert Rhg ★★★→★★★★ **17 37 49 59 75 90 96 97 01 02 03 04 05 07 08 09** (10) – Hervorragendes Weingut in Kiedrich, jetzt auf 75 ha erweitert; seit 1988 im Besitz des japanischen Konzerns Suntory. Ausgezeichnete Eisweine, Beeren- und Trockenbeerenauslesen; bei den Basisweinen ist die Qualität uneinheitlicher. Neben der berühmten Lage Gräfenberg wurde kürzlich auch der 3,7-ha-Weinberg Turmberg als Erste Lage eingestuft. Auch die Einzellage Klosterberg erscheint auf den Etiketten.

Weingart MR ★★★ Hervorragendes Weingut am Mittelrhein mit 11 ha in Boppard. Kultivierte, mineralische Rieslinge, trocken und süß, mit vorzüglichem Preis-Leistungs-Verhältnis.

Weins-Prüm, Dr. MM ★★★ Kleines Weingut in Wehlen an der Mittelmosel mit 4 ha vorzüglichem Rebland. Bert Selbach, Besitzer und Kellermeister, bereitet seine Weine mit äußerster Gewissenhaftigkeit und favorisiert einen straffen, mineralischen Stil.

Weißburgunder Pinot blanc. Zunehmend beliebt als trockener Wein, der mehr burgundische Rasse zum Ausdruck bringt als deutscher Chardonnay; nimmt jetzt 3.730 ha Rebfläche ein. Die besten Weine kommen aus der südlichen Pfalz und aus Baden. Wird oft auch zu Sekt verarbeitet.

Weißherbst Heller, reinsortiger (oft Spätburgunder) Roséwein; manchmal mit Edelfäule, gelegentlich sogar Beerenauslese. Probierenswert.

Wiltingen M w ★★→★★★★ **90 95** 96 **97 99 01 03 04 05 07** 08 **09** (10) – Das Herz des Weinbaus an der Saar mit 320 ha. Wunderbar subtile, herbe Weine. Der berühmte Scharzhofberg ist die beste eines Trios Erster Lagen, zu denen auch Braune Kupp und Gottesfuß gehören. Spitzenweingüter: Bischöfliche Weingüter, Egon Müller, Kesselstatt, Van Volxem.

Winning, von Pfz – Neues Gut in Deidesheim, zu dem auch der Traditionserzeuger Dr. Deinhard gehört. »Von Winning« steht nur auf den Etiketten von Spitzenweinen aus Dr.-Deinhard-Lagen. Der erste Jahrgang, 2008, war auf Anhieb ein Erfolg: Riesling von großer Reinheit und schönem Terroircharakter, durch 10–20 % Fassgärung mit leichter Eichennote versehen. Im Auge behalten.

Winningen M w ★★→★★★ Stadt an der unteren Mosel nahe Koblenz; exzellente trockene Rieslinge und Trockenbeerenauslesen. Erste Lagen: Röttgen, Uhlen. Spitzenerzeuger: Heymann-Löwenstein, Knebel, Kröber, Richard Richter.

Wirsching, Hans Fran ★★★ Weingut im fränkischen Iphofen mit trockenen Rieslingen und Silvanern von Keuperböden, kraftvoll und langlebig. 72 ha in den Ersten Lagen Julius-Echter-Berg und Kronsberg.

Wittmann Rhh ★★★ Philipp Wittmann hat den ökologisch bewirtschafteten 25-ha-Betrieb seit 1999 in die Spitzenriege der rheinhessischen Erzeuger geführt. Kristallklarer, mineralischer trockener Riesling vom QbA bis zu Großen Gewächsen und prächtigen Trockenbeerenauslesen.

Wöhrwag Würt ★★→★★★ Das 20-ha-Gut etwas außerhalb von Stuttgart produziert köstliche Rote, vor allem aber elegante trockene Rieslinge und brillanten Eiswein.

Wolf, J. L. Pfz ★★→★★★ Das Gut in Wachenheim wurde von Ernst Loosen aus Bernkastel langfristig gepachtet und erzeugt trockene Pfälzer Rieslinge mit einer Finesse, die an die Mosel erinnert. Eher solide und beständig als umwerfend.

Württemberg Großes Anbaugebiet mit 11.520 ha, im Ausland wenig bekannt. Vorwiegend Standardweine für den lokalen Verbrauch, doch der Ehrgeiz ist nun geweckt, besonders mit konzentrierten, fruchtbetonten Rotweinen (v. a. Lemberger, Samtrot, Spätburgunder). Weitere Experimente mit Sauvignon blanc oder neuen roten Kreuzungen werden vom Forschungslabor Weinsberg durchgeführt. Die (meist trockenen) Rieslinge neigen zum Rustikalen, allerdings vermag das Remstal in der Nähe von Stuttgart wirklich kultivierte Exemplare hervorzubringen.

Würzburg Fran ★★→★★★★ **93 97 01** 02 03 **04 05 07** 08 **09** (10) – Schöne alte Barockstadt am Main, Mittelpunkt des Weinbaus in Franken. Feine, körperreiche trockene Rieslinge und Silvaner. Erste Lagen: Innere Leiste, Stein, Stein-Harfe. Weingüter: u. a. Bürgerspital, Juliusspital, Staatlicher Hofkeller, Weingut am Stein.

Zehnthof, Weingut Fran ★★ 12-ha-Weingut der Familie Luckert in Sulzfeld (Franken) mit einem breit gefächerten Angebot an Weinen, v. a. Silvaner und Burgundersorten, die typischerweise im Fass vergoren werden.

Zell M w ★→★★★ **90 97 01** 02 **03 04 05 07** 08 **09** (10) – Der bekannteste Weinort an der unteren Mosel, berühmt insbesondere durch die sehr strapazierte Großlage Schwarze Katz. Der auf steilen Schieferhängen wachsende Riesling erbringt aromatische Weine. Spitzenweingüter: Kallfelz und S. Fischer.

Zeltingen MM w ★★→★★★★ **90 93 95** 96 **97 98 99 01** 02 **03 04 05** 06 **07** 08 **09** – Bedeutender, wenn auch manchmal unterbewerteter Moselort unweit von Wehlen. Lebhafter, frischer Riesling. Erste Lage: Sonnenuhr. Spitzenweingüter: M. Molitor, J. J. Prüm, Schömann, Selbach-Oster.

Ziereisen Bad ★★→★★★ Hans-Peter Ziereisen, Zimmermann und ehemaliges Genossenschaftsmitglied, wandte sich vor einigen Jahren der Weinerzeugung zu. Die ganze Palette Badens wird geboten: trockene weiße Burgundersorten, mineralischer Gutedel Steingrüble und Syrah. Doch als beste Gewächse erweisen sich die Spätburgunder von verschiedenen kleinen Parzellen, in deren Namen der badische Dialekt durchscheint: Schulen, Tschuppen, Rhini.

Zilliken, Forstmeister Geltz M ★★★→★★★★ **93 95 96 97 01 02 03 04 05 07 08 09** (10) – Früher Weingut des königlich-preußischen Forstmeisters mit 11 ha in Saarburg und Ockfen (Saar). Intensiv mineralischer Riesling vom Saarburger Rausch, darunter auch köstliche Auslesen und Eiswein mit exzellenter Lagerfähigkeit.

Luxemburg

Man darf durchaus behaupten, Luxemburg liege auf halbem Weg zwischen Deutschland und Frankreich – jedenfalls in puncto Wein. Insbesondere die Rieslinge des kleinen Landes scheinen in stilistischer Hinsicht halb deutsch, halb französisch zu sein: In ihrer typischen Form erinnern sie in der Nase an Elsässer Riesling alter Schule, während sie am Gaumen die Leichtigkeit und die süß-sauren Noten halbtrockener Naheweine zeigen.

Obwohl das Gros der 1.270 ha Reben des Anbaubereichs Moselle Luxembourgeoise nicht weiter als etwa 40 km vom Scharzhofberg entfernt wächst, Deutschlands berühmtestem Riesling-Weinberg, unterscheiden sich die Weine deutlich. Zum einen bauen die luxemburgischen Winzer mehr Rivaner (Müller-Thurgau, 27 %), Auxerrois (14 %) und Pinot gris (14 %) an als Riesling (12 %). Zum Zweiten besteht der Boden hier nicht aus Schiefer, sondern aus geschichteten Ablagerungen von Triasböden (tiefgründiger Keuper, roter Sandstein und Muschelkalk).

Das luxemburgische Weingesetz unterscheidet nicht zwischen trockenen und halbtrockenen Stilen. Die meisten Weine des Landes besitzen nicht nur viel Säure, sondern auch eine mehr oder weniger deutliche Süße. Je nach Jahrgang, Erzeugerstil und Rebsorte erscheinen viele dieser Weine eher halbtrocken bzw. feinherb als trocken.

Luxemburg erzeugt darüber hinaus viel Schaumwein. Crémant de Luxembourg umfasst das ganze Spektrum von raffinierten Weinen bis hin zu rustikalen, billigeren Tropfen und schmeckt in der Regel extratrocken, auch wenn auf dem Etikett »Brut« steht. Die besten Exemplare bieten mitunter viel fürs Geld (z. B. Montmollin Brut von Duhr Frères, Brut 2007 von Clos de Rochers, Brut 2007 von Bernard-Massard oder Brut Tradition von Sunnen-Hoffmann).

An gut ausgebildeten und ehrgeizigen Winzern besteht in Luxemburg kein Mangel. Zu den besten Erzeugern zählen Château de Schengen (aromatischer, mineralischer Pinot gris), Cep d'Or (gute Rot- und Weißweine von den Pinot-Sorten), Clos de Rochers (körperreiche Einzellagen-Rieslinge aus Grevenmacher und Ahn sowie intensiver Riesling Vin de Glace), Duhr Frères/Clos Mon Vieux Moulin (bemerkenswerter Gewürztraminer Fût 13, sehr guter Pinot noir Fût 2 und schöner Riesling Äiswäin, d. h. Eiswein), Gloden & Fils (traditionell bereiteter, reichhaltiger Riesling Schengen Markusberg), Schumacher-Knepper (richtig trockener, aromatischer Wintringer Felsberg Riesling Fût 35), Sunnen-Hoffmann (gut strukturierter Riesling aus Remerschen und Wintrange von ökologisch bewirtschafteten Weinbergen).

Weitere gute Erzeuger: u. a. Caves St-Martin, Mathis Bastian, Mme. Aly Duhr, Charles Decker, Schlink-Hoffeld. Domaines Vinsmoselle ist eine genossenschaftliche Vereinigung, deren Weine zumeist in eher kommerziellem Stil bereitet werden. Gutes Premiumetikett: François Valentiny.

Spanien und Portugal

Die dunklen Flächen bezeichnen die Weinbaugebiete

Die folgenden Abkürzungen werden im Text verwendet:

Alen	Alentejo	**Nav**	Navarra
Bair	Bairrada	**Pen**	Penedès
Cos del S	Costers del Segre	**Pri**	Priorat
El B	El Bierzo	**R Ala**	Rioja Alavesa
Emp	Empordà-Costa Brava	**R Alt**	Rioja Alta
Gal	Galicien	**R Baj**	Rioja Baja
Kat	Katalonien	**Rib del D**	Ribera del Duero
La M	La Mancha	**Rib del G**	Ribera del Guadiana
Lis	Lisboa	**Set**	Setúbal
Madr	Madrid, Vinos de	**Som**	Somontano
Mall	Mallorca	**U-R**	Utiel Requeña
Mont-M	Montilla-Moriles		
Mur	Murcia	**Res**	Reserva

Spanien, das ebenso viele Reben wie jedes andere europäische Weinbauland, doch eher bescheidene Tradtionen besitzt, hat (im Gefolge der EU-Gelder, die das Land überschwemmten) gelernt, die Erträge zu beschränken, gesunde Trauben zur Reife gelangen zu lassen und sich an modernen Normen zu orientieren – mit durchaus spektakulären Ergebnissen. Zwar verfügt das Land nicht über die klimatische und Rebsortenvielfalt Italiens, und die Auswahl an Weißweinen ist begrenzt, doch die Variationen des in Rioja kreierten Themas »strukturierter, aromatischer, eichengereifter Tempranillo« sind außergewöhnlich. Auch Bordeaux-Sorten gedeihen im Norden hervorragend, vor allem in Katalonien und Navarra. Das Duero-Gebiet und das Priorat leisten einzigartige Beiträge. Hinter Rioja liegt eine turbulente Zeit – die Weine nicht nicht mehr ein ganz so sicherer Kauf wie in der Vergangenheit, doch die Spitzengewächse sind besser denn je. Gehen Sie auf Entdeckungsreise – echte Enttäuschungen sind selten.

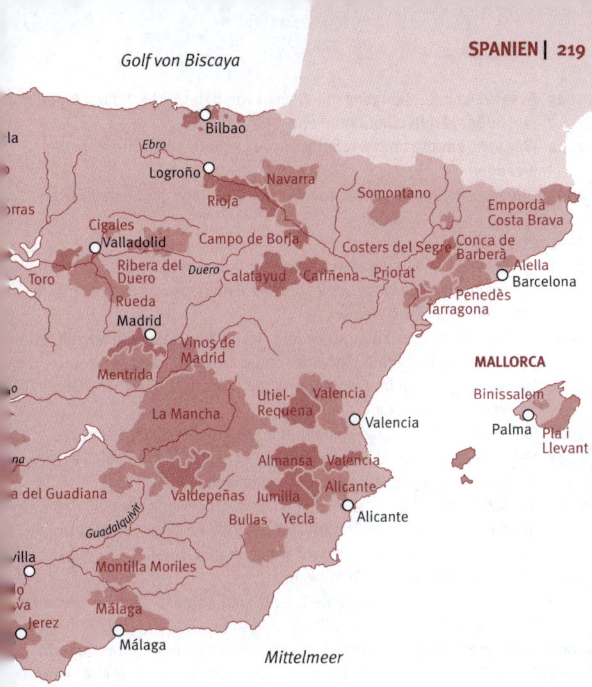

Spanien

Portugal genießt die Vorzüge des Meeresklimas und einer verrückten Vielfalt an Rebsorten, sodass die internationale Brigade hier nicht gebraucht wird. Viele der besten Weine sind Verschnitte. Allerdings ist der Druck vorhanden, durch die Auswahl einer Handvoll heimischer Sorten dem globalen Trend zu sortenreinen Weinen zu folgen. Die heißen Favoriten auf internationalen Starruhm, die rote Sorte Touriga Nacional und die weiße Alvarinho-Traube, werden jetzt weitverbreitet angepflanzt. Doch überall erhebt sich Widerstand; die Rodung der erstklassigen roten Sorte Baga in Bairrada hat führende Erzeuger zur Gründung der Baga Friends veranlasst, um für die Traube die Werbetrommel zu rühren. Machen Sie sich auf – mehr oder weniger intelligent gehandhabte – Tannine gefasst und denken Sie daran, dass die besten Roten Zeit brauchen, um ins Lot zu kommen.

Spanien

Neuere Jahrgänge

Navarra

2010 Ein kühler Frühling mit Spätfrost und Hagel wurde durch einen Spätherbst gerettet, der schöne Reife brachte.

2009 Großzügige Ernte; später Regen brachte die Rettung nach dem heißen Sommer. Garnacha trumpfte auf. Relativ jung trinken.

2008 Wie überall war der Frühling nass, die Lese erfolgte spät. Doch die langsame Reifung brachte Eleganz hervor, sofern sorgfältig ausgelesen wurde.

2007 Ein langer trockener Sommer mündete in einige sehr gute Weine.

2006 Ein guter Jahrgang für junge Weine. Wegen des Wetters waren nur echte Profis erfolgreich.

2005 Ausgezeichneter Jahrgang mit Weinen von tiefer Farbe, vollen Aromen und süßen, kraftvollen Tanninen.

2004 Wer spät erntete und sorgfältig auslas, konnte gute, intensive Weine erzeugen.

2003 Durchwachsen, wie auch 2002. Die besten Weine sind bereits reif.

Penedès

2010 Generell ein kühles Jahr, wenngleich mit einem frühen, heißen Sommer im Priorat. Die lange, gleichmäßige Reifeperiode führte zu frischeren, aromatischeren Weinen.

2009 Ein frisches Jahr, auch wenn es zum Teil heiß war, und ein hochklassiger Jahrgang. Das Priorat litt unter einigen Hitzespitzen.

2008 Heftige Regenfälle im Frühjahr und ein kühler Jahrgang. Die Qualität hängt vom Erzeuger ab.

2007 Ein Bilderbuchjahrgang – einer der besten der letzten 50 Jahre.

2006 Sehr guter Säure- und Alkoholgehalt. Der Jahrgang gilt offiziell als »exzellent«. Einige gebacken schmeckende Weine.

2005 Die schlimmste Dürre der letzten 50 Jahre, aber dank der kühlen Sommernächte war die Qualität bei Rot- und Weißweinen ausgezeichnet; nur einige Priorat- und Montsant-Weine enttäuschen.

2004 Ein denkwürdiges Jahr für Rotwein.

2003 Regen im August sowie kühle Nächte und sonnige Tage im September sorgten für einen großartigen Jahrgang.

2002 Trotz Sommerregens führte der schöne September zu guter Qualität.

2001 Fröste brachten eine Ertragsminderung, aber der trockene warme Sommer schuf die Voraussetzungen für sehr gute Weine.

Ribera del Duero

2010 Früher Frost minderte den Ertrag; die Qualität der Frucht ist jedoch trotz heftiger Regenfälle im Sommer exzellent. Die Winzer erwarten einen herausragenden Jahrgang.

2009 Der sehr heiße Sommer drohte Trauben mit heißen, gebackenen Noten hervorzubringen, doch der Regen zu Herbstbeginn half. Spitzenbetriebe haben sehr hochwertige Weine erzeugt.

2008 Fäulnisgefahr: ein kühler Sommer und Frost im September. Die Auslese entschied über die Qualität.

2007 Der schlimmste Jahrgang seit einem Jahrzehnt. Dem feuchten Frühling folgte ein kühler Sommer ohne Sonnenschein.

2006 Ein heißes Jahr in Ribeira; etliche Weine sind bereits trinkreif.

2005 Steht im Schatten von 2004, aber einige gute Weine.

2004 Ein feines Jahr. Gute Weine bei reichlichem Ertrag.

2003 Die besten Weine haben eine gute Farbe und einen ordentlichen Glyzerin- und Alkoholgehalt, aber wenig Säure. Die schlechten schmecken gebacken.

2001 Mittelgroße Ernte von ausgezeichneter Qualität; die Weine sind jetzt trinkreif.

Rioja

2010 Regen im Frühling, ein heißer, trockener Sommer, im Herbst wieder Regen. Die Erträge liegen bei roten Sorten um 10 %, bei weißen Sorten um 5 % unter denen von 2009, was gute Konzentration verspricht.

2009 Der heiße Sommer wirkte wie eine Wiederkehr von 2003, doch Regen brachte schließlich Rettung. Rioja Alta und Rioja Baja herausragend.

2008 Weine im klassischen Still. Die besten sind frisch und aromatisch, mit etwas niedrigerem Alkoholgehalt.
2007 Kleine Ernte. Zufriedenstellend, aber nicht außergewöhnlich.
2006 Weine mit intensivem Duft, frisch und vielfach bereits trinkreif.
2005 Steht im Schatten von 2004, aber viele Weine sind hervorragend.
2004 Hervorragender Jahrgang.
2001 Außergewöhnlicher Jahrgang. Viele Weine sind jetzt auf dem Höhepunkt, die besten haben noch ein paar Jahre vor sich.

Aalto, Bodegas y Viñedos Rib del D r ★★★→★★★★ **00 01 02** 03 04' 05 06 – Glamouröses Weingut in Ribera del Duero, das seit 1999 besteht. Nobler Stammbaum: Mitbegründer Mariano García war Kellermeister bei Vega Sicilia und besitzt auch Mauro und Maurodos. Zwei muskulöse Weine; Spitzengewächs ist der PS.

Abadía Retuerta r ★★→★★★ **04 05 06** 07 08 – Führender Erzeuger ohne DO-Prädikat, knapp außerhalb von Ribera del Duero. Tempranillo, Cabernet Sauvignon, Merlot und Syrah geben sich im preiswerten Rívola ein Stelldichein; würziger ist der Selección Especial, dazu reinsortiger Tempranillo Pago Negralada und üppiger Syrah Pago la Garduña.

Albariño Spaniens schickste und teuerste heimische Weißweinsorte stammt aus Rías Baixas. Beste Erzeuger: Castrocelta, Martín Códax, Palacio de Fefiñanes und Pazo de Señorans. Mit seinem Viña 24 aus Costers des Segre beweist Raimat das Potenzial der Sorte auch in anderem Terroir. Einige Kreationen sind ziemlich unausgegoren. Nicht in Eiche ausgebaute Weine jung trinken.

Albet i Noya Pen r rs w; sch ★★→★★★ **04 05 06 07 08 09** (10) – Spaniens führender Erzeuger von Biowein. Großes Angebot, auch gute Cava.

Alicante Alicante r w s ★→★★★★ **04 05 06 07 08 09** – Nicht nur ein Ferienort, sondern auch einer der angesagtesten Orte für Monastrell, der hier beweist, dass Spanien mehr zu bieten hat als nur Tempranillo. Rotweine, z. B. von Enrique Mendoza, Bernabé Navarro, Artadi (El Sequé) und Sierra Salinas, sind besser als Weiße. Es gibt auch einige herausragende süße Moscatel-Weine, v. a. von Gutiérrez de la Vega und Primitivo Quiles; eine traditionelle Spezialität ist der süße Monastrell Fondillón.

Alión Rib del D r ★★★★ **01 02 03 04** 05 06 – Die 1991 gegründete zweite Bodega von Vega Sicilia liegt nebenan, ist aber kein Stiefkind, sondern der französische Cousin. Reinsortiger, tintendunkler, dichter und würziger Tinto Fino (Tempranillo), der in französischer Nevers-Eiche ausgebaut wird.

Allende, Finca R Alt r w ★★★→★★★★ **01 02 04'** 05 06 07 08 – Einer der großen Namen des neuen Rioja. In der Bodega im Stadtzentrum von Briones hat sich Miguel Ángel de Gregorio dem Einzellagen-Tempranillo verschrieben. Der Tinto ist blumig und würzig, der Calvario (Einzellage) mächtig und ausgewogen, der Aurus üppig. Feiner Rioja Blanco mit Eichenton (**08**). Besitzt auch die Finca Coronado in La Mancha.

Artadi Bodegas y Viñedos R Ala r ★★★→★★★★ **96 98** 00 01 04' 05 06 07 – Hervorragender moderner Rioja, komplexer, toastwürziger Viñas del Gaín, straffer, kraftvoller El Pisón (Einzellage) und würziger, eleganter Pagos Viejos. Dazu sehr guter und ebenso moderner roter El Sequé (Alicante) und roter sowie rosé (BV) Artazuri (Navarra).

Baigorri, Bodegas R Ala r w ★★★ **04 05'** 06 07 08 09 – Spektakuläre Kellerei, die teure Riojas im neuen Stil erzeugt: Primäraromen von schwarzen Früchten, wuchtige Tannine und üppige Noten von Eiche. Preisgekrönter, schicker Baigorri de Garage; das beste Preis-Leistungs-Verhältnis bietet die Crianza.

Barón de Ley R Baj r rs w ★→★★ **05 06** 07 – Gute Weine in modernem Stil, die in einem früheren Benediktinerkloster bereitet werden. Am interessantesten ist der 7 Viñas, ein Verschnitt von 7 Rebsorten.

Báscula, La Alicante, Rib del D, Rioja r w sw ★★ Junger Betrieb, geführt von dem südafrikanischen Weinmacher Bruce Jack und dem britischen Master of Wine Ed Adams, die Wert auf Qualität und Vielfalt legen, z. B. beim Turret Fields (Jumilla) oder dem Ökowein Catalan Eagle (Terra Alta).

Berberana, Bodegas Rioja r rs w ★ Beliebte, saftig-fruchtige Rioja-Weine; im Besitz der Bodegas Unidas.

Beronia Rioja r rs w ★★ **04 05** 06 07 08 09 – Das Rioja-Haus im Besitz von González Byass ist endlich sehr viel besser geworden: Der Keller wurde renoviert und mit neuen, sauberen Fässern ausgestattet. Ein großer Fortschritt für die Rotweine; auch guter Rosado.

Bierzo, El r w ★→★★★ **03 04 05 06** 07 08 09 – Die groß in Mode gekommene DO zieht Weinmacher von außerhalb an, die das Potenzial der hiesigen roten Mencía-Rebe (aromatisch, tanninherb) wie auch der weißen Godello-Traube enthüllen wollen. Spitzenerzeuger: Bodegas Peique, Bodegas Pittacum, Castro Ventosa, Descendientes de J. Palacios, Dominio de Tares, Gancedo, Luna Berberide und Raúl Pérez.

Binissalem Mall r rs w ★★ **05 06 07 08 09** – Winzige, aber bekannteste DO auf Mallorca nordöstlich von Palma. Zwei Drittel der Produktion stellen Rotweine, hauptsächlich Mantonegro. Am besten: Macià Batle, Biniagual.

Bodega 1. Weinhandlung; 2. eine Firma, die sich mit der Herstellung, dem Verschnitt bzw. dem Versand von Wein befasst; und 3. eine Kellerei.

Bodegas Unidas Dachunternehmen, zu dem Marqués de Monistrol und die Marke Berberana sowie der solide Marqués de la Concordia (Rioja) und der Durius (Ribera del Duero) zählen. Die Rioja-Marke Marqués de Griñón wird ebenfalls von den Bodegas Unidas kontrolliert.

Briones R Alt – Kleines Städtchen nahe Haro oben in den Hügeln des Rioja-Gebiets, die von Kellern durchlöchert sind. Neben der Finca Allende und Miguel Merino hat es v. a. ein Weinmuseum mit einer der umfassendsten Sammlungen der Welt zu bieten (im Besitz von Dinastía Vivanco).

Bullas Mur ★→★★ **04 05 06 07 08** 09 – Kleine, hoch gelegene (400 bis 800 m), trockene DO in der Umgegend von Murcia, die ihr Bestes versucht, sich wegen des ausgeprägt mediterranen Klimas aber schwertut. Am besten ist der Chaveo der Bodega Monastrell.

Calatayud ★→★★★ **05 06 07 08 09** – In den Bergen gelegene DO in Aragón (eine von vier). Hat sich rasch verbessert und ist auf schwere Garnacha-Weine spezialisiert, oft von alten Reben und manchmal mit Syrah verschnitten. Beste Erzeuger: Bodegas Ateca (im Besitz von Jorge Ordóñez), El Jalón, El Escocés Volante (im Besitz des schottischen Master of Wine Norrel Robertson), Lobban und Virgén de la Sierra (Cruz de Piedra).

Campo de Borja r rs w ★→★★★ **06 07 08 09** – DO in Aragón mit exzellenten, sehr preiswerten, modernen, saftigen Weinen von Garnacha und Tempranillo (BV). Bodegas Aragonesas ist einer der Produzenten. Wer es komplexer mag, kommt beim Tres Picos Garnacha (**07**) der Bodegas Borsao auf seine Kosten. Spitzenwein: Alto Moncayos Aquilón.

Cariñena r rs w ★→★★ **03 04 05 06 07 08 09** – Wenig aufregende DO in Aragón. Die beiden führenden Erzeuger sind Bodegas Añadas und Bodegas Victoria.

Castell del Remei Cos del S r rs w ★★→★★★ **03 05 06 07** 08 09 – Malerisches, restauriertes Weingut aus dem 18. Jahrhundert. Gute weiße Verschnitte; sehr gut der Gotim Bru mit Kirschnoten und einem Hauch Vanille, der elegante, würzige »1780« und der kraftvolle Oda.

Castilla y León r rs w ★→★★★ **06 07 08 09** – Der nördliche Teil des zentralspanischen Hochlands, auch Altkastilien genannt. Hier sind zahlreiche vielversprechende und etablierte Erzeuger tätig. Zu den DOs zählen neben den bekannten Gebieten wie Ribera del Duero, Rueda und Toro auch Arribes, Bierzo, Cigales, Tierra de León, Tierra del Vino de Zamora sowie die Region Valles de Benavente mit ansprechender Qualität. Rote Sorten: u.a. Mencía, Juan García, Prieto Picudo, Tinta del País (Tempranillo); weiße Sorte: Doña Blanca. Guter trockener Rosado.

Castillo de Ygay R Alt r ★★★★ **64 70 89 91 94 96 97 98 99 01** 05 – Legendäre, langlebige Spitzenweine von Marqués de Murrieta, v.a. Gran Reserva Especial.

Castillo Perelada Emp r rs w; sch ★→★★★ **04 05 06 07 08 09** – Großes Gut mit Hotelbetrieb und besser werdendem Weinangebot. Gute Cavas und moderne Rotweine, z.B. Ex Ex und Finca Garbet. Zudem seltener, in der Solera gereifter Garnatxa de l'Empordà.

Catalunya r rs w **04 05 06 07 08 09** – Sehr große, junge DO (seit 2004), die ganz Katalonien umfasst und bis dato noch nicht zu zu einer echten eigenen Identität gefunden hat. Zu den Spitzenerzeugern zählen einige der bekanntesten Namen: Albet i Noya, Freixenet, Jean Léon und Torres.

Cava Der nach der traditionellen Methode bereitete spanische Schaumwein wird zum Großteil (aber nicht ausschließlich) im Penedès erzeugt, v.a. in und um San Sadurní de Noya. Freixenet und Codorníu dominieren; höhere Qualität (zu entsprechenden Preisen) bieten oft Castell Sant Antoni, Castillo de Perelada, Gramona, Juvé y Camps, Marqués de Monistrol, Mestres, Parxet, Raimat, Recaredo (biodynamisch), Sumarroca und Agustí Torelló. Cava schmeckt jung am besten. Probieren lohnt sich wieder: Viele Erzeuger durchlaufen in puncto Qualität derzeit einen Wandel.

Cérvoles, Celler Cos del S r w ★★→★★★ **03 04 05 06 07 08** 09 – Hoch in den Bergen gelegenes Gut nördlich des Priorat, das enorm konzentrierte Rote aus Cabernet Sauvignon/Tempranillo/Garnacha sowie kraftvollen, cremigen fassvergorenen Blanc mit zitroniger Note erzeugt.

Chacolí/Txakoli (r) (rs) w ★★ BV – Der baskische Wein, in 3 DOs aufgeteilt: Álava, Guetaria (das Kernland) und Vizcaya. Duftender, wenn auch manchmal eigenartig scharfer, perlender Wein (BV), der lokal gern wie Cidre in einem langen Strahl aus der Höhe ins Glas gegossen wird. Nur ein Erzeuger, das historische, im Besitz der Familie Chueca befindliche Weingut Txomin Etxaniz, vermag die Aggressivität der Hauptsorte Hondarribi Zuri (weiß) mit 15 % der (nur geringe Alkoholstärke liefernden) Hondarribi Beltza (rot) zu bändigen. Ein weiterer Spitzenerzeuger ist Ametzoi.

Chivite, Bodegas Julián Nav r rs w; s ★★→★★★ **04 05 06 07 08 09** – Sehr alte Bodega in Navarra. Beliebte Reihe Gran Feudo, v.a. Rosado und Sobre Lías (»sur lie«). Hervorragende Reihe Colección 125 mit dem seriösen Chardonnay im Burgunderstil und delikatem edelfaulem Moscatel. Der Pago de Arínzano muss erst noch zu sich selbst finden. Ebenfalls zum Besitz gehört Viña Salceda in Rioja (sehr guter Conde de la Salceda).

Cigales r rs (w) ★→★★★ Kleine, hoch gelegene DO gleich nördlich von Valladolid. Erzeugt sowohl kommerzielle Rote (BV) als auch komplexeren Tempranillo von alten Rebstöcken. Spitzenweine: der sinnliche César Príncipe und der zurückhaltendere Translanzas. Auch Valdelosfrailes.

Clos Mogador Pri r ★★★→★★★★ **01 02 03 04 05** 06 07 08 – René Barbier ist einer der Pioniere der DO Priorat, eine Art Pate für die nachfolgenden Generationen von Weinmachern. Sein Clos Mogador (Garnacha) ist beeindruckend und langlebig. Der Zweitwein heißt Manyetes. Ebenfalls außergewöhnlich interessant ist der würzige, üppig duftende weiße Verschnitt Clos Nelin mit Honignoten.

Codorníu Pen sch ★★→★★★ Eine der beiden größten Cava-Firmen, im Besitz der Familie Raventós, Rivale von Freixenet; bevorzugt nicht einheimische Sorten, insbesondere Chardonnay. Am besten sind sehr gute Jahrgänge vom Reina Maria Cristina, der sehr trockene Non Plus Ultra und der blasse, rauchige Pinot noir. Zum Unternehmen gehören auch das sukzessive besser werdende Gut Raimat in Costers del Segre und das einst großartige, mittlerweile aber im Dämmerschlaf befindliche Bilbaínas in Rioja.

Compañía Vinícola del Norte de España (CVNE) R Alt r rs w ★→★★★ Berühmte Rioja-Bodega, die einst Maßstäbe setzte und jetzt wieder besser wird. Spitzenqualität sind der leichte, elegante Imperial und der geschmeidige Viña Real. Siehe auch Contino.

Conca de Barberà Kat r rs w; **04 05 06 08 09** – In der kleinen katalanischen DO, die früher ausschließlich große Unternehmen mit hochwertigem Traubengut versorgte, arbeiten inzwischen einige exzellente Erzeugerbetriebe, darunter das biodynamisch wirtschaftende Gut Escoda-Sanahuja. Die Spitzenweine Grans Murallas und Milmanda von Torres werden beide in dieser DO erzeugt.

Condado de Haza Rib del D r ★★★ **03 04 05** 06 – Unverfälschter, in amerikanischer Eiche gereifter Tinto fino – der zu Unrecht übersehene Zweitwein von Alejandro Fernández' Pesquera.

Consejo Regulador Amtliche Organisation für Erhaltung, Kontrolle und Förderung einer Denominación de Origen. Die Qualität ist so uneinheitlich wie die Weine, die die Organisation vertritt – teils steht Bürokratie, teils unternehmerisches Denken im Vordergrund.

Contino, Viñedos del R Ala r ★★★★ **01 03 04 05** 06 07 – Die erste (1973) Einzellage in Rioja und ein Tochterbetrieb der Compañía Vinícola del Norte de España (CVNE). Mit enormer Sorgfalt bereitet Jesus Madrazo außergewöhnliche Weine mit langem Abgang. Guter, balsamischer Graciano (ein feines Beispiel der Sorte), außerdem Reserva und beeindruckender Viña del Olivo.

Costers del Segre Kat r rs w; sch ★★→★★★ **03 04 05 06 07 08 09** – Um die Stadt Lleida (Lérida) verstreuter DO-Bereich, der seiner exzellenten Erzeuger wegen wachsendes Ansehen genießt. Spitzenerzeuger sind Castell d'Encus, Castell del Remei, Cérvoles Celler und Tomàs Cusiné.

Criado y embotellado por ... Spanisch für »Ausgebaut und abgefüllt von ...«.

Crianza Die »Kinderstube«, in der der Wein sich entwickelt. Neuer oder nicht gealterter Wein ist »sin crianza« oder »joven«. Die Vorschriften sind unterschiedlich, doch in der Regel sind Crianza-Weine mindestens 2 Jahre gereift, davon 6 bis 12 Monate im Eichenfass, und dürfen erst ab dem dritten Jahr freigegeben werden. Siehe auch Reserva.

Cuisiné, Tomás Cos del S r w ★★★ **04 05 06 07 08 09** – Der einstige innovative Kopf von Castell del Remei und Cérvoles Celler ist seit 2003 selbstständig. Individuelle, stilvolle Weine, darunter der Tempranillo-Verschnitt Vilosell (Tempranillo/Cabernet Sauvignon/Merlot/Garnacha/Syrah) und der originelle Auzells, der aus 10 Rebsorten bereitet wird.

Denominación de Origen (DO), Denominación de Origen Protegida (DOP) Es dauert seine Zeit, bis die Gesetze und Verordnungen der EU in die einzelnen Mitgliedstaaten einsickern, und in Spanien ist dieser Prozess noch im Gang: Die bisherigen Herkunftsbezeichnungen Denominación de Origen (DO) und Denominación de Origen Calificada (DOCa) werden jetzt zur Denominación de Origen Protegida (DOP) zusammengefasst, in den kommenden Jahren aber noch weiterverwendet. DO bezeichnet einen anerkannten Weinbaubereich, DOCa ist eine Herkunftsbezeichnung für Weine besonders hoher Qualität; nur Rioja (seit 1991) und Priorat (DOQ, das katalanische Pendant – seit 2002) dürfen sie tragen. Daneben gibt es noch die Kategorie Vino de Pago. Die niedrigere Qualitätsstufe Vinos de Calidad Producidos en Regiones Determinadas (VCPRD) wird sukzessive zu Vinos de Calidad de Indicación Geografica (VCIG).

Ein spanischer Schaumwein sieht rot

Die spanische Antwort auf schäumenden Shiraz heißt La Pamelita. Sie stammt von dem Erzeuger Lobban Wines, ist aber keine Cava. Dieser Schaumwein hat es nur zum Vino Espumoso de Calidad gebracht, da er die falsche Farbe hat: Er wird seit diesem Jahr aus Shiraz-Trauben bereitet, die in Calatayud wachsen. Kellermeisterin ist die aus Schottland stammende Pamela Geddes, die früher im australischen Weinhandel tätig war und von dort ihre Eingebung bezog.

Dinastía Vivanco R Alt ★ Bedeutende kommerzielle Bodega in Briones in Familienbesitz mit einigen interessanten sortenreinen Weinen. Das Weinmuseum ist einen Umweg wert.

Dominio de Tares El B r w ★★★ **04 05 06 07** 08 – Aufstrebender Erzeuger, dessen dunkle, würzige, nach Veilchen duftende Weine Bembibre und Cepas Viejas beweisen, was man mit der Rebsorte Mencía in Bierzo erreichen kann. Das Schwestergut Dominio dos Tares (VdT) bereitet eine Reihe von Weinen aus der interessanten dunklen Sorte Prieto Picudo: den einfachen Estay, den muskulöseren Leione und den mächtigen, würzigen Cumal.

Dominio de Valdepusa Madr r w ★★★ **04 05 06** 07 – Carlos Falcó (Marqués de Griñon), unternehmungslustiger Absolvent der Weinschule der University of California in Davis, war der erste Spanier, der Syrah und Petit Verdot anbaute und Tropfbewässerung sowie Weinbergmanagement nach wissenschaftlichen Richtlinien einführte. Valdepusa bei Mentrida ist als Vino de Pago klassifiziert. Die sortenreinen Weine, darunter Cabernet Sauvignon und Graciano, sind schmackhaft und überaus konzentriert. Probieren Sie den schön zugänglichen Summa und den Spitzenwein Emeritus. Auf seinem Gut El Rincón erzeugt Falcó Weine der DO Vinos de Madrid.

Empordà/Ampurdán Kat r rs w ★→★★ **04 05 06 07 08 09** – Kleine, derzeit sehr angesagte DO nahe der französischen Grenze, nicht weit entfernt von dem sogar noch angesagteren Restaurant El Bulli. Die besten Kellereien sind Castillo de Perelada, Celler Marti Fabra und Pere Guardiola. In Versuchung geraten werden Neugierige bei dem experimentierfreudigen Weingut Espelt, das alle möglichen Sorten anbaut, wenn auch mit wechselhaftem Erfolg. Halten Sie sich an die Rotweine.

Enate Som r rs w ★★★ **04 05 06 07 08 09** – Führender Erzeuger in Somontano mit gutem Gewürztraminer (BV) und fassvergorenem Chardonnay, gutem, wenn auch manchmal gar zu überwältigendem Syrah sowie runder, schön austarierter, reifer Reserva Especial (Cabernet Sauvignon/Merlot).

Espumoso Schaumwein, der jedoch – anders als Cava – nicht nach der traditionellen Methode hergestellt wird.

Finca Landgut, Weingut, ländliches Anwesen.

Fondillon Legendärer Wein aus Alicante, hergestellt aus vollreifen Monastrell-Trauben und lange Zeit in Eichenfässern gereift, um Seereisen überstehen zu können. Wird in kleinen Mengen noch immer erzeugt, u. a. von Gutiérrez de la Vega und Primitivo Quiles.

Freixenet, Cavas Pen rs w; sch ★★→★★★ Sehr großer Hersteller von guter Cava im Besitz der Familie Ferrer und Erzrivale der ähnlich großen Firma Codorníu. Am bekanntesten für den in schwarzen Mattglasflaschen abgefüllten Cordón Negro und den Standardwein Carta Nevada. Durch intensive Werbung sehr bekannt. Zur Freixenet-Gruppe gehören auch Castellblanch, Conde de Caralt und Segura Viudas sowie das große Bordeaux-Handelshaus Yvon Mau.

Galicien Regenreiche Region in Nordwestspanien, in der einige der besten spanischen Weißweine entstehen (siehe Rías Baixas, Monterrei, Ribeiro, Valdeorras).

Garnacha Das traditionelle Arbeitstier unter den Rebsorten wird allmählich als Teil des spanischen Erbes anerkannt. Eine neue Generation von Weinmachern spürt in Zentral- und Nordspanien sehr alte Reben auf. Zu den aufstrebenden Regionen gehören Vinos de Madrid und Calatayud.

Generoso Bezeichnung für gespriteten Wein.

Graciano Die rote Sorte zählt zu den traditionellen Rioja-Zutaten. Gelangt als sortenreiner Wein zu neuen Ehren, v. a. bei Contino.

Gramona Pen r w; s; sch ★★→★★★ Der große Familienbetrieb erzeugt aufgrund ernsthafter Forschungen eine eindrucksvolle Palette von Weinen. Guter Gewürztraminer (BV) und würziger, von der Rebsorte Xarel-lo dominierter Celler Batle. Zu den Süßweinen zählen Eisweine und der beeindruckende Chardonnay/Sauvignon-blanc-Verschnitt namens Gra a Gra Blanco Dulce. Spitzen-Cavas: Imperial Gran Reserva, III Lustros.

Gran Reserva Siehe Reserva.

Gutiérrez de la Vega, Bodegas Alicante r w; s ★→★★★ **02 05 06 07** – Das kleine Weingut wurde 1978 von einem pensionierten General und Opernliebhaber gegründet. Immer größer werdendes Sortiment unter dem Namen Casta Diva mit hervorragenden, duftenden süßen Moscatel-Weißweinen. Erzeugt den historischen Fondillón, einen süßen Rotwein aus Monastrell.

Hacienda Monasterio, Bodegas Rib del D r ★★→★★★ **01 02 03 04** 05 06 07 – Die Beteiligung von Kultweinmacher Peter Sisseck führte zu exzellenten, ausgewogenen Verschnittweinen von Tinto fino, Cabernet Sauvignon und Merlot. Derzeit bekommt man einen köstlichen, ausgesprochen fruchtigen Tinto, eine fein verwobene, zugängliche Crianza und eine elegante, abgerundete, komplexe Reserva. Siehe auch Pingus.

Haro Geistiges und historisches Zentrum von Rioja Alta. Trotz seines Wachstums ist das Städtchen noch immer unendlich viel bezaubernder und gemütlicher als die betriebsame Kapitale Logroño. Hier sind u. a. die Bodegas La Rioja Alta, López de Heredia, Muga und Roda ansässig.

Huerta de Albalá r ★★→★★★ 06 07 – Ehrgeiziges neues Weingut (seit 2006) am Fuß der Sierra de Grazalema in Andalusien. Verschneidet Syrah, Merlot, Cabernet Sauvignon und lokalen Tintilla de Rota zu Vino de la Tierra. Gute, nach dem Besitzer Vicente Taberner benannte Reihe, v. a. der sehr vielversprechende, in kleinen Mengen produzierte Taberner No 1 mit dichten Fruchtaromen und expressiven Noten von französischer Eiche.

Inurrieta, Bodega Nav r rs w ★★→★★★ **04 05** 06 07 08 09 – Modernes Hightech-Weingut in der Nähe von Falces. Guter dunkler, in französischer Eiche ausgebauter Norte (Cabernet Sauvignon/Merlot) sowie lebhafter Mediodía Rosado (BV). Spitzenwein: Altos de Inurrieta. Dazu vielversprechender Graciano und Experimente mit anderen Rebsorten, die für die DO bislang noch nicht zugelassen sind.

Jaro, Bodegas y Viñedos del Rib del D r ★→★★★ **04 05** 06 07 08 – Im Jahr 2000 von einem Mitglied der (Sherry-)Familie Osborne gegründet. Die besten Weine sind der intensive, mineralische Chafandín und der sehr teure, opulente Sed de Caná mit dem Aroma schwarzer Früchte.

Joven (vino) Junger, nicht in Eiche gereifter Wein. Siehe auch Crianza.

Jumilla Mur r (rs) (w) ★→★★★ **05 06 07 08 09** – Trockenes, dem Anschein nach kaum verheißungsvolles Anbaugebiet mit DO-Status in den Bergen nördlich von Murcia, inzwischen entdeckt von vielen ehrgeizigen modernen Kellermeistern. Bekannt für dunklen, duftenden Monstrell. Auch guter Tempranillo, Merlot, Cabernet Sauvignon, Syrah und neuerdings Petit Verdot. In der Regel bekommt den Weinen lange Lagerung nicht sehr gut. Viele gute Erzeuger, darunter Agapito Rico, Casa Castillo, Casa de la Ermita, Silvano García, der einflussreiche Juan Gil, Luzón, El Nido, Valle del Carche.

Juvé y Camps Pen w; sch ★★★ **05 06 07** – Cava-Firma in Familienbesitz, die ihre erstklassigen Schaumweine von Vorlaufmost erzeugt. Reserva de la Familia ist der Grundpfeiler, ganz oben stehen der Gran Reserva und der Milesimé Chardonnay Gran Reserva.

Kanarische Inseln r rs w ★→★★ Erstaunlicherweise gibt es hier nicht weniger als neun DOs. Unterschiedliche Qualität, im Bestfall jedoch höchst erfreulich; gelegentlich umwerfende Malvasía-Dessertweine und Moscatel. Viele einheimische Rebsorten: Negramoll und Vijariego (rot), Listán und Marmajuelo (weiß). Gehen Sie auf Entdeckungsreise!

León, Jean Pen r w ★★★ **04 05 06 07** – Kleiner Betrieb, seit 1995 im Besitz von Torres. Guter, lebhafter Chardonnay mit Eichennote, ausdrucksstarker Merlot und komplexe, teure Super-Cuvée Zemis.

López de Heredia R Alt r rs w; s ★★→★★★★ **64 81 85 87 88 89 95 96 97 98 99 01 02 03 04** – Malerische, alteingesessene Bodega in Haro, die immer noch alle ihre Weine in Holz vergärt und sie ausgiebig in alten Eichenfässern ausbaut. Mäßig intensiver Viña Bosconia und leichterer, reifer Viña Tondonia. Faszinierend der Blanco und der Rosado, die erst zehnjähriger Reifung auf den Markt kommen.

Madrid, Vinos de r rs w ★→★★ Höhenlagen, Temperaturextreme und alte Garnacha-Reben tragen alle zur steten Qualitätsverbesserung der DO Vinos de Madrid bei, die früher ein reiner Massenweinproduzent war. Zu den fortschrittlichsten Erzeugern gehört die Bodega Bernabeleva, die in Zusammenarbeit mit Raúl Pérez interessante Weine im burgundischen Stil sowie den Spitzen-Garnacha Viña Bonita produziert. Weitere gute Erzeuger sind Marañones, Gosálbez-Orti (geleitet von einem ehemaligen Iberia-Piloten), Jeromín, Divo, Viñedos de San Martín (Teil der Enate-Gruppe) und El Regajal.

Málaga w; s – Die einst berühmte DO ist angesichts astronomisch gestiegener Immobilienpreise praktisch von der Bildfläche verschwunden. Eine große, sehr kommerziell ausgerichtete Firma hat sich gehalten: Málaga Virgen mit Moscatel- und Pedro-Ximénez-Weinen. Die Tradition der Weinerzeugung wurde jedoch wiederbelebt durch den ehemaligen »jungen Wilden« Telmo Rodríguez, und zwar mit einem klaren, feinen, süßen weißen Molino Real Moscatel, in jüngster Zeit außerdem durch Jorge Ordoñez' Angebot an Dessertweinen.

Mallorca r w ★→★★★ **05 06 07 08 09** – Anders als man aufgrund von Promiauftrieb und Massentourismus denken könnte, ist Mallorca in puncto Weinproduktion heute ein seriöses Pflaster, und die Resultate sind in Barcelona sehr en vogue. Hochinteressant sind die Bodegas Ánima Negra, Sa Vinya de Can Servera (winzige Produktion), Hereus de Ribas, Son Bordils und Can Vidalet; außerdem 4 Kilos und Biniagual. Die Roten sind im Allgemeinen Verschnitte von traditionellen Rebsorten (Mantonegro, Callet, Fogoneu) plus Cabernet Sauvignon, Syrah und Merlot. Die Weißen (meist Chardonnay) holen schnell auf. Siehe auch Binissalem, Pla i Llevant.

Mancha, La r rs w ★→★★ Das größte Anbaugebiet Spaniens. Seit Langem versucht man in der Region das Niveau der Rotweine zu heben, die hauptsächlich auf Cencibel (Tempranillo) basieren. Bester Erzeuger ist zweifellos Finca Antigua (gehört zu Martinez Bujanda in Rioja), der mit internationalen Sorten Erfoge feiert: Syrah, Merlot, Cabernet Sauvignon und Petit Verdot.

Marqués de Cáceres, Bodegas R Alt r rs w ★★★ **01 04 05 06 07 08 09** – Bekannter Name in Rioja, führte in seinen Kellereien französische Methoden ein. Der Glanz ist derzeit ein wenig verblasst, doch der Gaudium und die Gran Reserva sind noch immer vorzüglich.

Marqués de Griñón R Alt – Rioja-Marke im Besitz von Berberana. Zu dem Marqués selbst (siehe Dominio de Valdepusa) besteht keine Verbindung mehr.

Marqués de Monistrol, Bodegas Pen r rs; s; sch ★→★★ Alte Bodega, heute im Besitz von Bodegas Unidas. Gute, zuverlässige Cava; die einstmals lebhaften, modernen Penedès-Rotweine hingegen sind jetzt nicht mehr so lebhaft.

Marqués de Murrieta R Alt r rs w ★★★→★★★★ **98 02 03 04 05 06** 07 08 – Die historische Bodega in Ygay bei Logroño, die ausschließlich Traubengut von eigenen Lagen verarbeitet, erntet auch heute noch Lorbeeren; am berühmtesten ist der großartige Castillo de Ygay. Das beste Preis-Leistungs-Verhältnis weist die dichte, geschmacksintensive Reserva mit exzellenter Säurebalance auf, am auffälligsten ist der eindringliche rote Dalmau im modernen Stil. Capellania heißt der komplexe Weiße mit guter Textur.

Marqués de Riscal R Ala r (rs) w ★★★ **01 02 03 04 05 06 07** 08 09 – Lassen Sie sich von dem extravaganten Gebäude (Architekt ist Frank Gehry, der auch das Guggenheim-Museum in Bilbao entworfen hat) nicht abschrecken. Die Qualität der Weine wird immer besser. Gute leichte, stilvolle Rotweine; kraftvolle, tiefdunkle Reserva Barón de Chirel mit einem kleinen Cabernet-Sauvignon-Anteil. Leistet seit 1972 in Rueda Pionierarbeit, hier werden duftender Sauvignon blanc (BV) und ein prickelnd lebhafter Verdejo-Viura-Verschnitt erzeugt.

Martínez Bujanda, Familia La M, Rioja r rs w ★→★★ Clevere Geschäftsidee: gemeinsame Dachmarke von fünf verschiedenen Kellereien, die zudem eigene Weine erzeugen. Am ansprechendsten sind Finca Valpiedra von einer bezaubernden Einzellage in Rioja sowie Finca Antigua in La Mancha. Neues Projekt in Rueda.

Mas Gil Pri r w ★★★→★★★★ **04 05 06 07** 08 09 – Kleines Gut im Priorat, das frischen, kräuterwürzigen Clos d'Agón Blanc (Viognier/Roussanne/Marsanne) und köstlichen modernen, geschmacksintensiven Clos d'Agón Negre (Cabernet Sauvignon/Syrah/Merlot/Cabernet franc) erzeugt. Außerdem gibt es noch das seltenere Clos-Valmaña-Duo.

Mas Martinet Pri r ★★★→★★★★ **01 02 03 04 05** 06 07 – Pionier für Priorat-Boutiqueweine, Erzeuger des exzellenten Clos Martinet. Zweitwein: Martinet Bru. Wird jetzt von der nächsten Generation geleitet, der auch die einflussreiche Weinmacherin Sara Pérez angehört.

Mauro, Bodegas r **01 03 04 05 06** 07 – New-Wave-Bodega in Tudela del Duero, in der Mariano García (jetzt Teilhaber von Aalto, früher bei Vega Sicilia) seriöse, verlässliche Rotweine ohne DO-Siegel erzeugt. Der Mauro enthält jetzt einen Schuss Syrah; der beste Wein ist der teure Mauro Vendimia Seleccionada im Stil »Alte trifft auf Neue Welt« – auch wenn der kraftvolle, ausdrucksstarke Terreus (03) derzeit als Spitzen-Cuvée gilt. Das Schwesterweingut ist Maurodos in Toro.

Mencía ★→★★★ Rotweinsorte auf dem Weg zu Starruhm; zu wenig verbreitet, um Tempranillo jemals die Stirn bieten zu können, trägt jedoch zum rasanten Aufstieg von Bierzo bei. Die Weine sind aromatisch mit stahligen Tanninen und mitunter knackiger Säure. Gute Erzeuger bringen die Mencía zum Leuchten.

Monterrei Gal w ★→★★★ BV – Kleine, aber wachsende DO in O(u)rense, Südgalicien, mit geschmacksintensiven, aromatischen Weinen aus den Weißweintrauben Treixadura, Godello und Doña blanca. Hier zeigt sich, dass es in Galicien mehr interessante Sorten gibt als nur Albariño. Bester Erzeuger ist Gargalo.

Montilla-Moriles w; s ★→★★★ Mittelgroßer DO-Bereich im Süden der Provinz Córdoba, früher am bekanntesten für Fino-Stile, konzentriert sich jetzt aber auf Dessertweine von der Pedro-Ximénez-Traube (PX): Einige sind dunkel, ölig und oft bittersüß, andere jung mit Honignoten. Bis vor Kurzem war Toro Albalá praktisch der einzige Erzeuger, doch inzwischen gelten auch Alvear und Pérez Barquero als seriöse Produzenten.

Montsant Kat r (rs) w ★→★★★ **04 05 06 07 08** 09 – Der nächste Nachbar des Priorat arbeitet an seiner eigenen Reputation, aber mit niedrigeren Preisen. Feiner Garnacha blanca, v.a. von Acústic. Cariñena und Garnacha liefern dichte, balsamische, mineralische Rote – eindrucksvolle, individuelle Weine von Celler de Capçanes, Celler el Masroig, Can Blau, Etim, Joan d'Anguera und Mas Perinet.

Muga, Bodegas R Alt r rs w; (sch) ★★★→★★★★ **98 00 01 03 04 05** 06 07 08 09 – Familienbetrieb in Haro, bekannt für einige der spektakulärsten und ausgewogensten Rotweine Riojas. Guter fassvergorener, ein wenig an Burgunder erinnernder Viura (BV), guter trockener, lachsfarbener Rosado und fein gearbeitete, hocharomatische Rote. Am besten sind die herrlich bukettreiche Gran Reserva Prado Enea, der warme, volle und nachhaltige Torre Muga, der expressive, komplexe Aro und der dichte, gehaltvolle, gut strukturierte, geschmacksintensive Selección Especial.

Navarra r rs (w) ★★→★★★ **04 05 06 07 08 09** – Ausgedehntes DO-Weinbaugebiet unmittelbar östlich von Rioja. War früher vorwiegend für Rosado bekannt; jetzt erzeugen die meisten Bodegas in der mittleren Preislage ausgezeichnete Verschnitte von Tempranillo und Cabernet Sauvignon, die nicht selten lebhafter ausfallen als jene aus der berühmteren Nachbarregion Rioja – trotz der oft höheren Erträge. Aufstrebende Erzeuger sind u.a. García Burgos, Pago de Larrainzar und Tandem. Neuerdings versucht Navarra, seine Rosados zu verbessern und in puncto Ansehen und Verkauf verlorenen Boden gutzumachen. Die besten Erzeuger sind Alzaña, Artazu (im Besitz von Artadi), Julián Chivite, Inurrieta, Nekeas, Ochoa, Otazu, Pago de Cirsus und Señorio de Sarría.

Ochoa Nav r rs w; s; sch ★→★★ Vater Javier Ochoa Martínez hat einen bedeutenden technischen Beitrag zum Aufstieg der DO Navarra geleistet. Nun beteiligen sich seine Kinder an dem Familienunternehmen, um der Marke wieder zu ihrem früheren Glanz zu verhelfen. Guter Tempranillo, exzellenter Rosado, süßer Moscatel sowie vergnüglicher, an Asti erinnernder süßer Schaumwein.

Ordoñez, Jorge Bedeutender Exporteur von spanischen Weinen in die USA, der auch in spanische Weinberge investiert, besonders in beinahe vergessenen Regionen wie Calatayud, Malaga, Rueda.

Otazu, Bodegas Nav r ★★★ Weingut in Navarra, das 2009 Vino-de-Pago-Status erhielt, mit einem Verschnitt von Tempranillo, Merlot und Cabernet Sauvignon.

Pago, Vino de Der Begriff Pago bezeichnet einen Weinberg oder ein umgrenztes Gebiet und besitzt nun einen gesetzlich verankerten Status, der in etwa dem französischen Grand cru entspricht. In Castilla-La Mancha gibt es vier Pagos: Dehesa del Carrizal, Dominio de Valdepusa, Finca Élez von Manuel Manzeneques und Pago Guijoso der Familie Sánchez Militerno. Navarra verfügt über drei Pagos: Prado Irache, Pago de Arínzano (siehe Chivite) und Otazu. Das Ganze hat seine Widersprüchlichkeiten, denn vielen erstklassigen Gütern, die offensichtlich die Kriterien für einen Vino de Pago erfüllen, bleibt der Status verwehrt: u. a. L'Ermita, Pingus, Calvario (Finca Allende), Viña del Olivo und verschiedene Güter von Torres.

Pago de Carraovejas Rib del D r ★★★ **01 03 04 05** 06 07 – Das 1988 gegründete Gut erzeugt weiterhin exzellente Qualität – nur die Nachfrage kann immer noch nicht befriedigt werden. Spitzenwein ist der sehr feine Cuesta da las Liebres.

Palacio de Fefiñanes w ★★★★ BV – Älteste Bodega in Rías Baixas; der erste Wein wurde 1927 abgefüllt. Die Standard-Cuvée ist immer noch eine der feinsten, delikatesten sortenreinen Albariño-Versionen überhaupt. Zwei höherwertige Stile sind die cremige, aber leicht anmutende fassvergorene Version »1583« (benannt nach dem Gründungsjahr der Kellerei) sowie der »III« – ungemein duftig, teuer, auf dem Hefesatz gelagert und durchtränkt von Mandarinen- und Orangenaromen.

Palacios, Álvaro Pri r ★★→★★★★ **00 01' 03 04** 05 06 07 – Er hört nicht auf, zu bezaubern und zu überraschen. Außergewöhnliche, individuelle Weine von charakteristischen *llicorella*-(Schiefer-)Böden, die vorwiegend aus Garnacha gekeltert werden. Les Terrasses verführt zum baldigen Trinken, Finca Dofí hat einen starken Unterton von Cabernet Sauvignon, Syrah, Merlot und Cariñena. Der superteure L'Ermita von ertragsarmen Garnacha-Reben ist kraftvoll und dicht.

Palacios, Descendientes de J. El B r ★★★ Der junge, biologisch-dynamisch wirtschaftende Winzer Ricardo Pérez, Neffe von Álvaro Palacios, beeindruckt mit Mencía – schöner junger Petalos (**08**) plus gewichtiger Villa de Corullón und Las Lamas von Schieferböden.

Palacios, Rafael Gal w ★★★ Kleines Gut, das außergewöhnlichen Wein von alten Godello-Reben im Valle del Bibei erzeugt. Rafael, der jüngere Bruder von Álvaro Palacios, widmet sich zielstrebig dem Weißwein. Zwei verschiedene Stile (beide BV): Der As Sortes, ein außergewöhnlich ausdrucksstarker Godello, ist intensiv, toastwürzig und mineralisch mit Noten von weißem Pfirsich, dazu kommt eine kräftige Säure; außerdem Louro do Bolo.

Palacios Remondo, Bodega R Baj r w ★★→★★★ **04 05 06 07 08 09** – Álvaro Palacios beweist, dass seine Fähigkeiten nicht nur im Priorat zur Geltung kommen: Er hat sich wieder seinem (1945 gegründeten) ursprünglichen

Familienweingut zugewandt und erzielt bereits vielversprechende Ergebnisse. Komplexer in Eiche vergorener weißer Plácet (**07**) mit Zitrus-, Pfirsich- und Fenchelnoten. Bei den Roten stechen hervor der superfruchtige La Vendimia ohne Holzeinfluss, der rauchig-rotfruchtige Biowein La Montesa und der mächtige, von Garnacha dominierte Propiedad mit Maulbeeraroma.

Parxet Alella w rs; sch ★★→★★★ BV – Kleiner Cava-Erzeuger, der sich tapfer gegen die Grundstücksmakler der Stadt Barcelona zur Wehr setzt. Unter den pikanten Stilen finden sich Cuvée 21, exzellenter Brut Nature, duftiger Pinot noir Titiana und die teure Süßweinversion Cuvée Dessert. Am bekanntesten aber ist der erfrischende halbtrockene Stillwein Marqués de Alella von der Pansa-blanca-Traube. Der konzentrierte Tionio kommt vom Außenposten in Ribera del Duero.

Pazo de Señorans Gal w ★★★ BV – Außerordentlich intensiv duftende Albariño-Weine von einer Bodega, an der sich die Kollegen in Rías Baixas messen lassen müssen.

Penedès Kat r w; sch ★→★★★★ **04 05 06 07 08 09** – Hauptsächlich als Cava-Lieferant bekanntes DO-Anbaugebiet westlich von Barcelona, das sich bezüglich seiner Identität noch immer nicht ganz sicher ist – seit es die ausgedehnte DO Catalunya gibt, ist die Verwirrung eher noch größer geworden. Beste Erzeuger: Albet i Noya, Can Ràfols dels Caus, Gramona, Jean León und Torres.

Pesquera Rib del D r ★★★★ **94 95 04 05 06** 07 – Alejandro Fernández war die kreative Kraft hinter dem modernen Ribera del Duero und setzt immer noch Maßstäbe. Zufriedenstellende Crianza und Reserva sowie ausgezeichneter, reifer, gut entwickelter Janus für betuchte Weintrinker. Siehe auch Condado de Haza.

Pingus, Dominio de Rib del D r ★★★ **01 03 04 05** 06 – Peter Sisseck begeistert weiterhin in Ribera del Duero. Die Produktion mag gering sein, aber die Nachfrage nach dem biodynamisch erzeugten, zum Einlagern geschaffenen Pingus mit seinen intensiven, opulenten Noten von schwarzen Früchten, den Anklängen an frische Kräuter und den subtilen Holznoten und Tanninen ist groß. Der Zweitwein Flor de Pingus hat mehr florale Zwischentöne. Sissecks neuestes Projekt ist der Psi, benannt nach dem griechischen Buchstaben (ψ), bei dem der Einsatz von Eiche etwas zurückgefahren wird.

Pla i Llevant Mall r w ★→★★★ **04 05 06 07 08 09** – Nur 11 Weinbaubetriebe gibt es in dieser winzigen DO auf Mallorca. Aromatische Weißweine und intensive, würzige Rote. Beste Erzeuger: Toni Gelabert, Jaime Mesquida, Miguel Oliver und Vins Can Majoral.

Priorat/Priorato Kat r br w ★★→★★★★ **01 04 05 06** 07 08 – Für *llicorella*-(Schiefer-)Böden und terrassierte Weinberge bekannte isolierte Enklave. Die schon todgeweihte Weinproduktion wurde von René Barbier und anderen wieder zum Leben erweckt. Die Weine der Pioniere – u. a. Clos Mogador, Mas Martinet und Álvaro Palacios – sind beständig gut und zeigen eine charakteristische mineralische Reinheit. Die jüngsten Versuche, überextrahierte, zu stark konzentrierte und viel zu teure Weine zu erzeugen, wurden jetzt zugunsten besserer Balance aufgegeben. Weitere Spitzenerzeuger sind Val-Lach, Cims de Porrera, Clos Erasmus, Clos de l'Obac, Clos Nelin, Clos i Terrasses. Zu den Neuzugängen zählen Ferrer-Bobet, Torres und Dits del Terra, das Projekt des Südafrikaners Eben Sadie.

Remelluri, La Granja R Ala r w ★★→★★★ Schönes Gut in den Bergen mit »reinrassigen« roten Rioja-Weinen von den eigenen 105 ha. Telmo

Rodríguez' Anfänge liegen in diesem Familienbesitz, wo er den verführerischen trockenen weißen Verschnitt (BV) aus sechs verschiedenen Rebsorten kreierte. Die Zukunft sieht vielversprechend aus: Rodriguez kehrt auf das Gut zurück, um es gemeinsam mit seiner Schwester zu leiten.

Remírez de Ganuza, Bodegas Fernando R Ala r w ★★→★★★ **04 05 06** 07 08 09 – Die Boutique-Kellerei erzeugt mit modernem Ansatz Weine auf Tempranillo-Basis.

Reserva Über längere Zeit gereifter Wein guter Qualität. Rote Reservas müssen mindestens 1 Jahr im Fass und 2 Jahre in der Flasche gelagert sein; Gran Reserva 2 Jahre im Fass und 3 Jahre in der Flasche. Manche reifen danach noch jahrelang weiter. Viele Erzeuger vermeiden inzwischen die Reglementierung, die mit einer Auszeichnung als Reserva oder Crianza einhergeht, und ziehen die direkte Angabe des Jahrgangs vor.

Rías Baixas Gal (r) w ★★→★★★★ BV – DO-Bereich in Galicien, der weltweit an Ansehen gewinnt und inzwischen die Produktion gesteigert hat. Begann mit Albariño-Weinen in fünf Unterbereichen: Val do Salnés, O Rosal, Condado de Tea, Soutomaior und Ribeira do Ulla. Die besten Erzeuger sind überragend: Adegas Galegas, As Laxas, Castro Baroña, Coto de Xiabre, Fillaboa, Gerardo Méndez, Palacio de Fefiñanes, Pazo de Barrantes, Quinta do Lobelle, Santiago Ruiz, Terras Gauda, La Val, Valdamor und Viña Nora (das neueste Projekt). Das Interesse an Hefesatzlagerung und Fassausbau wächst.

Ribeiro Gal (r) w ★→★★★ BV – DO in Galicien im Westen der Provinz O(u)rense. Die Weißweine weisen relativ wenig Alkohol und Säure auf, sie werden von Treixadura, Torrontés, Godello, Loureiro und Lado bereitet. Die Spitzenerzeuger sind Viña Mein und Lagar do Merens. Ribeiro besitzt mit dem Süßweinstil Tostado eine besondere Spezialität.

Ribera del Duero Rib del D r rs ★★→★★★ **01 02 03 04 05 06 07 08** 09 – Angesagte, in ständiger Ausdehnung begriffene DO östlich von Valladolid mit fast 250 Erzeugerbetrieben. Tinto fino (Tempranillo) dominiert, hier und da wird auch etwas Cabernet Sauvignon und Merlot angebaut. Es gibt eine Handvoll hervorragender Kellereien, doch der Ruhm von Vega Sicilia überstrahlt immer noch alle, außerdem herrscht eine verwirrende Stilvielfalt. Beste Erzeuger: Aalto, Alión, Astrales, Condado de Haza, Hacienda Monasterio, Pago de los Capellanes, Pago de Carraovejas, Pérez Pascuas Hermanos, Pesquera, Pingus, Valbuena. Siehe auch Abadía Retuerta und Mauro (beide VdT-Erzeuger). Empfehlenswert sind außerdem: Balbás, Bohórquez, Dehesa de los Canónigos, Hermanos Sastre, O. Fournier, Tionio (siehe Parxet) und Vallebueno.

Rioja Rioja r rs w; sch ★→★★★★ **64 70 75 78 81 82 85 89 91 92 94 95 96 98 01 04 05 06 07** 08 09 – Zum großen Kummer der Erzeuger andernorts stellt Rioja noch immer das übrige Spanien in den Schatten. Allerdings kann sich niemand über Monotonie beklagen. Einige wenige Güter, insbesondere die Bodegas La Rioja Alta und López de Heredia, produzieren weiterhin außerordentliche Weine in einem altmodischen Stil. Dann gibt es »reinrassige« Traditionalisten, dazu gehören Contino, Marqués de Murrieta, Muga, Marqués de Vargas, Palacios Remondo und Sierra Cantabria im Besitz der Familie Eguren. Einen nachdrücklicheren Stil pflegen andere Erzeuger wie Artadi, Finca Allende, Baigorri, Roda, San Vicente (ebenfalls in Eguren-Besitz) und Tobia. Daneben gibt es viele Marken: den kräftigen, aber bodenständigen Viña Pomal der früher einmal bewunderten Bodegas Bilbaínas, den viel verkauften Campo Viejo, die wieder besseren CVNE-Weine, die weichen Roten von Faustino und die stets verlässlichen Weine von Familia Martínez Bujanda. Schließlich finden sich viele sehr verlässliche, beständige Erzeuger, die einfach nur guten Wein machen, etwa den sehr angenehmen Luis Cañas. Glücklicherweise sind Rioja-Weißweine endlich im Aufwind, da die Erzeuger die schwache Sorte Viura nun durch Chardonnay, Sauvignon blanc und Verdejo ersetzen dürfen.

Rioja Alta, Bodegas La R Alt r (rs) w; (s) ★★★★ **81 95 97 00 01' 02** 03 – Hier gibt es traditionellen Rioja zu entdecken – delikat, reif, in vier Reserva-Stilen. Der Alberdi ist eher leicht, mit Zedernaroma und Obertönen von Tabak und Roten Johannisbeeren; reifer und etwas würziger, doch immer noch sehr elegant und mit schöner Garnacha-Power präsentiert sich der Ardanza. Schließlich gibt es noch die großartige, kraftvolle, pikante Gran Reserva 904 mit Vanillenote und schließlich die außerordentlich feine, vielschichtige Gran Reserva 890, die sechs Jahre in Eiche reift. Lagar de Cervera in Rías Baixas gehört mit zum Besitz.

Roda, Bodegas R Alt r ★★★★ **00 01' 03 04' 05' 06** – Ehrgeizige moderne Bodega mit beeindruckender Kellerei, die seriöse, moderne rote Reserva-Weine von ertragsarmen Tempranillo-Reben erzeugt, unterstützt von einer starken Forschungs- und Entwicklungsabteilung. Drei Weine sind zu nennen: Roda, Roda I und Cirsión. Probieren Sie auch die vorzüglichen Dauro-Oliven vom selben Erzeuger.

Rueda w ★★→★★★ Aus dem kleinen, aber stetig wachsenden historischen DO-Anbaugebiet südlich von Valladolid kommen die modernsten, frischesten und knackigsten jung zu trinkenden Weißweine Spaniens, erzeugt von der autochthonen Verdejo-Traube sowie von Sauvignon blanc und Viura, reinsortig oder in Verschnitten. Fassvergorene Exemplare sind weiterhin in Mode, aber weniger attraktiv. Beste Erzeuger: Alvarez y Diez, Belondrade, Marqués de Riscal, Naia, Ossian, José Pariente, Palacio de Bornos, Javier Sanz, Sitios de Bodega, Veracruz und Vinos Sanz. Ein neuer Betrieb ist Unzu im Besitz von Julián Chivite López, einem Mitglied der navarresischen Familie Chivite.

Sandoval, Finca Manchuela, La M ★★★ **02 03 05** 06 07 – Victor de la Serna ist gut in Form: Sein Finca Sandoval (Syrah/Monastrell/Bobal) ist ein Wein von beeindruckender Balance, der mit dunkler Frucht, weichen Tanninen, Kräuternoten und einer klaren Säure prunkt. Der Zweitwein Salia (Syrah/Garnacha/Bobal) präsentiert sich insgesamt einfacher, kostet aber auch nur die Hälfte.

Sitios de Bodega ★★→★★★ Ricardo (Richard) Sanz, Kellermeister in fünfter Generation, und seine Geschwister haben sich 2005 von den Cuevas de Castilla/Palacio de Bornos ihres Vaters Antonio Sanz gelöst, um ihre eigene Kellerei aufzubauen. Sie produzieren exzellente, jung zu trinkende Rueda-Weißweine (Con Class und Palacio de Menade), daneben entstehen im angeschlossenen Gut Bodegas Terna in La Seca interessante, hochklassige Rotweine aus anderen Weinregionen, darunter Spaniens erster süßer Tempranillo: La Dolce Tita VdT.

Somontano r rs w ★★→★★★ **04 05 06 07 08 09** – Kühle DO-Zone in den Ausläufern der Pyrenäen östlich von Zaragoza, die die in sie gesetzten Erwartungen bisher enttäuscht hat. Mit ein Grund dafür ist die Abhängigkeit von internationalen Sorten, die den Regionalcharakter einschränkt. Merlot, Gewürztraminer und Chardonnay sind am ehesten zu empfehlen. Beste Erzeuger: Enate und Viñas del Vero mit seinem Spitzengut Secastilla (kürzlich von González Byass aufgekauft, siehe Kapitel Port, Sherry und Madeira). Zu den interessantesten Newcomern zählen die hypermodernen Bodegas Irius und Laus.

Telmo Rodríguez, Compañía de Vinos r w; s ★★→★★★ Die Suche nach alten Reben betreibt Weinmacher Telmo Rodríguez mit Begeisterung. Er erzeugt und vertreibt ein breites Sortiment herrlicher DO-Weine aus ganz Spanien, u. a. aus Málaga (Molina Real Moscatel), Rioja (Lanzaga und Matallana), Rueda (Basa), Toro (Dehesa Gago, Gago, Pago la Jara) und Valdeorras (Gaba do Xil Godello; BV). Kehrt jetzt zu Remelluri in Rioja zurück – die Qualität dürfte steigen.

Toro r ★→★★★★ **03 04 05 06 07 08 09** – Weiterhin angesagtes DO-Anbaugebiet in der Provinz Zamora westlich von Valladolid. Über 40 Erzeugerbetriebe geben sich viel Mühe mit der Tinta-de-Toro-Traube, wie Tempranillo hier genannt wird. Einige Weine sind jedoch immer noch rustikal und zu alkoholstark, doch andere voller Ausdruck. Versuchen Sie von Maurodos den frischen, nach schwarzen Früchten duftenden Prima und den prachtvoll-opulenten San Román von alten Reben sowie von Vega Sicilia den Pintia. Glamour verströmen Numanthia und Teso la Monja. Ebenfalls empfehlenswert: Domaine Magrez Espagne, der Pago la Jara von Telmo Rodríguez, Quinta de la Quietud und Sobreño.

Toro Albalá Mont-M ★★→★★★ Antonio Sánchez ist nicht nur bekannt für sein ziemlich exzentrisches Weinmuseum, sondern auch für seine bemerkenswerten alten PX-Weine (PX steht für die Sorte Pedro Ximénez). Der Don PX wird aus sonnengetrockneten Trauben bereitet und mindestens 25 Jahre in Barriques ausgebaut. Schwarz, mit dem Geschmack nach Melasse, Rübensirup und Feigen, hält er sich unendlich lang. Der aktuelle Jahrgang ist 1979, der 1910er wurde erst kürzlich freigegeben. Auch nach dem jungen, nicht gereiften bernsteingelben Dulce de Pasas, der wie flüssige Rosinen und Aprikosen schmeckt, sollte man Ausschau halten.

Torres, Miguel Pen r rs w; sw ★★→★★★★ **01 04 05 06 07 08 09** – Spaniens bekanntestes Familienunternehmen in der Weinbranche mit Besitzungen in Chile und Kalifornien erfindet sich beständig neu. Gegenwärtig ist dies der bestinformierte Erzeuger in Sachen Umweltschutz. Es produziert nach wie vor einige der besten Weißweine, von kommerziellen Tropfen bis zum Einzellagengewächs. Dazu gehören der stets verlässliche Catalunya Viña Sol (BV), der traubige Viña Esmeralda und der Penedès Fransola (Sauvignon blanc/Parellada). Zu den besten Rotweinen zählen der klassische Catalunya Gran Sangre de Toro, der feine Penedès Mas la Plana Cabernet Sauvignon und die ausgewogene Reserva Real im alten Stil. Umwerfend ist das Conca-de-Barberà-Duo Milmanda (einer der feinsten Chardonnays Spaniens) und Grans Muralles, der aus mehreren lokalen Sorten verschnitten ist. Auch vom Weingut Jean León gibt es einige sehr gute Angebote. Die Palette wird jetzt erweitert um fachmännisch bereitete Gewächse aus Ribera del Duero (Celeste) und Rioja (Ibericos) sowie einen guten Priorat-Wein (Salmos). Der unermüdliche Miguel Torres, der Vater, denkt so langsam an Rückzug – ob der Sohn oder die Tochter (Weinmacherin) in seine Fußstapfen treten werden?

Utiel-Requena r rs (w) ★→★★ »Satelliten«-Anbaugebiet von Valencia, das sich mithilfe seiner ausgezeichneten Rebsorte Bobal einen Namen zu machen beginnt – behindert allerdings durch seine Größe (über 40.000 ha), weswegen Utiel-Requena vorwiegend als Traubenlieferant für die Weinindustrie des Nachbarbereichs Valencia dient. Vielversprechende Weine von Vicente Gandia, Álvarez Nölting.

Valbuena Rib del D r ★★★★ **99 00 01 02 03 04** 05 – Kommt aus demselben Stall wie Vega Sicilia, gelangt aber schon mit 5 Jahren in den Verkauf. Manche mögen ihn lieber als seinen »großen Bruder«; mit etwa 10 Jahren ist er am besten. Einen moderneren Ansatz bietet Ribera del Duero, siehe Alión.

Valdeorras Gal r w ★→★★★ DO in Galicien im Nordwesten der Provinz O(u)rense, die ihr von Genossenschaftskellereien beherrschtes Image mit den Tugenden der Godello bekämpft. Diese hocharomatische und in Spanien in Mode gekommene Weißweinsorte (BV) wird auch im benachbarten El Bierzo angebaut. Beste Erzeuger: Godeval, Rafael Palacios, A Tapada und Telmo Rodríguez.

Was ist mit der Eiche passiert?
Früher einmal konnte man einen Rioja-Wein stets anhand seiner süßen Vanillenoten identifizieren, die vom langen Ausbau in Fässern aus amerikanischer Eiche herrührten. Dann erkannten die Erzeuger, dass französische Eiche höheres Ansehen genießt, und begannen, deren Aromen zu mögen. Folglich prunkten die Kellereien der gesamten Region mit Reihen um Reihen brandneuer Eichenfässer. Und das Ergebnis? Zedernholz – und Sägespäne – obsiegten über die Frucht. Ähnliches geschah in neueren Anbaubereichen wie dem Priorat. Am Beginn des Bereitungsprozesses stand unweigerlich das Abziehen des Weins in neue Fässer. Doch nun sind einige Jahre ins Land gegangen, die Fässer sind älter und geben nicht mehr so viele Aromen ab, und auch die Reben sind älter, der Traubengeschmack konzentrierter. Und vielleicht sind auch die Winzer älter und bringen jetzt genug Vertrauen in ihre Weine auf, um nicht mehr mit Eiche protzen zu müssen. Der glückliche Ausgang der Geschichte ist, dass Spanien zur Ruhe gekommen ist und gerade zu erfreulicher Ausgeglichenheit findet.

Valdepeñas r (w) ★→★★ **05 06 07 08 09** – Große DO nahe der andalusischen Grenze, bekannt für außerordentlich preiswerte rote Pseudo-Rioja-Weine, die v. a. von der Sorte Cencibel (Tempranillo) bereitet sind. Ein Erzeuger ragt heraus: Félix Solís, der mit seiner Marke Viña Albali sehr gute Qualität für vergleichsweise wenig Geld bietet.

Valencia r rs w ★ **05 06 07 08 09** – Großexporteur von Tafelwein, daneben eine wichtige Quelle für billige gespritete süße Moscatel-Weine. Verlässlichster Erzeuger: Murviedro.

Vega Sicilia Rib del D r ★★★★ **60 62 68 70 81 87 89 90 91 94 95** 96 98 99 – Spaniens prestigeträchtigste Bodega, obwohl sie nicht in der prestigeträchtigen DO Rioja liegt. Die Weinbereitung ist von penibelster Handarbeit geprägt. Die Weine haben eine kräftige Farbe, einen würzigen Zedernholzduft, einen intensiven, komplexen Geschmack und einen langen Abgang. Der zurückhaltende, elegante Único reift sechs Jahre in Eiche; die Reserva Especial verbringt bis zu zehn Jahre im Fass und wird dann ohne Jahrgangsangabe auf den Markt gebracht. Siehe auch Valbuena, Alión, Pintia unter Toro und Oremus in Tokaji (Ungarn).

Vendimia Weinlese.

Viña Weinberg.

Viña Meín Ribeiro ★★★ Kleines Weingut in der allmählich sich entwickelnden DO Ribeiro in Galicien, das unter dem Namen Viña Meín zwei jung zu trinkende, außergewöhnliche Weißweine erzeugt – der eine im Stahltank, der andere im Fass ausgebaut und beide von etwa sieben lokalen Rebsorten bereitet.

Viñas del Vero Som r rs w ★★→★★★ **04 05 06 07 08 09** – Weingut mit zunehmender Qualität, jetzt im Besitz der Sherry-Firma González Byass. Die Spitzenweine sind Belcua und Secastilla (Garnacha).

Vino de la Tierra (VdT) Tafelwein höherer Qualität aus einer bestimmten Region ohne DO-Status. Diese Kategorie bietet große geografische Freiheiten, weshalb viele renommierte Erzeuger unter ihr produzieren und sich damit absichtlich außerhalb ihrer DO stellen, um deren oft starren Regeln zu entkommen und die Rebsorten anzubauen, die sie für richtig halten. Gegenwärtig ist alles im Umbruch, da sich Spanien mit der Frage herumschlägt, wie man die Kategorien des neuen EU-Weinrechts am besten umsetzt.

Vinos de Madrid Siehe Madrid, Vinos de.

Portugal

Neuere Jahrgänge

2010 Ein nasser Winter, gefolgt von einem trockenen, heißen Sommer brachte überall gute Qualität und Quantität hervor. Ein weiteres hervorragendes Jahr für Bairrada; im Alentejo war es womöglich zu heiß.

2009 Insgesamt ein gutes Jahr, in Bairrada und Lisboa sogar exzellent. Hitzespitzen in den Regionen Douro, Tejo und Alentejo sorgten für mächtige Weine mit viel Alkohol.

2008 Beinahe überall exzellent, insbesondere in Bairrada und im Alentejo. Geringe Erträge, langsame Reifung und ideale Lesebedingungen sorgten für intensive Frucht, Ausgewogenheit und schönen Aromen.

2007 Aromatische Weißweine und gut ausgewogene, konzentrierte Rote mit abgerundeten Tanninen.

2006 Früh trinkfertige Rotweine mit weicher, reifer Frucht und Weiße mit unterdurchschnittlicher Säure.

2005 Kraftvolle Rotweine; glänzend ausbalanciert am Douro.

2004 Ein kühler Sommer; dafür waren September und Oktober herrlich. Gut ausgewogene Rote.

2003 Ein heißer Sommer brachte weiche, reife, früh trinkfertige Weine, v. a. im Süden. Der beste Bairrada seit 10 Jahren.

Adega Keller, Weinkellerei.

Afros Minho r w; sch ★★★ Intensiver weißer und roter Vinho Verde (von der Loureiro- bzw. Vinhão-Traube) vom ersten zertifizierten biologisch-dynamischen Weingut Portugals.

Alenquer Lis r w ★★→★★★ **04** 05 06 07 08 09' 10 – DOC-Bereich in geschützter Lage unmittelbar nördlich von Lissabon mit guten Rotweinen. Gutsweine von Pancas und Monte d'Oiro führen das Feld an.

Alentejo r (w) ★→★★★★ **02 03 04' 05 06 07'** 08' 09 10 – Riesige DOC in Südportugal, die in acht Unterregionen aufgeteilt ist: Borba, Redondo, Reguengos, Portalegre, Évora, Granja-Amareleja, Vidigueira und Moura. Viele Spitzenerzeuger produzieren ihre Weine lieber als Vinho Regional Alentejano. Das gleichmäßig trockene Klima bringt gehaltvolle, reife Rotweine hervor. Zu den wichtigsten internationalen Rebsorten gehören Syrah, Alicante Bouschet und neuerdings Petit Verdot. Gute Weißweine werden von Antão Vaz, oft im Verschnitt mit Arinto, Verdelho und Roupeiro, gekeltert. Etablierte Erzeuger wie Carmo, Cartuxa, Cortes de Cima, Esporão, Herdade de Mouchão, Mouro, João Portugal Ramos und Zambujeiro bereiten Weine mit Kraft und Stil. Von der neuen Garde beeindrucken die Herdades da Malhadinha, dos Grous und Dona Maria. Achten sollte man auch auf die Herdades de São Miguel und do Rocim sowie auf Monte da Ravasqueira, Terrenus, Fita Preta und Quinta do Centro. Die besten Genossenschaften befinden sich in Borba, Redondo und Reguengos.

Algarve r rs w; sch ★→★★ Vinho-Regional-Bereich an der Südküste mit DOCs wie Lagos, Tavira, Lagoa und Portimão. Die Adega do Cantor des Rocksängers Cliff Richard und die Quinta do Morgado stehen an der Spitze einer Bewegung von einfachen Alltags- zu Qualitätsweinen. Gute weitere Erzeuger: Monte da Casteleja und Quinta do Frances.

Aliança, Caves Bair r rs w; sch; Res ★★→★★★ Große Firma mit vier Gütern in Bairrada, darunter die Quinta das Baceladas, die gute Rotweine und Schaumwein in Flaschengärung erzeugt. Hält auch Anteile an Erzeugern in den Regionen Beiras (Casa d'Aguiar), Alentejo (Quinta da Terrugem), Dão (Quinta da Garrida) und Douro (Quatro Ventos).

Alorna, Quinta de Tejo r rs w ★→★★ BV – Ansprechend spritzige Weiße auf Arinto-Basis, cremiger Rosé und gute Rote von einheimischen und internationalen Sorten.

Alvarinho Tut sich zunehmend als beste Weißweintraube im Vinho Verde wie auch ganz Portugals hervor. Die besten Vinhos Verdes besitzen ein schönes Bukett, Fruchtigkeit und Alterungsfähigkeit und kommen aus den Unterbereichen Monçao und Melgaço. In anderen Gegenden wird Alvarinho als fruchtiger sortenreiner Wein ausgebaut oder verleiht Verschnitten Schwung. Im benachbarten (spanischen) Galicien als Albariño bekannt.

Portugal

Ameal, Quinta do Minho w; s; sch ★★★ BV – Anselmo Mendes bereitet den führenden Vinho Verde von der Loureiro-Traube, darunter alterungsfähiger Escolha mit Holznote, »Special Harvest« (Spätlese) und schäumender Arinto Espumante.

Aragonez Erfolgreiche Traube (die spanische Tempranillo) für reinsortige Rotweine aus dem Alentejo. Siehe Tinta Roriz.

Arinto Weißweintraube, die in Bucelas sehr aromatische, zitrusduftige Weine erbringt. Wird im ganzen Land angebaut, oft um Verschnitten Spritzigkeit zu verleihen, v. a. im Alentejo.

Aveleda, Quinta da Minho r rs w ★→★★ BV – Zuverlässige Vinho-Verde-Gutsweine der Familie Guedes, einschließlich der verkaufsstarken Marke Casal Garcia. Weniger traditionell sind Charamba (Douro) und Follies (Vinho Verde und Bairrada) sowie die neue Premiummarke Grande Follies (rot und weiß) und der knackige weiße Tafelwein AVA.

Azevedo, Quinta do Minho w ★★ BV – Sehr guter Vinho Verde von Sogrape, der auf der Basis von gutseigenem Loureiro-Traubengut bereitet wird.

Bacalhôa, Quinta da Set r; Res ★★★ **01 02 03 04 05 06** 07 08 – Weingut nahe der Stadt Setúbal. Der elegante, mittelschwere Cabernet Sauvignon/Merlot-Verschnitt wird von Bacalhôa – Vinhos de Portugal erzeugt. Der fleischigere Palácio da Bacalhôa hat einen höheren Merlot-Anteil. Guter neuer weißer Alvarinho-Verschnitt im Bordeaux-Stil.

Bacalhôa – Vinhos de Portugal Alen, Lis, Set r rs w; s; sch ★★→★★★ Im Besitz der Berardo-Gruppe, der auch die Quinta do Carmo gehört und die bedeutende Anteile an Caves Aliança und Sogrape hält. Breites, aber umfassendes Sortiment, u. a. mit folgenden Weinen: Bacalhôa, Berardo Reserve Familiar, JP, Serras de Azeitão, Só, Catarina, Cova da Ursa und die sehr guten Weine Moscatel de Setúbal (Península de Setúbal), Loridos (Lisboa) und Tinto da Ânfora (Alentejo).

Bágeiras, Quinta das Bair r w; sch ★★★→★★★★ r; Garrafeira **01' 03** 04' 05' – 24-ha-Gut, 1990 von Màrio Sérgio Alves Nuno gegründet. Umwerfender Garrafeira; die Rotweine (von der Baga-Traube) sind ebenso wie die Weißen traditionell handwerklich bereitet und halten sich sehr gut, desgleichen die rote Reserva. Auch gute Schaumweine ohne Dosage.

Bairrada Bair r rs w; sch ★→★★★★ **99 00 01 03' 04 05' 06 07** 08' 09' 10' – Vom Atlantik beeinflusster DOC-Bereich in Zentralportugal, dessen Stärken traditionell bei Schaumweinen und herben, alterungswürdigen Rotweinen von der Baga-Traube liegen. Die neuen Vorschriften, die auch andere Sorten zulassen, haben leichter zugängliche Rotweine ermöglicht, aber auch die Baga-Bestände in Gefahr gebracht. Zu den erstklassigen Baga-Spezialisten gehören Casa de Saima, Caves São João, Luís Pato, Quinta de Foz de Arouce, Sidónia de Sousa und Quinta das Bágeiras. Führende Modernisten sind z. B. Campolargo und Quinta do Encontro.

Barca Velha Douro r; Res ★★★★ **81 82 85 91' 95'** 99 00 – Portugals berühmtester Rotwein, 1952 von Ferreira geschaffen, wird nur in besonders guten Jahren in sehr begrenzten Mengen erzeugt. Intensiv, vielschichtig und mit tiefgründigem Bukett, prägte er den Ruf der Douro-Region für himmlische Weine. Ausgezeichneter, traditioneller Stil (etliche Jahre Reifung, bevor er auf den Markt kommt). Es gibt auch einen Zweitwein mit Namen Reserva Ferreirinha.

Beira Interior Beiras ★ Abgelegene DOC nahe der Grenze zu Spanien. Alte und hoch gelegene Weinberge mit enormem Potenzial. Zu den eindrucksvollen Erzeugern gehören Quinta do Cardo, Quinta dos Currais und Oscar Almeida.

Beiras ★→★★★★ Vinho-Regional-Gebiet, das Dão, Bairrada und die Granitgebirge Mittelportugals umfasst. Wird von innovativen Erzeugern wie Luís und Filipa Pato genutzt.

Branco Weiß.

Brejoeira, Palácio da Minho w ★★ BV – Traditioneller Vinho Verde aus der Alvarinho-Traube von einem hoch angesehenen Weingut, das zunehmend Konkurrenz bekommt, sich aber wacker behauptet.

Brito e Cunha, João Douro r w ★★→★★★ **04 05** – Shootingstar João Brito e Cunha erzeugt von den Weinbergen der Quinta de San José intensive, elegante, mineralische Douro-Rotweine; besonders gut ist die Reserva. Ebenfalls sehr gut ist die leichter erhältliche Reihe Ázeo, v. a. Reserva (rot und weiß).

Bucelas Lis w ★★ BV – Winzige DOC nördlich von Lissabon, die sich auf Weißweine aus der Arinto-Traube konzentriert (im England des 19. Jahrhunderts »Lisbon Hock« genannt, also etwa »Rheinwein aus Lissabon«). Quinta da Romeira und Quinta da Murta erzeugen würzige, rassige Weine.

Cabriz, Quinta de Dão r rs w ★★→★★★ **03 04 05 06 07** 08 – Im Besitz von Dão Sul; moderne, fruchtig-frische, aber charaktervolle Weine, sehr Dão-typisch. Das Aushängeschild Four C ist sehr gut.

Cadaval, Casa Tejo r w ★★ **05' 06 07** 08 – Zu den Verschnitten zählen der preiswerte Padre Pedro sowie die protzige rote Reserva Marquêsa de Cadaval. Wegbereiter französischer Rebsorten einschließlich Pinot noir in Portugal, doch der sortenreine Trincadeira von alten Reben schlägt sie mit Leichtigkeit.

Campolargo Bair r rs w ★→★★★ **06** 07 08 09 10' – Großes Gut, das bis 2004 seine Trauben an Aliança verkaufte. Gute innovative Rotweine, meist Verschnitte von heimischen und Bordeaux-Rebsorten sowie Pinot noir. Der Diga Petit Verdot ist vielversprechend, ebenso wie der von Álvaro de Castro (siehe Pellada) bereitete neue Dão-Rotwein.

Carcavelos Lis br; s ★★★ Sehr kleiner DOC-Bereich westlich von Lissabon; süße, seltene Aperitif- und Dessertweine (durchschnittlicher Alkoholgehalt 19 Vol.-%), die an honigsüßen Madeira erinnern.

Carmo, Quinta do Alen r rs w ★★→★★★ **03** 04' 05 06 07' – Die Adega mit 50 ha Weinbergen war einst teilweise im Besitz der Rothschilds von Château Lafite, gehört inzwischen aber zu 100 % Bacalhôa – Vinhos de Portugal. Frische Weißweine und geschliffene Rote mit Cabernet Sauvignon, die noble Bordeaux-Zurückhaltung zeigen. Zweitwein: Dom Martinho.

Cartuxa, Adega da Alen r w; sch ★★→★★★★ Der 2007 vollzogene Schritt von Kellern aus dem 17. Jahrhundert zu einem hochmodernen Erzeugerbetrieb hat die Produktion verdoppelt und auch die Qualität vorangebracht. Beeindruckend ist das Flaggschiff Pera Manca (**95 97 98 01 03** 05' 07) im traditionellen Stil; der Foral de Évora ist der preiswerte Zweitwein. Fruchtbetonter ist der gut bereitete rote Scala Coeli von nicht einheimischen Trauben. Zudem wird mit neuen Schaum- und Alvarinho-Weinen experimentiert.

Carvalhais, Quinta dos Dão r rs w; sch ★★★ r **01 03 04 05** 06 – Sograpes wichtigste Dão-Marke: Zu den Einzellagenweinen zählen das Flaggschiff Unico und der sehr gute weiße Encruzado; die Massenmarke Duque de Viseu wird aus eigenen und zugekauften Trauben produziert.

Casal Branco, Quinta de Tejo r w ★★→★★★ Großer Betrieb in Familienbesitz. Gute Weine auf Einsteigerniveau, für die die hiesigen Trauben Castelão und Fernão Pires mit anderen Sorten verschnitten werden. Die Premiumreihe Falcoaria setzt auf einheimische Sorten und alte Reben, v. a. die rote Reserva (**03 04'** 05' 07).

Castelão Im ganzen südlichen Portugal angebaute Rebsorte, insbesondere im Gebiet Península de Setúbal; wird auch Periquita genannt. Die festen, fruchtigen Rotweine mit Himbeernoten entwickeln Anklänge an Feigen und Teer.

Chocapalha, Quinta de Lis r rs w ★★→★★★ r **04** 05 06 07' – Modernes Weingut mit guter Qualität. Touriga Nacional und Tinta Roriz bilden die Basis der reichhaltigen Rotweine, im Kontrast zum sehnigen Cabernet Sauvignon. Guter Sauvignon blanc, Arinto und Verschnitt auf Arinto-Basis (alle nicht in Eiche ausgebaut) sowie feiner Verschnitt mit Eichenwürze von Chardonnay und einer einheimischen Sorte.

Chryseia Douro r ★★★→★★★★ **03' 04 05' 06** 07 08' – Sehr erfolgreiches Gemeinschaftsprojekt von Bruno Prats aus Bordeaux mit den Symington Family Estates: dichter und doch eleganter Wein von Port-Sorten, die aus den Weinbergen der Quintas de Perdiz und de Roriz stammen, der neuen Heimat von Chryseia. Sehr gut ist der Zweitwein Post Scriptum (**05' 06 07 08**).

Churchill Estates Douro r rs w; **03 04 05 06** 07 08 – Das schnell wachsende Sortiment des Portweinhauses Churchill beinhaltet jetzt auch einen Weißwein. Zu den gut bereiteten Roten zählen eine Reserva, eine Grande Reserva, reinsortiger Touriga Nacional (auch als Rosé) und der Einzellagenwein Quinta da Gricha.

Colares Lis r w ★★ Sehr kleines DOC-Anbaugebiet westlich von Lissabon. Die Sandböden an der Küste haben das Erbe von wurzelechten Ramisco- und Malvasia-Reben bewahrt, die tanninstarke Rot- bzw. oxidative Weißweine liefern. Größter Produzent ist die Genossenschaft Adega Regional de Colares. Angehende Stars sind die neuen Erzeuger Fundação Oriente und Stanley Ho, die gut strukturierte Weine in einem moderneren Stil bereiten.

Consumo (vinho) Alltagswein.

Cortes de Cima Alen r w ★★★ r **03 04** 05 06 07 08'; w BV – Weingut bei Vidigueira im Besitz einer dänischen Familie. Zu den alkoholstarken, fruchtbetonten sortenreinen Rotweinen zählen der wegweisende, aber teure Syrah und der Incógnito. Ein besseres Preis-Leistungs-Verhältnis bietet der Homenagem a Hans Christian Andersen; sehr vielversprechend ist der neue Petit Verdot. Chaminé und Courela, beide nicht in Eiche ausgebaut, sind süffige Tropfen.

Crasto, Quinta do Douro r w ★★→★★★★ r **01' 02 03' 04** 05' 06 07' 08; w BV – Beeindruckende Verschnitte von alten Reben, darunter die Einzellagenweine Vinha da Ponte (98 00' 01 **03 04 07'**) und María Theresa (**00' 03' 05' 06 07**), die nur in Spitzenjahrgängen erzeugt werden; viel Genuss fürs Geld bietet die Reserva. Gelegentlich werden auch reinsortige Weine (Touriga Nacional, Tinta Roriz) bereitet. Der neue Crasto Superior stammt von einem noch jungen Weinberg im Bereich Douro Superior. Xisto heißt der Rotwein aus einem Joint Venture mit Jean-Michel Cazes aus Bordeaux. Auch Portwein.

Dão r rs w ★★→★★★ **00' 01 02 03' 04 05** 06 07' 08' – Etablierte DOC in Mittelportugal. Einst rustikale, heute gut strukturierte, elegante Rot- und Weißweine, die sich besonders als Essensbegleiter von ihrer besten Seite zeigen. Wurde früher von Genossenschaften dominiert, hat inzwischen aber dank qualitätsorientierter Erzeuger sowohl an Verlässlichkeit als auch an Klasse zugelegt, v. a. Dão Sul und die Quintas das Maias, da Pellada, dos Roques und de Saes. Kommende Stars sind Vinha Paz, Quinta da Bica, Quinta da Falorca und Quinta do Corujão. Der neue Vinho-Regional-Bereich heißt Terras do Dão.

Dão Sul Dão r w ★★→★★★★ Dynamisches Unternehmen mit Basis in Dão. Das eindrucksvolle Angebot mit internationaler Ausrichtung enthält Weine u. a. der Güter Quinta de Cabriz, Casa de Santar sowie Quinta dos Grilos (Dão), Quinta Sá de Baixo und Quinta das Tecedeiras (Douro), Quinta do Encontro (Bairrada), Quinta do Gradil (Lisboa) und Herdade Monte da Cal (Alentejo). Zu den skurrilen Gemeinschaftsprojekten zählen Homenagem (mit Luís Pato), Dourat (Touriga Nacional vom Douro mit Garnacha aus Spanien) und Pião (Touriga Nacional aus Dão mit Nebbiolo aus Italien). Das neueste Projekt ist ein Vinho Verde, der in Zusammenarbeit mit der Quinta de Lourosa erzeugt wird.

DOC (Denominação de Origem Controlada) Höchste Stufe amtlich anerkannter Weinbaubereiche, unter Aufsicht eines regionalen Ausschusses. Siehe auch Vinho Regional.

DFJ Vinhos r rs w ★→★★ Meist Massenmarken für den Export aus den Regionen Tejo und Lisboa: u. a. Pink Elephant (rosé), Segada (rot und weiß), Manta Preta (rot) und Bela Fonte (BV). Zu den Premiumweinen zählt der Grand'Arte (mit Trauben auch aus den Regionen Douro, Dão und Alentejo), ein ungewöhnlicher roter Verschnitt, der auch Grenache enthält.

Doce (vinho) Süß(wein).

Douro Douro r rs w; s ★★→★★★★ **00' 01 02 03' 04' 05' 06** 07' 08' – Die Region ist berühmt für Portwein und inzwischen auch für opulente, kraftvolle Rotweine von Weltklasse, die besten mit sehnigem, mineralischem Kern, sowie überraschend feine Weißweine von einer an Burgunder gemahnenden Tiefe und Komplexität. Empfehlenswert: Barca Velha, Chryseia, Crasto, Niepoort, Poeira, Vale Dona Maria, Vale Meão, Wine & Soul. Im Auge behalten sollte man João Brito e Cunha, Conceito, Terrus sowie die Quintas Nova, da Romaneira und de Tourais. Der Name für den Vinho Regional ist Duriense.

Duas Quintas Douro r w ★★★ **01 02 03' 04 05** 06 07' 08 – Konzentrierte Rotweine vom Portweinhändler Ramos Pinto. Sehr gut sind die Reserva und der Collection; herausragend, aber teuer ist die Reserva Especial.

Duorum Douro r ★★→★★★ Duorum (lat. »von zweien«) verbindet die Könnerschaft der führenden Önologen João Portugal Ramos und José Maria Soares Franco, der 27 Jahre lang für Barca Velha zuständig war. Castelo Melhor ist ein neuer, 250 ha großer Weinberg in Douro Superior. Einstweilen stammen die Trauben für die modernen, fruchtbetonten Tischweine namens Tons (Colheita and Reserva) von alten Weinbergen in höheren Lagen. Auch sehr guter Vintage-Port.

Esporão, Herdade do Alen r w; s ★★→★★★ **03 04 05 06** 07' 08' – Großes Gut (600 ha, davon werden 80 ha versuchsweise biologisch bewirtschaftet) mit hohem Qualitätsstandard. Die Marken Monte Velho, Alandra und Vinha da Defesa sind Musterbeispiele für die reife Alentejo-Frucht. Zunehmend Tiefe und Komplexität bieten: Quatro Castas, die dank geringerer Produktion jetzt verbesserte Reihe sortenreiner Weine, die Esporão Reservas, die Private Selection (rot und weiß), der Garrafeira sowie das Flaggschiff Torre do Esporão. Vor Kurzem wurde die Quinta das Murças im Douro erworben, der 2008er ist der erste (Versuchs-)Jahrgang.

Espumante Schaumwein. Am besten aus den Anbaugebieten Bairrada, Douro (v. a. der Vértice) und neuerdings Vinho Verde.

Falua Tejo r rs w – Moderner Erzeugerbetrieb von João Portugal Ramos. Zu den gut bereiteten Exportmarken zählen Monte de Serra auf Einsteigerniveau, gefolgt von Tagus Creek (u. a. Reserva), für den einheimische mit internationalen Sorten verschnitten werden. Eher traditionell und im oberen Preissegment angesiedelt sind Tâmara und Conde de Vimioso.

Feital, Quinta do Minho w ★★★ **07' 08'** – Der junge galicische Weinmacher Marcial Dorado erzeugt charaktervollen Vinho Verde. Der in alten Eichenfässsern auf der Hefe gereifte Dorado Alvarinho (mit partiellem biologischem Säureabbau) ist kraftvoll und schön texturiert. Sehr gut ist auch der Alvarinho/Trajadura-Verschnitt Auratus.

Fernão Pires Weiße Traube für reif-aromatische, leicht würzige Weißweine in der Region Tejo (in Bairrada bekannt als Maria Gomes).

Ferreira Douro r w ★→★★★★ Port-Handelshaus im Besitz von Sogrape, das unter dem Etikett Casa Ferreirinha auch gute bis sehr gute Douro-Rotweine im Angebot hat: Esteva, Vinha Grande, Quinta de Leda, Reserva Especial Ferreirinha und Barca Velha.

Fonseca, José Maria da Lis r rs w; tr s; sch; Res ★★→★★★ Historisches Weingut in Familienbesitz; Wegbereiter für gespriteten Moscatel de Setúbal und – mit alten Reben – führend auf diesem Gebiet. Zudem in großen Mengen erzeugte Markenweine wie Lancers und Periquita. Nach wie vor innovativ ist die Reihe Colecção Privada, v. a. der einzigartige Moscatel Roxo Rosé. Weitere Marken sind Montado, Terras Altas (Dão), Quinta de Camarate, Pasmados, Vinya, Privada Domingos Soares Franco und als Aushängeschilder FSF, Domini und Domini Plus (Douro) sowie Hexagon.

Gaivosa, Quinta da Douro r w ★★★ **01 03** 04 05' 06 07 08' – Führendes Weingut bei Régua mit einer Reihe charaktervoller Weine, darunter der schön texturierte Branco da Gaivosa (weiß) im alten Stil sowie reinsortige Rote (sehr guter Touriga Nacional) und Verschnitte von unterschiedlichen Terroirs: Abandonado, Quinta das Caldas, Vinha de Lordelo, Reserva Pessoal und Vale da Raposa.

Garrafeira Etikettbegriff. Die »Privat-Reserva« eines Händlers. Die Mindestausbauzeit beträgt 2 Jahre im Fass und 1 Jahr in der Flasche, oft aber viel länger. Früher trugen die Rotweine der meisten portugiesischen Händler diese Bezeichnung.

José de Sousa Alen r; Res ★★→★★★ **03 04** 05 06 07' – Kleiner Betrieb im Alentejo im Besitz von José Maria da Fonseca, der jetzt einen etwas leichteren Stil pflegt. Der Spitzenwein des Hauses, Mayor, allerdings ist ein fester Rotwein, der mit den Füßen gestampft, in Tonamphoren vergoren und in Eiche ausgebaut wird.

Lagoalva, Quinta da Tejo r rs w ★★ 05' 06 07 08 – Fortschrittliches Gut in der Region Tejo, das moderne, frische Weine erzeugt. Portugiesische (v. a. Alfrocheiro) und internationale (v. a. Chardonnay, Sauvignon blanc und Syrah) Rebsorten werden gut verkeltert. Zweitetikett: Monte da Casta.

Lancers rs w; sch ★ Halbtrockener, mit Kohlensäure versetzter Rosé; wird von José Maria da Fonseca in großem Umfang nach den USA exportiert, der Rosé Free ist alkoholfrei.

Lavradores de Feitoria Douro r w ★★→★★★ Zusammenschluss von 18 kleinen qualitätsbewussten Weingütern, die Trauben aus allen drei Douro-Regionen zu Verschnitten verarbeiten. Hauptmarken: Meruge und Três Bagos. Der Sauvignon blanc ist sehr gut, die Roten können recht eichenbetont ausfallen.

Lisboa Vinho Regional an der Westküste Portugals (hieß früher Estremadura). DOCs: Alenquer, Arruda, Bucelas, Carcavelos, Colares, Encostas de Aire, Óbidos, Torres Vedras. Teilweise sind die Weine langweilig, doch die Gewächse von Chocapalha und insbesondere Monte d'Oiro zeigen Potenzial. Beachtenswerte Neulinge: Quinta de Sant'Ana (vielversprechender Riesling, Alvarinho, Pinot noir und gute rote Verschnitte portugiesischer Sorten) sowie Quinta do Pinto (weiße Rhône-Rebsorten).

Loureiro Die nach Alvarinho beste Vinho-Verde-Traube ergibt zart blumige Weißweine.

Madeira r w ★→★★★ Portugals Atlantikinsel ist berühmt für ihre gleichnamigen gespriteten Dessert- und Aperitifweine, erzeugt aber auch ungespritete Rot- und Weißweine (Vinho Regional Terras Madeirenses und DOC Madeirense). Es sind großteils unkomplizierte Durstlöscher, sehr gut ist jedoch der von den führenden Weinmachern Rui Reguinga und Francisco Albuquerque (von Blandy) bereitete Primeira Paixão Verdelho.

Maias, Quinta das Dão r w ★★→★★★ r **01 03** 04 05' 06 07' 08'; w BV – Schwestergut der Quinta dos Roques. Mustergültiger Jaen (einheimische Traube, die mit der spanischen Tinta Mencía identisch sein soll) und der einzige Verdelho aus Dão. Der Flor das Maias von 2005 und 2007 ist ein recht protziger, von Touriga Nacional dominierter Verschnitt.

Malhadinha Nova, Herdade da Alen r rs w; s ★★★ **03'** 04 05 06 07' 08' – Erzeuger mit jungen Reben, aber einem reifen, qualitätsorientierten Ansatz: sehr gute üppige, würzige Rotweine und reichhaltige, in Eiche ausgebaute Weiße aus dem tiefen Süden des Alentejo. Flaggschiff ist der Marias da Malhadinha, doch der muskulöse Malhadinha Tinto bietet eine Menge Genuss fürs Geld. Neu ist der Süßwein von Petit Manseng.

Mateus Rosé rs; sch (w) ★ Der meistverkaufte Rosé-Tischwein der Welt; halbtrocken und mit etwas Kohlensäure versetzt, wird er von Sogrape produziert. Ursprünglich auf Portugal beschränkt, doch inzwischen lassen Varianten aus Frankreich (Shiraz) und Spanien (Tempranillo) grüßen.

Mendes, Anselmo Minho w; s; sch ★★→★★★★ Gefeierter Vinho-Verde-Weinmacher und vielgefragter önologischer Berater, u. a. bei der Quinta do Ameal und bei Gaivosa. Im Mittelpunkt der Weine, die er unter seinem Namen erzeugt, steht Alvarinho: u. a. Contacto, Muros Antigos und Muros de Melgaço. Der eichengereifte Curtimenta und der (noch unbenannte) neue Alvarinho von einer Einzelparzelle zeigen immense Tiefe und Konzentration.

Messias, Caves Bair r w ★→★★★ Große Firma mit Sitz in Bairrada; Anteile im Douro-Gebiet (auch Port). Rotweine alten Stils sind am besten.

Minho Fluss, der die Nordwestgrenze zu Spanien bildet, und Vinho-Regional-Gebiet. Eine Reihe führender Vinho-Verde-Erzeuger verwendet bevorzugt die Kategorie VR Minho.

Monte d'Oiro, Quinta do Lis r w ★★★→★★★★ Res **01 03** 04' 05 06' 07' – Rhône-Fan José Bento dos Santos hat von Stecklingen und der Beratung durch Maison Chapoutier (siehe Frankreich) profitiert und ist jetzt mit Abstand der beste portugiesische Syrah-Erzeuger. Weine wie der Homenagem Antonio Carqueja, die Reserva und ein einstweilen noch namenloser Tropfen, der ausschließlich aus Rebgut von Chapoutier-Stecklingen bereitet wird, sind der beste Beweis dafür. Ebenfalls sehr gut sind der Madrigal (Viognier) und der Zweitwein Lybra. Chapoutier fungiert auch als Joint-Venture-Partner für den samtigen Bento & Chapoutier Ex Aequo (Syrah/Touriga Nacional; 06 07').

Mouchão, Herdade do Alen r w ★★★ **99 00 01 03'** 05' – Führendes Traditionsgut. In den intensiven, duftenden Weinen verwirklicht sich das ganze Potenzial der Alicante-Bouschet-Traube. Der Flaggschiffwein namens Tonel 3–4, der nur in außergewöhnlichen Jahren produziert wird, glänzt mit großartiger Komplexität und Nachhaltigkeit. Der Ponte das Canas ist ein zeitgemäßer Verschnitt von Alicante Bouschet mit Touriga Nacional, Touriga Franca und Shiraz. Preiswert ist der Dom Rafael.

Portugal

Mouro, Quinta do Alen r ★★★→★★★★ **98 99 00** 04' 05' 06' – Fantastische, gut strukturierte, vom Terroir geprägte Rotweine, vorwiegend von Rebgut aus dem Alentejo; außerdem sortenreiner Touriga Nacional und Cabernet Sauvignon. Keine Bewässerung, niedrige Erträge, konzentrierte, geschmeidige Weine. In außergewöhnlichen Jahren (99 00 02 05 06') wird der Flaggschiffwein Mouro Gold erzeugt.

Murganheira, Caves ★ Portugals größter Schaumweinproduzent; jetzt auch Besitzer von Raposeira.

Niepoort Douro r rs w ★★★→★★★★ Port-Familienbetrieb, der auch außergewöhnliche Douro-Weine erzeugt: Tiara (weiß), Vertente (rot), Redoma (rot, rosé, weiß, dazu eine weiße Reserva; **01 03 04'** 05' **06'** 07' 08'), Robustus (rot; 04 05), Batuta (rot; **01' 03** 04 05' 07 08') und Charme (rot; **02 04 05'** 06 07' 08). Unter dem Etikett Projectos wird experimentiert, z. B. mit Riesling, Sauvignon blanc und Pinot noir aus dem Douro-Gebiet. Niepoort arbeitet andernorts mit der Quinta da Pellada, Soalheiro Bageiras, Muhr van der Niepoort, Equipo Navazos, Telmo Rodríguez sowie Raúl Pérez/Ultreia zusammen und erzeugt neuerdings zudem im spanischen Anbaugebiet Ribeira Sacra den fantastischen Ladredo.

Noval, Quinta do Douro r ★★★ Führendes Portweinhaus im Besitz von AXA. Bereitete 2004 die ersten ungespriteten Superpremium-Rotweine: Quinta do Noval und den vergleichsweise preiswerten Cedro. Letzterer, ein innovativer Verschnitt mit Syrah, beweist, wie gut die französische Sorte am Douro gerät – ebenso wie der reinsortige Syrah Labrador, der nach dem Hund des Kellermeisters benannt ist.

Palmela Set r w ★→★★★ Auf Castelão konzentrierte DOC (siehe Pegos Claros). Potenziell langlebige Weine.

Pancas, Quinta de Lis r w ★★→★★★ **01 03 05'** 07 08'; w BV – Das namhafte Weingut bei Alenquer ist seit 2006 im Besitz der Companhia das Quintas, die das Angebot inzwischen überarbeitet hat. Das Flaggschiff ist der

Grande Escolha, gefolgt von einem Reserva-Sortiment: Touriga Nacional, Cabernet Sauvignon und Selecção do Enólogo.

Passadouro, Quinta do Douro r w – Jorge Serôdio Borges, Kellermeister bei Wine & Soul, besitzt nun auch einen Anteil an diesem expandierenden Betrieb. Kürzlich erworbene Reblagen haben die Produktion angekurbelt. Herrlich konzentrierte Reserva (**03 04' 05'** 06 07' 08) von alten Reben und preiswerte Gutsweine, die jetzt um einen Weißen und die rote Einsteigermarke Passa ergänzt wurden.

Pato, Filipa Beiras r w; s; sch ★★★→★★★★ Luís Patos energiegeladene Tochter ist eine engagierte Anwältin hiesiger Rebsorten und Mitbegründerin der Vereinigung Baga Friends, die sich dem Schutz und der Förderung der Baga-Traube verschrieben hat. Filipa Pato schöpft mit der nach ihr benannten Reihe und der preiswerten Marke Vinhos Doidos gekonnt das ganze Potenzial der traditionellen Rebsorten von Bairrada und Dão aus, insbesondere mit den Rotweinen Ensaios und Lokal sowie den Weißweinen namens Bossa und Nossa.

Pato, Luís Bair r w; s; sch ★★→★★★★ **95' 97 99 00 01' 03'** 04 05' 06 07 08' – Wahrhaft alterungswürdige Baga-Weine von Einzellagen, angeführt von Vinha Barrio, Vinha Pan, Vinha Barrosa sowie dem Flaggschiff Quinta do Ribeirinho Pé Franco von wurzelechten Reben. Ebenfalls sehr gut sind der Vinhas Velhas und der Quinta do Ribeirinho 1st Choice (Baga/Touriga Nacional). Zu dem jung zu trinkenden Touriga Nacional João Pato gesellt sich mit dem Vinha Formal nun noch ein Einzellagen-Touriga. Die Weißen (Vinha Formal und Vinhas Velhas) besitzen ähnliches Flair. Die Schaumweine einschließlich der neuen Reihe InFormal tragen Kronkorken; geradliniger sind die Süßweinreihe Abafado und der rote Baga Rebel, wobei sich Letzterer mit seinem frechen Etikett eindeutig an die jüngere Klientel richtet. Pato fungiert als önologischer Berater für die Quinta do Pôpa (Douro), die das Tinta-Roriz-Traubengut zu seinem Verschnitt TRePA (Baga/Tinta Roriz) beisteuert.

Pegões, Adega de Set r rs w; s; sch ★→★★★ Die dynamischste Genossenschaft Portugals, beheimatet in der aufstrebenden Region Península de Setúbal, floriert unter ihrem Kellermeister Jaime Quendera. Gute Weinreihen auf jedem Niveau, auch sortenreine Abfüllungen und Verschnitte von portugiesischen und internationalen Sorten. Die Marke Stella und der neue weiße Nico mit niedrigem Alkoholgehalt bieten schöne, saubere Frucht, und die sehr guten Rot- und Weißweine namens Colheita Seleccionada ein fantastisches Preis-Leistungs-Verhältnis.

Pegos Claros Set r; **03 04** 05' 07 – Mustergültiger Palmela Castelão, fußgestampft und vor der Freigabe mindestens drei Jahre gereift. Ein zusätzliches Jahr im Fass verbringt der nur in Spitzenjahrgängen erzeugte Garrafeira.

Pellada, Quinta da Dão r rs w; **04** 05' 06 07' 08 – Zusammen mit der Quinta de Saes im Besitz des führenden Dão-Erzeugers, Álvaro de Castro. Die Roten sind recht intensiv, aber nicht besonders dicht. Zu ihnen zählen das Flaggschiff Pape (Touriga Nacional aus dem Passarela-Weinberg mit Baga) und der sortenreine Touriga-Wein Carrocel. Primus ist ein strukturierter Weißwein von alten Reben. Auch Rosé mit einem Schuss Cabernet Sauvignon.

Península de Setúbal Aufstrebendes Vinho-Regional-Gebiet in den sandigen Ebenen an der Sado-Mündung (hieß früher Terras do Sado). Zu den etablierten Erzeugern gehören Adega de Pegões, Bacalhôa – Vinhos de Portugal und Casa Ermelinda Freitas (Quinta da Mimosa und Leo d'Honor).

Beachtenswert sind auch: Herdade da Comporta, Portocarro, Mala Tojo, Soberanas sowie die Quintas de Catralvos und Alcube.

Periquita Der Spitzname für die Castelão-Traube; aber auch ein seit Langem verwendeter erfolgreicher Markenname von José Maria da Fonseca. Periquita Classico ist ein original sortenreiner Castelão, der normale rote Periquita und die Reserva (und auch der Rosé und der Weiße) enthalten andere Sorten.

Poeira, Quinta do Douro r w ★★★→★★★★ **02 03' 04'** 05' **06** 07' 08' – Eleganter Vorzeigerotwein von Jorge Moreira, dem Kellermeister der Quinta de la Rosa, von nach Norden ausgerichteten Hängen. Die hochklassigen Zweitweine Pó de Poeira (rot und weiß) bieten viel fürs Geld. Der CS ist ein Verschnitt von Cabernet Sauvignon von jungen Reben mit Douro-Sorten.

Portal, Quinta do Douro r rs w; s ★★★ **00' 01 03 04 05'** 06 07 08 – Die neuen Anpflanzungen und die neue Kellerei machen sich bei diesem früher zu Sandeman gehörenden Gut bezahlt. Verschwenderisch eichenwürzige Rotweine, z. B. Grande Reserva und das Aushängeschild Auru, kontrastieren mit dem sehr guten, delikaten Süßwein und dem jüngsten Neuzugang, dem Vinho Verde Trevo.

Portalegre Alen r rs w ★→★★★ Der nördlichste Unterbereich mit eigener DOC hat ein ganz anderes Terroir als die restliche DOC Alentejo. Die erhöht gelegenen Weinberge mit Granit- und Schieferböden bekommen doppelt so viel Regen ab und erbringen frische, strukturierte Weine. Die Genossenschaft ist gut, im Auge behalten sollte man jedoch die Güter Altas Quintas, beraten von Paulo Laureano (Kellermeister bei Herdade do Mouchão), Terrenus, im Besitz des Önologen und Beraters Rui Reguinga, sowie Quinta do Centro, ein Gemeinschaftsprojekt Reguingas mit dem englischen Weinpublizisten Richard Mayson.

Quinta Weingut.

Ramos, João Portugal Alen r w; BV – Gutes Sortiment von Alentejo-Weinen, von den Etiketten Loios und Vila Santa bis hin zu erstklassigen sortenreinen Gewächsen und Verschnitten: Quinta da Viçosa und der sehr gute Marqués de Borba Reserva (**03 04** 05 07). Duorum ist ein beeindruckendes neues Joint Venture am Douro.

Raposeira Douro w; sch ★★ Bekannter Schaumwein mit Flaschengärung aus Lamego, bereitet aus einheimischen Sorten und Chardonnay.

Real Companhia Velha Douro r rs w; s ★★→★★★ r **01' 03 04** 05 06 07 08 – Historisches Portweinhaus und Wegbereiter speziell für Tischwein bestimmter Rebpflanzungen, u. a. Chardonnay, Sauvignon blanc, Sémillon und Alvarinho. Der neue technische Direktor, Jorge Moreira (von der Quinta do Poeira), soll das Niveau mit neuen Spitzenweinen heben. Als Marken sind zu nennen das Flaggschiff Evel Grande Reserva, Porca de Murça, Quinta dos Aciprestes, Quinta de Cidrô, Grantom und der süße Grandjó von Sémillon-Trauben. Außerdem Quinta do Venozelo und neue Delaforce-Weine (siehe Kapitel »Port, Sherry und Madeira«).

Roques, Quinta dos Dão r w ★★→★★★★ r **01 03' 04** 05 06 07' 08' – Sehr gutes Weingut für langlebige Rotweine, besonders den Garrafeira-Verschnitt als Flaggschiff und die Reserva. Weniger Eiche und ältere Fässer sorgen für mildere Tannine und bei den Weißen von der Encruzado-Traube für mehr Frische. Reinsortige Weine von Touriga Nacional, Tinta Roriz, Tinta Cão und Alfrocheiro. Günstige Einsteigerweine der Marke Correio.

Roriz, Quinta de Douro r ★★★ **03' 04** 05' **06** 08' – Eine der großartigen Quintas im Douro. Feine Rotweine (und Vintage Port). Gehört jetzt zu den Symington Familiy Estates und ist die neue Heimat von Chryseia. Zweitwein: Prazo de Roriz.

Rosa, Quinta de la Douro r rs w ★★★ **04 05' 06** 07' 08' – Feste, reichhaltige rote Gutsweine, v. a. Reserva und Passagem aus Lesegut der Quinta das Bandeiras (in Zusammenarbeit mit dem Kellermeister Jorge Moreira) aus dem wärmeren Douro Superior. Beeindruckend ist der weiße Passagem, Einsteiger sind mit der Reihe DouRosa gut bedient.

Rosado Rosé. Jenseits von Mateus Rosé zeigt sich neues Leben: Raffinierte Rosés mit schöner Textur bieten u. a. Niepoort, Pellada und Churchill.

Saes, Quinta de Dão r w ★★★→★★★★ **01 02 03 04** 05 06' 07' 08' – Der andere Weinberg von Álvaro de Castro (siehe Pellada), der gleichermaßen charaktervolle und elegante Weine erbringt, z. B. den Reserva Branco und den Dado/Doda.

Sant'Ana, Quinta de ★★→★★★ Das in britischem Besitz befindliche Weingut in Mafra erzeugt gute, saubere Weißweine (inklusive Riesling) und einen kraftvoll-knackigen Roten namens Homenagem a Baron Gustav von Fürstenberg.

Santar, Casa de Dão r w ★★★ **01 02 03 04** 05' – Etabliertes Weingut, jetzt mit Dão Sul verbunden, das ein sehr erfreuliches Comeback feiert. Strukturierte Rote; die Anlehnung an den burgundischen Stil macht sich bei den Encruzado-Weißweinen bezahlt.

Santos Lima, Casa Lis r rs w ★★ Exportorientiertes Familienunternehmen in Alenquer; wichtigste Marke ist CSL. Das breite Sortiment an Weinreihen spiegelt die ausgedehnten Rebflächen wider, über die u. a. die Quintas da Boavista/das Setencostas und do Espírito Santo verfügen.

São João, Caves Bair r w; sch ★★→★★★ r; sch **95 97 00 01 03** 05 – Kleiner traditioneller Erzeuger von sehr guten altmodischen Weinen. Die Rotweine werden vor der Freigabe in der Flasche gereift und sind sehr langlebig. Aus Bairrada kommen Frei João und Poço de Lobo, der Dão-Wein trägt den Namen Porta dos Cavalheiros.

São Miguel, Herdade de Alen r rs w ★★→★★★ Junger, progressiver Betrieb, der mit Unterstützung des renommierten önologischen Beraters Luís Duarte (auch für Malhadinha und Mouro tätig) schicke Weine erzeugt. Der Ciconia (unkompliziert, furchtig, süffig) und der etwas festere Montinho sind preiswert. Die São-Miguel-Etiketten stehen für seriöse, schön definierte Gutsweine, v. a. Reserva und der bewundernswert frische Dos Descobridores Reserva. Die Reihe Private Collection in limitierter Auflage ist glamouröser. Auch Vinho Verde.

Seco Trocken.

Setúbal (r) (w) br; (tr) s ★★★ Winziges DOC-Anbaugebiet südlich des Tejo-Flusses. Vorwiegend gespritete Dessertweine, hauptsächlich von Moscatel (Muscat), manchmal auch von der seltenen roten Moscatel Roxo bereitet. Die wichtigsten Erzeuger sind Bacalhôa – Vinhos de Portugal und José Maria da Fonseca. Beachtung verdienen außerdem António Saramago und Horácio dos Reis Simões.

Sezim, Casa de Minho w ★★ BV – Schönes Weingut, das sehr guten Vinho Verde erzeugt.

Soalheiro, Quinta de Minho w; sch ★★★ **00 02' 03 06 07' 08' 09** – Der Alvarinho-Spezialist bereitet großartigen (alterungsfähigen) Vinho Verde. Die Lage in Melgaço mit warmem Klima sorgt für Struktur, Konzentration und Textur. Dank der önologischen Beratung durch Dirk Niepoort entstanden der Primeiras Vinhas von alten Reben, die fassvergorene Reserva, der neue halbtrockene Dócil sowie Niepoorts eigene Marke Girosol.

Sogrape Minho ★→★★★★ Größte Weinfirma Portugals. Erzeugt wird Vinho Verde (Azevedo, Gazela, Morgadio da Torre), Dão (Carvalhais), Alentejo (Herdade do Peso) und Mateus Rosé. Sogrape besitzt auch die Port-

Firmen Ferreira, Sandeman und Offley sowie Barca Velha in der Douro-Region. Zugängliche, aus Trauben verschiedener Regionen bereitete Markenweine sind Grão Vasco, Pena de Pato und Callabriga aus den Bereichen Vinho Verde, Douro, Dão und Alentejo. Sogrape ist auch in Spanien, Argentinien, Neuseeland und Chile tätig.

Symington Family Estates Douro r w ★★→★★★★ Die allgegenwärtige Portweinfirma in Familienbesitz erzeugt seit 2000 auch ernst zu nehmende Tischweine, z. B. Chryseia zusammen mit Bruno Prats, Dow Vale do Bomfim, Quinta do Vesúvio und Pombal do Vesúvio. Die gut bereitete Marke Altano, v. a. die Reserva, die Ökorotweine und der sortenreine Touriga Nacional namens Quinta Ataide stammen alle von 140 ha (jetzt mit Ökosiegel) im Vilariça-Tal im Bereich Douro Superior.

Tejo r w – Die Region (ehemals Ribatejo) am gleichnamigen Fluss, bekannt für günstige und gute Weine von den Sorten Castelão, Trincadeira und Fernão Pires, strebt nach Höherem: Man wechselt auf kärgere Böden und führt die besten portugiesischen Rotweinsorten wie Touriga Nacional und Tinta Roriz ein, dazu internationale Trauben wie Cabernet Sauvignon, Syrah, Pinot noir, Chardonnay und Sauvignon blanc. Es gibt schon gute Ergebnisse, u. a. bei Quinta da Lagoalva, Pinhal da Torre und Falua. Ein kommender Star ist Vale d'Algares. Unterregionen: Almeirim, Cartaxo, Chamusca, Coruche, Santarém, Tomar. Die Landweinappellation heißt Vinho Regional Tejo.

Teodósio, Caves Dom Tejo r w ★→★★ Großer Erzeuger in der Region Tejo. Als Marken sind Serradayres und Casaleiro zu nennen. Spitzenweine von der Quinta de São João Batista. Produziert auch in Dão und Palmela.

Tinta Roriz Wichtige (rote) Port-Traube – in Spanien Tempranillo –, aus der auch sehr gute Douro-Weine bereitet werden. Im Alentejo unter der Bezeichnung Aragonez bekannt.

Tinto Rot.

Tinto da Ânfora Alen r ★★→★★★ **03 04 05'** 06 07 – Verlässlicher Rotwein von Bacalhôa – Vinhos de Portugal. Beeindruckend voller Grande Escolha.

Touriga Nacional Rote Traube der Spitzenklasse für Portweine sowie Douro- und Dão-Tischweine; wird zunehmend auch anderswo angebaut. Obwohl weithin als Portugals führende Rebsorte gepriesen, nimmt sie nur rund 3 % der Gesamtrebfläche ein.

Trás-os-Montes Hoch gelegene DOC im Landesinnern mit den Unterregionen Chaves, Valpaços und Planalto Mirandês. Der Vinho Regional heißt Transmontano.

Trincadeira Sehr gute rote Traube im Alentejo für würzige sortenreine Weine. Am Douro als Tinta Amarela bekannt.

Vale d'Algares Tejo r rs w ★★→★★★ Projekt, bei dem keine Kosten gescheut werden, um Superpremiumweine aus internationalen und portugiesischen Trauben zu erzeugen. Spitzenprodukt ist ein vielversprechender Viognier zum stolzen Preis, Zweitwein der Seleccion White von Viognier und Alvarinho. Die Juniormarke heißt Guarda Rios. Im Auge behalten.

Vale Dona Maria, Quinta do Douro r rs w ★★★→★★★★ **01 02 03' 04' 05'** 06 07' 08' – Die hoch angesehene Quinta von Cristiano van Zeller. Sehr gute üppige, aber dennoch elegante Rotweine, z. B. CV, Casa de Casal de Loivos und der neue weiße VZ. Ein gutes Preis-Leistungs-Verhältnis bieten die von zugekauftem Traubengut bereiteten Weine der Reihe Van Zellers. Auch guter Portwein.

Portugal

Vale Meão, Quinta do Douro r ★★★→★★★★ **01' 03 04 05'** 06 07' 08 – Einst der Traubenlieferant für den Barca Velha. Die eindrucksvoll strukturierten Weine sind gekennzeichnet von einem hohen Anteil an Touriga Nacional und der warmen Lage im Osten. Auch sehr guter Zweitwein mit Namen Meandro. Der neue Weinberg auf 350 m Höhe hält sein Versprechen.

Vallado Douro r w ★★→★★★★ r **03'** 04 05' **06** 07 08'; w BV – Das Douro-Weingut in Familienbesitz schwingt sich zu immer neuen Höhen auf: Die neue Kellerei verdoppelt die Kapazitäten, und am oberen Douro wurde 2011 ein neuer Weinberg angelegt. Sehr günstige süß-fruchtige sortenreine Weine, z. B. der ungewöhnliche Sousão. An der Spitze stehen die mineralischen, schön strukturierten Reserva-Verschnitte und das Aushängeschild Adelaide (05 07 08'), ein Rotwein von alten Reben.

Vinho Regional Größere Landweinregion mit dem gleichen Status wie der französische Vin de pays. Als solche ausgewiesen sind Açores, Algarve, Alentejano, Beiras, Duriense, Lisboa, Minho, Tejo, Transmontano, Terras do Dão, Terras Madeirenses, Península de Setúbal. Bietet mehr Freiraum zum Experimentieren als eine DOC. Siehe auch DOC.

Vinho Verde Minho r w ★→★★★ DOC zwischen dem Fluss Douro und der Nordgrenze zu Spanien; von hier stammt der frische »grüne Wein«. Die großen Marken wie Casal Garcia bieten meist Verschnitte, denen Kohlensäure zugesetzt wird (BV). Die besten Weine stammen von einzelnen Gütern und besitzen, wenn überhaupt, ein natürliches Prickeln, v. a. Alvarinho aus Monção und Melgaço (z. B. Anselmo Mendes sowie die Quintas de Soalheiro, do Reguengo, de Melgaço, do Feital) und Loureiro aus Lima (z. B. Quinta do Ameal oder Afros). Roter Vinho Verde von der Vinhão-Traube ist für den Ausländer gewöhnungsbedürftig, kann aber sehr spannend sein (z. B. Afros).

Wine & Soul Douro r w; r Pintas **03'** 04' 05' **06** 07' 08'; w Guru **06' 07 08' 09'** – Imposante, zunehmend elegante Tisch- und Portweine von dem angesehenen Weinmacherpaar Sandra Tavares und Jorge Serôdio Borges. Zweitwein: Pintas Character (rot). Eine Fassprobe des neuen Aushängeschilds Manuela (2009) von einer Einzellage einer angesehenen Quinta mit alten Reben erwies sich als sehr vielversprechend.

Zambujeiro Alen r ★★★ **99 00 01'** 02 03 04' 05' 06 – Qualitätsorientiertes Gut in Schweizer Besitz mit kraftvoll strukturierten Verschnitten aus portugiesischen Sorten, die ohne künstliche Bewässerung angebaut werden. Guter Zweitwein: Terra do Zambujero.

Port, Sherry und Madeira

Europas drei gespritete Weinklassiker sind heute im Vergleich zu ihrer Blütezeit bloße Nischenprodukte, bleiben in ihren jeweiligen Bereichen jedoch unangefochten: Sherry als Appetitanreger vor dem Essen, Port als Stärkung nach dem Essen und Madeira als Genuss in jedem beliebigen Moment. Port ist nie ganz aus der Mode gekommen und heute ganz klar en vogue, Sherry ist neuerdings genauso zum Essen (besonders zu Tapas) angesagt wie als Aperitif, und Madeira ist so exotisch-attraktiv wie eh und je.

Da auch die ältesten Traditionen Neuheiten brauchen, um zu überleben, sollte man nach neuen Sherry-Marken Ausschau halten, etwa Equipo Navajos, eine Auslese aus den besten Bodegas, nach alten Weinen mit Jahrgangsangabe und beim Port nach neuen Rosés und Weinen, die seit Langem auf dem Markt sind, zum Beispiel dem Scion von Taylor, vielleicht der erste modische Port überhaupt. Sherry ist und bleibt derweil das beste Schnäppchen der Welt. (Im Text verwendete Abkürzungen: Jer – Jerez, P de SM – Puerto de Santa María, San – Sanlúcar.)

Neuere Port-Jahrgänge

Port-Jahrgänge werden »deklariert«, wenn der Wein außergewöhnlich gut ist und die höchsten Qualitätsstandards des Unternehmens erfüllt. In guten, aber nicht ganz klassischen Jahren verwenden die meisten Erzeuger nun die Namen ihrer Quintas (Güter) für Single-Quinta-Weine, die sehr viel Charakter besitzen, aber weniger Flaschenreife brauchen. Die Jahrgänge, die man nun trinken sollte sind 1966, 1970, 1977, 1980, 1983, 1985, 1987, 1992, 1994.

2010 Wärmer und trockener als gewöhnlich; sehr vielversprechende Weine.

2009 Ein Jahr für Single-Quinta-Weine. Heiß, trocken, mit geringem Ertrag. Besser von höher gelegenen Weinbergen.

2008 Single-Quinta-Jahr. Geringer Ertrag, kraftvolle Weine. Spitzenreiter: Noval, Vesuvio, Fonseca do Panascal, Taylor Terra Feita.

2007 Klassisches Jahr, von den meisten Erzeugern deklariert. Späte Lese bei mildem, trockenem Wetter ergab tieffarbige, reichhaltige, aber gut ausbalancierte Weine. Taylor's und Vesuvio sind die Stars.

2006 Ein schwieriges Jahr brachte nur eine Handvoll Single-Quinta-Weine hervor. Die Stars sind Vesuvio, Roriz, Barros Quinta Galeira.

2005 Single-Quinta-Jahr. Stars: Niepoort, Taylor de Vargellas, Dow da Senhora da Ribeira – eine eiserne Faust in einem Samthandschuh.

2004 Single-Quinta-Jahr. Stars: Pintas, Taylor de Vargellas Vinha Velha, Quinta de la Rosa – ausgewogene, elegante Weine.

2003 Klassisches Jahr. Trockener, heißer Sommer. Kraftvoll reife, konzentrierte Weine, durchgehend deklariert. Voraussichtlich ab 2015/2020 zu trinken.

2001 Single-Quinta-Jahr. Stars: Noval Nacional, Fonseca do Panascal, do Vale Meão – nasses Jahr, recht geradlinige Weine.

2000 Klassisches Jahr. Ein sehr guter Jahrgang, durchweg deklariert. Reichhaltige, ausgewogene Weine für lange Lagerung. Ab 2018.

1999 Single-Quinta-Jahr. Stars: Vesuvio, Taylor de Terra Feita, do Infantado – geringster Ertrag seit Jahrzehnten; kraftvoll.

1998 Single-Quinta-Jahr. Stars: Dow da Senhora da Ribeira, Graham dos Malvedos, Cockburn dos Canais – massive, feste Weine.

1997 Klassisches Jahr. Feine Weine mit gutem Tanninrückgrat und der Chance, sehr alt zu werden. Von den meisten Port-Firmen deklariert. Ab 2015 trinken.

Almacenista Kleiner Erzeuger meist individueller, komplexer Sherrys, die in der Blütezeit des Sherry verwendet wurden, um die Lagerbestände der großen Erzeuger aufzubessern. Paradebeispiele der jetzt selteneren Weine bietet Lustau. Sie können von hervorragender Qualität sein, allen voran Palo Cortado von Vides, Manzanilla von Cuevas Jurado und Amontillado von Obregon.

Alvear Mont-M ★★→★★★★ Größter Erzeuger von sehr guten Fino-artigen Aperitifs und außerordentlich süßen rosinierten Weinen, beide von PX, v. a. Fino C. B., Solera 1927.

Andresen ★★→★★★ Portweinerzeuger in Familienbesitz mit fassweise abgefülltem gutem 20-Year-Old Tawny und Colheita (**1910' 70'** 75 82 91' 97). Hat als Erster einen weißen Portwein mit Altersangabe herausgebracht (10-Year-Old White Port, jetzt auch 20-Year-Old).

Alvaro Domecq Jer ★★→★★★★ Domecq ist eine der großen Sherry-Familien. Nach Umstrukturierungen des Unternehmens lancierte der Ableger Alvaro Domecq eine Marke auf der Basis von Soleras von Pilar Aranda – angeblich die älteste Bodega in Jerez. Wurde 2007 Teil der Investitionsgesellschaft Inveravante, die sich an vielen Gütern beteiligt. Exzellente Weine namens 1730, u. a. Palo Cortado und Oloroso. Guter Fino La Janda. Außerdem mit der beste Sherry-Essig.

Barbadillo, Antonio San ★→★★★★ Für den größter Sherry-Erzeuger der Stadt ist der ehemalige Bischofspalast von Sanlúcar die richtige Behausung. Erzeugt wird ein vor Ort sehr beliebter preisgünstiger Weißwein von Palomino, aber auch mit der feinste Sherry aus Sanlúcar. Die Reliquia-Reihe ist kostspielig, aber hervorragend, v. a. der Palo Cortado und der Oloroso. Lokal sehr beliebt während der *feria* ist der Solear Manzanilla. Außerdem Principe Amontillado, Obispo Gascón Palo Cortado, Cuco Dry Oloroso und Manzanilla en Rama, als »Sacas« nach den Jahreszeiten etikettiert.

Barbeito Firma mit intensiven, fein gearbeiteten Madeiras ohne Karamellzusatz. Einzelfass-Colheitas, hervorragender 20- und 30-Year-Old Malvasia und Verschnitt VB (Verdelho/Bual). Glänzende Colheitas mit Zitrusnote (Malvasia 2000, Boal 2001) und stilvoller Frasqueira (Sercial 1978, 1988, Boal 1982, Verdelho 1981). Grandios in Form.

Barros Almeida Großes Portweinhaus mit mehreren Marken (u. a. Feist, Feuerheerd, Kopke) im Besitz von Sogevinus: exzellenter 20-Year-Old Tawny und Colheitas (**78' 96'**); die Vintage Ports werden besser. Außerdem gereifte weiße Ports, u. a. Very Old Dry White und 1935 Colheita.

Barros e Sousa Handwerklich arbeitender Madeira-Erzeuger mit geringen Mengen an vollständig im Canteiro gereiften Weinen, die von Hand abgefüllt und etikettiert werden, darunter seltene Jahrgänge (Terrantez **1979**, Verdelho **1983**), Bastardo Old Reserve, guter 10-Year-Old und ein ungewöhnlicher 5-Year-Old Listrão-Verschnitt. Kein Export.

Blandy Dank der beliebten Duke-Reihen (3 Jahre alte Weine) das bekannteste Etikett der Madeira Wine Company. Kurze Gärzeiten bringen den reichhaltigen Stil des Hauses zur Geltung. Ein großes Gebäude beherbergt ein Besucherzentrum und über 8.000 hl erstklassige Weine. Feine alte Jahrgänge (z. B. Bual **1964, 1968', 1977'**, Verdelho **1968** und Sercial **1966**). Zu den jüngsten Neuerungen gehören Colheita-Weine (Malmsey **1992**, 2001

Bual **1991**, Single Harvest **1977**) und der Alvada, ein sehr schmackhafter Verschnitt von Bual und Malvasia.

Borges, H. M. Madeira-Familienunternehmen. Sehr gute, fruchtbetonte 10 Jahre alte Colheitas (Sercial **1995**, Malmsey **1998**) und Jahrgangsweine, v. a. Sercial **1977**, **1979**, Bual **1977**. Zum 500. Jahrestag von Funchal wurde ein 40 Jahre alter Malvazia in limitierter Auflage erzeugt.

Bual (oder **Boal**) Klassische Madeira-Rebsorte: rauchige, süße Weine mit spritziger Note, nicht so voll wie Malmsey. Hervorragend zu Käse und leichteren Desserts.

Burmester Das kleine Portweinhaus im Besitz von Sogevinus steckt hinter der innovativen fruchtbetonten und geradlinigen Marke G-Porto von Gilbert. Bekannt v. a. für feinen, milden, süßen 20- und 40-Year-Old Tawny sowie Colheitas (1955', 1989). Die Vintage Ports werden besser (07'). Ordentliche weiße Ports mit Altersangabe.

Cálem Portweinbetrieb im Besitz von Sogevinus. Velhotes ist die Hauptmarke. Sehr gute Colheita-Weine (**89**, 2000) und Vintage Ports. Findet gerade seine alte Form wieder (03' 05 07). Der Very Old Special Reserve Tawny markiert den 150. Jahrestag. Der neue Rosé-Port hat ein Etikett mit Braille-Schrift.

Canteiro Die natürliche Fassreifung feinster Madeiras in warmen, feuchten Lagerhäusern. Die Canteiro-Methode bringt subtilere, komplexere Weine hervor als die Estufagem-Methode (siehe dort).

Churchill 82 85 91 94 97 00 03 07 – 1981 gegründete unabhängige Port-Firma in Familienbesitz. Für mehr Eleganz sorgt die Konzentration auf Touriga Nacional und Touriga Franca. Sehr guter traditioneller LBV. Quinta da Gricha ist der Single-Quinta-Port (**99** 00 01 03' 04 05' 06 07). Mustergültiger gereifter weißer Portwein, sehr guter 10 Jahre alter und neuerdings ein 20 Jahre alter Tawny, jetzt in 50-cl-Flaschen.

Cockburn Nachdem sie 2006 die Aktiva gekauft hatten, erwarben die Symington Family Estates 2010 auch die alte Port-Marke. Beliebter Special Reserve Ruby. 50-cl-Flaschen für weißen Tawny und Tawny mit Altersangabe. Vintage Ports im trockenen Stil des Hauses (**63 67 70 75 83' 91 94** 97 00 03' 07'). Gute, von Touriga Nacional dominierte Single-Quinta-Weine von der Quinta dos Canais (**98** 01' 05'06 07' 08).

Colheita Portwein oder Madeira mit Jahrgangsangabe, der mindestens 7 (Port) bzw. 5 (Madeira) Jahre im Fass gereift ist. Das Abfülldatum ist auf dem Etikett angegeben.

Cossart Gordon Spitzenmarke der Madeira Wine Company. Höher gelegenere, kühlere Weinberge und eine längere Gärung sorgen für einen trockeneren Stil als bei Blandy. Bekannt v. a. für die Marke Good Company. Außerdem 5-jährige Reserva-Weine, Colheitas (Sercial **1991**, Bual **1995**, **1997**, Malvasia **1996**, **,1998**, Harvest **1999**) und alte Jahrgänge (Terrantez **1977**, Bual **1908**, **1961**) im Angebot.

Croft Die Portweinfirma ist jetzt Teil von Fladgate, die für den erheblich besser gewordenen 2003er Vintage Port wieder das Stampfen der Trauben mit den Füßen eingeführt hat. Jahrgänge: **60' 63' 66 67 70 75 77 82 85 91 94** 00 03' 07. Unter dem Namen Quinta da Roêda finden sich leichtere Weine. Die erfolgreichsten Marken sind Indulgence, Triple Crown und Distinction. Der »Pink«, ein neuartiger roséfarbener Portwein, stieß eine Änderung der Vorschriften zur Zulassung von Rosé Port an. Er ist eine beliebte Cocktail-Zutat oder wird kalt bzw. auf Eis serviert.

Croft Jerez Jer – Marke für Pale Cream Sherry im Besitz von González Byass.

Crusted Meist aus verschiedenen Jahrgängen verschnittener Port, der jung abgefüllt und in der Flasche gelagert wird, sodass sich ein Depot, die »Kruste«, bildet. Muss dekantiert werden.

Delaforce Port-Firma, jetzt im Besitz der Real Companhia Velha, die 2010 eine Tischweinreihe auf den Markt brachte; die Ports erzeugt immer noch Fladgate. Kleinode sind der 20 Jahre alte Tawny Curious & Ancient sowie Colheita-Weine (**64 79 88**). Die Qualität der Vintage Ports steigt wieder: **63 66 70' 75 77 82 85 92' 94** 00 03. Single-Quinta-Weine von der Quinta da Corte.

Delgado Zuleta San ★★ Historische (1774 gegründete) Firma in Sanlúcar. Der Manzanilla La Goya ist ein Klassiker: krafvoll, mit tänzerischer Frische. Der Amontillado Viejo kommt ansprechend muskulös und salzig daher.

Dios Baco Jer ★→★★ Familienbetrieb in Jerez. Sehr guter Imperial VORS Palo Cortado.

Domecq Jer ★★→★★★★ Einer der historischen großen Sherry-Namen. Nach Umwälzungen im Unternehmen jetzt im Besitz von Osborne. Die Weine haben die Stürme zum Glück überlebt. Herausragende Kollektion von VORS-Weinen.

Douro Der Fluss, der in Spanien als Duero entspringt, durch das Portweinland fließt und der Region seinen Namen gibt. Die Region besteht aus drei Teilen: Cima (Oberer) Corgo und Douro Superior (woher die besten Portweine stammen) sowie Baixo (Unterer) Corgo. Auch ein Gebiet für Qualitäts-Tischweine; siehe Portugal.

Dow Markenname des Port-Unternehmens Silva & Cosens; gehört zu den Symington Family Estates, pflegt aber einen trockeneren Stil als die anderen Mitglieder der Gruppe. Sehr gutes Angebot an Portweinen, u. a. Crusted, 20 und 30 Jahre alte Tawnys, Single Quinta Bomfim und (seit 1998) sehr guter Quinta da Senhora da Ribeira. Vintage Ports: **63 66 70 72 75 77 80 83 85' 91 94** 97 00' 03 07'.

Emilio Hidalgo Jer ★★★→★★★★ Hervorragender kleiner Sherry-Familienbetrieb. Ungewöhnlicherweise reifen alle Weine außer PX zunächst unter Flor. Ausgezeichneter Einzellagen-Fino La Panesa, Palo Cortado Marques de Rodil, Amontillado El Tresillo 1874, Palo Cortado Privilegio aus einer Solera von 1860 und sehr guter PX Santa Ana 1861.

En Rama Sherry, der ungefiltert und ohne Kaltstabilisierung vom Fass in die Flasche abgefüllt wird, daher empfindlich und bei manchen Erzeugern und Händlern unbeliebt ist, aber zunehmend in Mode kommt (so brachte z. B. González Byass 2009 in Großbritannien den Tío Pepe en Rama heraus). Von Liebhabern wegen seiner Reinheit geschätzt. Die »saca«, der Abstich, findet statt, wenn der Flor am dicksten ist, also im Frühling und Herbst. Im Kühlschrank aufbewahren und bald trinken.

Equipo Navazos ★★★★ Die »virtuelle« Bodega – es gibt keine Produktionsanlagen für die Marke – wurde von einer Gruppe von Sherry-Spezialisten gegründet, die einzelne Fässer aus Soleras von Spitzenbodegas in Flaschen abfüllen. Die Nummerierung der Flaschen beginnt mit 1, z. B. Bota (Fass) No. 1. Erwarb sich rasch einen Ruf für höchste Qualität, v. a. La Bota de Amontillado NPI No. 5, La Bota de Palo Cortado No. 21 und der eindrucksvolle Cream La Bota No. 21. In Zukunft kann man sich wohl auf noch mehr solcher virtuellen Bodegas gefasst machen.

Estufagem Methode, mit der einfache Madeiras in Tanks langsam erhitzt und wieder abgekühlt werden und dabei den charakteristischen Beigeschmack von verbrannter Erde annehmen; erheblich weniger subtil als die Canteiro-Methode (siehe dort). Immerhin hat die Tendenz zu niedrigeren Temperaturen für mehr Frische gesorgt.

Ferreira Der führende Port-Händler in portugiesischem Besitz gehört zu Sogrape. In Portugal Marktführer. Gut strukturierte, reichhaltige, würzige Reserva (Don Antónia), 10- und 20-jähriger Tawny, Quinta do Porto und Duque de Bragança. Früh reifende Vintage Ports: **66 70 75 77 78 80 82 83 85 87 90 91 94** 95' 97 00 03 07'.

Fladgate Siehe Taylor's.

Flor Das spanische Wort für »Blume« bezeichnet die Schicht aus Saccharomyces-Hefen, die sich in einem zu fünf Sechsteln gefüllten Fass auf der Oberfläche von Fino- und Manzanilla-Sherry bildet. Indem sie die Oxidation verhindert (ein Vorgang, den man »biologische Reife« nennt), sorgt sie für Frische. Amontillados und manche Olorosos beginnen als Finos unter Flor, bevor der Flor auf natürliche Weise oder durch die Zugabe von Alkohol abstirbt. In Puerto de Santa María und Sanlúcar, die näher an der Küste liegen, ist die Flor-Schicht dicker.

Fonseca Guimaraens Die Port-Firma gehört zu Fladgate. Von den Weinen sind zu nennen der Bin 27, der ökologisch erzeugte Terra Prima (ein Reserve Ruby) und die üppigen, aber strukturierten Vintage Ports (inzwischen nur noch von gutseigenen Trauben). Zu den besten zählt der Fonseca **63' 66' 70 75 77' 80 83 85'** 92 94' 97 00' 03' 07. Der beeindruckende, schneller reifende Fonseca Guimaraens und der Single-Quinta do Panascal werden in Jahren erzeugt, in denen kein klassischer Jahrgangs-Port deklariert wird, z. B. 2008.

Frasqueira Offizielle Bezeichnung für »Vintage Madeira«, also Madeira eines einzigen Jahrgangs. Es sind außerordentlich intensive Weine, die erst nach mindestens 20 Jahren Fasslagerung abgefüllt werden. Das Datum der Flaschenabfüllung muss angegeben werden; je länger der Wein im Fass liegt, umso konzentrierter und komplexer wird er.

Garvey Jer ★→★★ Einer der großen alten Namen in Jerez, mit dem jetzt auch die Holding der Bodegas (u. a. Teresa Rivero, Valdivia, Zoilo Ruiz-Mateos, Erzeuger von Sherry privater Marken) im Besitz der Familie Ruiz-Mateos bezeichnet wird. Der Fino San Patricio ist immer noch ein Klassiker, außerdem Amontillado Tío Guillermo und die Reihe 1780 mit Altersangabe.

González Byass Jer ★→★★★★ Nachdem sie 2010 ihr 175-Jahre-Jubiläum in Jerez groß gefeiert hat, schaut die Familie engagiert nach vorn. Sie hat einen der besten Finos: Tío Pepe, der seit Kurzem durch eindrucksvolle En-Rama-Abfüllungen ergänzt wird. Insgesamt sehr hoher Standard, etwa Amontillado Viña AB, süßer Oloroso 1847, Oloroso Matúsalem, Palo Cortado Apóstoles und der hervorragende, überaus reichhaltige PX Noë. Umfangreiche Beteiligungen an Erzeugern von Brandy (Soberano, Lepanto) und von Tischweinen, u. a. Finca Moncloa (Tierra de Cádiz), Altozano (Tierra de Castilla), Vilarnau (Cava), Beronia (Rioja) sowie Viñas del Vero und Secastilla (Somontano). Zum Besitz gehört auch Croft.

Gould Campbell Port-Firma im Besitz der Symington Family Estates. Günstige, körperreiche Vintage Ports: 70 **77' 80 83 85' 91 94** 97 00 03' 07.

Gracia Hermanos Mont-M ★ Teil derselben Gruppe wie Pérez Barquero und Compañia Vinícola del Sur; erzeugt Montillas von guter Qualität, v. a. Amontillado Tauromaquía und PX.

Graham Einer der großen Namen im Portweingeschäft, im Besitz der Symington Family Estates. Das sehr gute Angebot reicht vom Reserve Ruby Six Grapes, LBV und dem Tawny (Reserve) bis zu ausgezeichneten Tawnys mit Altersangabe und einigen der vollsten, süßesten Vintage Ports überhaupt: **63 66** 70' 75 77' 80 83' 85' **91' 94'** 97 00' 03' 07'. Auch sehr guter Single Quinta Vintage Port dos Malvedos.

Gran Cruz Wie Justino im Besitz von La Martiniquaise, der größten einzelnen Portweinmarke. Hauptsächlich leichter, preiswerter Tawny. Neuerdings auch Rosé Port.

Grupo Estévez Dynamisches, expandierendes Familienunternehmen mit vielen Qualitätsbeteiligungen in Jerez und Sanlúcar, daruter La Guita, Gil Luque, Marqués del Real Tesoro, Valdespino.

Guita, La San ★→★★★ Besonders feiner Manzanilla mit markantem Kordelsiegel. Im Besitz von Grupo Estévez.

Gutiérrez Colosía P de SM ★→★★★ Ehemaliger Almacenista in Familienbesitz mit sehr großem Sortiment, das nun direkt an Endkunden verkauft wird. Herrlicher alter Palo Cortado.

Harveys Jer ★→★★★ Bedeutender Erzeuger, der von den Stürmen der Firmenübernahmen durchgeschüttelt wurde und mit einem veränderten Angebot für Verwirrung sorgt. Jetzt zusammen mit Beam Global. Bekannt für Bristol Cream (mittelsüß), die Ikone der Creams. Die meisten VORS-Weine zeigen die Herbheit hohen Alters, aber der PX ist hervorragend.

Henriques & Henriques Unabhängige Madeira-Firma, die einzige mit eigenen Weinbergen (11 ha), die 15 % der Produktion liefern. Frischer, extratrockener Aperitif Monte Seco, sonst volle, gut strukturierte Weine, u. a. hervorragende 10- und 15-Year-Olds, neuer 10 und 20 Jahre alter Malvasia und Terrantez, sehr feine Reserva-Weine, »Single Harvest«-Colheitas, Jahrgangs- und Solera-Weine (Sercial 1964, Terrantez 1976, Malvasia 1954, Bual 1954 und 1980, Century Malmsey-Solera 1900).

Herederos de Argüeso San ★★→★★★ Einer der besten Manzanilla-Erzeuger in Sanlúcar mit sehr gutem San León und außergewöhnlichem, kompaktem, salzigem San León Reserva sowie jugendlichem Las Medallas; außerdem immer noch jugendlicher Amontillado Viejo VORS.

Hidalgo La Gitana San ★★★→★★★★ Der alteingesessene Sherry-Familienbetrieb in Sanlúcar (seit 1792) wird von dem unermüdlichen Javier Hidalgo geleitet. Das Flaggschiff ist der Manzanilla La Gitana. Der intensive, schmackhafte, gereifte Manzanilla Pasada Pastrana von einer Einzellage steht in eindrucksvollem Kontrast zur heutigen Mode der extrem blassen, jugendlichen Manzanillas. Auch feiner Oloroso, schöner Palo Cortado und sirupartiger PX; sehr gute VORS-Reihe.

Jerez de la Frontera Zentrum der Sherry-Industrie zwischen Cádiz und Sevilla in Südspanien. Das Wort Sherry ist eine Verballhornung des Namens Jerez. Französisch: Xérès.

Justino Das größte Madeira-Unternehmen ist (samt den Portweinen namens Gran Cruz) vollständig im Besitz von La Martiniquaise. Guter 10-Year-Old, Colheita Tinta Negra (**1995, 1996**), Terrantez Old Reserve NV und Vintage Port. Ein nach der Canteiro-Methode gereifter Tinta Negra von Trauben aus zertifiziert biologischem Anbau ist in Arbeit. Erzeugt wird auch Madeira der Marke Broadbent, u. a. guter Terrantez 1978.

Kopke Das älteste Portweinhaus, 1638 gegründet und jetzt im Besitz von Barros Almeida. Die Spitzenreiter des Angebots sind die in Holz gereiften Weine, v. a. der 40 Jahre alte Tawny, der neue 30 Jahre alte weiße Port und die Colheita-Weine (**66 80' 87 89**). Die Vintage Ports (u. a. Single-Quinta Quinta São Luiz) reifen meist früh, aber einige sind sehr gut (**83 85 87** 89 91 94 97 00 03 04 05' 07). Guter neuer Rosé (relativ trocken).

Krohn Port-Firma mit gutem 20- und 30-Year-Old Tawny und erstklassigen Colheita-Weinen (**61' 64 67' 68 78 82 83' 87' 91**), von denen einige aus dem 19. Jahrhundert stammen. Vintage Ports steigender Qualität, u. a. Single-Quinta Quinta do Retiro Novo.

Lagar Traditioneller flacher Steintrog, in dem die Trauben für die Portweinbereitung mit den Füßen gestampft und vergoren werden. Heutzutage wird diese Aufgabe immer häufiger von programmierbaren Roboter-»Füßen« übernommen. Wird sogar auch für bestimmte Madeiras eingesetzt (Barbeito).

LBV (Late Bottled Vintage) Portwein aus einem einzigen Jahr, der doppelt so lang wie Jahrgangs-Port (etwa 5 Jahre) in Holzfässern gelagert wird und bei der Abfüllung trinkfertig ist. Er wird in viel größeren Mengen produziert als Vintage Port und weist eine robuste Fruchtigkeit auf, ist aber nicht so kraftvoll und komplex. Normalerweise muss man ihn nicht dekantieren, außer bei den sehr empfehlenswerten ungefiltert abgefüllten LBV-Weinen, die 10 Jahre oder länger altern können (Churchill, Ferreira, Niepoort, Quinta Nova, Quinta do Noval, Smith Woodhouse und Warre).

Leacock Etikett der Madeira Wine Company, süßer, reichhaltiger Hausstil. Die Hauptmarke ist St. John, sehr beliebt in Skandinavien. Zu den älteren Jahrgangsweinen zählen 1963er Sercial, 1914er Bual und Solera von 1808 und 1860.

Lustau Jer, P de SM, San ★★★→★★★★ Die Bodega in Jerez heimst weiterhin Auszeichnungen für ihre große Auswahl ausgezeichneter individueller Weine ein. Eine der ersten, die Almacenista-Sherrys ausfindig machte und vertrieb: u. a. Manzanilla Amontillado Jurado und Palo Cortado Vides. Weitere gute Sherrys sind etwa East India Solera und Moscatel Emilín. Die neueste Freigabe auf Spitzenniveau ist der süße Oloroso mit Jahrgangsangabe, der erste war Añada 1990. Im Besitz der Caballero-Gruppe.

Madeira Wine Company Nachdem sie 1913 durch zunächst zwei Firmen als Madeira Wine Association gegründet worden war, schlossen sich ihr danach alle 26 britischen Madeira-Unternehmen an. Wird heute von der Familie Blandy und den Symington Family Estates gemeinsam geleitet und kommt für über 50 % aller abgefüllten Madeira-Exporte auf. Die wichtigsten Marken sind Blandy, Cossart Gordon, Leacock und Miles, die sich alle ihren jeweils eigenen Stil bewahrt haben; Blandy und Cossart Gordon sind die besten. Alle Weine – mit Ausnahme der einfachen – sind nach der Canteiro-Methode gereift.

Malmsey (Malvasia Candida) Die süßeste und vollste der traditionellen Madeira-Traubensorten; dunkel bernsteinfarben, voll und honigduftig, jedoch mit der für Madeira charakteristischen eigenartigen Schärfe. Passt hervorragend zu reichhaltigen Obst- und Schokoladendesserts.

Marqués del Real Tesoro Jer ★ Schöner Fino Tío Mateo. Der Betrieb gehört zur Grupo Estévez.

Martinez Gassiot Port-Firma im Besitz der Symington Family Estates, bekannt v. a. durch den exzellenten, vollen und pikanten Portwein Directors 20-Year-Old Tawny. Preiswerte Vintage Ports in einem trockeneren, traditionellen Stil, die schön altern: **63 67 70 75 82 85 87 91** 94 97 00 03 07.

Montecristo Mont-M – Markenname für umsatzstarke Montillas, die von der Compañía Vinícola del Sur erzeugt werden.

Montilla-Moriles Andalusische DO-Region bei Córdoba. Früher war Montilla v. a. für seine billigeren Weine im Sherry-Stil bekannt, heute macht es sich mehr und mehr einen Namen für die Qualität seiner sonnengetrockneten, sehr süßen PX-Trauben, deren Weine zum Teil lange in Soleras reifen. Spitzenerzeuger: Alvear, Gracia Hermanos, Pérez Barquero, Bodegas Toro Albalá. PX aus Montilla ist eine wichtige Bezugsquelle für die DO Jerez, um die aktuellen Versorgungsengpässe in Jerez selbst abzufedern.

Niepoort ★★★ Kleiner Portweinfamilienbetrieb; auch sensationelle Tischweine. Beständig feine Vintage Ports (**63 66 70' 75 77 78 80 82 83 87** 91 92 94 97 00' 03 05' 07), dazu einzigartige, in Glasballons gereifte Garrafeira (jetzt neu auf dem Markt der 77er), Broadbent, neuer Pisca von einer Einzellage und Secundum, geschaffen für früheren Genuss. Ausgezeichnete Tawnys und Colheitas. Maßstäbe setzender Dry White und jetzt auch ein weißer 10-Year-Old Port. 2007 wurde ein neuer Crusted Port abgefüllt.

Noval, Quinta do Historisches Portweinhaus in französischem Besitz (AXA); duftender und eleganter, aber fester Vintage Port. Auf etwa 2,5 ha wachsen wurzelechte Reben, die geringe Mengen des überaus intensiven, langsam reifenden Nacional liefern. Er wird allerdings nicht in allen klassischen deklarierten Jahrgängen erzeugt (z. B. 62' 80 82 85 87). Sehr guter Tawny mit Altersangabe und Colheita-Weine. Vintage Ports: **62 63 66 67 70 75 78 82 85 87 91 94' 95** 97' 00' 03' 04 07' 08'. Zweite Vintage-Marke: Silval. Neuzugänge im Angebot sind der früh trinkbare Noval Black Reserve-Ruby und der sehr gute, ungefilterte Single-Quinta-LBV.

Offley Markenname des Port-Unternehmens Sogrape. Gutes, zugängliches, fruchtiges Sortiment, u. a. der Massenwein Duke of Oporto, Baron de Forrester, ein Tawny mit Altersangabe, und Boa Vista als Jahrgangsport: **63 66 67 70 72 75 77 80 82 83 85 87 89** 94 95 97 00' 03 07. Auch neuer Rosé Port.

Osborne P de SM ★→★★★★ Weinunternehmen in Puerto de Santa María. An Sherry wird u. a. Fino Quinta erzeugt. Das Schwesterunternehmen Caballero Group erwarb vor Kurzem das ehrwürdige Haus Domecq, d. h. die außergewöhnlichen VORS-Weine von Domecq kommen jetzt unter der Marke Osborne auf den Markt: Amontillado 51-1a, Oloroso Sibarita, Palo Cortado Capuchino unnd PX Venerable. Produziert Tischweine in Tierra de Cádiz, VdT Castilla, Rioja, Rueda und Ribera del Duero. Daneben auch Portwein; deklarierte Vintage Ports in den Jahren 95 97 00' 03' 07. (Fladgate produziert seit 2005 die Ports.)

Palomino Weiße Traube, von der alle Sherrys außer Moscatel und PX erzeugt werden und die, vom Charakter her ausdrucksarm, ihre Identität durch die Reifung in der Solera erhält.

Paternina, Federico Jer ★★→★★★★ Im Besitz von Marcos Eguizábal aus Rioja, dem Erzeuger der historischen Banda-Azul-Weine, der die traditionellen Keller von Diéz Hermanos zusammen mit drei VORS-Weine erwarb: den exzellenten, einzigartigen Fino Imperial, den Oloroso Victoria Regina und den PX Vieja Solera.

Pereira d'Oliveira Vinhos Madeira-Firma in Familienbesitz. Gute Standardserie. 15 Jahre und ältere Weine sind nach der Canteiro-Methode gereift. Feine Colheitas im traditionellen Stil (Boal 1983 und 1988, Malvasia 1987, Terrantez 1988) und als Reserve etikettierte Vintage Ports, die bis zum Jahr 1850 zurückgehen und je nach Nachfrage vom Fass abgefüllt werden (Sercial 1937 und 1971, Verdelho 1966, Bual **1958** und 1968).

Pérez Barquero Mont-M ★★→★★★ Führender Erzeuger bei der Wiederbelebung des PX in Montilla. Feiner Gran Barquero Fino, Amontillado und Oloroso, sehr feiner PX La Cañada.

Plá, Pilar – El Maestro Sierra Jer ★→★★★ Im Besitz der Grande Dame von Jerez, Pilar Plá Pechovierto, Witwe eines direkten Nachkommen der Almacenistas, die 1832 den Anfang machten. Vor Ort sehr beliebt. Guter Fino sowie 12 und 15 Jahre alter Amontillado und Oloroso.

Poças Portugiesischer Familienbetrieb mit sehr guten Tawnys und Colheitas (**67' 86'** 94). Guter LBV und neuere Vintage Ports (97 00' 03 04 05' 07').

Single-Quinta-Weine von der Quinta de Santa Bárbara. Auch gute Tischweine.

Puerto de Santa María Der frühere Sherry-Hafen ist eine der drei Städte, die das »Sherry-Dreieck« bilden. Die Produktion geht nun rapide zurück, zu den verbliebenen Bodegas gehören der ehemalige Almacenista Gutiérrez Colosía, Osborne und Terry. Die Finos aus Puerto gelten als leichter als die aus Jerez und als weniger salzig als die aus Sanlúcar.

Quarles Harris Eines der ältesten Portweinhäuser, gegr. 1680, heute im Besitz der Symington Family Estates. Milde, schön ausgewogene Jahrgangsweine, oft sehr preiswert: **63 66 70 75 77 80 83 85 91** 94 97 00' 03 07.

Quevedo Neue Portweinmarke, die ihre 30-plus-Anhängerschaft mit modernen Medien sowie weißem Port, Ruby, Vintage (07', 08) und Rosé umwirbt.

Quinta Portugiesisches Wort für Weingut. Traditionell wird es auch für Jahrgangs-Portweine aus Einzellagen (Single Quinta) im Besitz des jeweiligen Handelshauses verwendet, die in guten, aber nicht außergewöhnlichen Jahren deklariert werden. Immer mehr Güter erzeugen Portweine aus Spitzenjahrgängen. Zu den aufstrebenden Erzeugern zählen Barros Almeida, Duorum, Passadouro, Romaneira, Tedo, Vale Meão von Whytingham, Vale Dona Maria und Pintas von Wine & Soul.

Ramos Pinto Dynamische Port-Firma im Besitz des Champagnerhauses Louis Roederer, erzeugt auch gute Tischweine. Hervorragender Single Quinta de Ervamoira sowie Tawnys, u. a. de Ervamoira (10 Jahre alt), do Bom Retiro (20 Jahre alt) und 30-Year-Old. Volle und süße, im Allgemeinen früh reifende Vintage Ports. 2009 kam ein exzeptioneller, 100 Jahre alter Jubiläums-Tawny heraus.

Reserve (oder **Reserva**) Premiumportwein, meist Reserve Ruby, manchmal auch Reserve Tawny, der ohne Jahrgangs- oder Altersangabe abgefüllt wird, aber besser ist als die normalen Weine.

Rey Fernando de Castilla Jer ★★→★★★★ Kleine Bodega mit eindrucksvollem Revival unter dem neuen Eigentümer sowie sehr feinen Sherrys und Brandys. Ausgezeichneter Amontillado, Oloroso und PX sowie herausragender Palo Cortado der Reihe Antique. Alle wären für eine Altersangabe qualifiziert, aber die Bodega vermeidet das System lieber. Die klassische Reihe ist billiger, aber deshalb natürlich auch weniger interessant als die Antique-Weine.

Rosa, Quinta de la Sehr guter, kräftig gebauter Single-Quinta-Port, guter Tawny und Colheita (auch Tischweine) von der Familie Bergqvist. Besonders empfehlenswert sind die Vintage Ports der Jahrgänge **94 95** 00 03' 04 05' 07'.

Rosé Port 2009 offiziell anerkannte Kategorie, ausgelöst durch den Pink von Croft. »Pink« ist nun ein Warenzeichen von Croft; der Erzeuger empfiehlt, ihn gekühlt, auf Eis oder in einem Cocktail zu servieren.

Royal Oporto Die wichtigste Portweinmarke der Real Companhia Velha (der nun auch Quinta de Ventozelo und Delaforce gehören). Gute Tawnys, Colheitas (53' 77) und neuere Vintage Ports, seit 1997 werden die Trauben mit den Füßen gestampft. Neuer Rosé Port.

Rozès Port-Firma, die genauso wie São Pedro das Aguias im Besitz des Champagnerhauses Vranken ist. In Frankreich sehr beliebt. 2004 vielversprechende Neuerwerbung Quinta do Grifo am oberen Douro (Single-Quinta-Weine). Neuer Rosé Port.

Ruby Die jüngste und billigste Portweinart: einfach, süß und rot; die besten sind als Reserve etikettiert.

Sherry-Stile

Manzanilla Blasser, trockener Sherry mit einem Aroma von frischen grünen Äpfeln; reift im feuchten, maritimen Klima von Sanlúcar de Barrameda, wo der Flor eine dickere Schicht bildet und der Wein angeblich eine salzige Note bekommt. Sollte kühl und frisch aus einer gerade geöffneten Flasche getrunken werden. Nicht aufbewahren. Beispiel: San León Reserva von Herederos de Argüeso.

Manzanilla Pasada Länger als üblich gelagerter Manzanilla, sehr trocken und komplex. Beispiel: Einzellagen-Manzanilla Pasada Pastrana von Hidalgo La Gitana.

Fino Trockener Sherry, etwas gewichtiger als Manzanilla; beide müssen mindestens 3 Jahre lagern. Beispiel: Tío Pepe von González Byass. Nicht aufbewahren.

Amontillado Ein Fino, bei dem aber der Flor, die schützende Hefeschicht, die sich im Fass auf der Weinoberfläche bildet, abgestorben ist: Der Wein oxidiert und gewinnt eine kraftvollere Komplexität. Von Natur aus trocken. Beispiel: Tío Diego von Valdespino. Kommerzielle Amontillados sind oft gesüßt.

Oloroso Nicht unter Flor gereift. In der Jugend schwerer und weniger brillant, reift aber zu nussiger, pikanter Intensität heran. Von Natur aus trocken. Kann auch mit PX gesüßt und als Oloroso Dulce/Sweet Oloroso verkauft werden. Beispiele: Rio Viejo von Domecq (trocken), Old East India von Lustau (süß). Lagerfähig.

Palo Cortado Sehr beliebt bei Sherry-Fans. Traditionellerweise ein Wein, der seinen Flor verloren hat und im Stil zwischen Amontillado und Oloroso steht – heute oft verschnitten, um diesen Stil zu kreieren. Meist nicht sicher zu identifizieren, auch wenn ihm eine typische »milchige« Note oder ein Hauch »bitterer Butter« nachgesagt wird. Trocken, voll und komplex – äußerst lohnend. Beispiele: Reliquía von Barbadillo, Gutiérrez Colosía.

Ruiz-Mateos, Zoilo Jer, San – Familienunternehmen mit insgesamt großem, aber wechselndem Einfluss auf den Sherry. Die Bodegas der ursprünglichen Muttergesellschaft Rumasa (nach dem Namen der Familie) wurden 1983 von der Regierung enteignet. Als neu gegründete Nueva Rumasa schuf sie den Garvey-Konzern, einschließlich Sandeman, Valdivia und Teresa Rivero. Steckt Anfang 2011 in einer Finanzkrise, die die Existenz der Bodegas bedroht.

Sanchez Romate Jer ★★→★★★ 1781 gegründetes Familienunternehmen in Jerez. Bekannt vor allem in der spanischsprachigen Welt, besonders durch den Brandy Cardenal Mendoza. Sehr feiner, nussiger Amontillado NPU, ausgezeichneter VORS Amontillado, Oloroso La Sacristía de Romate sowie gehaltvoller PX Sacristí.

Sandeman Jerez Jer ★→★★★ Auch dieses Unternehmen wurde grundlegend umstrukturiert, seit Gründer George Sandeman 1790 Schwesterniederlassungen sowohl in Porto als auch in Jerez errichtete. Einige feine Weine liegen im Keller, u. a. VOS Amontillado Royal Esmeralda und VOS Oloroso Royal Ambrosante sowie PX. Weinberge, Lagerbestände und Bodega gehören Ruiz-Mateos.

Sandeman Port Die leichteste der Sogrape-Marken mit guten alten Tawnys, v. a. 20-Year-Old. Die Vintage Ports sind elegant, waren aber bis vor Kurzem von gemischter Qualität. Die neue Kellerei in der Quinta do Seixo ist seit 2007 in Betrieb (**63 66** 70 75 **77 94** 97 00 03 07'). Zweitmarke ist der verführerische Vau Vintage (**97' 99** 00).

Cream Verschnittener Sherry, gesüßt mit Traubenmost, PX und/oder Moscatel – ein mittelsüßes Getränk zum kleinen Preis. Maßgeschneidert für den britischen Markt und unverhohlen kommerziell ausgerichtet. Beispiele: Bristol Cream von Harveys, Pale Cream von Croft.
Pedro Ximénez (oder **PX**) Rosinensüßer dunkler Sherry von teilweise in der Sonne getrockneten Pedro-Ximénez-Trauben. Die Trauben stammen meist aus Montilla; der Wein wird in der DO Jerez erzeugt. Konzentriert, gehaltvoll, süffig und relativ günstig. Das Beste, was man zu Eiscreme trinken kann. Alles in allem der süßeste Wein der Welt. Beispiele: Antique von Rey Fernando de Castilla, Santa Anna 1861 von Emilio Hidalgo, Toneles von Valdespino.
Moscatel Aromatisch und ansprechend mit nur rund halb so viel Zucker wie PX. Beispiel: Emilín von Lustau. Muss anders als PX nicht gespritet werden und darf jetzt »Jerez« genannt werden.
VOS/VORS Relativ neue Kategorie von Sherrys (nur Amontillado, Oloroso, Palo Cortado und PX) mit Jahrgangsangabe, eingeführt, um einige Schätze aus den Bodegas von Jerez besser zur Geltung zu bringen. Außerordentliche Qualität und Reife zu relativ niedrigen Preisen. Weine, die über 20 Jahre alt sind (mit der Radiokarbonmethode gemessen) heißen VOS (Very Old Sherry/Vinum Optimum Signatum), ab 30 Jahren VORS (Very Old Rare Sherry/Vinum Optimum Rare Signatum). Auch 12 und 15 Jahre alte Exemplare sind erhältlich. Beispiele: VOS Jerez Cortado Wellington von Hidalgo, VORS 51-1a Amontillado von Osborne. VORS-Weine können bitter oder dünn ausfallen und dürfen mit PX gesüßt werden – gelegentlich übertreiben es die Erzeuger mit der Zugabe von PX.
Añada Sherry mit Jahrgangsangabe – entgegengesetzt zur Tradition der Solera, die verschiedene Jahrgänge verschneidet. Früher nur private Abfüllungen, jetzt öffentlich anerkannt. Beispiel: süßer Oloroso Añada 1990 von Lustau.

Sanlúcar de Barrameda Eine der drei Städte des »Sherry-Dreiecks«, an der Mündung des Guadalquivir gelegen. Der starke maritime Einfluss in der niedrigen Lage begünstigt das Wachstum von Flor. Typisch für junge Manzanillas ist die delikate Apfelfruchtnote. Das Meer soll den Weinen eine gewisse Salzigkeit verleihen, die bei älteren Weinen, etwa dem Manzanilla Pasada Pastrana von Hidalgo, deutlicher zu Tage tritt.

Santa Eufemia, Quinta de Portweingut in Familienbesitz mit sehr guten alten Tawnys. Erstaunliche 10-, 20- und 30-Year-Old White Ports in 0,5-l-Flaschen.

Sercial Madeira – Traditionelle Traubensorte in Madeira für den trockensten Wein der Insel – ein überaus feiner Aperitif und sehr gut auch zu Räucherlachshäppchen.

Silva, C. da Port-Firma mit vorwiegend günstigen Ruby und Tawny Ports, aber auch gute Rosé-Portweine, alte Tawnys und Colheitas (**1952**) der Marke Dalva. Die neuen weißen Ports namens Golden White Colheita (**1952', 1963**) sind sehr komplex.

Smith Woodhouse Die 1784 gegründete Port-Firma konzentriert sich inzwischen strikt auf eine limitierte Produktion hochwertiger Ports: sehr guter ungefilterter LBV und einige sehr feine Vintage Ports (**63 66 70 75 77' 80 83 85 91** 94 97 00' 03 07). Gelegentlich Single-Quinta-Jahrgangsweine von der Quinta da Madalena.

Solera Beim Ausbau von Sherry und – wenn auch inzwischen nicht mehr so häufig – von Madeira angewandtes System. Es besteht darin, dass Fässer mit reiferem Wein nach und nach mit etwas jüngerem Wein derselben Sorte aus der nächsten Lage *(riadera)* aufgefüllt werden. Auf diese Weise wird ein einheitliches Endprodukt angestrebt und die Vitalität des Flors in Fino- und Manzanilla-Soleras erhalten. Die Mindestreifezeit eines Fino oder Manzanilla sind 3 Jahre in der Solera.

Symington Family Estates ★★→★★★★ Alteingesessenes, aber fortschrittlich eingestelltes Portweinhaus in Familienbesitz und Partner der Madeira Wine Company. Mit 27 Quintas und insgesamt mehr als 930 ha eindeutig der größte Weinbergbesitzer am Douro. Zum beeindruckenden Sortiment gehören die Marken Cockburn, Dow, Gould Campbell, Graham, Martinez Gassiot, Quarles Harris, Quinta de Roriz, Smith Woodhouse, Vesuvio und Warre; für Tischweine sind es Altano, Chryseia, Dow und Vesuvio.

Tawny Portweinstil, bei dem die Lagerung in Holzfässern eine Rolle spielt – daher die bräunliche *(tawny)* Farbe. Viele einfache Tawnys sind allerdings kaum mehr als abgemilderte Rubys. Empfehlenswert sind Weine mit Altersangabe (10-Year-Old, 20-Year-Old, 30-Year-Old, 40-Year-Old) und Reserves.

Taylor, Fladgate & Yeatman (Taylor's) ★★→★★★★ Eine der bekanntesten Portweinfirmen, sehr geschätzt für ihre reichhaltigen, langlebigen Vintage Ports (**63 66 70 75 77' 80 83** 85 92' 94 97 00' 03' 07'). Zusammen mit Croft und Fonseca Guimaraens Teil der Fladgate Partnership. Sehr gutes Sortiment, u. a. Reserve, LBV und gereifter Tawny. Die Quintas Vargellas und Terra Feita erzeugen beeindruckende Single-Quinta-Jahrgangsweine, v. a. den seltenen Vargellas Vinha Velha (**95** 97 00 04 07') von über 70 Jahre alten Reben. Noch rarer ist der Scion, eine limitierte Abfüllung von zwei vor Kurzem entdeckten Fässern Tawny, der auf die 1850er-Jahre zurückgeht (ein drittes soll Winston Churchill erworben haben).

Terry, SA P de SM ★→★★ Bei der Einfahrt nach Puerto de Santa María unübesehbare Sherry-Bodega, Teil von Beam Brands.

Tinta Negra Bis vor Kurzem Tinta Negra Mole genannt. Mit Abstand die meistangepflanzte rote Rebsorte in Madeira, sehr produktiv und Hauptbestandteil der billigeren Madeira-Weine. Kommt jetzt in Colheitas zu ihrem Recht.

Toro Albalá, Bodegas Mont-M – Einer der besten Montilla-Erzeuger; sehr feiner Don PX.

Tradición Jer ★★→★★★ Kleine, anspruchsvolle Bodega, die in einem Keller voller Kunstwerke in der Altstadt von Jerez VOS und VORS erzeugt.

Urium Jer – Die neueste (2009) Bodega im Land, deren große, auffällige goldene Etiketten im krassen Widerspruch zum sonst so diskreten Jerez stehen. Eigentümer ist der Newcomer Alonso Ruiz, Geschäftsmann aus Huelva, zusammen mit seiner Tochter Rocio, einer Önologin. Die Weine heißen Mons Urium; das Angebot umfasst gereiften VORS sowie Fino en Rama und Manzanilla Pasada.

Valdespino Jer ★★→★★★★ Die berühmte Bodega in Jerez erzeugt Fino Inocente aus der hochgeschätzten Lage in Macharnudo. Dieser Wein wird interessanterweise in amerikanischer Eiche und nicht in Edelstahl vergoren, dazu reift er länger als gewöhnlich in einer Solera, die aus 10 Stufen *(criaderas)* besteht. Der Tío Diego ist ein großartiger trockener Amontillado, der Coliseo noch besser; außerdem dynamischer, jugendlicher Oloroso Solera 1842 VOS und bemerkenswerter, gereifter Moscatel Toneles.

Valdivia Jer ★★→★★★ Eine der neueren Bodegas in Jerez. Sehr guter 15 Jahre alter Amontillado Sacromonte, guter Oloroso. Ehemals Sitz der Familie Ruiz-Mateos und 2008 von deren Konzern Garvey gekauft.

Vale Dona Maria, Quinta do Preisgünstiger und herrlich eleganter, geradliniger Single Quinta Vintage Port (**00** 01 02 03 05 07) sowie guter ungefilterter LBV.

Verdelho Traditionelle Madeira-Traube für halbtrockene Weine; pikant, aber ohne die strenge Säure der Sercial-Traube. Guter Aperitif oder Begleiter zu Paté. Zunehmend auch für Tischweine beliebt.

Vesuvio, Quinta do Gut aus dem 19. Jahrhundert am Douro, das von den Symington Family Estates zu alter Größe zurückgeführt wurde, und das einzige, auf dem die Trauben noch mit den Füßen gestampft werden. Vintage Port: **91 92 94 95' 96' 97 98** 99 00' 01 03' 04 05' 06 07' 08'. Der außergewöhnliche Jahrgang 2007 brachte den neuen Vintage Port Capela und die ersten Tischweine hervor. Für die Familie und Gäste wird auch ein bisschen Colheita erzeugt.

Vila Nova de Gaia Stadt an dem Porto gegenüberliegenden Ufer des Douro, wo die größten Portweinfirmen traditionell ihre Lagerhäuser *(lodges)* haben. Jetzt wird Port immer öfter in neuen, klimatisierten Gebäuden am Douro gereift.

Vintage Port Zur Unterscheidung vom Single Quinta Vintage Port manchmal auch »Classic Vintage« (klassischer Jahrgangs-Port) genannt: Die besten Weine, die nur in besonders guten Jahren von den einzelnen Portweinhäusern zwischen dem 1. Januar und dem 30. September des zweiten Jahres nach der Lese »deklariert« werden. Nach 2-jähriger Fasslagerung füllt man sie ungefiltert ab und lässt sie dann sehr langsam in der Flasche reifen. Dabei bilden sie starke Ablagerungen und sollten daher immer dekantiert werden. Moderne Vintage Ports sind früher zugänglich, die besten halten sich aber über 50 Jahre. Auch Single-Quinta-Jahrgangsweine werden früher trinkreif. Was die ganz alten Semester angeht: Die 1.000 Flaschen mit 200 Jahre altem Portwein, die 2009 vor der brasilianischen Küste geborgen wurden, sind für genießbar erklärt worden.

Warre Die älteste britische Portweinfirma überhaupt (seit 1670), seit 1905 im Besitz der Symington Family Estates. Feine, elegante, lang reifende Jahrgangsweine, guter Reserve, Vintage Character (Warrior), ausgezeichneter ungefilterter und in der Flasche gereifter LBV, 10 und 20 Jahre alter Tawny Otima. Single-Quinta-Jahrgangswein von der Quinta da Cavadinha; Jahrgänge: **63 66 70' 75 77' 80 83 85 91** 94 97 00' 03 07'.

White Port Von weißen Trauben hergestellter Port, gelegentlich süß *(lagrima)*, meist aber halbtrocken bereitet; die trockensten Versionen sind als »Dry« etikettiert. Pur oder mit Tonic Water und frischer Minze als Aperitif getrunken. Insgesamt anspruchsvoller sind die neuen (seit 2006), nach dem Alter etikettierten Stile (10-, 20-, 30- oder 40-Year-Old) und die Colheitas, z. B. der Dalva Golden White von C. da Silva.

Williams & Humbert Jer ★→★★★★ Traditionelle Sherry-Bodega. Einst ein großer Name, jetzt sehr mit der Erzeugung von Privatmarkenweinen beschäftigt. Der Dry Sack (Amontillado) führt die Verkaufslisten an, daneben gibt es sehr gute alte Weine wie den Palo Cortado Dos Cortados und den Palo Cortado Solera Especial VOS.

Schweiz

Die folgenden Abkürzungen werden im Text verwendet:

AG	Aargau
BE	Bern
BL	Basel-Land
BS	Basel-Stadt
FR	Freiburg (Fribourg)
GE	Genf (Genève)
GR	Graubünden
NE	Neuenburg (Neuchâtel)
SG	St. Gallen
SH	Schaffhausen
TG	Thurgau
TI	Tessin (Ticino)
VD	Waadt (Vaud)
VS	Wallis (Valais)
ZH	Zürich

Die dunklen Flächen bezeichnen die Weinbaugebiete

Die Schweiz ist ein Land voller Geheimnisse, und der Wein ist eines davon. Zwar wird hier schon seit der Römerzeit Wein erzeugt, doch imme noch prägen eher Schokolade, Käse, Banken und Uhren das Bild im Ausland. Zudem wird der einheimische Rebensaft zum Großteil im Land selbs konsumiert; seinen Absatz im Ausland zu fördern, geben sich die Schweize kaum Mühe.

Dabei können Schweizer Weine eine Reihe von Pluspunkten vorweisen Der Trend zu lokalen, autochthonen Rebsorten hält an. Im Wallis, dem bedeutendsten Weinbaukanton, findet man über 60 Sorten wie Heida, Humagne rouge, Cornalin, Petite Arvine oder Humagne blanche. Gleichzeitig ist fas ein Drittel der Weingärten des Landes mit Pinot noir bestockt, während di typische Schweizer Traube immer noch Chasselas ist.

Es könnte durchaus sein, dass die Schweiz in Zukunft den Weinexpo stärker ins Auge fasst. Man spricht darüber. Allerdings könnten die Preis zum Problem werden, denn Schweizer Wein ist nicht billig.

Neuere Jahrgänge

2010 Klassischer Jahrgang mit sehr eleganten Weinen, aber geringere Mengen als 2009.
2009 Einer der besten Jahrgänge der letzten Jahre.
2008 Ein schwieriges Jahr mit viel Regen. Passable Qualität, aber keine Spitzenweine.
2007 Weniger opulente Rote als 2006. Die Weißweine sind großartig.
2006 Sehr vielversprechend; wird mit dem 2005er verglichen.
2005 Geringe Mengen, aber hohe Qualität.

Aigle VD r w ★★→★★★ Appellation des Chablais, bekannt für eleganten Chasselas und geschmeidigen Pinot noir.

Amigne Autochthone weiße Spezialität im Wallis, die auf insgesamt 43 ha angebaut wird, v. a. in Vétroz. Körperreiche, schmackhafte Weine, oft mit etwas Restsüße, manchmal sehr trocken. Bester Erzeuger: André Fontannaz (**★★ 07' 08 09' 10**), Jean-René Germanier, Cave les Ruinettes.

AOC Seit Januar 2008 obligatorisch für alle Weinregionen; jede Region hat allerdings ihre eigenen Regeln.

Arvine Trocken oder süß ausgebaute autochthone weiße Spezialität im Wallis (auch Petite Arvine genannt), die elegante Weine mit langem, leicht salzigem Abgang hervorbringt. Rebfläche: 154 ha. Erzeuger: Chappaz, John et Mike Favre, Simon Maye et Fils, Domaines des Muses, Provins, Rouvinez Vins.

Auvernier NE r rs w ★★→★★★ Altes Weinstädtchen am Neuenburger See. Empfehlenswert: Caves du Château d'Auvernier.

Bachtobel, Schlossgut TG ★★★→★★★★ **07' 08'** 09' 10 – Das hervorragende Weingut wird seit 2008 von Johannes Meier geleitet. Sehr guter Pinot noir, Riesling und Sauvignon blanc.

Badoux, Henri VD w ★★ Großer Erzeuger von kommerziellen Weinen. Empfehlenswert: Chasselas Aigle les Murailles (mit der traditionellen Eidechse auf dem Etikett), Yvorne Petit Vignoble und der rote Aigle.

Bern (BE) Bundesstadt der Schweiz und Hauptstadt des gleichnamigen Kantons, in dem Deutsch und Französisch gesprochen wird. Beste Weinorte: La Neuveville, Ligerz, Schafis, Schernelz und Twann; Rebsorten v. a. Chasselas, Pinot noir und Müller-Thurgau.

Bielersee BE r rs w ★→★★ **08 09'** 10 – Weinbaugebiet am Nord- und Westufer des Bielersees (trockener, leichter Chasselas, Pinot noir, Müller-Thurgau und Spezialitäten wie Chardonnay, Pinot gris, Sauvignon blanc, Malbec und Zweigelt). Beste Erzeuger: Andrey Weinbau, Domaine du Signolet, Schernelz Village.

Blauburgunder Siehe Pinot noir.

Bovard, Louis VD w ★★★ Der seit zehn Generationen bestehende Familienbetrieb erzeugt eine klassische Interpretation des Chasselas sowie sehr guten Dézaley.

Bündner Herrschaft GR r rs w ★★★→★★★★ **07' 08** 09' 10 – Eines der besten Weinbaugebiete der Ostschweiz mit den bekannten Weinorten Fläsch, Jenins, Maienfeld, Malans und Zizers. Dank des Föhns erreicht der hier vorherrschende Blauburgunder regelmäßig eine schöne Reife. In Barriqueausbau ebenfalls sehr gute Resultate. Auch Chardonnay, Müller-Thurgau und Completer. Beste Erzeuger: Cicero Weinbau (★★), Davaz (★★), Weingut Donatsch (★★), Fromm (★★★), Gantenbein (★★★★), Manfred Meier (★★), Weingut Annatina Pelizzatti (★★), Scadenagut

(★★), Schloss Salenegg (★★), Weinbau von Tscharner (★★). Von hier kommt der beste Pinot noir (Blauburgunder) der Schweiz.

Chablais VD r w ★★→★★★ Weinbaugebiet am oberen Ende des Genfer Sees. Bekannte Appellationen sind u. a. Aigle, Bex, Ollon, Villeneuve, Yvorne.

Champagne VD – Das Schweizer Dorf setzt seinen Kampf gegen die französische Weinbauregion fort, die allen verbietet, den Namen Champagne im Etikett zu führen. Der Wein der Winzer aus dem Waadtland wird derzeit unter dem Namen Libre-Champ vermarktet.

Chanton, Josef-Marie und Mario VS ★★★ Erzeuger mit großartigen Walliser Spezialitäten: Heida, Lafnetscha, Himbertscha, Hibou, Plantscher, Resi und Gwäss.

Chappaz VS ★★★ Marie-Thérèse Chappaz in Fully ist die Königin der Süßweine. Herausragend sind der Petite Arvine und der Marsanne der Reihe Grain Noble ConfidenCiel.

Chasselas (Gutedel) Wichtigste Weißweinsorte der Schweiz. Im Geschmack neutral, aber je nach Terroir mit starkem lokalem Charakter, der von elegant (Genf), finessenreich-vollmundig (Waadt) bis zu kräftig-rassig (Wallis) reicht. Im Wallis wird sie Fendant genannt. Fast ein Drittel der Schweizer Weine sind von Chasselas, die Traube wird jedoch mehr und mehr von anderen Sorten verdrängt. Neue DNA-Untersuchungen von Prof. Dr. José Vouillamoz belegen, dass die Traube aus dem Waadtland stammt. Beste Erzeuger: CDC (Clos, Domaines & Château), Domaine des Muses, Domaine Henri Cruchon, Philippe Gex, Raymont Paccot.

Château Maison Blanche VD w ★★ Bester Erzeuger der Gegend; produziert nur einen Chasselas.

Cicero Weinbau GR r w ★★★ Thomas Mattmann ist ein wichtiger Vertreter der neuen Generation von Winzern in Graubünden. Wunderbarer Pinot noir (v. a. Der Mattmann) und Sauvignon blanc.

Cornalin du Valais VS ★★→★★★ **07 08** 09' 10 – Autochthone rote Walliser Spezialität. Der ursprüngliche Name ist Rouge du Pays (Landroter); eine Verwandtschaft zum Cornalin d'Aoste besteht nicht, dagegen sind laut der DNA-Analyse von Dr. Vouillamoz der Cornalin du Valais und Humagne rouge du Aosta identisch. Am besten von Jean-René Germanier, Anne-Catherine & Denis Mercier, Provins, Maurice Zufferey, Vins des Chevaliers, Rouvinez Vins.

Côte, La VD r rs w ★→★★★ Größte AOC im Waadtland zwischen Lausanne und Nyon. Traditionelle Weißweine mit Eleganz und Finesse, fruchtige, harmonische Rote. Bekannteste Appellationen: u. a. Mont-sur-Rolle, Vinzel, Luins, Féchy, Morges. Emfehlenswerte Erzeuger: Château de Luins Bolle et Cie. SA, Domaine de la Colombe.

Cruchon, Henri VD r w ★★★ Biologisch-dynamischer Winzer mit herrlichen Chasselas, Sauvignon blanc, Gamaret und Gamay.

Dézaley VD (r) w ★★→★★★ Berühmte Lage des Lavaux, die steil zum Genfer See hin abfällt, einst von Zisterziensermönchen kultiviert. Bringt mächtige Chasselas-Weine hervor, die ihre Qualitäten v. a. nach einer gewissen Reifung entfalten. Zu empfehlen sind die Weine der 12 Erzeuger der Vereinigung La Baronnie du Dézaley.

Dôle VS r ★★→★★★ Appellation für einen sehr berühmten Rotweinverschnitt, in dem Pinot noir und Gamay gemeinsam zu 85 % enthalten sein müssen, der Rest kann aus anderen im Wallis angebauten roten Trauben bestehen. Vollmundig, geschmeidig, oft sehr gut. Als Dôle Blanche wird ein leicht rötlicher Weißwein bezeichnet, der aus sofort nach der Les gepresstem Traubengut hergestellt wird. Erzeuger: Simone Maye et Fils, Provins, Gérald Besse.

Domaine la Colombe VD w ★★★★ Das Familienunternehmen ist einer der besten Erzeuger für frischen, eleganten, mineralischen Chasselas; probierenswert ist auch der Pinot gris Réserve.

Epesses VD (r) w ★→★★★ **09' 10** – Appellation des Lavaux, bekannt für ihre geschmeidigen, körperreichen Weißweine. Empfehlenswerter Erzeuger: Luc Massy Vins.

Ermitage Walliser Name für Marsanne. Konzentrierte, vollmundige weiße Spezialität, meist trocken, manchmal mit etwas Restsüße. Beste Erzeuger: Dom. Cornulus, Provins, Gregor Kuonen Caveau de Salquenen.

Féchy VD w ★→★★ BV – Berühmte Appellation von La Côte, bekannt für ihre eleganten Weißweine.

Federweisser Ostschweizer Bezeichnung für Weiß- oder Roséwein aus sofort nach der Lese abgepresstem Blauburgunder – analog zum Weißherbst in Deutschland, wo die Bezeichnung Federweißer für gärenden Traubenmost (Sauser) verwendet wird.

Fendant VS w ★→★★★ AOC im Wallis für Weißwein aus Chasselas; die ideale Begleitung zu einem Schweizer Käsefondue oder Raclette. Erzeuger: Provins, Les Fils de Charles Favre, Maurice Zufferey, Adrian Mathier Nouveau Salquenen, Domaine des Muses, Jean-René Germanier, Cave Mabillard-Fuchs.

flétri/mi-flétri Spät gelesenes Traubengut, aus dem süßer bzw. leicht süßer Wein gekeltert wird, v. a. bei Walliser Spezialitäten üblich.

Fontannaz, André VS w ★★★ Niemand versteht mit der Sorte Amigne de Vétroz so umzugehen wie André Fontannaz.

Fribourg (Freiburg FR) Mit 115 ha kleinster der Westschweizer Weinbaukantone, unweit des Jura. Erzeuger: Cru de l'Hôpital, Cave de la Tour.

Fromm, Georg GR ★★★ **07' 08** 09' 10 – Erzeuger in Malans. Georg Fromm hat sein anderes Weingut in Neuseeland verkauft und konzentriert sich jetzt auf ausgezeichnete Weine von Pinot noir und Chardonnay aus Graubünden.

Fully VS r w – Weinbaugemeinde bei Martigny, bekannt für vorzüglichen Ermitage und Gamay. Bester Erzeuger: Marie-Thérèse Chappaz (★★→★★★ **08 09'** 10).

Gamaret Widerstandsfähige Rotweinsorte, 1970 aus einer Kreuzung von Gamay und Reichensteiner entstanden. Erzeuger: Staatskellerei Zürich, Domaine des Charmes, Cave Cidis.

Gamay Ursprünglich aus dem Beaujolais stammende Rotweinsorte, die in der Westschweiz weit verbreitet ist. Vor allem leichte Verschnittweine (Salvagnin, Dôle), mehr und mehr auch reinsortig bereitet. Empfehlenswert: Cave Corbassière, Jean-René Germanier, Les Frères Dutruy.

Gantenbein, Daniel und Martha GR ★★★★ **07** 08 09' (10) – Die (zumindest im Ausland) bekanntesten Winzer der Schweiz mit Sitz in Fläsch/Graubünden erzeugen erstklassigen Pinot noir von Klonen, die von der Dom. de la Romanée-Conti (Burgund) bezogen wurden, und Riesling von Klonen, die vom Weingut Dr. Loosen an der Mosel stammen. Stark exportorientiert.

Garanoir Die rote Traube ist der Zwillingsbruder des Gamaret. Wird außer im Tessin in der ganzen Schweiz angebaut. Erzeuger: Bujard Vins, Domaine du Centaure.

Geneve (Genève GE) Hauptstadt des gleichnamigen, gesamtschweizerisch an dritter Stelle stehenden Westschweizer Weinbaukantons, mit den drei

Anbaugebieten Mandement, Entre Arve et Rhône und Entre Arve et Lac. Angebaut werden v. a. Chasselas und Gamay, aber auch Gamaret, Chardonnay, Pinot noir, Sauvignon blanc und guter Aligoté. Spitzenerzeuger: Jean-Michel Novelle (★★★); interessant sind auch Domaine des Charmes, Domaine Dugerdil, Domaine Les Hutins, Domaine Grand'Cour (★★).

Germanier, Jean-René VS – Von Gilles Besse geführter Erzeuger in Vétroz mit reinsortigem Syrah Cayas (★★★ **05' 06** 07 08' (09')) und süßem, von Amigne bereitetem Mitis (★★★ **05' 06** 07 08'). Dazu kommen der reinsortige Cornalin (**05' 06** 07') und der Pinot noir Clos du Four (★★★).

Glacier, Vin du (Gletscherwein) VS – Fast schon legendärer, aus der seltenen Sorte Rèze gekelterter oxidativer und in Holz ausgebauter Walliser Weißwein aus dem Val d'Anniviers – den es nur leider praktisch nirgends zu kaufen gibt. Geben Sie die Suche trotzdem nicht auf. Wenn Sie Sherry mögen, sollten Sie Gletscherwein nicht verpassen.

Grain Noble ConfidenCiel VS – Qualitätsbezeichnung für süße Spitzenweine aus der Schweiz. Erzeuger: Domaine du Mont d'Or, Cave la Liaudisaz, Thierry Constantin, Domaine Cornulus.

Graubünden (Grisons GR) – Ganz im Osten der Schweiz gelegener Bergkanton, dessen Anbaugebiete teils zur Ostschweiz (Bündner Herrschaft, Churer Rheintal) und teils zur Südschweiz (Misox) gehören. Angebaut wird in erster Linie Pinot noir, aber auch Chardonnay, im Misox Merlot. Beste Erzeuger: Gantenbein, Fromm, Cicero Weinbau, Weinbau von Tscharner, Irene Grünenfelder.

Grünenfelder, Irene GR r ★★★ Nur drei Weine werden produziert, aber alle sind hervorragend.

Heida (Païen) Walliser Name für den Savagnin blanc, die berühmte Weißweinsorte des französischen Jura. Auch Traminer genannt. Wird auf 80 ha im Wallis angebaut, v. a. im Oberwallis, wo sie bis in Höhen von über 1.000 m (Visperterminen) anzutreffen ist. Körperreiche Weine mit viel Säure. Bester Erzeuger: Josef-Marie Chanton, Provins. Empfehlenswert auch der Heida von Cave de la Madeleine, Rouvinez Vins und St. Jodern Kellerei.

HuberVini TI r ★★★ **07' 08** 09' (10) – Der großartige Merlot Montagna Magica von Daniel Huber ist eine Inspiration für andere Winzer im Tessin.

Humagne Zwei Sorten tragen diesen Namen: Humagne blanche ist eine autochthone weiße Walliser Spezialität, alter als Chasselas. Humagne rouge, ebenfalls im Wallis verbreitet, ist nicht mit ihr verwandt. Hauptanbaugebiete: Chamoson, Leytron, Martigny. Erzeuger: Domaine Cornulus, Cave les Ruinettes.

Johannisberg Synonym für Sylvaner im Wallis. Empfehlenswerte Erzeuger: Les Fils Maye, Domaine du Mont d'Or, Kellerei Leukersonne, Christophe et Antoine Bétrisey.

Lausanne VD – Hauptstadt des Waadtlandes. Zwar wachsen heute auf dem Stadtgebiet keine Reben mehr, doch besitzt Lausanne zum Teil schon seit Jahrhunderten Weingüter in bester Lage (Abbaye de Mont, Château Rochefort in der Côte, Clos des Moines, Clos des Abbayes, Domaine de Burignon im Lavaux).

Lavaux VD (r) w ★→★★★ BV – Die nach Süden ausgerichteten Weinbergterrassen, die sich über 30 km am Nordufer des Genfer Sees vom Château de Chillon bis an den östlichen Stadtrand von Lausanne erstrecken, sind jetzt UNESCO-Welterbe. Wichtigste Rebsorte ist Chasselas. Die Weine sind nach den Gemeindeappellationen benannt: Lutry, St-Saphorin, Ollon, Epesses, Dézaley, Montreux usw.

Mathier, Adrian & Diego VS r w ★★★★ Topwinzer in Salgesch/Wallis, v. a. mit Pinot noir und vielen Spezialitäten.

Mauler NE ★★→★★★ Sehr renommierter Schaumweinerzeuger in Neuchâtel; v. a. Cuvée Excellence.

Maye, Simon et Fils VS r w ★★★ Erzeuger in St-Pierre-de-Clages mit interessantem Fendant, Païen, Pinot noir und Syrah.

Mercier, Anne Catherine et Denis VS ★★★ **07 08 09'** (10) – Winzer in Sierre; hervorragender Cornalin und Syrah.

Weinregionen der Schweiz

Die Schweiz ist offiziell in sechs Weinregionen unterteilt: Wallis (Valais), Waadtland (Vaud), Genf (Genève), Tessin (Ticino), Drei-Seen-Land (Neuenburger-, Murten- und Bielersee) und die Deutschschweiz, zu der u. a. Zürich, Schaffhausen, Graubünden und der Aargau gehören. Und trotz des Rufs der Schweiz, hauptsächlich ein Weißweinland zu sein, sind 60 % der Weine rot, insbesondere Pinot noir.

Merlot Die Bordeaux-Sorte wurde 1907 von dem Wissenschaftler Alderige Fantuzzi ins Tessin gebracht, nachdem die Reblaus dort alle einheimischen Rebbestände zerstört hatte. Ergibt geschmeidige bis sehr kräftige Weine, wird auch mit Cabernet Sauvignon verschnitten. Beste Erzeuger: Luigi Zanini, Agriloro, Chiodi, Gialdi Vini, Cantina Kopp von der Crone, Guido Brivio.

Mont-sur-Rolle VD (r) w ★★ BV – Bekannte Appellation von La Côte, dominiert von Chasselas.

Morges VD r rs w ★→★★ BV – Mit 39 Kommunen größte Appellation von La Côte und des ganzen Waadtlandes, bekannt für Chasselas und fruchtige Rotweine.

Müller-Thurgau Siehe Riesling x Sylvaner.

Neuchâtel (Neuenburg NE) Hauptstadt des gleichnamigen Westschweizer Weinbaukantons, dessen Anbaugebiet (591 ha) sich vom Neuenburger bis zum Bielersee erstreckt. Vor allem duftender und lebhafter Chasselas, auch *sur lie* und als Schaumwein. Daneben guter Œil de Perdrix, Pinot gris, Chardonnay und andere. Empfehlenswert: Château Souaillon, Chantal Ritter, Château d'Auvrnier,

Non Filtré Im Frühjahr erhältliche Weinspezialität aus Neuchâtel, erzeugt von Chasselas.

Novelle, Jean-Michel GE ★★★ **07 08 09'** 10 – Besitzer der Domaine le Grand Clos mit Basis in Genf; sehr guter Sauvignon blanc, Petit Manseng, Gamay, Merlot und Syrah.

Œil de Perdrix Blasser Rosé aus der Pinot-noir-Traube (BV). Berühmt ist v. a. der Œil de Perdrix aus Neuchâtel, aber auch anderswo kennt man diese Spezialität.

Paccot, Raymond VD ★★★ **08 09' 10'** – Erzeuger in Féchy mit exzellentem Chasselas, v. a. Le Brez.

Petite Arvine Siehe Arvine.

Pinot noir (Blauburgunder) Die wichtigste Rotweinsorte der Schweiz, die in allen Weinbaukantonen angebaut wird. In der Ostschweiz heißt die Sorte Blauburgunder, auch der Name Clevner ist gebräuchlich. Die Palette der Weinstile reicht vom Rosé bis zum Rotwein mit massiver Holznote. Im Spitzensegment sind limitierte Ausgaben der neueste Trend, etwa aus Maienfeld oder der Tête de Cru von der Staatskellerei Zürich. Empfehlenswerte Erzeuger: Gantenbein (Fläsch), Schlossgut Bachtobel (Ottoberg); Pircher (Eglisau); Baumann Weingut (Oberhallau); Meier (Kloster Sion); Fromm (Malans), Adrian Mathier (Salgesch), John et Mike Favre (St. Pierre de Clages), Château Souaillon (Neuchâtel; ★★★ **08 09'** 10).

Provins Valais VS – Größte Kellerei (Winzergenossenschaft) des Wallis. Hervorragend die Etiketten Maître de Chais und Crus des Domaines; interessant die Reihe Les Titans.

Rahm, Weinkellereien SH r w ★★ Großer, kommerzieller Weinproduzent.

Riesling x Sylvaner Alter Schweizer Name für Müller-Thurgau; liefert fruchtige, aromatische trockene Weine mit guter Säure. Beste Erzeuger: Daniel Marugg, Schwarzenbach Weinbau, Weingut Schipf, Weingut Saxer, Schlossgut Bachtobel, Volg Weinkellereien (★★ **09' 10**).

Rouvinez Vins VS r w ★★★ Bedeutender Erzeuger, v. a. mit den Weinen Château Lichten und La Trémaille sowie dem Cornalin aus Montibeux. Besitzt auch Caves Orsta.

St-Saphorin VD (r) w ★★→★★★ **09' 10** – Berühmte Appellation des Lavaux für feine, leichte Weißweine. Erzeuger: Château de Glérolles.

Salgesch VS – Bedeutende Weinbaugemeinde im Oberwallis. Empfehlenswert: Adrian Mathier, Cave du Rhodan, Vins des Chevaliers, Caveau de Salquenen, Albert Mathier et Fils.

Salvagnin VD r ★→★★ **09 10** – AOC für Waadtländer Rotwein aus Gamay- und/oder Pinot-noir-Trauben.

Schaffhausen (SH) Am Rhein gelegene Hauptstadt des gleichnamigen Ostschweizer Weinbaukantons. Angebaut werden v. a. Blauburgunder sowie etwas Müller-Thurgau und Spezialitäten. Erzeuger: v. a. Baumann Weingut, Bad Osterfingen (★★).

Schenk Europaweit agierende große Weinfirma mit Hauptsitz in Rolle (VD) Besitzt Erzeugerbetriebe in Frankreich (Burgund und Bordeaux), Deutschland, Italien und Spanien. Die beste Adresse für Weine im klassischen Schweizer Stil.

Schwarzenbach Weinbau ZH w ★★★ Trockene, frische Weißweine: Räuschling, Kerner, Riesling x Sylvaner (Müller-Thurgau).

Sierre VS r w ★★→★★★ Sonnenstadt und berühmte Weinbaugemeinde des Wallis, bekannt für Fendant, Pinot noir, Ermitage, Malvoisie. Sehr gute Dôle. Château de Villa mit seinem Raclette-Restaurant, dem Weinmuseum und der Vinothek mit der größten Sammlung Walliser Weine ist einen Besuch wert. Die wichtigsten Erzeuger sind Imesch Vins, Anne-Catherine et Denis Mercier, Domaine des Muses, Rouvinez Vins, Maurice Zufferey.

Sion VS r w ★★→★★★ Hauptstadt des Wallis und Mittelpunkt seines Weinbaus; berühmt ist der Fendant de Sion. Wichtige Erzeuger: Charles Bonvin Fils, Les Fils de Charles Favre, Giroud Vins, Provins Valais, Robert Gilliard.

Sternen, Weingut zum AG r ★★★ Sehr interessante Interpretationen von Pinot noir, v. a. Kloster Sion Pinot noir.

Tessin (Ticino TI) Viertgrößter Weinbaukanton der Schweiz, der zusammen mit dem bündnerischen Misox das Weinbaugebiet der Südschweiz bildet (1.028 ha). Angebaut werden v. a. Merlot (gut aus dem gebirgigen Sopraceneri) und Spezialitäten. Daneben finden sich auch Cabernet Sauvignon (im Bordeaux-Stil mit Holzausbau), Sauvignon blanc, Sémillon, Chardonnay sowie Weiß- und Roséweine von Merlot. Beste Erzeuger: Guido Brivio, Chiodi, Gialdi, Daniel Huber, Werner Stucky, Luigi Zanini, Agriloro, Christian Zündel, Tenuta Montalbano, Tamborini Carlo Eredi (alle ★★→★★★ **07' 08** 09' (10)).

Visperterminen VS (r) w ★→★★ Weinbaugebiet im Oberwallis, bekannt v. a. für Heida. Berühmt ist insbesondere die Lage Rieben auf über 1.000 m Höhe. Empfehlenswert: Chanton, St. Jodern Kellerei.

Volg Weinkellereien ZH r w ★★→★★★ Winzergenossenschaft mit Fokus auf lokale Terroirs und Spezialitäten. Probieren Sie den Müller-Thurgau, den Completer oder den eigenwilligen Pinot noir.

Waadt (Vaud VD) Zweitgrößter Schweizer Weinbaukanton mit den Anbaugebieten La Côte, Lavaux, Chablais, Côtes de l'Orbe, Bonvillars und Vully. Das Waadtland ist die eigentliche Hochburg des Chasselas.

Wallis (Valais VS) Größter und wohl vielfältigster und interessantester Schweizer Weinbaukanton, der 30 % aller Weine des Landes hervorbringt. Die Rebflächen erstrecken sich entlang der Rhône vom deutschsprachigen Oberwallis bis ins französischsprachige Unterwallis. 47 verschiedene Sorten werden hier angepflanzt, darunter viele Spezialitäten. Auch die flétri-/mi-flétri-Weine stammen aus dem Wallis.

Yvorne VD (r) w ★★ **09' 10** – Berühmte Appellation des Chablais, die sich durch ihre kräftigen, rassigen Weißweine auszeichnet. Empfehlenswert: Château Maison Blanche.

Zanini Luigi TI ★★★→★★★★ **07' 08** 09' 10 – Spitzenerzeuger im Tessin mit Schwerpunkt auf Merlot. Weine: v. a. Castello Luigi und Vinattieri Ticinesi.

Zufferey, Maurice VS r ★★★ Empfehlenswert: Syrah, Humagne rouge, Cornalin.

Zündel, Christian TI ★★★ **07' 08** 09' (10) – Diesen Erzeuger von erstklassigem Merlot aus dem Tessin sollte man sich merken.

Zürich (ZH) Größte Stadt der Schweiz und gleichzeitig Hauptstadt des gleichnamigen größten Ostschweizer Weinbaukantons. Angebaut wird vorwiegend Blauburgunder, insbesondere aber auch Müller-Thurgau, Räuschling und Kerner. Erzeuger: Ladolt, Schwarzenbach, Zweifel Weine, Weingut Schipf.

Österreich

Die dunklen Flächen bezeichnen die Weinbaugebiete

Die folgenden Abkürzungen werden im Text verwendet:

Bgl	Burgenland
Carn	Carnuntum
M-Bgl	Mittelburgenland
NÖ	Niederösterreich
N'see	Neusiedlersee
N'see-Hü	Neusiedlersee-Hügelland
SO-Stm	Südoststeiermark
S-Stm	Südsteiermark
Stm	Steiermark
S-Bgl	Südburgenland
Therm	Thermenregion
W-Stm	Weststeiermark

Österreich entwickelt sich weiter. Anfangs ging es vor allem um Traubenreife. Nun liegt der Fokus auf dem Terroir; regionale Authentizität ist das Zauberwort. Das Land hat durchaus warme Sommer, doch die erfolgreichsten Weine stammen aus Lagen mit kühlem Klima. Selbst für die gehaltvolleren Roten sind Struktur, Finesse und Bodenbeschaffenheit wichtiger als nur die reine saftige Fruchtigkeit.

Über Terroir redet sich leicht, doch in Österreich scheint man mit neuen Regeln Nägel mit Köpfen zu machen. Im Kremstal, Traisental, Kamptal und in Wagram – mit anderen Worten, entlang der Donau – teilt man die Weinberge nun ein in Erste Lagen, Klassifizierte Lagen und den Rest. Dieses System besteht parallel zu den DACs (siehe Eintrag S. 272), die weiterhin gültig sind. Zu einfach darf man es sich ja auch nicht machen …

In der Wachau besteht noch die frühere, nur auf Reife beruhende Klassifikation, die nun aber etwas veraltet wirkt. Was heute zählt, ist vor allem die Lage, die Lage und nochmals die Lage.

Neuere Jahrgänge

2010 Ein sehr schwieriges Jahr mit besonders kleiner Ernte. Hagel und schwere Regenfälle verzögerten die Blüte um zwei Wochen, und ein kühler, regnerischer Juni verursachte erhebliche Schäden durch Verrieseln. Nach einem vorübergehenden Temperaturanstieg war die restliche Wachstumssaison vorwiegend verregnet, und es gab Fäulnisprobleme. Lese von Hand und peinlich genaues Arbeiten waren das Gebot der Stunde; die Erträge lagen bis zu 45 % unter dem üblichen Niveau, und der hohen Säure wegen musste oft entsäuert werden. Die wenigen hochwertigen Weine des Jahrgangs sind jedoch erstaunlich beeindruckend: Sie zeigen großartige Intensität und klare, frische Frucht.

2009 Ein ungleichmäßiges Jahr: heiß im Frühsommer, Hagel im Juli in Wien, kühle Perioden, ein nasser September und schließlich gutes Wetter Ende Oktober und im November. Einige herausragende Weiß- (Niederösterreich, Steiermark) und Rotweine (Neusiedlersee, Burgenland).

2008 Das kühlste Jahr seit 2004. Sorgfältige Arbeit wurde dennoch durch einige herausragende Ergebnisse belohnt. Billig werden diese Weine jedoch nicht sein.

2007 Gut in der Steiermark und im Burgenland für Blaufränkisch, Zweigelt und Pinot noir. Ausgezeichnete Erträge in Wien, besser für Grünen Veltliner als für Riesling.

2006 Ein großes Jahr. Abgerundete, komplexe Weine mit großartigem Alterungspotenzial. Die kraftvolleren Rieslinge und Grünen Veltliner beginnen sich jetzt zu öffnen.

2005 Ungleichmäßig und oft alles andere als aufregend, trotzdem gibt es einige feine Weine, insbesondere in Niederösterreich. Bald trinken, auch die Roten.

Achs, Paul N'see r (w) ★★★ Wegweisendes Gut in Gols im Burgenland, v. a. für Rotwein: Verschnitte namens Pannobile, Ungerberg, dazu Blaufränkisch und Pinot noir. Arbeitet biodynamisch.

Alzinger Wachau w ★★★★ **99 01 03 05** 06 07 08 09 10 – Führendes Gut in der Wachau mit außerordentlich ausdrucksvollem Riesling und Grünem Veltliner, v. a. von der Lage Steinertal.

Ausbruch Prädikatswein, dessen Süßegrad zwischen Beerenauslese und Trockenbeerenauslese liegt. Die Tradition des Ausbruchs wird insbesondere in Rust gepflegt.

Ausg'steckt Heurige sind nicht das ganze Jahr geöffnet. Um den Weinausschank anzuzeigen, wird ein grüner Buschen (Strauß von Zweigen) über das Haustor gesteckt; die Weinschenke ist also »ausg'steckt«.

Bayer r w ★★ Heribert Bayer besitzt kein eigenes Rebland, sondern erzeugt von gekauften Trauben, vorwiegend aus dem Mittelburgenland, geschliffene, ausgewogene Rotweine auf Blaufränkisch-Basis.

Beck, Judith N'see r w ★★ Aufstrebender biologisch-dynamisch arbeitender Betrieb. Von fähiger Hand bereitete, gut gemachte Rotweine, besonders Pinot noir und St. Laurent.

Biologisch-dynamischer Weinbau Der Weinbau nach biodynamischen Prinzipien gewinnt immer mehr Anhänger; zu den führenden Erzeugern zählen: Paul Achs, Judith Beck, Fritsch, Geyerhof, Graf Hardegg, Hirsch, Fred Loimer, Meinklang, Sepp und Maria Muster, Nikolaihof, John Nittnaus, Bernhard Ott, Pittnauer, Franz Weninger.

Blauburger Österreichische Rotweinsorte, eine Kreuzung von Blauem Portugieser mit Blaufränkisch. Einfache Weine.

Blauer Burgunder (Pinot noir) Österreichische Erzeuger bereiten inzwischen im Burgenland, im Kamptal und in der Thermenregion einige sehr feine Weine von Pinot noir. Erzeuger: P. Achs, J. Beck, W. Bründlmayer, F. Loimer, Pittnauer, J. & R. Pöckl, C. Preisinger, Prieler, Schloss Gobelsburg, Schloss Halbturn, F. Weninger, F. Wieninger.

Blauer Portugieser Traditionelle Rebsorte für leichte, fruchtige Rotweine, die in ihrer Jugend leicht gekühlt getrunken werden.

Blauer Zweigelt Kreuzung aus Blaufränkisch und St. Laurent; liefert v.a. schön samtige Rotweine; auch ein guter Verschnittpartner. Die besten Erzeuger sind Grassl, G. Heinrich, J. Nittnaus, Pittnauer, J. & R. Pöckl, Scheibelhofer, Schwarz, Winkler-Hermaden.

Blaufränkisch (in Deutschland Lemberger, in Ungarn Kékfrankos) Vom Potenzial her wohl Österreichs rote Spitzensorte, v.a. im Mittelburgenland verbreitet. Mittlerer Körper, pfeffrige Säure, charakteristische salzige Note, Beeren- und Eukalyptusaromen. Oft verschnitten mit Cabernet Sauvignon oder Zweigelt. Beste Erzeuger: P. Achs, Gsellmann, J. Heinrich, Igler, Kollwentz-Römerhof, Krutzler, Moric, J. Nittnaus, Prieler, Schiefer, E. Triebaumer, F. Weninger.

Bouvier Einheimische aromatische Traubensorte, besonders gut für Beeren- und Trockenbeerenauslesen; wird selten trocken ausgebaut.

Brandl, Günther Kamptal w ★★ Kleines, aber beständig feines Gut, bekannt v.a. für Riesling und den Grünen Veltliner Novemberlese.

Braunstein, Birgit r w ★ Aufstrebendes Weingut im Gebiet Neusiedlersee-Hügelland mit der Cuvée Oxhoft.

Bründlmayer, Willi Kamptal r w; s; sch ★★★★ **00 01 02 03** 05 06 07 08 09 10 – Das Vorzeigeweingut in Langenlois erzeugt weltweit zur Spitzenklasse zählenden Riesling und Grünen Veltliner, v.a. Riesling Heiligenstein Alte Reben und Grüner Veltliner Käferberg; darüber hinaus den wohl besten Schaumwein Österreichs nach der traditionellen Methode.

Burgenland Bundesland und Weinbauregion (14.500 ha) im Osten Österreichs an der ungarischen Grenze. Warmes Klima, insbesondere um den flachen Neusiedler See. Dort herrschen auch ideale Bedingungen für Rote und v.a. Botrytis-Weine. Unterteilt in die vier Weinbaugebiete Neusiedlersee, Neusiedlersee-Hügelland, Mittelburgenland und Südburgenland.

Buschenschank Eine Weinschenke; oft auch Bezeichnung für Heurigen auf dem Land.

Carnuntum r w – Dynamisches Weinbaugebiet südöstlich von Wien, das mittlerweile mit guten Rotweinen, oft auf St.-Laurent-Basis, aufwartet Beste Erzeuger: Glatzer, Grassl, G. Markowitsch, Muhr-van der Niepoort Netzl, Pittnauer, Wiederstein.

Chardonnay Am besten, wenn er mit wenig Eichenholzeinsatz vinifizier wird, v.a. in der Steiermark und im Burgenland. In der Steiermark als Morillon bekannt, mit betonter Frucht, lebhafter Säure und gutem Alte rungspotenzial. Beste Erzeuger: W. Bründlmayer, Gross, Kollwentz-Römer hof, F. Loimer, Malat, E. & W. Polz, W. Sattler, Stiegelmar, M. Tement, Ve lich, F. Wieninger.

Deutschkreutz M-Bgl r (w) – Rotweinort im Mittelburgenland. Wichtigste Sor te ist Blaufränkisch.

Districtus Austriae Controllatus (DAC) Das erste Appellationssystem in Ös terreich, 2003 in Anlehnung an die französische AC bzw. die italienisch DOC eingeführt, findet rasch immer mehr Anerkennung. Derzeitige DAC sind Kamptal, Kremstal, Leithaberg, Mittelburgenland, Traisental un Weinviertel.

Domäne Müller W-Stm – Individualistischer Erzeuger mit internationaler Ausrichtung; v. a. Sauvignon blanc und Chardonnay.

Domäne Wachau Wachau (r) w ★★ **06 07 08** 09 – Bedeutende Erzeugergenossenschaft in Dürnstein, jetzt wieder in Form. Sehr guter Grüner Veltliner und Riesling.

Donabaum, Johann Wachau w ★★ Sehr guter Erzeuger in der Wachau mit herausragendem, schön ausgewogenem Riesling und Grünem Veltliner, v. a. Riesling Offenberg.

Ehmoser Wagram w ★ Eher kleiner und individueller Erzeuger mit gutem Grünem Veltliner Aurum.

Erste Lage Spitzenkategorie des neuen, von der Vereinigung Österreichische Traditionsweingüter eingeführten Klassifikationssystems für die Weinberge der niederösterreichischen Donauregion.

Federspiel Mittlere Kategorie der Vinea Wachau (siehe dort); entspricht in etwa dem Kabinett und steht für elegante trockene Weißweine, die weniger kraftstrotzend sind als die der höheren Kategorie Smaragd.

Feiler-Artinger N'see r w; s ★★★★ **95** 02 03 04 05 06 07 08 09 – Überragender Weinbaubetrieb in Rust mit Spitzendessertweinen (Ausbruch), die oftmals sehr günstig sind. Auch rote Verschnitte. Wunderschönes Barockgebäude.

Forstreiter Kremstal w ★ Beständiger Erzeuger; besonders gut ist der Riesling.

Furmint Seltene Weißweinsorte, die in und um Rust angebaut wird. Meist süß ausgebaut, aber trockene Weine erleben gerade eine Renaissance (z. B. von H. Schröck).

Gemischter Satz Ein Verschnitt von (meist weißen) Trauben, die im selben Weinberg wachsen und gemeinsam vinifiziert werden. Eine traditionelle Methode, die die Risiken verteilt und in Wien wieder in Mode ist, wo sie schöne Ergebnisse zeitigt, v. a. bei Christ und Wieninger.

Gesellmann M-Bgl r w ★★ Verlässlicher Erzeuger mit oft feinen Weinen, der sich auf Blaufränkisch und rote Cuvées wie den Opus Eximium konzentriert.

Geyerhof Kremstal ★→★★ Ilse Mayer zählt zu den Pionieren des Ökoweinbaus in Österreich und erzeugt auf ihrem Gut jetzt feinen Riesling und Grünen Veltliner.

Gols N'see r w; tr s – Dynamische Weinbaugemeinde des Burgenlands, am Nordufer des Neusiedler Sees gelegen. Beste Erzeuger: P. Achs, J. Beck, Gsellmann, G. Heinrich, A. & H. Nittnaus, Pittnauer, C. Preisinger, Renner, Stiegelmar.

Graf Hardegg Weinviertel r w – Großes Gut mit Viognier, Syrah, Pinot noir und Riesling.

Gross S-Stm w ★★★★ **03** 05 06 07 08 09 – Hervorragender, perfektionistischer Erzeuger, v. a. mit Chardonnay, Sauvignon blanc und Pinot blanc.

Grüner Veltliner Das Flaggschiff unter Österreichs Weißweinsorten nimmt 37 % der Gesamtrebfläche ein. Kann sich bemerkenswert unterschiedlich geben: von einfachen, pfeffrigen Alltagsweinen zu Kreszenzen mit großer Komplexität und überraschendem Alterungspotenzial. Am besten: Alzinger, W. Bründlmayer, F. Hirtzberger, Högl, M. Huber, E. Knoll, F. Loimer, Mantlerhof, Neumayer, Nigl, Nikolaihof, B. Ott, Pfaffl, F. X. Pichler, F. Prager, Schmelz.

Gsellmann, Hans N'see r w; tr s ★ Ehemals Gsellmann & Gsellmann in Gols; erzeugt v. a. gut bereitete Rot- und trockene Weißweine.

Österreich

Gumpoldskirchen Therm r w; tr s – Berühmter Heurigenort südlich von Wien und Zentrum des Weinbaugebiets Thermenregion. Unverwechselbare Weißweine aus den Sorten Zierfandler und Rotgipfler. Beste Erzeuger: Biegler, Spaetrot, Zierer.

Heinrich, Gernot N'see r w; tr s ★★★★ 03 05 06 07 08 09 – Ehrgeiziger und fähiger Erzeuger in Gols und Mitglied der Pannobile-Winzervereinigung. Hervorragende rote Einzellagenweine.

Heinrich, Johann M-Bgl r w; tr s ★★★ **00** 01 03 05 06 08 09 – Führender Erzeuger im Mittelburgenland; sehr guter Blaufränkisch Goldberg Reserve, exzellente Cuvée Cupido.

Heurige Steht erstens für den Wein der letzten Ernte, der ein Jahr lang als »Heuriger« bezeichnet wird; zweitens wird damit die Weinschenke bezeichnet, in welcher der »Heurigenwirt« seine Weine glas- und flaschenweise ausschenkt und einfache einheimische Speisen anbietet. Eine wienerische Institution.

Hiedler Kamptal w; s ★★★ Führender Erzeuger mit konzentrierten, ausdrucksstarken Weinen. Sehr guter Riesling Maximum.

Hirsch Kamptal w ★★★ Forschender Ökoerzeuger; v. a. feine Weine aus den Lagen Heiligenstein, Lamm und Gaisberg. Auch in Sachen Schraubverschluss ein Vorreiter in Österreich.

Hirtzberger, Franz Wachau w ★★★★ **01** 03 05 06 07 08 09 – Führender Erzeuger der Wachau mit rund 20 ha in Spitz an der Donau. Ungeheuer ausdrucksstarker, mineralischer Riesling und Grüner Veltliner, v. a. von den Lagen Honivogl und Singerriedel.

Högl Wachau w; s ★ Individualistischer Erzeuger mit oft feinem Riesling und Grünem Veltliner.

Horitschon Rotweingemeinde im Mittelburgenland. Beste Erzeuger: IBY, F. Weninger.

Igler M-Bgl r ★ Sehr beständiger Erzeuger von Rotweinen, etwa Ab Ericio oder Vulcano.

Illmitz N'see (r) w; tr s – Durch Beeren- und Trockenbeerenauslesen bekannter Weinort im Seewinkel. Beste Erzeuger: Angerhof, Martin Haider, Kracher, Helmut Lang, Opitz.

Jamek, Josef Wachau w – Traditionsweingut mit angeschlossenem Restaurant. Die Weine sind nicht im typischen Stil der Wachau bereitet, sondern haben oft eine gewisse Restsüße.

Johanneshof Reinisch Therm r w; s – Großes, beständiges Gut, das v. a. sehr gute Weißweine erzeugt.

Juris-Stiegelmar Siehe Stiegelmar.

Jurtschitsch/Sonnhof Kamptal (r) w; tr (s) ★ Großer, sehr renommierter Betrieb mit zuverlässigen Weißweinen (Riesling, Grüner Veltliner, Chardonnay).

Kamptal Wachau r w – Weinbaugebiet entlang des Flusses Kamp in der nördlichen Wachau. Wichtigste Lagen: Heiligenstein, Käferberg, Lanum. Beste Erzeuger: K. Angerer, G. Brandl, W. Bründlmayer, Ehn, Eichinger, Hiedler Hirsch, Jurtschitsch, F. Loimer, Rabl, Schloss Gobelsburg, Steininger. Das Kamptal genießt seit dem Jahrgang 2008 DAC-Status für Grünen Veltliner und Riesling.

Kattus Traditionsreiche Sektkellerei in Wien.

Kerschbaum, Paul M-Bgl r ★★★ 03 05 06 07 08 09 – Spezialist für individualistische und oft faszinierende Blaufränkisch-Weine.

Klassifizierte Lage Zweitbeste Kategorie des neuen, von der Vereinigung Österreichische Traditionsweingüter eingeführten Klassifikationssystem für die Weinberge der niederösterreichischen Donauregion.

Klosterneuburg r w – Traditionsreiche Weinstadt im Donauland mit berühmtem Benediktinerstift und bereits 1860 gegründeter Weinbauschule. Beste Erzeuger: Stift Klosterneuburg, Zimmermann.

KMW Abkürzung für »Klosterneuburger Mostwaage«, in Österreich gebräuchliche Maßeinheit für den Zuckeranteil im Most.

Knoll, Emmerich Wachau w ★★★★ **00 01 03** 05 06 07 08 09 – Hervorragender traditionsbedachter Betrieb in Loiben (Wachau). Delikater, duftender Riesling und komplexer Grüner Veltliner, teilweise von den Einzellagen Loibenberg und Schütt.

Kollwentz-Römerhof r w; tr (s) ★★★★ **03 05** 06 **07** 08 09 – Wegweisender Erzeuger bei Eisenstadt. Sauvignon blanc, Chardonnay, Eisweine. Auch für feine Rote wie den Steinzeiler bekannt.

Kracher N'see (r) w; tr (s) ★★★★ **95 00 01** 02 03 04 05 06 07 08 – Spitzenbetrieb in Illmitz; Spezialität: edelfaule Prädikatsweine (Dessertweine); teils mit Barriqueausbau (Nouvelle Vague), teils aus dem Stahltank (Zwischen den Seen). Seit 1997 auch guter Rotwein. Das Weingut wird jetzt von Gerhard Kracher geführt.

Kremstal (r) w – Seit 1994 eigenständiges Weinbaugebiet, v. a. für Grünen Veltliner und Riesling. Beste Erzeuger: Buchegger, Malat, S. Moser, Nigl, Salomon-Undhof, Stagård, Weingut Stadt Krems.

Krug Therm r w; s – Gut bereitete Weine in internationalem Stil, v. a. körperreicher Pinot Gris und rote Cuvées.

Krutzler S-Bgl r ★★★ **03** 06 **07** 08 09 – Führender Erzeuger mit hervorragendem Blaufränkisch, v. a. Perwolff.

Lackner-Tinnacher SO-Stm ★ Qualitätserzeuger, bekannt für duftenden Morillon und Muskateller.

Leithaberg N'see – Zum Neusiedler See hin abfallende Weingärten am Nordufer des Sees. Auch eine umtriebige Gruppe von Winzern, die sich erfolgreich um die Neudefinition des terroirbasierten Weinstils der Region bemüht, trägt diesen Namen. Hat jetzt den Status einer DAC.

Lenz Moser Kremstal – Der größte Erzeuger im Land, angesiedelt in Krems.

Loimer, Fred Kamptal w ★★★→★★★★ Umsichtiger und ehrgeiziger Erzeuger mit 31 ha, davon 50 % Grüner Veltliner. Daneben Riesling, Chardonnay, Pinot gris und sehr guter Pinot noir. Einer der führenden Vertreter des biologisch-dynamischen Weinbaus in Österreich.

Mantlerhof Kremstal w ★★ Erzeuger mit einem wohlüberlegten, traditionsbedachten Konzept. Guter Roter Veltliner.

Mayer am Pfarrplatz w – Der Wiener Erzeugerbetrieb mit Heurigenwirtschaft ist nun in neue Hände übergegangen, was den Weinen eindeutig gutgetan hat.

Mittelburgenland r (w); tr (s) – Weinbaugebiet an der ungarischen Grenze, das sich auf Blaufränkisch (auch DAC) konzentriert und immer besser wird. Erzeuger: Bayer, Gager, Gsellmann, J. Heinrich, IBY, Igler, Kerschbaum, Wellanschitz, F. Weninger.

Moric M-Bgl ★★★ Herausragender, Maßstäbe setzender Rotwein von alten Blaufränkisch-Reben in einigen Gemeinden des Mittelburgenlands, je nach Maßgabe der Reblage von Roland Velich bereitet. Stilistisch ein Fanal für sortenreinen Blaufränkisch.

Morillon In der Steiermark gebräuchlicher Name für Chardonnay.

Muhr-van der Niepoort Carn r w – Aufstrebende Kellerei, an der in der Tat der Portweinerzeuger Dirk Niepoort beteiligt ist. Wohlbedachte Rotweine, v. a. Blaufränkisch.

Muskateller Seltene aromatische Traubensorte für trockene Weißweine mit intensivem Duft, v. a. aus der Steiermark. Beste Erzeuger: Gross, F. Hirtzberger, Lackner-Tinnacher, F. X. Pichler, E. & W. Polz, W. Sattler.

Muskat-Ottonel Traube für häufig trockenen, duftenden Weißwein; auch interessante Prädikatsweine.

Neuburger Einheimische Weißweinsorte, die lange vernachlässigt wurde. Anzutreffen v. a. in der Wachau (elegante, blumige Weine), in der Thermenregion (körperreich, breit) und in den nördlicheren Teilen des Burgenlands (kräftig, voll). Beste Erzeuger: J. Beck, Domäne Wachau, F. Hirtzberger.

Neumayer Traisental w ★★★ Spitzengut mit kraftvollem, sehr prägnantem trockenem Grünem Veltliner und Riesling.

Neumeister SO-Stm w ★★★ Wegweisender, engagierter Erzeuger, v. a. mit feinem Sauvignon blanc und Chardonnay.

Neusiedlersee r w; tr s – Weinbaugebiet nördlich und östlich des Neusiedler Sees. Beste Erzeuger: P. Achs, J. Beck, G. Heinrich, Kracher, J. Nittnaus, J. & R. Pöckl, Stiegelmar, J. Umathum, Velich.

Neusiedlersee-Hügelland r w; tr s – Weinbaugebiet westlich des Neusiedler Sees mit den Hauptorten Oggau, Rust und Mörbisch am Ufer sowie Eisenstadt an den Ausläufern des Leithagebirges. Beste Erzeuger: B. Braunstein, Feiler-Artinger, Kloster am Spitz, Kollwentz-Römerhof, Prieler, Schandl, H. Schröck, Schuller, Sommer, E. Triebaumer, Wenzel.

Neusiedler See Sehr flacher Steppensee im Burgenland an der ungarischen Grenze. Begünstigt durch Temperaturausgleich und die entstehenden Herbstnebel das Auftreten von Edelfäule. Namensgeber für die Weinbaugebiete Neusiedlersee-Hügelland und Neusiedlersee.

Niederösterreich Die Region im Nordosten stellt etwa 58 % der Rebfläche Österreichs mit den Weinbaugebieten Carnuntum, Donauland, Kamptal, Kremstal, Thermenregion, Traisental, Wachau und Weinviertel.

Nigl Kremstal w ★★★★ **03 05** 06 07 08 09 – Bester Erzeuger im Kremstal, der trockene Weißweine aus der Lage Senftenberg mit bemerkenswert mineralischem Charakter bereitet.

Nikolaihof Wachau w ★★★★ **03 05** 06 07 08 09 – Das ausgezeichnete Gut in der Wachau, ein Vorreiter des biodynamischen Weinbaus in Österreich, steht auf einem Fundament aus der Römerzeit. Hervorragender, oft herrlich langlebiger Riesling von der Lage Steiner Hund.

Nittnaus, John N'see r w; s ★★★ Ökologisch wirtschaftender Erzeuger mit Forschergeist im Gebiet Neusiedlersee; v. a. elegante und alterungsfähige Rote wie der Comondor.

Ott, Bernhard NÖ w ★★→★★★ Erzeuger im Donauland, Spezialist für Grünen Veltliner: Fass 4, Der Ott und Rosenberg.

Pannobile Vereinigung jüngerer, ehrgeiziger Winzer im Anbaugebiet Neusiedlersee mit dem Zentrum Gols. Ziel ist die Bereitung großer Weine mit regionalem Charakter. Gegenwärtig sind der Vereinigung angeschlossen: P. Achs, J. Beck, Hans Gsellmann, G. Heinrich, Leitner, J. Nittnaus, Pittnauer, C. Preisinger, Renner.

Pfaffl Weinviertel r w ★★★ **05 06** 07 08 09 – Das Gut in Stetten bei Wien ist bekannt für trockenen Grünen Veltliner und Riesling.

Pichler, Franz Xaver Wachau w ★★★★ **01 02 03 05** 06 07 08 09 – Dieser Erzeuger zählt zu Österreichs Besten. Sehr intensiver Riesling mit Kultstatus und Grüner Veltliner (v. a. von der Lage Kellerberg).

Pichler, Rudi Wachau w ★★★→★★★★ Herausragender, individualistischer Erzeuger von kraftvollem, ausdrucksstarkem Riesling und Grünem Veltliner.

Pichler-Krutzler Wachau r w ★★ Das Gut ist ein Neuzugang in der Szene: die – wörtlich zu nehmende – Vermählung zweier berühmter Namen. Feine, ausgewogene Weine, v. a. aus der Lage Wunderburg. Die Roten stammen von Reben im Südburgendland.

Pittnauer, Gerhard N'see r w ★ Feiner Erzeuger, der sich auf torfig-saftige St.-Laurent-Weine spezialisiert hat.

Pöckl, Josef und René N'see r; (s) ★★★ Das Vater-Sohn-Gespann erzeugt im Gebiet Neusiedlersee (Mönchhof) feine Rotweine, v. a. Admiral, Rêve de Jeunesse und Rosso e Nero.

Polz, Erich und Walter S-Stm w ★★★ **03 05 06** 07 08 09 – Sehr guter großer Weinbaubetrieb an der südsteirischen Weinstraße mit der besten Lage, Hochgraßnitzberg, für Sauvignon blanc, Chardonnay, Grauburgunder, Weißburgunder.

Prädikatswein Nach dem deutschen Vorbild auf das Mostgewicht (Zuckergehalt im Traubensaft) ausgelegtes Klassifikationssystem, von der Qualitätsstufe Spätlese aufwärts (Spätlese, Auslese, Eiswein, Strohwein, Beerenauslese, Ausbruch und Trockenbeerenauslese). Ist in Österreich großteils aus der Mode gekommen. Siehe auch Deutschland.

St. Laurent

Einst unter »ferner liefen« rangierend, ist die rote Rebsorte Sankt Laurent derzeit definitiv die angesagteste aller Trauben. Frühere Vinifikationsversuche waren durch hohen Alkoholgehalt und starke Extrahierung gekennzeichnet und nicht besonders erfolgreich, doch seit Kurzem schwappt eine Welle saftiger, verführerischer Sankt-Laurent-Weine auf den Markt. Die Traube, die den typischen Torfgeschmack von Malt Whisky mit jeder Menge Beerenfrucht und Gewürzen verbindet, erlaubt eine große stilistische Bandbreite – vom leichten Beaujolais-Double bis hin zu tiefen, gewichtigen Weinen mit Alterungspotenzial. Empfehlenswerte Erzeuger sind J. Beck, Fischer, Pittnauer, H. Schuster und J. Umathum.

Prager, Franz Wachau w ★★★★ **00 01 02** 03 05 06 07 08 09 – Neben Josef Jamek einer der Pioniere für erstklassige trockene Weißweine in der Wachau. Das heute von Toni Bodenstein geführte Gut erzeugt Riesling sowie Grünen Veltliner von makelloser Eleganz und mineralischer Struktur unter dem Namen Wachstum Bodenstein.

Preisinger, Claus N'see r ★ Ehrgeiziger junger Kellermeister mit stilvollen Rotweinen, besonders Pinot noir und Cuvée Paradigma.

Prieler N'see-Hü r w ★★★ Beständig guter Erzeuger; besonders gut ist der Blaufränkisch Goldberg.

Proidl, Weingut Kremstal ★★ Sehr individualistischer Winzer, der interessanten, lagerfähigen Riesling und Grünen Veltliner erzeugt.

Rabl Kamptal r w; s ★ Zuverlässiger Erzeuger, der lange im Schatten seiner berühmteren Kollegen stand. Sehr guter Grüner Veltliner.

Ried Österreichischer Ausdruck für »Lage«.

Riesling Bedeutet immer den Rheinriesling, zu Welschriesling besteht keine Verwandschaft. Reinsortige Rieslinge gehören zu Österreichs größten Weinen, v. a. im Kamptal, Kremstal und in der Wachau. Spitzenerzeuger: Alzinger, W. Bründlmayer, F. Hirtzberger, Högl, E. Knoll, Nigl, Nikolaihof, Pfaffl, F. X. Pichler, F. Prager, Salomon-Undhof.

Rotgipfler Einheimische aromatische weiße Traubensorte der Thermenregion. Ergibt im Verschnitt mit Zierfandler lebendige Weine. Beste Erzeuger: Biegler, Spaetrot, Stadlmann, Zierer.

Rust N'see r w; tr s – Historisches Städtchen am Ufer des Neusiedler Sees mit wunderschönen Häusern aus dem 17. Jahrhundert, die den hiesigen jahrhundertealten Anbau und Handel mit Wein, v. a. dem Ruster Ausbruch, aufs Schönste belegen. Beste Erzeuger: Feiler-Artinger, Giefing, Schandl, H. Schröck, E. Triebaumer, Wenzel.

Salomon-Undhof Kremstal w ★★★ Dynamischer und sehr guter Erzeuger von Riesling, Weißburgunder und Traminer in Krems. Berthold Salomon produziert auch in Australien Wein.

Sattler, Willi S-Stm w ★★★★ **03 05** 06 07 08 09 – Führender südsteirischer Erzeuger. Berühmt für Sauvignon blanc und Morillon (Chardonnay), die großteils aus sehr steilen Lagen kommen.

Schiefer S-Bgl ★★★ Uwe Schiefer, klassischer »Garagenwein«-Erzeuger im Südburgenland, ist schnell zur Spitzenriege aufgestiegen mit seinen tiefen, kraftvollen Blaufränkisch-Weinen, v. a. von den Lagen Szapary und Reihburg.

Schilcher Trockener, fast scharfer, sehr säurereicher Roséwein aus der einheimischen Rebsorte Blauer Wildbacher; sehr eigener, gewöhnungsbedürftiger Geschmack; eine Spezialität der Weststeiermark. Probierenswert: Klug, Lukas, Reiterer, Strohmeier.

Schloss Gobelsburg Kamptal ★★★★ **01 02** 03 **05** 06 07 08 09 – Renommiertes Weingut mit rund 35 ha unter den Leitung von Michael Moosbrugger. Exzellenter trockener Riesling und Grüner Veltliner. Sehr zu empfehlen sind der Riesling und Grüne Veltliner der Reihe Tradition sowie der feine Pinot noir.

Schloss Halbturn N'see r w; s ★★★ Wiederbelebtes Gut, das unter Anleitung eines deutschen und eines französischen Kellermeisters immer bessere Weine hervorbringt, v. a. Cuvée Imperial und Pinot noir.

Schlumberger Wien – Größter österreichischer Schaumweinerzeuger mit Sitz in Wien. Arbeitet auch an der Loire.

Schmelz, Johann Wachau w ★★★ Sehr guter, oft unterschätzter Erzeuger; v. a. herausragender Riesling Dürnsteiner Freiheit.

Schneider Therm – Aufstrebender Erzeuger in der Thermenregion; v. a. saftiger St. Laurent und guter Pinot noir.

Schröck, Heidi N'see r w; s ★★★ Wunderschöne Weine von großer Reinheit und Konzentration einer innovativen, sorgfältigen Erzeugerin in Rust. Erstklassiger Ausbruch. Auch sehr guter trockener Furmint.

Schuster N'see-Hü r w ★→★★ Erzeugerbetrieb unter der Leitung von Rosi Schuster. Sohn Hannes, der Kellermeister, bereitet feinen St. Laurent.

Schwarz N'see r; s – Kleiner, aber hochklassiger Erzeuger, der sich auf Zweigelt und Strohwein spezialisiert hat.

Seewinkel N'see – Teil des Weinbaugebiets Neusiedlersee mit den Orten Apetlon, Illmitz und Podersdorf; die Voraussetzungen für Botrytis-Weine sind hier ideal.

Sepp Moser Kremstal r w; s – Kremstaler Winzer mit verlässlichem Riesling und Grünem Veltliner.

Smaragd Höchste Kategorie der Vinea Wachau (siehe dort), entspricht in etwa der trockenen Spätlese – oft komplex und kraftvoll.

Spätrot Siehe Zierfandler.

Spätrot-Rotgipfler Typischer Verschnitt der Thermenregion. Aromatische, gewichtige Weine, oft mit einem Aroma von Orangenschalen.

Spitz an der Donau Wachau w – Weinbauort am Westende der Wachau mit kühlem Mikroklima, v. a. die Lage Singerriedel. Spitzenerzeuger: J. Donabaum, F. Hirtzberger, Högl, Lagler.

Stadlmann Therm r w; s ★★ Auf üppige Zierfandler-Rotgipfler-Weine spezialisierter Erzeuger.

Steinfeder Kategorie der Vinea Wachau (siehe dort) für leichte, duftende trockene Weine.

Steininger Kamptal r w; sch ★★ Winzer mit einem Sortiment hervorragender reinsortiger Schaum- wie Stillweine.

Stiegelmar (Juris-Stiegelmar) N'see r w; tr s ★★ Angesehener Winzer in Gols mit Chardonnay und Sauvignon blanc sowie rotem St. Laurent.

Strohwein Süßer Wein aus Trauben, die auf Strohmatten luftgetrocknet werden.

Steiermark Südlichste Weinbauregion Österreichs, die einige gute trockene Weißweine hervorbringt, v. a. Sauvignon blanc und Chardonnay, der hier Morillon genannt wird. Auch duftender Muskateller. Umfasst die Gebiete Südsteiermark, Südoststeiermark und Weststeiermark.

Südburgenland r w – Kleines, südlichstes Weinbaugebiet des Burgenlands mit sehr guten Blaufränkisch-Weinen. Beste Erzeuger: Krutzler, Schiefer, Wachter-Wiesler.

Südoststeiermark (r) w – Weinbaugebiet in der Steiermark mit exzellenten Lagen. Beste Erzeuger: Neumeister, Winkler-Hermaden.

Südsteiermark w – Bestes Weinbaugebiet der Steiermark mit sehr gefragten Weißweinen der Sorten Morillon, Muskateller, Welschriesling und Sauvignon blanc. Beste Erzeuger: Gross, Jaunegg, Lackner-Tinnacher, E. & W. Polz, Potzinger, Sabathi, W. Sattler, Skoff, M. Tement, Wohlmuth.

Tegernseerhof Wachau w ★ Neu erstarkter Erzeuger, der sehr interessanten Riesling und Grünen Veltliner bereitet.

Tement, Manfred S-Stm w ★★★★ **03 05** 06 07 08 09 – Renommiertes Weingut mit besonders feinem Sauvignon blanc und Morillon von der Lage Zieregg. Die Weine sind im internationalen Stil gehalten, insbesondere die modernen Roten.

Thermenregion r w; tr s – Niederösterreichisches Weinbaugebiet mit heißen Quellen südlich von Wien; einheimische Sorten (z. B. Zierfandler und Rotgipfler). Historisch eine der besten Regionen für Rotweine (v. a. St. Laurent). Hauptorte: Baden, Gumpoldskirchen, Tattendorf, Traiskirchen. Erzeuger: Alphart, Biegler, Fischer, Johanneshof Reinisch, Schafler, Spätrot-Gebelshuber, Stadlmann, Zierer.

Traisental 700 ha Anbaufläche unmittelbar südlich von Krems an der Donau. Trockene Weißweine können stilistisch jenen der Wachau ähneln, erreichen aber üblicherweise nicht deren Qualität. Spitzenerzeuger: Huber, Neumayer.

Triebaumer, Ernst N'see r (w); tr s ★★★★ **01 03** 05 06 07 08 09 – Bedeutender Erzeuger in Rust mit Blaufränkisch (u. a. der legendäre Mariental) und Cabernet Sauvignon/Merlot-Verschnitt. Auch sehr guter Ausbruch.

Uhudler Lokale Spezialität des südlichen Burgenlands. Von den Trauben unveredelter amerikanischer Unterlagsreben bereiteter Wein mit einem »fuchsigen« Erdbeergeschmack.

Umathum, Josef N'see r w; tr s ★★★ Sehr guter, sorgfältiger Erzeuger mit sehr guten Rotweinen, u. a. Pinot noir und St. Laurent; die Weißen sind ebenfalls gut.

Velich N'see w; s ★★★★ Intellektueller, von Forschergeist beseelter Erzeuger im Seewinkel. Exzellenter Chardonnay Tiglat im burgundischen Stil

(**01 03 06** 08 09) mit schöner Fassreife. Dazu einige der besten Süßweine des Gebiets.

Veyder-Malberg Wachau w ★ Der 2008 gegründete Erzeuger bewirtschaftet einige der arbeitsintensivsten Lagen der Wachau und bereitet Weine von großartiger Reinheit und Finesse.

Vinea Wachau Von Wachauer Winzern 1983 gegründete eigene Appellation mit drei Kategorien für trockene Weine: Steinfeder, Federspiel und kraftvoller Smaragd.

Wachau w – Weltweit renommierte Weinbauregion an der Donau, aus der mit die besten Weine Österreichs stammen. Spitzenerzeuger: Alzinger, J. Donabaum, Freie Weingärtner Wachau, F. Hirtzberger, Högl, J. Jamek, E. Knoll, Lagler, Nikolaihof, F. X. Pichler, R. Pichler, F. Prager, Schmelz, Wess.

Wagram (r) w – Weinregion westlich von Wien, zu der auch Klosterneuburg gehört. Hauptsächlich Weißwein, v.a. Grüner Veltliner. Spitzenerzeuger: Ehmoser, Fritsch, Stift Klosterneuburg, Leth, B. Ott, Wimmer-Czerny, R. Zimmermann.

Weingut Stadt Krems Kremstal ★★ Genossenschaft, deren Leitung in den fähigen Händen von Fritz Miesbauer liegt; v.a. Riesling und Grüner Veltliner. Miesbauer bereitet auch die Weine für Stift Göttweig.

Weinviertel (r) w – Die größte österreichische Weinregion, zwischen der Donau und der tschechischen Grenze gelegen. In der Regel einfache Weine, man bemüht sich aber immer mehr um bessere Qualität und einen erkennbaren Regionalcharakter. Meist frische Weißweine, v.a. aus Poysdorf und Retz. Beste Erzeuger: Bauer, J. Diem, Graf Hardegg, Gruber, Pfaffl, Schwarzböck, Weinrieder, Zull.

Weißburgunder (Pinot blanc) Die Traube ist in allen österreichischen Weinbaugebieten zu finden und liefert gute trockene Weiße und Prädikatsweine. Beste Erzeuger: J. Beck, Fischer, Gross, G. Heinrich, F. Hirtzberger, Lackner-Tinnacher, E. & W. Polz, M. Tement.

Welschriesling Diese – nicht mit dem Riesling verwandte – Weißweinrebe ist in allen Regionen verbreitet und ergibt einfache, duftende, trockene, jung zu trinkende Alltagsweine.

Weninger, Franz M-Bgl r (w) ★★★ Spitzengut in Horitschon mit feinen Rotweinen, v.a. Blaufränkisch, Dürrau und Merlot.

Wenzel N'see r w; s ★★★ Sehr guter Ausbruch. Sohn Michael bereitet ambitionierte und zunehmend feine Rotweine, Vater Robert leistete Pionierarbeit in Sachen Wiederbelebung der Furmint-Traube in Rust.

Wess Wachau w ★ Guter Erzeuger; verarbeitet Trauben, die – z.T. von berühmten Weinbergen – eingekauft werden.

Weststeiermark rs – Kleines Weinbaugebiet mit der Spezialität Schilcher. Am besten von Domäne Müller, Klug, Lukas, Reiterer, Strohmeier.

Wieder M-Bgl – Auch Georg Wieder zählt mit seinen gut strukturierten Weinen zu den Protagonisten der Blaufränkisch-Renaissance.

Wiederstein Carn – Birgit Wiederstein gehört der jungen Generation der Carnuntum-Weinmacher an und bereitet unaufdringliche, aber ansprechend prägnante Rotweine.

Wien (r) w – Weinbaugebiet in den Vororten der Stadt. Meist einfache Weine, die beim Heurigen an Busladungen von Touristen ausgeschenkt werden. Qualitätsbewusste Erzeuger sind jedoch auf dem Vormarsch: Christ, Mayer am Pfarrplatz, F. Wieninger, Zahel.

Wieninger, Fritz Wien r w ★★ **03 05 06 07 08** 09 – Sehr guter Erzeuger in Wien-Stammersdorf mit Heurigem: Chardonnay und Blauer Burgunder; besonders zu empfehlen sind der Grüne Veltliner und der Riesling.

Winkler-Hermaden SO-Stm r w; s ★★★ Herausragender und individueller Erzeuger, der guten Traminer und Morillon sowie einen der wenigen sehr guten Rotweine der Region produziert, nämlich den auf Zweigelt basierenden Olivin.

Winzer Krems Kremstal – Der großen Genossenschaft gehören 1.300 Weinbauern an. Vor allem Grüner Veltliner.

Zierer Therm r w – Erzeuger mit v. a. feinem Rotgipfler.

Zierfandler Synonym für Spätrot. Fast ausschließlich in der Thermenregion vorkommende Weißweinsorte, oft mit Rotgipfler verschnitten. Beste Erzeuger: Biegler, Spaetrot, Stadlmann, Zierer.

Zweigelt Siehe Blauer Zweigelt.

England und Wales

Englische und walisische Weine erzielen immer größere Erfolge, allen voran die Schaumweine. Dass diese Weine jetzt auch internationale Wettbewerbe gewinnen, schürt die Nachfrage nach Rebflächen: Mittlerweile sind rund 1.500 ha bestockt, wobei Sorten Chardonnay, Pinot noir und Pinot Meunier 45 % des Gesamtbestands ausmachen. Bei den Stillweinen erbringt einzig die Bacchus-Traube Weine von Weltklasseformat, weshalb die Sorte zunehmend angepflanzt wird. 2009 war ein außergewöhnlicher Jahrgang, und im Rahmen ihrer Möglichkeiten sind viele 2009er Stillweine sehr gut geraten. Immer noch nicht ganz durchgedrungen ist, dass englische Schaumweine der Spitzenklasse durch Flaschenreifung enorm gewinnen – zehn Jahre sind locker drin.

Astley Worcestershire ★★ Die Weine gewinnen kontinuierlich Preise und Medaillen. Sehr gut der Veritas (**09**).

Biddenden Kent – Der 1969 gegründete Betrieb gehört zu Englands ältesten. Pikanter weißer Bacchus (**09**) und würziger Ortega (**09**), beide probierenswert. Auch sehr guter Cider und Apfelsaft.

Breaky Bottom Ost-Sussex – Ausschließlich Schaumweine aus den Rebsorten Seyval blanc, Pinot noir und Chardonnay vom 1974 angelegten Weinberg. Die Cuvée Brian Jordan (05) und der John Inglis Hall (06) sind einen Versuch wert.

Camel Valley Cornwall ★★★ Vater und Sohn Lindo (Bob und Sam) kreieren nach wie vor großartige Weine und heimsen Auszeichnungen ein. Exzellenter Bacchus (**09**) und Pinot noir Brut (07 08).

Chapel Down Kent ★★★ Immer noch der größte Weinerzeuger Großbritanniens. Der Brut oJ ist der Schaumwein mit dem besten Preis-Leistungs-Verhältnis Englands. Sehr gut auch der klassische Schaumwein Pinot Reserve (04), ebenso wie der Bacchus (**09**) und der Bacchus Reserve (**09**). Ausgesprochen schöne Besuchereinrichtungen mit preisgekröntem Restaurant.

Coates & Seely Hampshire – In den Augen des Kellermeisters ist immer noch ein verschmitztes Funkeln – aber halten Sie 2011 Ausschau nach diesem Schaumwein. Seely ist zwar Engländer, leitet aber AXA Millésimes, jenen Ableger des Versicherungskonzerns, der u.a. Ch. Pichon Longueville in Bordeaux betreibt.

Davenport ★ Zu empfehlen sind der Bioschaumwein Limney Estare (05) und der trockene Weißwein Horsmonden (07).

Denbies Surrey ★★ Hat den Rang als größter Weinbergbesitz Großbritanniens verloren. Die Weine werden stetig besser, v.a. der Juniper Hill (**08**), der Ortega (06) und der Schaumwein Cubitt Reserve (06). Sehr schöne Besuchereinrichtungen.

Gusbourne Kent ★ Großer neuer Schaumweinerzeuger. Exzellent sind der Classic Blend (06) und der Blanc de Blancs (06).

Hush Heath Estate Kent ★ Ausgezeichneter Balfour Brut Rosé (06). Auch sehr guter Apfelsaft.

Jenkyn Place Hampshire – Neuer Erzeuger; der erste Jahrgang des Jenkyn Place (06) ist bereits sehr gut.

Nyetimber West-Sussex ★★★ Mit 174 ha unter Reben ist dies der größte Erzeuger in Großbritannien, und mit der Erntemenge von 1.000 t in den Jahren 2009 und 2010 wird er bald auch einer der Hauptakteure der

Schaumweinindustrie sein. Die riesige neue Kellerei wird voraussichtlich 2012 eingeweiht. Die besten jetzt erhältlichen Weine sind Classic Cuvée (05) and Rosé (07).

Plumpton Ost-Sussex – Das einzige Wein-College Großbritanniens beginnt jetzt interessante Weine zu erzeugen. Der Pinot noir (**09**) ist der beste britische Rotwein. Probierenswert sind die Schaumweine Dean oJ und Dean Blush oJ (rosé).

RidgeView Ost-Sussex ★★★ Großartige Qualität, Beständigkeit und ein gutes Preis-Leistungs-Verhältnis machen dieses Gut zu einem der britischen Spitzenerzeuger. Überragend sind die Schaumweine Grosvenor Magnum Blanc de Blancs (01) und Grosvenor Blanc de Blancs (06); bester Rosé ist bis dato der Fitzrovia (08).

Sharpham Devon ★★ Schöne Weinauswahl (und fantastischer Käse). Der Jahrgang 2009 ist sehr gut, v. a. Pinot noir und Rosé; einen Versuch wert ist auch der Estate Selection (**09**).

Stanlake Park Berkshire ★★ Große Weinauswahl in überdurchschnittlicher Qualität. Probierenswert sind der fruchtige Pinot Blush (rosé), der weiche Madeleine (**09**) und der pikante Bacchus (**09**).

Three Choirs Gloucestershire ★★ 09 – Große Auswahl an preisgünstigen Weinen und schöne Besuchereinrichtungen einschließlich Hotel und Restaurant. Gutes Sortiment an trinkreifen 2009er Weinen, u. a. Bacchus, Siegerrebe, Rosé und der Verschnitt Willow Brooks.

Mittel- und Südosteuropa

Die dunklen Flächen bezeichnen
die Weinbaugebiete

Ungarn

Von allen Ländern Osteuropas hat Ungarn die stolzeste Tradition und konnte nach dem Fall des Kommunismus auch die besten Fortschritte in allen Anbaugebieten und Weinstilen machen. Sowohl der Tokajer im Norden als auch die Rotweine des Südens sind wieder Weltklasse. In jüngster Zeit allerdings ging es Ungarn nicht so gut. Die Weltwirtschaftskrise traf die Weinindustrie hart, mehrere Insolvenzen und Betriebsverkäufe waren die Folge. Der Sommer 2010 brachte Regen, Regen und nochmals Regen, vor allem in Tokaj. Nur vom Giftschlamm, der im Herbst einen Landstrich in Westungarn überflutete, blieben die Weinbaugebiete verschont. Gleichzeitig ist die Qualität so hoch wie noch nie, da eine neue Generation von Weinmachern das Potenzial der einheimischen Trauben und der vulkanischen Böden immer besser zu nutzen versteht. Es gibt auch Anzeichen dafür, dass sich stilistisch mehr und mehr die Ausgewogenheit gegen die reine Kraft durchzusetzen beginnt. Ungarns Weinszene bleibt spannend.

Alana-Tokaj Tokaj ★★ Vielversprechender Erzeuger mit ausgezeichnetem Weinbergbesitz, dem auch die Kellerei Németh in Mátra gehört. Guter Muscat, Furmint und Aszú.

Alföld Ungarische Tiefebene – Aus der großen ungarischen Tiefebene kommen meist Alltagsweine. Beinhaltet die drei Weinbaubezirke Hajós-Baja (Brilliant Holding, Sümegi), Csongrád (Somodi) und Kunság (Frittmann, der das Niveau der Region hebt). Guter Ezerjó und Kékfrankos.

Aszú Tokaj – Durch Botrytis geschrumpfte Trauben und der süße Wein, der in Tokaj daraus gekeltert wird. Der Wein wird nach seinem Süßegrad eingestuft, von 3 bis 6 Puttonyos.

Aszú Essencia Tokaj s ★★★ Auch Eszencia geschrieben. Die zweitsüßeste Qualitätskategorie des Tokajers. Klassifikationen von 7 Puttonyos und mehr werden ab dem Jahrgang 2010 nicht mehr verwendet.

Badacsony w; tr s ★★→★★★ Anbaugebiet an einem erloschenen Vulkan am Nordufer des Balaton. Volle Weißweine, v. a. Riesling und Szürkebarát. Empfehlenswert: Szeremley und Laposa.

Balaton Der Plattensee, wie der Balaton auf Deutsch genannt wird, ist Europas größter Süßwassersee. Die Bezirke der Weinregion Balaton im Norden heißen Badacsony, Balatonfüred-Csopak (Feind, Figula, Jasdi), Balaton-Felvidék und Somló. Im Süden und Westen liegen Balatonboglár und Zala.

Balatonboglár r w; tr ★★→★★★ Name eines Weinbaubezirks am Südufer des Balaton, aber auch eine fortschrittliche Kellerei im Besitz von Törley. Spitzenerzeuger sind Garamvári, Konyári und Légli. Budjosó wird besser.

Barta Tokaj ★★★ 2007 gegründeter neuer Erzeuger, der die höchstgelegenen Weinberge in Tokaj bewirtschaftet. Eindrucksvoller trockener Furmint, v. a. der 07er und 09er Furmint Válogatás. Auch sehr guter süßer Furmint-Muskotály.

Bikavér Nordungarn r ★→★★★ **03 05 06'** 07 08 – Wörtlich »Stierblut«. Wird jetzt als roter Verschnitt mit Vorzeigequalitäten wiederbelebt. Nach dem Gesetz darf Bikavér nur in Szekszárd und Eger erzeugt werden und aus mindestens drei Rebsorten verschnitten sein; die besten Erzeuger beziehen eine heimische Traube mit ein, meist Kékfrankos, in Szekszárd manchmal Kadarka. Als Reserve müssen mindestens vier Sorten verwendet werden, außerdem sind eine Verkostung und beschränkte Erträge vorgeschrieben. Spitzenerzeuger für Egri Bikavér: Bolyki, Demeter, Gróf Buttler, Tibor Gál, Kaló Imre, Pók Tamás, St. Andrea, Thummerer.

Bock, József Südpannonien r; tr ★→★★★ Führender Familienbetrieb in Villány; erzeugt kräftige sortenreine und verschnittene Rote. Beste Weine: Capella Cuvée auf Cabernet-franc-Basis (**00 03'** 06'), Syrah (**05' 06'** 07') und die gewichtige Prestige Reserve (06').

Bodrogkeresztúr Tokaj – Ort in der Region Tokaj mit etlichen aufstrebenden Erzeugern, u. a. Dereszla, Füleky, Patricius,Tokaji Nobilis und Puklus.

Bor Wein. *Vörös* Bor bedeutet Rotwein, *Fehér* Bor Weißwein; *Édes* heißt süß und *Száraz* trocken.

Bussay, Dr. w; tr ★★ **06 07 08 09** – Eindrucksvoller Erzeuger im Südwesten des Balaton, der in Teilzeit auch als Arzt tätig ist. Intensiver Tramini, Pinot gris, Olaszrizling und Riesling.

Butte Siehe Puttonyos.

Csányi Südpannonien r ★→★★ Großinvestition in Villány mit beträchtlichen Rebflächen. Am besten ist die Reihe Chateau Teleki, v. a. der samtige Cabernet franc (**07**).

Degenfeld, Gróf Tokaj w; tr s ★★ **00 03** 05 06 **07** 08 – Großer Tokajer-Erzeuger mit angeschlossenem Luxushotel. Große Bandbreite an Stilen, von trocken bis Aszú. Dazu gehört auch die Spätlese Fortissimo und die edelfaule Cuvée Andante.

Demeter, Zoltán Tokaj ★★★→★★★★ **07' 08'** – Sehr gute trockene und Aszú-Weine von den eigenen Grand-cru-Lagen, v. a. Veres, Lapis und Szerelmi. Mit dem (ebenfalls sehr guten) Erzeuger Demeter in Eger besteht kein Zusammenhang.

Dereszla Tokaj w; tr s ★★★ Weingut mit 50 ha in Tokaj, im Besitz der Familie d'Aulan, die aus der Champagne kommt. Sehr guter Aszú, auch Aszú Essencia und unter Flor gereifter Szamorodni. Ausgezeichneter trockener Kabar (07') und Muscat Reserve (03').

Districtus Hungaricus Controllatus (DHC) Begriff für Weine mit geschützter Ursprungsbezeichnung (g. U.), symbolisiert durch eine Krokusblüte auf dem Etikett und der Aufschrift DHC.

Disznókő Tokaj w; tr s ★★→★★★★ 93 **96' 97 99' 00' 03'** 05 06 07' 08' – Bedeutendes Tokajer-Weingut im Besitz der französischen AXA-Gruppe. Weine von großer Finesse und Ausdruckskraft. Beachtlich der Aszú Kapi von einer Einzellage mit 6 Puttonyos (99').

Dobogó Tokaj ★★★→★★★★ **99' 00' 03' 05' 06 07' 08** – Eines der kleinen Spitzengüter in Tokaj. Sehr guter Aszú, aber auch sehr gute Spätlese Mylitta, köstlicher Mylitta Álma (eine moderne Variante eines Aszú Essencia; **05' 06' 07'**), immer besser werdender trockener Furmint (**05 06'** 07' 08 (09)) und neuer Szerelmi Dulő (07). Seit 2007 auch Pinot noir.

Eger Nordungarn r w; tr s ★→★★★ Das bekannteste Rotweinzentrum Nordungarns ist eine schöne Barockstadt voller Kellereien. Bikavér ist der bekannteste Wein, doch auch Cabernet franc, Pinot noir und Syrah machen sich immer mehr einen Namen. Weiße werden bereitet von den Sorten Leányka, Olaszrizling, Chardonnay und Pinot blanc. Spitzenerzeuger: Bolyki, Gróf Buttler, Demeter, Tibor Gál, Kaló Imre, St. Andrea, Thummerer.

Essencia (oder **Eszencia**) Tokaj ★★★★ **93 96 99 03 06 (09)** – Das Herz des Tokajers: der dicke, sirupartige, üppige, aromatische Saft, der aus den Aszú-Trauben tropft, wenn sie gepresst werden. Nur 2–3 % Alkohol, der Zuckergehalt kann über 800 g/l liegen. Sogar wundertätige Heilkräfte werden Essencia nachgesagt.

Etyek-Buda Nördliches Transdanubien – Weinregion bei Budapest. Sehr gute, frische sortenreine Weißweine, v. a. Chardonnay, Sauvignon blanc und Pinot grigio, vielversprechend für Pinot noir. Spitzenerzeuger: Etyeki Kúria, Nyakas (verkauft unter dem Etikett Budai), György Villa (im Besitz von Törley) und neuerdings Haraszthy Vallejo.

Ezerjó Nördliches Transdanubien – Sinngemäß etwa »tausend gute Dinge«. Indigene ungarische Rebsorte mit scharfer Säure. Spannendere Versionen gibt es bei Frittmann und Maurus.

Furmint Die klassische, feurige Tokajer-Traube mit viel Aroma, Säure und dem Potenzial, sowohl trockene als auch süße Weine von großem Format zu liefern. Wird auch in Somló angebaut.

Garamvári r w; tr; sch ★→★★ Der Weinberg und die Kellerei St. Donatus in Balatonlelle befinden sich in Familienbesitz. Auch Eigentümer von Château Vincent, Ungarns mittels Flaschengärung erzeugtem Top-Schaumwein. Guter Cabernet Sauvignon Sinai Hill (**03 06**).

Gere, Attila Südpannonien r ★★★→★★★★ Zu Recht angesehener Familienbetrieb in Villány mit einigen der besten Rotweine des Landes, v. a. reichhaltiger Merlot Solus (**02 03' 06' 07'**) und intensive Cuvée Kopar (**00 03' 04 06' 07'**). Der Spitzenwein heißt Grand Vin de Villány (**03'** 07').

Hárslevelű »Lindenblättrige«; weitverbreitete Traubensorte. Gute Ergebnisse in Somló und Eger; wichtig auch als zweite Sorte im Tokajer. Sanfte, milde Weine mit Pfirsichnote.

Heimann r ★★ Zunehmend eindrucksvolle Familienkellerei in Szekszárd, insbesondere mit dem Verschnitt Barbar (06 07) und dem Kékfrankos Baranya (07 08).

Hétszőlő Tokaj w; tr s ★★ Das erstklassige Tokajer-Weingut mit 55 ha wurde 2009 von Michel Rebier, dem Eigentümer von Ch. Cos d'Estournel (Bordeaux), gekauft. Die zu erwartenden Investitionen dürften den Standard heben.

Hilltop Neszmély Nördliches Transdanubien r w; tr ★→★★ Kellerei in Ászár-Neszmély; gute sortenreine Weine im internationalen Stil: u. a. Riverview und Woodcutters White von der Sorte Cserszegi Fűszeres. Am besten ist die Premium-Reihe, v. a. der Pino gris (09).

Irsai Olivér Einheimische Kreuzung zweier Trauben für Tischwein, ergibt aromatische Weißweine, die an Muscat erinnern und jung zu trinken sind. Erzeuger: Nyakas, Garamvári.

Kadarka Rotweintraube, die v. a. in Szekszárd eine Renaissance für den Bikavér erfährt. In Bulgarien als Gamza bekannt. Gute Erzeuger sind u. a. Gróf Buttler, Heimann, Sauska, Takler.

Kékfrankos Ungarisch für Blaufränkisch. Die am weitesten verbreitete Rotweintraube des Landes liefert gute leichte oder körperreiche Rotweine.

Királyleányka Siehe Leányka.

Királyudvar Tokaj w; tr s ★★★→★★★★ **99' 00' 01 02 03' 05** 06' 07 08 – Ausgezeichnete Tokajer-Kellerei in den alten königlichen Gewölben in Tarcal; gehört Anthony Hwang. An Weinen sind u. a. ein trockener und ein Spätlese-Furmint zu nennen, Cuvée Ilona (ein jung abgefüllter Aszú), die fantastische Cuvée Patricia und der aufregende Aszú Lapsis mit 6 Puttonyos.

Konyári r w; tr ★★→★★★ **06** 07 08 09 – Vater-Sohn-Gespann, das auf dem eigenen Gut in Balatonboglár hochklassige Rot- und Weißweine bereitet, v. a. Loliense (rot und weiß), Szárhegy (weiß), Sessio Merlot und den sehr guten Verschnitt Pava. Besitzt auch die neue Kellerei Ikon, wo günstigere sortenreine Weine erzeugt werden.

Kreinbacher w; tr ★★ 07 08 – Der 2002 gegründete Erzeugerbetrieb betreibt Bioweinbau und konzentriert sich auf lokale Trauben; v. a. für Verschnittweine. Probierenswert: Kőkonyha (08).

Leányka »Mädchentraube«; Rebsorte für leichte, aromatische Weißweine aus Siebenbürgen, die man in Rumänien als Feteascǎ albǎ kennt. Királyleányka, »Königmädchentraube« bzw. Feteascǎ regalǎ ist eine Kreuzung aus Feteascǎ albǎ und Grasǎ (Kővérszőlő inTokaj).

Mád Tokaj – Altes Handelszentrum in der Region Tokaj mit Spitzenlagen. Zum Kreis der Erzeuger gehören u. a. Alana-Tokaj, Barta, Orosz Gábor, Demetervin, Gundel, Royal Tokaji, Szepsy, Tokaj Classic.

Malatinszky Südpannonien r w; tr ★★★ **03'** 04 06' 07 08 (09) – Aus der makellosen Kellerei kommen charaktervoller ungefilterter Kúria Cabernet franc und Cabernet Sauvignon. Außerdem ansprechender Pinot bleu und feiner Chardonnay, dazu der rote Einzellagen-Verschnitt Kövesföld (06 07') und der köstliche weiße Verschnitt Serena (09).

Mátra Nordungarn (r) w ★→★★ Weinbaubezirk in den Ausläufern des Mátra-Gebirges in Nordungarn. Verlässlicher Pinot gris, Chardonnay, Muskotály und Sauvignon blanc. Bessere Erzeuger sind u. a. Gábor Karner (ein ehemaliger Schlagzeuger), Németh Cellars (siehe Alana-Tokaj), Szőke Mátyás und die Genossenschaft Szölöskert, die ihre Weine unter den Etiketten Nagyrede und Spice Trail vertreibt.

Maurus Nördliches Transdanubien w; tr ★★ Der junge Kellermeister Ákos Kamocsay rüttelt das verschlafene Mór wach. Vielversprechende Weine sind Ezerjó, After Press Chardonnay, Riesling und Tramini.

Megyer, Château Tokaj w; tr s ★★→★★★ **93 99 00 03'** 05 06' 07 (08) – Das Gut gehört, wie auch Château Pajzos, Jean-Louis Laborde vom Ch. Clinet (Bordeaux). Ch. Megyer ist typisch für leichtere Wein aus dem kühleren Norden der Region. Steigende Qualität, v. a. beim trockenen Furmint und dem attraktiven trockenen Muscat.

Mézes Mály Tokaj – Einer der besten Weinberge der Tokajer-Region, gelegen in Tarcal. Sehr gute Einzellagenweine erzeugen Royal Tokaji and Balassa.

Minőségi Bor Qualitätswein. Ungarns Appellation Contrôlée.

Mór Nördliches Transdanubien w ★→★★ Für frischen, trockenen Ezerjó bekanntes Weinbaugebiet; auch Riesling, Chardonnay und Tramini. Empfehlenswert: Maurus.

Muskotály Tokaj – Traube aus der Muscat-Familie. In der Regel Ottonel, nur in Tokaj ist Sárga Muskotály Gelber Muskateller oder Muscat Lunel. Taucht in geringen Mengen oft in Tokajer-Verschnitten auf; wird gelegentlich auch zu gutem reinsortigem Aszú-Wein verarbeitet, z. B. Cuvée Patricia von Királyudvar.

Olaszrizling Ungarischer Name für Riesling italico oder Welschriesling.

Oremus Tokaj w; tr s ★★→★★★★ **99' 00' 02 03'** 05 06' 07 (08) – Das altehrwürdige, von der Familie Rákóczi gegründete Tokajer-Weingut gehört jetzt dem spanischen Erzeuger Vega Sicilia. Erstklassiger Aszú und sehr guter trockener Furmint Mandolás.

Orosz Gábor Tokaj w; tr s ★★→★★★ **03** 05 06 08 (09) – 17 ha Weinberge, meist erstklassige Lagen in Tokaj. Die besten trockenen Weine sind Furmint und Hárslevelű von Einzellagen, außerdem exzellenter Aszú, der unter dem Namen des Eigentümers vertrieben wird. Das billigere Zweitetikett heißt Bodvin.

Pajzos, Château Tokaj w; tr s ★★→★★★ **93 99 00 02 03'** 05 06' (07) (08) – Weingut in Tokaj im Besitz eines Unternehmers aus Bordeaux mit schönem, langlebigem Aszú. Siehe auch Megyer.

Pannonhalma Nördliches Transdanubien w; tr s ★★ **08 09** – Region im Norden; auch wiederbelebte historische Kellerei mit zugehörigen Weinbergen der Abtei Pannonhalma, deren Geschichte 800 Jahre zurückreicht

Tramini und Riesling liefern sehr preisgünstige und gute Weine. Auch ausdrucksstraker Sauvignon blanc, feiner Pinot noir und hochklassiger Weißweinverschnitt Hemina.

Patricius Tokaj w; tr s ★★★ **00' 02 03'** 05 06' 07 08 – Neues hochklassiges Weingut in Tokaj; erster Jahrgang 2000. Sehr gute trockene Furmint- und Aszú-Weine (6 Puttonyos). Großartiger Aszú Eszencia Czigany (08).

Pécs Südpannonien (r) w ★→★★ Weinbaubezirk um die gleichnamige Stadt. Bekannt für Weiße, auch von der lokalen Cirfandl-Traube. Pinot noir ist weiterhin beeindruckend, v. a. der Ebner Borház (08).

Pendits Tokaj w; s ★★→★★★ Tokajer-Gut unter der Leitung von Márta Wille-Baumkauff und ihren Söhnen. Seit 2008 ökologisch zertifiziert und dabei, auch biologisch-dynamisch zu arbeiten – statt Maschinen werden z. B. Pferde eingesetzt. Üppiger Aszú Eszencia (**00 03**), attraktive Cuvée Szello (05 06 07) und schöner trockener Muskotály (08).

Puttonyos (Butten) Das Maß für den Süßegehalt des Tokajers. Eine Butte besteht aus 25 kg (traditionell eine Trage voll) Aszú-Trauben. Die Zahl der Butten (zwischen 3 und 7), die einem Fass (136 l) des trockenen Grundweins oder Mosts beigemischt werden, bestimmt den Süßegehalt des Endprodukts (3 Butten = 60 g Zucker/l, 4 = 90 g, 5 = 120 g, 6 = 150 g, 7 = 180 g). Siehe auch Aszú Essencia und Essencia.

Royal Tokaji Wine Co. Tokaj ★★★→★★★★ **96** 99 00 03 **05 06** 07 09 – Bahnbrechendes ausländisches Gemeinschaftsunternehmen in Mád seit 1990 (ich selbst bin Mitbegründer). 81 ha Anbaufläche, vorwiegend erste und zweite Klasse. Die ersten Weine (90, 91 und v. a. 93) haben eine Renaissance des Tokajers eingeläutet. Von den Einzellagenabfüllungen sind v. a. Betsek, Mézes-Mály und Szent Tamás beachtenswert. Auch gut gemachter trockener Furmint und sehr gute und günstige Spätlese Áts Cuvée. Eine neue Kellerei wurde 2010 eröffnet.

St. Andrea Nordungarn r w; tr ★★★ 05 **06'** 07 08 (09) – Einer der spannendsten Erzeuger in Eger und Wegbereiter für modernen, hochklassigen Bikavér (Merengő, Áldás). Außerdem exzellente Weißweinverschnitte (Napbor, Örökké), Biowein Boldogságos sowie sehr guter Hárslevelű und Pinot noir.

Sauska ★★★→★★★★ **06 07 08 09** – Neue tadellose Kellerei in Villány. Schön ausgewogene Weine von Kadarka, Kékfrankos und Cabernet franc sowie eindrucksvolle rote Verschnitte, v. a. Cuvée 7 und Cuvée 5. Der Ableger Sauska-Tokaj im alten Kasino von Tokaj (ehemals Árvay) erzeugt seit 2009 gute trockene Weiße, v. a. Cuvée 111 und Furmint Birsalmás. Édes Élet (**03**) ist der Spitzen-Süßwein.

Somló w ★★→★★★ Wildromatisches Weinbaugebiet an den Hängen eines erloschenen Vulkans, berühmt für seine ausgeprägt mineralischen, lagerfähigen Weißen von lokalen Trauben: Juhfark (»Schafschwanz«), Olaszrizling, Furmint und Hárslevelű. Traditionell fassvergorene Weine von kleinen Erzeugern wie Fekete, Györgykovács, Hollóvár und Spiegelberg; größer und leichter erhältlich sind Tornai und Kreinbacher.

Sopron Nördliches Transdanubien r ★★→★★★ Historisches Weinbaugebiet nahe der österreichischen Grenze am Fertő-See. Kékfrankos, die wichtigste Traube, zeigt Potenzial auch für körperreichere Stile; auch Cabernet Sauvignon, Syrah und Pinot noir werden angebaut. Spitzenerzeuger ist der biodynamisch arbeitende Weninger; beachtenswert sind auch die individuellen Weine von Ráspi.

Szamorodni Tokaj – Wörtlich »wie er gewachsen ist«. Bezeichnung für einen Tokajer, bei dem im Weinberg keine Auslese erfolgt. Kann trocken oder süß (*édes*) sein, je nachdem, wie viele Aszú-Trauben hineingeraten. Süßer Szamorodni kann durchaus Aszú-Charakter zu einem erheblich niedrigeren Preis bieten. Die besten trockenen Versionen sind unter Flor gereift. Erzeuger: Tinon, Dereszla, Karádi-Berger.

Szekszárd Südpannonien r ★★→★★★ Bereich in Südungarn, von dem einige der besten Roten des Landes aus Kékfrankos, Cabernet Sauvignon, Cabernet franc und Merlot kommen. Auch Kadarka und Bikavér erfahren gerade eine Wiederbelebung. Empfehlenswerte Erzeuger: Dúszi, Heimann, Mészáros, Sebestyén, Szent Gaál, Takler.

Szepsy, István Tokaj w; tr s ★★★★ **99' 00' 02 03' 05 06 07** (08) – Erzeuger mit exzellenter kleiner Produktion von sehr alterungsfähigem Aszú-Tokajer aus der eigenen Kellerei in Mád. Hervorragende trockene Einzellagenweine von Furmint, v. a. Urbán, Szent Tamás und Király Hárslevelű (**05 06' 07'**) sowie ein neuer süßer Szamorodni (**03 06**). Szepsy hat denselben Familienname wie der Mann, der an der Entwicklung der Aszú-Methode im 17. Jahrhundert beteiligt war.

Szeremley, Huba w; tr s ★★ 05 06 07 08 – Pioniergut in Badacsony. Intensiver mineralischer Riesling, Szürkebarát, Kéknyelű und ansprechender süßer Zeus.

Szürkebarát Wörtlich »grauer Mönch«; ungarisch für Pinot gris. Weitverbreitet, liefert sowohl einfache Weine im italienischen Stil zu niedrigen Preisen als auch trockene Weine hoher Qualität, v. a. in den Gebieten um den Balaton.

Takler Südpannonien ★★ 03 04 05 **06** 07 08 – Bedeutender Familienbetrieb in Szekszárd mit über 70 ha Rebland, der sehr reife, geschmeidige Rotweine bereitet. Am besten sind die Reserve-Auslesen von Cabernet franc, Kékfrankos und Bikáver. Sehr angesehen sowohl vor Ort als auch in den USA ist die Super-Cuvée Regnum (03).

Tibor Gál Nordungarn r w; tr ★★ Kellerei in Eger, gegründet von dem verstorbenen Tibor Gál, berühmt als Kellermeister bei Ornellaia (Toskana). Sein Sohn, der ebenfalls Tibor heißt, hat neue Keller angekauft und gibt sich alle Mühe, die Weinqualität zu heben. Am besten sind der Einzellagen-Pinot-noir, der Bikavér und der gute Viognier.

Tinon, Samuel Tokaj r w; s ★★→★★★ **00 01 04** – Der Franzose aus Ste-Croix-du-Mont (Bordeaux) lebt seit 1991 in Tokaj. Sehr guter, unverwechselbarer Aszú, bereitet mit langer Maischestandzeit und Fassausbau. Ausgezeichnet auch der unter Flor gereifte Szamorodni.

Tokaj/Tokaji (Tokajer) Tokaj w; tr s ★★→★★★★ Nach der Stadt Tokaj wurde der berühmte süße Likörwein Ungarns benannt: Tokaji auf Ungarisch, Tokajer auf Deutsch. Der Bereich umfasst 580 ha. Siehe Aszú, Essencia, Furmint, Puttonyos, Szamorodni. Auch trockener Tischwein von zunehmend aufregender Qualität.

Tokaj Trading House Tokaj – In Staatseigentum befindliche Tokajer-Firma die Trauben von über 2.000 kleinen Weinbauern ankauft und selbst 55 ha Anbaufläche besitzt, darunter die überragende Lage Szarvas. Wird auch Kereskedőház oder Crown Estates genannt. Die Qualität müsste eigentlich besser sein.

Tolna Südpannonien – Das größte Weingut des Weinbaubezirks ist Tűzkő in Bátaapáti (im Besitz von Antinori) mit 150 ha. Guter Tramini, Chardonnay und Rotweinverschnitt Talentum.

Törley r w; tr ★→★★ Große innovative Firma mit verlässlichen sortenreinen Weinen von internationalen Rebsorten (Pinot gris, Chardonnay, Pinot noir, Sauvignon blanc) sowie von den lokalen Trauben Zenit und Zefir. Großer Erzeuger von Schaumwein (v. a. mit den Marken Törley und Hun garia) in Tank- und Flaschengärung (v. a. François Rosé Brut 06) sowie nach dem Transvasierverfahren. Im Besitz des deutschen Sekthauses Henkell & Söhnlein. Die sehr gut gemachte und preisgünstige Marke für den Massenmarkt heißt Chapel Hill; Spitzenauslesen unter dem Etikett György-Villa.

Tornai w; tr ★★→★★★ **06 07** 08 – Der größte Erzeuger in Somló ist ein Familienunternehmen mit sehr guten, komplexen, intensiven trockenen Weißweinen (Juhfark, Hárslevelű, Olaszrizling, Furmint); bemerkenswert die Reihe Top Selection.

Tramini Die ungarische Bezeichnung für Gewürztraminer.

Villány-Siklós Südpannonien – Weinbauregion im Süden mit zwei bedeutenden Weinstädten: In Villány entstehen meist rote, oft gute, im Bordeaux-Stil bereitete Weine. Die Weißen sind mehr in Siklós zu Hause. Hohe Qualität u. a. von Bock, Csányi, Attila Gere, Tamás Gere, Heumann, Malatinszky, Sauska, Tiffán, Weninger-Gere, Vylyan, Wunderlich.

Vylyan Südpannonien r; tr ★★→★★★ **03' 04 06' 07** (08) – Das Weingut wird jetzt von der dynamischen Mónika Debreczeni geleitet. 130 ha sind mit lokalen und internationalen Rebsorten bestockt. Der Einfluss des Beraters aus Burgund spiegelt sich in einem immer stilvolleren Pinot noir wider. Das rote Aushängeschild ist die Cuvée Duennium (Cabernet franc, Cabernet Sauvignon, Merlot und Zweigelt).

Weninger Nördliches Transdanubien r ★★→★★★ **04** 06 07 08 – Maßstäbe setzender Erzeuger in Balf (Sopron), geleitet von dem Österreicher Franz Weninger jr. Biodynamisch seit 2006. Der Spern Steiner Kékfrankos (**04' 06** 07) von einer Einzellage gehört zu den Besten des Landes. Eindrucksvoll auch Syrah, Pinot noir und der rote Verschnitt Frettner.

Weninger & Gere Südpannonien r ★★★ 1992 gegründetes österreichisch-ungarisches Gemeinschaftsunternehmen von Franz Weninger sen. und Attila Gere. Cabernet franc Selection (**00' 02 03' 04'** 06' 07') ausgezeichnet, günstig die Cuvée Phoenix, außerdem frischer Rosé.

Zéta Tokaj – Eine Kreuzung von Bouvier und Furmint, die einige Winzer für ihren Aszú verwenden.

Bulgarien

Auf dem internationalen Weinmarkt ist Bulgarien ein Nachzügler. In den 1980er-Jahren landete es einen Treffer mit Cabernet Sauvignon und verschwand dann wieder in der Versenkung. Nun lohnt sich ein neuer Blick auf das Land. In den letzten Jahren haben die Erzeuger Fortschritte gemacht, zudem ist eine beträchtliche Menge sowohl an Investitionen als auch an Fachwissen aus dem Ausland gekommen. Eine gute Auswahl von Qualitätsweinen ist damit jetzt auch in Bulgarien zu finden. Aufgrund des ungewöhnlich schlechten Wetters ist der Jahrgang 2010 allerdings durchwachsen ausgefallen.

Assenovgrad Thrakische Ebene r ★→★★ Spezialist für Mavrud (**04** 08) und Rubin.

Bessa Valley Thrakische Ebene r ★★★ Die hochinteressante Kellerei nahe Pazardjik wurde von Graf Stephan von Neipperg (vom Bordeaux-Château Canon-la-Gaffelière) und Karl-Heinz Hauptmann gegründet. Weine: Enira und Enira Reserva (**06**). Der einzige in Großbritannien erhältliche bulgarische Qualitätswein.

Blueridge Thrakische Ebene r w ★→★★ Kellerei mit großen Kapazitäten im Besitz von Domaine Boyar. Guter Chardonnay und Cabernet Sauvignon.

Castra Ruba Thrakische Ebene r ★★ Neue Kellerei in Telish in Südbulgarien. Michel Rolland berät das junge Team. Empfehlenswerte Weine: Via Diagonalis und Castar Ruba (07).

Chateau de Val Donauebene r ★★ Kleiner Erzeuger von markanten Qualitätsweinen. Empfehlenswert: Grand Claret (**03**), auch guter Chardonnay und Merlot Reserve.

Damianitza Struma-Tal r ★★ Auf die einheimische Melnik-Traube spezialisierte Kellerei. Sehr gut: ReDark Merlot (**04**) und Uniqato (sortenreine Weine von der Rubin- und Melnik-Traube); No Man's Land bietet zuverlässige Qualität.

Dimiat Von der einheimischen Weißweintraube gibt es gute Beispiele von Blueridge und Pomorie.

Domaine Boyar Thrakische Ebene – Der wichtigste Exporteur bulgarischer Weine nach Großbritannien mit eigenen Weinbergen und Kellereien ist auch der bekannteste Erzeuger des Landes. Preisgekrönte Weine der Reihe Solitaire, Elenovo Merlot (**06**) sowie vielversprechender Pinot noir und Cabernet franc.

Dragomir Thrakische Ebene r ★★ Vielversprechende neue Kellerei in der Nähe von Plovdiv mit Cabernet Sauvignon/Merlot-Verschnitten wie dem Karizma (07).

Gamza Donauebene – Rotweintraube, die ungarische Kadarka. Insbesondere die Weine aus der Donauregion haben viel Potenzial. Novo Selo ist ein Spezialist dafür.

Karnobat Thrakische Ebene r w ★★ Diesen Erzeuger sollte man im Auge behalten. Guter Merlot (08) und duftender Muscat-Traminer (09).

Katarzyna Thrakische Ebene r w ★★★ Neue Kellerei im Südosten an der Grenze zu Griechenland und der Türkei; rote und weiße Qualitätsweine. Exzellent ist der Encore Syrah (08), empfehlenswert außerdem der stilvolle Cabernet Sauvignon/Merlot Question Mark (07), Halla Merlot (07), Twin Cabernet Sauvignon (07) und Contemplations Chardonnay (08).

Khan Krum Schwarzes Meer w ★ Gute Weißweine, insbesondere Chardonnay und Traminer.

Korten Thrakische Ebene r ★★ Boutique-Kellerei von Domaine Boyar mit Qualitätsweinen und solchen, die im traditionellen Stil bereitet sind.

Leventa Donauebene (r) w ★★ Kleiner neuer Erzeugerbetrieb in Russe, insbesondere mit guten Weißweinen, v. a. Chardonnay (08) und Traminer, auch Merlot und Grand Selection (**05**).

Logodaj Struma-Tal r w ★→★★ Kellerei in Blagoevgrad mit Cabernet franc Soetto (**05**) und Rubin Nobile (**06**).

Malkata Zvezda Thrakische Ebene r w ★ Vielversprechende neue Kellerei mit dem Ziel, beste Qualität in begrenzter Menge zu produzieren. Empfehlenswert: Enigma Merlot und Chardonnay.

Mavrud Thrakische Ebene – Gilt als die beste einheimische Rebsorte, im Land sehr beliebt. Wird nur in der Gegend um Plovdiv angebaut und kann alterungsfähige dunkle Rotweine mit Pflaumenaroma hervorbringen.

Maxxima Thrakische Ebene r (w) ★→★★ Körperreiche Rotweine. Empfehlenswert: Private Reserve (**03**). Pionier bei Terroirweinen in Bulgarien.

Melnik Struma-Tal – Weinort im Südwesten und seine viel gelobte indigene Traubensorte, die im ganzen Struma-Tal angebaut wird. Dichte, körperreiche Rotweine, die gut altern können.

Miroglio, Edoardo Thrakische Ebene r w ★★ Italienischer Investor mit eigenen Weinbergen in Elenovo. Weine: Merlot (**06**), Pinot noir (06), Sauvignon blanc (07) und Bulgariens bester Schaumwein, der Miroglio Brut Metodo Classico (05).

Misket Einheimische weiße Traubensorte; erbringt mild-aromatische Weine, v. a. aus Sungurlare und Karlovo im berühmten »Tal der Rosen«. Grundlage der meisten weißen Landweine.

Oriachovitza Thrakische Ebene r ★★ Alteingesessene Kellerei im Besitz der Belvedere-Gruppe. Guter Cabernet Sauvignon Reserve (**04**); die dunklen, fruchtigen Rotweine sind nach 4–5 Jahren am besten.

Pamid Donauebene – Leichter Alltagsrotwein aus Südost- und Nordwestbulgarien.

Pomorie Schwarzes Meer (r) w ★ Die Kellerei in der gleichnamigen Stadt an der Schwarzmeerküste firmiert auch unter dem Namen Black Sea Gold. Weine: u. a. Chardonnay und Dimiat (09).

Rubin Bulgarische Kreuzung (Nebbiolo x Syrah). Macht sich gut in Verschnitten; gewinnt als »Nischenwein« aber auch reinsortig an Beliebtheit.

Sakar Thrakische Ebene – Bereich im Südosten, bekannt für hochklassigen Merlot. Zu empfehlen ist Domaine Sakar Merlot (05).

Santa Sarah r (w) ★★ Hochpreisige Weinmarke. Empfehlenswert: Cabernet Sauvignon/Mavrud-Verschnitt Privat (**06**) und Merlot Bin 41 (06).

Shumen Schwarzes Meer r w ★ Region an der Schwarzmeerküste, aber auch Kellerei mit Rot- und Weißweinen im Stil der Neuen Welt. Der gute Traminer ist in Bulgarien sehr beliebt.

Slaviantsi Thrakische Ebene ★ Gute reinsortige Weißweine.

Sliven, Vini Thrakische Ebene r (w) ★ Erzeugerbetrieb in der Thrakischen Ebene für Alltagsweine von Merlot, Misket und Chardonnay.

Targovishte Schwarzes Meer (r) w ★→★★ Erzeugerbetrieb im Osten; guter Chardonnay, Sauvignon blanc und Traminer, außerdem vielversprechende neue Rotweine.

Telish Donauebene r ★★ Innovative Kellerei im Norden mit guter Qualität zu günstigen Preisen. Cabernet Sauvignon (**06**) und Merlot (06) sind empfehlenswert.

Terra Tangra Thrakische Ebene r w ★★ Empfehlenswert von diesem Erzeuger sind der Mavrud (07), der samtige Merlot Grand Reserva (06) und der Roto (06).

Todoroff Thrakische Ebene r (w) ★→★★ Sehr bekannter Erzeuger; Boutique-Wein Mavrud (09).

Traminer Die Rebsorte erbringt feine Weißweine mit leichter Gewürznote; in Bulgarien sehr beliebt.

Villa Lyubimets Thrakische Ebene ★→★★ Erzeuger mit Weinbergen im für Kellereien zunehmend populären Südosten; die Bulgaren (nicht die Burgunder) sprechen schon von der bulgarischen Côte d'Or. Das Schwesteretikett für Weiße ist Villa Hissar.

Yambol Thrakische Ebene r w ★ Weinbaubetrieb in der Thrakischen Ebene, spezialisiert auf Cabernet Sauvignon und Merlot.

Slowenien

In puncto Weinbereitung ist das kleine Land an Österreichs Südgrenze ein echtes Juwel. Slowenien nimmt für die Entwicklung einer seriösen Weinkultur und eines positiven Images in der gesamten Region die führende Stellung ein. Bei den Einheimischen nimmt der Konsum einfacher Weine zugunsten besserer Qualitäten ab, während im Ausland die Aufmerksamkeit für slowenische Weine wächst, die international Beachtung verdienen. (Im Text verwendete Abkürzungen Pod – Podravje, Pos – Posavje, Prim – Primorska.)

Batič Prim ★★ Ökowinzer in Vipava, der auf minimale Eingriffe bei der Weinbereitung setzt. Empfehlenswert: Rosé (09), Pinela (08), weißer Zaria (07) und Rosso (06).

Bjana Prim ★★ Gute Schaumweine nach der traditionellen Methode aus Brda, v. a. Brut Rosé and Cuvée Prestige (05).

Blažič Prim ★★★ Erzeuger in Brda mit exzellentem Rebula (09) und aromatischem Sauvignonasse (09), in besonders guten Jahren auch Blaž Belo.

Brda (Goriška) Prim – Bezirk in der Region Primorska. Zentrum der Qualitätsweinbereitung mit vielen Spitzenerzeugern, u. a. Bjana, Blažič, Edi Simčič, Erzetič, Jakončič, Kabaj, Klinec, Kristančič, Movia, Prinčič, Marjan Simčič, Ščurek, Vinska klet Goriška Brda, Zanut.

Burja Prim ★★ 09 – Neues Unternehmen von Primož Lavrenčič (früher Miteigentümer von Sutor) in Vipava, konzentriert sich auf die lokalen Rebsorten Zelen und Malvazija.

Čotar Prim ★★ Pionier für natürliche Weinbereitung in Kras. Langlebige, charakteristische Weine, v. a. weißer Vitovska (07), Malvazija (05), Sauvignon blanc (04). Die Roten brauchen noch mehr Zeit: Teran (03),Terra Rossa (03), Cabernet Sauvignon (99).

Čurin-Prapotnik Pod ★★★★ 99' 04' 05' 06' 07 – Die Jahrgangswertung gilt nur für die erstklassigen Süßweine: fantastischer Eiswein (*ledeno vino*) und edelfaule Stile von Šipon, Laški Rizling, Chardonnay. Die trockenen Weine spielen nicht in derselben Liga. Legendärer Vorreiter des privaten Weinbaus seit den 1970er-Jahren. Produziert unter der Marke PRA-VinO.

Cviček Pos – Vor Ort sehr beliebter traditioneller hellroter Verschnitt aus Posavje, alkoholarm und säurereich. Basiert in der Regel auf der lokalen Žametovka-Traube. Empfehlenswert: Bajnof.

Dveri-Pax Pod ★★★ Ausgezeichnete Kellerei nahe Maribor. Die Basisreihe bietet frische, preisgünstige Weißweine, v. a. Sauvignon blanc, Šipon und Riesling. In der Reihe Admund gibt es Einzellagenauslesen, v. a. Šipon Ilovci (07), Sauvignon blanc Vagyen (07), Riesling »M« und Modri Pinot (07 (08)). Auch großartige Süßweine (05 08 (09)).

Edi Simčič Prim ★★★→★★★★ Führender Erzeuger in Brda, der sich dem Trend zur Einmaischung widersetzt. Sehr guter Sivi Pinot (06 07), Rebula (06 07), weißer Verschnitt Triton Lex (07). Ausgezeichneter Einzellagen-Chardonnay Kozana (**05'** 07) und roter Verschnitt Duet Lex (**02 03'** 04' 05) sowie sehr teurer, erstklassiger Kolos (**03'** 04).

Einmaischung Die Weißweinbereitung mit langer Maischestandzeit – einige Tage oder sogar Wochen und meist bei höheren Temperaturen – ist neuerdings in Primorska sehr beliebt. Ergibt körperreiche, strukturierte und langlebige Weine, die umwerfend sein können – sofern der Erzeuger die Technik beherrscht.

Istenič Pos ★★ Schaumweinerzeuger: sehr günstig sind Barbara und Miha 0J; der Gourmet Rosé Brut (06) und der Blanc de Blancs (03) zeigen Klasse und immer mehr Eleganz.

Istrien Küstenbezirk in Primorska mit mediterranem Klima. Bekannt für Refošk und Malvazija.

Jakončič Prim ★★★ Ausgezeichneter Erzeuger in Brda mit eleganten Weiß- und Rotweinen, v. a. Bela Carolina (Rebula/Charonnay; **04** 05 06 06 07) und roter Rdeča Carolina (**99 00** 06 07).

Joannes Pod ★★ Erzeuger bei Maribor, Pionier für trockene Weiße, v. a. Riesling (**04' 05' 06'** 07' 08). Auch guter Modri Pinot und Chardonnay.

Kogl Pod ★★★ Auf einem Hügel nahe Ormož gelegenes kleines Weingut, dessen Ursprünge bis ins 16. Jahrhundert zurückreichen. Zu den gut bereiteten, eleganten Weißweinen gehören die Quartet-Verschnitte und die sortenreinen Gewächse der Reihe Mea Culpa (v. a. Auxerrois 09 und Chardonnay-Spätlese 08).

Kras Prim – Kleiner, aber berühmter Bezirk mit Terra-Rossa-Böden in der Region Primorska. Am bekanntesten für Teran, es gibt aber auch Weißweine, v. a. Malvazija. Erzeuger: u. a. Čotar, Lisjak Boris, Renčel.

Kupljen Pod ★★ 07 08 09 – Pionier bei der Bereitung von zuverlässigen trockenem Qualitätswein in der Nähe von Jeruzalem. Bekannt für Renski Rizling, Sauvignon blanc, Sivi Pinot, Chardonnay und Pinot noir. Die Weine altern hervorragend.

Laški Rizling Welschriesling. Die meistangebaute Traube Sloweniens, v. a. für trockene Weißweine, ist derzeit außer Mode.

Ljutomer Ormož Pod ★→★★★ Berühmter Unterbereich in Podravje, bekannt für frische, delikate Weiße und hervorragende edelfaule Weine. Durch neue Investitionen jetzt deutlich besser. Erzeuger: Čurin-Prapotnik, Puklavec & Friends, Kogl, Krainz, Kupljen, Miro, Verus.

Malvazija Prim – Es handelt sich um einen anderen Stamm als die Malvasia des Mittelmeerraums. Wichtigste Weißweinsorte im slowenischen Teil von Istrien: Günstig ist Malvazija von Vinakoper, sehr gut aber auch von Pucer z Vrha, Montemoro, Santomas, Rojac, Bordon, Korenika & Moškon. Wird auch in Vipava und Kras angebaut. Siehe auch Kroatien.

Marof Pod ★★→★★★ 07 08' 09' – Die aufregende neue Kellerei in Prekmurje hebt das Image des Bezirks. Klassische Weine (BV): sehr guter Laški Rizling Bodonci, Renski Rizling, fassvergorener Chardonnay Breg, Sauvignon blanc und die Reihe von Einzellagen-Crus mit Chardonnay und Blaufränkisch.

Mlečnik Prim ★★★ 05 06 – Erzeuger in Vipava mit eingemaischten und in Holz ausgebauten Weißweinen.

Modra Frankinja ★→★★ Die in Österreich Blaufränkisch genannte Rebsorte erbringt jetzt einige gute Weine in der Region Podravje.

Modri Pinot ★★→★★★ Pinot noir. Potenziell Sloweniens beste Rotweintraube, v. a. in Brda und Vipava.

Movia Prim ★★★→★★★★ Sehr bekannter, biologisch-dynamisch arbeitender Erzeuger, geleitet von dem charismatischen Aleš Kristančič. Die Methoden der Weinbereitung sind extrem, u. a. mit langem Eichenfassausbau, doch die Ergebnisse exzellent. Spitzenweine: weißer Veliko Belo (**93 96' 99' 00' 01'** 02 03' 04' 05) und roter Veliko Rdeče (**93 96' 97' 00'** 01' 02 03). Sehr guter Modri Pinot (02' 03' 04' 05). Der Lunar von der Rebula-Traube (05' 06' 07 08) und der Schaumwein Puro sind eigenwillig: an ihnen scheiden sich die Geister.

Penina Qualitätsschaumwein, der entweder durch Tankgärung oder nach der traditionellen Methode erzeugt wird. Viele unterschiedliche Stile. Erzeuger: Radgonske Gorice (der größte), Istenič (der größte private), Bjana (derzeit am meisten in Mode), Medot und Movia.

Pinela Seltene lokale Traube in Vipava. Empfehlenswert: Guerila, Štokelj.

Podravje Pod – Weinregion im Nordosten. Die jüngst erfolgten Investitionen haben die Standards angehoben. Gute Ergebnisse jetzt bei frischen, mineralischen Weißen und zunehmend feineren Roten, meist Pinot noir und Modra Frankinja.

Posavje Pos – Traditionelle Weinregion im Südosten. Gute Süßweine von Prus und Šturm, Schaumwein von Istenič.

Primorska Prim – Im Südwesten gelegene Region (auch Primorje genannt), die sich von der Adria bis Brda erstreckt; sowohl Rot- als auch Weißwein. Derzeit die fortschrittlichste der slowenischen Weinregionen.

AOP auf Slowenisch

Einmal tief durchatmen, bitte: Vrhunsko vino z zaščitenim geografskim poreklom oder Vrhunsko vino ZGP ist der Ausdruck für Qualitätsweine mit geschützter Ursprungsangabe (g. U. beziehungsweise AOP), Kakovostno vino ZGP für Qualitätsweine. Weine mit geschützter geografischer Angabe (g. g. A. bzw. IGP) heißen Deželno vino PGO (Priznano geografsko oznako). Für Qualitätssüßweine sind folgende Begriffe in Gebrauch: Pozna Trgatev (Spätlese), Izbor (Auslese), Jagodni Izbor (Beerenauslese), Suhi Jagodni Izbor (Trockenbeerenauslese). Ledeno vino ist Eiswein, Slamno vino Strohwein von halbgetrockneten Tauben und Penina ein natürlicher Schaumwein.

Ptujska Klet Pod ★★→★★★ Kellerei in Ptuj mit sehr guten, knackigen und modernen Weißweinen, v. a. Sauvignon blanc, Ranfol, Pinot gris unter der Marke Pullus seit 2007. Exzellente Weine mit dem Etikett »G« und schöne Renski Rizling Trockenbeerenauslese (08').

Puklavec & Friends Pod ★★ 09 – Die frühere Genossenschaft Jeruzalem Ormož hat sich unter dem neuen Besitzer in Puklavec & Friends umbenannt. Neben 600 ha eigenen Weinbergen sind weitere 600 ha nahe dem pittoresken Bergstädtchen Jeruzalem gepachtet. Frische sortenreine Weißweine (BV), v. a. Furmint, Sauvignon blanc, Riesling und der für seine Qualität enorm günstigen Verschnitt Terrace.

Radgonske Gorice Pod ★ Bekannte Genossenschaft, die den Schaumwein-Bestseller Sloweniens produziert: Srebrna (»silberner«) Penina, Zlata (»goldener«) Penina nach der klassischen Methode und den legendären halbtrockenen Traminec mit schwarzem Etikett.

Rebula Traditionelle weiße Rebsorte in Brda, in Italien Ribolla gialla genannt. Enormes Qualitätspotenzial, sowohl klassisch vinifizert als auch bei der Bereitung durch Einmaischung.

Refošk ★→★★ Säurereiche lokale rote Traube, genetisch nicht mit der italienischen Refosco verwandt. Teran in Kras ist ihr Cousin. Empfehlenswert: Bordon, Korenika & Moškon, Rojac, Santomas und Steras.

Renski Rizling Echter Riesling (Rheinriesling); liefert blumige und fruchtige oder mineralische Weine mit gutem Alterungspotenzial. Am besten von Dveri-Pax, Puklavec & Friends, Joannes, Kupljen, Marof, Pjutska klet, Valdhuber, Verus, Valcl.

Rojac Prim ★★ Hochklassiger Erzeuger von Biowein. Eine neue Seite der Refošk-Traube lernt man mit dem Renero (05 (09)) kennen, empfehlenswert auch die Stari-d'Or-Verschnitte (06 08) und der Malvazija (09). Auch der Syrah könnte in Zukunft interessant werden.

Rumeni Muskat Gelber Muskateller bzw. Muscat blanc à petits grains.

Santomas Prim ★★★ Produzent in Istrien mit önologischem Berater aus Frankreich; produziert einige der besten Refošk- und Refošk/Cabernet-Sauvignon-Weine des Landes: Antonius (99 03 04 (06)), Grande Cuvée (03 04 05). Günstig ist der Mezzoforte (07).

Sauvignonasse Auch als Friulano (früher Tocai) bekannte Weißweinsorte, v. a. in Brda.

Ščurek Prim ★★→★★★ Sehr verlässlicher Erzeuger in Brda mit sortenreinen Weinen von Beli Pinot (Pinot blanc), Chardonnay und Rebula. Interessante traditionelle Verschnitte mit Namen Stara Brajda: weiß (07 08) und rot (05 06 07). Außerdem ein roter Premiumwein namens Up (04 05 06) und ungewöhnlicher und seltener Pikolit (06).

Simičič, Marjan Prim ★★★★ 00 02 03 04 06 07 08 – Exzellenter Erzeuger in Brda. Gute sortenreine Weiße, v. a. Sivi Pinot, Sauvignonasse und Rebula. Eindrucksvoll und langlebig der Chardonnay und der Sauvignon blanc Selekcija. Überragend sind der weiße Teodor Belo und der auf Merlot basierende Teodor Rdeče, elegant der Modri Pinot. Seit 2006 sehr gute Reihe von Einzellagenweinen namens Opoka, v. a. mit dem bemerkenswerten Sauvignon blanc (07). Der süße Leonardo (03 04 05) ist großartig.

Šipon Pod – Die auch als Furmint bekannte weiße Rebsorte ist schwer im Kommen. Trockene, frische, delikate Weine v. a. von Dveri-Pax, Verus, Kupljen, Miro, Krainz, Puklavec & Friends, Valcl. Sehr gut auch für edelfaule Weine.

Sivi Pinot Pinot grigio. Zunehmend feinere, fruchtigere Weine mit mehr Charakter und Körper als im benachbarten Friaul–Julisch Venetien. Schön aromatische Weine in Podravje.

Štajerska Slovenija Pod – »Slowenische Steiermark«; seit 2006 ein wichtiger Weinbaubezirk, der praktisch die gesamte Region Podravje umfasst.

Steyer Pod ★★ Spitzenerzeuger im Bezirk Radgonske Gorice. Bekannt v. a. für Traminer in allen möglichen Arten und Stilen. Beeindruckend der süße Vaneja (03).

Sutor Prim ★★★ Ausgezeichneter Erzeuger in Vipava mit Modri Pinot (**06'** 07') und Chardonnay (**06'** 07' 08), dazu Weißweinverschnitt Burja (**06'** **07**) und roter Burja (07).

Teran Mit Refošk verwandte Traube, angebaut in Kras. Liefert dunkle, säurereiche, lokal sehr beliebte Weine.

Tilia Prim ★★→★★★ Das junge Winzerpaar aus Vipava produziert moderne, jung zu trinkende Weine von Sivi Pinot, Sauvignon blanc und der autochthonen Zelen-Traube. Auch sehr guter, durch Einmaischung bereiteter Rebula Grace (08) und feiner, eleganter Modri Pinot (06 07 08').

Valdhuber Pod ★★★ Erzeuger in Podravje; wegweisend bei der Einführung von trockenen Weinen. Spitzenprodukt ist der (trockene) Traminec, auch sehr guter Sauvignon blanc.

Verus Vinogradi Pod ★★★ **07' 08'** 09 – Junges Team, das charakteristische sortenreine Weißweine erzeugt, v. a. Furmint. Auch sehr guter Sauvignon blanc, Pinot gris und Riesling. Ab 2010 ist auch Pinot noir geplant.

Vinakoper Prim ★★ Große Firma mit eigenen Weinbergen in Istrien. Preiswerte Reihe Capris, v. a. roter Capris Plemenito (05) und Refošk (08) sowie Premium-Cabernet-Sauvignon Capo d'Istria (**04** 06).

Vinska Klet Goriška Brda Prim ★→★★★ 06 07 08 09 – Die große Kellerei in Brda hat sich in der letzten Zeit enorm verbessert. Vor allem sortenreine Weine, oft ausgesprochen günstig, insbesondere die Weißweinreihe Quercus (BV) mit Sivi Pinot und Pinot Blanc. Hochwertiger ist die Linie Bagueri; richtig beeindrucken können die Spitzenauslesen mit dem Namen A+ in rot und weiß.

Vipava Prim – Für seine kühlen Brisen bekanntes Tal in der Region Primorska mit vielen guten Erzeugern: Batič, Burja, Guerila, Štokelj, Mlečnik, Sutor, Tilia. Das Spitzenetikett der Genossenschaft Vipava 1894 (★) ist der Lanthieri (★★).

Zanut Prim ★★ Erzeuger in Brda mit erstaunlich expressivem Sauvignon blanc (09) und Merlot Brijac (**03** 06') von einer Einzellage.

Zlati Grič Pod ★→★★ Neuinvestition nahe Maribor mit 75 ha Rebland und einem Kellermeister aus Neuseeland.

Kroatien

Das faszinierende Weinland Kroatien, in dem es viele einzigartige Rebsorten und Terroirs zu entdecken gibt, teilt sich in zwei Regionen auf: Kontinentalja Hrvatska im Landesinneren und Primorska Hrvatska an der Adriaküste. Auf dem Binnenmarkt erzielen insbesondere die mächtigen, alkoholstarken Rotweine von der Küste Höchstpreise, obwohl auch hier die Wirtschaftskrise zu Umsatzeinbrüchen geführt hat. Für das internationale Ansehen bereitet indes Istrien den Weg. Dort entstehen in enger Zusammenarbeit der Erzeuger verführerische, sehr schön zugängliche Weine von Malvazija und Teran. Die Einheimischen kennen deren Wert und gestalten die Preise entsprechend, vor allem in den Touristenorten an der Küste.

Agrokor ★→★★ 07 08 – Großunternehmen mit über 30% Marktanteil auf dem kroatischen Weinmarkt und sechs angeschlossenen Kellereien, u. a. Agrolaguna, Belje, Istravino, Iločki Podrumi und Mladina. Am besten sind die Weine von Belje (sehr guter Belje Merlot), Goldberg (Graševina und Chardonnay), Iločki (Graševina und Traminac-Eiswein).

Babić Die einheimische Rotweinsorte wächst in steinigen Lagen an der Küste bei Šibenik (Norddalmatien). Enormes Potenzial für hohe Qualität. Probieren Sie die Weine von Gracin.

Badel 1862 Dalmatien ★→★★★ Einer der größten Produzenten des Landes erzeugt überraschend gute Weine. Am besten: Ivan Dolac (von Svirče) und Dingač (von Vinarija Dingač). Die Reihe Duravar ist verlässlich, für Süßweine sogar sehr gut, v. a. der Graševina.

Bodren Nordkroatien ★★→★★★ Süßweine **07 08** – Kleiner Erzeuger mit fantastischer Auswahl an Süßweinen, z. B. Chateau Bezanec Chardonnay, Sivi Pinot und Riesling.

Crljenac Kastelanski Beinahe ausgestorbene indigene Rebsorte, die bei kürzlich durchgeführten DNS-Untersuchungen als Ursprung des Zinfandel identifiziert wurde.

Dalmacija Die dramatische Felsküste der kroatischen Adria ist ein Paradies für Winzer. Rot- wie Weißweine fallen in Dalmatien kräftig und körperreich aus.

Dingač Dalmatien **03' 04'** 05' **06** (07) – Appellation für Plavac mali auf der Halbinsel Pelješac im südlichen Dalmatien. Aus teilrosinierten Trauben werden robuste, körperreiche und oft teure Weine bereitet. Erzeuger: Bura, Kiridija, Lučić, Matuško, Miličić, Saints Hills, Vinarija Dingač.

Enjingi, Ivan Nordkroatien ★★→★★★ Erzeuger sehr guter süßer edelfauler und trockener Weißweine, v. a. der ausgezeichnete Verschnitt Venje aus Požega. Auch Graševina, v. a. Kasna Berba (06).

Graševina Nordkroatien – Welschriesling. Liefert ebenso trockene wie intensiv süße edelfaule Weine. Am besten aus Slawonien. Erzeuger: v. a. Adžić, Belje, Enjingi, Galić, Krauthaker, Kutjevo, Mihalj, Zdjelarević.

Grgić Dalmatien ★★→★★★ Der berühmte Erzeuger aus dem Napa Valley produziert jetzt auf seinem Altenteil auf der Halbinsel Pelješac Plavac mali und fülligen Pošip.

Hvar Dalmatien – Wunderschöne Insel in Mitteldalmatien mit Weinbergen für Plavac mali; hier ist auch die Lage Ivan Dolac. Empfehlenswerte Erzeuger: Carić, Plančić, Zlatan Otok, Svirče, Tomić (Kellerei Bastijana).

Istrien Halbinsel in der nördlichen Adria. Malvazija dominiert; gut auch für Cabernet Sauvignon, Merlot und Teran. Erzeuger: v.a. Benvenuti, Clai, Coronica, Degrassi, Kozlović, Matošević, Roxanich, Trapan.

Ivan Dolac Weinlage auf den Südhängen von Hvar. »Grand cru« für Plavac mali.

Korta Katarina Dalmatien ★★ Neuer, sehr vielversprechender kleiner Erzeuger mit 6 ha Weinbergen. Exzellenter Pošip (**06** 07 08) und sehr guter Plavac mali (**06 07**), v.a. Reuben's Reserve.

Krauthaker, Vlado Nordkroatien ★★★ **06 07 08** 09 – Spitzenerzeuger trockener wie süßer Weißweine aus Kutjevo, v.a. Chardonnay Rosenberg, trockener Graševina Mitrovac und süßer Izborna Berba. Auch guter Sauvignon blanc.

Kutjevo Nordkroatien – Name einer Stadt in Slawonien (Zentrum der Graševina-Produktion) und der dort ansässigen Kutjevo Cellars (★★→★★★). Empfehlenswerte Weine: De Gotho Chardonnay (07 08), Graševina (08) und Traminac Eiswein (07).

Malvazija Die bedeutendste Traube Istriens, genetisch nicht identisch mit der Malvasia des Mittelmeergebiets, sondern eine lokale Sorte namens Malvazija istarska. Wird häufig in einem leichten, fast scharfen Stil vinifiziert, der jung getrunken sein will – gute Beispiele gibt es von Arman Franc, Benvenuti, Coronica, Degrassi, Kozlović, Malić und Trapan. Es werden aber auch volle, körperreiche Weine mittels Einmaischung und Fassausbau erzeugt; Beispiele sind Clai Sveti Jakov, Kabola Amfora, Kozlović Santa Lucia, Matošević, Alba Robinia, Roxanich Antica Malvazija, Trapan Uroboros.

Matošević Istrien ★★→★★★ 05 08 09 – Wegweisender Erzeuger und Vorsitzender des Winzerverbandes auf Istrien. Mustergültiger Malvazija in mehreren Stilen; auch sehr guter roter und weißer Grimalda.

Plavac mali Dalmatien – Kroatiens beste Rotweintraube, verwandt mit Zinfandel. Gutes Potenzial für hochklassige und langlebige Weine, kann aber auch sehr alkoholstark und stumpf ausfallen. Angesehene Erzeuger sind u.a. Baković, Bura, Duboković, Korta Katarina, Lučić, Mendek (v.a. Selekcija), Miličić, Mrgudić Marija, Matruško, Miloš Frano, Zlatan Otok, Svirče,Tomić.

Pošip Die beste Weißweinsorte Dalmatiens, v.a. auf der Insel Korčula.

Postup Dalmatien – Berühmte Weinberglage nordwestlich von Dingač. Mittelschwere bis körperreiche Rotweine von Plavac mali. Bekannte Erzeuger sind Donja Banda, Miličić, Mrgudić Marija und Vinarija Dingač.

Prošek Dalmatien – Dessertwein im Passito-Stil aus Dalmatien, bereitet aus getrockneten Trauben der lokalen Sorten Bogdanuša, Maraština und Prč. Halten Sie Ausschau nach dem Hectorovich von Tomić.

Rebsorten Zur Schatztruhe der indigenen kroatischen Rebsorten gehören die rote Babić (z.B. von Gracin), Borgonja (ein Gamay-Klon), Bogdanuša (aus Hvar – wird im Prošek verwendet), Debit (z.B. von Bibich Lučica), Gegić (z.B. von Boškinac), Grk (z.B. von Grgić), Maraština und Zelenac (Rotgipfler in Österreich – z.B. von Krauthaker). Crljenac Kastelanski, die schon fast ausgestorben war, ist identisch mit Zinfandel und ein Elternteil der Plavac mali, während die autochthone Štajerska belina (alias Gouais blanc) ein Elternteil von Chardonnay ist. Traminac ist Gewürztraminer, Pinot crni ist Pinot noir.

Roxanich Istrien ★★→★★★ **06** 07 – Neuer Erzeuger von Bioweinen mit kraftvollen, verführerischen Weißen und charaktervollen Roten, v. a. Teran Ré, SuperIstrian Cuvée und überraschend guter Merlot.

Saints Hills Istrien ★★→★★★ Neuer (seit 2008), hochkarätiger Erzeuger, beraten von Michel Rolland. Sehr guter Weißweinverschnitt Nevina auf Malvazija-Basis (09), vielversprechender Dingač (08).

Slawonien Nordkroatien – Subregion in Nordkroatien für Weißweine. Erzeuger: u. a. Adzić, Belje, Enjingi, Krauthaker, Kutjevo, Zdjelarević. Berühmt auch für sein Eichenholz.

Stolno vino Tafelwein. Sehr gute Weine werden selten als *stolno* etikettiert.

Suho Trocken. *Polusuho* heißt halbtrocken, *poluslatko* halbsüß, also lieblich; *slatko* heißt süß.

Teran Mit Refošk (siehe Slowenien) verwandte autochthone rote Rebsorte, die nur in Istrien wächst. Liefert zunehmend spannende und leckere Weine, v. a. von Arman Franc, Benvenuti, Coronica, Roxanich.

Tomić Dalmatien r w; tr s ★★→★★★ 03 04 05 **06** 07 – Besitzer der Kellerei Bastijana auf der Insel Hvar. Sehr guter, im Barrique ausgebauter Plavac mali (06) und Prošek Hectorovich von getrockneten Trauben.

Trapan, Bruno Istrien ★★→★★★ Aufstrebender Erzeuger mit einigen der aufregendsten Malvazija-Weine Kroatiens, u. a. dem gereiften Uroboros (08 (09)) und dem jungen Ponente (09). Syrah-Pionier in Istrien.

Vrhunsko vino Auf ziemlich strengen Kriterien beruhende Bezeichnung für Weine von erstklassiger Qualität.

Zlatan Otok Dalmatien ★★→★★★ Kellerei in Hvar. Der Zlatan Plavac Grand Cru (**03' 04'** 05' 06 07) gehört regelmäßig zu den besten Rotweinen Kroatiens. Außerdem charmanter Pošip (08) sowie schön zugänglicher und ansprechender Zlatan Plavac (07).

Zlatan Plavac Dalmatien – »Grand-cru«-Lage für Plavac mali auf der Insel Hvar. Normalerweise sehr alkoholstarke Weine.

Bosnien-Herzegowina, Serbien, Montenegro, Mazedonien

Auch wenn diese kleinen Länder auf der Weltkarte des Weins kaum erkennbar sind, verfügen sie doch über eine Reihe von eigenständigen lokalen Rebsorten und Weinstilen, die es zu entdecken gilt. Die langsam einsickernden modernen Ideen zur Weinbereitung heben die Qualität ganz erheblich, glücklicherweise bislang ohne Identitätsverlust.

In Bosnien-Herzegowina gibt es die rote Blatina-Traube mit ihren Pflaumennoten (v. a. von Hercegovina Produkt), die weiße Žilavka mit Traubenaroma sowie die charaktervollen reifen Weine der roten Vranac (v. a. von Vinarija Vukoje und Kloster Tvrdoš).

In Serbien ist mit der WOW Winery ein fortschrittlicher Erzeuger tätig (v. a. Sauvignon blanc, Pinot gris, Chardonnay mit Barriqueausbau); auch die Kellereien Radovanović und Aleksandrović beeindrucken – empfehlenswerte Weine sind etwa der weiße Trijumf (08 09) der Trijumf Noir auf Pinot-noir-Basis (08) sowie Vizija Frankovka.

Die Weinberge Montenegros finden sich an der Küste und im Becken des Skutari-Sees (Skadarsko jezero); der größte Weinproduzent ist die immer noch in Staatsbesitz befindliche Firma 13. Jul Plantaže. Interessant ist auch die erste private Kellerei Milenko Sjekloča (ordentlicher Vranac).

In Mazedoniens macht die Weinwirtschaft 17–20 % des Bruttoinlandsprodukts aus – kaum ein anderes Land ist so abhängig von der Weinproduktion. Der Großteil wird als Massenware nach Deutschland und in andere Länder exportiert, doch Qualität rückt immer mehr ins Blickfeld. Zu den vielversprechendsten Kellereien gehören Cekorov, Chateau Kamnik, Dalvina, Fonko, Pivka, Popova Kula, Skiovin und Tikveš.

Tschechische Republik und Slowakische Republik

Tschechien

Von den beiden Weinregionen der Tschechischen Republik, Böhmen und Mähren, produziert Mähren die weitaus bedeutenderen Mengen. Der Inlandskonsum von 19 Liter Wein pro Jahr und Kopf wird von der einheimischen Erzeugung allerdings nur zu einem Drittel gedeckt. Der Rest muss importiert werden (zumal in einem so unterirdischen Jahrgang wie 2010), meist als Fassware, die dann im Land verschnitten wird. Der Markt wird dominiert von zwei in deutscher Hand befindlichen Firmen, die Still- und Schaumweine vor allem aus solchen Importen verschneiden und abfüllen.

Seit Jahrhunderten gibt es aber auch eine große Zahl kleiner Winzer, denen es gelingt, die Städter hinaus in ihre pittoresken Keller zu locken und ihnen ihre handwerklich bereiteten Weine zu verkaufen. Manche von ihnen sind sogar zu schicken Boutique-Kellereien oder Mittelklassefirmen mit Edelstahltanks und französischen Barriques aufgestiegen. Weine werden meist sortenrein abgefüllt.

Die neue Appellation VOC Znojmo ist ein erster Schritt hin zur Nennung einer Ursprungsbezeichnung auf dem Etikett (anstatt nur das Mostgewicht bei der Ernte anzugeben). Wahrscheinlich wird der Unterbereich Pálava demnächst folgen.

Böhmen

Etwa 700 ha Rebareal in zwei ausgewiesenen Unterregionen im Elbtal nördlich von Prag, insbesondere Mělník, Žernoseky, Roudnice, sowie in der Umgebung der Hauptstadt (Gröbovka, Salabka). Empfehlenswerte Erzeuger: Bettina Lobkowicz (Mělník), Vilém Kraus III (Mělník). Koschere Weine produziert Chrámce bei Most. Die Schaumweinproduktion beherrschen die beiden Riesen Bohemia Sekt und Soare.

Mähren

Fast 19.000 ha in vier ausgewiesenen Unterregionen im Südosten des Landes. Zu den kleinen, progressiven Erzeugern gehören: Stapleton-Springer (Bořetice), Dobrá Vinice (Nový Šaldorf), Osička (Velké Bílovice), Reisten (Pavlov). Mittelgroße Kellereien: Tanzberg (Mikulov), Sonberk (Pouzdřany), Spielberg (Archlebov). Verlässliche, etablierte größere Konzerne: Vinselekt-Michlovský (Rakvice), Znovín (Znojmo), Vinné sklepy Valtice, Valihrach (Krumvíř), F. Mádl (Velké Bílovice), Baloun (Velké Pavlovice). Eiswein und Strohwein sind sehr begehrt und entsprechend teuer. Mähren erzeugt auch Schaumwein, beachtlich v. a. das wieder neu herausgebrachte Etikett Sekt Domaine des verstorbenen Jan Petrák sowie Tanzberg.

Slowakei

Sechs Weinregionen erstrecken sich von den Karpaten über die Ausläufer der Hohen Tatra bis zu der kleinen Enklave auf der slowakischen Seite der (sonst ungarischen) Tokajer-Region. Angebaut werden klassische einheimische und internationale Sorten. Der Großteil wird im Land selbst verbraucht, ein Teil geht aber auch als Fassware nach Tschechien. Führende Erzeuger: Château Belá (Mužla), an dem Egon Müller von der Mosel beteiligt ist, Janoušek (Pezinok), Mrva & Stanko (Trnava), Karpatská Perla (Šenkvice), Masaryk (Skalica) und J. J. Ostrožovič aus Tokaj. Der kürzlich eröffnete Betrieb Elesko produziert mit modernsten Mitteln in Modra im Westen des Landes; das Kapital dazu kommt aus dem Ausland, fachlicher Rat aus Neuseeland.

Rumänien

Mit 186.000 ha Rebareal ist Rumänien einer der größten Traubenanbauer Europas. EU-Gelder werden weiterhin in die Neuanlage oder Instandsetzung von Weinbergen investiert, und durch die daraus resultierende bessere Frucht steigt auch die Qualität der Weine beständig, insbesondere bei kleinen bis mittelgroßen Erzeugerbetrieben. Der große Inlandsmarkt hat dagegen nicht zu einem höheren Niveau beigetragen, auch wenn sich der Geschmack in Richtung Rot- und trockene Weißweine zu verändern beginnt, was einigen Spitzenbetrieben zugute kommt. Mit einer verbesserten Zusammenarbeit der Erzeuger rückt auch der Export mehr in den Mittelpunkt, gefördert zusätzlich durch günstige Wechselkurse. Auch außerhalb des Landes dürften daher in Zukunft mehr rumänische Weine zu finden sein.

Băbească neagră Moldau – Die traditionelle »schwarze Großmuttertraube« aus der Moldau-Region liefert rubinrote Weine mit leichtem Körper.

Budureasca Muntenien und Oltenien ★ 270 ha weitgehend neu bepflanzte Weinberge. Bislang ordentliche Weine von eigenen Rebflächen unter den Marken Budureasca und Origini. Beratender Önologe ist der Brite Stephen Donnelly.

Carl Reh Winery SRL Muntenien und Oltenien ★★→★★★ **06 07 08** 09 – Kellerei in deutschem Besitz mit 252 ha in Oprisor. Val Duna und River Route sind die Exportmarken für gute sortenreine Weine, v. a. Pinot gris. Sehr gute Rote bietet die Reihe Oltenia Profunda, v. a. La Cetate, Caloian, Crama Oprisor Cabernet Sauvignon und Smerenie. Zu den Spitzenweinen namens Arta si Vin gehört der feine Rotweinverschnit Fragmentarium.

Cotnari Moldau – Region im Nordosten mit sehr guten Bedingungen für Edelfäule. Seit über 500 Jahren berühmt für liebliche bis süße Weine von den Sorten Grasă, Fetească albă und Tămâioasă, dazu trockener Francusă.

Cotnari Winery Moldau ★ 1.200 ha in der Region Cotnari, vor Ort sehr beliebt. Die von lokalen Trauben bereiteten Weine reichen stilistisch von halbtrocken bis halbsüß. Können langlebig sein und sehr gute Sammlerweine abgeben.

Cramele Recaş Banat r w; tr ★★→★★★ 06 07 08 09 – Britisch-rumänische Firma im Banat. 2010 wurden 120 ha neu bestockt und zwei neue Keller gebaut. Die Qualität der Weine ist gut wie nie, v. a. Sole Chardonnay, Sole Fetească regală, Solo Quinta (weiß), La Putere Fetească neagră. Unter dem Etikett Frunza werden sehr günstige moderne Sortenweine abgefüllt, dazu gibt es die Reihen »V«, Castle Rock und Terra Dacica. Sehr gut ist der rote Superpremium-Verschnitt Cuvée Überland (**06** 07 **08**).

Davino Muntenien und Oltenien ★★→★★★ **04 05 06** 07 08 – Premiumerzeuger mit 68 ha in Dealu Mare. Sehr guter Domaine Ceptura weiß und rot. Dazu Alba Valahica Fetească albă und Purpura Valahica Fetească neagră (06). Der Spitzenverschnitt heißt Flamboyant (**03' 06'**).

Dealu Mare Muntenien und Oltenien – »Der große Berg«. Bedeutendes, gut gelegenes Weinbaugebiet in den südöstlichen Ausläufern der Karpaten. Einige der besten Rotweine Rumäniens, v. a. von Fetească neagră, Cabernet Sauvignon, Merlot, Pinot noir; Weißweine von der Tămâioasă-Traube.

Dobrogea (Dobrudscha) – Sonnige, trockene Schwarzmeerregion. Enthält die DOCs Murfatlar, Babadag und Sarica Niculitel. Berühmt für süßen Spätlese-Chardonnay und zunehmend auch für körperreiche Rote.

DOC Denumire de Origine Controlata ist der rumänische Ausdruck für geschützte Ursprungsbezeichnung (g. U. bzw. AOP). Unterkategorien sind etwa DOC-CMD für Weine aus vollreif gelesenen Trauben, DOC-CT für Spätlesen und DOC-CIB Weine von edelfaulen Trauben. Vin cu indicatie geografică ist das Äquivalent zur IGP (g. g. A.).

Domeniile Sahateni Muntenien und Oltenien ★→★★ Weingut mit 70 ha in Dealu Mare. Sortenreine Weine unter dem Etikett Anima, u. a. ordentlicher Merlot (08); rote und weiße Verschnitte heißen Artizan (08 09).

Domeniile Viticole Franco Române Muntenien und Oltenien ★→★★ Bioweinerzeuger in Dealu Mare, gegründet von dem Franzosen Denis Thomas. Feiner Pinot noir; Bioweine von gutseigenen Trauben unter dem Namen Crai Nou.

Domeniul Coroanei Segarcea Muntenien und Oltenien ★★ Die einstige Krondomäne im äußersten Süden Olteniens wurde von einer ehemaligen Kardiologin und ihrem Ehemann wiederbelebt. Seit 2004 werden die Weinberge neu bepflanzt, was die Qualität in letzter Zeit deutlich nach oben gebracht hat; v. a. aromatische Weißweine von Tămâioasă und Sauvignon blanc. Auch guter Fetească neagră (08).

Drăgăşani Muntenien und Oltenien – Weinbaugebiet in Oltenien südlich der Karpaten. Hier werden traditionelle (weiß: Crâmposie selectionată; rot: Novac, Negru de Drăgăşani) und internationale Traubensorten angebaut.

Fetească albă Rumäniens am zweitmeisten angebaute weiße *Vitis-vinifera*-Traube mit leicht an Muscat erinnerndem Aroma. Identisch mit der ungarischen Leányka. Kann bei sorgfältigem Umgang gute Qualität liefern.

Fetească neagră »Schwarze Mädchentraube«. Die rote Fetească hat das Zeug dazu, Rumäniens Paradestück zu werden und größere Anbauflächen zu erobern. Braucht gute Pflege und geringe Erträge im Weinberg, kann dann aber tiefe, körperreiche Rotweine mit viel Charakter ergeben.

Fetească regală Kreuzung zwischen Fetească albă und Grasă (der ungarischen Királyleányka). Rumäniens meistangebaute Weißweintraube.

Grasă Einheimische rumänische Sorte; der Name bedeutet »fett«. Anfällig für Botrytis. Die wichtigste Traube in Cotnari. Wird im ungarischen Tokaj unter dem Namen Kövérszőlő angebaut.

Halewood Romania Muntenien und Oltenien ★→★★ Unternehmen in britischem Besitz, das sich neuerdings auf wiederbestockte regionale Lagen und bessere Qualität konzentriert, v. a. seit dem Jahrgang 2009. Beste Weine: Hyperion Fetească neagră und Cabernet Sauvignon (**06 08**). Vom Jahrgang 2009 auch gut sind La Catina Pinot noir, Scurta Viognier und Tămâioasă sowie der Fetească albă Dealu Mare.

Jidvei Siebenbürgen ★ Jüngst aufwendig modernisierter Weinbaubetrieb mit 2.100 ha (größtenteils wiederbestockt) in der gleichnamigen Unterregion in Siebenbürgen. Eines der führenden Unternehmen auf dem Inlandsmarkt, am besten sind die sauber bereiteten Weißen.

Merlot Die meistgepflanzte Rotweinsorte Rumäniens wurde wahrscheinlich im 18. Jahrhundert ins Land gebracht.

Moldau (Moldova) Die größte Weinregion des Landes liegt nordöstlich der Karpaten an der Grenze zu Moldawien und umfasst u. a. die DOC-Gebiete Bohotin, Cotnari, Huşi, Iaşi, Odobeşti, Coteşti, Nicoreşti.

Muntenien und Oltenien – Große Weinregion im Süden mit den DOC-Gebieten Dealu Mare, Dealurile Olteniei, Drăgăşani, Pietroasa, Sâmbureşti, Ştefaneşti und Vânju Mare.

Murfatlar Dobrogea – Gebiet mit Rebflächen in der Dobrogea (Dobrudscha) nahe dem Schwarzen Meer. Sehr guter Chardonnay, Pinot gris und Cabernet Sauvignon. Unterregionen: Cernavodă und Medgidia.

Murfatlar Winery Dobrogea ★→★★ Der größte rumänische Produzent auf dem Inlandsmarkt. Sehr gut sind die Marken Trei Hectare (Fetească neagră, Cabernet Sauvignon, Chardonnay) und Ferma Nouă (Merlot, Sauvignon blanc). Auch sehr guter in Eiche ausgebauter süßer gespriteter Lacrima lui Ovidiu.

Pinot noir Wird seit über 100 Jahren angebaut, ursprünglich für die Schaumweinproduktion. Etliche Erzeuger glauben, dass das Terroir in Rumänien ideal ist, und neuere Pflanzungen französischer Klone wecken einige Erwartungen.

Prince Ştirbey Muntenien und Oltenien r w; tr s ★★→★★★ **06** 07 08 09 – Weingut mit 20 ha Rebfläche in Drăgăani, das wieder an die österreichisch-rumänische Adelsfamilie Kripp-Costinescu zurückgefallen ist. Sehr gute trockene Weißweine, v. a. von lokalen Sorten, wie der Crâmposie selectionată, der Fetească regală Genius Loci (**07**) und der Tămâioasă românească. Hat erfolgreich lokale rote Sorten wiederbelebt, v. a. sehr guter Novac und Negru de Drăgăani.

Regionen Rumänien besitzt eine alte, stolze Weintradition. Die sechs wichtigsten Regionen sind: Das Banat im Westen, Crişana und Maramures im Nordwesten, die Dobrogea (Dobrudscha) im Südosten nahe des Schwarzen Meeres, bekannt für Chardonnay, Sauvignon blanc und nun auch reife Rotweine. Die Region Moldau (Moldova) liegt an der Grenze zu Moldawien im Nordosten. Siebenbürgen, das gebirgige Zentrum des Landes, ist für frische, aromatische Weiße bekannt, während Oltenien und Muntenien im Süden vor allem körperreiche Rote produzieren.

Riesling italian Der sehr verbreitet angebaute Welschriesling wird vor Ort als Riesling verkauft.

Senator Moldau ★ Neuer Betrieb mit Sitz in Odobeşti und 900 ha in der Moldau, dem Banat und dem Donaudelta. Saubere Weißweine, v. a. Varius Sauvignon blanc (09). Die Roten könnten besser sein.

S.E.R.V.E. Muntenien und Oltenien r w; tr ★★→★★★ **03' 06'** 07 08 – Erzeugerbetrieb in Dealu Mare im Besitz des korsischen Grafen Guy de Poix. Die Weine mit dem Etikett Terra Romana sind hervorragend, v. a. Cuvée Charlotte (03' 06' 07) und Cuvée Amaury (weiß).

Tămâioasă românească Zur Familie der Muskateller gehörige Weißweintraube mit exotischem Aroma und Geschmack.

Siebenbürgen Kühle Hochebene in der Mitte Rumäniens. Erzeugt meist Weißweine mit guter Säure von Fetească albă, Fetească regală, Muscat, Traminer und Riesling italian. Vielversprechender Pinot noir.

Vinarte Muntenien und Oltenien ★★→★★★ **03 05 06** 07 08 – Italienische Investition, zu der drei Weingüter gehören: Villa Zorilor in Dealu Mare, Castel Bolovanu in Drăgăşani und Terase Danubiane in Vânju Mare. Beste Weine: Soare Cabernet, Prince Matei Merlot und Swallowtail Fetească neagră.

Vincon Vrancea r w; tr s ★ Einer der größten Erzeuger Rumäniens mit 2.150 ha in Vrancea sowie in der Dobrogea (Dobrudscha) und in Dealu Mare.

Vinia Moldau r w; tr s ★ Kellerei mit Sitz in Iaşi, eine der größten Rumäniens. Großerzeuger von Cotnari-Weinen, daneben auch Weiße und leichte Rotweine.

Vinterra ★ Niederländisch-rumänisches Unternehmen, das die Produktion von Fetească neagră wiederbelebt; auch ordentlicher Pinot noir und Merlot. Der Markenname ist Black Peak.

Vitis Metamorfosis Muntenien und Oltenien r w ★★ Aufsehenerregendes Gemeinschaftsunternehmen der italienischen Winzerdynastie Antinori mit Halewood, das in britischem Besitz ist. Als erster Wein ist der 2007er Cantus Primus Cabernet Sauvignon freigegeben worden. Als gutes Zweitetikett wurde 2009 Vitis Metamorfosis mit einem Weißweinverschnitt und einem Merlot herausgebracht.

WineRo Dobrogea r ★★ Neues Premium-Weingut in der Dobrogea (Dobrudscha), das Stephan von Neipperg (vom Bordeaux-Château Canon-La-Gaffelière) zusammen mit Dr. Hauptmann und Marc Dworkin gehört – dasselbe Team, das auch den bulgarischen Erzeuger Bessa Valley führt. Erster freigegebener Wein ist der ansprechende, saftige Alira Merlot (09). Im Auge behalten.

Malta

Die Weinberge Maltas werden es wohl nie schaffen, die Nachfrage auf der Insel vollständig selbst zu decken. Malta ist einfach nicht groß genug, und wenn es um Landverteilung geht, erhält der Tourismus in der Regel den Vorzug. Viel des konsumierten Weins ist daher zwar in Malta bereitet, aber von Trauben, die aus Italien importiert werden. Echter Malteser Wein unterliegt den Bestimmungen der Denominazzjoni ta' Origini Kontrollata (DOK), die auf einer Linie mit der in der EU vorherrschenden Praxis liegen. Die traditionellen indigenen Rebsorten sind die weiße Girgentina und die rote Gellewza, doch auch viele internationale Rebsorten werden angebaut. Spitzenerzeuger ist die von Antinori unterstützte Firma Meridiana, die die exzellenten Chardonnay-Etiketten Isis und Mistral produziert, außerdem Astarte (Vermentino), Melqart (Cabernet Sauvignon/Merlot), Nexus (Merlot), ausgezeichneten Bel (Syrah) und als Premiumwein den Celsius Reserve (Cabernet Sauvignon). Weitere beachtenswerte Erzeuger mit nennenswerten Mengen sind Delicata, Marsovin und Camilleri.

Griechenland

Das große Thema in Griechenland, und nicht nur auf dem Weinsektor, ist die schwere Wirtschaftskrise, die alle Bereiche des gesellschaftlichen Lebens berührt. Doch zumindest zwingt sie auch dazu, Gewohnheiten und Strategien ganz neu zu überdenken. Die griechischen Weinerzeuger wissen, dass es nur über Qualität und gute Preise nach vorn geht.

Aghiorghitiko Rote Traube aus Nemea, wird nun im ganzen Land angebaut, selbst im Norden. Sehr vielseitig, von weich und charmant bis dicht und langlebig. Kommt gut mit Eiche zurecht.

Aivalis Peloponnes ★★★ Boutique-Weingut in Nemea mit extraktreichen Weinen. Spitzenwein (und entsprechend teuer) ist der »4« von 120 Jahre alten Reben. Der Merlot ist weniger erfolgreich.

Alpha Estate Nordgriechenland ★★★ Eindrucksvolles Weingut im kühlen Amindeo. Exzellenter Verschnitt von Merlot/Syrah/Xinomavro, pikanter Sauvignon blanc, exotischer Malagousia und ungefilterter Xinomavro von wurzelechten Reben. Spitzenwein ist der Alpha 1, der altern muss. Bald dürfte dieser Erzeuger eine 4-Sterne-Wertung bekommen.

Antonopoulos Peloponnes ★★★ In Patras ansässiger Erzeuger: erstklassiger weißer Mantinia, frischer Adoli Ghis, Anax Chardonnay im Lafon-(Burgunder-)Stil und Nea Dris auf Cabernet-Sauvignon-Basis (fantastische Jahrgänge 04 und 06). Spitzenwein ist der nach Veilchen duftende Vertzami/Cabernet franc.

Argatia Nordgriechenland ★★→★★★ Kleine Ktima etwas außerhalb von Naoussa, die lagerfähigen, im Stil recht modernen Xinomavro in winzigen Mengen handwerklich bereitet.

Argyros Ägäische Inseln ★★★ Spitzenerzeuger auf Santorin mit beispielhaftem Vinsanto, der 20 Jahre im Fass reift (★★★★). Außerdem aufregender weißer Ktima, der 10 Jahre haltbar ist, in Eiche ausgebauter weißer Vareli und duftender trockener Aidani. Auch der seltene rote Mavrotragano lohnt sich.

Assyrtiko Eine der besten Weißweintrauben des Mittelmeerraums mit schöner Balance von Kraft, Mineralität, Extrakt und kräftiger Säure. Potenziell langlebige Weine.

Avantis Mittelgriechenland ★★★ Boutiquekellerei in Evia mit Weinbergen in Boötien. Im Angebot sind dichter Syrah, Aghios Chronos Syrah/Viognier, pikanter Sauvignon blanc, reichhaltiger Malagousia und die interessante neue Reihe Oneiropagida. Spitzenwein ist der Syrah Collection im Rhône-Stil von einer Einzellage (**03 04 05** 06 07) .

Biblia Chora Nordgriechenland ★★★ Geschliffene Weine im Stil der Neuen Welt. Außerordentlich erfolgreicher Sauvignon blanc/Assyrtiko, umwerfender Ovilos CS und Areti Aghiorghitiko. Der weiße Ovilos hebt das Niveau für in Eiche ausgebaute griechische Weißweine noch einmal höher.

Boutari, J. & Sohn ★→★★ In verschiedenen Appellationen Griechenlands tätiger Erzeuger, der Weine mit ausgezeichnetem Preis-Leistungs-Verhältnis produziert, v.a. Grande Reserve Naoussa und beliebter Moschofilero. Spitzenweine: Santorini Kalisti Reserve, roter Skalani aus Kreta und roter Filiria aus Goumenissa. Interessanter süßer roter Liatiko.

Cair Ägäische Inseln – Große Genosschenschaftskellerei auf Rhodos, spezialisiert auf Schaumweine, v.a. Rosé. Auch die Stillweinreihe Pathos (weiß und rot) ist ausgesprochen preisgünstig.

Carras, Domaine Nordgriechenland ★→★★ Erzeuger in Sithonia, Chalkidike, mit eigener OPAP Côtes de Meliton. Weine: Chateau Carras (**01 02 03** 04 05) und Malagousia. Hätte das Potenzial für mehr.

Cava Offizielle Bezeichnung für im Fass ausgebaute rote und weiße Tischweine, z.B. Cava Amethystos Kosta Lazaridi, Cava Hatzimichalis.

Dougos Mittelgriechenland ★★→★★★ Erzeuger im Olymp-Gebiet mit interessanten Rhône-Verschnitten. Top ist die Reihe Methymon, v.a. der opulente, trockene rote Opsimo (Spätlese). Der neue Rapsani zeigt eine etwas andere Seite dieser OPAP.

Driopi Peloponnes ★★★ Neuer Betrieb von Tselepos im oberen Nemea. Die ersten Jahrgänge zeigen eindeutig ernst zu nehmende Ergebnisse (v.a. der Ktima von einer Einzellage) in außerordentlich kräftigem Stil. Der Driopi Rosé erinnert an Tavel.

Economou Einer der großen Wein-Kunsthandwerker Griechenlands, der auf Kreta die brillanten, wenn auch esoterischen Sitia-Rotweine bereitet.

Emery Ägäische Inseln ★→★★ Historischer Erzeuger auf Rhodos, spezialisiert auf lokale Rebsorten. Markennamen: Villaré (weiß) und Grand Rosé. Sehr günstiger Rhodos Athiri, außerdem süßer Efreni Muscat.

Feggites Nordgriechenland ★★ Kellerei in Drama, unter der Leitung des talentierten ehemaligen Kellermeisters von Nico Lazaridi. Gutes Weinangebot, ausgezeichneter in Eiche ausgebauter Sauvignon blanc Deka.

Gaia Peloponnes ★★★ Spitzenerzeuger in Nemea und auf Santorin. Lustige Etiketten in der Reihe Notios. Aghiorghitiko im Neue-Welt-Stil. Zum Nachdenken anregender, aber dennoch erstklassiger trockener weißer Thalassitis Santorini und revolutionärer mit Wildhefen vergorener Assyrtiko. Spitzenwein: Gaia Estate (**97 98 99 00 01 03 04** 05 06 07). Außerdem süßer Nemea Anatolikos und umwerfender roter Gaia S (Aghiorghitiko mit einem Hauch Syrah).

Gentilini Kefallenia ★★→★★★ Erzeuger reizvoller Weißweine, u.a. sehr gutem Robola. Bei den Roten neuer trockener Mavrodaphne, seriöser Syrah und sehr komplexer Selection Robola.

Gerovassiliou Nordgriechenland ★★★ Perfektionistisches kleines Weingut bei Thessaloniki: Maßstäbe setzender Assyrtiko/Malagousia, weicher Syrah-Merlot-Verschnitt, inspirierender Malagousia. Komplex ist der rote Avaton (**03 04 05**) von seltenen autochthonen Sorten. Spitzenwein: Syrah (**01 02 03** 04 05). Viele halten ihn für den führenden Erzeuger in Sachen Qualität.

Goumenissa OPAP Nordgriechenland ★→★★ Appellation in Makedonien; eichenholzwürziger Rotwein von Xinomavro und Negoska, leichter als Naoussa. Erzeuger: Aidarinis, Boutari (v.a. der Filiria), Ligas, Tatsis Bros.

Hatzidakis Ägäische Inseln ★★★ Hochklassiger Erzeuger, der mit geringem Technikaufwand die Appellation Santorin neu definiert, v.a. mit den Cuvées Nr. 15 und 17 – ein Stück Collio im ägäischen Meer. Erstaunliches Angebot, z.T. recht experimentell anmutend. Die Weißweine Nihteri und Pyrgos können jahrzehntelang altern.

Hatzimichalis, Domaine Attika ★→★★★ Handelshaus in Atalanti mit ausgedehnten Rebflächen und breitem Angebot; griechische und französische Rebsorten. Viele Abfüllungen tragen Lagennamen. Spitzenweine: roter Kapnias CS, weißer Veriki.

Helios, Domaine Attika – Neuer gemeinsamer Name (und neue Besitzer) für die Güter Semeli, Nassiakos und Oreinos Helios. Exzellenter Nassiakos Mantinia.

Karydas ★★★ Kleines Gut mit großartigem Weinberg in Naoussa, das klassischen, edlen Xinomavro erzeugt.

Katogi-Strofilia ★★→★★★ Erzeuger mit Weinbergen und Kellereien in Attika, auf dem Peloponnes und im östlichen Epirus. Griechische und französische Rebsorten. Katogi war der erste griechische Premiumwein überhaupt. Spitzenweine: Ktima Averoff und die Reihe Rossiu di Munte.

Katsaros Mittelgriechenland ★★★ Kleiner, ökologisch wirtschaftender Erzeuger am Olymp. Der rote Ktima, ein Cabernet Sauvignon/Merlot, ist lange haltbar; der Chardonnay wird jedes Jahr besser. Neuer breitschultriger Merlot.

Griechische Appellationen

Wie die anderen EU-Staaten auch ändert Griechenland sein Appellationssystem. Die Qualitätskategorien OPAP und OPE werden in der neuen Bezeichnung POP (geschützte Ursprungsbezeichnung) zusammengefasst. Die bisher als TO bekannten Regionalweine heißen nun PGE (geschützte geografische Angabe). Die unterste Stufe der Tafelweine (EO) wird abgeschafft. Man wird die alten Bezeichnungen aber noch eine ganze Weile auf den Etiketten sehen.

Kefallenia (Kephalonia) Ionische Insel im Westen mit exzellentem blumigem weißem Robola, dazu süßer Muscat und Mavrodaphne, die einen eigenen Stil zu entwickeln beginnen.

Kreta Steigende Qualität, zu verdanken Erzeugern wie Economou, Lyrarakis, Douloufakis und Manoussakis.

Kir-Yianni Nordgriechenland ★★→★★★ Weinberge in Naoussa und Amindeo. Lebhafter weißer Samaropetra, charaktervoller weißer Tesseris Limnes, komplexer, alterungswürdiger roter Dyo Elies. Der Maßstäbe setzende Ramnista aus Naoussa wird im Stil geschmeidiger, Spitzenwein ist jetzt der Xinomavro/Syrah-Verschnitt Diaporos.

Kourtakis, D. ★★ Großes, verlässliches Weinhandelshaus mit mildem Retsina und gutem Nemea.

Ktima Gut, Domaine. Nicht nur für Weingüter verwendet.

Lazaridi, Nico ★★→★★★ Kellereien und Weinberge in Drama, Kavala und Mykonos. Guter Château Nico Lazaridi (weiß, rosé und rot). Die Spitzenweine Magiko Vouno weiß (Sauvignon blanc) und rot (Cabernet Sauvignon) genießen Kultstatus in Griechenland.

Lazaridi, Domaine Costa ★★★ Rebflächen und Kellereien in Drama und Kapandriti (nahe Athen; wird unter dem Etikett Oenotria Land verkauft). Beliebte Weine unter dem Namen Amethystos (weiß, rot und rosé). Spitzengewächs ist der ungefilterte rote Cava Amethystos Cabernet Sauvignon (**97 98 99 00 01 02** 03 04). Der erste griechische Klient des Beraters Michel Rolland aus Bordeaux.

Lemnos Ägäische Inseln OPAP – Appellation der Ägäisinsel, vorwiegend mit gespriteten Dessertweinen von der Genossenschaft, u. a. dem köstlichen Muscat d'Alexandrie mit Zitronennote. Auch einige frische Weißweine.

Lyrarakis Kreta ★★→★★★ Sehr guter Erzeuger auf Kreta. Weißweine von den seltenen einheimischen Rebsorten Plyto und Dafni (hervorragend sind die Einzellagenabfüllungen), dazu ein tiefgründiger, komplexer Rotweinverschnitt aus Syrah und Kotsifali.

Malagousia Wiederentdeckte aromatische weiße Rebsorte; großartige Weine von Avantis, Gerovassiliou, Matsa und etlichen anderen.

Manoussakis Kreta ★★★ Eindrucksvolles Gut im Westen Kretas mit vom Rhône-Stil inspirierten Verschnitten. Köstlich das Sortiment der Marke Nostos, angeführt von den lagerfähigen Roussanne- und Syrah-Weinen.

Mantinia Peloponnes OPAP; w – Hoch gelegene Appellation im Zentrum des Peloponnes. Frischer, knackiger, herrlich charmanter Moschofilero. im Stil mehr deutsch als griechisch.

Matsa, Domaine Attika ★★→★★★ Renommiertes historisches kleines Gut in Attika. Jetzt im Besitz von Boutari, die Leitung hat aber immer noch Roxani Matsa inne. Ein hervorragender Vertreter dieser Rebsorte ist der Malagousia.

Mavrodaphne Wörtlich »schwarzer Lorbeer«: rote Rebsorte, die üblicherweise Süßweine ergibt. Fassgereifte, konzentrierte, gespritete rote Weine, die an Port oder Recioto erinnern; eine Spezialität der Region Patras auf dem Nordpeloponnes, wird aber auch auf Kefallenia angebaut. Trockene Versionen, etwa von Antonopoulos, werden immer häufiger erzeugt und sind sehr vielversprechend.

Mavrotragano Nahezu ausgestorbene, nun aber wiederbelebte erstklassige Rotweinsorte auf Santorin. Empfehlenswert: Sigalas, Hatzidakis, Argyros und der Avaton von Gerovassiliou.

Mediterra (ehem. Creta-Olympias) Kreta ★★ Guter Erzeuger auf Kreta. Preisgünstige Reihe Nea Ghi, würziger weißer Xerolithia, roter Mirabelo. Interessanter Verschnitt Pirorago (Syrah/Cabernet Sauvignon/Kotsifali). Exzellent und sehr günstig die Reihe Silenius.

Mercouri Peloponnes ★★★ Eines der schönsten Familienweingüter Europas. Sehr guter roter Ktima, köstlicher Roditis, lagerfähiger Cava. Außerdem erstklassiger Refosco dal peduncolo rosso, umwerfender süßer Malvasia Belvedere und mustergültiger trockener Mavrodaphne.

Mezzo Ägäische Inseln – Süßwein aus sonnengetrockneten Trauben von der Insel Santorin, in der Regel nicht so süß wie Vinsanto. Über den Stil gibt es Unstimmigkeiten – einige Erzeuger (z. B. Sigalas) verwenden den Begriff für Weine aus der roten Mandilaria-Traube, andere (z. B. Argyros) verarbeiten die gleichen weißen Sorten wie für Vinsanto.

Mitravelas Peloponnes ★★→★★★ Hervorragender Erzeuger in Nemea mit vielversprechendem Aghiorghitiko. Von Gaia beeinflusster Stil der Weinbereitung.

Moschofilero Hochwertige Traube mit Rosenduft, hellroter Schale und kräftiger Säure, liefert eher alkoholschwache Weine, meist weiß, es gibt aber auch ein paar Rosé-Versionen.

Naoussa Nordgriechenland OPAP; r – Qualitätsregion für Xinomavro. Eine der beiden Regionen (die andere ist Nemea), wo sich aufgrund der außerordentlich komplexen Bodeneigenschaften und der Topographie eine griechische »Cru«-Bezeichnung entwickeln könnte.

Nemea Peloponnes OPAP; r – Region auf dem östlichen Peloponnes. Dunkle, würzige Weine von der Aghiorghitiko-Traube. Jeder neue Jahrgang bringt die Qualität noch ein Stückchen voran. Das obere Nemea verdient eine eigene Appellation; Koutsi ist erster Anwärter auf einen Cru-Status. Siehe auch Gaia, Semeli und Driopi.

Nemeion Peloponnes ★★★ Weingut in Nemea, das neue Preisstandards (v. a. für den Igemon) in der Appellation setzt. Die Weine sind entsprechend. Im Besitz von Vassilou, einem Erzeuger in Attika.

Oenoforos Peloponnes ★★→★★★ Sehr guter Erzeuger mit fantastischen, hoch gelegenen Weinbergen. Außerordentlich eleganter Roditis Asprolithi, delikater weißer Lagorthi, nussiger Chardonnay (burgundischer Stil, limitiertes Angebot, nur Magnum-Flaschen) sowie die Rot- und Weißweine mit dem Etikett Mikros Vorias. Ianos heißt die Prestige-Reihe.

Papaïoannou Peloponnes ★★★ Wenn Nemea Burgund wäre, wäre Papaïoannou Jayer. Hochklassige Rote, u.a. Pinot noir und Petit Verdot, vollaromatische Weiße. Wunderbare Nemea-Weine: Ktima Papaïoannou Palea Klimata von alten Reben, Microklima von einer winzigen Einzellage und als Spitzenwein der Terroir, absolut kompromisslos in neuem Holz ausgebaut.

Patras Peloponnes OPAP; w – Weißwein auf Roditis-Basis von sehr unterschiedlichen Terroirs – einige Lagen sind großartig, andere Durchschnitt. Heimat des Mavrodaphne. Die OPE Rio-Patras liefert süßen Muscat.

Pavlidis Nordgriechenland ★★★ Ehrgeiziger Erzeuger mit Weinbergen und Kellerei in Drama. Guter Assyrtiko/Sauvignon blanc, sehr guter Assyrtiko. Exzellenter Syrah und Tempranillo. Der rote Ktima wurde jüngst auf meisterliche Weise vom Bordeaux-Verschnitt auf Aghiorghitiko/Syrah umgestellt. Eines der Spitzengüter, nicht nur in Drama, sondern in ganz Griechenland.

Pyrgakis Peloponnes ★★→★★★ Sehr experimentierfreudige Ktima, die den höchsten Teil der OPAP Nemea vollständig nutzt. Sehr empfehlenswert ist der neue Petit Verdot oder der Chardonnay 24.

Rapsani Nordgriechenland ★★★ Historischer Rotwein vom Olymp, in den 1990er-Jahren von Tsantalis eingeführt; jetzt kommen auch andere Erzeuger wie Liappis und Dougos dazu.

Retsina Attika – Eine Spezialität aus Attika: Weißwein mit Zusatz von Harz der Aleppo-Kiefer. Moderne, hochklassige Versionen wie The Tear of the Pine sind umwerfend.

Rhodos Ägäische Inseln – Östlichste der griechischen Inseln und OPAP für Rot- und Weißweine. Heimat der eleganten, zitronenfrischen Athiri-Weißweine. Spitzenklasse sind der Rodos 2400 der Genossenschaft Cair und der Villare von Emery. Auch etwas Schaumwein.

Roditis Rosafarbige Traube, die vorwiegende Weißwein liefert, in ganz Griechenland verbreitet. Bei niedrigen Erträgen gute Ergebnisse. Bestes Beispiel ist der Asprolithi.

Samos Ägäische Inseln OPE; w; s – Ägäisinsel vor der türkischen Küste, seit alters berühmt für ihren süßen, goldenen Muscat. Am besten sind der gespritete Anthemis und der Nectar aus sonnengetrockneten Trauben. Seltene alte Abfüllungen können großartig (★★★★) sein, etwa der seltene 1975er.

Santo Ägäische Inseln – Die alles beherrschende Genossenschaft auf Santorin hat ein gutes Angebot lebhafter Weine, inkl. exzellente Grande Reserve und Vinsanto.

Santorin Ägäische Inseln – Vulkaninsel nördlich von Kreta und OPAP für trockene und süße Weißweine. Üppiger Vinsanto und Mezzo, sehr mineralischer, extrem trockener Weißwein von der Assyrtiko-Traube. Auch Exemplare mit Holznote können sehr gut sein. Spitzenerzeuger: u.a. Gaia, Hatzidakis, Sigalas, Santo. Alle Weine sollten gereift getrunken werden. Wo sonst bekommt man 4-Sterne-Weißweine so billig?

Semeli ★★→★★★ Weingüter bei Athen und in Nemea sowie eine neue Kellerei in Mantinia unter dem Namen Nassiakos. Günstiger Orinos Helios (weiß und rot) und überzeugender Spitzenwein Grande Reserve, der nach 4 Jahren freigegeben wird. Siehe auch Helios.

Sigalas Ägäische Inseln ★★★ Spitzenerzeuger auf Santorin mit dem eichenholzwürzigen Santorini Bareli als Aushängeschild. Außerdem stilvoller goldener Vinsanto und seltener, atemberaubender roter Mavrotragano, der an Mourvèdre erinnert.

Skouras Peloponnes ★★→★★★ Innovatives Weingut, das Erste, das Schraubverschlüsse zunächst für seinen Chardonnay Dum Vinum Sperum, dann auch für die meisten anderen Weißweine einführte. Interessanter Synoro auf Cabernet-franc-Basis. Spitzenweine: High Nemea Grande Cuvée, Megas Oeros und der extrem seltene, in einer Solera gereifte Labyrinth.

Spiropoulos, Domaine Peloponnes ★★ Öko-Erzeuger in Mantinia und Nemea. Roter Porfyros (Aghiorghitiko/Cabernet Sauvignon/Merlot) mit Eichennote; der Schaumwein Odi Panos hat Potenzial. Fester Astala Mantinia von einer Einzellage.

Tetramythos Peloponnes ★★ Das vielversprechende Unternehmen lotet die Möglichkeiten in Teilen des Peloponnes mit kühlem Klima aus. Bei den großen Waldbränden im Sommer 2007 brannte die Kellerei nieder, ist jetzt aber wieder in Form. Ausgezeichneter Malagousia und Mavro Kalavritino.

Tsantalis ★→★★★ Handelshaus mit eigenen Rebflächen in Agios Pavlos, Thrakien und anderen Gebieten. Guter roter Metoxi, Rapsani Reserve, Grande Reserve, preisgünstiger Biowein von Cabernet Sauvignon, exzellenter Avaton sowie Kultwein Kormilitsa. Ein Schwergewicht im Export griechischer Weine.

Tselepos Peloponnes ★★★ Spitzenerzeuger in Mantinia; Griechenlands bester Gewürztraminer. Auch Chardonnay mit Eichennote, sehr guter Schaumwein Amalia, Avlotopi Cabernet Sauvignon von einer Einzellage sowie der Top-Einzellagenwein Kokkinomylos Merlot. Siehe auch Driopi.

Vinsanto Ägäische Inseln – Süßer Weinstil von der Insel Santorin, für den sonnengetrocknete Assyrtiko- und Aidani-Trauben verwendet werden. Braucht eine lange Reifezeit, sowohl im Fass als auch in der Flasche. Die besten und ältesten Vinsantos haben 4-Sterne-Niveau und sind praktisch unsterblich. Siehe auch Mezzo.

Voyatzi, Ktima Nordgriechenland ★★ Kleiner Erzeuger bei Kozani. Erstklassiger Xinomavro und umwerfender Cabernet franc unter dem Namen Tsapournakos.

Xinomavro Nordgriechenland – Die große Diva der einheimischen griechischen Rotweintrauben – der Name bedeutet »säuerlich schwarz«. Wird im kühleren Norden angebaut und dient als Grundlage für Naoussa, Rapsani, Goumenissa und Amindeo. Hervorragende Qualität, Jahrzehnte haltbar: Griechenlands Antwort auf den Nebbiolo.

Zafeirakis Thessalien ★★→★★★ Kleine Ktima in Tyrnavos mit noch nicht erfasstem Rebland für Qualitätsweinbau. Der anspruchsvolle Kellermeister hat mit dem lang erwarteten roten Limniona die erste Abfüllung einer sehr vielversprechenden und seltenen Sorte herausgebracht.

Nordafrika und östlicher Mittelmeerraum

Östlicher Mittelmeerraum

Die Weinbaugebiete dieser Region sind historisch durch Religionszugehörigkeit und sogar Kriege getrennt worden. Dennoch hat der Weinbau hier alte, bis in die Antike zurückreichende Wurzeln. Bis vor Kurzem war die Qualität mit wenigen Ausnahmen eher schlecht, doch jetzt machen sowohl Israel als auch der Libanon riesige Fortschritte. So mancher Rotwein zieht zu Recht immer mehr Aufmerksamkeit auf sich. Und auch Zypern und die Türkei lassen nun endlich den Willen zur Erzeugung besserer Weine erkennen.

Israel

Der chronischen Wasserknappheit und dem heißen Klima begegnen die Israelis mit Tropfbewässerung, Laubdachpflege und der Konzentration auf Weinberge in höheren Lagen. Der Weinbau bedient sich hochmoderner Methoden, die meisten Kellereien sind technisch auf dem neuesten Stand. Die Kellermeister sind dynamisch und verfügen über eine internationale Ausbildung. Die Rotweine, v. a. Bordeaux-Verschnitte, Shiraz sowie Carignan und Petite Sirah von alten Reben, werden augenscheinlich mit jedem Jahr besser. Heute genießen wir die besten Weine, die Israel in 2.000 Jahren erzeugt hat. (Im Text verwendete Abkürzungen: Gal – Galiläa, Ju – Judäisches Bergland, Sam – Samson, Shom – Shomron, O-Gal – Obergaliläa.)

Agur Ju r ★→★★ Charaktervolle Boutique-Kellerei. Gut integrierter Bordeaux-Verschnitt Kessem.

Alexander Gal r (w) ★ Der Cabernet Sauvignon ist unglaublich eichenbetont und körperreich, aber gut gemacht.

Avidan Ju r (w) ★→★★ Der interessante Verschnitt Prio zeigt sanfte Gewürz- und Ledernoten.

Barkan-Segal Gal, Sam r w ★★ Israels zweitgrößter Weinerzeuger, im Besitz von Israels größter Brauerei; günstige Weine. Hat sich auf Pinotage und die israelische Rebe Argaman (unter dem Etikett Segal) spezialisiert. Hohe Qualität besitzen die Rotweine der Marke Barkan Altitude.

Binyamina Gal, Sam r w ★→★★ Aromatischer lieblicher und süßer Gewürztraminer. Der beste Rotwein heißt Cave.

Carmel O-Gal, Shom r w ★★→★★★ 1882 von einem Rothschild gegründet. Besitzt viele Weinberge in Obergaliläa. Eleganter Limited Edition (**03** 04' 05 07'), preisgekrönter Shiraz von der Lage Kayoumi. Exzellenter Carignan und Petite Sirah von alten Reben. Neuer Verschnitt im mediterranen Stil. Ausgewogener Cabernet franc, üppiger Gewürztraminer-Dessertwein.

Château Golan Golanhöhen r (w) ★★→★★★ Schöne Kellerei. Mediterrane Verschnitte namens Geshem (rot und weiß) und sehr aromatischer Syrah.

Chillag Gal r ★★ Eleganter Merlot und seltener, körperreicher Petite Sirah.

Clos de Gat Ju r w ★★★ Erstklassiges Weingut mit ausladenden, üppigen Weinen. Hervorragend sind der würzige Sycra Syrah (**04'** 06 07) und der buttrige Chardonnay.

Dalton O-Gal r w ★→★★ Aromatischer, mit Wildhefen vergorener Viognier. Aushängeschild ist der volle, dunkle Matatia.

Domaine du Castel Ju r w ★★★★ Familienbetrieb bei Jerusalem mit stets guten Kritiken. Charaktervoller, geschmeidiger Grand Vin (**03 04'** 05 06' 07 08). Preisgünstig der Petit Castel, hervorragender »C« Blanc du Castel.

Ella Valley Ju r w ★★ Exquisiter Chardonnay, mächtiger Petite Sirah, intensiver Verschnitt »E«.

Flam Ju r (w) ★★→★★★ Familienkellerei. Feiner Cabernet Sauvignon, straffer Merlot und erdiger, kräuterwürziger Syrah/Cabernet Sauvignon. Preisgünstig der Classico. Neuer knackiger, duftender Rosé.

Galiläa Qualitätsanbaugebiet im Norden, v. a. das höhere Obergaliläa.

Galil Mountain O-Gal r w ★→★★ Fester roter Verschnitt Yrion, fruchtiger Pinot noir. Im Besitz von Yarden.

Golanhöhen Hochplateau (bis 1.200 m) mit vulkanischen Böden.

Gvaot Shom r w ★★ Gute Rotweine sowie innovativer Verschnitt von Chardonnay und Cabernet Sauvignon.

Judäisches Bergland Weinbauregion in den Hügeln von Judäa nördlich von Jerusalem und Hebron.

Koscher Der Begriff bedeutet »rein« und spielt in den jüdischen Speisegesetzen eine wichtige Rolle. Nicht alle israelischen Kellereien erzeugen koscheren Wein, doch bei den besten treffen hohe Qualität und koschere Bereitung zufällig zusammen.

Lewinsohn Gal r w ★★ »Garagenwein«-Qualitätserzeuger in einer Garage! Cremiger Chardonnay.

Margalit Gal r ★★★ Das Vater-und-Sohn-Team erzeugt Weine in einem eher eleganten Stil, v. a. den Bordeaux-Verschnitt Enigma (**06** 07' 08) und die Special Reserve.

Negev Wüstenregion im Süden des Landes.

Pelter Golanhöhen r w; (sch) ★★→★★★ Straffe, gut bereitete Rotweine. Preiswerter Trio, sehr guter Cabernet franc.

Psagot Ju r w ★→★★ Kellerei mit steigender Qualität. Am besten ist der Einzellagen-Cabernet-Sauvignon.

Recanati Gal r w ★★ Die Weine zeigen in letzter Zeit mehr Eleganz. Exzellente Special Reserve.

Samson Weinbaugebiet, das von der Tiefebene westlich der Hügel von Judäa bis zur Küstenregion südöstlich von Tel Aviv reicht.

Saslove O-Gal r (w) ★★ Vater und Tochter leiten diese neue Kellerei in Obergaliläa. Die Roten sind komplex mit einer Unmenge von Frucht- und Gewürznoten.

Sea Horse Ju r (w) ★→★★ Eigenwilliger kleiner Erzeuger mit exotischen Verschnitten von ungewöhnlichen Rebsorten.

Shomron Anbaubereich mit Weinbergen um den Carmel-Berg und Zichron Yaakov.

Shvo O-Gal – Neue Kellerei, die ihr Hauptaugenmerk auf die Weinberge richtet. Hohe Erwartungen. Im Auge behalten.

Tabor Untergaliläa r w; sch ★→★★ Sich rasant entwickelnde Kellerei mit aromatischem Sauvignon blanc und neuerdings Schaumweinen.

Teperberg Ju, Sam r w ★ Die ehemalige Kellerei Efrat im neuen Gewand. Malbec und Meritage sind fruchtig-saftige Rotweine.

Tishbi Ju, Shom r w ★ Der tiefgründige Bordeaux-Verschnitt von der Lage Sde Boker in der Wüste ist der bisher beste Wein.

Tulip Gal r (w) ★★ Kellereiarbeiter sind Leute mit besonderen Bedürfnissen. Exzellenter Shiraz-Verschnitt und Syrah Reserve. Kraftvolle Weine, aber dennoch preisgünstig.

Tzora Ju r w ★★→★★★ Enorme Fortschritte. Der Spitzenwein Misty Hills ist ein feiner, körperreicher Verschnitt mit schönem Alterungspotenzial.

Vitkin Ju r w ★★ Kleine Kellerei mit sehr gutem Carignan und Petite Sirah.

Yaffo Ju rw ★→★★ Zu Unrecht unbekannte Kellerei mit elegantem Cabernet Sauvignon und Chardonnay.

Yarden Gal ★★★ Die große Kellerei erzeugt jährlich sechs Millionen Flaschen; am besten sind die Weine der Marke Yarden. Verlässlich guter Cabernet Sauvignon. Aushängeschilder sind der seltene Bordeaux-Verschnitt Katzrin (**96 00'** 03 04') und der hochgelobte Rom (06). Herausragender Blanc de Blancs und Dessertwein Heights Wine. Neu ist der schäumende Rosé. Zum Sortiment gehören auch die Marken Gamla und Golan.

Yatir Ju, Negev r (w) ★★★→★★★★ Herausragender reichhaltiger, samtiger, konzentrierter roter Yatir Forest (**02 03'** 04 05' 06 07), kantiger Shiraz, vollmundiger Cabernet Sauvignon und kraftvoller Petit Verdot. Auch duftender Vigonier. Im Besitz von Carmel.

Paradies der alten Reben

Neu angepflanzte Rebsorten tragen zur Qualitätsrevolution im südlichen und östlichen Mittelmeerraum bei. Dennoch gibt es in dieser Region ebenso viele Weinberge mit alten Reben wie anderswo. Die neuen Bestrebungen, mithilfe ertragsarmer alter Buschreben hochwertige Weine zu bereiten, haben zu einigen interessanten Überraschungen geführt. Machen Sie sich auf die Suche nach Carignan-Weinen von alten Reben aus Israel und Tunesien, nach Cinsault aus dem Libanon sowie nach Grenache und Syrah aus Marokko.

Libanon

Seit dem Bürgerkrieg hat sich die Anzahl der Kellereien versechsfacht. Viele neue Betriebe erzeugen in kleinen Mengen handwerklich bereitete Weine, nicht nur im Bekaa-Tal. Die Qualität erhöht sich zusehends. Interessante Zeiten für libanesischen Wein!

Château Belle-Vue r ★→★★ Le Château und La Renaissance sind Rotweine der Spitzenklasse.

Château Ka r w ★ Vielversprechendes Basissortiment, besonders die Weißen aus Chardonnay, Sauvignon blanc und Sémillon.

Château Kefraya r w ★★→★★★★ Würziger, mineralischer Comte de M. (**01'** 02 04) von Cabernet Sauvignon, Syrah und Mourvèdre. Fruchtiger, süffiger Les Bretèches. Erfrischender Rosé.

Château Khoury r w ★ Junge Kellerei, Pionier für elsässische Rebsorten im Libanon.

Château Ksara r w ★★→★★★ Das Gut ist 150 Jahre alt, aber immer noch fortschrittlich eingestellt. Exzellente, preisgünstige Weine: Reserve du Couvent glänzt mit mundfüllenden Aromen. An der Spitze steht der Troisième Millénaire (**03'** 04 05). Interessanter Le Souverain von Cabernet Sauvignon und Arinarnoa.

Château Marsyas r ★→★★ Neueröffnung im großen Stil. Die ersten Weine sind vielversprechend.

Château Musar r (w) ★★★ Der unverwechselbare Rotwein (Cabernet Sauvignon/Cinsault/Carignan) mit Rosinenton und langem Abgang (**95' 96' 99** 00' 01 02 03) gilt einigen als legendär (der 1979er ist immer noch köstlich), andere meinen, dass er seine beste Zeit hinter sich hat. Fruchtige ist der rote Hochar. Außerdem ein eichenholzwürziger Weißwein von den autochthonen Sorten Obaideh und Merwah.

Château Nakad r w ★ Traditionelle Kellerei. Würziger Château des Coteaux mit Eichennote.

Clos St-Thomas r w ★★ Tiefe, seidige Rotweine von guter Qualität. Der Les Emirs hat ein ausgezeichnetes Preis-Leistungs-Verhältnis.

Domaine de Baal r w ★★ Vielversprechende neue Kellerei mit ökologisch bewirtschaftetem Weinberg.

Domaine des Tourelles r w ★→★★ Die Wiedergeburt einer alten Kellerei. Eleganter Marquis des Beys.

Domaine Wardy r w ★→★★ Private Selection im Neue-Welt-Stil. Knackige, frische Weißweine.

Heritage r w ★ Süffige, fruchtige Weine wie Le Fleuron und Nouveau.

Ixsir Ambitionierter neuer Betrieb. Im Auge behalten.

Karam ★→★★ Vielversprechende Boutique-Kellerei in Jezzine im südlichen Libanon. Preisgünstig der Cloud 9.

Massaya r w ★★ Der rote Silver Selection ist ein komplexer Verschnitt im Rhône-Stil – ein Wein voll Sonne und den Gewürzen des Libanon. Die Classic-Serie mit Schraubverschlüssen bietet ein hervorragendes Preis-Leistungs-Verhältnis.

Türkei

Die Türkei ist durchaus in der Lage, gute Weine zu erzeugen, doch die Spannungen zwischen Winzern und Kellereien tragen nicht gerade zum Erfolg bei. Dennoch zeitigen aus dem Ausland importiertes Fachwissen, der geschickte Umgang mit autochthonen Rebsorten und das Streben nach Qualitätsverbesserung einige interessante Ergebnisse. Zudem eröffnet uns das erwachende Interesse am Export die Chance, diese Weine auch probieren zu können. Beachtenswerte Rebsorten sind Kalecik Karası (saftig und würzig) sowie die klassischen Verschnittpartner Öküzgözü und Boğazkere. Zentrum der neuen Entwicklungen ist die Marmara-Region.

Boğazkere Tanninstarke indigene Rotweinsorte, die körperreiche Rotweine hervorbringt.

Büyülübag r (w) ★★ Neue Boutique-Kellerei, eine Hoffnung für die Zukunft. Guter Cabernet Sauvignon.

Corvus r w ★★→★★★ Boutique-Kellerei auf der Insel Bozcaada. Kraftvoller Corpus.

Doluca r w ★→★★ Großer Erzeugerbetrieb. Verschnitte von lokalen mit klassischen Trauben unter dem Etikett Karma.

Kavaklidere r w; sch ★→★★ Große Kellerei in Ankara. Spezialist für türkische Rebsorten.

Kayra r w ★→★★ Die Reinkarnation des Staatsbetriebs Tekel. Vielversprechender Shiraz.

Likya r w ★ Neue Kellerei am Mittelmeer bei Antalya.

Narince Weißweinsorte, die frische, fruchtige Weine liefern kann.

Öküzgözü Lokale Rebsorte, die weiche, fruchtige Rotweine liefert. Oft mit Boğazkere verschnitten.

Sarafin r w ★→★★ Marke im Besitz von Doluca. Guter Cabernet Sauvignon und Sauvignon blanc.

Sevilen r w ★ Fumé Blanc mit wundervoller Säure. Guter Shiraz.

Turasan r w ★ Kellerei auf vulkanischem Boden in Kappadokien.

Zypern

In Zypern ist der Restrukturierungsprozess zur Qualitätsverbesserung noch immer in vollem Gang. Beträchtliche EU-Fördermittel fließen in die Neubestockung der Rebflächen mit Sorten wie Shiraz und Maratheftiko, minderwertige Lagen werden aufgegeben. Der einst so wichtige Markt billiger Massenweine hat stark an Bedeutung verloren, und obwohl der Binnenabsatz gegen Importware konkurrieren muss, ist die Qualität zweifellos besser denn je – die Spitzenriege bilden kleine Erzeugerbetriebe, die sich auf den noch immer reblausfreien Höhenlagen angesiedelt haben.

Ayla Mavri ★★ **08** 09 – Wunderbar süße Muscat-Weine aus halb getrockneten Muscat-of-Alexandria-Trauben.

Commandaria In 14 Weinbaugemeinden aus sonnengetrockneten Xynisteri- und Mavro-Trauben bereiteter süßer, absichtlich oxidierter Dessertwein – im Idealfall überaus komplex und langlebig. Vermutlich der Wein mit der ältesten Tradition der Welt, erstmals um 800 v. Chr. von dem Dichter Hesiod beschrieben. Empfehlenswerte Erzeuger: KEO (St. John), Loel (Alasia) und SODAP (sortenreiner Xynisteri St. Barnabas).

ETKO r w ★→★★ 08 09 – Einer der ehemaligen großen Vier, jetzt erheblich geschrumpft. Bessere Qualität von der Kellerei Olympus (v. a. Shiraz und Cabernet Sauvignon. Produziert auch den St. Nicholas Commandaria.

Hadjiantonas ★★ Makellose neue Kellerei im Besitz eines Piloten; sehr guter Chardonnay (08 09) und Shiraz (07).

KEO ★ Zweitgrößter Erzeuger, gemischte Qualität. St. John ist die Marke für Commandaria. Die besten Weine stammen vom Gut in Mallia (Ktima Keo). Weine von lokalen Sorten unter dem Namen Heritage.

Kyperounda r w; tr ★★→★★★ **06' 07' 08** 09 – Der auf 1.450 m gelegene Weinberg ist vielleicht der höchste Europas. Der weiße, im Fass ausgebaute Petritis von Xynisteri ist eines der schönsten Beispiele dieser Sorte auf Zypern. Auch Chardonnay, Cabernet Sauvignon und der rote Verschnitt Andessitis sind sehr gut.

Lefkada Wiederentdeckte autochthone rote Rebsorte, von besserer Qualität als Mavro. Wird wegen ihrer aggressiven Tannine meist verschnitten.

Maratheftiko Dunkle einheimische Traube mit dem Potenzial, die wichtigste Sorte für hochklassige Weine der Insel zu werden. Nicht leicht im Anbau, doch die Erzeuger lernen, mit ihr umzugehen. Jetzt auch sortenreine Weine von Einzellagen.

Mavro Zyperns meistangebaute dunkle Traube. Einfacher zu kultivieren als Maratheftiko, aber nur passable Qualität. Am besten für Rosé geeignet.

Regionen Die Regionen Lemesos, Pafos, Larnaca und Lefkosia genießen Regionalweinstatus (PGI). Als geschützte Ursprungsbezeichnungen ausgewiesen sind Commandaria, Laona-Akamas, Pitsilia, Vouni-Panayias/Ambelitis und die Weinbaugemeinden von Limassol.

SODAP r w; tr ★→★★ Genossenschaft im Besitz der Winzer und größter Erzeuger Zyperns. Die neue Kellerei im Dorf Stroumbi in den Bergen hat die Qualität verbessert, v. a. bei den Weißweinen (BV). Günstig. Empfehlenswerte Marken: Island Vines, Mountain Vines und Kamanterena.

Tsiakkas r w; tr ★★ Ein ehemaliger Banker ist mithilfe von Vlassides zum Winzer geworden. Sehr gute pikant-frische Weißweine, v. a. Sauvignon blanc, Xynisteri und Chardonnay.

Vasa ★★ **03 05 06' 07'** (08) – Kleiner, aber tadelloser Erzeugerbetrieb mit exzellentem Maratheftiko und Mourvèdre. Auch sehr guter Chardonnay und Rotweinverschnitt St. Tinon. Vlassides berät.

Vlassides ★★→★★★ **03 04 06' 07'** 08 – Der in Davis (Kalifornien) ausgebildete Besitzer Sophocles Vlassides bereitet in einer winzigen Dorfkellerei einige der besten Weine der Insel. Ein echter Star ist der Shiraz Reserve, der das Potenzial Zyperns für spannende Weine deutlich zeigt. Auch sehr guter Cabernet Sauvignon und Maratheftiko.

Xynisteri Die meistangebaute Weißweintraube Zyperns. Kann recht schlicht geraten und wird meist jung getrunken; in Höhenlagen liefert sie allerdings frische, ansprechende, mineralische Weiße. Am besten ist der Petritis von Kyperounda. Gut auch von Aes Ambelis, Kolios, Tsiakkas, K. & K. Vasilikon, Vlassides, Zambartas.

Zambartas ★★→★★★ **07 08 09** (10) – Der Vater und sein in Australien ausgebildeter Sohn betreiben gemeinsam diese neue Kellerei. Aufregender Rosé (Cabernet franc/Lefkada), sehr guter Shiraz/Lefkada und sortenreiner Maratheftiko sowie attraktiver Xynisteri/Sémillon.

Nordafrika

Dank neuer Investoren ist Nordafrika nun wieder eine interessante Region. Das größte Potenzial besitzt Algerien (im Text Alg abgekürzt), allerdings wird es aufgrund der religiösen und politischen Gegebenheiten einstweilen nicht ausgeschöpft. Fortschritte sind in Tunesien (Tun) und insbesondere in Marokko (Mar) zu verzeichnen. Am bedeutendsten sind alte Carignan- sowie neu angepflanzte Syrah-Reben sowie der traditioneller Vin gris.

Castel Frères Mar r rs ★ Besitzer der Kellereien Sahari, Meknès und Boulaouane. Preisgünstige Marken wie Bonassia, El Baraka, Halana, Larroque und Mayole.

Celliers de Meknès Mar r rs w ★→★★★ Die große Firma dominiert den marokkanischen Markt. Moderne Kellereianlagen im Château Roselane. Ein gutes Preis-Leistungs-Verhältnis bietet der Riad Jamil (Carignan).

Ceptunes Tun r w ★ Vielversprechender Erzeugerbetrieb mit klassischen Rebsorten.

Domaine Atlas Tun r w ★ Österreichisch-tunesisches Joint Venture mit gutem Carignan und Syrah.

Domaine Neferis Tun r rs w ★→★★ Gemeinschaftsunternehmen mit Calatrasi (Italien). Bester Wein: Selian Carignan.

Kurubis Tun r w; sch ★ Erzeuger von Schaumweinen nach der traditionellen Methode.

Les Deux Domaines Mar r ★★→★★★ Joint Venture des französischen Schauspielers Gérard Depardieu mit Bernard Magrez. Magrez Kahina und Depardieu Lumière sind kraftvolle Syrah/Grenache-Verschnitte.

Sahara Vineyards Ägy w ★ Projekt des Großproduzenten Gianaclis, um in der Wüste Weine auf einem höheren Niveau zu erzeugen.

Thalvin Mar r rs w ★→★★ Gute Weißweine sowie würziger Syrah Tandem in Zusammenarbeit mit dem Rhône-Winzer Alain Graillot.

Val d'Argan Mar r rs ★ Ökologisch bewirtschaftete Weinberge nahe Essaouira an der Westküste.

Vignerons de Carthage Tun r rs w ★ Die besten Weine der Genossenschaft UCCV: Clipea Chardonnay, trockener Muscat Kelibia und die Rotweinreihe Magon Magnus. Ausländische Partner sind willkommen.

Vins d'Algerie Alg r ★ Marke der Firma ONCV. Spitzenwein: Cuvée du Président. Die Weine heißen nach Regionen: Mascara, Medea und Tlemcen.

Volubilia Mar r rs w – Vielversprechendes neues Joint Venture. Exzellenter Vin gris.

Asien und die ehemalige Sowjetunion

Asien

China

Allmählich bekommen ausländische Investoren in China einen Fuß in die Tür, in der Hoffnung, den – wie die Weinwelt glaubt – größten potenziellen Markt zu erschließen. Château Lafite hat in Shandong ein Joint Venture gegründet, der in Bordeaux und Bulgarien (siehe Bessa Valley) tätige Stephan von Neipperg ein anderes. Der französische Konzern Pernod Ricard ist an Domaine Helan Mountain beteiligt, das spanische Familienunternehmen Torres an Grace Vineyards (dessen Marke Symphony bereits Beifall erhielt) und Silver Heights (einem guten Bordeaux-Verschnitt).

Rund 220 Betriebe erzeugen etwa 7,25 Millionen Hektoliter Wein, wobei große Marken wie Dynasty, China Great Wall und Changyu Pioneer für 40 % der Gesamtproduktion stehen. Davon entfallen 90 % auf Rotwein – Cabernet Sauvignon dominiert die Neuanpflanzungen und erbringt großteils dünne, saure, unreife Weine, die weder mit chinesischem Essen noch ohne schmecken. Die Gesamtqualität lässt noch immer stark zu wünschen übrig, doch kleinere, handwerklich arbeitende Kellereien wie Catai und Huadong lassen Anzeichen echter Qualität erkennen.

Indien

Man kann nicht behaupten, dass die indische Weinindustrie floriere: Ein Überangebot lokaler Weine führte zur Schließung oder Produktionsverringerung vieler Kellereien in Maharashtra, die Traubenpreise sind gefallen. Verschwenderische Subventionen hatten eine unrealistische Expansion begünstigt, und die Weinbranche muss erst wieder ins Gleichgewicht kommen. Wein ist in Indien eine teure Form von Alkohol, und nur die wohlhabenderen Schichten, die sich mit den westlichen Insignien des Erfolgs schmücken wollen, können ihn sich leisten. Dass hier hochwertiger Wein erzeugt werden kann, vor allem in Nashik bei Mumbai und in Karnataka südlich von Goa, ist eindeutig bewiesen. Die Rotweine werden von Cabernet Sauvignon, Merlot, Syrah und Pinot noir bereitet, die Weißen von Chenin blanc, Sauvignon blanc, Chardonnay und Riesling. Das Verhältnis von Rot- zu Weißwein beträgt interessanterweise etwa 50:50. Die wichtigsten Namen sind Chateau Indage, Grover Vineyards und Sula Vineyards, die beständig Weine mit ausgeprägtem Sortencharakter kreieren.

Japan

Japan erzeugt seit mehr als 135 Jahren Wein – eine für viele überraschende Tatsache. Der Großteil wird im Land selbst konsumiert, obwohl seit 2010 geringe Mengen nach Großbritannien und anderswo exportiert werden. Die japanischen Supermärkte beherrschen das untere Ende des Preisspektrums (etwa 50 % der Gesamtproduktion werden für weniger als 900 Yen, umgerechnet rund 7,40 Euro, verkauft – so viel kostet auch eine Flasche Heineken in einer Bar), während man die Spitzenweine in Kaufhäusern und Weinhandlungen erwirbt, vor allem als Geschenke. Preiswerte japanische Weine beginnen mit globalen Marken zu konkurrieren, wozu auch der Umstand beiträgt, dass sie an Qualität zulegen, oft mithilfe internationaler Weinmacher wie den Bordeaux-Größen Denis Dubourdieu und Bernard Magrez.

Tatsache ist, dass in Japan guter Wein erzeugt wird – trotz des sehr feuchten Klimas, der beständigen Regenfälle während der Wachstumssaison und der zwar fruchtbaren, aber sauren Böden. Die Suche nach neuen potenziellen Anbaubereichen dauert an, allerdings scheint das Problem in den schwierigen Bedingungen während des Frühjahrs zu liegen. Der dynamischste Teil der Weinbranche ist noch immer in den landwirtschaftlich geprägten Präfekturen Yamanashi und Hokkaido beheimatet, und die autochthone Koshu-Traube ist Japans Alleinstellungsmerkmal. Die Geschichte dieser Vinifera-Rebe reicht viele hundert Jahre zurück; sie erbringt leicht aromatische Weine, die zumeist ausgesprochen angenehm, aber unspektakulär ausfallen. Seit 2009 haben Koshu-Weine jedoch jedes Jahr bei internationalen Verkostungen Goldmedaillen errungen. Andere hiesige Weine werden meist von Hybridreben bereitet: Muscat Bailey A, Black Queen und Yama Sauvignon. Chardonnay, Cabernet Sauvignon und Merlot spielen – in kleinen Mikroklimabereichen – eine untergeordnete Rolle.

Über die Authentizität lässt sich nichts Gewisses sagen, da »Wine of Japan« gemäß japanischer Gesetzgebung neben einem kleinen Teil im Inland erzeugten Weins von bis zu 95 % importiertem Wein oder Most bereitet sein kann. Sapporo Breweries Ltd., Suntory Ltd. und Mercian Corp. sind nach wie vor die treibenden Kräfte der japanischen Weinbranche, es gibt insgesamt aber rund 250 Erzeuger. Verlässliche Qualität ist noch immer ein Thema; empfehlenswert sind Grace Wines, Katsunuma Winery, Obuse, Haramo und Takahata Wines.

Die ehemalige Sowjetunion

Die Krim mag noch immer fälschlicherweise als russisches Weinbaugebiet bezeichnet werden und georgischer Saperavi den meisten Weinliebhabern unbekannt sein, doch die Neugier in Bezug auf Weine der ehemaligen Sowjetunion wächst weltweit. Beispiele für gute moderne Weine findet man in allen Ländern, obgleich sich die Erzeuger dringend dem Thema Beständigkeit zuwenden sollten. Viele Weine werden aus bekannten Rebsorten bereitet; in Zukunft werden sich durch die Verwendung spannender lokaler Sorten Unterschiede auftun, insbesondere in Georgien. Momentan tritt eine ganze Reihe neuer Erzeuger auf den Plan.

Georgien

Hier wird seit über 7.000 Jahren Wein erzeugt. Uralte Methoden, wie etwa das Vergären des Weins in Tonkrügen *(kwevri)*, existieren noch, werden aber nach und nach von modernen Techniken verdrängt. (Sonderbarerweise werden *kwevris* in gewissen Kreisen gerade zum Kult erhoben.) Rund 500 einheimische Traubensorten sind bekannt, die populärsten darunter sind die rote Saperavi (gute Weine sind intensiv und strukturiert) und die weiße Rkatsiteli (lebhaft und erfrischend). Wein wird in fünf begrenzten Bezirken auf etwa 50.000 ha erzeugt, 70 % davon in Kachetien (Südosten). Große Produzenten sind u. a. Tbilvino, Telavi Wine Cellar, Teliani Veli, Shumi und Askaneli. Auch ausländische Investoren kommen ins Land, darunter GWS (Pernod Ricard),

Vinoterra und Pheasant's Tears. Empfehlenswerte kleinere Erzeugerbetriebe sind Chandrebi, Glakhuna, Khetsuriani, Metekhi, Schuchmann.

Moldawien

Hier erzeugt fast jeder Wein – die Möglichkeiten sind gewaltig, die Ergebnisse bislang aber durchwachsen. Europäische Trauben werden in großem Maßstab angebaut, mit guten Resultaten bei Chardonnay, Sauvignon blanc, Pinot gris, Merlot und Cabernet Sauvignon. Die beste Qualität erzeugen Acorex Wine Holding (Sauvignon blanc, Traminer, Pinot noir, Merlot, Cabernet Sauvignon), Vinăria Bostavan (DAOS-Reihe), Château Vartely (Traminer, Merlot), Dionysos Mereni (Reihe Carlevana Reserve, Riesling als Spätlese und Eiswein), DK Intertrade (Chardonnay, Pinot gris, Pinot blanc, Sauvignon blanc), Vinăria Purcari (Negru de Purcari), Lion Gri (Schaumwein, Sauvignon blanc, Merlot) und Cricova (Schaumwein).

Russland

Im Südwesten des Landes befinden sich 65.000 ha Rebfläche. Die Region Krasnodar, wo die Reben unweit der Schwarzmeerküste wachsen, führt die Produktion an. Angebaut werden lokale kälteresistente und europäische Sorten; Aligoté ist besonders aufregend, aber auch bei Chardonnay, Sauvignon blanc, Merlot und Pinot noir sind große Fortschritte zu verzeichnen. Vinodelnya Vedernikoff experimentiert erfolgreich mit der lokalen Weißweinsorte Sibirkovy sowie den roten Trauben Krasnostop und Tsimliansky. Premiumsortimente bieten Château Le Grand Vostock (Cuvée Karsov, Chêne Royal), Fanagoria (Cru Lermont) und Myskhako (Grand Reserve). Die Tradition hochwertiger Schaumweine wird jetzt wiederbelebt von Abrau-Durso (Reihen Premium und Imperial) und Tsimlianskiye Vina (vor allem der originelle rote süße Tsimlianskoye). Aufstrebende kleinere Betriebe sind Gai-Kodzor und Villa Victoria.

Ukraine

Die Region Odessa führt beim Anbau und bei der Produktion. Die Krim hingegen besitzt das Potenzial für bessere Qualität, muss dies allerdings noch zur Gänze umsetzen. Traditionellerweise werden die besten Weine nach dem Vorbild von Sherry, Port und Madeira sowie Champagner produziert. Historische Erzeuger wie Massandra, Magarach und Solnechnaya Dolina haben sich diesbezüglich großartige Kellerbestände bewahrt. Gute gespritete Stile werden von Massandra, Koktebel und Dionis erzeugt. Novy Svet und Artyomovsk Winery produzieren Schaumweine nach der traditionellen Methode. Inkerman und Odessavinprom sind bekannt für trockene Weine. Veles (Marke Kolonist) und Guliev Wines sind als Newcomer im Auge zu behalten.

Nordamerika

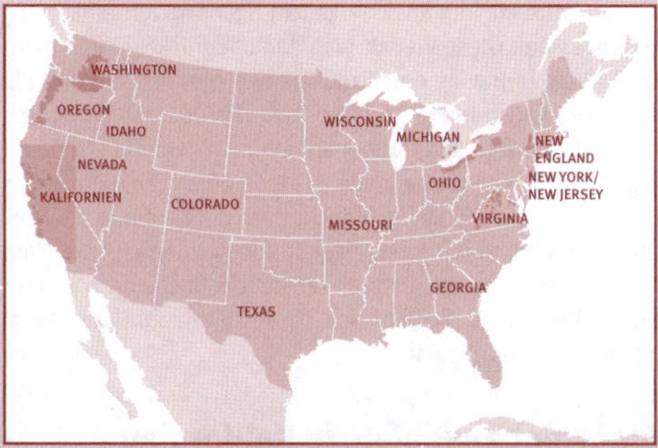

Die dunklen Flächen bezeichnen die Weinbaugebiete

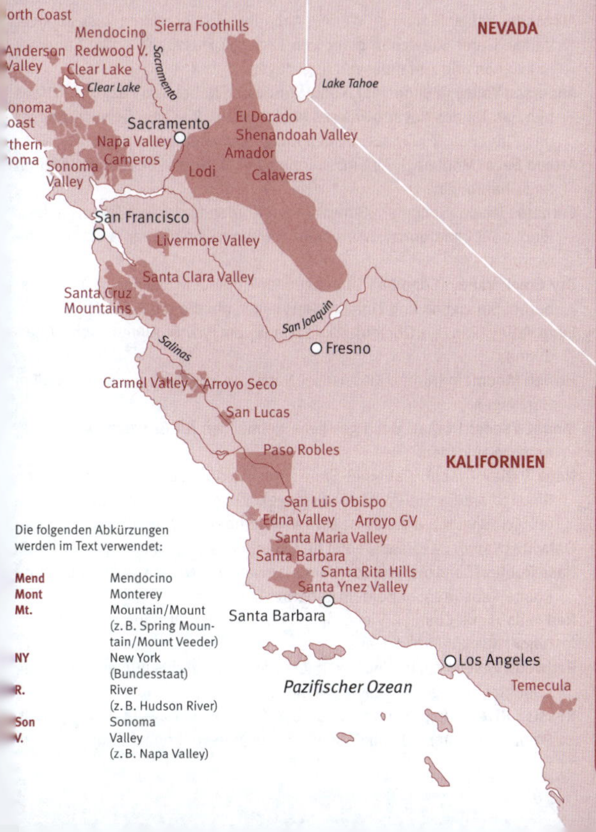

Die folgenden Abkürzungen werden im Text verwendet:

Mend	Mendocino
Mont	Monterey
Mt.	Mountain/Mount (z. B. Spring Mountain/Mount Veeder)
NY	New York (Bundesstaat)
R.	River (z. B. Hudson River)
Son	Sonoma
V.	Valley (z. B. Napa Valley)

Kalifornien

Beim kalifornischen Wein gibt es einfach keinen Stillstand. Immer wenn man denkt, man hätte ihn »im Kasten«, taucht irgendwo außerhalb des Bildrands etwas Neues auf. Diese Vielfalt mag darauf zurückzuführen sein, dass kalifornischer Wein zu Beginn eine Familienangelegenheit war und bis zu einem gewissen Grad auch heute noch ist. Trotz der Übernahmen durch Konzerne gibt es etliche Winzer- und Traubenanbauerfamilien, die seit Generationen im Geschäft sind. Natürlich können Betriebe durch Familienfehden zersplittert werden, wahrscheinlicher ist jedoch, dass die Kinder in die Fußstapfen ihrer Eltern treten und mit ihren eigenen Ideen ihren eigenen Weg finden. Die Kalifornier sind innovativ und blicken auf der Suche nach Neuem über den eigenen Tellerrand. Manchmal sind die Resultate gut, manchmal weniger – spannend bleibt es allemal.

Bedeutende Weinbaugebiete in Kalifornien

Es gibt Hunderte von AVAs in Kalifornien – manche sind von zentraler Bedeutung, andere unwichtig. Nachfolgend sind die wichtigsten und in den Erzeugereinträgen erwähnten AVAs aufgeführt, mit der Angabe des County in Klammern. Siehe auch Kasten S. 356.

Alexander Valley (Sonoma). Warmer Anbaubereich im oberen Russian River Valley. Guter Sauvignon blanc von Lagen in Flussnähe sowie Cabernet Sauvignon und Zinfandel von Hügellagen.

Anderson Valley (Mendocino). Kühle Winde und Nebel vom Pazifik durchziehen das Tal des Navarro-Flusses landeinwärts. Riesling, Gewürztraminer und Pinot noir; Zinfandel von den Hanglagen am Ufer.

Arroyo Seco (Monterey). AVA mit warmem Klima. Guter Cabernet Sauvignon und Chardonnay.

Carneros (Napa, Sonoma). Kühle AVA am Nordende der San Francisco Bay. Pinot noir, Chardonnay; Merlot aus wärmeren Lagen. Sehr guter Schaumwein.

Dry Creek Valley (Sonoma). Überragender Zinfandel; Sauvignon blanc, Cabernet Sauvignon und Zinfandel aus Lagen oberhalb der Talsohle.

Edna Valley (San Luis Obispo). Kühle Winde vom Pazifik. Mineralischer Chardonnay.

Howell Mountain (Napa). Klassischer Napa Cabernet Sauvignon von steilen Hanglagen.

Mount Veeder (Napa). Hoch gelegene Rebflächen für Chardonnay und Cabernet Sauvignon.

Napa Valley (Napa). Cabernet Sauvignon, Merlot, Cabernet franc. Halten Sie sich an die Sub-AVAs für aussagekräftige Weine mit Terroir-Charakter. Achtung: Napa Valley ist ein Teil innerhalb des Anbaubereichs Napa.

Oakville (Napa). Das Hauptgebiet für Cabernet Sauvignon.

Paso Robles (San Luis Obispo). Hervorragend sind Weine von Zinfandel und Rhône-Rebsorten; außerdem Cabernet Sauvignon.

Red Hills (Lake County). Vielversprechender Cabernet Sauvingon und Zinfandel aus kühleren Lagen.

Redwood Valley (Mendocino). Warmer Bereich im Landesinneren. Zinfandel, Cabernet Sauvignon, Sauvignon blanc.

Russian River Valley (Sonoma). Kühle AVA, oft bis mittags in Nebel gehüllt. Pinot noir, Zinfandel und Cabernet Sauvignon auf höheren Hanglagen.

Rutherford (Napa). Herausragender Cabernet Sauvignon, v.a. von Hanglagen.

Saint Helena (Napa). Schön ausgewogener Cabernet Sauvignon; sehr guter Sauvignon blanc.

Santa Lucia Highlands (Monterey). Höher gelegene AVA. Pinot noir, Syrah und Rhône-Sorten.

Santa Maria Valley (Santa Barbara). Kühler Bereich an der Küste. Pinot noir, Chardonnay und Viognier.

Sta Rita Hills (Santa Barbara). Schreibt sich aus rechtlichen Gründen »Sta« statt »Santa«. Exzellenter Pinot noir.

Santa Ynez (Santa Barbara). Am besten sind Weine von Rhône-Rebsorten, Chardonnay und Sauvignon blanc.

Sonoma Coast (Sonoma). Sehr kühles Klima. Kantiger Pinot noir.

Sonoma Valley (Sonoma). Guter Chardonnay, sehr guter Zinfandel; hervorragender Cabernet Sauvignon aus der Sub-AVA Sonoma Mountain. Achtung: Sonoma Valley ist ein Teil innerhalb des Anbaubereichs Sonoma.

Spring Mountain (Napa). Grandioser Cabernet Sauvignon; sehr guter Sauvignon blanc.

Stags Leap (Napa). Klassischer Cabernet Sauvignon; sehr guter Merlot.

Neuere Jahrgänge

Aufgrund seiner Größe und der Vielfalt an Mikroklimata ist es unmöglich, mit einer einzigen Jahrgangsbeschreibung ganz Kalifornien abzudecken. Das Klima in Kalifornien ist bei Weitem nicht so beständig, wie sein Ruf als *land of sunshine* vermuten lässt. Zwar kommen alles in allem die Trauben mit Regelmäßigkeit zur Reife, doch gibt es in vielen Gegenden strenge Frühlingsfröste, manchmal auch eine verregnete Lese und nur allzu oft Dürre.

Die folgende Bewertung der Jahrgänge beruht in erster Linie auf den Bedingungen, die an der North Coast jeweils für Cabernet Sauvignon herrschten. Für Chardonnay sind die Jahrgänge 2007, 2008 und 2009 herauszuheben.

2010 Ein sehr schwieriges Jahr – nasser Frühling, kühler Sommer, Regen zur Erntezeit – mit unterdurchschnittlichem Ertrag. Bei einigen roten Sorten zog sich die Lese bis in den November hinein. Die Qualität ist ungewiss. Cabernet Sauvignon könnte, richtige Behandlung vorausgesetzt, gut ausfallen.

2009 Eine großartige Wachstumssaison. Im Winter und Frühling gab es reichlich Regen, der ein gleichmäßiges Wachstum sicherte. Rot- und Weißweine zeigen gleichermaßen schöne Ausgewogenheit und gutes Alterungspotenzial.

2008 Die Hitze im September machte eine frühe Lese notwendig: Die meisten Trauben wurden zwei bis drei Wochen früher geerntet als sonst. Es steht zu befürchten, dass der Säuregehalt niedrig ist. Uneinheitliche Qualität.

2007 Regen Ende September und im Oktober führte zu gemischten Resultaten, v.a. bei Cabernet Sauvignon von der North Coast.

2006 Überdurchschnittlich. Guter Pinot noir und Chardonnay. Cabernet Sauvignon wird mit zunehmendem Alter immer besser.

2004 Dieser Jahrgang konnte den ersten guten Eindruck letztlich nicht bestätigen. Nur für baldigen Genuss geeignet.

2003 Insgesamt ein schwieriges Jahr. Alles in allem durchwachsene Qualität.

2002 Die Wachstumsperiode war kühl, die Qualität ist erstklassig.
2001 Hervorragender Cabernet Sauvignon. In den nächsten ein bis zwei Jahren trinken.

Abreu Vineyards Napa V. ★★★ 03 05 06 – Wuchtiger Cabernet Sauvignon mit Alterungspotenzial.

Acacia Carneros ★★★ Pinot noir **05** 06 07 – Ein Pionier für Chardonnay und Pinot noir in Carneros mit beachtlichen Einzellagenweinen. Auch hervorragender Viognier.

Alban Vineyards Edna V. ★★→★★★ Hat sich früh auf Rhône-Sorten konzentriert. Exzellenter Viognier. Auch Grenache, Roussanne und Marsanne mit sehr gutem Ruf. Die Trauben stammen großteils aus Santa Barbara.

Alma Rosa Santa Rita Hills ★★★ Das Pinot-noir-Genie Richard Sanford bereitet in der neuen Kellerei schönen Pinot noir und Chardonnay aus ökologischem Weinbau. Auch sehr guter Pinot gris und Vin gris von Pinot noir.

Die Früchte der Central Coast

An der kalifornischen Central Coast scheint es einfach alles zu geben: Chardonnay, Syrah und andere (rote wie weiße) Rhône-Sorten sowie einige exzellente Zinfandel-Etiketten. Fügen Sie der Liste noch Sauvignon blanc hinzu. All diese Weine eignen sich gut als Essensbegleiter, v.a. für die würzigen Geschmacksrichtungen der asiatisch inspirierten Gerichte, die in den USA immer beliebter werden. Und die stilistische Bandbreite reicht von grasiger Buchsbaumart bis hin zu den Aromen tropischer Früchte, unterlegt von subtilen Gewürznoten. Unter den neueren Erzeugern besonders empfehlenswert sind Justin, Vina Robles und Wrath.

Altamura Vineyards Napa V. ★★★ **00 01 02 03** 04 05 06 08 – Der Cabernet Sauvignon mit seiner festen Struktur und dem intensiven Geschmack ist hervorragend. Auch guter Sangiovese.

Amador Foothills Winery Sierra Foothills ★★→★★★ Spitzen-Zinfandel und glanzheller Sauvignon blanc mit Pfiff. Katie's Côte, ein Verschnitt der Rhône-Rebsorten Grenache und Syrah, ist ein echter Renner.

Andrew Murray Santa Barbara ★★★ Alles dreht sich hier um Rhône-Trauben. Hervorragender Viognier und Roussanne, dazu kompakter Syrah.

Araujo Napa V. ★★★★ **00 02** 03 04 05 06 08 – Kraftvoller, aber nie übertrieben wirkender Kult-Cabernet-Sauvignon aus dem historischen Weinberg Eisele.

Artesa Carneros ★★→★★★ Die Weine von Artesa, im Besitz der spanischen Familie Raventós (Codorníu), stammen von gutseigenen und anderen nordkalifornischen Weinbergen. Spitzenreiter ist der Carneros Chardonnay. Auch guter Tempranillo.

Arthur Earl Santa Barbara ★★★ Handwerklich bereitete Abfüllungen sortenreiner Weine v.a. von Rhône-Trauben, hier und da von einem Italiener ergänzt. Auch feiner Zinfandel.

Aubin Cellars ★★→★★★ Ambitionierte Auswahl von Weinen, deren Trauben von Rebflächen stammen, die von Zentralkalifornien bis Washington verstreut liegen. Pinot noir und Syrah können sehr gut ausfallen.

Au Bon Climat Santa Barbara ★★★→★★★★ Inhaber Jim Clendenen verfolgt konsequent seine eigene Linie, mit herausragenden Ergebnissen: Chardonnay mit kräftiger Toastnote, aromatischer Pinot noir, frischer Pinot blanc. Bordeaux-Sorten unter dem Etikett Vita Nova, italienische unter Podere dell'Olivos. Siehe auch Qupé.

Babcock Vineyards Santa Ynez ★★★ Sehr guter Pinot noir, Chardonnay und Sauvignon blanc aus einer kühlen Gegend in unmittelbarer Pazifiknähe. Der Pinot noir Grand Cuvée ist hervorragend.

Balletto Russian River V. ★★★ Machen Sie sich auf die Suche nach dem Guts-Chardonnay und dem Einzellagen-Pinot-noir. Daneben auch netter trockener Rosé von Pinot noir und sehr guter Pinot gris.

Barnett Vineyards Napa V. ★★★ Die Trauben für die sehr guten bis herausragenden Weine kommen von verschiedenen Weinbergen. Köstlich ist der Carneros Chardonnay, ebenso wie der würzige Pinot noir Tina Maria aus dem Russian River Valley. Empfehlenswert auch der Merlot Spring Mountain von gutseigenen terrassierten Steillagen.

Beaulieu Vineyard Napa V. ★★→★★★ **00 03** 05 06 07 – Dieser Betrieb ist zwar nicht mehr das Juwel von einst, als André Tchelistcheff vor mehr als einem halben Jahrhundert den Stil des Napa Cabernet Sauvignon prägte, doch die Weine sind immer noch sehr beachtlich, v. a. der Georges de Latour Private Reserve Cabernet Sauvignon. Ordentliche Weine der unteren Preisklasse mit dem Namen Beaulieu Coastal.

Beckman Santa Barbara ★★→★★★ Der Schwerpunkt liegt auf sortenreinen Weinen von Rhône-Rebsorten mit kalifornischem Einschlag. Der rote Purisima Mountain Vineyard, ein Grenache/Syrah-Verschnitt, ist ein schönes Beispiel für Beckmans mutigen Ansatz. Auch guter Sauvignon blanc.

Benessere Napa V. ★★→★★★ Der einfache Sangiovese ist ein Hit. Der Phenomenon im Stil eines Supertoskaners kann hervorragend sein.

Benovia Sonoma V. ★★★ Der seidige, ausgewogene Chardonnay aus dem kühlen Küstenklima glänzt mit einer vollen, cremigen Mitte, die einfach köstlich ist.

Benziger Family Winery Sonoma V. ★★★ Führender Betrieb in puncto biologisch-dynamischer Anbau. Spitzengewächse sind Cabernet Sauvignon, Merlot und Sauvignon blanc von gutseigenen Reben.

Beringer Blass Napa ★→★★★ Cabernet Sauvignon **00** 01 03 05 07 – Ein klassischer Napa-Erzeugerbetrieb, jetzt im Besitz des Getränkekonzerns Foster's Group. Die Cabernet Sauvignon Reserves aus Einzellagen sind manchmal etwas zu teuer, es lohnt sich aber, sie reifen zu lassen. Zu den besten Weinen zählt der samtige, kraftvolle Merlot Howell Mountain. Zu empfehlen ferner die preisgünstigen Weine der Reihe Founder's Estate. Beringer ist auch Eigentümer von Chateau St. Jean (★★→★★★), Etude, Meridian (★), St. Clement (★★★), Stags' Leap Winery (★) und Taz, einem stämmigen Pinot noir aus Santa Barbara (★★).

Boeger Central V. ★★→★★★ Vorwiegend Gutsweine. Attraktiv: Merlot, Barbera, Zinfandel und eine Meritage-Abfüllung. Die Weine sind verhaltener als viele andere in den Sierra Foothills und immer verlässlich.

Bogle Vineyards Central V. ★→★★ Die Familie Bogle erzeugt im bedeutendsten Betrieb im Sacramento-Delta eine ansprechende Reihe von stets guten und erschwinglichen Weinen. Besonders empfehlenswert ist der Old Vine Zinfandel.

Bokisch Lodi ★★→★★★ Der Schwerpunkt bei diesem Familienweingut in der AVA Lodi liegt auf spanischen Rebsorten. Garnacha, Albariño und Tempranillo zeigen sehr schönen Sortencharakter. Besonders beeindruckend ist der Tempranillo.

Bonny Doon Santa Cruz Mt. ★★★→★★★★ Randall Grahm, Rhône Ranger der ersten Stunde, hat die Produktion drastisch reduziert und seine preisgünstigen Marken verkauft, um sich ganz der Bereitung von Einzellagenweinen aus biodynamischem Anbau zu widmen – und erzielt sehr gute Resultate. Das Aushängeschild Le Cigare Volant ist besser denn je. Auch ansprechender Sangiovese und Dolcetto unter dem Etikett Ca' del Solo.

Bonterra Siehe Fetzer.

Bouchaine Vineyards Carneros ★★→★★★ Empfehlenswert sind der Chardonnay und der saftige, aber anspruchsvolle Einzellagen-Pinot-noir aus Carneros.

Brander Vineyards Santa Ynez ★★★ Der Schwerpunkt liegt auf Sauvignon blanc, der beständig zu den besten des Bundesstaats zählt.

Bronco Wine Company – Gegründet von Fred Franzia, dem Neffen Ernest Gallos. Für seine bekannte Marke Charles Shaw (Spitzname »Two Buck Chuck«) bezieht Franzia preiswertes Traubenmaterial aus dem Central Valley; daneben gibt es eine Reihe anderer Etiketten wie Napa Creek und Napa Ridge. Auf die Qualität kommt es nicht so an: Was Franzia verkauft, ist Wein als populäres Getränk.

Buehler Napa ★★→★★★ Nach einigen Höhen und Tiefen in der Vergangenheit zeigt sich der Erzeuger seit Kurzem in guter Form. Der schön strukturierte Cabernet Sauvignon von gutseigenen Weinbergen ist in einem ansprechend brombeerfruchtigen Stil bereitet. Ebenfalls empfehlenswert sind der herausragende Zinfandel (von Trauben aus dem Napa Valley) und ein sehr guter Chardonnay (dessen Lesegut aus dem Russian River Valley stammt).

Buena Vista Carneros ★★★ Die älteste Kellerei von Sonoma konzentriert sich jetzt auf Chardonnay und Pinot noir von ihrem Gut in Carneros. Wurde im April 2011 an die Boisset Family Estates verkauft.

Burgess Cellars Napa V. ★★★ Cabernet Sauvignon **03 05** 07 – Der Cabernet Sauvignon aus Trauben vom Howell Mountain ist prachtvoll, geschmeidig und kraftvoll, dabei schön ausgewogen.

Cain Cellars Napa V. ★★★→★★★★ 03 **05** 07 – Ein echtes Juwel in Napa mit verlässlicher Qualität beim Cain Five, einem geschmeidigen, eleganten Verschnitt von Cabernet Sauvignon und vier anderen Bordeaux-Sorten aus Lagen am Spring Mountain.

Cakebread Napa V. ★★★→★★★★ **01 02** 03 **05** 06 07 – Mit jedem Jahrgang steigt die Qualität; der Cabernet Sauvignon zeigt wunderbare Ausgewogenheit und Harmonie. Auch guter Sauvignon blanc.

Calera ★★★★ **07 08** 09 – Josh Jensen hat sich in seiner Zeit in Oxford in Pinot noir verliebt und ist ihm treu geblieben. Drei geschmeidig-köstliche Weine erzeugt er von dieser Traube, die alle nach den jeweiligen Parzellen in den trockenen Hügeln von San Benito, landeinwärts von Monterey, benannt sind: Reed, Selleck und Jensen. Außerdem intensiver, blumiger Viognier.

Carter Cellars Napa V. ★★★ Der Hossfeld Vineyards Red Blend ist der beste in einer Reihe solider Verschnitte auf Cabernet-Sauvignon-Basis: gutes Mundgefühl mit Schichten von Gewürzen und schwarzem Pfeffer sowie wuchtiger Frucht und gewaltigem Abgang, der glücklicherweise nicht bis zum Marmeladigen geht.

Caymus Napa V. ★★★→★★★★ **00 01** 05 06 07 – Der Cabernet Sauvignon Special Selection ist regelmäßig einer der besten in Kalifornien: ein voller, intensiver Wein, der langsam reift. Außerdem eine recht gute, ausgewogene, etwas leichtere Standardabfüllung. Guter Chardonnay aus Mer Soleil in Monterey, u. a. der Chardonnay Silver ohne Eiche.

Ceago Vinegarden Lake ★★→★★★ Jim Fetzer hat sich mit seinem biodynamisch bewirtschafteten Gut am Clear Lake im Lake County etabliert. Er erzeugt sehr guten Sauvignon blanc und Cabernet Sauvignon.

Ceja Vineyards Napa ★★→★★★ Einer der wenigen Erzeugerbetriebe in Kalifornien, die ehemaligen mexikanischen Weinbergarbeitern gehören. Spitzenweine sind Cabernet Sauvignon und der Carneros Chardonnay.

Cesar Toxqui Cellars Mend ★★★ Toxqui kam mit 16 Jahren aus Mexiko nach Norden und hatte seinen ersten Job bei Fetzer Vineyards. Er erzeugt geringe Mengen Pinot noir von biologisch angebauten Trauben aus dem Lake und dem Mendocino County. Der Wein ist großartig und wert, dass man sich die Mühe macht und ein bisschen nach ihm sucht.

Chalk Hill Son ★★→★★★ Cabernet Sauvignon mit gutem Alterungspotenzial; buttriger Chardonnay.

Chalone Mont ★★★ Historisches Weingut auf hier seltenem Kalksteinuntergrund hoch oben über dem Salinas Valley in Monterey. Herrlicher Chardonnay mit Feuersteinaroma und reichhaltiger, intensiver Pinot noir.

Chappellet Napa V. ★★★ **01 03 05** 06 07 08 – Ernst zu nehmender, alterungswürdiger Cabernet Sauvignon, v.a. der Signature. Außerdem ansprechender Chardonnay; guter Cabernet franc und Merlot. Der trockene Chenin blanc ist einer der besten.

Charles Krug Napa V. ★★→★★★ Historisch bedeutende Kellerei, unter der Ägide der dritten Generation der (anderen) Mondavi-Familie im Aufwind. Ansprechender Sauvignon blanc und sehr guter Cabernet Sauvignon.

Chateau Montelena Napa V. ★★★→★★★★ Chardonnay 07 08 09; Cabernet Sauvignon **99 00 01** 03 05 06 – Die historische Kellerei in Napa umgeht den Trend zu Cabernet-Sauvignon-Fruchtbomben und erzeugt stattdessen ausgewogene, mindestens ein Jahrzehnt lagerfähige Weine sowie einen der seltenen alterungswürdigen Chardonnays.

Chateau St. Jean Son ★★→★★★ Das Sonoma-Spitzengut hat seit den Tagen Richard Arrowoods viele Veränderungen erlebt, erzeugt aber noch immer verlässlichen Sauvignon blanc und Chardonnay sowie den Cinq Cépages, einen Verschnitt aus den fünf roten Bordeaux-Sorten.

Chimney Rock Stags Leap ★★★→★★★★ Cabernet Sauvignon **97 99 00 01** 03 05 07 – Eleganter, verhaltener Cabernet Sauvignon, der sehr alt werden kann.

Christopher Creek Son ★★→★★★ Der Petite-Sirah-Gutswein von Trauben aus dem Russian River Valley hat das Vertrauen in diese Sorte wiederhergestellt. Empfehlenswert ist auch der schlanke, brombeerfruchtige Cabernet Sauvignon oder der honigduftige Viognier.

Clairborne & Churchill Santa Barbara ★★★ Schwerpunkt ist hier das Elsass: beständig erstklassiger Riesling, dazu kommen ein sehr guter Pinot gris und Gewürztraminer.

Clark-Clauden Napa V. ★★★→★★★★ Ausgewogener, eleganter Cabernet Sauvignon mit prägnanter Frucht und vielfältigen, lang anhaltenden Aromen. Ein stark unterschätzter Erzeuger.

Clavo Cellars Paso Robles ★★→★★★ Der Weg des altgedienten Traubenanbauers Neil Roberts in die Welt der Weinmacher ist ein voller Erfolg. Sein roter Bordeaux-Verschnitt Collusion zeigt intensive Aromen, Kraft und einen Hauch von Finesse. Sehr gut sind auch der Syrah und der Zinfandel.

Cliff Lede Stags Leap ★★★ Herausragender neuer Erzeuger von ausgewogenem, elegantem Cabernet Sauvignon. Die Weine sind zum Einkellern gemacht und bestechen mit strahlender Mineralität, unterstützt durch dunkle Schwarzkirschfrucht und volle, aber geschmeidige Intensität.

Clos du Bois Son ★★→★★★ Die große Kellerei erzeugt hauptsächlich süffige Alltagsweine; Ausnahmen sind der Einzellagen-Cabernet-Sauvignon Briarcrest und der Chardonnay Calcaire, die sehr gut sein können.

Clos du Val Napa V. ★★→★★★ Stets elegante Cabernet-Sauvignon-Etiketten, die in puncto Alterungsfähigkeit zu den Spitzenkandidaten Kaliforniens zählen. Der Chardonnay ist ein Genuss, der Verschnitt Ariadne von Semillon und Sauvignon blanc sehr verlockend.

Cobb Wines Son ★★→★★★ Das Vater-und-Sohn-Team erzeugt exzellente Pinot-noir-Weine von Rebflächen an der Sonoma Coast. Der Coastlands Vineyard hat mit seiner strahlenden Fruchtigkeit und dem authentischen Sortencharakter drei Sterne verdient.

Conn Creek Napa V. ★★★ **01 03 05** 06 07 – Sehr guter Cabernet Sauvignon aus Trauben von verschiedenen Weinbergen in Napa. Elegante Weine mit guter Struktur und dem Potenzial für lange Alterung.

Constellation ★→★★★ Global Player mit Kellereien in Kalifornien, New York, Washington, Kanada, Chile, Australien und Neuseeland. Die Firma produziert 90 Mio. Kisten im Jahr und verkauft mehr Wein als jeder andere Erzeugerbetrieb auf der Welt. Früher bediente man v.a. das untere Marktsegment, jetzt will man höher hinaus. Ende 2004 wurde Robert Mondavi erworben; bereits im Besitz sind u.a. Franciscan Vineyard, Estancia, Mount Veeder, Ravenswood und Simi.

Corison Napa V. ★★★★ **95 96 97 99** 00 01 02 05 06 07 – Cathy Corison ist eine Weinmacherin, wie man sie sich wünscht. Während viel zu viele in Napa dem Ruf der (viele Dollars verheißenden) Sirenen folgen und muskelbepackte Extraktbomben produzieren, die die Herren Kritiker begeistern, aber keinen Genuss im Glas bieten, erzeugt Corison in aller Ruhe weiterhin ihren geschmeidigen, geschmacksintensiven, alterungswürdigen Cabernet Sauvignon.

Cornerstone Cellars Howell Mt. ★★★ **00 01** 02 03 **05** 07 – Weinberaterin Celia Mayzczek erzeugt von Rebflächen in den Bergen eindrucksvollen Cabernet Sauvignon, bei dem Harmonie und Ausgewogenheit im Vordergrund stehen. Empfehlenswert ist außerdem die Marke Stepping Stone, unter der kleine Mengen von Weinen aus besonderen Lagen im Napa Valley verkauft werden.

Cuvaison Napa V. ★★★ Cabernet Sauvignon **00** 01 02 05 – Guter, manchmal auch sehr guter Chardonnay, Merlot und Syrah aus Carneros. Beeindruckend der Cabernet Sauvignon vom Mount Veeder.

Dalla Valle Napa V. ★★★ **00 01** 03 05 06 07 – Das auf einem Hügel gelegene Gut genießt Kultstatus wegen seines Maya, einen hochkonzentrierten Wein auf Cabernet-Sauvignon-Basis, der sich nur langsam entfaltet.

Dashe Cellars Dry Creek V. ★★★ Hier dreht sich alles um Zinfandel aus dem Dry Creek Valley, einschließlich einiger Einzellagenabfüllungen pro Jahr. Die Weine zeigen den klassischen Dry-Creek-Stil: ausgewogen und mit Schichten von dunkler Himbeerfrucht, Gewürznelke und schwarzem Pfeffer. Sollte sich in der Flasche über 5–10 Jahre hinweg entwickeln.

David Arthur Vineyards Napa V. ★★ →★★★ **01 03 04 05** 07 – Klassischer Cabernet Sauvignon aus dem Napa Valley, ausgewogen und schön am Gaumen; auch guter Sauvignon blanc.

David Bruce Santa Cruz Mt. ★★★ Das legendäre Gut in den Bergen mischt mit seinem kraftvollen, lange nachschmeckenden Chardonnay und dem köstlichen Pinot noir weiterhin ganz oben mit.

Davis Bynum Son ★★★ Bynum erzeugte als einer der Ersten oft köstlichen Einzellagen-Pinot-noir aus dem Russian River Valley. Der Chardonnay ist schlank und mineralisch mit seidigem Mundgefühl. Die Kellerei ist jetzt im Besitz von Rodney Strong Vineyards.

Dehlinger Son ★★★★ Pinot noir 06 **07** 08 09 – Hervorragender Pinot noir von eigenen Weinbergen im Russian River Valley. Gut auch Chardonnay und Syrah.

Del Carlo Dry Creek V. ★★→★★★ Neuer Erzeugerbetrieb der Familie Teldeschi, die schon lange Trauben im Dry Creek Valley anbaut. Großartiger Zinfandel von 100 Jahre alten Reben; der Cabernet Sauvignon mit seinen intensiven Noten von Schwarzkirschen und Blaubeeren hat die Struktur, rund 8–10 Jahre zu halten.

Delicato Vineyards ★→★★ Der ehemalige Central-Valley-Massenweinerzeuger ist mit dem Erwerb von Weinbergen in Monterey und mehreren neuen Abfüllungen aus Lodi ein gutes Stück aufgestiegen. Die Marke sollte man im Auge behalten: gute Qualität zum Alltagspreis.

De Loach Vineyards Son ★★ Betrieb im Besitz von Boisset Wines US mit gutem bis sehr gutem Einzellagen-Chardonnay, Pinot noir und Zinfandel hauptsächlich aus dem Russian River Valley. Vernünftige Preise.

Derbrès Son ★★★ Elegante, nuancierte Weine von Chardonnay und Pinot noir aus Weinbergen mit kühlem Klima in Carneros und im Russian River Valley. Der Pinot noir ist aromatisch mit schöner Säure, der Chardonnay ausgewogen und vollmundig mit leichter Gewürznote.

Kalifornien auf die billige Tour

Eine Flasche Napa Cabernet Sauvignon für weniger als fünf Dollar? Na ja, nicht wirklich, aber fast. Seit einiger Zeit schwappt eine Welle preiswerter kalifornischer Weine im Gewand von Bag-in-Box, Tetra Pak und sogar imitierten Holzfässern auf den Markt – Flaschen, das war gestern. Die Trauben für Erzeugnisse wie den Three Thieves Tetra Pak Cabernet Sauvignon stammen aus AVAs in Napa und anderen angesehenen Anbaubereichen der Küstenregionen. Auch der Verschnitt der Marke Black Box enthält etwas Cabernet Sauvignon aus dem Napa Valley. De Loach Vineyards, im Besitz von Boisset USA, bietet Restaurants einen Zehn-Gallon-Weinschlauch (rund 37,9 l), verpackt in ein Holzfass. Drinnen befindet sich Pinot noir aus der AVA Russian River Valley. Also los, Barkeeper, rollen Sie ein weiteres Fass Premium-Pinot-noir her!

Diamond Creek Napa V. ★★★★ **91** 94 95 99 00 **01** 03 06 – Eines der Juwelen Napas mit in der Jugend spröden, beeindruckenden Kult-Cabernet-Sauvignon-Weinen aus Berglagen bei Calistoga, die Einzellagennamen wie Gravelly Meadow, Volcanic Hill und Red Block Terrace tragen. Die Weine entfalten sich im Alter wunderbar.

Domaine Carneros Carneros ★★★ Der spektakuläre Vorposten von Taittinger in Napa orientiert sich am herben Stil des Haupthauses in der Champagne, aber mit einem köstlichen Touch von kalifornischer Frucht. Der Jahrgangs-Blanc-de-Blancs ist sehr gut, Le Rêve ist die Luxus-Cuvée; Stillweine von Pinot noir und Chardonnay sind ebenfalls eindrucksvoll.

Domaine Chandon Napa V. ★★→★★★ Napa-Niederlassung des Champagnerhauses. Hervorzuheben ist hier der jahrgangslose Reserve-Schaumwein Étoile, besonders in der Roséversion.

Dominus Estate Napa V. ★★★★ 97 99 **01** 02 05 06 07 08 – Christian Moueix aus Pomerol erzeugt einen roten Bordeaux-Verschnitt, der sich nur langsam öffnet, aber im Alter wunderbar entfaltet.

Donatiello, C. Russian River V. ★★→★★★ Der Newcomer erzeugt ansprechenden Chardonnay und Pinot noir aus ausgewählten, ökologisch bewirtschafteten Weinbergen in kühlen Anbaubereichen. Besonders einnehmend ist der Pinot noir Floodgate.

Donkey & Goat ★★★ Eine der trendigen »urban wineries«, die in der San Francisco Bay Area wie Pilze aus dem Boden schießen. Die Weine sind schwer aufzutreiben, doch die Suche lohnt sich, v.a. wegen der beiden Syrah-Abfüllungen: Die eine wird von Trauben aus El Dorado in den Sierra Foothills bereitet, die andere stammt von alten Reben in Mendocino.

Donum Estate Carneros ★★★ Ausschließlich geschmeidig-weicher Pinot noir mit seidigem Mundgefühl und langem, umfassendem Abgang. Sehr probierenswert und auf dem Sprung zum Vier-Sterne-Status!

Dry Creek Vineyard Dry Creek V. ★★ Sehr beeindruckende neue Reihe mit sogenanntem Old Vine und Heritage Zinfandel. Der Sauvignon blanc (bzw. Fumé blanc) setzte in Kalifornien jahrzehntelang Maßstäbe und ist immer noch eindrucksvoll. Ansprechender Chenin blanc, guter Zinfandel.

Duckhorn Vineyards Napa V. ★★★→★★★★ Bekannt für dunklen, gerbstoffreichen, fast pflaumenhaft reifen Einzellagen-Merlot (v.a. Three Palms) und Howell Mountain, einen Verschnitt auf Cabernet-Sauvignon-Basis. Neue Kellerei im Anderson Valley mit dem robusten Golden Eye Pinot noir, der mehr einem Cabernet Sauvignon ähnelt als einem Pinot. In einer zweiten Kellerei in Napa, Paraduxx, entsteht ein Verschnitt aus Zinfandel und Cabernet Sauvignon.

Dunn Vineyards Howell Mt. ★★★★ **91 95 97** 99 01 03 06 07 – Randy Dunn, Besitzer und Kellermeister, produziert prachtvollen, intensiven Cabernet Sauvignon vom Howell Mountain, der sich im Alter herrlich entfaltet; Abfüllungen aus der Talsohle sind etwas milder. Einer der wenigen Weinmacher im Napa Valley, die dem Massenwahn widerstehen, marmeladige, übertrieben dicke Weine zu erzeugen, nur um sich bei den Kritikern lieb Kind zu machen.

Dutcher Crossing Dry Creek V. ★★ Einigermaßen komplexer Cabernet Sauvignon mit einem Schuss Syrah, der schöne Frucht und einen langen Abgang an den Tag legt, beeinträchtigt nur durch etwas zu viel Alkohol. Sollte dekantiert werden.

Dutton-Goldfield Son ★★★ Das Duo aus Kellermeister und Winzer bereitet herausragenden Pinot noir und Chardonnay von kühlen Lagen. Die Anerkennung als moderner Klassiker Kaliforniens folgte auf dem Fuße.

Eberle San Luis Obispo ★★→★★★ Der erfahrene Weinmacher Gary Eberle bietet einen soliden Cabernet Sauvignon und eine Reihe von Weinen im Rhône-Stil, die sich vorwiegend muskulös, aber ausgewogen präsentieren. Neu ist der herausragende Viognier.

Edmunds St. John ★★→★★★ Steve Edmunds und seine Frau Cornelia St. John haben sich den Rhône-Sorten verschrieben. In gemieteten Kellereiräumen in Berkeley bereiten sie hervorragende Weine, deren Trauben sie aus den verschiedensten Weinbergen in Kalifornien beziehen. Das Angebot wechselt von Jahrgang zu Jahrgang, ist aber immer interessant; eindrucksvoll v.a. ihr Umgang mit Grenache.

Edna Valley Vineyard Edna V. ★★★ Die letzten Jahrgänge sind stark verbessert; sehr guter frischer und fruchtiger Chardonnay, schöner Sauvignon blanc, eindrucksvoller Syrah.

Elke Vineyards Anderson V. ★★→★★★ Eleganter, seidiger Pinot noir in der Reihe Diamond und ein einfacher, fruchtiger Pinot für Einsteiger unter dem Etikett Mary Elke aus Weinbergen im Mendocino County.

Envy Cellars Napa V. ★★★→★★★★ Ein neues Projekt des genialen Weinmachers Nils Venge und eine willkommene Ergänzung der Napa-Valley-Produktpalette. Überraschenderweise konzentriert sich Venge, dessen Renommee auf Cabernet Sauvignon beruht, hier auf Petite Sirah. Umwerfend ist sein Vaca Mountain, der dunkle Frucht mit pfeffrigen Noten ausbalanciert. Sehr gut ist auch die zweite Petite-Sirah-Abfüllung, Nord Vineyard, mit nicht ganz so wuchtiger Frucht.

Etude Siehe Beringer Blass.

Failla Napa ★★→★★★ Die Kellerei am Silverado Trail im Napa Valley hat sich einen Namen gemacht für Pinot noir und Chardonnay aus den Gebieten Sonoma Coast und Russian River Valley.

Far Niente Napa V. ★★★ Cabernet Sauvignon **00** 01 03 **05** 07 – Opulenz ist das Ziel beim Cabernet Sauvignon und Chardonnay des Nobelguts im Napa Valley. Schießt manchmal übers Ziel hinaus.

Ferrari-Carano Son ★★→★★★ Die Weine von diesem wunderschön hergerichteten Gut im Dry Creek Valley waren in den letzten Jahren von wechselhafter Qualität. Der Cabernet Sauvignon entfaltet sich langsam; der Merlot ist verlässlich und manchmal sehr gut. Außerdem Pinot noir und guter Gewürztraminer.

Fetzer Vineyards Mend ★★→★★★ Fetzer, ein Vorreiter in Sachen ökologischer Anbau, erzeugt beständig guten Wein – von preiswerten (Sundial, Valley Oaks) bis hin zu großartigen Reserve-Abfüllungen. Zum Unternehmen gehört auch Bonterra Vineyards (ein reiner Ökobetrieb), wo Roussanne und Marsanne die Stars sind.

Ficklin Vineyards Madera ★★★ Saftige, köstliche portweinähnliche Dessertweine von klassischen portugiesischen Rebsorten.

Firestone Santa Ynez ★★ Pionier-Erzeugerbetrieb mit exzellentem Sauvignon blanc und lebendigem halbtrockenem Riesling.

Flora Springs Wine Co. Napa V. ★★★ Am besten sind hier die beiden Meritage-Weine, ein roter namens Trilogy und der weiße Soliloquy, der aus Frucht von den Benchland-Weinbergen oberhalb des Talgrunds bereitet ist. Auch der saftige Merlot ist empfehlenswert.

Flowers Vineyard & Winery Son ★★★ Intensive, vom Terroir geprägte Weine aus Pinot noir und Chardonnay, die von in sehr kühlem Klima kultivierten Reben nur wenige Meilen vom Pazifik entfernt im westlichen Sonoma County stammen. Flowers hat von Anfang an die Kritiker für sich gewonnen und wird sicherlich weiter von sich hören lassen.

Fontanella Mt. Veeder ★★→★★★ Solider Cabernet Sauvignon und Zinfandel. Erste Wahl ist gegenwärtig der herrlich ausgewogene Cabernet Sauvignon mit verführerischen Kaffee- und Blaubeernoten.

Foppiano Son ★★→★★★ Eine der großen alten Familien im kalifornischen Weingeschäft. Auf den Zinfandel kann man immer zählen, besonders zu achten ist aber auf den Petite Sirah, im kalifornischen Hinterland besser bekannt als »Petty Sir«.

Forman Napa V. ★★★★ **00 01** 03 05 07 – Der Kellermeister, dessen Ruhm in den 1970er-Jahren bei Sterling begründet wurde, erzeugt nun auf eigene Rechnung exzellenten Cabernet Sauvignon und Chardonnay von Rebflächen in den Bergen.

Fortress Wines Lake ★★★ Neuer Erzeuger mit Schwerpunkt Petite Sirah und Sauvignon blanc von Trauben aus hohen Lagen. Ein aufgehender Stern in Kalifornien – behalten Sie ihn im Auge.

Foxen Santa Maria V. ★★★ Wie Foxen mit Pinot noir und Chardonnay umgeht, ist kaum zu übertreffen. Mein gegenwärtiger Favorit ist der Chardonnay Tinaquaic Vineyard mit seiner strahlenden Frucht und köstlich schlanken Struktur. Ein fantastischer Wein!

Franciscan Vineyard Napa V. ★★★ Auch als Teil von Constellation hat der Betrieb seine Qualität halten können, v. a. bei Spitzenweinen wie dem prachtvollen roten Magnificat und dem Chardonnay Cuvée Sauvage. Gute und günstige Weine unter dem Namen Estancia.

Freeman Russian River V. ★★★ Freeman hat bereits Kultstatus erlangt mit seinem herausragenden Pinot noir aus kühlem Klima (Akiko's Cuvée von der Sonoma Coast) und Pinot noir aus dem Russian River Valley.

Freemark Abbey Napa V. ★★★→★★★★ Historischer und momentan unterbewerteter, jedoch verlässlicher Erzeuger von stilvollem, lagerfähigem Cabernet Sauvignon. Sycamore und Bosché von Einzellagen erreichen oft 4-Sterne-Niveau.

Frog's Leap Rutherford ★★★→★★★★ **00 01** 02 03 05 07 – Kleiner Weinbaubetrieb, so charmant wie sein Name (und die T-Shirts) vermuten lassen. Schlanker, mineralischer Sauvignon blanc, toastiger Chardonnay, würziger Zinfandel, geschmeidiger, köstlicher Merlot und eleganter Cabernet Sauvignon. Stellt auf organischen und biodynamischen Anbau um; die neuesten Abfüllungen zeigen mehr Tiefe und Intensität. Kein Zufall.

Gainey Santa Barbara ★★★ Paradepferd des Central-Coast-Erzeugers ist der Pinot noir von Trauben aus der Lage Bien Nacido. Auch der Chardonnay ist probierenswert.

Gallo, E. & J. ★→★★ Aufgrund seiner Vergangenheit als Erzeuger von billigen Massenweinen wird Kaliforniens größtes Unternehmen gern von Weinsnobs aufs Korn genommen. Dennoch hat Gallo auf lange Sicht womöglich mehr für die Erweiterung des amerikanischen Geschmacks getan als irgendein anderer Erzeuger. Gallos Hearty Burgundy war in den 1960er-Jahren ein bahnbrechend populärer Wein. Die Firma stellt immer noch billige Tropfen her, hat aber auch eine imposante Reihe unverschnittener Regionalweine mit Namen wie Anapauma, Marcellina, Turning Leaf usw. geschaffen – alle zwar von eher mäßiger Qualität, aber verlässlich und erschwinglich.

Gallo Sonoma Son ★★→★★★ Der küstennahe Außenbetrieb des Central-Valley-Giganten bezieht sein Traubenmaterial aus verschiedenen Weinbergen in Sonoma. Der Cabernet Sauvignon ist manchmal sehr gut, v. a. die Einzellagenweine. Auch der Chardonnay liegt über dem Durchschnitt. Des Weiteren guter Pinot noir aus der Reihe McMurray.

Gary Farrell Son ★★★ Renommierter Erzeuger mit einigen der besten Pinot-noir- und Chardonnay-Weine aus dem Russian River Valley. Auch Zinfandel, Chardonnay und der sehr gute Sauvignon blanc sind empfehlenswert. Encounter, ein neuer roter Bordeaux-Verschnitt, kann sich sehen lassen. Wurde im April 2011 von der Vincraft Group übernommen.

Geyser Peak Son ★★→★★★ Verlässlicher, nicht selten unterbewerteter Erzeuger von toastigem Chardonnay, kraftvollem, geschmeidigem Cabernet Sauvignon und saftigem Shiraz. Begrüßenswert ist der neue Fokus auf Sauvignon blanc.

Gloria Ferrer Carneros ★★★ Vom spanischen Cava-Giganten Freixenet für Schaumwein gegründeter Betrieb; inzwischen werden hier aber auch würziger Chardonnay und seidiger Pinot noir erzeugt von Trauben aus Carneros. Die Qualität bei den Schaumweinen bleibt hoch.

Grace Family Vineyard Napa V. ★★★★ **99** 00 **01** 03 05 06 07 – Überwältigender Cabernet Sauvignon, für lange Lagerung gemacht. Einer der wenigen Kultweine, die ihren Preis wirklich wert sein können.

Greenwood Ridge Anderson V. ★★→★★★ Einnehmender, herrlich duftender halbtrockener Riesling. Die Rotweine, v.a. Cabernet Sauvignon und Pinot noir, aus Weinbergen mit kühlem Klima sind ebenfalls sehr gut.

Grgich Hills Cellars Napa V. ★★★ Solider Napa-Valley-Erzeuger von geschmeidigem Chardonnay (der altern kann), ausgewogenem, elegantem Cabernet Sauvignon, marmeladigem, reifem Zinfandel von Trauben aus Sonoma und gutem Sauvignon blanc im mineralischen Stil.

Groth Vineyards Napa V. ★★★★ **97** 99 00 **01** 05 06 07 – Der Cabernet-Sauvignon-Gutswein mit vollem, den Gaumen einhüllendem Geschmack und Alterungspotenzial besitzt seit Jahren 4-Sterne-Qualität.

Weinland in der Stadt

Einige geschäftstüchtige Kellereien in der San Francisco Bay Area haben eigene Läden eröffnet, meist in Oakland oder Berkeley. Ganz offensichtlich kaufen diese Kellereien Traubenmaterial aus dem gesamten Bundesstaat, doch die Weinbereitung selbst geschieht vor Ort. Vom ökonomischen Standpunkt aus betrachtet ist das sinnvoll, zudem wird der Wein dort verkauft, wo die Kundschaft ist, die oft nicht mal ins Auto zu steigen braucht. Siehe Donkey & Goat, Dashe Cellars und Rosenblum Cellars.

Hall Napa V. ★★★→★★★★ Die Mitglieder von Kathryn Halls Familie sind seit fast 40 Jahren Winzer in Mendocino. 2005 kaufte Kathryn die historische Kellerei Bergfeld in Napa und ließ sich von Frank Gehry ein neues Gebäude errichten. Es gibt einen umwerfenden Diamond Mountain District Cabernet Sauvignon (★★★★) und einen sehr guten St. Helena Bergfeld Cabernet Sauvignon. Der Sauvignon blanc ist ein köstlicher, mineralischer Wein.

Handley Cellars Anderson V. ★★★ Kellermeisterin Mila Handley erzeugt exzellente Anderson-Valley-Weine: Chardonnay, Gewürztraminer und Pinot noir. Auch sehr guter Sauvignon blanc und Chardonnay aus dem Dry Creek Valley. Außerdem intensiver Schaumwein in kleinen Mengen.

Hanna Winery Son ★★★ Bewegt sich seit Jahren auf die vier Sterne zu. Die jüngsten Jahrgänge des Cabernet Sauvignon und des sauber bereiteten Sauvignon blanc sind ausgezeichnet.

Hanzell Son ★★★★ Chardonnay **07** 08 09; Pinot noir **03 05** 07 08 – Kleiner Erzeuger von hervorragendem Chardonnay und Pinot noir mit Terroir-Charakter von gutseigenen Reben. Die Qualität hat sich in den letzten Jahren sprunghaft gesteigert. Verdient es, zu den besten Erzeugern Kaliforniens gezählt zu werden.

Harlan Estate Napa V. ★★★★ 99 00 01 03 06 07 – Konzentrierter, geschmeidiger Cabernet Sauvignon mit Kultstatus von einem kleinen Weingut, das Spitzenpreise fordert.

Harney Lane Winery Lodi ★★ Ein aufgehender Stern in Lodi. Bester Wein ist der Lizzie James Old Vine Zinfandel, doch auch der Tempranillo und der köstliche Albariño verdienen Beachtung.

Harrison Clarke Santa Ynez ★★→★★★ Hier dreht sich alles um Syrah und Grenache. Den Syrah-Gutswein sollte man aufzutreiben versuchen, und der Grenache gefällt durch sein reichhaltiges Geschmacksprofil und das schöne Mundgefühl.

Hartford Court Son ★★★ Teil von Kendall-Jacksons Artisans & Estates mit sehr gutem Einzellagen-Pinot-noir, dichtem Chardonnay von küstennahen Weinbergen und wunderbarem Zinfandel von alten Reben aus dem Russian River Valley.

HdV Carneros ★★★ Komplexer, vielschichtiger Chardonnay mit mineralischem Biss vom Gut des Winzers Larry Hyde in Zusammenarbeit mit Aubert de Villaine von der Domaine de la Romanée-Conti (Frankreich).

Heitz Napa V. ★★★ 01 03 **05** 07 – Der reichhaltige, geschmeidige und sehr geschmacksintensive minzige Cabernet Sauvignon von Martha's Vineyard hat Geschichte geschrieben. Bella Oaks und der neuere Trailside Vineyard sind gut, reichen aber nicht an Martha heran. Manche meinen, die Qualität habe in den letzten Jahrgängen etwas nachgelassen.

Heller Estate Mont ★★ Guter Cabernet Sauvignon von biologisch angebauten Reben sowie zauberhafter Chenin blanc.

Hess Collection, The Napa V. ★★→★★★ Besitzer ist der Schweizer Kunstsammler Donald Hess, der den Besucherteil der Kellerei als Museum nutzt. Der Cabernet Sauvignon von Weinbergen am Mount Veeder steigt in eine neue Qualitätsklasse auf, bringt es aber nicht ganz auf vier Sterne. Frischer, glanzheller Chardonnay. Das Etikett Hess Select steht für preiswerte Weine.

Hobbs, Paul ★★★ Hobbs teilt sich seine Zeit zwischen Argentinien und Kalifornien auf. Sein Russian River Valley Pinot noir ist üppig und seidig; der Chardonnay, ebenfalls vom Russian River, ist cremig mit einem guten Schuss Eiche. Geschmeidig, mit Anklängen an Bitterschokolade und guter Struktur gibt sich der Napa Valley Cabernet Sauvignon.

Honig Napa V. ★★★ Großer Qualitätssprung nach der Umstellung auf ökologische Bewirtschaftung. Sehr guter Cabernet Sauvignon im klassischen Napa-Stil und köstlicher Sauvignon blanc führen das Sortiment an.

Iron Horse Vineyards Son ★★★ Der Familienbetrieb im Russian River Valley erzeugt guten Schaumwein. Der Chardonnay aus dem Russian River Valley ist sehr gut, dazu kommt ein überdurchschnittlicher Cabernet Sauvignon aus Lagen im Alexander Valley.

Jade Mountain Napa V. ★★→★★★ Hervorragende Weine im Rhône-Stil, v. a. Syrah und Mourvèdre.

Jessie's Grove Lodi ★★ Alte Zinfandel-Reben liefern gute Ergebnisse für das Unternehmen der Farmerfamilie.

Joel Gott Napa V. ★★★ Joel Gott, Weinerzeuger in dritter Generation im Napa Valley, bereitet mit Lesegut von ausgewählten, erstklassigen Napa-Weinbergen u. a. einen unglaublich guten Zinfandel und einen kraftvollen, alterungswürdigen Cabernet Sauvignon.

Jordan Alexander V. ★★★★ Cabernet Sauvignon **98 99** 00 01 02 05 – Kellermeister Rob Davis erzeugt stets schön ausgewogene und elegante Weine von einem Gut im Alexander Valley. Der Cabernet Sauvignon schmeckt wie eine Hommage an Bordeaux und hält sich lange. Der mineralische Chardonnay wird nach Burgunderart bereitet.

Jorian Hill Santa Ynez ★★★ Hervorragende, vom Rhône-Stil inspirierte Weine aus ökologisch bewirtschafteten Hanglagen. Beespoke heißt ein kraftvoller, aber eleganter Grenache/Syrah; der Viognier ist brillant.

Joseph Phelps Napa V. ★★★★ Insignia **97 99 00 01** 03 05 06 07 08 – Phelps' Cabernet Sauvignon, ein echter »Premier Cru« aus Napa, v. a. Insignia und Backus, zählt immer zu den Besten.

Joseph Swan Son ★★★ Alteingesessener Erzeuger im Russian River Valley mit intensivem Zinfandel und erstklassigem Pinot noir, der das Potenzial für eine Reifung um die 10 Jahre besitzt.

Joyce Vineyards ★★ Handwerklicher Erzeuger von ungeschönten und ungefilterten Weinen mit schönem Sortencharakter. Der Cabernet Sauvignon macht sich schon an die drei Sterne ran. Sehr guter Merlot.

Justin Santa Barbara ★★★ Großartige Rotweinverschnitte, alle mit guter Struktur und Alterungspotenzial. Ganz oben steht der Bordeaux-Verschnitt Isosceles mit vielschichtigen Fruchtnoten; Savant ist ein ausladender, würziger Verschnitt von Syrah und Cabernet Sauvignon aus biodynamisch bewirtschafteten Weinbergen. Probierenswert sind außerdem der Justification und der elegante Cabernet Sauvignon Reserve.

J. Vineyards Son ★★★ Der cremige, reichhaltige Brut-Schaumwein ist einer der besten in Kalifornien. Sehr empfehlenswert sind auch Pinot noir und Pinot gris von Trauben aus dem Russian River Valley.

Kendall-Jackson ★★→★★★ Legendärer, marktorientierter Chardonnay und Cabernet Sauvignon. Noch beachtenswerter durch die Entwicklung einer Vielzahl von Kellereien im Rahmen des Projekts Artisans & Estates. Siehe Hartford Court, Stonestreet.

Kent Rasmussen Winery Carneros ★★★ Frischer Chardonnay mit langem Nachgeschmack und köstlicher Pinot noir. Das Alternativlabel für kleine Produktionschargen heißt Ramsay.

Kenwood Vineyards Son ★★→★★★ Jack London Cabernet **01 03** 05 07 08 – Der Einzellagen-Cabernet-Sauvignon Jack London und die verschiedenen Zinfandel-Weine sind die Höhepunkte eines insgesamt ausgeglichenen Angebots. Zuverlässig günstig der Sauvignon blanc.

Kistler Vineyards Russian River V. ★★★ In der Kellerei im Russian River Valley wurde ein drastischer Richtungswechsel vollzogen, der erfreulicherweise vom kraftvollen, eichenbetonten Chardonnay-Stil wegführt und sich auf eine subtilere Version zubewegt. Auch der Pinot noir gibt sich nun zurückhaltender.

Korbel ★ Größter Erzeuger der USA von Schaumwein nach der *méthode champenoise*; besonderer Nachdruck wird auf Fruchtnoten gelegt. Seit Kurzem gibt es auch eine Bio-Version. Nehmen Sie ein paar Flaschen zum nächsten Picknick mit.

Kunde Estate Sonoma V. ★★★ Solider Sonoma-Valley-Erzeuger und bekannter Traubenanbauer mit elegant-verhaltenem Chardonnay, aromatischem Sauvignon blanc, pfirsichfruchtigem Viognier und seidigem Merlot, alles Gutsabfüllungen.

La Jota Howell Mt. ★★★ Langlebiger Cabernet Sauvignon und Merlot von Hanglagen. Der Cabernet franc ist neuerdings sehr gut, mit würziger Fülle und einem langen, komplexen Abgang.

Lamborn Howell Mt. ★★★ Historische Lage aus dem 19. Jahrhundert. Voller, saftiger Zinfandel und Cabernet Sauvignon sind die Zugpferde in diesem Kultbetrieb.

Landmark Sonoma V. ★★→★★★★ Die vier Sterne hat sich Landmark mit seinem Chardonnay vom Weinberg Bien Nacido im Santa Maria Valley verdient: ein intensiver Wein mit üppigen Fruchtaromen, durchsetzt mit Noten von Zitronenschale und Trockenfrüchten. Ebenfalls empfehlenswert ist der Pinot noir Detour von Trauben aus der AVA Sonoma Coast.

Lane Tanner Santa Barbara ★★★ Der Besitzer und Kellermeister erzeugt höchst individuelle, superbe Pinot-noir-Weine von Einzellagen in Santa-Barbara-Weinbergen, die mit einer leisen, verhaltenen Eleganz ihr Terroir widerspiegeln.

Lang & Reed Napa V. ★★★ Ein Spezialist für köstlichen Cabernet franc im Loire-Stil.

Laurel Glen Sonoma V. ★★★★ 99 00 01 03 05 06 09 – Blumiger, langlebiger Cabernet Sauvignon aus einer steilen Hügellage am Sonoma Mountain. Im mittleren Segment bietet die Marke Counterpoint gute Qualität zu vernünftigen Preisen; die Marke Reds ist extrem preiswert.

Lohr, J. ★★→★★★ Großer Betrieb mit ausgedehnten Rebflächen. Sehr guter Cabernet Sauvignon Seven Oaks aus Paso Robles. Die neuere Reihe von Meritage-Rotweinen ist bisher das Beste. Die Alltagsweine laufen unter dem Namen Cypress.

Long Meadow Napa V. ★★★ Der elegante, seidige Cabernet Sauvignon wird mit jedem Jahrgang besser, und auch der lebhafte Sauvignon blanc im Graves-Stil ist ein Hit. Ökologischer Anbau.

Longoria Santa Barbara ★★★ Rick Longoria, ein Veteran unter den kalifornischen Weinmachern, ist etwas sehr Feinem auf der Spur mit seinen kürzlich herausgebrachten Albariño- und Tempranillo-Weinen, die ihren spanischen Ursprüngen treu bleiben und dennoch die Neue Welt nicht verleugnen. Hauptattraktion ist jedoch der ausgewogene, geschmeidige Chardonnay von den Santa Rita Hills mit superleckeren Gewürznoten und Aromen tropischer Früchte.

Louis M. Martini Napa ★★→★★★ Lange Tradition mit alterungsfähigem Cabernet Sauvignon und Zinfandel. War einige Jahre in schlechter Verfassung, ist nach der Übernahme durch Gallo 2002 jetzt aber wieder auf dem aufsteigenden Ast. Die letzten Cabernet-Sauvignon-Weine waren jedenfalls vielversprechend, v. a. Monte Rosso Vineyards und die Abfüllungen aus dem Alexander Valley.

Lucas Lodi ★★→★★★ Lucas ist einer der angehenden Stars der AVA Lodi und setzt vorwiegend auf Zinfandel, weiß aber auch mit Chardonnay umzugehen. Probierenswert!

MacPhail Son ★★★ Der auf Pinot noir spezialisierte Betrieb erzeugt intensive Weine von ausgewählten Lagen an der Sonoma Coast und im Anderson Valley. Die Weine sind seidig und vollmundig mit umschmeichelnden Geschmacksnoten.

Marimar Torres Estate Russian River V. ★★★★ Chardonnay 06 07 08 09 10; Pinot noir 03 05 06 07 08 09 – Mehrere Abfüllungen von Chardonnay und Pinot noir aus der gutseigenen Lage Don Miguel im Green Valley. Der Chardonnay ist komplex, manchmal ziemlich kantig und hat gutes Reifepotenzial. Der Chardonnay Acero Don Miguel wird ohne Eiche ausgebaut und zeigt sehr schön die Fruchtigkeit, die in der Chardonnay-Traube steckt. Der Pinot noir aus der Lage Doña Margarita, nur wenige Meilen vom Meer entfernt, ist ein intensiver und für junge Reben erstaunlich reichhaltiger Wein. Ökologische Bewirtschaftung, die Umstellung auf biodynamische Methoden ist im Gang.

Markham Napa V. ★★★ Unterschätzter Erzeuger von ausgewogenem, elegantem Merlot und kompaktem Cabernet Sauvignon.

Martinelli Russian River V. ★★★ Familienunternehmen in den nebligen Bergen im Westen Sonomas. Berühmt ist v. a. der Jackass Hill Vineyard Zinfandel von alten Reben.

Mayacamas Mt. Veeder ★★★ Erstklassiger kleiner Erzeuger mit gehaltvollem Chardonnay und festem (aber nicht mehr stahlhartem) Cabernet Sauvignon, der sich lange hält. Auch der Sauvignon blanc ist gut.

Merry Edwards Russian River V. ★★★→★★★★ Die berühmte Weinberaterin hat ihren eigenen Weinberg im Bereich Russian River Valley mit Pinot noir bestockt und kauft Trauben aus anderen Lagen zu. Ihr Pinot noir ist ein Muss. Auch sehr schöner, sortentypischer Sauvignon blanc.

Merryvale Napa V. ★★★ Am besten sind Cabernet Sauvignon und Merlot mit eleganter Ausgewogenheit und geschmeidigem Abgang. Der Sauvignon blanc kann sehr gut sein.

Mettler Familiy Vineyards Lodi ★★ Erfahrene Traubenanbauer, die nun selbst geschmeidigen, eindringlichen Cabernet Sauvignon und kraftvollen Petite Sirah erzeugen.

Milano Mend ★★★→★★★★ Empfehlenswerter, handwerklich arbeitender kleiner Erzeuger von Zinfandel und Cabernet Sauvignon. Der neue Hopland Cuvée, ein Verschnitt von Cabernet Sauvignon und Pinot noir, hat rundum 4-Sterne-Niveau.

Miner Family Vineyards Oakville ★★★ Kraftvolle und potenziell langlebige Rotweine auf Cabernet-Sauvignon-Basis sind hier die Favoriten. Besonders empfehlenswert ist Icon, ein Verschnitt von Bordeaux-Rebsorten. Der Familie gehört auch Oakville Ranch.

Morgan Santa Lucia ★★★→★★★★ Erstklassiger Pinot noir und Chardonnay aus sehr guten Einzellagen in den Santa Lucia Highlands, v.a. ohne Eiche ausgebauter Chardonnay namens Metallico. Der gutseigene Weinberg Double L wird ökologisch bewirtschaftet. Der neue Côtes du Crow's im Rhône-Stil ist bezaubernd.

Moshin Vineyards Russian River V. ★★→★★★ Der Russian River Valley Chardonnay ist hier der Wein der Wahl: cremiges, reichhaltiges Mundgefühl, mit nur einem Hauch Eiche und einem langen Abgang, der sich am ganzen Gaumen ausbreitet. Der Sauvignon blanc und der Pinot noir sind ebenfalls einen Blick wert.

Mumm Napa Valley Napa V. ★★→★★★ Stilvoller Schaumwein, v.a. köstlicher Blanc de Noirs und voller, komplexer DVX von einer Einzellage, dem ein paar Jahre in der Flasche gut bekommen.

Murphy-Goode Son ★★ Sauvignon blanc und Zinfandel sind hier die Spitzenreiter. Die Reihe Tin Roof (mit Schraubverschluss) bietet erfrischenden Sauvignon blanc und Chardonnay ohne Eichennote.

Nalle Son ★★★ Doug Nalle erzeugt schöne Zinfandel-Weine von Trauben aus dem Dry Creek Valley; in der Jugend saftig und köstlich, entfalten sich aber auch über Jahre hinaus gut.

Napa Wine Company Napa V. ★★★ Der größte ökologisch bewirtschaftete Betrieb im Napa Valley verkauft einen Großteil des Rebguts und vinifiziert auf Bestellung die Trauben für verschiedene kleine Spitzenerzeuger. Sehr guter Cabernet Sauvignon unter dem eigenen Namen.

Navarro Vineyards Anderson V. ★★★→★★★★ Moderner Anderson-Valley-Pionier, dessen Riesling und Gewürztraminer zu den besten der Neuen Welt gehören. Außerdem Pinot noir in zwei Stilen: eine Hommage an Burgund von Trauben aus dem Anderson Valley und eine flotte, fruchtig-saftige Abfüllung von zugekauftem Rebgut.

Newton Vineyards Spring Mt. ★★★→★★★★ Icon 03 **05** 06 07 – Das Gut am Spring Mountain hat drei Weinreihen im Angebot: erstens Icon, einen Bordeaux-Verschnitt, zweitens The Puzzle, lagenspezifische Abfüllungen von Cabernet Sauvignon, Merlot und Chardonnay, und drittens das fruchtbetonte Red Label. Die Weine sind geschmeidiger, eleganter Ausdruck des Berglagen-Terroirs und haben viel Alterungspotenzial.

Nickel & Nickel ★★★ Spezialist für außerordentlich terroirbetonte Cabernet-Sauvignon-Weine von Einzellagen im Napa Valley und in Sonoma.

Niebaum-Coppola Estate Rutherford ★★★ Der »Pate« Francis Ford Coppola hat bewiesen, dass er es mit der Weinerzeugung genauso ernst meint wie mit seinen Filmen. Der Rubicon, ein Bordeaux-Verschnitt, führt die

Auswahl an, ist aber in manchen Jahrgängen arg marmeladig. Edizione Pennino bietet hauptsächlich köstlich altmodischen Zinfandel. Coppola besitzt auch die Kellerei Château Souverain in Sonoma und ist dabei, die Produktion zu erweitern.

Oakville Ranch Oakville ★★★ Das Gut am Silverado Trail (im Besitz der Familie Miner) erzeugt beständig guten Cabernet Sauvignon sowie einen cremigen Chardonnay.

Ojai Santa Barbara ★★★ Adam Tolmach, ehemals Teilhaber von Au Bon Climat, erzeugt eine breite Palette exzellenter Weine, v.a. von Syrah und anderen Rhône-Sorten.

Opus One Oakville ★★★ Seit vielen Jahren gibt es hier ein stetes Auf und Ab, abgesehen davon hat der rote Bordeaux-Verschnitt den Hype um ihn nur selten gerechtfertigt. Die neueren Jahrgänge (ab 2004) machen sich allerdings gut; die Weine sind harmonisch und ausgewogen.

Pahlmeyer Napa V. ★★★ Erzeuger von tanninstarkem Cabernet Sauvignon und etwas geschmeidigerem Merlot.

Paloma Vineyard ★★→★★★ Merlot-Spezialist mit hoch gelegenen Weinbergen, vorwiegend auf Lavaböden. Weine mit guter Struktur, vielschichtigen Fruchtnoten und Anklängen an Schokolade. Gleich trinken oder 10 Jahre liegen lassen.

Parducci Mend ★★→★★★ Verlässlich gute und preiswerte Weine von einer alteingesessenen Kellerei. Mit den neueren Jahrgängen wurde die Messlatte für Qualität höher gelegt. Der Petite Sirah True Grit veranschaulicht aufs Schönste, warum diese so lange stiefmütterlich behandelte Rebsorte neuen Respekt und Aufmerksamkeit in Kalifornien gewinnt.

Patianna Vineyards Russian River V. ★★★ Biodynamischer Weinbau unter Patty Fetzer. Auch Ankauf biologisch angebauter Trauben aus Mendocino. Schöner Sauvignon blanc und sehr guten Syrah.

Paul Dolan Mend ★★★ Schon während seiner Zeit bei Fetzer war Dolan ein Pionier des ökologischen und biologisch-dynamischen Weinbaus. Jetzt bietet er unter eigenem Namen hervorragenden Zinfandel, Syrah, Cabernet Sauvignon, Chardonnay und Sauvignon blanc von biologisch und/oder biodynamisch bewirtschafteten Weinbergen an der North Coast an.

Pedroncelli Son ★★ Alter Familienbetrieb im Dry Creek Valley mit süffigem Zinfandel, Cabernet Sauvignon und einem kompakten Chardonnay.

Peltier Station Lodi ★★→★★★ Die Familie Schatz baut seit über 50 Jahren Trauben in Lodi an. Vor einigen Jahren begann sie, selbst Wein zu erzeugen, und die Resultate sind gut bis herausragend, v.a. der erfrischende Viognier und der leckere Zinfandel.

Periano Lodi ★★ Ein gutes Beispiel für den neuen Look der Weine aus Lodi. Hervorragender Barbera, herrlicher Viognier und sehr guter Chardonnay.

Peter Michael Winery Son ★★★→★★★★ Komplexer Chardonnay vom Howell Mountain in kraftvollem Stil und eine geschmeidigere Abfüllung aus dem Alexander Valley. Eher stramm fällt der Cabernet Sauvignon aus.

Philips, R. H. Central V. ★→★★ Der einzige Betrieb in der AVA Dunnigan Hills erzeugt eine breite Auswahl an Weinen. Ausgezeichnete Arbeit mit Rhône-Sorten unter dem Namen EXP und preiswerter Chardonnay Toasted Head.

Philip Togni Vineyards Spring Mt. ★★★→★★★★ **00 01** 03 05 07 08 – Der erfahrene Weinmacher bereitet feinen Cabernet Sauvignon mit langem Abgang von einer Lage am Spring Mountain.

Pine Ridge Napa V. ★★★ Tanninreiche, konzentrierte Cabernet-Sauvignon-Weine aus mehreren Napa-Valley-AVAs. Der Chenin blanc mit einem Hauch Süße ist ein Genuss.

Preston Dry Creek V. ★★★ Lou Preston ist ein anspruchsvoller »Terroirist«, der außergewöhnliche Dry-Creek-Valley-Weine wie Zinfandel, herrlichen Barbera, köstlichen Sauvignon blanc sowie mehrere gute sortenreine Weine von Rhône-Trauben erzeugt.

Pride Mountain Spring Mt. ★★★ Das für Bordeaux-Verschnitte bekannte Gut hat sich nun auch bei Merlot-Abfüllungen in die erste Reihe geschoben. Die Frucht ist typisch für hohe Lagen: dominiert von schwarzen Kirschen mit einem Hauch Schokolade. Für lange Lagerung gemachte Weine.

Quady Winery Central V. ★★→★★★ Fantasievolle Muskateller-Dessertweine aus Madera, u. a. viel gepriesener Essensia mit Orangennote, Elysium mit Rosenblütenaroma und an Moscato d'Asti orientierter Electra. Der unlängst eingeführte Vya Vermouth ist ein hervorragender Aperitif.

Quintessa Napa V. ★★★→★★★★ Das von der chilenischen Weinfamilie Huneeus aufgebaute biodynamische Gut am Silverado Trail konzentriert sich ganz auf Bordeaux-Verschnitte, die sich durch große Finesse und Ausgewogenheit auszeichnen und mit jedem Jahrgang besser werden.

Quivira Dry Creek V. ★★★ Der ursprüngliche Fokus auf klassischen, sehr zugänglichen Dry Creek Valley Zinfandel hat sich erweitert und umfasst jetzt auch eine Reihe köstlicher Weine von Rhône-Sorten. Biologisch-dynamischer Anbau.

Qupé Santa Barbara ★★★ Kapriziöser Kellergefährte von Au Bon Climat. Marsanne, Pinot blanc und Syrah – alle sehr probierenswert.

Radio-Coteau Son ★★★ Hervorragender Pinot noir mit ein wenig Syrah aus kühlen Lagen an der Sonoma Coast. Hier gibt es viele verlockende Weine, ganz oben aber steht der Pinot noir La Neblina, der genug Struktur besitzt, um 5–8 Jahre zu reifen, aber auch jung gut schmeckt.

Rafanelli, A. Son ★★★→★★★★ Das seit vier Generationen in Familienhand befindliche Weingut erzeugt außergewöhnlichen Zinfandel aus dem Dry Creek Valley. Er ist langlebig, aber wen kümmert's, wo er doch in jungen Jahren schon so köstlich ist?

Ramey Wine Cellars Russian River V. ★★★→★★★★ Herausragender Einzellagen-Cabernet-Sauvignon aus dem Napa Valley sowie ein reichhaltiger, komplexer Chardonnay aus kühleren Weinbergen, v. a. der Hudson Vineyard von Trauben aus dem Napa Valley und Carneros. Den intensiven, komplexen Syrah von der Sonoma Coast sollte man sich auf keinen Fall entgehen lassen.

Ravenswood ★→★★ Joel Peterson ist ein Pionier des Einzellagen-Zinfandel. Später kam eine Reihe günstiger Sonoma- und Vintners-Reserve-Weine von Zinfandel und Merlot dazu. Jetzt im Besitz von Constellation.

Raymond Vineyards and Cellar Napa V. ★★★ **01 03** 05 07 09 – Ausgewogener und zurückhaltender Cabernet Sauvignon von Weinbergen in Familienbesitz. Hat das Potenzial, sehr alt zu werden, v. a. der Verschnitt Generations.

Ridge Santa Cruz Mt. ★★★★ Cabernet Sauvignon **99 00 01** 03 05 07 08 – Paul Draper, Gutsgründer und Meister der Weine, lässt seine magischen Kräfte weiter walten. Der geschmeidige, harmonische Montebello Cabernet Sauvignon von einem gutseigenen Weinberg ist großartig. Daneben hervorragender Einzellagen-Zinfandel aus Sonoma, dem Napa Valley, den Sierra Foothills und Paso Robles. Die meisten Zinfandel-Weine sind sehr langlebig. Der mit Wildhefen vergorene herausragende Chardonnay wird häufig übersehen.

Robert Craig Vineyard Napa V. ★★ Cabernet Sauvignon mit guter Struktur sowie attraktiven Gewürz- und Fruchtnoten. Langer, ausgewogener Abgang. Der Verschnitt Affinity ist super.

Robert Keenan Winery Napa V. ★★★ Geschmeidiger, verhaltener Cabernet Sauvignon und Merlot; auch Chardonnay von gutseigenen Rebflächen am Spring Mountain.

Robert Mondavi ★→★★★★ Der Betrieb des brillanten Neuerers ist jetzt im Besitz von Constellation und bietet Wein in allen Preislagen und Qualitätsstufen. Die besten sind Napa Valley Reserve, eine Reihe Napa-Valley-Appellationen (u. a. Carneros Chardonnay, Oakville Cabernet Sauvignon) und Napa Valley (Basisproduktion). Am unteren Ende der Skala tummeln sich verschiedene Weine der Central Coast und der Reihe Woodbridge aus Lodi. Während die Spitzenweine ihr Niveau bisher gehalten haben, lässt der mittlere Bereich anscheinend etwas nach.

Rochioli Vineyards & Winery Russian River V. ★★★ Der alteingesessene Winzer verkauft einen Großteil seiner Trauben an andere Pinot-noir-Spitzenerzeuger, behält sich jedoch genug zurück, um schönen, komplexen Pinot noir, v. a. Special Cuvée, unter eigenem Namen zu bereiten. Auch sehr guter Sauvignon blanc.

Roederer Estate Anderson V. ★★★★ Zweigniederlassung des Champagnerhauses im Anderson Valley. Geschmeidiger, eleganter Stil. Ohne Frage einer der drei besten Schaumweine in Kalifornien und der beste Rosé. Spitzenreiter ist die herrliche Luxus-Cuvée L'Ermitage.

Rosenblum Cellars ★★→★★★ Erzeugt eine breite Palette an Zinfandel- und sortenreinen Weinen von Rhône-Reben; das Traubenmaterial stammt aus Weinbergen in ganz Kalifornien. Die Qualität ist wechselhaft, liegt aber immer über dem Durchschnitt.

Rusack Santa Barbara ★★→★★★ Rusack bietet außergewöhnlich hohe Qualität; das Sortiment reicht von Sauvignon blanc bis zu Syrah und Grenache. Nicht nur erstklassig, sondern zudem auch noch preiswert ist der Chardonnay: schöne Frucht plus Struktur plus langer Abgang.

Saddleback Cellars Napa V. ★★★→★★★★ 01 **05** 06 07 08 – Der Kellermeister und Besitzer Nils Venge ist eine Legende im Napa Valley. Üppiger Zinfandel und langlebiger Cabernet Sauvignon. In manchen Jahren wird auch ein hervorragender Sauvignon blanc erzeugt.

St. Clement Napa V. ★★★→★★★★ Cabernet Sauvignon **99 00 01** 03 05 06 07 – Der alteingesessene Erzeuger im Napa Valley ist mit Beringer Blass als neuem Eigentümer zu neuem Leben erwacht. Man hat jetzt mehr das Terroir im Blick. Erste Wahl ist der geschmeidige, langlebige Oroppas, ein Verschnitt auf Cabernet-Sauvignon-Basis. Merlot und Chardonnay sind ebenfalls hervorragend.

St. Francis Son ★★★ 00 **01** 03 05 06 07 – Tieffarbiger, konzentrierter Cabernet Sauvignon von Einzellagen. Beachtenswert der Wild Oak Vineyard Chardonnay, der ein wenig in die Burgunderrichtung geht. Der Zinfandel von alten Reben ist klasse.

Saintsbury Carneros ★★★→★★★★ Der hervorragende Pinot noir ist dichter als die meisten anderen aus Carneros und kann einige Jahre in der Flasche reifen. Geschmacksintensiver, ausgewogener Chardonnay. Der Pinot noir Garnet von jüngeren Reben schenkt unbeschwerten Genuss.

St. Supéry Napa ★★→★★★ Schlanker, anmutiger Merlot; der Cabernet Sauvignon ist manchmal so überragend wie der rote Meritage es immer ist. Der Sauvignon blanc gehört zu den besten in Kalifornien. Einige Trauben kommen aus dem wärmeren Pope Valley östlich des Napa Valley. In französischem Besitz (Skalli).

Sanford Santa Barbara ★★ Der Gründer Richard Sanford war einer der Ersten, die Pinot noir in Santa Barbara anpflanzten. Nach dem Verkauf hat die Qualität der Weine unter den neuen Besitzern etwas gelitten.

Santa Cruz Mountain Vineyard Santa Cruz Mt. ★★→★★★ Erzeugt Weine mit ausgeprägtem Sortencharakter von gutseigenen Trauben, u. a. sehr guten Pinot noir und außergewöhnlichen Cabernet Sauvignon: wuchtig, konzentriert und langlebig.

Sattui, V. ★★ Führend als reiner Direktverkäufer (d. h. vom Gut oder per Versand). Die rustikalen Weine werden zum sofortigen Konsum bereitet. Die Roten sind am besten, v. a. Cabernet Sauvignon und Zinfandel.

Sawyer Cellars Rutherford ★★★ Der Bradfort Meritage ist überragend und hat das Zeug zum Superstar: Intensive, unverblümte Fruchtigkeit wird durch deutliche Mineralität ausgeglichen.

Sbragia Dry Creek V. ★★★ Ed Sbragia, lange Kellermeister bei Beringer Blass, hat seinen eigenen Familienbetrieb im Dry Creek Valley aufgemacht. Mit einer herrlichen Auswahl von Cabernet-Sauvignon- und Merlot-Einzellagenweinen zeigt er sich in Topform. Die Weine sind klassische Kalifornier, konzentriert, aber nicht übertrieben. Auch sehr guter Sauvignon blanc von gutseigenen Reben.

Schramsberg Napa V. ★★★→★★★★ Von geradezu zeitlos hoher Qualität sind die Schaumweine aus diesem Hause. Der erste kalifornische Erzeuger, der größere Mengen nach der klassischen Methode produzierte. Der Reserve ist vorzüglich, der Blanc de Noirs herausragend. Die Luxus-Cuvée J. Schram gilt als »Amerikas Krug«. Zweitmarke mit gaumenschmeichelndem Schaumwein ist Mirabelle. Erzeugt jetzt einen sehr guten Cabernet Sauvignon namens J. Davies von gutseigenem Rebgelände in den Bergen.

Screaming Eagle Napa V. – Kleine Mengen eines Kult-Cabernet-Sauvignon zu astronomischen Preisen für Leute, die so etwas mögen.

Seghesio Son ★★★ Der angesehene Familienbetrieb konzentriert sich auf italienische Sorten und Zinfandel. Die bereits in der Jugend ansprechenden Zinfandel-Weine sind köstlich und erlangen mit dem Alter zusätzliche Tiefe. Die Italiener stehen eine Stufe über dem, was man sonst in Kalifornien mit ihnen meist anstellt, v. a. der Barbera und der Sangiovese.

Selby Son ★★ Susie Selby hat ihre Managerkarriere in Texas gegen die Verlockungen des kalifornischen Weins eingetauscht. Mit über einem Dutzend verschiedener Etiketten in ihrem Angebot hat sie offenbar jede Menge Spaß daran. Nehmen Sie sich am besten gleich den Russian River Valley Chardonnay vor, probieren aber auch ein paar Schlückchen vom sehr guten Sonoma County Merlot.

Selene Napa V. ★★★→★★★★ Mia Klein erzeugt reichhaltige, konzentrierte sortenreine Weine von Bordeaux-Trauben. Der Hyde Vineyard Sauvignon blanc ist hervorragend, der rote Verschnitt Chester Vineyard ein Muss.

Sequana Son ★★→★★★ Die kalifornischen Weinveteranen Tom Selfridge und James MacPhail (der auch eine eigene Marke besitzt) haben diesen Betrieb gegründet, der nur Pinot noir erzeugt. Von den drei Weinen stammen zwei aus dem Russian River Valley und einer aus den Santa Lucia Highlands in Monterey. Alle zeigen seidige Komplexität und Intensität.

Sequoia Grove Napa V. ★★★ Der Cabernet Sauvignon des Guts ist intensiv und langlebig, und der Trend in den letzten Jahren geht klar aufwärts. Der Chardonnay ist ausgewogen und hat meist Alterungspotenzial.

Shafer Vineyards Napa V. ★★★→★★★★ Cabernet Sauvignon **00 01** 02 03 **05**; Merlot **05 07** 08 09 – Bestnoten für den ebenso tiefgründigen wie geschmeidigen Cabernet Sauvignon, v. a. den Hillside Select, sowie den Merlot, der mehrere Jahre in der Flasche reifen kann.

Signorello Napa V. ★★★ Konzentrierter, reichhaltiger Cabernet Sauvignon, komplexer, körperreicher Chardonnay, dessen vom Eichenfass stammende Tannine manchmal noch nicht eingebunden sind. Stets empfehlenswert sind der Syrah und mehrere Pinot-noir-Einzellagenweine aus Carneros. Insgesamt hat sich Signorello mit jedem Jahrgang verbessert.

Silverado Vineyards Stags Leap ★★★ Weinbaubetrieb auf einem Berg mit geschmeidigem Cabernet Sauvignon, schlankem, mineralischem Chardonnay und markantem Sangiovese.

Silver Oak ★★★→★★★★ Getrennte Kellereien in Napa und im Alexander Valley erzeugen nur Cabernet Sauvignon. Die Napa-Valley-Weine sind manchmal fast zu konzentriert, haben aber trotzdem eine treue Anhängerschaft. Etwas geschmeidiger präsentieren sich die Erzeugnisse aus dem Alexander Valley.

Sinskey Vineyards Carneros ★★★ Chardonnay mit griffiger Säure und vollmundiger Pinot noir sind die Highlights dieses verlässlichen Guts.

Smith-Madrone Spring Mt. ★★★ Hoch oben auf dem Spring Mountain bereiten die Smith-Brüder einen der besten Rieslinge Kaliforniens im aromatischen halbtrockenen Stil. Die Weinberge werden ohne Bewässerung bewirtschaftet.

Sodaro Estate Napa V. ★★★ Bill und Dawnine Dyer sind die önologischen Berater der relativ neuen Kellerei, erwarten Sie also keine Kultweinimitate. Die weinbaulichen Wurzeln der Familie Sodaro liegen im Italien des 19. Jahrhunderts, doch ihre hier erzeugten eleganten und ausgewogenen Weine haben absolut nichts Altmodisches an sich. Besonders empfehlenswert ist der Felicity auf Cabernet-Sauvignon-Basis.

Sonoma-Cutrer Vineyards Son ★★→★★★ Chardonnay-Spezialist, dessen kantige Chardonnays Feuersteinaroma sowie ordentlichen Biss zeigen und vorwiegend von Sonoma-Coast-Weinbergen stammen.

Spottswoode St. Helena ★★★★ **97 99** 00 **01** 03 05 06 07 – Der herausragende Cabernet Sauvignon von gutseigenen Weinbergen ist langlebig, ausgewogen und harmonisch. Noch ein »Premier cru« Kaliforniens. Weiterer Pluspunkt: der ausgezeichnete Sauvignon blanc.

Spring Mountain Vineyard Spring Mt. ★★★→★★★★ Das historische Weingut in den Bergen ist auf der Siegerstraße. Ausgezeichneter Cabernet Sauvignon mit Struktur und Tiefe und hervorragender Sauvignon blanc.

Staglin Family Vineyard Napa V. ★★★ **01** 03 05 07 – Eleganter Cabernet Sauvignon aus Rutherford Bench.

Stag's Leap Wine Cellars Stags Leap ★★★★ **99** 00 **01** 03 05 07 – Hochgelobt für seidigen, verführerischen Cabernet Sauvignon (SLV, Fay und Spitzenprodukt Cask 23) sowie Merlot. Der gute Chardonnay wird häufig links liegen gelassen. Man setzt auf Ausgewogenheit und Harmonie angesichts des Booms übertrieben konzentrierter Cabernet-Sauvignon-Weine aus dem Napa Valley. Ist inzwischen im Besitz eines Gemeinschaftsunternehmens von Piero Antinori (Italien) und Chateau Ste. Michelle im Bundesstaat Washington.

Stags' Leap Winery Siehe Beringer Blass.

Steele Wines Lake ★★→★★★ Jed Steele hat ein Talent für das Aufspüren von Rebbergen für eine Reihe von Einzellagenweinen unter dem Hauptnamen und dem des Zweitetiketts Shooting Star. Der Chardonnay gerät manchmal etwas holzlastig, aber der Pinot noir und einige Spezialitäten, z.B. der Washington State Aligoté, sind hervorragend.

Stephen Ross Edna V. ★★★ Hier dreht sich alles um Pinot noir und Chardonnay – und ein bisschen auch um Syrah and Zinfandel. Der sehr burgundische Ansatz verleiht den Weinen zusätzliche Komplexität und eine interessante Art. Ein echter angehender Star.

Sterling Napa V. ★★→★★★ Weinbaubetrieb im Napa Valley, der guten Chardonnay und unterschätzten Einzellagen-Cabernet-Sauvignon bereitet. Das Potenzial wurde nie richtig ausgeschöpft, trotz guter Weinberge.

Stonestreet Son ★★★ Einer der Stars von Jess Jacksons Artisans & Estates. Der Cabernet Sauvignon aus dem Alexander Valley ist ein stämmiger, aber ausgewogener Wein mit vielschichtigem Geschmack. Der Chardonnay fällt manchmal zu buttrig aus, ist aber dennoch empfehlenswert.

Stony Hill Napa V. ★★★★ Chardonnay **91 95 97 99** 00 **01 03** 05 06 07 – Beeindruckender Chardonnay von Rebflächen im Hügelland, elegant und bereitet wie eine Hommage an Chablis. Die sehr langlebigen Weine werden größtenteils über den Versandhandel verkauft.

Storrs Winery Santa Cruz Mt. ★★→★★★ Ein hoch bewerteter Chardonnay aus gebirgigen Lagen führt das Sortiment an, es gibt aber auch netten, süffigen Grenache, von dem man gern ein, zwei Gläschen trinkt.

Summerland Santa Barbara ★★★ Das Angebot umfasst u. a. diverse Einzellagenabfüllungen von Pinot noir, Chardonnay, etwas Pinot gris und ein paar anderen (vielleicht zu vielen) Rebsorten. Highlight ist jedoch der Chardonnay aus der Lage Bien Nacido: ein schöner Wein mit guter Struktur und langem Abgang.

Sutter Home Napa V. ★→★★★ Berühmt für weißen Zinfandel und rustikalen roten Amador-Zinfandel. Legt mit der neuen hochwertigen Signature-Reihe und der Marke Trinchero Family Estates ordentlich zu, besonders bei Cabernet Sauvignon von der Lage Chicken Ranch.

Swanson Oakville ★★★ Hier gibt es feinen Sangiovese, nicht ganz alltäglich für Kalifornien. Auch der schlanke, geschmeidige Cabernet Sauvignon Alexis ist ein guter Griff: Reife Zwetschgen- und Schwarzkirschfrucht leiten über zu einem langen Abgang.

Tablas Creek Paso Robles ★★★ Joint Venture der Besitzer des Château de Beaucastel (Frankreich) und des Importeurs Robert Hass. Die Weinberge sind mit Stecklingen aus Châteauneuf-du-Pape bepflanzt. Der Côtes de Tablas ist – rot wie weiß – erstaunlich gut, ebenso der Tablas Creek Esprit. Wer den Rhône-Stil mag, kommt an diesen Weinen nicht vorbei.

Talbott, R. Mont ★★★ Hier dreht sich alles um Chardonnay aus Einzellagen in Monterey, v. a. der berühmten Lage Sleepy Hollow in den Santa Lucia Highlands. Der Ansatz ist burgundisch.

Terra Valentine Spring Mt. ★★→★★★ Das Weingut mit eigener Kellerei besteht anscheinend beharrlich darauf, sein Potenzial als verlässlicher Erzeuger von erstklassigem Cabernet Sauvignon aus Berglagen auszuschöpfen. Besonders empfehlenswert ist die Yverdon-Abfüllung.

Thomas Fogarty Santa Cruz Mt. ★★→★★★ Reichhaltiger, komplexer Chardonnay, der recht gut altert. Auch guter Pinot noir von gutseigenen Weinbergen und ein köstlicher Gewürztraminer von Trauben aus Monterey.

Titus Vineyards Napa V. ★★★ Das Familienweingut erzeugt sehr guten Cabernet Sauvignon, einen herausragenden würzigen Zinfandel und Cabernet franc.

Treana Paso Robles ★★ Weingut im Besitz der alteingesessenen Traubenanbauerfamilie Hope. Es gibt nur zwei Etiketten: Treana Red auf Cabernet-Sauvignon-Basis und Treana White, ein Verschnitt von Viognier und Marsanne. Beide sind eine gute Wahl: Sie machen Spaß, bieten aber gleichzeitig Qualität. Bitte noch ein Glas!

Trefethen Napa V. ★★★ Historische Kellerei in Familienbesitz, bekannt für die Beständigkeit und Langlebigkeit ihrer Weine. Guter halbtrockener Riesling und ausgewogener Chardonnay zum Einkellern. Der Cabernet Sauvignon zeigt zunehmend Komplexität, v. a. in der Spitzenreihe HaLo.

Trenza ★★→★★★ Die neue Kellerei hat sich auf spanische Rebsorten verlegt und mit ihrem guten roten und weißen Verschnitt sowie dem Rosé gleich einen fantastischen Start hinbekommen. Der Trenza Blanco (Albariño/Grenache blanc) ist besonders köstlich.

Tres Sabores Rutherford ★★★ Newcomer mit drei verschiedenen Zinfandel-Etiketten, alle von derselben ökologisch bewirtschafteten Lage in den Bergen. Die Weine sind stets ausgewogen und elegant und heben die unterschiedlichen Aspekte des Weinbergs hervor.

Tricycle Wine Company Lake ★★ Vielversprechender Start mit klassischem Cabernet Sauvignon aus der AVA Red Hills im Lake County. Im Auge behalten.

Trinchero Napa V. ★★→★★★ Der 1948 gegründete Napa-Valley-Erzeuger baut sich sein Image wieder auf mit Cabernet Sauvignon vom Weinberg Chicken Ranch in der AVA Rutherford. Die Weine sind zunächst fruchtigsaftig, offenbaren dann aber recht ansprechende anhaltende Noten von Trockengewürzen und dunklen Zwetschgen.

Truchard Carneros ★★★ Merlot in Carneros? Aber sicher! Aus dem wärmeren nördlichen Teil von Carneros stammt der aromenreiche, fest strukturierte Merlot, der dem AVA-Bereich zu eigener Identität verhilft. Cabernet Sauvignon und Syrah sind sogar noch besser, und der durchdringend zitronige Chardonnay ist ein Muss. Die neuen Tempranillo-Abfüllungen sind hervorragend, ebenso der Roussanne.

Uvaggio, L' ★★→★★★ Der ehemalige Robert-Mondavi-Kellermeister Jim Moore ist auf italienische Rebsorten spezialisiert. Spitzenreiter ist ein herausragender Barbera; empfehlenswert sind auch der Vermentino aus Lodi und ein Rosé von Barbera-Trauben. Hier können Sie nichts falsch machen.

Valley of the Moon Son ★→★★ Verlässliche und preisgünstige Alltagsweine, die sich gelegentlich zu 2-Sterne-Niveau aufschwingen – insbesondere Pinot noir und Zinfandel.

Viader Estate Napa V. ★★★★ **99 00 01 03** 05 06 07 08 – Das Gut am Howell Mountain erzeugt einen Verschnitt von Cabernet Sauvignon und Cabernet franc. Kraftvolle, aber ausgewogene und im besten Alter elegante Weine – klassische Rote aus den Bergen des Napa Valley, die gut altern. Empfehlenswert ist auch die neue Reihe in kleinen Mengen erzeugter Weine, u. a. Syrah und Tempranillo.

Vina Robles San Luis Obispo ★★→★★★ Guter Cabernet Sauvignon und Sauvignon blanc, meine Favoriten sind jedoch die »Alltagsweine« Vina Robles Red und White mit strahlender Frucht, unterstützt durch angenehme Säure. Der Weiße, ein sehr leckerer Verschnitt von Vermentino, Viognier, Verdelho und einem Tropfen Sauvignon blanc, wurde bei einem der wichtigsten kalifornischen Weinwettbewerbe als »Best of Show« ausgezeichnet und kostet rund 15 Dollar – ein echtes Schnäppchen.

Volker Eisele Family Estate Napa ★★★→★★★★ **97 99** 00 **01 03** 05 07 – Geschmeidiger, üppiger Verschnitt von Cabernet Sauvignon und Cabernet franc aus der kaum bekannten AVA Chiles Valley. Empfehlenswert auch der würzige Sauvignon blanc.

Wente Vineyards Mont ★★→★★★ Historischer, auf Weißwein spezialisierter Betrieb, v. a. Livermore Sauvignon blanc und Semillon. Die neue Reihe mit Einzellagen-Chardonnay hat den Qualitätsstandard erhöht.

Whitehall Lane Napa ★★→★★★ Neu im Sortiment sind der elegante, ausgewogene Cabernet Sauvignon und ein flotter Sauvignon blanc – ein echter Zuwachs an Qualität.

Williams Selyem Son ★★★ Intensiver, rauchiger Pinot noir vom Russian River Valley, v. a. aus Weinbergen von Rochioli und Allen. Trauben werden jetzt auch von der Sonoma Coast und aus Mendocino bezogen. Kultwein, der jedoch manchmal marmeladig und allzu konzentriert gerät.

Willowbrook Son ★★★ Pinot noir von Einzellagen, stilvoll und elegant mit prächtiger Frucht am Anfang sowie tiefgründigen Noten in der Mitte und im Abgang. Im Auge behalten.

Wilson Vineyards Son ★★→★★★ Neuling mit einem Händchen für Zinfandel. Der Ellie's Vineyard von gutseigenen alten Rebstöcken ist herausragend – klassischer Dry Creek Valley Zinfandel. Der eindrucksvolle Zinfandel Reserve bietet ein reichhaltiges, brombeerfruchtiges Mundgefühl.

Wine Group, The Central V. – Der nach E. & J. Gallo und Constellation drittgrößte Weinerzeuger der Welt bietet hauptsächlich billige Etiketten wie Glen Ellen, Almaden und Ingelnook sowie Bag-in-Box-Abfüllungen wie Franzia. Die Weine sind größtenteils trinkbar und tragen auf jeden Fall dazu bei, das Verhältnis von Traubenangebot und -nachfrage in Kalifornien und im Rest der Welt in der Waage zu halten.

Wrath Vineyards Mont ★★★ Die Trauben für den herausragenden, in grasigem Stil bereiteten Sauvignon blanc stammen von der in Familienbesitz befindlichen Lage San Saba. Auch guter Chardonnay.

Zaca Mesa Santa Barbara ★★→★★★ Stellt von Chardonnay und Pinot noir auf Rhône-Rebsorten um. Der Syrah Black Bear Block ist einer der besten des Bundesstaats; ebenfalls empfehlenswert ist der Z Three, ein köstlicher Syrah/Grenache-Verschnitt, und auch die Roussanne-Abfüllung sollte man probieren.

Zahtila Vineyards Napa ★★★ Eleganter, verlockender Cabernet Sauvignon und intensiver Zinfandel. Im Auge behalten.

Der pazifische Nordwesten

Den roten Faden bildet die Vielfalt. Oregon, wo sich noch vor wenigen Jahren alles um Pinot noir drehte, hat nun komplexen, üppigen Pinot gris sowie Cabernet Sauvignon, Tempranillo und Syrah aus den Weinbergen mit wärmerem Klima im südlichen Teil des Bundesstaats zu bieten. Washington, einst vorwiegend für Riesling bekannt, erzeugt nun Cabernet Sauvignon, Cabernet franc, Syrah und Chardonnay im Weltklasseformat und den vielleicht besten Merlot der Westküste. Der pazifische Nordwesten hat eine Menge Geschichten zu erzählen, und das Zuhören lohnt sich.

Nordamerika

Bedeutende Weinbaugebiete

Applegate Valley (Oregon). Warmer Anbaubereich im Süden Oregons. Guter Cabernet Sauvignon und Syrah.

Columbia Valley (Washington). Sehr große AVA, die einen erheblichen Teil des südlichen und mittleren Washington umfasst. Cabernet Sauvignon, Riesling, Syrah, Chardonnay, Cabernet franc und einige andere. Subappellationen sind Horse Heaven Hills, Red Mountain, Walla Walla und Yakima Valley.

Umpqua Valley (Oregon). Wärmerer Anbaubereich, aber mit kühlenden Pazifikwinden. Vielversprechend für Tempranillo; auch Cabernet Sauvignon.

Willamette Valley (Oregon). Hier regiert Pinot noir. Mittlerweile gibt es verschiedene Unterbereiche, da die Erzeuger in Oregon ernsthaft dabei sind, die Möglichkeiten des Terroirs auszuloten. Auch guter Riesling, Pinot gris und Chardonnay.

Neuere Jahrgänge

Generelle Aussagen über Jahrgänge im pazifischen Nordwesten zu machen ist schwierig, da das Gebiet nicht nur wegen seiner Größe erhebliche klimatische Unterschiede aufweist, sondern in den einzelnen Regionen auch eine Vielzahl von Mikroklimata herrscht.

2010 Sehr schwieriges Jahr. Kühler Sommer, immer wieder Regen während der Lese. Sehr kleiner Ertrag (mancherorten bis zu 50 % weniger). Wer sorgfältig auslas, dürfte Weine mit guter Säure hervorbringen.

2009 Heiße Wachstumsperiode, sowohl in Oregon als auch in Washington. Frühe Lese; insbesondere die Roten zeigen schöne Frucht.

2008 Ein kühler Frühling führte zu später Lese. Die Winzer sagen den jungen Weinen eine rosige Zukunft voraus; manche sprechen vom besten Jahrgang des Jahrzehnts. In Oregon sah es für Pinot noir besonders vielversprechend aus. In Washington und Idaho kamen die Trauben in nahezu perfektem Zustand in die Kellereien.

2007 Kein einfacher Jahrgang; für diejenigen, die Acht gaben, dürfte es gut ausgehen.

2006 Durch die Bank wurde in Oregon, Washington und Idaho unglaubliche Qualität erzielt.

2005 Wird sich als erstaunlicher Jahrgang mit sehr guten Weinen herausstellen, allerdings nur bei denen, die Sorgfalt walten ließen. Pinot noir aus Oregon, Cabernet Sauvignon und Merlot aus Washington könnten außerordentlich gut werden.

Oregon

Abacela Vineyards Umpqua V. ★★★ Sehr guter Tempranillo, Dolcetto und Cabernet franc. Der Syrah ist köstlich.

Adelsheim Vineyard Yamhill-Carlton ★★★→★★★★ 05 06 07 09 – Der Pinot-noir-Veteran Oregons ist mit seiner eleganten Abfüllung weiter obenauf. Daneben Chardonnay von einem neuen Dijon-Klon, Riesling sowie Pinot gris und Pinot blanc der Spitzenklasse: sauber und ausdrucksstark.

Alexana Willamette V. ★★★ Weinmacherin Lynn Penner-Ash bereitet geschmeidigen, ausgewogenen Pinot noir mit fruchtigem Einschlag, in Schach gehalten durch schöne Säure. Probierenswert ist auch der einnehmende Pinot gris.

Amalie Robert Estate Willamette V. ★★★ Vielversprechender Erzeuger mit mineralischem, terroirgeprägtem Pinot noir und saftigem Chardonnay.

Amity Willamette V. ★★→★★★ Pionier in Oregon mit außergewöhnlichem Riesling und Pinot blanc. Der Pinot hat oft 3-Sterne- Niveau.

Anam Cara Cellars Willamette V. ★★★ Außerordentlicher Pinot noir Chehalem Mountains Reserve, reichhaltig und sehr konzentriert, sowie eleganter Guts-Pinot-noir und köstlicher Guts-Riesling.

Andrew Rich (Tabula Rasa) Willamette V. ★★→★★★ Kleine Mengen handwerklich bereiteter Weine, u. a. geschmeidiger Pinot noir und Syrah der Sonderklasse.

Anne Amie Willamette V. ★★★ Guter Winemaker's Selection Pinot noir, ausgewogen und harmonisch; auch sehr guter Pinot gris. Die Qualität der anderen Pinot-noir-Abfüllungen schwankt.

Antica Terra Willamette V. ★★→★★★ Jetzt im Besitz von vier Partnern, darunter die ehemalige kalifornische Kellermeisterin Maggie Harrison (Sine Qua Non). Der Pinot noir von Trauben aus den Amity Hills ist eine gelungene Kombination von Kalifornien und Oregon mit reichhaltigen, tiefen Geschmacksnoten.

Archery Summit Willamette V. ★★★ Kraftvolle Pinot-noir-Weine von mehreren Weinbergen; der wuchtige Stil hat eine treue Anhängerschaft gewonnen.

Argyle Yamhill-Carlton ★★→★★★ Sehr guter Riesling und exzellenter Pinot noir weisen den Weg; daneben auch günstiger Schaumwein. Der Betrieb wurde von dem australischen Starkellermeister Brian Croser gegründet.

Beaux Frères Yamhill-Carlton ★★★ Der Pinot noir besitzt mehr Konzentration als die meisten anderen aus Oregon. Teilweise im Besitz des Weinkritikers Robert Parker.

Benton Lane Willamette V. ★★ Köstlicher Pinot noir, ausgewogen und harmonisch, sowie sehr guter Pinot gris. Wer das Glück hat, auf den Pinot-noir-Rosé zu stoßen, sollte unbedingt zugreifen.

Bergström Wines Willamette V. ★★★ Der Pinot noir zählt stets zu den besten Oregons, ebenso wie der strahlende Pinot gris. Der als biologisch-dynamisch zertifizierte Pinot noir Bergström Vineyard ist ein intensiver Wein mit schönem Mundgefühl und langem Abgang.

Oregon 2008 – ein Jahrgang zum Lieben

Es ist kein Geheimnis, dass die Winzer in Oregon manchmal mit schwierigen Jahren zu kämpfen haben, wie es zum Beispiel 2010 der Fall war. Ein kühler Sommer geht bisweilen in einen noch kühleren Herbst über, und die Weine sind ... nun ja, heikel. Dann aber gibt es Jahre wie 2008 – und man möchte nur noch jubeln! Der Pinot noir ist durchweg einfach unglaublich. Die Aromen sind kraftvoll, ohne aufdringlich zu sein. Stattdessen sind die Weine reif und rund, dabei jedoch elegant. Und das Beste ist, dass sie sich im Lauf der kommenden zehn Jahre noch entfalten werden.

Bethel Heights Willamette V. ★★→★★★ Sehr schön bereiteter Pinot noir vom eigenen Gut. Der Chardonnay gehört zu den besten im Bundesstaat, auch guter Pinot blanc und Pinot gris.

Brandborg Vineyard & Winery Umpqua V. ★★→★★★ Besonders empfehlenswert sind Pinot noir und Syrah; der strahlende, spritzige Pinot gris gibt einen leckeren Aperitif ab.

Brick House Yamhill-Carlton ★★★ Wuchtiger Pinot-noir-Gutswein, dunkel und unergründlich. Eine schlankere, besser ausgewogene Version bietet der Estate Select.

Broadley Vineyards Willamette V. ★★★ Hier geht es ausschließlich um die Pinot-noir-Traube, von der jedes Jahr verschiedene Abfüllungen erzeugt werden. Die Weine sind in der Regel reichhaltig und kraftvoll, mit dunkler Frucht und leichtem Eichenholzanstrich.

Brooks Willamette V. ★★★ Brooks macht sich mit großartigem Riesling und Pinot noir aus ökologischem/biodynamischem Anbau einen Namen. Die Weine mit ihren nachhaltigen Geschmacksnoten und dem langen Abgang sind elegant und dabei preisgünstig. Empfehlenswert.

Carabella Willamette V. ★★★ Der Chardonnay mit seidigem Mundgefühl und nur einem Hauch Eiche ist überragend.

Chehalem Yamhill-Carlton ★★→★★★ Herausragender Chardonnay mit Alterungspotenzial, aber auch ein neuer Chardonnay ohne Eichennote zum sofortigen Genuss. Sehr guter Riesling und Pinot gris.

Coelho Winery Willamette V. ★★ Der ausschließlich Pinot noir produzierende Betrieb startet erfolgreich mit einem aromatischen, lebhaften Wein, der eine interessante Zukunft verheißt.

Cooper Mountain Willamette V. ★★★★ Komplexer Pinot noir und reichhaltiger, intensiver Chardonnay. Der Pinot noir Reserve verträgt einige Jahre Flaschenreife. Biodynamisch bewirtschaftete Weinberge mit Zertifikat.

Domaine Danielle Laurent Yamhill-Carlton ★★★ Guter bis sehr guter Einzellagen-Pinot-noir, v. a. die Soléna-Abfüllung. Auch der Syrah ist probierenswert.

Domaine Drouhin Willamette V. ★★★→★★★★ 03 04 05 06 – Herausragender Pinot noir, seidig und elegant, der mit jedem Jahrgang besser wird. Auch der Chardonnay ist ein Spitzenwein.

Domaine Serene Willamette V. ★★★★ Der burgundische Ansatz, Pinot noir von Einzellagen zu bereiten, bürgt meist für konkurrenzlose Qualität. Die Weine werden ungefiltert abgefüllt.

Elk Cove Vineyards Willamette V. ★★→★★★ Sehr guter Riesling, auch als Spätlese. Der Pinot noir ist erstklassig.

Erath Vineyards Yamhill-Carlton ★★★→★★★★ 1968 gegründeter Pionierbetrieb in Oregon. Sehr guter Chardonnay, Pinot gris, Gewürztraminer und Pinot blanc. Die Pinot-Weine halten sich gut, auch der Riesling.

Evesham Wood Willamette V. ★★★ Kleiner Familienbetrieb mit feinem Pinot noir, Pinot gris und trockenem Gewürztraminer. Bei den jüngeren Jahrgängen hat der Pinot noir stark zugelegt. Ökologischer Weinbau.

Eyrie Vineyards Willamette V. ★★★ Reichhaltiger und dennoch frischer Chardonnay und Pinot gris. Alle Weine halten sich wunderbar.

Foris Vineyards ★★ Ein schöner Pinot blanc und ein klassischer kirschroter Pinot noir sind die Spitzenreiter. Ein gutes Beispiel dafür, dass auch im Süden von Oregon feiner Wein erzeugt wird.

Four Graces Willamette V. ★★→★★★ Die große Stärke ist ein außergewöhnlicher Guts-Pinot-noir mit prachtvoller, lebhafter Frucht und schönem Mundgefühl.

Freja Willamette V. ★★★ Nur Pinot noir aus eigenem Anbau. Am Gaumen seidig mit kraftvollem Unterbau – eindeutig eine Hommage an Burgund.

Henry Estate Umpqua V. ★★ In dieser wärmeren Gegend von Oregon entstehen ein solider Cabernet Sauvignon und ein guter Merlot. Empfehlenswert ist auch der sehr gute trockene Gewürztraminer.

Ken Wright Cellars Yamhill-Carlton ★★★ Hoch angesehener Pinot noir und sehr guter Chardonnay aus Einzellagen.

King Estate Willamette V. ★★★→★★★★ Eines der größten Weingüter in Oregon, mit zertifiziert ökologischem Anbau. Sehr schöner und stetig besser werdender Pinot noir, herausragender Chardonnay.

Lachini Vineyards ★★★ Aufstrebender Erzeuger von herausragendem Pinot noir und sehr gutem Pinot gris. Außerdem neue Weine von Rebflächen in der Washingtoner Red Mountain AVA, ein Bordeaux-Verschnitt und ein muskulöser Cabernet Sauvignon. Demnächst auch Riesling und Albariño.

Lange Winery Yamhill-Carlton ★★→★★★ Reichhaltiger, seidiger Pinot noir, dazu sehr guter Pinot gris und ausgezeichneter Chardonnay.

Lemelson Vineyards Willamette V. ★★★ Hier stehen wirklich die Weinberge im Vordergrund: Es gibt derer sieben, alle werden ökologisch bewirtschaftet und erbringen in manchen Jahrgängen bis zu einem Dutzend verschiedener Pinot-noir-Abfüllungen. Die Weine sind zumeist elegant mit strahlender Mineralität. Sie sind bereits in der Jugend ein Genuss, dürften sich aber auch über 5–10 Jahre hinweg schön entfalten.

Monk's Gate Willamette V. ★★★ Der in kleinen Mengen erzeugte Pinot noir ist komplex und reichhaltig, dabei aber ausgewogen und harmonisch. Empfehlenswert.

Montinore Willamette V. ★★ Guts-Pinot-noir ist das Flaggschiff, aber auch der würzige, einladene Pinot gris hat Beachtung verdient. Als angenehmer, halbtrockener Aperitif hat der Borealis (Müller-Thurgau/Gewürztraminer/Pinot gris) seine Bestimmung gefunden.

Oak Knoll Willamette V. ★★ Pinot ist bei dieser beliebten Kellerei das große Thema; die Weine sind intensiv, aber ausgewogen. Auch sehr guter halbtrockener Riesling.

Panther Creek Willamette V. ★★ Der Pinot noir von Trauben aus mehreren Weinbergen ist konzentriert und für ein langes Leben bestimmt. Neu ist ein köstlicher, ohne Eiche ausgebauter Chardonnay.

Patricia Green Cellars Yamhill-Carlton ★★★→★★★★ Aufregender Einzellagen-Pinot-noir steht hier im Mittelpunkt. Das Spektrum der Stile reicht von leicht und rassig bis zu mächtig und konzentriert, aber empfehlenswert sind alle Weine.

Penner-Ash Yamhill-Carlton ★★★→★★★★ Kellermeisterin Lynn Penner-Ash von Rex Hill und ihr Mann erzeugen intensiven, reichhaltigen Pinot noir aus bis zu einem halben Dutzend Weinbergen, der kräftiger ist als viele andere in Oregon. Außerdem sehr guter Viognier.

Ponzi Vineyards Willamette V. ★★★→★★★★ 03 05 06 – Stets hervorragender Pinot noir, sehr guter Pinot gris und Chardonnay.

Quady North Applegate V. ★★→★★★ Die in Kalifornien beheimatete Quady Winery hat eine Niederlassung in der wenig bekannten AVA Applegate Valley im südlichen Oregon eröffnet. Es ist eine warme, trockene Region, und Quady nutzt die Vorteile von Klima und Böden in vollem Umfang, um herausragenden Viognier und Syrah zu erzeugen. Der Syrah Flagship übertrifft alles.

Resonance Yamhill-Carlton ★★★ Köstlicher, komplexer Pinot noir von ökologisch bzw. biologisch-dynamisch angebauten Trauben.

Retour Wines Willamette V. ★★★ Der vom Terroir geprägte, von alten Reben bereitete Pinot noir ist überwältigend, mit erdig-würzigen Noten und Anis. Behalten Sie diesen Erzeuger im Auge.

Rex Hill Willamette V. ★★★→★★★★ Exzellenter Pinot noir, Pinot gris und Chardonnay von verschiedenen Weinbergen. Die Reserve-Weine können 4-Sterne-Niveau erreichen.

RoxyAnn ★★ Erzeuger im südlichen Oregon mit besonders gutem Viognier und ausgezeichnetem Pinot gris. Der rote Verschnitt namens Claret ist ein netter, süffiger Tropfen.

Sineann ★★→★★★ Stilvolle, herrlich intensive Weine von Trauben aus Weinbergen in Oregon und Washington. Grandioser Zinfandel von alten Reben und erstaunlich guter Merlot aus der AVA Horse Heaven Hills in Washington.

Sokol Blosser Willamette V. ★★★→★★★★ Alle Weine hier sind großartig, besonders herausragend geraten jedoch der Pinot noir, Chardonnay und Gewürztraminer; sie sind ausgewogen und harmonisch. Auch der Syrah ist köstlich.

Soléna Willamette V. ★★★ Es gibt einen vollen, erdigen Pinot noir vom gutseigenen Weinberg sowie ein ansprechendes Angebot von Weinen aus ausgewählten Reblagen in Oregon und Washington, u. a. Zinfandel, Cabernet Sauvignon und Syrah.

Soter Yamhill-Carlton ★★★ Tony Soter entfaltet seine Fähigkeiten als Weinmacher jetzt nicht mehr in Kalifornien (Etude), sondern in Oregon, und er macht alles richtig. Der Mineral Springs Vineyard Pinot noir ist wunderbar: ausgewogen und harmonisch, mit langem, lyrischem Finish.

Stoller Estate ★★★ Der Einzellagen-Pinot-noir SV ist ausgewogen und elegant, mit geschmeidiger Frucht, der Guts-Pinot-noir JV von jungen Rebstöcken ist reifer, mit weicheren Tanninen. Außerdem ein guter Chardonnay von gutseigenen Trauben.

Torii Mor Yamhill-Carlton ★★★ Mehrere sehr gute Einzellagenabfüllungen von Pinot noir und ein erstklassiger Pinot gris.

Trisaetum Vineyards Willamette V. ★★★ Der Pinot noir Trisaetum des Newcomers ist ein wuchtiges Exemplar von einem Pinot noir mit einem verblüffenden, beschwingten Aromenspektrum. Der Riesling verspricht 4-Sterne-Niveau, v. a. die Abfüllung im trockenen Elsass-Stil.

Tyee Wine Cellars Willamette V. ★★ Handwerklich arbeitender Erzeuger von gutem bis ausgezeichnetem Pinot noir, Pinot gris und leckerem Gewürztraminer.

Van Duzer Winery Willamette V. ★★→★★★ Strahlender, fruchtiger Pinot noir und köstlicher Pinot gris aus Hanglagen in einem sehr kühlen Teil des Willamette Valley. Die Weine werden stetig besser.

Willakenzie Estate Yamhill-Carlton ★★★ Spezialist für Pinot noir, Pinot gris, Pinot blanc und Pinot Meunier in kleinen Mengen, auch eine Winzigkeit Gamay noir ist dabei. Die Weine können ganz hervorragend sein und sind immer empfehlenswert.

Willamette Valley Vineyards Willamette V. ★★→★★★ Guter Riesling, Chardonnay und sehr guter Pinot noir. Der Chardonnay aus neuer Klonenselektion hat das Niveau spürbar gehoben.

Washington/Idaho

Abeja Walla Walla ★★→★★★ Der Betrieb hat sich zunächst mit Cabernet Sauvignon und Chardonnay einen Namen gemacht, aber in letzter Zeit erregt auch der Syrah Aufmerksamkeit. Er verfügt über dieselbe Ausgewogenheit und Harmonie wie der Cabernet Sauvignon, mit würzigem Einschlag und nachhaltigem Finish.

Alexandria Nicole Cellars Columbia V. ★★→★★★ Handwerklich arbeitender Betrieb in der Horse Heaven Hills AVA mit vielfältigem Angebot, darunter sortenreine Weine von Bordeaux-Trauben – aber der Syrah ist die wahre Attraktion.

Amavi Cellars Walla Walla ★★★ Die Weine von Amavi, angeführt von Cabernet Sauvignon und Syrah, verbinden pures Vergnügen mit hervorragender Qualität. Paradepferd ist der überaus sortentypische Cabernet Sauvignon mit seinen den Gaumen einhüllenden Geschmacksnoten.

Andrew Will Winery ★★★★ **97 00 01 02** 05 07 08 09 – Besitzer Chris Camarda bereitet herausragende rote Einzellagenweine aus Bordeaux-Trauben: ausgewogen und elegant mit enormem Alterungspotenzial.

Arbor Crest ★★ Spitzenreiter ist hier der Chardonnay, dicht gefolgt von einem blumigen Sauvignon blanc. Preiswert.

Badger Mountain Columbia V. ★★→★★★ Washingtons erster ökologischer Weinbaubetrieb erzeugt guten Cabernet Sauvignon und Chardonnay. Jetzt auch eine neue Reihe mit sulfitfreien Ökoweinen.

Barnard Griffin Columbia V. ★★→★★★ Gut bereiteter Merlot, Chardonnay (v. a. fassvergoren), Semillon sowie Sauvignon blanc. Syrah und Viognier sind Spitzenklasse.

Basel Cellars Walla Walla ★★★ Der Newcomer ist mit Bordeaux-Sorten und einem feinen Syrah gut gestartet. Besonders empfehlenswert ist Merriment, ein Bordeaux-Verschnitt.

Bergevin Lane Walla Walla ★★ Erfolgreicher Start einer weiteren neuen Kellerei in Washington. Syrah ist das Aushängeschild.

Betz Family Winery Yakima V. ★★★→★★★★ Der versierte Weinmacher Bob Betz lässt sich von Rhône-Rebsorten inspirieren – v.a. seinen Syrah halten viele für das Maß aller Dinge in Washington. In den meisten Jahren gibt es drei Syrah-Abfüllungen: Serenne (am zugänglichsten), Côte Rousse und La Côte Patriarche, die beide Flaschenreifung benötigen.

Chardonnay mal anders

Oregon und Washington gelten nicht gerade als Chardonnay-Hochburgen, doch es gibt hier Abfüllungen, die eine leckere Alternative zum ewigen kalifornischen Chardonnay bieten. Im Willamette Valley in Oregon hat man sich eindeutig Burgund zum Vorbild genommen: Die Weine zeigen klare Säure und Mineralität. Washingtons generell wärmeres Klima mit allerdings kühlen Nächten führt zu runderen Weinen mit strahlenderer Frucht. Gute Beispiele für Chardonnay aus Oregon liefern u.a. Domaine Drouhin und Chehalem, aus Washington Owen Roe und Latah Creek.

Brian Carter Cellars ★★→★★★ Gute bis sehr gute Verschnitte in begrenzten Mengen, darunter ein weißer von aromatischen Sorten, ein »Supertoskaner« auf Sangiovese-Basis, zwei Bordeaux-Verschnitte und der Byzance, ein Verschnitt von Rhône-Sorten mit 3-Sterne-Niveau.

Bunnell Cellars Columbia V. ★★★ In dieser Gutskellerei dreht sich alles um die Rhône. Bestnoten für die Reihe von Syrah-Einzellagenweinen, den sehr guten Viognier und den neuen Grenache.

Buty Walla Walla ★★★ Man konzentriert sich hier auf Bordeaux-Verschnitte und erzielt damit hervorragende Ergebnisse. Spitzenwein ist der Champoux Vineyard Horse Heaven Hills, ein Verschnitt aus Cabernet Sauvignon und Cabernet franc mit duftigem Auftakt, gefolgt von schöner Frucht und einem langen, eleganten Abgang.

Cadaretta Walla Walla ★★★ Ein fantastischer Verschnitt von Sauvignon blanc und Semillon namens SDS sowie ein seidiger Syrah, der einen um ein zweites Glas förmlich betteln lässt. Wenn die gutseigenen Rebstöcke älter werden, ist noch Besseres zu erwarten.

Cayuse Walla Walla ★★→★★★ Etliche gute bis sehr gute Syrah-Weine und ein hervorragender roter Bordeaux-Verschnitt von biologisch-dynamisch angebauten Trauben.

Charles Smith Wines Walla Walla – Smith, früher Manager von Rockbands, hat mit seinen marmeladigen, konzentrierten Syrah-Weinen (reinsortig und verschnitten und großteils aus dem Columbia Valley) eine treue Anhängerschaft gewonnen. Bringt auch Weine mit dem Label K-... auf den Markt, also z.B. K-Syrah.

Chateau Ste. Michelle ★★→★★★★ Die größte Kellerei in Washington ist auch Eigentümer u.a. von Columbia Crest, Northstar (Spitzen-Merlot) und Snoqualmie. Große Anbauflächen, erstklassiges Equipment und erfahrene Kellermeister sorgen dafür, dass das breite Angebot an verschiedenen Weinen an der Spitze bleibt. Die sehr guten Cabernet-Sauvignon-,

Merlot- und Chardonnay-Abfüllungen sind nach ihren Lagen benannt. Kooperation mit Weingut Dr. Loosen (Deutschland) und Antinori (Italien).

Chinook Wines Yakima V. ★★★ Eleganter Merlot und Cabernet Sauvignon; hervorragender Cabernet franc, auch in einer köstlichen Rosé-Ausführung.

Columbia Crest Columbia V. ★★→★★★ Cabernet Sauvignon, Merlot, Syrah und Sauvignon blanc sind die preisgünstigen Favoriten. Im Besitz von Chateau Ste. Michelle.

Columbia Winery ★★★ Pionierbetrieb, der noch immer führend ist mit ausgewogenen, stilvollen, verhaltenen Einzellagenweinen. Der Syrah ist fantastisch.

DeLille Cellars ★★★→★★★★ **00 01 02 03** 05 07 08 09 – Bordeaux-Spezialist, der sehr gute bis hervorragende Weine erzeugt. Neu hinzugekommen ist der Syrah aus der Reihe Doyenne.

Di Stefano ★★→★★★ Am besten sind die Rotweine von Bordeaux-Sorten, etwa ein sehr guter, eleganter Cabernet Sauvignon und Cabernet franc; auch heller, saftiger Syrah.

Dunham Cellars Walla Walla ★★→★★★ Handwerklich arbeitender Erzeuger mit Schwerpunkt auf langlebigem Cabernet Sauvignon und großartigem Syrah sowie einem sehr guten Chardonnay.

Forgeron Walla Walla ★★→★★★ Einzellagenweine in kleinen Mengen: sehr guter Syrah in einem saftigen Stil sowie beachtlicher Roussanne und Pinot gris.

Glacial Lake Missoula (GLM) Wine Company Yakima V. ★★★ Diesen Betrieb sollte man im Augen behalten. Der Name kommt von einem großen See, der mit Schmelzwasser eines Gletschers aus der letzten Eiszeit gefüllt ist. Der Delude, ein Verschnitt von Cabernet Sauvignon und Cabernet franc, ist ein wunderbarer Wein: komplexe Fruchtnoten, langer, voller Abgang und eine Struktur für gute Alterungsfähigkeit.

Glen Fiona Walla Walla ★★→★★★ Bei diesem Rhône-Spezialisten dreht sich alles um Syrah und Syrah-Verschnitte; empfehlenswert ist v. a. die Cuvée von Syrah, Cinsault und Counoise.

Gramercy Cellars Walla Walla ★★★ Es wird eine Menge Gewese gemacht um die neue Kellerei und die von Master-Sommelier Greg Harrington bereiteten Weine. Der Syrah liebäugelt mit dem 4-Sterne-Status, sehr ansprechend ist der Third Man auf Grenache-Basis. Im Auge behalten.

Hedges Cellars Yakima V. ★★★→★★★★ Hervorragende Bordeaux-Rotweine aus dem AVA-Bereich Red Mountain. Der Fumé ist ein köstlicher, sehr beliebter Verschnitt von Chardonnay und Sauvignon blanc.

Hogue Cellars, The Yakima V. ★→★★ Verlässlicher großer Erzeuger, bekannt für exzellente Weine (v. a. Riesling, Chardonnay, Merlot und Cabernet Sauvignon) zu günstigen Preisen.

Hyatt Vineyards Yakima V. ★★→★★★ Der stilvolle Merlot gehört regelmäßig zu den besten in Washington. Unter entsprechenden Bedingungen empfehlenswerter Eiswein Black Muscat.

Indian Creek Idaho ★→★★ Der Spitzenwein ist Pinot noir, dem sehr guter Riesling und guter Cabernet Sauvignon zur Seite stehen.

Januik Columbia V. ★★★ Mike Januik, früher Kellerchef bei Chateau Ste. Michelle, erzeugt einige der besten Cabernet-Sauvignon-Gewächse des Bundesstaats. Sie sind zum Einkellern gemacht und halten sich etwa 10–15 Jahre.

Kiona Vineyards Yakima V. ★★→★★★ Solide Weine aus der Red Mountain AVA, v. a. Cabernet Sauvignon. Gutes Preis-Leistungs-Verhältnis.

Lake Chelan Winery Columbia V. ★★ Vielversprechender Newcomer mit einer Reihe von Weinen, darunter guter Cabernet Sauvignon, ansprechender Syrah und Riesling mit blumiger Note.

Latah Creek ★★→★★★ Latah Creek existiert lang genug (seit 1982), um von Weinkritikern auf der Jagd nach dem neuesten Brüller mitunter übersehen zu werden. In Wahrheit jedoch stammen einige der besten Merlot- und Chardonnay-Weine Washingtons von hier. Die Weine sind ausnahmslos ausgewogen und zeigen strahlendes Fruchtprofil.

L'Ecole No 41 Walla Walla ★★★→★★★★ Merlot **02** **04** 05 06 07 09 – Die Rotweine (Merlot, Cabernet Sauvignon und der fantastische Meritage-Verschnitt) sind echte Knüller – ausgewogen und mit geradliniger, lange haltbarer Frucht. Guter, im Fass vergorener Semillon.

Leonetti Walla Walla ★★★→★★★★ Leonettis wuchtiger Kult-Cabernet-Sauvignon ist ein guter Partner für den großartigen Merlot, der zu den Stars Washingtons zählt.

Long Shadows Columbia V. ★★★→★★★★ Der ehemalige Geschäftsführer von Chateau Ste. Michelle hat Spitzenkellermeister aus aller Welt zusammengebracht, die nun Weine von Washingtoner Trauben erzeugen. Hier liegt man mit allen Abfüllungen richtig, aber besonders empfehlenswert sind der von dem Deutschen Armin Diel bereitete Riesling Poet's Leap, der Cabernet Sauvignon Feather, für den der Kalifornier Randy Dunn verantwortlich zeichnet, und der großartige Syrah Sequel, der unter der Obhut des Australiers John Duval entsteht.

McCrea ★★★ Ein Rhône-Pionier in Washington, der kleine Mengen von gutem bis hervorragendem Viognier, Syrah und Grenache und sogar eine seltene sortenreine Abfüllung eines Counoise erzeugt.

Milbrandt Vineyards ★★→★★★ Die Milbrandt-Brüder, erfahrene Winzer mit rund 650 ha Rebfläche im Osten Washingtons, erzeugen mittlerweile ihren eigenen Wein. Der frische, mineralische Chardonnay Legacy Evergreen ist Star der Kellerriege; empfehlenswert ist auch die Reihe Traditions, v. a. der Syrah.

Nicolas Cole Cellars Columbia V. ★★→★★★ Limitierte Mengen von ausgewogenen, eleganten Rotweinen im Bordeaux-Stil sowie lagerfähigen Rhône-Interpretationen.

Nota Bene Cellars ★★→★★★ Eindrucksvolle reinsortige Rotweine von Bordeaux-Sorten aus der Red Mountain AVA und anderen Washingtoner Spitzenlagen. Langlebige Weine, die aufzuspüren sich lohnt.

Owen Roe ★★→★★★ Empfehlenswert sind der Chardonnay und der Riesling aus dem Yakima Valley; auch die Rotweine aus dem Columbia Valley, besonders von Bordeaux-Sorten, sind sehr gut. Preiswerte Weine unter dem Namen O'Reilly mit sehr gutem Pinot gris.

Pacific Rim ★★→★★★ Seinen ersten Pacific Rim Riesling bereitete Randall Grahm 1992 in seiner kalifornischen Kellerei Bonny Doon. Der Wein wurde so beliebt, dass er 2006 in Washington eine neue Kellerei bauen ließ, die jetzt voll in Betrieb ist. Es werden mehrere Rieslinge erzeugt, und sowohl die trockenen als auch die süßen Versionen sind super. Auch guter Einzellagen-Riesling – und vergessen Sie nicht den Chenin blanc.

Pend d'Oreille Idaho ★★→★★★ Angeführt wird das Angebot von schön fruchtbetontem Chardonnay mit klarer Säure. Auch von dem leckeren Viognier und Merlot trinkt man gern ein zweites oder drittes Glas.

Quilceda Creek ★★★→★★★★ Cabernet Sauvignon **01** **03** **04** 05 07 09 – Fachmännisch bereiteter Cabernet Sauvignon aus dem Columbia Valley. Wunderbar ausgewogene, sehr schön alternde Weine.

Reininger Walla Walla ★★→★★★ Kleiner Erzeuger von gutem Merlot und sehr feinem Syrah. Hinter dem Namen Helix verbergen sich Weine aus dem ganzen Bundesstaat; besonders gut ist der Syrah.

Robert Karl Columbia V. ★★→★★★ Kellerei in Spokane, die Einzellagenweine in kleinen Mengen von Trauben aus der Horse Heaven Hills AVA im Columbia Valley bereitet. Sowohl der Merlot als auch der Cabernet Sauvignon können 3-Sterne-Niveau erreichen.

Ste Chapelle Idaho ★★ Gefälliger, geradliniger Chardonnay, Cabernet Sauvignon, Merlot und Syrah; außerdem sehr guter Riesling und Gewürztraminer im trockenen Elsässer Stil. Ansprechender Schaumwein. Die Marke Chateau Series steht für preiswerte Weine.

Sandhill Winery Columbia V. ★★★ Nur Gutsweine aus der Red Mountain AVA. Hervorragender Cabernet Sauvignon und Merlot, sehr guter Pinot gris. Vor Ort sehr beliebt ist der rote Tafelwein Cinnamon Teal.

Saviah Cellars Walla Walla ★★→★★★ Sehr gute Bordeaux-Verschnitte aus diesem kleinen Familienbetrieb, dazu exzellenter Syrah.

Sawtooth Cellars Idaho ★★→★★★ Guter Cabernet Sauvignon; die neuen Syrah- und Viognier-Abfüllungen sind sehr gut. Vor Kurzem kam ein ausgezeichneter Roussanne hinzu.

Seven Hills Walla Walla ★★→★★★ Bekannt für ausgewogenen, eleganten Cabernet Sauvignon und Merlot. Der Bordeaux-Verschnitt Ciel du Cheval ist sehr gut; der Pinot gris von Trauben aus Oregon kommt bei den Konsumenten gut an.

Snoqualmie Vineyards Columbia V. ★★→★★★ Stets verlässlicher Erzeuger von Cabernet Sauvignon, Merlot und anderen Weinen. Die Qualität hat sich mit der Einführung der von ökologisch angebauten Trauben bereiteten Weine namens Naked verbessert. Der üppige Riesling Naked ist sofort zum Klassiker aufgestiegen.

Three Rivers Winery Walla Walla ★★ Die Kellerei bietet eine große Auswahl; besonders empfehlenswert sind der wuchtige Syrah und die äußerst süffige Grenache-Abfüllung.

Whitman Cellars Walla Walla ★★→★★★ Steve Lessard bereitet Weine von Trauben aus mehr als einem Dutzend Lagen in den AVAs Walla Walla und Red Mountain. Zum Sortiment zählen sehr guter Syrah, guter Cabernet Sauvignon und einer der besten Merlot-Weine Washingtons.

Woodward Canyon Walla Walla ★★★→★★★★ Cabernet Sauvignon **01 02 03** 04 05 06 07 09 – Die Kellerei ist seit fast 30 Jahren tonangebend bei Merlot und Cabernet Sauvignon aus Washington. Auch der häufig übersehene Chardonnay ist ausgezeichnet.

Nordosten, Südosten und das Landesinnere

Mag es in anderen Bereichen auch wirtschaftlich bergab gehen, diese aufstrebenden Regionen verzeichnen weiterhin rapide Zuwachsraten, sowohl im Hinblick auf die Zahl der Kellereien als auch in puncto Qualität. Auch der Weintourismus boomt: In den Weinbaugebieten des Bundesstaats New York tummeln sich jährlich gut fünf Millionen Besucher. Jeder Bundesstaat hat eine Wachstumsexplosion erlebt. New York verfügt über 289 Erzeugerbetriebe, einschließlich der 34 Neugründungen der letzten Jahre. Besonders stark war das Wachstum in Bereichen ohne lange Weinbautradition wie der Thousand-Islands-Inselgruppe und der Gegend um den Lake Champlain; sogar Manhattan hat jetzt eine Kellerei vorzuweisen. Virginia zählt 190 Erzeugerbetriebe, gegenüber 157 im vergangenen Jahr. In New Jersey gibt es jetzt 40 Kellereien und in Pennsylvania 140 (Vorjahr: 120). Die besten Weine aus dem Osten finden allmählich auch außerhalb des jeweiligen Anbaubereichs Anerkennung. Die Spitzen-Rieslinge von den Finger Lakes im Staat New York können inzwischen international mithalten. Merlot, Syrah und Cabernet franc aus Long Island erfüllen ihre anfangs gegebenen Versprechen, ebenso wie Riesling aus Michigan. Virginia bringt beachtlichen Viognier hervor und zudem beeindruckende Weine von Cabernet franc, Petit Verdot, Syrah und anderen Rhône-Sorten.

Neuere Jahrgänge

Die Wachstumssaison 2010 verlief größtenteils unter sehr heißen, trockenen Bedingungen, weshalb in vielen Gebieten die Lese bis zu drei Wochen früher als üblich begann. Verglichen mit 2009 – in einigen Regionen ein guter Jahrgang, andere hatten unter dem kalten, regnerischen Frühling zu leiden – gilt 2010 allgemein als der Jahrgang des Jahrzehnts im Osten.

Alba New Jersey ★★ Der Betrieb in New Jersey ist mit einem einzigartigen Mikroklima gesegnet, das für guten Pinot noir und Cabernet franc sowie exzellenten Riesling sorgt.

Anthony Road Finger Lakes, NY ★★★★ 08 09 10 – Einer der besten Erzeuger im amerikanischen Osten mit Riesling der Sonderklasse sowie feinem Pinot gris, Cabernet franc/Lemberger und Vignoles-Spätlese.

Barboursville Virginia ★★★★ 08 09 10 – Die älteste der »neuzeitlichen« Kellereien in Virginia (gegründet 1976) gehört der Familie Zonin (siehe Italien). Ausgezeichnete Weine von italienischen Rebsorten wie Barbera und Nebbiolo sowie saftiger Verschnitt im Bordeaux-Stil, exzellenter Cabernet franc und Malvasia. Dazu ein elegantes Hotel und Restaurant im toskanischen Stil.

Bedell Long Island, NY ★★★ 08 09 10 – Bedell war eines der ersten ernst zu nehmenden Güter auf Long Island und ist heute mit dem neuen Eigentümer (dem Mitbegründer von New Line Cinema) und frischem Geld besser denn je. Hervorragende nach Rebsorten etikettierte Weinen, darunter Chardonnay, Gewürztraminer und Cabernet franc, sowie eine Reihe köstlicher Verschnitte.

Breaux Virginia ★→★★ 09 10 – Das Weingut ist eine Autostunde von Washington D.C. entfernt. Guter Chardonnay und Merlot.

Chamard Connecticut ★→★★ Führender Weinbaubetrieb in Connecticut mit Chardonnay Pinot noir und Cabernet franc. AVA-Bereich ist Southeastern New England.

Channing Daughters ★★ 09 10 – Die besondere Aufmerksamkeit des Guts im Bereich South Fork auf Long Island gilt hier unüblichen Rebsorten wie Tocai friulano, Pinot bianco und Pinot grigio, die sortenrein ausgebaut werden.

Chateau LaFayette Reneau Finger Lakes, NY ★★★ 08 09 10 – Kellerei in herrlicher Lage am Lake Seneca mit hervorragendem Cabernet Sauvignon, Chardonnay und Riesling.

Chrysalis Virginia ★★★ 09 10 – Beachtlicher Viognier, sehr guter Petit Manseng, Albariño, Tannat und einheimischer Norton.

Debonné Vineyards Lake Erie, Ohio ★→★★ 09 10 – Größter Betrieb in Ohio; erzeugt Weine von *Vinifera*- sowie einigen Hybridreben. Erste Wahl sind Chardonnay, Riesling, Pinot gris und der Eiswein Vidal Blanc.

Ferrante Winery Harpersfield, Ohio – 1937 gegründeter Betrieb mit Chardonnay, Pinot grigio, Gewürztraminer, Riesling, einheimischem Catawba und Eiswein.

Finger Lakes Malerisches Weinbaugebiet im Norden des Staates New York mit mehr als 100 Erzeugerbetrieben, Quelle der meisten Weine des Bundesstaats. Spitzenkellereien: u.a. Anthony Road, Chateau LaFayette Reneau, Fox Run, Dr. Konstantin Frank, Heron Hill, King Ferry, Lakewood, Lamoreaux Landing, Ravines, Red Newt, Standing Stone, Swedish Hill und Hermann J. Wiemer.

American Viticultural Areas (AVAs)

Die bundesstaatlichen Bestimmungen in Bezug auf geschützte Herkunftsbezeichnungen in den USA wurden 1977, also relativ spät, festgelegt und sind dennoch verwirrend. Es gibt zwei Kategorien. Die erste richtet sich schlicht nach den politischen Grenzen und gilt für AVAs, die einen ganzen Bundesstaat umfassen, z.B. Kalifornien, Washington, Oregon usw. Auch einzelne Counties können AVA-Status erhalten, wie etwa Santa Barbara oder Sonoma. In diesem Fall müssen die Weine ausschließlich von Trauben aus dem betreffenden County bereitet werden. Die zweite Kategorie gilt geografischen Bereichen innerhalb eines Bundesstaats, beispielsweise Napa Valley in Kalifornien oder Willamette Valley in Oregon. Diese AVAs sollten theoretisch auf einer Ähnlichkeit der Böden, Wetterbedingungen etc. basieren. In der Praxis sind sie jedoch eher pauschal als exklusiv. Innerhalb dieser Art von AVAs sind weitere Subappellationen möglich. Beispielsweise umfasst die AVA Napa Valley Unterbereiche wie die AVAs Rutherford, Stags Leap und weitere. Auch für diese geografischen AVAs gilt, dass nur Trauben aus dem jeweiligen Bereich verwendet werden dürfen. Ein Erzeuger, der die entsprechenden Vorgaben erfüllt, hat die Wahl, ob er für seine Weine eine »politische« AVA wie etwa Napa oder eine »geografische« AVA wie Napa Valley verwendet.

Firelands Lake Erie, Ohio ★→★★ 09 10 – Alteingesessenes Weingut in Ohio (seit 1880) mit Cabernet Sauvignon, Chardonnay, Gewürztraminer, Pinot gris und Eiswein.

Fox Run Finger Lakes, NY ★★ 08 09 10 – Einer der besten Erzeuger des Gebiets mit feinem Chardonnay, Gewürztraminer, Riesling und Pinot noir. Gutes Café mit kleinen Mahlzeiten und Blick auf den Lake Seneca

Frank, Dr. Konstantin (Vinifera Wine Cellars) Finger Lakes, NY ★★★ 07 08 09 10 – Das einstige Pioniergut im Finger-Lakes-Distrikt bleibt ein führender Erzeuger im Osten Nordamerikas. Ausgezeichneter Riesling und Gewürztraminer; guter Chardonnay, Grüner Veltliner und Pinot noir. Sehr fein ist auch der Schaumwein Château Frank.

Georgia Bundesstaat mit inzwischen über einem Dutzend Kellereien. Empfehlenswert sind Three Sisters (Dahlonega), Habersham Vineyards und Chateau Elan (Braselton), das mit Weinbergen, Wein und einer Ferienanlage südlichen Glanz entfaltet.

Glen Manor Vineyards Virginia ★→★★ 09 10 – Erzeuger mit gutem, feuersteingetöntem Sauvignon blanc und alterungsfähigen sortenreinen Weinen von Bordeaux-Trauben.

Hamptons, The (auch South Fork) AVA auf Long Island. Hinreißender Anbaubereich im Bundesstaat New York mit drei Weinbaubetrieben: Channing Daughters, Duckwalk und Wöllfer Estate.

Hermann J. Wiemer Finger Lakes, NY ★→★★★ 08 09 10 – Der kreative Kellermeister, Gründer und frühere Inhaber ist gebürtiger Deutscher und war einer der Ersten, die *Vinifera*-Reben im Bundesstaat New York anpflanzten. Überragender Riesling, Chardonnay und Gewürztraminer, außerdem guter Schaumwein.

Heron Hill Finger Lakes, NY ★★ 09 10 – Das Gut mit Blick auf den Lake Keuka erzeugt beachtliche Riesling- und Dessertweine.

Hillsborough Eine der vielversprechendsten unter den neuen Kellereien Virginias.

Horton Virginia ★★ 08 09 10 – Einer der ersten Weinerzeugerbetriebe Virginias, 1993 gegründet. Guter Viognier und Norton.

Hudson River Region New Yorks erster anerkannter AVA-Bereich; auf beiden Flussufern und eineinhalb Autostunden nördlich von Manhattan gelegen. Das Vorzeigegut ist Millbrook.

Jefferson Virginia ★★ 09 10 – Ganz in der Nähe des historischen Guts Monticello von Thomas Jefferson. Guter Pinot gris, Viognier, Chardonnay, Merlot und ein Bordeaux-Verschnitt.

Keswick Virginia ★★★ 09 10 – Außergewöhnlicher Viognier, sehr guter Touriga.

King Family Vineyards Virginia ★★ 09 10 – Köstlicher Meritage, dazu feiner Petit Verdot und ein Verschnitt von Viognier und Petit Manseng im Vin-de-paille-Stil.

King Ferry Finger Lakes, NY ★★ 08 09 10 – Sehr feiner Riesling, Chardonnay und Cabernet franc.

Lake Erie Bedeutender Traubenanbau-Distrikt im Osten; 10.117 ha am Ufer des Erie-Sees, einschließlich Teilen von New York, Pennsylvania und Ohio. Auch Bezeichnung für eine sich über diese drei Staaten erstreckende AVA mit mehr als 60 Erzeugerbetrieben.

Lamoreaux Landing Finger Lakes, NY ★★★★ 08 09 10 – Hübsches Gut mit einigen der besten Chardonnay-Weine des Staates New York sowie gutem Riesling und Cabernet franc.

Lenz Long Island, NY ★★★ 09 10 – Einer der führenden Erzeuger im AVA-Bereich North Fork. Sehr netter Schaumwein, Chardonnay, Gewürztraminer, Cabernet Sauvignon, Cabernet franc und Merlot.

Linden Virginia ★★★ 08 09 10 – Das Virginia-Pioniergut (gegründet 1981) in den Bergen rund 100 km westlich von Washington D.C. zählt nach wie vor zu den Besten der Region. Überragender Sauvignon blanc; außerdem Cabernet franc, Petit Verdot und rote Verschnitte im Bordeaux-Stil.

Long Island NY – Das Weinbaugebiet ersteckt sich knapp 200 km in den Atlantik hinein. 1973 wurden die ersten *Vinifera*-Reben gepflanzt. Heute gibt es hier 56 Erzeugerbetriebe, die meisten davon auf der North Fork. Es gibt drei AVAs: Long Island, North Fork und The Hamptons, alle mit *Vinifera*-Reben. Zu den Spitzengütern zählen u. a. Jamesport, Pugliese, Rafael und Sherwood House. Außerdem empfehlenswert: Bouké, Clovis Point, Comtesse Thérèse, Martha Clara, Raphael, Roanoke Shinn Estate, Sherwood House und Sparkling Pointe.

Maryland Der Bundesstaat verfügt über 45 Kellereien. Die Spitzenerzeuger sind Black Ankle, Sugarloaf und Elk Run; Woodhall bietet nach wie vor guten Barbera. Angehende Stars: Bordeleau (Chardonnay, Viognier, Malbec) und Serpent Ridge (Cabernet Sauvignon, Cabernet franc).

Michael Shaps/Virginia Wineworks ★★★ 07 08 09 10 – Beständig guter Erzeuger von überragendem Viognier, komplexem Chardonnay, beachtlichem Petit Verdot, Cabernet franc und Merlot sowie einem feinen roten Verschnitt im Bordeaux-Stil. Der Raisin d'Etre wird von rosinierten Petit-Verdot- und Cabernet-franc-Trauben bereitet.

Michigan 85 Kellereien, die Trauben aus Michigan verarbeiten, und vier AVAs (800 ha Rebfläche, zu zwei Dritteln mit *Vinifera* bestockt). Hier entstehen eindrucksvoller Riesling, Gewürztraminer und Pinot gris sowie in geeigneten Jahrgängen sehr guter Cabernet franc und Verschnitte. Die besten Erzeuger sind u.a. Bel Lago, Black Star, Bowers Harbor, Brys, Chateau Grand Traverse, Fenn Valley, Peninsula Cellars (v.a. trockener Gewürztraminer), Tabor Hill und L. Mawby (ausgezeichneter Schaumwein). Neu und vielversprechend: Chateau Chantal, Chateau Fontaine, Cherry Creek, 45 North, Lawton Ridge, Left Foot Charley, Longview, 2 Lads.

Millbrook Hudson R., NY ★★ 09 10 – Das hoch angesehene Gut im Hudson Valley erzeugt Chardonnay, Tocai friulano, Pinot noir und Cabernet franc.

Missouri Weiter wachsendes Anbaugebiet mit 92 Betrieben in drei AVA-Bereichen: Augusta, Hermann und Ozark Highlands. Am besten sind Seyval blanc, Vidal, der süße und trockene Vignoles sowie Chambourcin. Die University of Missouri hat eine neue Versuchskellerei eingerichtet, um Techniken und Rebsorten zu testen. Stone Hill in Hermann produziert sehr guten Chardonel (eine winterharte Hybride von Seyval blanc und Chardonnay), Norton sowie guten Seyval blanc und Vidal blanc. Der Hermannhof erregt Aufsehen mit Vignoles, Chardonel und Norton. Außerdem: St. James mit Vignoles, Seyval blanc und Norton, Mount Pleasant in Augusta mit einem vollen Wein im Port-Stil und Norton, Adam Puchta mit guten Weinen im Port-Stil, Norton, Vignoles und Vidal blanc, Augusta Winery mit Chambourcin, Chardonel und Eiswein, Les Bourgeois mit gutem Syrah, Norton und Chardonel sowie Montelle mit sehr gutem Cynthiana und Chambourcin.

North Fork Beliebtes Ausflugsziel, nicht mal zwei Autostunden von Manhattan entfernt, mit den AVA-Bereichen Long Island und New York. Zu den besten Erzeugern zählen Bedell, Jamesport, Lenz, Lieb, Palmer, Paumanok, Pellegrini, Pindar, Raphael.

North Carolina 100 Weinkellereien, darunter Biltmore, Childress, Duplin (Muscadine), Hanover Park, Iron Gate, Laurel Gray, McRitchie, Old North State, RagApple, Raffaldini, RayLen, Rockhouse, Shelton. Biltmore Estate ist die meistbesuchte Kellerei der Vereinigten Staaten. Spitzenreiter sind die Rebsorten Chardonnay, Viognier und Cabernet franc.

Ohio 155 Kellereien und fünf AVA-Bereiche. Teils beachtlicher Pinot gris, Riesling, Pinot noir und Eiswein. Spitzenerzeuger sind u. a. Debonné, Ferrante, Firelands, Harmony Hill, Harpersfield, Henke, Kinkead Ridge, Paper Moon, St. Joseph und Valley Vineyards.

Palmer Long Island, NY ★★ 09 10 – 1986 von dem gewieften Werbestrategen Bob Palmer gegründete Kellerei mit bemerkenswertem Chardonnay, Sauvignon blanc, Cabernet franc und Schaumwein.

Paumanok Long Island, NY ★★★ 08 09 – Familienbetrieb in North Fork mit hochwertigem Riesling, Chardonnay, Chenin blanc, Merlot, Cabernet Sauvignon, Cabernet franc und Petit Verdot.

Pellegrini Long Island, NY ★★★ 08 09 10 – Erzeuger in North Fork mit sehr schicker Kellerei. Hochklassiger Merlot, Chardonnay und Cabernet franc.

Pennsylvania 140 Erzeugerbetriebe. Zu den Spitzengütern gehören Briar Valley (guter Chardonnay und Cabernet franc), Chaddsford (z. T. hervorragende rote Verschnitte), Allegro (Chardonnay und Merlot), Pinnacle Ridge

(Schaumwein, roter Verschnitt im Bordeaux-Stil und Chambourcin), Manatawny Creek (Cabernet franc und Cabernet Sauvignon sowie ein Verschnitt im Bordeaux-Stil), Waltz (Chardonnay, Cabernet Sauvignon und Cabernet franc) sowie Mazza am Lake Erie (Vidal-Eiswein).

Pindar Vineyards Long Island, NY ★★ 09 10 – Der größte Erzeugerbetrieb auf Long Island mit 116 ha. Große Weinauswahl, darunter feiner Chardonnay, Merlot, Riesling, Cabernet franc und sehr gute Verschnitte im Bordeaux-Stil. Beliebtes Touristenziel.

Pollack Virginia ★★★ 07 08 09 10 – Überragende Kellerei (gegründet 2003) mit fantastischem Chardonnay, Pinot gris, Petit Verdot,Cabernet Sauvignon und franc sowie roten und weißen Bordeaux-Verschnitten.

RDV Virginia – Funkelnagelneues Gut (gegründet 2011) mit spektakulären Kellern und vielversprechenden Weinen.

Red Newt Finger Lakes, NY ★★★ 09 10 – Einer der besten Erzeuger des Bereichs mit grandiosem Chardonnay, Cabernet franc, Merlot und einem Verschnitt im Bordeaux-Stil. Das Bistro bietet feine regionale Gerichte.

Sakonnet Rhode Island ★ 09 10 – Einer der ältesten Weinbaubetriebe Neuenglands. Guter Chardonnay, Vidal blanc und Schaumwein.

Sheldrake Point Finger Lakes, NY ★★★ 09 10 – Hervorragender Riesling, Gewürztraminer und Chardonnay. Gutes Bistro am Ufer des Lake Cayuga.

Southeastern New England Die AVA erstreckt sich südlich der Stadt Boston entlang der Massachusetts Bay über das Cape Cod bis nach New London in Connecticut und umfasst auch die Küstenbereiche von Rhode Island. Das Klima ist stark vom nahen Atlantik beeinflusst. Vorwiegend Weiß- und Schaumweine. Führende Erzeuger: Newport Vineyards, Sakonnet, Truro Vineyards und Westport Rivers.

South Fork Siehe Hamptons.

Standing Stone Finger Lakes, NY ★★ 09 10 – Exzellenter Erzeuger mit sehr gutem Riesling, Gewürztraminer und Vidal sowie einem Verschnitt im Bordeaux-Stil.

Unionville Vineyards New Jersey ★→★★ Beachtlicher Chardonnay und Riesling sowie guter Rotweinverschnitt im Bordeaux-Stil.

Veritas Virginia ★★ 09 10 – Guter Erzeuger mit stilvollem Schaumwein Scintilla Brut, Sauvignon blanc, Chardonnay, Cabernet franc und Petit Manseng.

Villa Appalaccia Virginia ★★ 09 10 – Die hübsch gelegene Kellerei in den malerischen Blue Ridge Mountains erzeugt Weine mit italienischem Einschlag, u. a. guten Primitivo, Sangiovese, Pinot grigio und einen Malvasia-Verschnitt.

Virgina Mit 190 staatlich zugelassenen Kellereien (viele kaum eine Autostunde von Washington D.C. entfernt) und sechs AVAs hat sich Virginia zu einem der bedeutendsten Weinbaugebiete im amerikanischen Osten gemausert. Die Qualität ist überall sprunghaft gestiegen.

Whitehall Virginia ★★★ 09 10 – Stilvolle Kellerei in der Nähe des historischen Charlottesville. Feiner Pinot gris und Gewürztraminer, empfehlenswerter Petit Manseng, ausgezeichneter Chardonnay, Cabernet franc und Verschnitte auf Cabernet-Sauvignon-Basis.

Wisconsin Der beste Erzeuger ist Wollersheim, der sich auf Variationen von Maréchal Foch spezialisiert hat. Der Prairie Fumé (Seyval blanc) ist ein Verkaufsschlager.

Wölffer Estate Long Island, NY ★★★ 08 09 – Feiner Chardonnay, lebhafter Rosé und guter Merlot des talentierten deutschstämmigen Kellermeisters Christian Wölffer.

Der Südwesten

Über die trockenen, wüstenähnlichen Gebiete in Arizona zu den Bergen von Colorado bis hin zu den texanischen Ebenen beginnt der Südwesten sich in der Weinwelt einen Namen zu machen. Texas zählt derzeit mehr als 200 Erzeugerbetriebe, ein Zuwachs von 30 % gegenüber 2000, und steht in der US-Weinproduktion an fünfter Stelle. Colorado nähert sich der Marke von 100 Kellereien und ist eine Quelle voller, körperreicher Abfüllungen. In Arizona, wo im Weinberg oft ökologische oder biodynamische Methoden und Solartechnik zum Einsatz kommen, gibt es mehr als 45 Erzeugerbetriebe – einer davon ist Cimarron und gehört Dick Erath aus Oregon. Aufgrund der sehr unterschiedlichen Anbaubedingungen experimentieren die Winzer mit diversen Rebsorten. In Oklahoma werden neben *Vinifera-* auch Hybridreben sowie einheimische amerikanische Sorten kultiviert. New Mexico orientiert sich an Rhône- sowie italienischen und spanischen Sorten. Machen Sie sich auf die Suche nach Montepulciano, Tempranillo und Refosco.

Almosa Texas – Sehr guter Tempranillo und gute, jung zu trinkende weiße Verschnittweine, v. a. der Scissortail mit Marsanne.

Arizona Alcantara Vineyards: guter Sauvignon blanc, Mourvèdre. Callaghan Vineyards (★★): einer der besten Erzeuger Arizonas; empfehlenswert v. a. Syrah und der rote Verschnitt Claire. Cimarron: Betrieb von Dick Erath aus Oregon – neu, vielversprechend, spannend. Dos Cabezas: sehr guter Cabernet Sauvignon und Syrah. Keeling Schaefer Vineyards: guter Grenache und Syrah. Page Springs: neu und vielversprechend, mit Schwerpunkt auf Rhône-Stil. Pillsbury Wine Company: Filmregisseur Sam Pillsbury reüssiert mit seinen Weinen und einprägsamen Etiketten. Empfehlenswert: Roan Red sowie WildChild (weiß und rot). Sonoita: Pionier in Arizona mit gutem Syrah, Colombard, Cabernet Sauvignon.

Becker Vineyards Texas ★★ Der Preissegen reißt nicht ab, v. a. für Cabernet Sauvignon, Viognier, Malbec Reserve und Sauvignon blanc.

Brennan Vineyards Texas – Ausgezeichneter Viognier, sehr guter Cabernet Sauvignon und Syrah.

Colorado Allis Ranch: Boutique-Kellerei mit Schwerpunkt Rhône-Rebsorten, z. B. sehr guter Two Husky Syrah. Balistreri Vineyards: sehr guter Merlot und Zinfandel. Bookcliff: guter Viognier und Riesling. Boulder Creek: sehr guter Viognier, Cabernet Sauvignon. Canyon Wind: Sehr guter Sauvignon blanc, Tempranillo und »IV«, ein roter Verschnitt von Petit Verdot, Cabernet Sauvignon, Merlot und Cabernet franc. Carlson Cellars (★★): ausgezeichneter Riesling, sehr guter Lemberger und Obstweine (v. a. der Kirschwein, der mit geschmolzener Schokolade serviert wird). Garfield Estates: sehr guter Sauvignon blanc, Cabernet franc und Syrah. Graystone: auf Weine im Port-Stil spezialisiert, alle sehr gut, mit vollem Nachklang. Guy Drew: ausgezeichneter Syrah, sehr guter Petit Verdot und Cabernet franc. Ptarmigan: fünftgrößter Erzeuger in Colorado, bringt auch ein Zweitetikett, Stoney Mesa, heraus; alle Weine sind sehr zugänglich, v. a. Riesling, Gewürztraminer, Merlot. Reeder Mesa: guter Cabernet franc, Syrah und Verschnitt Land's End Red. Winery at Holy Cross (★): exzellenter Cabernet Sauvignon und Syrah; sehr guter Riesling, Merlot und Cabernet franc.

Duchman Texas – Neuer, vielversprechender Erzeuger mit sehr gutem Montepulciano, Vermentino und Dolcetto.

Fairhaven Vineyards Texas – Der Erzeuger mit Fokus auf französisch-amerikanische und amerikanische Hybridreben zeigt, dass Chambourcin und Baco noir sehr wohl probierenswert sind.

Flat Creek Texas – Sehr guter Pinot noir, guter Dessertwein Mistella, der aus unvergorenen Muscat-Canelli-Trauben und Weinbrand bereitet wird.

Grape Creek Texas – Kellerei mit gutem Viognier, Pinot gris, Merlot und roten Verschnitten.

Haak Vineyards & Winery Texas ★ Sehr guter Malbec und Blanc du Bois; der Verkaufsschlager Madeira heimst weiterhin Auszeichnungen ein.

Inwood Estates Texas – Würdige Ergänzung des Angebots aus dem Bereich Texas Hill Country mit sehr gutem Tempranillo und einem Verschnitt von Palomino und Chardonnay.

Kiepersol Estates Vineyards Texas – Sehr guter Sangiovese, Syrah und Cabernet Sauvignon.

Llano Estacado Texas ★★ Der Pionier mit Sitz in Lubbock, eine der größten Kellereien in Texas, erzeugt u.a. den guten weißen Verschnitt Viviana; sehr gut sind ein Wein im Port-Stil und Cabernet Sauvignon.

Lone Oak Texas – Erzeuger mit sehr gutem Tempranillo und gutem Merlot.

McPherson Cellars Texas ★→★★ Wurde zu Ehren des texanischen Weinbaupioniers Dr. Clinton McPherson in Lubbock gegründet. Sehr gut bereiteter Cabernet Sauvignon, Sangiovese, Viognier und Syrah.

Messina Hof Texas ★★ Kellerei in Bryan mit exzellentem Riesling (v.a. die Spätlese), sehr gutem Cabernet Sauvignon, (rotem) Meritage und Weinen im Port-Stil. Kellermeister Paul Bonarrigo bezaubert nach wie vor.

Nevada Tahoe Ridge, vormals Churchill V'yds: guter Zinfandel Reserve und Petite Sirah. Pahrump Valley Winery (in der Nähe von Las Vegas): beliebtes Ausflugsziel mit Restaurant. Guter Symphony und Zinfandel.

New Mexico Amaro Winey: neuer Erzeuger mit gutem Dolcetto und Refosco. Black Mesa (★★), Estrella del Norte und Santa Fe Vineyads: alle unter der Leitung von Jerry Burd. Sehr guter Montepulciano, Dolcetto und ein preisgekrönter, in der Solera ausgebauter Wein im Sherry-Stil (das Ergebnis einer Spanienreise Burds). Casa Abril: kleiner Familienbetrieb mir vielversprechendem Malbec und Tempranillo. Gruet (★★): ausgezeichnete Schaumweine, die immer besser werden. Don Quixote: geschäftstüchtige Boutique-Kellerei und handwerklich arbeitende Destillerie bei Los Alamos. Die Weine der Reihe Manhattan Project sollte man im Auge behalten. Verführerischer Grappa und Wodka aus Hopi-Mais. Wines of the San Juan: Erzeuger im Bereich Four Corners mit gutem Cabernet Sauvignon und Pale Morning Dun, einem Verschnitt von Ugni blanc, Chenin blanc und Muscat. Luna Rossa (★→★★): sehr guter Montepulciano und alterungsfähiger Cabernet Sauvignon.

Oklahoma Chapel Hill in El Reno: guter Traminett und Norton. Greenfield Vineyard in Chandler: guter Merlot, Sauvignon blanc. Nuyaka Creek Nuyaka: ungewöhnliche, aber leckere Frucht- und Beerenweine, einige auch mit einem Anteil Weintrauben bereitet. Probierenswert: Elderberry, Peach Mist (Chardonnay und Pfirsich) oder Baileyana von hiesigen autochthonen Sorten. Oak Hills Winery in Chelsea: sehr guter Catawba, Chambourcin, Seyval blanc und Traminette. Stone Bluff Cellars in Haskell: guter Vignoles, Cynthiana, Chardonel.

Peregrine Hill Texas – Erzeugerbetrieb in Fort Stockton mit gutem Chardonnay und Pinot noir.

Sunset Texas – Kellerei in Burleson mit gutem Cabernet Sauvignon sowie Malbec namens Twilight Tango.

Val Verde Texas – In vierter Generation fortgeführte Tradition. Sehr guter Chardonnay, Pinot grigio, Merlot.

Zin Valle Texas – Sehr guter Schaumwein Rising Star Brut; guter Pinot noir und Gewürztraminer.

Kanada

Während sich die Weinproduzenten der Welt Sorgen über die globale Erwärmung und ihren Einfluss auf die Weinstile machen, zerbrechen sich die kanadischen Erzeuger den Kopf, wie sie auf ihren sehr kühlen Lagen moderne, ausgewogene Weine erzeugen sollen, die man gut zum Essen trinken kann. Etwa 500 Betriebe bauen von der Ost- bis zur Westküste in Kanada eine Vielzahl von Rebsorten an. Auf der Niagara Peninsula in Ontario und neuerdings auch weiter östlich im Prince Edward County kratzen handwerklich bereitete Weine von Chardonnay, Riesling, Pinot noir und Cabernet franc schon an der Vormachtstellung des Eisweins. 3.000 Kilometer weiter westlich in British Columbia bereitet man im Okanagan Valley und Similkameen Valley sowie in einzelnen Lagen auf Vancouver Island nicht weniger bemerkenswerte Weine; hier werden sich wohl Pinot gris, Merlot, Syrah and eine Reihe weißer Verschnittweine durchsetzen. An der Atlantikküste zeigt Nova Scotia Potenzial für Schaumwein.

Ontario

In Ontario liegt der Ursprung des kanadischen Weinbaus. Heute sind im Bundesstaat vier Hauptanbaugebiete (Appellations of Origin) festgelegt: Niagara Peninsula, Lake Erie North Shore, Pelee Island und Prince Edward County, wobei die Niagara Peninsula ihrerseits in zehn verschiedene Subappellationen unterteilt ist.

Cave Spring ★★→★★★ 09 (10) – Vorbildlicher Riesling, v. a. mit den Etiketten CSV und Estate, eleganter Chardonnay von alten Reben im Burgunderstil, außerordentliche Spätlese und Eisweine.

Flat Rock ★★★ 09 (10) – Frische, moderne Weine mit Schraubverschluss aus kühlem Klima. Beständig ausgezeichneter Riesling, Pinot noir und Chardonnay. Der Einzellagen-Riesling Nadja's Vineyard ragt heraus.

Henry of Pelham ★★★ 07 09 (10) – Die Kellerei in Familienbesitz ist auf Chardonnay und Riesling spezialisiert; außerdem Rotweine im Bordeaux-Stil, ein eigenwilliger Baco noir und Riesling-Eiswein. Spitzenetikett: Speck Family Reserve (SFR).

Inniskillin ★★★ 07 09 (10) – Beim Eiswein-Pionier bricht mit Weinmacher Bruce Nicholson jetzt eine neue Ära an. Der Schwerpunkt liegt auf köstlichem Riesling, Pinot gris, Pinot noir und Cabernet franc; Spezialitäten sind Riesling und Vidal Eiswein.

Jackson-Triggs ★★★ 07 (10) – Hochmoderne Kellerei; an der Spitze stehen die Weißen Delaine Vineyard und Grand Reserve, außerdem vielversprechender Pinot noir und Syrah.

Le Clos Jordanne ★★★★ Pinot noir und Chardonnay vom Allerfeinsten aus ökologisch bewirtschafteten Lagen.

Stratus ★★★★ 07 (10) – Hightech-Kellerei mit einem Weißwein als Aushängeschild und roten Verschnitten aus vielen Sorten. Exzellenter Eiswein.

Tawse ★★★★ 07 (10) – Von der Zeitschrift The Wine Access 2010 zur kanadischen Kellerei des Jahres gewählt: hervorragender Chardonnay und Riesling sowie hochklassiger Pinot noir, Cabernet franc und Merlot aus Bioweinbau.

Thirty Bench Wine Makers ★★★ Eindrucksvoller Einzellagen-Riesling von alten Reben vom 27-ha-Weinberg Beamsville Bench. Thirty Bench gehört Kanadas zweitgrößtem Weinerzeuger, Andrew Peller Ltd.

British Columbia

In British Columbia sind fünf Anbaugebiete (Appellations of Origin) ausgewiesen: Okanagan Valley, Similkameen Valley, Fraser Valley, Vancouver Island und Gulf Islands.

Blue Mountain ★★★★ 06 09 – Etablierter Produzent von exzellenten Schaumweinen sowie hochklassigem, lagerfähigem Pinot noir, Chardonnay und Pinot gris.

Burrowing Owl ★★★ 06 09 – Das Bilderbuchweingut mit ausgezeichnetem Chardonnay, Cabernet franc, Pinot gris und Syrah umfasst auch ein angesehenes kleins Hotel und Restaurant.

Cedar Creek ★★★★ 06 09 – Herrlich aromatischer Riesling, Gewürztraminer, Ehrenfelser und Merlot im klassischen Nordwest-Stil; dazu die Spitzenreihe Platinum mit Chardonnay, Syrah und Pinot noir.

Jackson-Triggs Okanagan ★★★ 06 09 – Weine im beliebten leicht zugänglichen Stil; sehr guter Shiraz und Meritage, hervorragender Riesling Eiswein.

Mission Hill ★★★★ 06 08 09 – Sehr angesehen sind Chardonnay, Syrah und die Legacy-Reihe: Perpetua, Oculus, Quatrain und Compendium. Gute Küche, Tische im Freien.

Nk'Mip ★★★ 06 09 – Das Gut gehört zu einer von Eingeborenen betriebenen millionenschweren Ferienanlage mit Spa. Gut bereiteter Pinot blanc, Riesling und Pinot noir; an besten sind der Qwam Qwmt Pinot noir und der Meritage.

Osoyoos Larose ★★★★ 07 08 09 – Bemerkenswerter, mustergültiger, alterungsfähiger Einzellagen-Bordeaux-Verschnitt, erzeugt von Groupe Taillan und Vincor Canada. Das ausgezeichnete Zweitetikett ist Pétales d'Osoyoos.

Quails' Gate ★★★06 09 – Das Familiengut mit exzellentem Pinot noir und Chardonnay sowie aromatischem Riesling und Chenin blanc genießt für seinen Old Vines Foch (von alten Reben) Kultstatus.

Tantalus ★★★★ 08 09 – Die neue, zertifiziert nach ökologischen Richtlinien gestaltete Kellerei vervollständigt den ältesten (seit 1927) kontinuierlich arbeitenden Weinbaubetrieb Kanadas. Produziert wird Pinot noir und Riesling auf natürliche Weise, d. h. ohne Eingriff von außen.

Südamerika

Die folgenden Abkürzungen werden im Text verwendet:

Aco	Aconcagua
BA	Buenos Aires
Cach	Cachapoal
Casa	Casablanca
Cata	Catamarca
Col	Colchagua
Cur	Curicó
Elq	Elquí
La P	La Pampa
Ley	Leyda
Lim	Limarí
Mai	Maipo
Mau	Maule
Men	Mendoza
Pat	Patagonien
Rap	Rapel
Sal	Salta
San A	San Antonio
San J	San Juan
San R	San Rafael

Die dunklen Flächen bezeichnen die Weinbaugebiete

Jahrgänge in Südamerika

Weißweine aus Südamerika sind fast ausnahmslos innerhalb der ersten zwei Jahre nach der Lese am besten, Rotweine innerhalb der ersten drei Jahre. Die ambitioniertesten Roten (chilenische Weine auf Cabernet- und Syrah-Basis, argentinische von Cabernet und Malbec) halten sich ein Jahrzehnt oder länger, doch lässt sich darüber streiten, ob sie sich nach dem fünften Jahr noch weiter entfalten. Außerdem haben die jüngsten Verbesserungsmaßnahmen dazu geführt, dass heute Weine aus weniger guten Jahren tatsächlich besser sind als solche aus früheren Jahrgängen, die damals als gut eingestuft wurden (die Erdbebenkatastrophe in Chile im Jahr 2010, von der Curicó und Maule betroffen waren, ereignete sich vor der Lese, sodass der Ertrag zwar gering, die Qualität aber nicht beeinträchtigt war).

Chile

Erst das Negative: In Chile gibt es noch immer zu viele korrekt bereitete, aber seelenlose Rotweine, die jenseits des Geschmacks von Eiche und Schwarze-Johannisbeer-Pastillen wenig zu bieten haben und von Weinmachern stammen, deren saubere Fingernägel genug über ihre Verbundenheit mit der Scholle verraten. Nun zum Positiven: Die Suche nach neueren, in der Regel kühleren Regionen wird fortgeführt, verbunden mit einer »erwachseneren« Herangehensweise an Weißweine – mit dem Ergebnis, dass die besten Exemplare immer mehr Komplexität und mineralische Noten aufweisen. Dann ist da die Wiederauferstehung alter Reben, vor allem in unmodernen Bereichen wie Maule and Itata, wo Carignan und Païs so etwas wie eine Renaissance erleben. Und da ist MOVI (Movimiento de Viñateros Indipendientes), ein neuer Zusammenschluss von Boutique-Kellereien des ganzen Landes.

Das Land ist in fünf Weinbauzonen mit jeweils diversen Unterbereichen unterteilt. Von Nord nach Süd sind dies: Atacama (Unterbereiche: Copiapó, Huasco), Coquimbo (Elqui, Limarí, Choapa), Aconcagua (Aconcagua, Casablanca, San Antonio), Valle Central (Maipo, Rapel, Curicó, Maule) und Sur, der Süden (Itata, Bío-Bío, Malleco). In der Regel wird es kühler, je weiter südlich man kommt, doch spielen auch Höhe und Meeresnähe eine wichtige Rolle, wenn es darum geht, die passende Rebsorte für einen Weinberg zu wählen.

Aconcagua Traditionell ein warmer Anbaubereich für stämmige Rote, doch neue Anpflanzungen an der Küste offenbaren auch Potenzial für Weißweine.

Almaviva Mai ★★★ Teurer, aber erstklassiger Rotwein im Bordeaux-Stil, ein gemeinsames Projekt von Concha y Toro und Baron Philippe de Rothschild (dessen roter Verschnitt Escudo Rojo ebenfalls sehr gut ist).

Altaïr Rap ★★→★★★ Ehrgeiziges Gemeinschaftsunternehmen von Château Dassault (St-Emilion) und San Pedro de Yacohuya. Pascal Chatonnet aus Bordeaux ist Berater. Der *grand vin* (v. a. Cabernet Sauvignon mit Carmenère) ist komplex und erdig, der zweite namens Sideral ist früher trinkreif.

Anakena Cach, Col, Ley ★→★★ Ordentliches Sortiment. Die Spitzenweine heißen ONA, u. a. mit schwungvollem Syrah. Ebenfalls gut sind die Einzellagenweine und der Reserve Chardonnay. Auf den Viognier und den ONA Pinot noir sollte man besonders achten.

Antiyal Mai ★★→★★★ Álvaro Espinozas eigenes, biodynamisch bewirtschaftetes Gut mit feinen, komplexen roten Verschnitten von Cabernet-Sauvignon-, Syrah- und Carmenère-Trauben. Die zweite Marke ist Kuyen; außerdem neuer sortenreiner Carmenère.

Apaltagua Rap ★★→★★★ Spezialist für Carmenère, der in Apalta (Colchagua) von alten Reben erntet. Der reichhaltige, kräuterwürzige Spitzenwein heißt Grial.

Aquitania, Viña Mai ★★→★★★ Das chilenisch-französische Joint-Venture, an dem Paul Pontallier und Bruno Prats aus Bordeaux beteiligt sind, erzeugt sehr guten Cabernet Sauvignon Lazuli und Chardonnay Sol de Sol (aus Malleco).

Arboleda, Viña Aco, Casa, Ley ★★→★★★ Der Betrieb, zu Errázuriz/Caliterra gehörig, produziert Weißweine aus Leyda und Casablanca sowie Rote aus Aconcagua, darunter den geschliffenen Seña (Cabernet Sauvignon/Merlot/Carmenère) und ausgezeichneten sortenreinen Carmenère. Neuer pfirsichfruchtiger, aber raffinierter Marsanne/Viognier/Roussanne-Verschnitt.

Aristos Cach, Mai ★★→★★★ Neues Projekt des Terroirspezialisten Pedro Parra und zweier französischer Weinmacher. Verführerischer Chardonnay und zwei rote Verschnitte – der eine von Bordeaux inspiriert, der andere aus den Sorten Syrah und Petite Sirah – sprechen für eine verheißungsvolle Zukunft.

Bío Bío Vielversprechende Region in Südchile. Potenzial vorhanden für gute Weißweine und Pinot noir.

Botalcura Cur ★★→★★★ Der Grand Reserve Cabernet franc und der rote Verschnitt Cayao des französischen Kellermeisters sind sehr gut; außerdem vielversprechender Nebbiolo.

Caliterra Casa, Col, Cur, Ley ★→★★ Schwesterfirma von Errázuriz. Chardonnay und Sauvignon blanc werden besser, die Rotweine vielschichtiger, v. a. die Reihe Tribut und der neue Spitzenrotwein Cenit. Bio-Sur heißt die neue Biowein-Reihe.

Carmen, Viña Casa, Col, Elq, Mai ★★→★★★ Pionier im ökologischen Weinbau und im selben Besitz wie Santa Rita. Erzeugt reifen, frischen Special-Reserve-Chardonnay aus Casablanca sowie Semillón-Spätlese aus Maipo. Und wenn schon die Weißen Spitzenklasse sind, so sind die Roten noch besser: v. a. Petite Sirah und Cabernet Sauvignon Gold Reserve.

Casablanca Region zwischen Santiago und der Küste mit kühlem Klima. Sehr wenig Wasser, Tropfbewässerung daher unumgänglich. Chardonnay und Sauvignon blanc der Spitzenklasse; vielversprechender Merlot und Pinot noir.

Casablanca, Viña Casa, Mai, Rap ★→★★ Eigentlich Weißweinspezialist mit feinem Sauvignon blanc, Chardonnay und Gewürztraminer, sehr gut sind aber auch die Super-Cuvée Neblus (Casablanca) und der Merlot Nimbus Estate (Colchagua).

Casa Marín San A ★★★ Engagierter Spezialist für Weißwein mit sehr gutem Gewürztraminer und herrlichem Sauvignon blanc. Die Syrah- und Pinot-noir-Weine sind vielversprechend.

Casas del Bosque Cach, Casa ★→★★ Das elegante Sortiment umfasst u. a. saftigen, unterschätzten Sauvignon blanc, anmutigen Pinot noi, pfeffrigen Syrah Reserva und sehr feinen Cabernet Sauvignon aus Cachapoal.

Casas del Toqui Rap ★→★★★ Betrieb in Rapel im Besitz des Médoc-Château Larose-Trintaudon. Marken: Las Casas del Toqui und Viña Alamosa. Seidiger erstklassiger Rotweinverschnitt Leyenda und Cabernet Sauvignon Prestige.

Casa Silva Col ★★ Weingut in Colchagua, jetzt auch mit Weinbergen im Küstengebiet Paredones (sehr guter Sauvignon blanc). Das ordentliche Sortiment wird angeführt vom seidigen, komplexen roten Altura, dem rauchigen Carmenère Microterroir und dem Quinta Generación (rot und weiß). Hat ferner die empfehlenswerte Reihe Doña Dominga im Angebot.

Chadwick, Viñedo Mai ★★★ Stilvoller Cabernet Sauvignon, der mit jedem Jahrgang besser wird, von Weinbergen im Besitz von Eduardo Chadwick, dem Vorstand von Errázuriz.

Chocalan, Viña Mai, San A ★★★ Sanfte, angenehme Rote, etwa der duftige Gran Reserva Malbec. Auch eine Reihe von Weißweinen aus San Antonio unter dem Namen Malvilla.

Clos Ouvert Mau ★★ Das neue Unternehmen konzentriert sich auf natürliche Weinbereitung mit Lesegut von alten Reben. Zum Angebot zählen der Loncomilla (Carmenère), der Huaso (País) und der rote Verschnitt Otoño.

Concha y Toro Santiago ★→★★★ Gigantisches, aber auf Qualität ausgerichtetes Unternehmen. Spitzenweine sind der feine Chardonnay Amelia (Casablanca), der zupackende Cabernet Sauvignon Don Melchor, der Terrunyo, Einzellagenweine namens Winemaker Lot und der komplexe Carmin de Peumo (Carmenère). Die Reihen Marqués de Casa Concha, Trio, Explorer und Casillero del Diablo bieten gute Qualität fürs Geld. Die neue Gran-Reserva-Reihe Serie Riberas umfasst sechs Weine von an verschiedenen Flüssen gelegenen Weinbergen. Maycas del Limarí im Norden erzeugt guten Chardonnay. Besitzt auch den Fairtrade-Erzeuger Viña Los Robles sowie Palo Alto. Siehe auch Almaviva, Cono Sur sowie Trivento (Argentinien).

Cono Sur Casa, Col, Südchile ★★→★★★ Sehr gute Pinot-noir-Weine, allen voran der Ocio. Andere Spitzengewächse kommen unter dem Namen 20 Barrels heraus, neue Kreationen unter dem Namen Visión (der Riesling aus Bío Bío ist großartig). Auch kompakter, fruchtiger Cabernet Sauvignon, köstlicher Viognier, Gewürztraminer mit Rosenblütennoten und eindrucksvoller neuer Syrah. Zweitwein ist Isla Negra. Im Besitz von Concha y Toro.

Cousiño Macul Mai ★★ Das Angebot umfasst den verlässlichen Cabernet Sauvignon Antiguas Reserva, einen schwungvollen Sauvignon gris und als Spitzenwein einen Verschnitt namens Lota. Der Cabernet-Sauvignon-Rosé ist herrlich erfrischend.

Edwards, Luis Felipe Col, Ley ★★ Rotweine aus Colchagua (seidiger Cabernet Sauvignon/Shiraz Reserve, fülliger Doña Bernarda) und Weißweine aus Leyda (zitrusduftiger Chardonnay Gran Reserva, pikanter Sauvignon blanc Marea de Leyda).

Elqui Das nördlichste Weinbautal Chiles. Die Weinberge auf 350 bis 2.000 m Höhe werden von Meeresbrisen gekühlt und eignen sich für den Anbau verschiedener Sorten.

Emiliana Casa, Rap, Südchile ★→★★★ Spezialist für ökologischen/biologisch-dynamischen Anbau in Zusammenarbeit mit Álvaro Espinoza (siehe Antiyal, Geo Wines). Die komplexen, Syrah-schweren Weine »G« und Coyam weisen schon beinahe Wildheit im mediterranen Stil auf. Erschwingliche Komplexität bieten die billigeren Reihen Adobe und Novas.

Errázuriz Aco, Casa ★→★★★ Komplexer Chardonnay Wild Ferment, tiefgründiger Shiraz La Cumbre, vielschichtiger Cabernet Sauvignon Don Maximiano und der duftende Carmenère KAI. Siehe auch Arboleda, Caliterra und Chadwick.

Falernia, Viña Elq ★★ Pionier im Elqui-Tal; erzeugt Rhône-artigen Syrah, duftenden Carmenère und würzig-herben Sauvignon blanc sowie den neuen, komplexen roten Verschnitt Number One. Zu den Marken zählen Alta Tierra und Mayu.

Fournier, Bodegas O. Ley, Mau ★★ Vielversprechendes neues Projekt eines der besten Erzeuger Argentiniens; bringt jetzt schon sehr guten Leyda Sauvignon blanc und roten Verschnitt Centauri (Maule) hervor.

Garcés Silva, Viña ★★→★★★ Hochinteressanter Erzeuger in San Antonio mit exzellentem, körperreichem Sauvignon blanc sowie empfehlenswertem Pinot noir und Chardonnay der Reihe Amayna.

Geo Wines Gemeinschaftsprojekt mehrerer neuer Kellereien, für die Álvaro Espinoza den Wein bereitet. Beachtlich der erdige Rotweinverschnitt Chono San Lorenzo (Maipo), der Pinot noir Ventolera (Leyda) und der würzig-herbe Riesling Quintay (Bío Bío).

Hacienda Araucano Casa, Rap ★★→★★★ François Lurtons chilenisches Unternehmen. Komplexer Gran Araucano Sauvignon blanc (aus Casablanca), Clos de Lolol, ein ausgefeilter Verschnitt von Carmenère und Cabernet Sauvignon, und der alkoholstarke Alka Carmenère.

Haras de Pirque Mai ★★→★★★ Weingut in Pirque (Maipo). Rauchiger Sauvignon blanc, stilvoller Chardonnay und dichter Cabernet Sauvignon/Merlot. Der Spitzenwein Albis (Cabernet Sauvignon/Carmenère) ist ein kompakter, rauchiger Rotwein, der gemeinsam mit Antinori (Italien) erzeugt wird.

Koyle Col ★→★★ Die neue Kellerei der Familie Undurraga erzeugt soliden Syrah und Cabernet Sauvignon.

Lapostolle ★★→★★★★ Eindrucksvolle Kellerei in französischem Besitz und inspiriert von Michel Rolland. Durchweg gutes Angebot; Highlight bei den zunehmend eleganten Weißen ist neue Semillón, bei den Roten stechen Merlot und Syrah aus der Reihe Cuvée Alexandre sowie der Clos Apalta auf Carmenère-Basis hervor. Die klassische Reihe heißt nun Casa.

Leyda, Viña San A ★★→★★★ Die Pioniere in San Antonio erzeugen eleganten Chardonnay (Lot 5 Wild Yeasts ist am besten), üppigen Pinot noir (v. a. Lot 21 und lebhaften Rosé) und frischen Sauvignon blanc Garuma. Nun im Besitz des Eigentümers von Tabalí.

Limarí Nördliche, hoch gelegene Region, daher für chilenische Verhältnisse recht kühl; beeindruckt bereits mit Syrah und Chardonnay.

Loma Larga Casa ★★→★★★ Erstklassiges Sortiment mit eindrucksvollem Sauvignon blanc, Pinot noir, Cabernet franc und Syrah. Lomas del Valle ist das Zweitetikett.

Maipo Berühmtes Weinbaugebiet nahe Santiago. Die besten Cabernet-Sauvignon-Weine Chiles kommen meist aus den höher gelegenen östlichen Subregionen wie Pirque und Puente Alto.

Martino, de Cach, Elq, Mai, Mau ★★→★★★ Kellerei mit Sitz im westlichen Maipo und Weinbergbesitz in ganz Chile. Bekannt v. a. für Carmenère, beeindruckt aber auch mit dem Cabernet Sauvignon Gran Familia, Einzellagencuvées und der Reihe Legado.

Matetic San A ★★★ Die spannende neue Kellerei erzeugt ordentlichen Pinot noir und Chardonnay, doch die Stars sind der duftende, schwungvolle Sauvignon blanc und der würzige, beerenfruchtige Syrah EQ. Zweitmarke: Corralillo.

Maule Südlichstes Anbaugebiet des Valle Central. Umfasst die Täler Claro, Loncomilla und Tutuven.

Montes Casa, Col, Cur, Ley ★★→★★★ Die Höhepunkte des auch sonst erstklassigen Angebots sind der Cabernet Sauvignon Alpha, der Bordeaux-Verschnitt Montes Alpha M, der Syrah Folly aus Apalta und der Purple Angle – Carmenère in seiner intensivsten Form. Vielversprechend auch die neuen Weine von Sauvignon blanc und Pinot noir aus Leyda, ebenso Sauvignon blanc und Pinot noir aus der Umgebung von Zapallar, wo das berühmte Beach Resort liegt. Experimentiert in seinen Weinbergen in Marchihue mit hoher Pflanzdichte – 15.000 Reben pro Hektar!

MontGras Col, Ley, Mai ★★→★★★ Schöne Weine in limitierter Auflage, darunter Syrah und Zinfandel. Hochklassige Aushängeschilder sind der Cabernet Sauvignon Ninquén und der Syrah Antu Ninquén. Preiswerter Biowein Soleus, milder, aber feiner Intriga aus Maipo und ausgezeichnete Amaral-Weißweine aus Leyda.

Morandé Casa, Mai ★★ Günstiges Angebot, darunter César, Cinsault, Bouschet und Carignan. Zur Reihe Edición Limitada gehören u. a. würziger Syrah/Cabernet Sauvignon und tintendunkler Malbec. Spitzenwein ist der House of Morandé auf Cabernet-Sauvignon-Basis.

Neyen Rap ★★★ Projekt des aus St-Emilion stammenden Patrick Valette in Apalta, erzeugt einen intensiven Verschnitt von alten Carmenère- und Cabernet-Sauvignon-Reben. Jetzt im Besitz von Veramonte.

Odfjell Mai, Mau ★→★★★ Rotweinspezialist mit sehr gutem Carmenère und Carignan (aus Maule); daneben gibt es die Reihe Orzada und (auf Einsteigerniveau) Armador.

Pérez Cruz, Viña Mai ★★★ Kellerei in Maipo, in der Álvaro Espinoza (siehe Antiyal) für die Weinbereitung zuständig ist. Frischer, würziger Syrah, aromatischer Cot (Malbec) und stilvolle rote Verschnitte namens Quelen und Liguai.

Principal, El ★★→★★★ Blüht jetzt unter neuen Besitzern auf. Ausschließlich Cabernet Sauvignon/Carmenère-Verschnitte – Calicanto, Memorias und El Principal – von einem hoch gelegenen Weinberg.

Quebrada de Macul, Viña Mai ★★→★★★ Ehrgeiziger Erzeugerbetrieb mit gutem Chardonnay und sehr gutem Cabernet Sauvignon Domus Aurea; auch der Stella Aurea und der Peñalolén (beide ebenfalls von Cabernet Sauvignon) sind schmackhaft.

Rapel Qualitätsweinbaugebiet, unterteilt in die Täler Colchagua und Cachapoal. Am besten sind die herzhaften Rotweine, v. a. von Carmenère und Syrah, doch man sollte auch die kühleren Unterbereiche Marchihue und Paradones an der Küste im Auge behalten.

Ribera del Lago Mau ★★ Komplexer Cabernet Sauvignon/Merlot-Verschnitt und mineralischer Sauvignon blanc von Rafael Tirado unter dem Etikett Laberinto.

Rosa, Viña La Rap ★★ Verlässlicher Chardonnay, Merlot und Cabernet Sauvignon aus Rapel unter den Etiketten La Palma, La Capitana und Cornellana. Die Stars sind die Rotweine namens Don Reca, nicht zu verachten auch der rote Verschnitt Ossa Sixth Generation.

San Antonio Küstengebiet westlich von Santiago, das vom Seewind profitiert. Sehr vielversprechend für Weißwein, Syrah und Pinot noir. Leyda ist ein Unterbereich.

San Pedro Cur ★→★★★ Großer Erzeuger mit Sitz in Curicó. 35 South (oder 35 Sur) ist die Marke für erschwingliche sortenreine Weine, Castillo de Molina steht eine Klasse darüber. Am besten sind die Rotweine »1865 Limited Edition«, Kankana del Elqui (Syrah) und der elegante Cabo de Hornos. Im selben Besitz wie Altaïr, Viña Mar, Missiones de Rengo, Santa Helena und Tarapacá.

Santa Alicia Mai ★→★★★ Spezialist für Rotwein. Spitzenweine sind der feste, aber saftige Millantu auf Cabernet-Sauvignon-Basis, Aushängeschild des Unternehmens, und der geschmeidige, aber gut strukturierte Anke Blend 1 (Cabernet franc/Petit Verdot).

Santa Carolina, Viña Santiago ★★→★★★ Das Qualitätsangebot umfasst sortenreine Weine, Reserva, Barrica Selectión, Reserva de Familia und den neuen Verschnitt VSC von Cabernet Sauvignon, Syrah und Petit Verdot. Syrah und Carmenère in jeder Preislage gut. Die neue Reihe mit Spezialitäten (Sauvignon blanc aus San Antonio, Chardonnay aus Limarí, Carignan aus Maule, Syrah aus Maipo) ist hervorragend.

Santa Rita Mai ★★→★★★★ Die qualitätsbewusste Bodega ist in Maipo beheimatet, besitzt aber in vielen Regionen Weinberge und arbeitet jetzt mit dem Australier Brian Croser zusammen. Der beste Wein ist der Cabernet Sauvignon Casa Real, doch Pehuén (Carmenère), Triple C (Cabernet Sauvignon/Cabernet franc/Carmenère) und die Reihe Floresta kommen ihm beinahe gleich.

Seña Mai – Siehe Arboleda.

Tabalí ★★ Die Kellerei – Mitbesitzer ist San Pedro – erzeugt ausgefeilten Chardonnay, pfirsichfruchtigen Viognier, seidigen Pinot noir und erdigen, pfeffrigen Syrah. An der Spitze stehen die Einzellagenweine Payen (Syrah) und Talinay (Chardonnay und Pinot noir).

Tamaya, Viña Casa ★★ Die Kellerei ist auf Zack mit dem Graves-artigen Sauvignon blanc Winemaker's Selection sowie gutem Carmenère und Syrah Reserve.

Tarapacá, Viña Casa, Ley, Mai ★★ Immer besser werdende, alteingesessene Kellerei, jetzt zusammen mit San Pedro Teil der VSPT-Gruppe. Spitzenweine: Tara Pakay (Cabernet Sauvignon/Syrah) und Etiqueta Negra Gran Reserva (Cabernet Sauvignon).

Torres, Miguel Cur ★★→★★★ Frische Weiße und gute Rote, hervorzuheben sind der kräftige Manso de Velasco, ein Einzellagen-Cabernet-Sauvignon, und der Cordillera auf Cariñena-Basis. Der Conde de Superunda ist eine seltene Spitzen-Cuvée; außerdem eine neue Bioreihe namens Tormenta. Siehe auch Spanien.

Undurraga Casa, Ley, Mai ★→★★ Das historische Gut in Maipo beeindruckt auch unter dem neuen Besitzer. Am besten sind der Syrah aus Limarí und die Sauvignon-blanc-Weine aus Leyda und Casablanca unter dem Namen TH (Terroir Hunter); daneben gibt es lebhaften Schaumwein Brut Royal (Chardonnay/Pinot noir) und pfirsichduftige Semillón-Spätlese.

Valdivieso Cur ★→★★★ Großer Erzeuger, der sich in den letzten Jahren mit seinen Reserva- und Einzellagenweinen von Spitzen-Terroirs in ganz Chile von einer beeindruckenden Seite präsentiert hat (besonders gut der Chardonnay aus Leyda), nicht zu vergessen den jahrgangslosen roten Verschnittwein Caballo Loco und den herrlich würzigen neuen Éclat auf Carignan-Basis.

Vascos, Los Rap ★→★★★ Unternehmen im Besitz von Lafite-Rothschild, das sich von einem reinen Bordeaux-Nachahmer hin zu einem erfolgreicheren, aber immer noch eleganten Stil entwickelt hat. Spitzenweine: Le Dix und Grande Réserve.

VC Family Estates ★→★★★ Großes Unternehmen mit Rebflächen in verschiedenen Regionen, darunter über 700 ha in Bío Bío, und den Marken Gracia de Chile, Agustinos (guter pfeffriger Gran Reserva Malbec) und Veranda, früher ein Joint Venture mit Boisset aus Burgund. Erzeugt nun auch sehr guten Pinot noir: Millerandage ist die Spitzen-Cuvée.

Ventisquero, Viña Col ★→★★★ Ehrgeizige Kellerei, deren Marken u. a. Chilano und Yali heißen; Spitzenweine sind zwei Rote aus Apalta: der füllige, aber duftige Syrah Pangea und der Carmenère-Syrah-Verschnitt Vertice. Vielversprechender neuer Pinot noir Herú aus Casablanca.

Veramonte Casa ★★ Weißweine von Trauben aus Casablanca, Rote aus dem Valle Central; alle gut. Spitzenwein ist der rote Verschnitt Primus.

Viu Manent Col ★→★★ Die Kellerei in Colchagua ist auf dem Weg nach oben. Der duftende Viu 1 und der El Incidente (vorwiegend Carmenère) führen das Sortiment an, Malbec Secreto und Viognier sind auch sehr gut, die Semillón-Spätlese sogar erstklassig.

Von Siebenthal Aco ★★★ Die Boutique-Kellerei in Schweizer Besitz erzeugt sehr guten Syrah Carabantes, den eleganten Verschnitt Montelíg, den schön strukturierten Petit Verdot Toknar und den konzentrierten, aber sehr teuren Tatay de Cristóbal auf Carmenère-Basis.

Argentinien

Sind wir eigentlich die Einzigen, die argentinische Rotweine – gegenwärtig das Lieblingsgetränk der US-Amerikaner – als zu viel des Guten empfinden? Ja, ja, wir erwarten von einem Malbec von alten Reben durchaus Reichhaltigkeit und Intensität, aber wir mögen auch ein wenig Duftigkeit und Sanftheit, und ebendies fehlt so vielen teuren Spitzen-Cuvées ganz besonders. Wem an etwas mehr Elan gelegen ist, der halte sich an die kühleren Gegenden wie Tupungato in Mendoza oder Neuquén und Río Negro in Patagonien. Was die Weißen anbelangt, so bevorzugen wir trotz der Verdienste der duftenden Torrontés-Traube, die in der Cafayate-Region von Salta zweifellos einige charaktervolle, traubige Weine erbringen kann, die frischen Sauvignon-blanc- und Chardonnay-Jünglinge dieser kühlen Gebiete.

Achaval Ferrer Men ★★★ Erzeuger in Mendoza mit außerordentlich konzentriertem Einzellagen-Malbec Altamira, Bella Vista und Mirador sowie dem Verschnitt Quimera (Malbec/Cabernet Sauvignon/Merlot).

Alta Vista Men ★→★★★ Der hervorragende dichte, würzige Alto (Malbec/Cabernet Sauvignon) und ein Trio von Einzellagen-Malbecs – Alizarine, Serenade (Luján de Cuyo) und Temis (Uco Valley) – sind exzellent. Außerdem frischer, pikanter Torrontés. Die Schwesterkellerei Navarrita erzeugt den feinen Malbec Winemaker's Selection.

Altocedro Men ★★→★★★ Malbec und Tempranillo, beide mit leichter Eichennote, sind die Trümpfe dieser Kellerei in Consulta (Valle de Uco) – im Verschnitt ergeben sie den Spitzenwein Desnudos.

Altos las Hormigas Men ★★→★★★ Spezialist für Malbec, beeindruckt aber auch mit rauchigem Bonarda; die Weine bereitet der Önologe Alberto Antonini, ehemals bei Antinori in Italien beschäftigt. Spitzenwein: Viña las Hormigas Reserva.

Anita, Finca La Men ★★→★★★ Das Weingut in Mendoza bringt hochklassigen Rotwein hervor, v. a. Syrah, Malbec und den neuen Merlot Varúa; außerdem reizvollen Weißwein, u. a. Semillón und Tocai friulano.

Antucura Men ★★★ Bodega im Valle de Uco mit einem wunderbar ausgewogenen, würzigen Verschnitt aus Cabernet Sauvignon und Merlot. Die Zweitmarke heißt Calvulcura.

Argento Men ★→★★ Ableger von Catena Zapata; erzeugt guten kommerziellen Wein unter den Etiketten Libertad, Malambo und Argento.

Atamisque ★→★★★ Die Bodega mit Sitz in Tupungato beeindruckt mit herb-würzigen, frischen Roten, v. a. Assemblage (Malbec/Merlot/Cabernet Sauvignon). Serbal und Catalpa stehen eine Stufe tiefer im sehr guten Sortiment.

Bianchi, Valentin San R ★ Rotweinspezialist in San Rafael. Das exzellente Zugpferd ist Enzo Bianchi (Cabernet Sauvignon/Merlot/Malbec); günstige Weine gibt es unter dem Etikett Elsa's Vineyard, u.a. einen fleischigen Barbera. Außerdem prägnanter Sauvignon blanc und anständiger Schaumwein.

Bressia Men ★★→★★★ Kleine neue Kellerei, die sich mit den erstklassigen Weinen Profundo (Malbec-dominiert) aus Agrelo und Conjuro Malbec aus Tupungato bereits von ihrer besten Seite zeigt.

Cabernet de los Andes Cata ★★ Äußerst vielversprechendes Gut in Catamarca mit ökologischem (und teilweise biologisch-dynamischem) Anbau. Wuchtige, aber duftende und ausgewogene Rotweine namens Vicien und Tizac.

Canale, Bodegas Humberto Pat ★→★★ Kellerei in Río Negro, bekannt für ihren Sauvignon blanc und Pinot noir. Die eigentlichen Stars sind aber Merlot und Malbec, v.a. der Marke Black River.

CarinaE Men ★★ Neuer Erzeugerbetrieb in Cruz de Piedra; reichhaltige, aber duftig-elegante Rotweine sind seine Stärke.

Catena Zapata, Bodega Men ★★→★★★★ Die stets gute Auswahl führt aufsteigend über die Marken Alamos, Catena und Catena Alta bis hin zum Flaggschiff Nicolas Catena Zapata und dem Malbec Argentino, plus die Malbec-Weine Adrianna und Nicasia von Einzellagen. Gemeinsam mit den Rothschilds von Lafite (Frankreich) wird der erstklassige Caro und dessen jüngerer Bruder Amancaya erzeugt. Siehe auch Argento und Luca/Tikal/Tahuan/Alma Negra.

Chacra Pat ★★★ Großartiger Río-Negro-Pinot-noir aus einer Bodega im Besitz des Sassicaia-Erzeugers Incisa della Rocchetta (siehe Italien). Die Spitzen-Cuvée Treinta y Dos wird von 1932 angepflanzten Reben bereitet; außerdem sehr guter Merlot Mainqué. Das Team von Noemia ist für die Vinifikation zuständig.

Chakana Men ★★ Die Kellerei in Agrelo empfiehlt sich für schönen Malbec, Cabernet Sauvignon, Syrah und Bonarda.

Chandon, Bodegas Men ★→★★ Erzeuger von Schaumweinen, u.a. Baron B. und M. Chandon, in Lizenz von Moët & Chandon. Vielversprechender Verschnitt von Pinot noir und Chardonnay. Siehe auch Terrazas de los Andes.

Clop, Los ★→★★ Ja, natürlich gibt es auch Malbec in dieser Bodega in Maipu, die Hauptattraktion ist aber sicherlich der wunderbar duftende Syrah.

Clos de los Siete Men ★★ Verlässlicher, fülliger Verschnitt aus Merlot, Malbec, Syrah und Cabernet Sauvignon namens Vistaflores (Valle de Uco); Michel Rolland aus Frankreich überwacht die Produktion. Siehe auch DiamAndes, Monteviejo, Val de Flores.

Cobos, Viña Men ★★→★★★ Unglaublich reichhaltige, ultrareife (allzu reife?) Rotweine des Kaliforniers Paul Hobbs; für die besten wird Frucht aus der Lage Marchiori Vineyard verwendet. Zweit- und Drittwein sind Bramare und Felino. Sehr lohnend sind auch die Weine namens Marchiori & Barraud, die von zwei Weinmachern aus dem Cobos-Team auf eigene Rechnung produziert werden.

Colomé, Bodega Sal ★★→★★★ Bodega im abgelegenen Valle Calchaquí im Besitz der kalifornischen Hess Collection. Saubere, intensive Rotweine auf Malbec-Basis aus biologisch-dynamischem Anbau, lebhafter Torrontés, rauchiger Tannat. Das Zweitetikett Amalaya wird jetzt in einer separaten Kellerei in Cafayate bereitet.

Decero, Finca Men ★★→★★★ Üppige, gleichwohl elegante Rotweine, darunter auch ein feiner Petit Verdot, aus dem Weinberg Remolinos in Agrelo.

Desierto, Bodega del La P ★→★★ Pionierbetrieb in La Pampa; die vielversprechenden Syrah-, Cabernet-franc- und Malbec-Weine heißen 25/5 und Desierto Pampa. Paul Hobbs von Viña Cobos berät.

DiamAndes Men – Im Besitz der Familie Bonnie vom Bordeaux-Château Malartic-Lagravière und Teil des Konzerns Clos de los Siete. Erzeugt soliden, fleischigen Gran Reserva (Malbec/Cabernet Sauvignon).

Dominio del Plata Men ★→★★★ Zwei Kellermeister (ehemals Catena) erzeugen hochklassige Weine unter den Etiketten Crios, Susana Balbo, BenMarco, Anubis und Budini. Obenan steht der wuchtige Nosotros (Malbec/Cabernet Sauvignon), sehr gut ist auch der BenMarco Expresivo.

Doña Paula Men ★→★★ Weingut in Luján de Cuyo (Mendoza) im Besitz von Santa Rita (siehe Chile). Eleganter, strukturierter Malbec, moderner, fleischiger Cabernet Sauvignon und herb-würziger Sauvignon blanc Los Cardos. Exotisch der Viognier Naked Grape. Man experimentiert mit Verdelho, Touriga Nacional und Ancelotta.

Durigutti Men ★★ Zwei Brüder, die einige der besten Erzeuger Argentiniens beraten, bereiten hier den hochklassigen Malbec Agrelo und sehr guten Bonarda.

Etchart Sal ★★→★★★ Gute Rotweine, v. a. der pflaumenduftige Cafayate Cabernet Sauvignon. Auch der Torrontés ist einer der besten seiner Art, insbesondere die verlockende Spätlese Tardío.

Fabre Montmayou Men, Pat ★★ Unternehmen in französischem Besitz (alias Domaine Vistalba) mit Weinbergen in Luján de Cuyo (Mendoza) und Río Negro (manchmal als Infinitus etikettiert). Die Rotweine im französischen Stil sind besonders gut. Der Zweitwein heißt Phebus; auf manchen Exportmärkten sind auch die preisgünstigen Viñnalba-Weine erhältlich.

Fin del Mundo, Bodega del Pat ★★ Die Spezialität der ersten Kellerei in der Provinz Neuquén ist Malbec; der Spitzenwein Special Blend ist ein Verschnitt aus Merlot, Malbec und Cabernet Sauvignon.

Flichman, Finca Men ★★ Im Besitz von Sogrape (Portugal). Beeindruckender Syrah. Topwein ist der Verschnitt Dedicado (hauptsächlich Cabernet Sauvignon/Syrah); außerdem der Bordeaux-Verschnitt Paisaje de Tupungato und der Paisaje de Barrancas auf Syrah-Basis. Der Extra Brut (Chardonnay/Malbec) ist ein recht ordentlicher Schaumwein.

Foster, Enrique Men ★★ Der Malbec-Spezialist in Mendoza erzeugt durchweg ausgezeichete Weine, vom jungen, duftigen Ique bis zu den kraftvollen Einzellagenweinen Edición Limitada und Terruño.

Fournier, O. Men ★→★★★ Bodega im Valle de Uco mit spanischem Besitzer. Urban Uco stellt ein sehr gutes Einstiegssortiment dar, ihm folgen B. Crux und Alfa Crux, beides feine Verschnitte von Tempranillo, Merlot und Malbec. Ferner ein duftender, seltener Syrah. Produziert jetzt auch chilenische Weine.

Kaikén Men ★★→★★★ Projekt von Aurelio Montes (siehe Chile) in Mendoza. Das konsumentenfreundliche Angebot wird von dem neuen Mai (Malbec) angeführt, gefolgt vom Ultra (Malbec sowie Cabernet Sauvignon).

Lagar Carmelo Patti, El Men ★★ Die winzige Bodega erzeugt intensiven Malbec und Cabernet Sauvignon sowie den Verschnitt Gran Assemblage.

Moras, Finca Las San J ★★ Robuster Tannat, kerniger Malbec Reserva, solider Gran Shiraz und fülliger, duftender Malbec/Bonarda-Verschnitt namens Mora Negra.

Luca/Tikal/Tahuan/Alma Negra Men ★★→★★★ Boutique-Kellereien mit echter Klasse im Besitz von Nicolas Catenas Kindern Laura (Luca) und Ernesto (Tikal/Tahuan/Alma Negra – die neueste Kreation ist ein Malbec-

Schaumwein). Weinmacher Luis Reginato zeichnet auch für die exzellente Reihe La Posta del Viñatero verantwortlich.

Luigi Bosca Men ★★→★★★ Es gibt drei Qualitätsstufen: Finca La Linda, Luigi Bosca Reserva und die Spitzengruppe namens Selectos, zu der v. a. Finca los Nobles (Malbec/Verdot und Cabernet/Bouchet) und eindrucksvolle Verschnitte namens Gala gehören – besonders gut ist der auf Cabernet franc basierende neue Gala IV.

Lurton, Bodegas François Men ★→★★★ Spitzenweine sind der saftige Piedra Negra Malbec und der komplexe, erdige Chacayes (Malbec). Der Flor de Torrontés ist anspruchsvoller als die meisten anderen. Außerdem süßer, aber frischer Pasitea (Torrontés/Pinot grigio) und Weißweinverschnitt Corte Friulano mit leichter Holznote.

Masi Tupungato Men ★★→★★★ Ableger des bekannten Valpolicella-Produzenten Masi (siehe Italien). Passo Doble ist ein feiner Verschnitt von Malbec, Corvina und Merlot im Ripasso-Stil, Corbec wird der sogar noch bessere Corvina/Malbec genannt, der einem Amarone sehr nahe kommt.

Melipal Men ★★ Erstklassiger Malbec von alten Weinbergen in Agrelo; preisgünstiges Zweitetikett Ikella.

Mendel Men ★★★ Die frühere Terrazas-de-los-Andes-Kellermeisterin Roberta de la Mota erzeugt hier pflaumenduftigen Malbec, darunter das Spitzengewächs Finca Remota von einem Weinberg in Altamira, und den anmutigen Verschnitt Unus. Auch passabler Sémillon.

Mendoza Wichtigste Weinregion (über 70 % der Rebfläche Argentiniens). Beste Unterregionen: Agrelo, Valle de Uco (einschließlich Tupungato), Luján de Cuyo und Maipú.

Michel Torino Sal ★★ Rasch an Qualität zulegendes Unternehmen mit ökologischen Anbaumethoden in Cafayate; sehr guter Don David Malbec und Cabernet Sauvignon. Altimus ist der recht holzlastige Spitzenwein.

Monteviejo Men ★★→★★★★ Einer der Weinberge von Clos de los Siete, jetzt mit einer erstklassigen Reihe von Rotweinen, angeführt von dem Verschnitt Monteviejo (Malbec/Merlot/Cabernet Sauvignon/Syrah) mit herrlichem Gefüge; sehr gut auch Lindaflor Malbec.

Neuquén Vielversprechende Region in Patagonien dank enormer Fortschritte seit 2000, allerdings erweist sich der Salzgehalt der Böden als Problem.

Nieto Senetiner, Bodegas Men ★★ Bodega mit Sitz in Luján de Cuyo. Die Qualität steigt: vom schmackhaften Santa Isabel für Einsteiger über die Reserva bis zu den Spitzenrotweinen namens Cadus.

Noemia Pat ★★★→★★★★ Hans Vinding-Diers und Noemi Cinzano erzeugen Malbec von alten Reben aus Río Negro; die Zweitmarken heißen J. Alberto und A. Lisa. Außerdem ein Malbec-Rosé und ein Verschnitt namens »2« (Cabernet Sauvignon/Merlot). Siehe auch Chacra.

Norton, Bodega Men ★→★★★ Gute Weiß- und sehr gute Rotweine, v. a. Malbec, z. B. der sehr gute neue Privada. Außerdem die Verschnitte Privada und Perdriel (Merlot/Cabernet Sauvignon/Malbec) und der Kultwein Gernot Langes auf Malbec-Basis sowie die neue Reihe Finca La Colonia, u. a. mit Sangiovese und Barbera.

Peñaflor Men ★→★★★ Das größte Weinunternehmen Argentiniens. Weine unter Namen wie Andean Vineyards oder – auf höherem Niveau – Trapiche, Finca Las Moras, Santa Ana und Michel Torino.

Poesia Men ★★→★★★ Hochinteressanter Produzent in Luján de Cuyo mit demselben Besitzer wie Clos L'Eglise in Bordeaux. Stilvoller Poesia (Cabernet Sauvignon/Malbec), robusterer, aber trotzdem feiner Clos des

Andes (Malbec) und saftiger Verschnitt Pasodoble (Malbec/Syrah/Cabernet Sauvignon).

Porvenir de los Andes, El Sal ★★ Weingut in Cafayate mit hochklassigem Rotwein unter dem Namen Laborum, v.a. feinem, rauchigem Tannat. Die Verschnitte namens Amauta sind ebenfalls gut. Das neue Projekt Camino del Inca erzeugt den Verschnitt Quipu (auf Tannat-Basis) sowie Malbec und Torrontés für den Export in die USA.

Pulenta, Carlos Men ★★ Bodega in Vistalba mit der Reihe Tomero auf dem Einstiegsniveau und dem schönen Trio Vistalba Corte A, B und C im oberen Segment (Malbec-Basis). Auch Schaumwein namens Progenie.

Pulenta Estate Men ★★→★★★ Die Kellerei in Luján de Cuyo erzeugt guten Sauvignon blanc und sehr gute Rotweine, von denen Gran Corte (Cabernet Sauvignon/Malbec/Merlot/Petit Verdot), Cabernet franc und Malbec am besten sind.

Renacer Men ★★→★★★ Spezialist für Malbec von alten Reben. Aushängeschild ist der Renacer (vorwiegend Malbec), der interessanteste Wein aber ist der mit Unterstützung von Allegrini (siehe Italien) erzeugte rote Enamore im Amarone-Stil.

Riglos Men ★★ Neue Bodega mit intensiven, kraftvollen, eichenholzwürzigen Roten von Trauben aus Tupungato.

Riojana, La ★→★★ Dynamisches Unternehmen, zurzeit der weltgrößte Fairtrade-Weinerzeuger. Spitzenwein ist der Malbec Raza Limited Edition, aber auch die anderen Weine bieten gute Qualität zu angemessenen Preisen.

Río Negro Das älteste Weinbaugebiet in Patagonien; fähigen Erzeugern gelingt guter Pinot noir und Malbec.

Rosell-Boher Men ★★ Schaumweinspezialist, der Chardonnay und Pinot noir aus hohen Lagen in Tupungato zu reichhaltigen, aber nie übertriebenen Weinen verkeltert.

Ruca Malén Men ★★→★★★ Vielversprechender Rotweinspezialist, Weinberge in Luján de Cuyo und im Valle de Uco. Die Spitzenmarke heißt Kinién: sanfter, floraler Malbec und graziler, aromatischer Verschnitt Don Raúl. Neu ist der reichhaltige, rauchige Petit Verdot.

Salentein, Bodegas Men ★★ Highlights sind Primus Pinot noir und Malbec sowie Numina (Malbec/Merlot). Portillo ist gut für billigere Weine; in den dazugehörigen Bodegas Callia in San Juan liegt der Schwerpunkt auf Shiraz.

Salta Provinz im Norden Argentiniens, deren Anbauflächen zu den höchstgelegenen der Welt zählen, v.a. im Valle Calchaquí. Die Unterregion Cafayate ist berühmt für Torrontés.

San Juan Zweitgrößte Weinregion, Heimat von vielversprechendem Shiraz und Tannat.

San Pedro de Yacochuya Sal ★★★ In Cafayate ansässiges Gemeinschaftsunternehmen von Michel Rolland (siehe Frankreich) und der Familie Etchart. Reifer Torrontés mit schönem Duft, dichter, erdiger Malbec und kraftvoller, fantastischer Malbec Yacochuya von sehr alten Reben.

Schroeder, Familia Pat ★★ Betrieb in Neuquén mit beeindruckenden Rot- und Weißweinen. Die sehr gute Reihe Saurus Select umfasst saftigen Sauvignon blanc, erdigen Merlot und duftenden Malbec.

Soluna Men ★★ Ambitioniertes neues Fairtrade-Projekt, das in Luján de Cuyo Malbec-Weine erzeugt. Spitzenwein ist der fleischige Primus.

Sophenia, Finca Men ★★ Bodega in Tupungato, beraten von Michel Rolland (siehe Frankreich). Malbec und Cabernet Sauvignon glänzen; gutes Sortiment namens Altosur auf Einsteigerniveau. Der Topwein heißt Synthesis.

Tapiz Men ★★ Bodega mit Hauptsitz in Luján de Cuyo: schwungvoller Sauvignon blanc und sehr gute Rotweine, allen voran der Malbec Black Tears und der anspruchsvolle, saftige Selección de Barricas Reserva (Cabernet Sauvignon/Malbec/Merlot). Das Schwesteretikett heißt Zolo.

Terrazas de los Andes Men ★★→★★★ Unternehmen von Chandon mit drei Weinserien: preiswerter Terrazas (mit einem saftigen Cabernet Sauvignon als Star), Reserva auf mittlerem Niveau und als Spitzenprodukt die Reihe Afincado, inkl. dem sehr guten Tardio Petit Manseng. In Gemeinschaft mit Château Cheval Blanc (Bordeaux) wird auch der köstliche Verschnitt Cheval des Andes erzeugt.

Toso, Pascual Men ★★→★★★ Der Kalifornier Paul Hobbs steht an der Spitze eines Teams, das preislich angemessene und sehr schmackhafte Weine erzeugt, allen voran den reifen, aber fein strukturierten Magdalena Toso (hauptsächlich Malbec) und Finca Pedregal (Malbec/Cabernet Sauvignon) von einer Einzellage.

Trapiche Men ★★→★★★ Die Spitzenmarke von Peñaflor wird unter dem Chefkellermeister Daniel Pi immer eindrucksvoller und ist immer weniger von Eiche geprägt. Das Trio der Malbec-Einzellagenweine und der Manos Malbec ragen heraus; der rote Verschnitt Iscay ist gut, aber teuer. Preiswertere Weine verbergen sich hinter den Namen Oak Cask, Fond de Cave, Briquel (guter Cabernet franc) und Medalla.

Trivento Men ★→★★ Im Besitz des chilenischen Weingiganten Concha y Toro. Erzeugt ein preiswertes Sortiment, aus dem ein Viognier herausragt; auch unter der Marke Otra Vida erhältlich.

Val de Flores Men ★★★ Eine weiteres Unternehmen, an dem Michel Rolland (siehe Frankreich) im Umfeld von Clos de los Siete beteiligt ist. Gleichermaßen unwiderstehlicher wie eleganter Malbec von alten Reben aus biologisch-dynamischem Anbau.

Viña 1924 de Angeles Men ★★★ Neuer Betrieb in Luján de Cuyo, dessen besondere Stärke Malbec von alten Reben ist. Spitzenwein ist der Gran Malbec.

Weinert, Bodegas Men ★→★★ Die Rotweine, v. a. der Verschnitt Cavas de Weinert (Cabernet Sauvignon/Merlot/Malbec), haben das Zeug zu wirklich hoher Qualität, leiden aber manchmal unter zu langer Lagerung in alter Eiche. Die Bodega besitzt in Chubut den am weitesten südlich gelegenen Weinberg Argentiniens.

Zuccardi, Familia Men ★→★★ Das dynamische Weingut in Mendoza erzeugt die preiswerte Reihe Santa Julia, die von dem neuen Verschnitt Magna angeführt wird, sowie den hochwertigeren »Q« (eindrucksvoller Verschnitt von Malbec, Merlot und Tempranillo) und den ebenso tiefen wie eleganten Zeta (Malbec/Tempranillo). Außerdem guter gespriteter Malamado (rot und weiß).

Andere Länder in Südamerika

Bolivien

Die meisten Gebiete Boliviens sind für den Traubenanbau zu heiß und feucht, einige hoch gelegene Weinberge in der südlichen Provinz Taija, gleich auf der anderen Seite der Grenze zum argentinischen Salta, bringen aber ordentlichen Syrah, Cabernet Sauvignon und Malbec hervor. Von den wenigen Kellereien dürften La Concepción, Kohlberg, Magnus, Aranjuez und Campos de Solana die besten sein.

Brasilien

Das drittwichtigste Weinerzeugerland Lateinamerikas hat eine verblüffend europäische Herangehensweise an Wein, was den italienischen Auswanderern zu verdanken ist, die sich im 19. Jahrhundert in Brasilien ansiedelten. Die meisten Weine kommen aus dem Vale dos Vinhedos im südlichsten Bundesstaat Rio Grande do Sul. Mit verbesserter Weinbergpflege haben die Erzeuger die Probleme mit der Feuchtigkeit in den Griff bekommen und schon einige beeindruckende Rote (beachtlich etwa Merlot, Tannat und überraschenderweise Teroldego und Nebbiolo) sowie ordentliche Schaumweine produziert. Weiter im Norden ist in einigen Weinbergen in Äquatornähe kontinuierliche Ernte möglich. Beachtenswerte Erzeuger sind Salton, Lidio Carraro, Pizzato, Dom Cândido, Amadeu (für die Geisse-Schaumweine), Casa Valduga und das Pioniergut Miolo; Aurora und Rio Sol liefern preisgünstige Qualität. Der extravaganteste Wein? Die Kellerei Pericó in Santa Catarina arbeitet an einem brasilianischen Eiswein (von Cabernet Sauvignon).

Peru

Die erste Weinbar Limas hat nun geöffnet. Viña Tacama exportiert einige gefällige Weine, v. a. den weißen Gran Vino Blanco; ferner wird Cabernet Sauvignon und nach der klassischen Methode bereiteter Schaumwein produziert. Auch die Regionen Chincha, Moquegua und Tacha machen Fortschritte, leiden allerdings unter einem ernsthaften Reblausproblem.

Uruguay

Dank des maritimen Klimas gedeiht Tannat in Uruguay und bringt reife, ausgewogene Weine hervor, oft im Verschnitt mit Merlot und Cabernet Sauvignon. Auch Viognier schlägt sich gut. Weine von Pisano sind stilvoll und fein. Juanicó ist gleichermaßen beeindruckend, mit dem roten Verschnitt Preludio als Aushängeschild und einer Zusammenarbeit mit Bernard Magrez vom Château Pape Clement zur Produktion des Gran Casa Magrez de Uruguay. Bouza ist fokussiert und elegant. Weitere empfehlenswerte Kellereien sind: Ariano, Bruzzone & Sciutto, Carrau/Castel Pujol, Casa Filguera, Castillo Viejo, De Lucca, Los Cerros de San Juan, Dante Irurtia, Marichal, Pizzorno, Stagnari und Traversa.

Australien

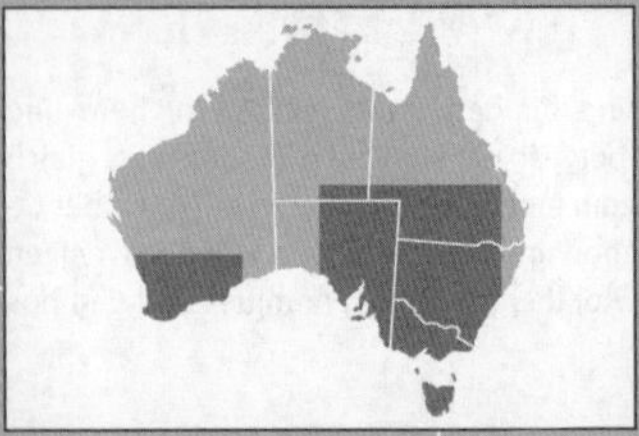

Die dunklen Flächen bezeichnen die Weinbaugebiete

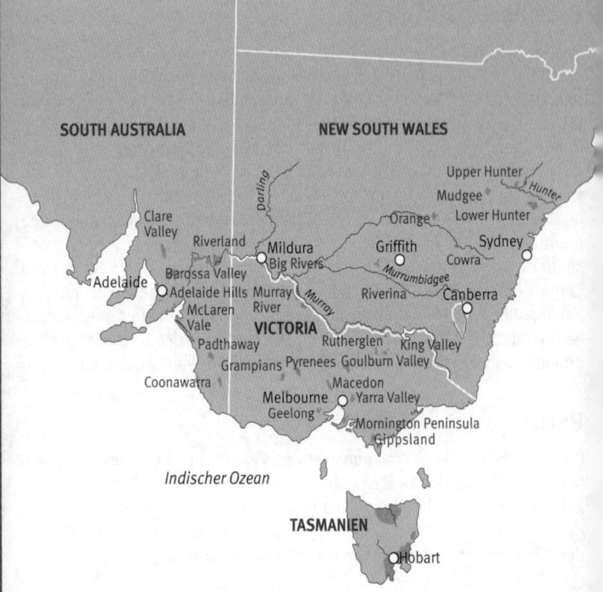

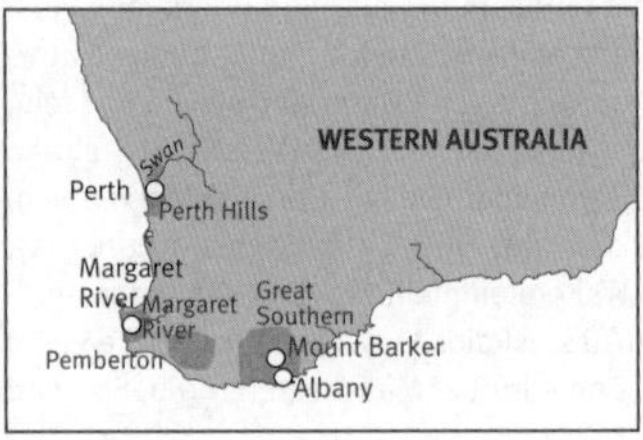

Die folgenden Abkürzungen werden im Text verwendet:

Mt.	Mount (z. B. Mount Barker)
NSW	New South Wales
N-Tas	Nordtasmanien
NO-Vic	Nordostvictoria
Qld	Queensland
R.	River (z. B. Frankland River)
SO-Australien	Südostaustralien
SA	South Australia
S-Tas	Südtasmanien
Tas	Tasmanien
V.	Valley (z. B. Alpine Valley)
Vic	Victoria
WA	Western Australia

Dem inoffiziellen Nationalmotto »No worries, mate« (frei ins Bayerische übersetzt: »passt scho«) zum Trotz hatte Australien in den vergangenen Jahren durchaus einige Sorgen. Dürre, Brände, Hochwasser, Bauern, die offenbar nur Reben pflanzten, um Gewinne zu mindern, die massive Abhängigkeit von Bewässerungssystemen, eine inflationäre Währung, die Niedrigpreisstrategien der Supermärkte, die mächtige Konkurrenz der neuseeländischen Nachbarn (von der Viertelfinalpleite gegen Indien beim Cricket WorldCup ganz zu schweigen), hatten ein radikales Umdenken zur Folge. Von der Überheblichkeit von vor 20 Jahren ist nichts mehr zu spüren. Und doch haben Australiens Klasseweine immer noch das Zeug dazu, die Welt zu erobern. Quantität, nicht Qualität ist das Problem: Es gibt herrliche handwerklich bereitete Weine in so manchen Kategorien, aber auch einfach zu viele gesichtslose Industrieprodukte.

Shiraz und Chardonnay, Cabernet und Riesling (und Semillon) sind und bleiben Australiens Klassiker, doch Grenache und Pinot noir haben, mit Sangiovese und Tempranillo im Schlepptau, in dem geologisch wie geografisch außerordentlich vielfältigen Land ebenfalls eine echte Heimat gefunden. Wenn wir bereit sind, für Klasseweine angemessene Preise zu zahlen, hat Australien mehr zu bieten als jede andere Weinregion der Neuen Welt.

Neuere Jahrgänge

New South Wales (NSW)

2010 Regelmäßiger heftiger Regen sorgte in den meisten Gegenden für ein schwieriges Jahr. Es werden leichtere Rote, aber gute Weißweine entstehen, v.a. im Hunter Valley, in Cowra und Orange. Bei den Roten sind Hilltops, Canberra und (bei früher Lese) Hunter am vielversprechendsten.

2009 Allgemein ausgezeichneter Jahrgang, noch besser für Rot- als für Weißweine. Sowohl Regen als auch Hitze verursachten ein paar Schäden, aber die Erzeuger in Mudgee, Cowra Hilltops und dem Canberra District sind von den Ergebnissen begeistert.

2008 Bei den Weißen wurde erneut so früh geerntet wie nie zuvor. Die darauf folgenden sintflutartigen Regenfälle haben beinahe die gesamte Rotweinernte im Hunter Valley zerstört. Hervorragende Rote in Canberra; Coonawarra überragt alle.

2007 In allen Regionen die früheste Ernte seit darüber Aufzeichnungen geführt werden. Geschmacksintensive Rot- und Weißweine. Bester Jahrgang für Rote aus dem Hunter Valley.

2006 Die extreme Hitzewelle in einigen Regionen um Weihnachten hat offenbar keinen Schaden verursacht. Rotweine profitieren von Lagerung.

2005 Sehr bis außerordentlich gutes Jahr in fast allen Gebieten, v.a. Hunter, Mudgee und Orange.

Victoria (Vic)

2010 Der Normalbetrieb wurde wieder aufgenommen. Gemäßigtes Jahr ohne große Sorgen und Überraschungen. Sowohl Weiß- als auch Rotweine aus den meisten Gegenden sollten gut sein.

2009 Schlimme Buschbrände bestimmten das Jahr – es herrschte extreme Hitze und Dürre, der Rauch der Feuer verdarb zusätzlich die Trauben. Am schlimmsten traf es das Yarra Valley (allerdings nicht überall gleich heftig). Die Rotweine aus den Regionen Beechworth, Goulburn Valley,

Grampians, King Valley, Pyrenees, Mornington Peninsula und Sunbury zeigen gute, konzentrierte Qualität.

2008 Die Ernte begann einen Tag später als 2007, war aber eine Woche früher beendet. Exzellente Rotweine in den Grampians, auf der Mornington Peninsula und im Yarra Valley.

2007 Der Rekord für die früheste Weinlese wurde in diesem Jahr gebrochen. Manche Gegenden litten schwer unter Frost und dem Rauch der Buschfeuer.

2006 Eine der frühesten und kompaktesten Weinlesen seit Menschengedenken. Paradoxerweise entwickelten sich die Fruchtaromen sogar noch früher. Ein bezauberndes Jahr.

2005 Auf Regen bis Ende Februar folgte ein mit drei Monaten sehr langer Altweibersommer, der herrliche Frucht hervorbrachte.

South Australia (SA)

2010 Ausgezeichnetes Jahr. Sowohl Clare als auch Eden Valley Riesling sehr gut. Shiraz in allen wichtigen Gebieten der Beste seit 2005. Coonawarra Cabernet Sauvignon in Topform.

2009 Geringe Erträge, heißer Jahrgang. Für die Weißweine des Staates sieht es düster aus, nur die Rieslinge aus dem Clare und dem Eden Valley machen jung einen sehr guten Eindruck. In Adelaide Hills sehr gut für Rote und Weiße; exzellente Rote in Coonawarra. Shiraz aus dem McLaren Vale und dem Barossa Valley insgesamt sehr gut.

2008 Der sehr frühe Lesebeginn im Februar hatte seine guten und schlechten Seiten: es gab exzellente Gewächse, wenn vor dem 6. März gelesen wurde; bei Ernte nach der Rekordhitzewelle gab es an Port erinnernde Weine – auch ohne Spriten. Sehr alkoholstark. Coonawarra brachte beachtlichen Cabernet Sauvignon hervor.

2007 Die Limestone Coast wurde mehrfach von verheerenden Frösten heimgesucht. Trockenes und warmes Wetter bei der Lese begünstigte überall die Rotweine. Höchstens gute Qualität.

2006 Ein großartiges Jahr für Cabernet Sauvignon; bei den anderen Roten schnitten jene am besten ab, die noch vor Ostern geerntet wurden. Sehr frühe aromatische Reife.

2005 Clare Valley, Coonawarra, Wrattonbully und Langhorne Creek lieferten die besten Ergebnisse in einem Jahr mit großen Erträgen bei hoher Qualität, v. a. bei den Rotweinen.

Western Australia (WA)

2010 Früh warm, bevor mildere Bedingungen die Oberhand gewannen. Die Roten werden allgemein besser sein als die Weißen. Manche bekamen späten Regen ab, aber insgesamt ein sehr guter Jahrgang.

2009 Kleine Erträge, aber exzellente Qualität. Milder Sommer. Besonders gutes Jahr für Margaret River (rot und weiß) und Pemberton (weiß). Wie es häufig vorkommt, herrschten am Margaret River im Vergleich zu den Staaten im Osten diametral entgegengesetzte Bedingungen.

2008 Der beste Jahrgang seit vielen Jahren in allen Regionen und bei allen Sorten. Normale Erntezeiten.

2007 Warmes Erntewetter bedingte eine extrem schnelle Lese, was bei den Weißweinen zu durchwachsener Qualität führte. Feine Rote.

2006 Der vollständige Gegensatz zu Ostaustralien: ein kühler, nasser und spät reifender Jahrgang – passable Weißweine, höchst zweifelhafte Rote.

2005 Starke Regenfälle verdarben den Jahrgang, der sonst für Cabernet und Shiraz im Süden der seit Langem beste gewesen wäre. Weißweine durchweg ausgezeichnet.

Accolade Wines Siehe Constellation.

Adelaide Hills SA – Beste Region für Sauvignon blanc; kühle Lagen auf 450 m Höhe am Mount Lofty.

Alkoomi Mt. Barker, WA r w ★★ Riesling **01 02' 04 05'** 07' **08**; Cabernet Sauvignon **01' 02'** 04 05' 07 – 35 Jahre alter Weinbaubetrieb; produziert feinen Riesling und langlebige Rotweine.

All Saints Rutherglen, Vic r w br ★★ Historischer Betrieb mit ordentlichen Tischweinen und großartigen gespriteten Weinen. Der in Holz ausgebaute Marsanne ist von den neueren (Weiß-)Weinen der beste.

Alpine Valleys Vic – Ähnliche Topografie und Klima wie im King Valley, auch ähnlicher Einsatz der Rebsorten. Der beste Erzeuger des Gebiets ist Mayford.

Angove's SA r w (br) ★ Alteingesessener Familienbetrieb im Murray Valley. Preiswerte Auswahl von weißen und roten Sortenweinen. Jetzt auch Bioweine. Am preiswertesten ist der Long Row Cabernet Sauvignon.

Annie's Lane Clare V., SA r w ★★→★★★ Im Besitz von TWE. Beständig gute Weine mit großer Aromenfülle. Das Flaggschiff Copper Trail ist ausgezeichnet, v. a. der Riesling und der Shiraz.

Arrivo Adelaide Hills, SA r – Arrivo ist angekommen mit seinem Nebbiolo, der mit langer Maischestandzeit bereitet wird, und dem trockenen, raffinierten, sexy Rosé. Winzige Mengen.

Ashton Hills Adelaide Hills, SA r w; (sch) ★★★ Stephen George bereitet feinen, rassigen, langlebigen Riesling und überzeugenden Pinot noir von 25 Jahre alten Reben.

Bailey's NO-Vic r w br ★★★ Voller Shiraz sowie vortreffliche Muscat- (★★★★) und Topaque-Dessertweine. Im Besitz von TWE. Die Weinberge werden jetzt biologisch bewirtschaftet. Petit Verdot ist ein guter Neuzugang bei den sortenreinen Weinen.

Balgownie Estate r w ★★ Der bewährte Cabernet-Erzeuger wurde verjüngt. Schön ausgewogene Weine, v. a. Cabernet Sauvignon. Jetzt mit einem Ableger im Yarra Valley.

Balnaves of Coonawarra SA r w ★★★ Hier wird seit 1975 Wein angebaut und seit 1996 selbst vinifiziert. Sehr guter Chardonnay, ausgezeichneter geschmeidiger Shiraz, Merlot und Cabernet Sauvignon mit mittlerem Körper.

Bannockburn Vic r w ★★★ Pinot noir **02' 03' 04' 05'** 06 07 **08**; Chardonnay **00 02' 03 04** 05' 06' 08' – Erzeugt mit burgundischen Methoden intensiven und komplexen Chardonnay und Pinot noir. Der Kellermeister Michael Glover (»Gloverboy«) ist fantastisch.

Banrock Station Riverland, SA r w ★→★★ Fast 1.600 ha großer Besitz am Murray River, davon 243 ha Rebland; im Besitz von Constellation. Eindrucksvolle Weine zu günstigen Preisen.

Barossa Valley SA – Der Bereich Australiens mit den bedeutendsten Kellerei- (aber nicht Weinbau-) Betrieben. Lokale Spezialitäten: Shiraz, Mourvèdre, Cabernet Sauvignon und Grenache von sehr alten Reben.

Bass Phillip Gippsland, Vic r ★★★→★★★★ Pinot noir **99' 02' 03 04 05'** 06' **07' 09** – Kleine Mengen von stilvollen, gefragten Pinot-noir-Weinen in drei

Qualitätsstufen. Burgundischer Stil, schwankende Qualität (milde ausgedrückt). Der Chardonnay wird besser.

Bay of Fires N-Tas r w; sch ★★★ Der Außenposten des Constellation-Konzerns im Gebiet des Pipers River; stilvolle Tischweine und erstklassige Schaumwein-Cuvée Arras. Komplexer Pinot noir.

Beechworth Vic – Binnenregion mit kühlem Klima. Die bekanntesten Erzeuger sind Castagna, Giaconda, Savaterre und Sorrenberg. Am besten sind Shiraz und Chardonnay.

Bellarmine Wines Pemberton, WA (r) w ★★ Die deutsche Familie Schumacher besitzt seit Langem einen 20 ha großen, mit 7 verschiedenen Sorten bestockten Weinberg. Produziert werden u. a. beeindruckende Rieslinge im Mosel-Stil der unterschiedlichsten Süße- und Alkoholgrade zu niedrigen Preisen.

Bendigo Vic – Ausgedehnte Region mit 34 kleinen Weinbergen, einige von sehr guter Qualität. Bemerkenswerte Erzeuger sind u. a. Balgownie Estate, Bress, Harcourt Valley Vineyards, Pondalowie, Sutton Grange, Turner's Crossing und Water Wheel.

Best's Grampians, Vic r w ★★→★★★★ Shiraz **97' 01' 03'** 04' 05' 06 **08** – Konservativer alter Familienbetrieb mit sehr gutem, mittelschwerem Rotwein. Der Thomson Family Shiraz von 120-jährigen Rebstöcken ist überragend. Neuerdings ausgezeichnet in Form.

Big Rivers Zone Die Verlängerung des südaustralischen Gebiets Riverland. Zur Big Rivers Zone gehören auch die Regionen Murray Darling, Perricoota und Swan Hill.

Bindi Macedon, Vic r w ★★★→★★★★ Pinot noir 04' 06' 08' – Überaus gewissenhafter, terroirbewusster Erzeuger von hervorragendem, langlebigem Pinot noir und Chardonnay.

Blue Pyrenees Pyrenees, Vic r w; sch ★★ 180 ha reife Reben werden nun besser genutzt und liefern eine breite Auswahl an Weinen. Die Qualität des Cabernet Sauvignon wird wieder besser.

Boireann Granite Belt Qld r ★★→★★★ Beständig der beste Rotweinerzeuger in Queensland (mit sehr geringen Mengen).

Botobolar Mudgee, NSW r w ★★ Wundervoll exzentrischer kleiner Betrieb mit ökologischem Anbau.

Brand's of Coonawarra Coonawarra, SA r w ★★ **91' 94 96 98'** 02' 03 05' 07 – Im Besitz von McWilliam's. Hüter 100 Jahre alter Reben, aber die Gesamtqualität ließ in letzter Zeit zu wünschen übrig.

Bremerton Langhorne Creek, SA r w ★★ Seidenweiche Rotweine mit großer Aromenfülle. Gedeiht, seit die Schwestern Lucy und Rebecca Wilson den Familienbetrieb übernahmen – sie folgen ihren eigenen Maßstäben.

Brokenwood Hunter V., NSW r w ★★★ ILR Reserve Semillon **03' 05'** (07'); Graveyard Shiraz **93' 97' 98' 00' 02' 03'** 05' 07' – Der Semillon und der Semillon/Sauvignon blanc Cricket Pitch treiben die Umsatzzahlen in die Höhe. Einer der großen Namen im Hunter Valley mit treuer Anhängerschaft.

Brookland Valley Margaret R., WA r w ★★★ Wunderbar gelegene Kellerei, die u. a. mit Sauvignon blanc und Cabernet Sauvignon Großes leistet. Gehört CWA.

Brown Brothers King V., Vic r w br; tr s; sch ★→★★★ Noble Riesling **99' 00 02'** 04 05 – Altes Familienunternehmen mit neuen Ideen; reiche Auswahl an delikaten reinsortigen Weinen, viele aus kühlen Berglagen, etwa Chardonnay und Riesling. Der trockene weiße Muscat ist ganz hervorragend. Cabernet-Sauvignon-Verschnitt ist der beste Rotwein. Ausgedehnte Prosecco-Anpflanzungen.

Buller Rutherglen, Vic br ★★★★ Geschätzt für großartigen Rare Liqueur Muscat und den jetzt Topaque genannten Wein (der früher Tokay hieß).

By Farr/Farr Rising Vic r w ★★★ Die eigenen Marken von Vater Gary und Sohn Nick Farr nach ihrem Weggang von Bannockburn. Ihre Chardonnay- und Pinot-noir-Weine können kleine Meisterwerke sein.

Calabria Estate r w ★★ Boomender Familienbetrieb, der schmackhafte Schnäppchen erzeugt, v. a. Private Bin Shiraz/Durif. Chef ist der kreative, charismatische Bill Calabria.

Campbells Rutherglen, Vic r (w) br ★★ Weiche, reife Rotweine, ungewöhnlich elegant; Merchant Prince Rare Muscat und Isabella Rare Topaque (★★★★).

Canberra District NSW – Abhängig von Höhe und Lage sowohl qualitativ als auch mengenmäßig auf dem Weg nach oben. Bekanntester Erzeuger ist Clonakilla.

Cape Mentelle Margaret R., WA r w ★★★ Robuster Cabernet Sauvignon gut, Chardonnay sogar noch besser; ferner Zinfandel und sehr populärer Sauvignon blanc/Semillon. Shiraz im Aufwind. Im Besitz von LVMH Veuve Clicquot.

Capercaillie Hunter V., NSW r w ★★ Der überraschende Tod des Eigentümers Alasdair Sutherland ändert nichts an dem Erfolgsrezept, zusätzlich zum lokalen Lesegut auch Trauben aus anderen Regionen zu verwenden, u. a. aus Orange und dem McLaren Vale.

Capital Wines Canberra, NSW r w ★★★ Der gutseigene Weinberg Kyeema bringt seit langer Zeit mit die besten Weine der Region hervor. Shiraz und Riesling sind die Spitzenreiter.

Carlei Estate Yarra V., Vic r w ★★ Kellermeister Sergio Carlei verarbeitet Pinot noir und Chardonnay aus kühlen Gebieten zu Weinen mit Charakter. Großteils biodynamisch.

Casella Riverina, NSW r w ★ Der Erzeuger der Marke [yellow tail] stellt mit dem Export von mehreren Millionen Kisten in die USA alles zuvor Dagewesene in den Schatten. Die Weine sind wie Limo: weich und süß. Leidet unter dem starken australischen Dollar.

Castagna Beechworth, Vic r ★★★★ Syrah 01' **02' 04' 05'** 06 **08** – Julian Castagna ist ein ebenso begnadeter Koch wie Kellermeister und unangefochten der Anführer der biodynamisch produzierenden Winzer. Sehr gut der Shiraz/Viognier und der Sangiovese/Shiraz. Die neuen Nebbiolo-Pflanzungen sind vielversprechend.

Central Ranges Zone NSW – Umfasst die Gebiete Mudgee, Orange und Cowra. Dehnt sich in höher gelegene Gebiete mit gemäßigt kühlem bis warmem Klima aus.

Chalkers Crossing Hilltops, NSW r w ★★→★★★ Herrlich ausgewogene Weine aus kühlen Gebieten, v. a. Shiraz, werden von der in Frankreich ausgebildeten Celine Rousseau erzeugt. In letzter Zeit sehr hoher Alkoholgehalt.

Chambers' Rosewood NO-Vic (r) (w) br ★★→★★★ Gilt neben Morris als der beste Erzeuger von sehr süßem Topaque und Muscat. Die Tischweine sind weniger erfolgreich.

Chapel Hill McLaren Vale, SA r – Das Aushängeschild des modernen McLaren Vale ist noch einmal größer geworden, nachdem es zwischen Ende der 1990er-Jahre und 2005 eine Durststrecke gegeben hatte. Jetzt wieder auf Hochtouren. Das Angebot wird erfolgreich erweitert.

Charles Melton Wines Barossa V., SA r w; (sch) ★★★ Kleines Weingut mit kräftigen, üppigen Rotweinen, besonders Nine Popes, ein Verschnitt aus Grenache und Shiraz von alten Rebstöcken.

Clarendon Hills McLaren Vale, SA r ★★★ Außerordentlich strukturierte Rotweine aus Trauben von kleinen Vertragsparzellen, die in den Hügeln oberhalb des McLaren Vale liegen. Bekannt für hohen Alkoholgehalt und übertriebene Fruchtintensität.

Clare Valley SA – Kleiner Bereich mit guten Lagen, rund 145 km nördlich von Adelaide; am bekanntesten durch seinen Riesling, aber auch Shiraz und Cabernet Sauvignon werden angebaut.

Clonakilla Canberra, NSW r w ★★★★ Shiraz 01' 03' 05' 06' 07' **08 09** – Zu Recht der Anführer der Shiraz-Viognier-Brigade. Auch Riesling und andere Weine sind sehr gut. Womöglich der erfolgreichste australische Erzeuger bei Auktionen.

Coldstream Hills Yarra V., Vic r w; (sch) ★★★ Chardonnay **02' 03 04' 05' 06'** 07 08; Pinot noir **92' 96' 02' 04' 06'** – 1985 von dem Weinpublizisten James Halliday aufgebauter Betrieb. Köstlicher Pinot noir, jung zu trinken, Reserve kann altern. Außerdem sehr guter Chardonnay (v. a. Reserve), fruchtiger Cabernet Sauvignon und Merlot. Im Besitz von TWE.

Collector Wines Canberra, NSW r ★★★ Alex McKay (früher bei Constellation) ist ein Star der Weinmacherszene im Canberra District. Sein Reserve Shiraz ist vielschichtig würzig, duftend und komplex im Geschmack. Constellation hätte ihn nie gehen lassen dürfen.

Constellation Wines Australia (CWA) Name für alle Weine und Kellereien, die vormals unter der Marke Hardys liefen. Jetzt in neuer Hand und zu Accolade Wines umbenannt.

Coonawarra SA – Südlichster Bereich von South Australia. Hier entsteht der größte Teil des besten australischen Cabernet Sauvignon. Erfolge auch mit Chardonnay, Riesling und Shiraz.

Coriole McLaren Vale, SA r w ★★→★★★ Lloyd Reserve Shiraz **91' 96' 98' 02'** 04' 06' – Im Auge behalten, v. a. den Sangiovese und den Shiraz Lloyd Reserve von alten Reben.

Craiglee Macedon, Vic r w ★★★ Shiraz **96' 97' 98' 00'** 02' 04' 05 06' 08 – Wieder aufgebautes berühmtes Weingut aus dem 19. Jahrhundert mit duftigen, pfeffrigen Shiraz-Weinen und Chardonnay. Heimliches australisches Juwel.

Crawford River Heathcote, Vic r w ★★★ John Thomson erzeugt in dieser sehr kühlen Region beständig einige der besten australischen Rieslinge.

Cullen Wines Margaret R., WA r w ★★★★ Chardonnay **00' 02' 04' 05'** 07 08' **09**; Cabernet Sauvignon/Merlot **94' 95' 98'** 04' 05' 07' – Vanya Cullen bereitet kräftig strukturierten, gehaltvollen, aber subtilen Semillon/Sauvignon blanc, ausdrucksvollen Chardonnay und herausragenden Cabernet/Merlot.

Cumulus Orange, NSW r w ★★ Bei Weitem der größte Weinbergbesitzer und Erzeuger der Region. Qualität durchwachsen.

Curly Flat Macedon, Vic r w ★★ (Pinot noir) 03' 05' 06' – Robuster, aber duftender Pinot noir und vollmundiger Chardonnay, beide außergewöhnlich langlebig.

CWA siehe Constellation.

Dalwhinnie Pyrenees, Vic r w ★★★ Chardonnay **04'** 05' 06' 08; Shiraz **99' 00 02** 04' 05' 06' 07 08 – Reichhaltiger Chardonnay, Cabernet Sauvignon und Shiraz. Der beste Erzeuger in den Pyrenees.

d'Arenberg McLaren Vale, SA r w (br); (s); (sch) ★★→★★★ Alter Betrieb, der einen neuen Aufschwung nimmt. Prachtvoller Shiraz und Grenache, viele andere Sorten und verrückte Namen (z. B. The Cenosilicaphobic Cat auf Sagrantino-Basis).

Deakin Estate Vic r w ★ Teil der Katnook-Gruppe. Produziert sehr ordentliche sortenreine Tischweine in großen Mengen. Außerordentlich alkoholschwacher Moscato.

De Bortoli r w (br); tr s ★★→★★★ Weingut in einem Bewässerungsbereich und führender Erzeuger im Yarra Valley. Ausgezeichneter Pinot noir und Shiraz sowie herrlicher süßer edelfauler Noble Semillon im Sauternes-Stil.

Das Chardonnay-Dilemma

Dem Chardonnay verdankt der australische Wein gewissermaßen seine Zulassung auf dem Weltmarkt, aber auch sein größtes Dilemma. Der Aufmerksamkeit für australischen Rotwein zum Trotz ist Chardonnay die Rebe, die in Australien am erfolgreichsten angebaut wird. Nur leider wurde die Sorte, als sie noch das Aushängeschild für australischen Wein war, meist in schwerem, buttrigem, ausladendem Stil ausgebaut. Als leichtere, würzigere Speisen in Mode kamen, wirkten diese Weine deplatziert. Nun, da der Geschmack in Richtung frischerer Weine mit weniger Eiche geht, hat auch der australische Chardonnay endlich die Kurve gekriegt. An rassigen, komplexen Versionen besteht heute kein Mangel mehr.

Devil's Lair Margaret R., WA r w ★★★ Opulenter, konzentrierter Chardonnay und Cabernet Sauvignon/Merlot. Beliebt ist das Zweitetikett Fifth Leg. Oliver Crawford, früher Kellermeister bei Penfolds, hat hier eine Bombe gezündet. Im Besitz von TWE.

Diamond Valley Yarra V., Vic r w ★★ Pinot noir **02' 04' 05'** 06' – Sehr guter Pinot noir in bedeutenden Mengen. Die übrigen Weine sind gut, v. a. Chardonnay.

Domaine A S-Tas r w ★★★ Die Schweizer Besitzer und Kellermeister Peter und Ruth Althaus sind Perfektionisten. Sehr guter Sauvignon blanc (Fumé Blanc) und Cabernet Sauvignon.

Domaine Chandon Yarra V., Vic (r) (w); sch ★★ Gute Schaumweine von in kühlen Gegenden angebauten Trauben. Im Besitz von Moët & Chandon. In Großbritannien Erfolg mit der Marke Green Point.

Eden Road r w ★★ Beachtlicher neuer Erzeuger, der Weine aus den Regionen Hilltops, Tumbarumba und Canberra District produziert. Sehr guter Shiraz und Cabernet Sauvignon. Gewann 2009 die Jimmy Watson Trophy, Australiens renommierteste Weinauszeichnung.

Eden Valley SA – Bergige Gegend, in der Henschke, Torzi Matthews und Pewsey Vale zu Hause sind. Riesling und Shiraz von hoher Qualität.

Elderton Barossa V., SA r w (br); (sch) ★★ Alte Reben; reichhaltiger, eichenholzwürziger Cabernet Sauvignon und Shiraz. Breites Angebot. Biologischer/biodynamischer Anbau im Versuchsstadium.

Eldridge Estate Mornington Peninsula, Vic ★★ Mit seiner peniblen Experimentierfreudigkeit kann Weinmacher David Lloyd einen zum Wahnsinn treiben. Der Pinot noir und der Chardonnay sind es aber wert.

Epis r w ★★ Alec Epis ist ehemaliger Profi-Footballer und baut großartige Trauben an. Langlebiger Pinot noir und eleganter Chardonnay mit wenig Eiche.

Evans & Tate Margaret R., WA r w ★★→★★ Jetzt im Besitz von McWilliam's. Die Weinqualität ist während der vorangegangenen langen Finanzmisere stabil geblieben.

Ferngrove Vineyards Great Southern, WA r w ★★ Das Syndikat des Rinderzüchters Murray Burton hat seit 1997 rund 223 ha mit Reben bestockt. Sehr guter Riesling, Malbec und Cabernet Sauvignon.

Flametree r w ★★ 2008 mit dem angesehensten australischen Weinpreis (Jimmy Watson Trophy) ausgezeichnet. Ausgezeichneter Cabernet Sauvignon, aber auch der Shiraz ist würzig und verführerisch.

FWE (Fosters Wine Estate) Siehe Treasury Wine Estates.

Freycinet Tas r w; (sch) ★★★ Pinot noir **96' 00' 02' 05'** 06' 07 08 – Weinbaubetrieb an der Ostküste mit kompaktem Pinot noir und gutem Chardonnay. Der Schaumwein Radenti ist vielleicht der Beste von allen.

Geelong Vic – Einst ein berühmter Bereich, durch die Reblaus vernichtet und in den 1960er-Jahren neu aufgebaut. Sehr kühles, trockenes Klima. Kellereien: u. a. Bannockburn, Bellarine Estate, By Farr, Curlewis, Lethbridge, Scotchmans Hill.

Gemtree Vineyards McLaren Vale, SA r (w) ★★→★★★ Erstklassiger Shiraz sowie Tempranillo und andere Exoten; allen gemein ist die Qualität. Vorwiegend biodynamischer Anbau.

Geoff Merrill McLaren Vale, SA r w ★★ Rühriger Erzeuger von Weinen namens Geoff Merrill und Mount Hurtle. Gemischte Qualität. Zur Hälfte im Besitz von Tahbilk.

Giaconda Beechworth, Vic r w ★★★★ Chardonnay 96' 00' 02' 04' 05' 06'; Shiraz 02' 04' 06' – Mitte der 1980er-Jahre gelang Rick Kinzbrunner, was kaum einer schafft: Er stieg einen steilen, steinigen Berg hinauf und kam als gefeierter Meister-Weinmacher wieder herunter. Gilt neben dem Leeuwin Estate als bester Chardonnay-Erzeuger Australiens. Weniger erfolgreich ist der Pinot noir. Der Funkified Shiraz ist der neue Stern am Himmel; der Nebbiolo ist vielversprechend.

Glaetzer Wines Barossa V., SA r ★★★ Überaus reichhaltiger, ungefilterter, sehr reifer Shiraz von alten Reben, allen voran die Ikone Amon-Ra. Sehr gute Beispiele für einen alkoholstarken Stil.

Goulburn Valley Vic – Die sehr alte Region im gemäßigten Klima von Central Victoria bringt körperreiche, aber saftige Tischweine hervor; Spezialitäten sind Marsanne, Cabernet Sauvignon und Shiraz. Tahbilk und Mitchelton sind die wichtigsten Erzeuger.

Grampians Vic – Früher als Great Western bezeichnete Region mit gemäßigtem Klima im Nordwesten des Landes. Hohe Qualität, v. a. Shiraz und Shiraz-Schaumwein.

Granite Belt Qld – Hoch gelegene und (relativ) kühle Weinbauregion an der Grenze zwischen Queensland und NSW. Spezialitäten: v. a. würziger Shiraz und voller Semillon.

Granite Hills Macedon, Vic r w ★★ Der 30 Jahre alte Familienbetrieb hat mit feinem, elegantem Riesling und würzigem Shiraz zu seiner ursprünglichen Klasse zurückgefunden.

Grant Burge Barossa V., SA r w (br); (s); (sch) ★★ 400.000 Kisten zarte Rot- und Weißweine vom besten Lesegut aus großem eigenem Weinbergbesitz.

Great Southern WA – Abgelegene kühle Gegend; Ferngrove und Goundrey sind die größten Kellereien. Die offiziellen Unterregionen heißen Albany, Denmark, Frankland River, Mt. Barker und Porongurup. Erstklassiger Riesling und Shiraz.

Green Point Vic – Siehe Domaine Chandon.

Greenstone Vineyard Heathcote, Vic r ★★ Gemeinschaftsunternehmen von David Gleave MW (London), Alberto Antonini (Italien) und dem australischen Winzer Mark Walpole: sehr guter Shiraz, guter Sangiovese.

Grosset Clare V., SA r w ★★★→★★★★ Riesling **00' 02' 03** 06' 07' **10**; Gaia **90' 91' 96' 98' 99** 02' 04' 05' 06 09 – Anspruchsvoller Erzeuger; herausragender australischer Riesling, schöner Chardonnay, Pinot noir und außergewöhnlicher Gaia Cabernet Sauvignon/Merlot von Trauben aus hoch gelegenen, trockenen Weinbergen in Watervale und Polish Hill.

Hanging Rock Macedon, Vic r w; sch ★→★★★ Heathcote Shiraz **00' 01'** 02' 03' 04' 06 – Hat mit eigenen Marken auf dem Markt reüssiert, v. a. mit dem Schaumwein Macedon und dem Shiraz Heathcote. Das Tagesgeschäft ist die Weinbereitung im Fremdauftrag.

Hardys r w; (s); sch ★★★→★★★★ Eileen Chardonnay **01' 02' 04'** 05 **06'** 08; Eileen Shiraz **70' 96' 98' 02'** 04' 06' – Historischer Betrieb mit Weinen aus verschiedenen Gebieten, die auch miteinander verschnitten werden. Am besten sind Eileen Hardy Shiraz und Chardonnay. Gehört zu CWA.

Heathcote Vic – In der 500 Millionen Jahre alten, blutroten Kambrium-Erde steckt ein scheinbar unbegrenztes Potenzial, um Rotweine von höchster Qualität hervorzubringen, v. a. Shiraz. Zehn Jahre Dürre waren allerdings nicht hilfreich, um das Versprechen einzuösen.

Heggies Eden V., SA r w; tr (s) ★★ Weinberg in 500 m Höhe, im Besitz von S. Smith & Sons. Erzeugt wie Pewsey Vale sehr guten Riesling und Viognier. Der Chardonnay ist der Geheimtipp.

Henschke Eden V., SA r w ★★★★ Shiraz **58' 84' 86' 90' 91'** 96' 98' 01 02' 04' 06'; Cabernet Sauvignon **86' 88 90' 96'** 98 99' 02' 04' 06' – 120 Jahre alter Familienbetrieb, bekannt für köstlichen Hill of Grace (Shiraz), sehr guten Cabernet Sauvignon und Rotweinverschnitte sowie gute Weiße, u. a. langlebiger Riesling. Die hoch gelegenen Weinberge in Lenswood (Adelaide Hills) sind eine zusätzliche Attraktion.

Hewitson SO-Australien r (w) ★★★ Der vielgereiste Kellermeister Dean Hewitson spürt Parzellen mit alten Reben auf. Sein Shiraz und die sortenreine Abfüllung von den »ältesten Mourvèdre-Reben der Erde« (v. a. Old Garden) sind sehr gut.

Hollick Coonawarra, SA r w; (sch) ★★→★★★ Hat seinen Gutsbesitz erweitert, jüngst auch um einen Weinberg in Wrattonbully. Hauptaugenmerk liegt auf Cabernet Sauvignon, Shiraz und Merlot. Gutes Restaurant mit Blick auf die Weinberge.

Houghton Swan V., WA r w ★★→★★★ Der berühmteste alte Weinbaubetrieb in Western Australia. Verkaufsschlager ist der weiche, reife, lagerfähige Weiße namens Supreme – ein nationaler Klassiker. Auch vorzüglicher Cabernet Sauvignon, Verdelho, Shiraz usw. aus den Bereichen Margaret River und Great Southern. Gehört zu CWA.

Howard Park WA r w ★★★ Riesling **97' 99' 02'** 04 05' 07' **08 09**; Cabernet Sauvignon **88' 94' 96' 99' 01'** 05' 07' 09; Chardonnay **01' 02'** 04 05' 07' – Duftender Riesling, Chardonnay und würziger Cabernet Sauvignon. Zweitetikett: MadFish Bay, außerordentlich günstig.

Hunter Valley Der große Name in NSW. Ausladender, milder, erdiger Shiraz und vornehmer Semillon mit 30 Jahren Haltbarkeit. Erzeugt die zweifellos am deutlichsten terroirbetonten Weine in Australien.

Islander Estate, The Kangaroo Island, SA r w ★★ Neues Unternehmen von Jacques Lurton aus Bordeaux mit vollem Programm – wahrscheinlich sein zukünftiger Alterssitz. Grenache, Malbec und Cabernet Sauvignon/Shiraz/Viognier sind alle sehr gut.

Jacob's Creek (Orlando) Barossa V., SA r w (br); (s); sch ★→★★★ Großer Pionierbetrieb, jetzt im Besitz von Pernod Ricard. Konzentriert sich fast ausschließlich auf drei Reihen von Jacob's-Creek-Weinen, die alle Rebsorten und Preislagen abdecken.

Jasper Hill Heathcote, Vic r w ★★★→★★★★ Shiraz **85' 96' 97' 98' 99'** 02' 04' 06' 09 – Emily Paddocks Shiraz/Cabernet franc und George Paddocks Shiraz aus trockenen Lagen sind intensiv, langlebig und sehr geschätzt.

Jim Barry Clare V., SA r w ★★→★★★ Auf einigen hervorragenden Anbauflächen entstehen guter Riesling, McCrae Wood Shiraz und der reichhaltige The Armagh Shiraz mit kräftiger Holznote.

John Duval Wines Barossa V., SA r ★★★ Der Betrieb des ehemaligen Chefkellermeisters von Penfolds (und Grange) produziert köstliche Rotweine im Rhône-Stil, die geschmeidig und weich sind und dennoch Struktur haben.

Kaesler Barossa V., SA r (w) ★★→★★★ Der Old Bastard Shiraz sticht den Old Vine Shiraz aus. Der Alkoholgehalt ist oft zu aufdringlich.

Katnook Estate Coonawarra, SA r w; (s); (sch) ★★★ Odyssey Cabernet Sauvignon **91' 92' 94' 96'** 97' 98' 00 01' 02' 05' – Vorzügliche und teure Kultweine Odyssey und Prodigy Shiraz. Üppiger Einsatz von Eiche. Der 08er Standard Cabernet Sauvignon ist sehr gut.

Keith Tulloch Hunter V., NSW r w ★★ Der ehemalige Kellermeister von Rothbury produziert penibel bereitete, elegante und doch komplexe Weine von Semillon, Shiraz u. a.

Kilikanoon Clare V., SA r w ★★→★★★ Riesling und Shiraz haben in den letzten Jahren bei Weinshows ausgezeichnete Erfolge erzielt. Im September 2007 wurde das vom National Trust als nationales Erbe geführte Gut Seppeltsfield gekauft. Üppige, wunderbar bereitete Rotweine.

Kingston Estate SO-Australien r w ★→★★ Ständig wechselnde Auswahl an sortenreinen Weinen aus allen möglichen Gegenden, alle verlässlich und preiswert.

King Valley Vic – Die unterschiedlichen Höhenlagen zwischen 155 und 860 m wirken sich stark auf die angebauten Rebsorten und den jeweiligen Weinstil aus. 29 Erzeuger, allen voran Brown Brothers, Christmont, Dal Zotto und Pizzini, die Region ist aber auch ein wichtiger Traubenlieferant für viele andere Kellereien.

Knappstein Wines Clare V., SA r w ★★ Zuverlässiger Riesling, Cabernet Sauvignon/Merlot, Shiraz und Cabernet Sauvignon; im Besitz von Lion Nathan. In den letzten Jahren mäßige Leistung.

Kooyong Mornington Peninsula, Vic ★★★ Kraftvoller, strukturierter Pinot noir und Chardonnay, charmanter Pinot gris; Einzellagenweine. Mit dem Weinmacher Sandro Moselle muss gerechnet werden.

Lake Breeze Langhorne Creek, SA r (w) ★★ Lange Zeit nur Traubenproduzent, erzeugt das Gut mittlerweile selbst saftige, weiche Weine von Shiraz und Cabernet Sauvignon.

Lake's Folly Hunter V., NSW r w ★★★ Chardonnay **97' 99' 00' 01' 04' 05' 07'**; Cabernet Sauvignon **69' 89' 93 97' 98' 03'** 05' 07' – Gegründet von Max Lake, dem Pionier des Hunter Valley Cabernet Sauvignon; seit 2000 neue Besitzer. Der Chardonnay ist oft besser als der Cabernet-Sauvignon-Verschnitt.

Langmeil Barossa V., SA r w ★★ Das Gut besitzt neben anderen alten Weinbergen auch die älteste mit Shiraz bestockte Parzelle der Welt (angelegt 1843). Opulenter, nicht allzu alkoholstarker Shiraz. Die Verwendung von Eiche könnte besser sein.

Larry Cherubino Wines Frankland R., WA r w ★★★ Das ehemalige Weinmacher-Wunderkind von Hardys setzt nun unter eigenem Namen Zeichen. Der intensive Sauvignon blanc und der harmonische Shiraz verursachen den meisten Rummel. Auch frischer Wallflower Riesling. Würziger, eigenwilliger, nachdenklicher Stil.

Lazy Ballerina McLaren Vale, SA r ★★ Dem (jungen) Winzer James Hook bereitet kaum etwas so viel Freude, wie den großen Unternehmen eine lange Nase zu drehen. Seinen Wein-Newsletter nennt er *Wine Fight Club*. Voller, tanninstarker Shiraz mit guter Textur, sehr günstig.

Leasingham Clare V., SA r w ★★ Ehemals bedeutende Marke mit sehr gutem Riesling, Shiraz, Cabernet Sauvignon und Cabernet Sauvignon/Malbec-Verschnitt. Verschiedene Etiketten, auch Einzellagen. In letzter Zeit weniger erfolgreich.

Leeuwin Estate Margaret R., WA r w ★★★★ Chardonnay **85' 87' 92' 97' 99' 01' 02'** 04' **05'** 06 07' – Führendes Weingut in Western Australia. Vorzüglicher, alterungsbeständiger Art Series Chardonnay. Sauvignon blanc, Riesling und Cabernet Sauvignon ebenfalls gut.

Leo Buring Barossa V., SA w ★★★ **79' 84' 91' 94 98 02'** 04 05' **06' 08** – Im Besitz von TWE. Es wird nur noch Riesling erzeugt. Leonay heißt die Spitzenmarke – herrlich langlebig, mit Schraubverschluss.

Lethbridge Vic r w ★★★ Stilvoller kleiner Erzeuger von Chardonnay, Shiraz und Pinot noir. Das Renommee steigt von Jahr zu Jahr.

Limestone Coast Zone SA – Wichtige Anbauzone, zu der auch Bordertown, Coonawarra, Mount Benson, Mount Gambier, Padthaway, Robe und Wrattonbully gehören.

Lindemans r w ★→★★ Eine der ältesten Firmen, heute im Besitz von TWE. Die preiswerte Reihe Bin (v. a. Bin 65 Chardonnay) ist jetzt Produktionsschwerpunkt. Weit entfernt vom früheren Ruhm. Die Coonawarra-Rotweine sind wieder im Aufwind.

Lion Nathan Neuseeländisches Brauereiunternehmen, dem Knappstein, Mitchelton, Petaluma, St Hallett, Smithbrook, Stonier und Tatachilla gehören.

Macedon und Sunbury Vic – Benachbarte Regionen. Macedon liegt höher als das nahe dem Melbourner Flughafen gelegene Sunbury. Kellereien u. a. Bindi, Craiglee, Curly Flat, Epis, Granite Hills und Hanging Rock.

McLaren Vale SA – Historische Region am südlichen Stadtrand von Adelaide. Mächtige, alkoholstarke, geschmacksintensive Rotweine, wie geschaffen für den amerikanischen Markt. Erzeuger wie Coriole, Hardys, Wirra Wirra und eine wachsende Zahl anderer zeigen jedoch Eleganz und Geschmack.

McWilliam's SO-Australien r w (br); (s) ★★→★★★ Das Gut befindet sich noch in Familienbesitz (Gallo lauert mit seinem 10%igen Anteil), hat sich aber mit einiger Eleganz wieder neu aufgestellt und leistet oft mehr als man erwartet. Der Elizabeth Semillon wird vom Markt in Sydney geliebt, die günstigeren Hanwood-Verschnitte findet man fast überall auf der Welt. Der Semillon Lovedale ist so beständig und alterungsfähig, dass es nicht auf den Jahrgang ankommt.

Main Ridge Estate Mornington Peninsula, Vic r w ★★ Reichhaltiger, langlebiger Chardonnay und Pinot noir. Nat White, der Pionier der Halbinsel, rühmt sich, dass die Region nun mit ihren Fehlern durch ist – »denn ich habe sie alle gemacht«.

Majella Coonawarra, SA r (w) ★★★→★★★★ Schwingt sich zur Spitze in Coonawarra auf. The Malleea ist ein hervorragender Cabernet Sauvignon/Shiraz-Superpremium-Verschnitt. Auch Shiraz und Cabernet Sauvignon sind sehr gut.

Margaret River WA – Anbaugebiet mit gemäßigtem Klima an der Küste, 280 km südlich von Perth, liefert elegante Weine. Australiens meistbesuchtes Touristenweingebiet (und Surferparadies).

Meerea Park Hunter V., NSW r w – Die Brüder Garth und Rhys Eather haben sich fast 20 Jahre Zeit gelassen, um dann über Nacht Erfolg zu haben. Schön aromatischer Semillon, Chardonnay und Shiraz.

Mike Press Wines Adelaide Hills, SA r w ★★ Kleine Produktion, hervorragendes Preis-Leistungs-Verhältnis: Shiraz, Cabernet Sauvignon, Chardonnay. Niemand weiß, wie er das macht, aber viele sind neugierig.

Mitchell Clare V., SA r w ★★ Riesling **00' 01' 04 05'** 06' 07 – Kleiner Familienbetrieb mit großartigem Cabernet Sauvignon und fest strukturiertem trockenem Riesling.

Mitchelton Goulburn V., Vic r w; (s) ★★ Verlässlicher Produzent von Riesling, Shiraz und Cabernet Sauvignon in unterschiedlichen Preislagen; Spezialität: Marsanne und Roussanne.

Mitolo r ★★★ Eine der besten »virtuellen« Kellereien (d. h. Weinberge, Kellereien und Kellermeister werden von Fall zu Fall angemietet bzw. angeheuert) mit Spitzenpreisen für Shiraz und Cabernet Sauvignon in Spitzenqualität; Weinbereitung durch Ben Glaetzer. Im Stil etwas hochtrabende, aber (oft) unwiderstehliche Weine.

Moorilla Estate Tas r w; (sch) ★★ Betrieb nahe Hobart am Derwent River, produziert sehr guten Riesling und Chardonnay; Pinot noir gut. Erstklassiges Restaurant und großartige Kunstgalerie.

Moorooduc Estate Mornington Peninsula, Vic r w ★★★ Stilvoller und sehr anspruchsvoller (Weinbereitung mit Wildhefen usw.) Erzeuger von erstklassigem Chardonnay und Pinot noir. Hat einigen Einfluss.

Moppity Vineyards Hilltops, NSW r w ★★ Macht sich gerade einen Namen mit seinem Reserve Shiraz/Viognier (Hilltops) und dem Chardonnay (Tumbarumba). Im Auge behalten.

Mornington Peninsula Vic – Spannende Weine aus einer kühlen Küstengegend 40 km südlich von Melbourne. Insgesamt 1.000 ha; viele erstklassige Boutique-Kellereien.

Morris NO-Vic br (r) (w) ★★→★★★★ Alter Weinbaubetrieb in Rutherglen mit einigen der besten Muscat- und »Tokay/Topaque«-Dessertweinen Australiens.

Moss Wood Margaret R., WA r w ★★★★ Cabernet Sauvignon **80' 85 90' 91'** 04' 05' 07' – Für viele der beste Weinbaubetrieb am Margaret River (mit 11,7 ha). Semillon, Cabernet Sauvignon und Chardonnay mit opulentem Frucht-/Eichenton. Ausgesprochen glatter und weicher Cabernet Sauvignon.

Mount Horrocks Clare V., SA r w ★★→★★★★ Feinster trockener Riesling und süßer Cordon Cut Riesling. Der Chardonnay ist der beste der Gegend. Mit Grosset verbunden.

Mount Langi Ghiran Grampians, Vic r w ★★★★ Shiraz **89' 93' 96'** 03' 05' 06' 08 – Erzeuger von sehr feinem, pfeffrigem, Rhône-ähnlichem Shiraz, einem der besten aus Australiens kühleren Regionen. Schwestergut von Yering Station.

Mount Mary Yarra V., Vic r w ★★★★ Pinot noir **97' 99 00' 02' 05'** 06'; Quintet **84' 86' 88' 90' 92' 96' 98'** 02' 04' 06 – Der verstorbene Dr. John Middleton brachte in sehr kleinen Mengen sanften Chardonnay, lebhaften Pinot noir und v. a. einen Cabernet-Sauvignon-Verschnitt hervor, der von allen australischen Weinen einem »Claret«, also einem roten Bordeaux, am nächsten kommt. Alle altern makellos. Die Familie führt die Arbeit fort.

Mudgee NSW – Seit langem eingeführtes Weinbaugebiet nordwestlich von Sydney. Ausladende Rote, erstaunlich feine Semillon- und vollmundige Chardonnay-Weine. Hatte letztlich etwas Mühe, den Anschluss zu halten. Die Rückkehr von Robert Oatley ist ein Rettungsanker.

Murray Valley SA , Vic, NSW – Riesige bewässerte Weinbauregion, die sich jetzt als ein von Dürre und Klimawandel geschütteltes Krisengebiet wiederfindet.

Ngeringa Adelaide Hills, SA r w ★★ Exzellenter, herrlich dufender Pinot noir aus biodynamischem Anbau. Die Familie stammt eigentlich aus der Kosmetikindustrie und macht nun die ersten Schritte auf einem langen Weg in der Weinwelt.

Ninth Island Tas – Siehe Pipers Brook.

O'Leary Walker Wines Clare V., SA r w ★★★ Zwei Überflieger verließen in ihrer Midlife-Crisis Beringer Blass, um ihren eigenen Laden aufzuziehen – und schlagen sich prächtig.

Orange NSW – Die hoch gelegene Weinbauregion mit kühlem Klima erzeugt lebhaften Merlot und Shiraz sowie ausgezeichneten Chardonnay.

Padthaway SA – Großes Anbaugebiet, das als Ableger von Coonawarra entwickelt wurde. Kühles Klima; guter Chardonnay und ausgezeichneter Shiraz (Orlando).

Pannell, S. C. McLaren Vale, SA r ★★ Steve Pannel, der ehemalige Chefkellermeister bei Hardys, hat nun sein eigenes Label. Gute Weine auf Shiraz- und Grenache-Basis. Nebbiolo auf dem Weg nach oben.

Paringa Estate Mornington Peninsula, Vic r w ★★★★ Erzeuger von spektakulärem Chardonnay, Pinot noir und Shiraz. Viele Male preisgekrönt.

Parker Estate Coonawarra, SA r ★★★ Kleines Gut mit sehr gutem Cabernet Sauvignon, v. a. Terra Rossa First Growth. Seit 2004 Schwestergut von Yering Station. Hält sich im Hintergrund.

Paxton McLaren Vale, SA r ★★ Bedeutender Weinbergbesitzer, der hauptsächlich biologisch oder biodynamisch arbeitet. Reifer, aber eleganter Shiraz und Grenache.

Pemberton WA – Region zwischen Margaret River und Great Southern; die anfängliche Begeisterung für Pinot noir ist inzwischen auf Riesling, Chardonnay, Merlot und Shiraz übergegangen.

Penfolds Ursprünglich Adelaide, heute überall; r w (br); (sch) ★★→★★★★ Grange **52' 53' 55' 60' 62' 63' 66' 71' 76' 78' 83' 86' 90' 94' 96' 98'** 99' 02' 04' (05') (06'); Cabernet Sauvignon Bin 707 **64' 66' 76' 86' 90' 91' 96' 98'** 02' **04'** 06' 07' – Beständig Australiens bester Rotweinerzeuger, wenn man es schafft, die Etiketten zu dechiffrieren. Sein Grange (früher: Hermitage) hat verdientermaßen 4 Sterne; der Yattarna Chardonnay und der Bin Chardonnay sind von der Qualität her mit den Roten vergleichbar. Der St Henri Shiraz ist ein Meister des Understatements.

Penley Estate Coonawarra, SA r w ★★ Voller, gut gefügter, fruchtiger, eichenholzwürziger Cabernet Sauvignon; auch ein Verschnitt von Shiraz und Cabernet Sauvignon sowie Chardonnay. Der steigende Alkoholgehalt erregt Besorgnis.

Perth Hills WA – Junges Weinbaugebiet 30 km östlich von Perth mit einer größeren Anzahl von Winzerbetrieben in milden Berglagen. Am besten sind Millbrook und Western Range.

Petaluma Adelaide Hills, SA r w; sch ★★★ Riesling **04' 05' 06'**; Chardonnay **01' 03' 04' 05 06'**; Coonawarra Cabernet Sauvignon **79' 90' 91' 95' 98'** 03' 05' 06' – Gründer war der Weinbau-Protagonist Brian Croser. Seit 1988 sind die Roten voller geworden. Wurde 2002 zur Beute von Lion Nathan.

Peter Lehmann Wines Barossa V., SA r w (br); (s); (sch) ★★★ Hüter der Barossa-Tradition; wehrte Allied Domecq durch die Fusion mit der Schweizer Hess Group ab. Bedeutende Mengen Wein zu beständig guten Preisen. Empfehlenswert: Stonewell Shiraz sowie herausragender 5 Jahre alter Reserve Bin Semillon und Riesling.

Pewsey Vale Adelaide Hills, SA w ★★★→★★★★ Großartiger Riesling, v. a. The Contours, der mit Schraubverschluss, 5 Jahren Flaschenreife und vielen Medaillen auf den Markt kommt.

Pierro Margaret R., WA r w ★★★ Chardonnay **96' 99'** 00' 01' 02' 03 **05'** 06' (07') – Hoch angesehener Erzeuger von teurem, pikantem Semillon/Sauvignon blanc und sehr gutem fassvergorenem Chardonnay.

Pipers Brook Tas r w; sch ★★ Riesling **99' 00' 01' 02' 04' 06'** 07; Chardonnay **00' 02' 05'** 06 07' – Pionier in einer kühlen Region mit gutem Riesling und Pinot noir sowie zurückhaltendem Chardonnay und Schaumweinen aus dem Tamar Valley. Zweitmarke: Ninth Island. 2002 von der belgischen Familie Kreglinger erworben, der auch das Bordeaux-Weingut Vieux Château Certan gehört.

Pirramimma McLaren Vale, SA r w ★★ Der jahrhundertealte Familienbesitz mit ausgedehnten Weinbergen geht nun auch mit der Zeit: witzige neue Etiketten und Verpackung, nicht zu vergessen der Wein selbst.

Pizzini King V., Vic r ★★★ Nebbiolo 98' 02' **04** – Anführer der Fraktion, die italienische Sorten in Australien propagiert; produziert werden Nebbiolo, Sangiovese und Verschnitte. In letzter Zeit schwierige Jahrgänge, aber trotzdem einer der besten Erzeuger in Australien.

Plantagenet Mt. Barker, WA r w; (sch) ★★ Rotweine **95 98' 01'** 03 04' 05' 07' 08' – Altehrwürdiger Erzeuger der Region mit großer Sortenauswahl, v. a. vollem Chardonnay, Shiraz und lebendigem, kräftigem Cabernet Sauvignon.

Pondalowie Bendigo, Vic r ★★ *Flying winemakers* mit interessantem Shiraz, Viognier und Tempranillo in verschiedenen Kombinationen.

Primo Estate SA r w; tr (s) ★★★ Zu den vielen erfolgreichen Weinen Joe Grillis zählen ein würziger Shiraz-Sangiovese-Verschnitt mit Kirschnote (McLaren Vale), ein geschmacksintensiver Colombard und der kräftige Cabernet Sauvignon/Merlot Joseph.

Pyrenees Vic – Region in Central Victoria mit reichhaltigen, oft minzeduftigen Rotweinen. Dalwhinnie, Taltarni, Blue Pyrenees, Mount Avoca und Dog Rock sind Kellereien auf dem Weg nach oben.

Redheads McLaren Vale, SA r ★★ Winziges »Studio« für superkonzentrierte Rotweine.

Richmond Grove Barossa V., SA r w ★→★★★ Bietet großartigen Riesling zu Schleuderpreisen; die anderen Weine sind weniger eindrucksvoll. Im Besitz von Orlando Wyndham, aber irgendwie gesichtslos geworden.

Riverina NSW – Massenweinbauzone mit Bewässerung um Griffith. Die Wasserversorgung wird hier in den nächsten Jahren besser sein als in der Region Murray Darling.

Robert Oatley Wines Mudgee, NSW r w – Robert Oatley hat das Rosemount Estate geschaffen, damals, als es noch gut war. Jetzt ist sein Ehrgeiz wieder aufgeflammt. Die ersten freigegebenen Weine waren noch nicht der Weisheit letzter Schluss, aber es geht rasch voran. Sehr guter Einzellagen-Shiraz.

Rockford Barossa V., SA r w; sch ★★→★★★★ Kleiner Erzeuger mit Weinen von alten, ertragsschwachen Weinbergen. Die Rotweine sind am besten. Außerdem Schaumwein Black Shiraz mit Kultstatus.

Rosemount Estate r w – Eine Großmacht, was die Produktionsmenge angeht, aber bei der Qualität ein Schatten seiner selbst. Spitzenweine werden schmerzlich vermisst.

Rutherglen und Glenrowan Vic – Zwei von vier Regionen im Nordosten von Victoria; eine Zone, die zu Recht berühmt ist für ihre schweren Rotweine und die herrlichen gespriteten Dessertweine.

St Hallett Barossa V., SA r w ★★★ Old Block **86' 90' 91' 98 99'** 01 02' 04 05' 06' – Old Block Shiraz ist der Spitzenwein dieses Erzeugers. Das übrige Programm zeichnet sich durch eine weiche, stilvolle Art aus. Im Besitz von Lion Nathan.

Saltram Barossa V., SA r w ★★→★★★ Mamre Brook (Shiraz, Cabernet Sauvignon, Chardonnay) und No. 1 Shiraz sind die Spitzenweine. Eine Marke von TWE.

Samuel's Gorge McLaren Vale, SA r ★★ Justin McNamee hat eine Haarmatte wie Tingeltangel-Bob (von den Simpsons), aber seine Shiraz- und Tempranillo-Weine macht er präzise und mit Sinn und Verstand.

Sandalford Swan V., WA r w (br) ★→★★ Schönes altes Weingut mit kontrastreichen Stilrichtungen reinsortiger Rot- und Weißweine vom Swan Valley und Margaret River.

Savatere Beechworth, Vic r w ★★ Pinot noir **02** 04' 06' 08' – Sehr guter Erzeuger von Chardonnay und Pinot noir, auch wenn eine Reihe von Jahren (03 07 09) problematisch waren. Dicht bestockte Weinberge, biodynamische Methoden. Die Kellerei ist ein Zimmer im Haus des Besitzers und Kellermeisters Keppel Smith.

Scotchmans Hill Vic r w – Erzeuger von Pinot noir, gutem Chardonnay und würzigem Shiraz in beachtlichen Mengen.

Seppelt Grampians, Vic r w br; (s); sch ★★★ St. Peter's Shiraz **71' 85 86' 91' 96 97' 99'** 04' 05' 06 08 – Hat sich nun auf die Erzeugung von Tischweinen aus Victoria für TWE spezialisiert. Sehr beeindruckende Bandbreite von regionentypischen Riesling-, Chardonnay-, Shiraz- und Cabernet-Weinen.

Seppeltsfield Barossa V., SA – Vom National Trust als nationales Erbe geführt, 2007 von Killkanoon erworben. Die Bestände an gespriteten Fassweinen gehen bis aufs Jahr 1878 zurück.

Setanta Wines Adelaide Hills, SA r w ★★★ Die Familie Sullivan, ursprünglich aus Irland stammend und jetzt in der ersten Generation Australier, produziert wunderbaren Riesling, Chardonnay, Sauvignon blanc, Shiraz und Cabernet Sauvignon. Die sehr schön gestalteten Etiketten zeigen Motive aus der irischen Mythologie.

Sevenhill Clare V., SA r w (br) ★★ Seit 1851 im Besitz der Jesuitical Manresa Society. Beständig guter Wein; Shiraz und Riesling können überragend sein.

Seville Estate Yarra V., Vic r w ★★★ Shiraz **94 97' 99' 02'** 04' 05' 06' 08' – Mehrere Besitzerwechsel haben die Qualität von Chardonnay, Shiraz und Pinot noir nicht beeinträchtigt.

Shadowfax Vic r w ★★→★★★ Stilvolle Kellerei, Teil des historischen Werribee Park, auch Hotel. Sehr guter Chardonnay, Pinot noir und Shiraz.

Shaw & Smith Adelaide Hills, SA (r) w ★★★ Gegründet von Martin Shaw und dem ersten australischen Master of Wine, Michael Hill-Smith. Frischer, harmonischer Sauvignon blanc, komplexer, fassvergorener M3 Chardonnay und, besser als beide, Shiraz.

Shelmerdine Vineyards Heathcote, Vic r w ★★→★★★ Bekannte Familie mit eleganten Weinen von Gütern im Yarra Valley und in Heathcote.

Sirromet Qld r w – Beeindruckender 100.000-Kisten-Erzeugerbetrieb mit über 100 ha Rebland. Die Weine von den gutseigenen Weinbergen in Granite Belt können recht ordentlich sein.

Smith & Sons, S. (alias Yalumba) Barossa V., SA r w br; (s); sch ★★→★★★ Großes altes Familienunternehmen mit beträchtlichem Schwung. Volles Spektrum an hochwertigen Weinen, u. a. Heggies, Pewsey Vale und Yalumba. Der preiswerte Schaumwein Angas Brut und die sortenreinen

Abfüllungen namens Oxford Landing sind heute Weltmarken. In bestechender Form.

South Burnett Qld – Jetzt das zweite Anbaugebiet in Queensland mit 15 Kellereien und einigen unmittelbar bevorstehenden Neugründungen (und Schließungen); beispielhaft für die gesamte Südostecke des Staates.

South Coast NSW Zone NSW – Die Südküste von New South Wales umfasst u. a. Shoalhaven Coast und Southern Highlands.

Southcorp Der ehemalige Gigant des australischen Weinbaus gehört jetzt zu TWE. Besitzt Lindemans, Penfolds, Rosemount Estate, Seppelt, Seaview, Wynns und viele andere.

Southern NSW Zone NSW – Der südliche Bereich von New South Wales umfasst u. a. Canberra, Gundagai, Hilltops und Tumbarumba.

Spinifex Barossa V., SA r ★★★ Kleiner, hochklassiger Erzeuger komplexer Shiraz- und Grenache-Verschnittweine; alles im rechten Maß. Hat sich in den letzten zwei Jahren klar vom Großteil der Neuwinzer in Australien abgesetzt.

Stanton & Killeen Rutherglen, Vic r br ★★★ Der unerwartete frühe Tod von Chris Killeen im Jahr 2007 hat diesem feinen Erzeuger gespriteter und trockener Rotweine einen schweren Schlag versetzt, doch seine Kinder setzen die Tradition in der nun vierten Generation fort – und das in gutem Stil.

Stefano Lubiana S-Tas r w; sch ★★★ Herrliche Weinberge am Ufer des Derwent River, 20 Minuten von Hobart entfernt. Sehr guter Pinot noir, Schaumwein, Merlot und Chardonnay.

Stella Bella Margaret R., WA r w ★★★ Die avantgardistische Gestaltung der Etiketten und die seltsamen Namen sollten nicht darüber hinwegtäuschen, dass sich hier ein Erzeuger mit Leib und Seele der Qualität verschrieben hat. Nur Glanzstücke: Cabernet Sauvignon, Semillon/Sauvignon blanc, Chardonnay, Shiraz, und Sangiovese/Cabernet Sauvignon.

Stonier Wines Mornington Peninsula, Vic r w ★★ Chardonnay **02 03' 04' 05** 06' **07;** Pinot noir **00' 02' 04' 05 06'** 07 08' – Beständig guter Chardonnay und Pinot noir; bemerkenswert sind die eleganten Reserve-Abfüllungen. Im Besitz von Lion Nathan.

Sunbury Vic – Siehe Macedon und Sunbury.

Swan Valley WA – 20 Minuten nördlich von Perth. Geburtsort des Weins im Westen. Das heiße Klima bringt starke Tischweine mit niedrigem Säuregehalt hervor, die nun für den Weintourismus verjüngt werden.

Tahbilk Goulburn V., Vic r w ★★★ Marsanne **74' 82' 92' 97' 99' 01' 03'** 05' 06' **07'**; Shiraz **68' 71' 76' 86 98' 02** 04' 05 **06'** – Schöner historischer Familienbesitz mit lagerfähigen Rotweinen; außerdem Riesling und mit der beste Marsanne in Australien. Cabernet Sauvignon Reserve ist vorzüglich und preiswert. Auch seltener 1860 Vines Shiraz.

Taltarni Pyrenees, Vic r w; (sch) ★★→★★★ Shiraz und Cabernet Sauvignon präsentieren sich seit Jahren in Bestform. Langlebige Weine, aber man braucht keinen Presslufthammer mehr, um das Tannin vom Zahnfleisch zu lösen.

Tamar Ridge N-Tas r w; (sch) ★★ Über 230 ha Rebland machen diesen Betrieb zu einem Protagonisten in Tasmanien. 75.000 Kisten. 2010 von Brown Brothers erworben. Guter Pinot noir.

Tapanappa SA r ★★★ Neues Gemeinschaftsprojekt in Wrattonbully von Brian Croser, Bollinger und J.-M. Cazes aus Pauillac (Frankreich). Sehr hohe Standards. Cabernet-Sauvignon-Verschnitt, Shiraz, Merlot. Erstaunlicher Pinot noir von der Fleurieu Peninsula.

TarraWarra Yarra V., Vic r w ★★★ Chardonnay **02' 04'** 05' 06'; Pinot noir **00' 01 02' 04'** 05' 06' – Hat von eigenwilligem auf eleganten Mainstream-Chardonnay und -Pinot-noir umgestellt. Der Standard Pinot noir (früher Tin Cows) spielt nicht in derselben Liga wie der Reserve.

Tasmanien Tas – Die Produktion steigt zwar stetig an, ist aber immer noch gering. Herausragender Schaumwein, Chardonnay, Pinot noir, Riesling aus kühlen Lagen, sehr guter Chardonnay, Sauvignon blanc und Pinot gris in Stilen, wie sie zum kühlen Klima passen. Nach allen Weinen herrscht große Nachfrage.

Tatachilla McLaren Vale, SA r w ★★ Beachtliche Produktion hübscher Weißer und guter Roter. 2002 von Lion Nathan gekauft.

Taylors Wines Clare V., SA r w ★★ Großer Produzent, vor allem von Riesling, Shiraz und Cabernet Sauvignon. Export unter dem Namen Wakefield Wines (wegen markenrechtlicher Streitigkeiten mit Taylor's in Porto) mit gutem Erfolg.

Ten Minutes by Tractor Mornington Peninsula, Vic r w ★★★ Amüsanter Name und raffinierte Verpackungen von einem Gut, das unter dem Besitzer Martin Spedding rasch wächst. Gleichermaßen sehr guter Sauvignon blanc, Chardonnay und Pinot noir.

Teusner Barossa V., SA r ★★★ Alte Reben, kluge Weinbereitung, reine Fruchtaromen. Anführer des Trends gegen zu viel Holzeinfluss, der sich im Barossa Valley breitmacht. Nur die Trauben zählen.

T'Gallant Mornington Peninsula, Vic (r) w – Die Firma mit dem eigenartigen Namen und den avantgardistischen Etiketten ist der Spitzenproduzent von australischem Pinot gris (grigio). Von TWE übernommen.

Topaque Vic – Der gespritete australische Kultwein aus Rutherglen, der bislang »Tokay« hieß, hat aufgrund eines Abkommens mit der EU diesen neuen Namen bekommen.

Torbreck Barossa V., SA r (w) ★★★ Die stilvollste der in den USA beliebten Kultkellereien mit Schwerpunkt auf alten Reben von Rhône-Sorten, angeführt von Shiraz. Voll, süß, alkoholstark; ein Schluck hält lange vor. Erzeuger des teuersten neu auf den Markt gekommenen Weins in Australien.

Torzi Matthews Eden V., SA r ★★ Reichhaltiger, stilvoller Shiraz. Die billigeren Weine sind in der Regel besser als die teureren. Torzi Schist Rock Shiraz – nach ein, zwei Gläsern gar nicht mehr leicht auszusprechen.

Treasury Wine Estates (TWE) Neuer Name der fusionierten Konzerne Beringer Blass und Southcorp mit Dutzenden von Marken, die wie Pilze nach dem Regen aus dem Boden schießen und wieder verschwinden; Penfolds und Wynns sind die besten. Die Namensänderung 2010 rief allgemeine Belustigung hervor.

Trentham Estate Vic (r) w ★★ Boutiquekellerei in Familienbesitz am Ufer des Murray mit 60.000 Kisten Wein zu vernünftigen Preisen; auch ein gutes Restaurant. Erweitert seine Bandbreite gerade in renommierten Regionen in Victoria. Beliebtes Touristenziel.

Tumbarumba NSW – Region mit kühlem Klima in den australischen Alpen in New South Wales; Weinberge in 500–800 m Höhe. Starsorte ist Chardonnay.

Turkey Flat Barossa V., SA r rs ★★★ Legendärer Erzeuger von Rosé, Grenache und Shiraz aus 150 Jahre alten Weinbergen. Edelste Tröpfchen, Alkoholgehalt und Verwendung von Eichenfässern begrenzt. Preise nicht zu hoch.

Two Hands Barossa V., SA r ★★ Kult-Kellerei mit Spitzen-Shiraz aus Padthaway, McLaren Vale, Langhorne Creek, Barossa Valley und Heathcote –

randvoll mit Alkohol, reicher Frucht, Eiche und was sonst noch alles dazugehört.

Tyrrell's Hunter V., NSW r w ★★★★ Semillon **99' 00' 01'** 05' 07'; Vat 47 Chardonnay **00' 02 04 05'** 07' – Hier entsteht Australiens großartigster Semillon. Zum Vat 1 hat sich eine Reihe von Einzellagenweinen oder Weinen aus Unterbereichen gesellt, von denen mindestens einer in jedem Jahrgang herausragend sein dürfte – das erklärt die ungewöhnlichen Jahrgangsempfehlungen für den Semillon. Auch der Vat 47, der erste Chardonnay Australiens, trotzt weiterhin den klimatischen Widrigkeiten, jedoch anders als bei Lake's Folly. Exzellent ist auch der 4 Acres Shiraz von alten Reben.

Upper Hunter NSW – In den frühen 1960ern eingerichtete Subregion; bewässerte Reben (hauptsächlich weiße Sorten). Die Weine entwickeln sich leichter und schneller als die vom Lower Hunter.

Vasse Felix Margaret R., WA r w ★★★ Cabernet Sauvignon **97 98 99' 01** 04' 05' 07 08 – Neben Cullen ein Pionier am Margaret River. Eleganter, mittelschwerer Cabernet Sauvignon mit bemerkenswerter Ausgewogenheit. Insgesamt im Aufwind; der Chardonnay wird rasch besser.

Voyager Estate Margaret R., WA r w ★★★ 35.000 Kisten reichhaltiger, kräftiger Weine aus eigenem Anbau: Semillon, Sauvignon blanc, Chardonnay und Cabernet Sauvignon/Merlot. Der neue Star im Gebiet Margaret River; im Auge behalten.

Wendouree Clare V., SA r ★★★★ Hochgeschätzter Erzeuger kraftvoller, konzentrierter Rotweine (in kleinen Mengen) auf der Basis von Shiraz, Cabernet Sauvignon, Mourvèdre und Malbec; immens langlebig – so sehr, dass kaum ein Wein, der nicht mindestens 20 Jahre alt ist, die volle Reife erlangt hat.

West Cape Howe Denmark, WA r w ★★ Hat als Winzling 2009 den Riesen Goundrey Winery (7.700 Tonnen, 237 ha Rebland) übernommen. Sehr guter Shiraz sowie Cabernet-Sauvignon-Verschnitte.

Willow Creek Mornington Peninsula, Vic r w ★★★ Erzeuger v.a. von eindrucksvollem Chardonnay und Pinot noir. Die ehemalige Weinmacherin von Stonier, Geraldine McFaul, hat jüngst das Ruder übernommen.

Wilson Vinyard Clare V., SA r w ★★ Stilvoller Riesling vom Clare Valley und dem benachbarten Polish Hills River; Hand Plunge Shiraz und Cabernet Sauvignon oft auch von guter Qualität.

Wirra Wirra McLaren Vale, SA r w; (s); (sch) ★★★ RSW Shiraz 98' **99' 02'** 04' 05' 06' 07'; Cabernet Sauvignon **97' 98' 01'** 02' 04' 05' 06' – Hochwertige und sehr erfolgreiche Weine. Der RSW Shiraz hat im Vergleich zum Cabernet Sauvignon leicht die Nase vorn, beide sind aber großartig. Der Cabernet Sauvignon Angelus kommt jetzt unter dem Namen Dead Ringer auf den Exportmarkt.

Wolf Blass Barossa V., SA r w (br); (s); (sch) ★★ Cabernet-Sauvignon-Verschnitt **90' 91' 96' 98'** 02' 04' 05 06' – Nun von TWE geschluckt. Nicht mehr der Spitzenerzeuger, der er einmal war.

Woodlands Margaret R., WA r (w) ★★★ Mit über 30 Jahre alten Cabernet-Sauvignon-Reben bestockte 7 ha Weinberge, die zu den besten Lagen des Gebiets zählen; außerdem jüngere, aber trotzdem sehr gute Anpflanzungen anderer Bordeaux-Rotweinsorten.

Wrattonbully SA – Seit 30 Jahren wichtiges Anbaugebiet an der Limestone Coast. Der Anspruch ist durch die neuen Betriebe Tapanappa und Peppertree gestiegen.

Wynns Coonawarra, SA r w ★★★★ Shiraz **55' 63 86' 90' 91' 94' 96' 98** 99' 02 04' 05' 06' 09'; Cabernet Sauvignon **57' 60' 82' 85' 86' 90'**

91' 94' 96' 98' 00 02 04' 05' 06 **07 08** – Coonawarra-Klassiker im Besitz von Fosters. Riesling, Chardonnay, Shiraz und Cabernet Sauvignon alle sehr gut, v. a. John Riddoch Cabernet Sauvignon und Michael Shiraz. In Topform. Die neuen Einzellagenabfüllungen sorgen für zusätzlichen Glanz.

Yabby Lake Mornington Peninsula, Vic r w ★★★ Gemeinschaftsprojekt des Filmmagnaten Robert Kirby mit Larry McKenna und Tod Dexter. Seitdem Tom Carson Kellermeister ist, steigt die Qualität sprunghaft an. Ausgezeichneter Pinot noir und Shiraz aus Einzellagen.

Yalumba SA – Siehe Smith & Sons.

Yarra Burn Yarra V., Vic r w; sch ★★ Weingut mit Semillon, Sauvignon blanc und Chardonnay sowie Schaumwein von Pinot noir, Chardonnay und Pinot Meunier. 1995 von Hardys übernommen. Mit Chardonnay und Pinot noir unter dem Etikett Bastard Hill hält man die Fahne hoch.

Yarra Valley Vic – Historisches Weinbaugebiet bei Melbourne. Wachsende Erfolge mit Pinot noir, Chardonnay, Shiraz und Schaumweinen.

Yarra Yarra Yarra V., Vic r w ★★★ Neuerdings auf 7 ha angewachsen; Schwerpunkt liegt jetzt mehr auf feinem Semillon/Sauvignon blanc und Cabernet Sauvignon, jeweils im klassischen Bordeaux-Stil.

Yarra Yering Yarra V., Vic r w ★★★★ Dry Red **80' 81' 82'** 83 **84 85' 90' 91' 93' 94 97' 99'** 00 01 02' 04' 05' 06' 08 – Die bekannteste der Lilydale-Boutique-Kellereien; v. a. rassiger, kraftvoller Pinot noir, tiefgründiger, kräuterwürziger Cabernet Sauvignon (Dry Red No. 1) und Shiraz (Dry Red No. 2). Üppige, gewagte Geschmacksnoten in Rot- und Weißweinen. Der viel bewunderte Gründer und Besitzer Baily Carrodus starb 2008; im Jahr darauf von Kaesler erworben.

Yellow Tail NSW – Siehe Casella.

Yeringberg Yarra V., Vic r w ★★★ Marsanne **91' 92 94' 95 97 98 00 02' 04** 05 **06'**; Cabernet Sauvignon **77' 80 81' 84' 88' 90 97' 98 00' 02** 04 05' 06' 08' – Traumhaftes historisches Weingut, noch immer im Besitz der Gründerfamilie; Marsanne, Roussanne, Chardonnay, Pinot noir und Cabernet Sauvignon in kleinen Mengen und bester Qualität.

Yering Station/Yarrabank Yarra V., Vic r w; sch ★★ Neuanpflanzung an der Stelle, wo sich bis in die 1980er-Jahre der erste Weinberg Victorias befand. Yering Station steht v. a. für Reserve-Weine von Chardonnay, Pinot noir, Shiraz und Viognier, Yarrabank hauptsächlich für die feinen Schaumweine Champagne Devaux.

Zema Estate Coonawarra, SA r ★★ Eine der letzten Bastionen in Coonawarra, in denen der Rebschnitt noch von Hand erfolgt. Kraftvolle, freimütige Rotweine.

Neuseeland

Die dunklen Flächen bezeichnen die Weinbaugebiete

Die folgenden Abkürzungen werden im Text verwendet:

Auck	Auckland	**Hend**	Henderson (Auckland)
Cant	Canterbury	**Marlb**	Marlborough
C-Ot	Central Otago	**Martinb**	Martinborough
Gis	Gisborne	**Nel**	Nelson
Hawk	Hawke's Bay	**Waiheke**	Waiheke Island

Nie war neuseeländischer Wein preisgünstiger und reichlicher vorhanden als heute. Aufgrund der internationalen Wirtschaftskrise und einem durch ungewöhnlich hohe Erntemengen in den Jahren 2008 und 2009 verursachten Überschuss hat die Hälfte der Kellereien des Landes seit mindestens fünf Jahren die Preise nicht erhöht und ein Drittel hat sie sogar reduziert.

Das Exportvolumen steigt nach wie vor, und britische Getränkehändler verkaufen neuseeländische Weißweine immer noch für 40% über dem Durchschnittspreis pro Flasche, doch in den letzten zehn Jahren ist der inflationsbereinigte Preis stetig gesunken. Bei vielen Produzenten macht sich das Gefühl breit, dass Neuseeland als kleines Erzeugerland seinen Schwerpunkt von den mittleren bis hohen Preiskategorien auf das Spitzensegment des Weltweinmarktes verlagern sollte und sich als eine Art BMW oder Jack Daniel's der Weinwelt positionieren sollte.

Zur Steigerung des Exports erstklassiger Weine entstanden in letzter Zeit mehrere Marketinggemeinschaften. Malborough (mit 60% der Gesamtrebfläche) und Sauvignon blanc (über 50%) dominieren weiterhin den Output des Landes; weitere wichtige Rebsorten sind Pinot noir (15%), Chardonnay

(12 %), Pinot gris (5 %) und Merlot (4 %). 2010 exportierte Neuseeland fast eine Million Kisten Pinot noir (verglichen mit 139.000 Kisten im Jahr 2003 ein steiler Anstieg), während um Kunden mit kleinem Geldbeutel bemühte Erzeuger jede Menge Zweit-, Dritt- und sogar Viertmarken lancierten. Der immer noch viel seltenere und vornehmlich an der Hawke's Bay und auf Waiheke Island angebaute Syrah ist der neueste Star und gewinnt regelmäßig höchste Auszeichnungen im Shiraz-gesättigten Australien.

Neuere Jahrgänge

2010 Ein Jahr mit geringen Erntemengen, nach einem kalten Frühling und einer feuchten Sommermitte. Ein langer, trockener, sonniger Herbst sorgte dennoch für günstige Reifebedingungen und erbrachte aromatischen, geschmacksintensiven Malborough Sauvignon blanc mit einem festen Säurerückgrat. Erzeuger an der Hawke's Bay sagen hervorragenden Chardonnay voraus.

2009 Ein schön trockener Herbst begünstigte aromatische, intensive und spritzige Sauvignon-blanc-Weine in Marlborough und konzentrierte, reife Rote an der Hawke's Bay. In Central Otago war es frostig und kühl, daher unterschiedliche Qualität beim Pinot noir.

2008 Wärme während der Wachstumsphase und schwere Herbstregenfälle in Marlborough brachten viele Weine von unterdurchschnittlicher Qualität hervor. Wer früh erntete, fuhr am besten. Regelmäßige Herbstniederschläge führten zu unterschiedlicher Qualität an der Hawke's Bay.

2007 Ausgezeichnete Weine an der Hawke's Bay und in Gisborne; der Marlborough Sauvignon blanc ist schwungvoll, reif und etwas weniger alkoholstark ausgefallen.

Akarua C-Ot ★★ Renommierter Erzeuger mit kraftvollem, konzentriertem Pinot noir Reserve (09'), frischem Chardonnay mit Zitrus- und leichter Nussnote, leichtem, intensivem Riesling sowie körperreichem, trockenem, würzigem Pinot gris. Geschmeidiger, charmanter Pinot noir der zweiten Riege (09').

Allan Scott Marlb ★★ Sehr guter Riesling (von bis zu 30 Jahre alten Reben), eleganter Chardonnay und Sauvignon blanc mit Noten von tropischen Früchten; außerdem robuster, würziger Pinot noir. Neuerdings Schwerpunkt auf Einzellagen-, Bio- und Schaumweinen, die meisten davon sind sehr interessant.

Alpha Domus Hawk ★★ Sehr guter Chardonnay und Viognier. Konzentrierte Rotweine im Bordeaux-Stil, v. a. der saftige The Navigator auf Merlot-Basis und der bemerkenswert dunkle, volle The Aviator auf Cabernet-Sauvignon-Basis. Die Spitzenreihe heißt AD.

Amisfield C-Ot ★★ Beeindruckend fleischiger, weicher Pinot gris, dichter, mineralischer Riesling (trocken und süß), stilvoller, intensiver Sauvignon blanc und blumiger, komplexer Pinot noir (der Rocky Knoll ist das Rolls-Royce-Modell). Die Weine auf niedrigerer Stufe heißen Lake Hayes.

Ara Marlb ★★ Das große Gut im Waihopai Valley ist auf Sauvignon blanc und Pinot noir abonniert. Die Spitzenweine heißen Resolute; auch die Reihe Composite ist sehr gut. Trockene, mineralische, äußerst interessante Gewächse. Die Drittmarke Pathway ist preiswert.

Astrolabe Marlb ★★ Die Marke gehört zum Teil Simon Waghorn, dem Kellermeister von Whitehaven. Intensiver, harmonischer Sauvignon blanc Voyage, der in großen Mengen erzeugt wird. Der Awatere Valley Sauvignon blanc Discovery ist eher kräuterwürzig. Zweitmarke: Durvillea.

Ata Rangi Martinb ★★★ Kleine, höchst renommierte Kellerei. Der hervorragende Pinot noir (**05 06'** 07 **08** 09) gehört zu den Besten Neuseelands und lässt sich gut zehn Jahre lagern, außerdem sehr guter Crimson Pinot noir von jungen Reben. Reichhaltig und konzentriert der Craighall Chardonnay und der Lismore Pinot gris.

Auckland Auck – Größte Stadt Neuseelands. Nahe gelegene Weinbaugebiete sind Henderson, Huapei und Kumeu (schon länger etabliert) sowie Matakana, Clevedon und Waiheke Island (in den 1980er-Jahren entstanden). Qualitativ wechselhafte, aber oft hochklassige Rotweine im Bordeaux-Stil, muskulöser, reifer Syrah (besonders gut auf Waiheke) und unterschätzter, oft stilvoller Chardonnay.

Auntsfield Marlb ★★ Ausgezeichnete Weine vom ersten Weinberg der Region, der 1873 bestockt, 1931 gerodet und 1999 von der Familie Cowley neu bepflanzt wurde.Gehaltvoller Sauvignon blanc Long Cow mit Aromen von tropischen Früchten, fleischiger, reichhaltiger Chardonnay Cob Cottage mit Pfirsichnoten, stämmiger, kompakter, fester Pinot noir Hawk Hill.

Awatere Valley Marlb – Großer Unterbereich mit wenigen Kellereien, aber ausgedehnten neuen Rebanlagen. Etwas kühler und trockener als das größere Wairau Valley, mit rassigem, kräuterwürzigem, mineralischem Sauvignon blanc und duftigem, oft leicht vegetabilem Pinot noir.

Babich Hend ★★→★★★ Mittelgroßer Familienbetrieb, gegründet 1916, bekannt für Qualität und günstige Preise. Weinberge an der Hawke's Bay und in Marlborough. Sehr feiner, langsam reifender Chardonnay Irongate (**07' 08**), dichter, eleganter Einzellagenverschnitt Irongate (Cabernet Sauvignon/Merlot/Cabernet franc). Der reife trockene Marlborough Sauvignon blanc verkauft sich sehr gut (der Individual Vineyard Cowslip Valley ist besonders reichhaltig). Winemakers' Reserve ist die mittlere Qualitätsstufe.

Bald Hills C-Ot ★★ Weinberg in Bannockburn mit knackigem, trockenem Pinot gris, blumigem, körperreichem, leicht süßem Riesling und reichhaltigem, saftigem, komplexen Pinot noir.

Bell Hill Cant ★★★ Sehr kleines, hoch gelegenes Gut mit Kalksteinboden im Hinterland von Waipara; Eigentümer sind Marcel Giesen und Sherwyn Veldhuizen. Auffallend reichhaltiger, fein strukturierter Chardonnay und herrlich duftender, kraftvoller, samtiger Pinot noir. Die Zweitmarke heißt Old Weka Pass.

Bilancia Hawk ★★ Kleiner Erzeuger von erstklassigen Syrah-Weinen (darunter der brillante La Collina von einer Hügellage) sowie von vollem Viognier und Pinot gris (der Reserve ist reichhaltiger und süßer). La Collina White ist ein neuer Verschnitt von Viognier und Gewürztraminer (kraftvolle Aprikosen- und Gewürzaromen).

Blackenbrook Nel ★★ Kleine Kellerei mit ausgezeichneten, aromatischen Weißweinen, v.a. duftendem, vollem Gewürztraminer und Pinot gris. Dazu ausdrucksstarker Sauvignon blanc und fleischiger, geschmeidiger Pinot noir Reserve. St Jacques ist der Zweitwein.

Borthwick Wairarapa ★★ Lebhafter Sauvignon blanc mit Aromen von tropischen Früchten, reichhaltiger, eher trockener Riesling, nach Pfirsich duftender, toastwürziger Chardonnay und farbintensiver, duftender, muskulöser Pinot noir.

Brancott Marlb ★→★★★ Früher von Pernod Ricard New Zealand nur in den USA als Ersatz für Montana verwendeter Markenname; ist jetzt weltweit an die Stelle von Montana getreten.

Brightwater Nel ★★ Eindrucksvolle Weißweine, v.a. spritziger, sehr aromatischer Sauvignon blanc, frischer, reiner, halbtrockener Riesling und reichhaltiger, zart-süßer Pinot gris. Die Spitzenweine laufen unter dem Etikett Lord Rutherford.

Brookfields ★★ Hervorragender Cabernet Sauvignon/Merlot-Verschnitt Gold Label, guter Chardonnay, Pinot gris, Gewürztraminer und Syrah (v.a. der kraftvolle, würzige Syrah Hillside). Kräftiger, dichter Malbec Sun-Dried (09).

Cable Bay Waiheke ★★ Mittelgroßer Betrieb mit straffem, ausgefeiltem Waiheke Chardonnay, herausragendem mächtigem, aber stilvollem Syrah Reserve und würzigem, schmackhaftem rotem Five Hills (hauptsächlich Merlot und Malbec). Dazu subtiler, fein strukturierter Marlborough Sauvignon blanc.

Canterbury Viertgrößte Weinbauregion Neuseelands. Fast alle Top- Anbauflächen liegen im warmen, geschützten Gebiet Waipara. Sauvignon blanc ist am weitesten verbreitet, aber den größten Erfolg bescheren Riesling und Pinot noir. Neuerdings auch guter Gewürztraminer und Pinot gris.

Carrick C-Ot ★★ Kellerei in Bannockburn mit frischen, geschmacksintensiven Weißweinen: Pinot gris, Sauvignon blanc, Chardonnay, ausgezeichneter Riesling (trocken, halbtrocken und süß) und dichter, lagerfähiger Pinot noir. Auch der jung zu trinkende Pinot Noir Unravelled ist robust und füllig.

Central Otago r **09** 10; w **09** 10 – Kühle, relativ regenarme Bergregion (nun die fünftgrößte des Landes) im Süden der Südinsel. Aromatischer, knackiger Riesling und Pinot gris; der seidige Pinot noir mit ausgeprägtem Duft ist intensiv im Charakter und hat als junge Wein jede Menge Charme. Vielversprechend ist der Schaumwein im Champagner-Stil.

Chard Farm C-Ot ★★ Reichhaltiger, halbtrockener Riesling, fleischiger, öliger Pinot gris und meist duftiger, mittelschwerer, geschmeidiger Pinot noir, außerdem leichter, weicher Pinot noir Rabbit Ranch.

Cheviot Hills Cant – Unterregion auf der Südinsel, nördlich von Waipara in North Canterbury. Der Pionierbetrieb ist Mt. Beautiful. Lebhafter, intensiver Sauvignon blanc und Riesling.

Church Road Hawk ★★→★★★ Die Kellerei im Besitz von Pernod Ricard New Zealand mit langer Tradition an der Hawke's Bay erzeugt nun auch saftigen, komplexen Central Otago Pinot noir (**09**). Voller, ausgefeilter Chardonnay und eleganter Merlot/Cabernet Sauvignon mit deutlichem Bordeaux-Stil. Spitzenweine: Reserve-Reihe und der rote TOM (**02'** 07'). Die Reihe Cuve in mittlerer Preislage ist von höchster Qualität. Herrlich der neue TOM Chardonnay (**06'**).

Churton Marlb ★★ Geschmeidiger, komplexer Sauvignon blanc mit feinem Gefüge; duftender, würziger, sehr harmonischer Pinot noir (v.a. The Abyss von den ältesten Reben und mit größere Tiefe).

Clearview Hawk ★★→★★★ Genussbetonter, üppiger Turbo-Chardonnay Reserve, eindrucksvoller, in Eiche vergorener Sauvignon blanc Reserve, dunkler, voller Cabernet franc Reserve, Enigma (auf Merlot-Basis) und Cabernet-Sauvignon-Verschnitt Old Olive Block.

Clifford Bay Marlb ★★ Erzeuger im Awatere Valley. Am besten ist der duftende, intensive Sauvignon blanc mit reinen, rassigen Stachelbeer- und Limettennoten. Jetzt mit Vavasour verbunden.

Clos Henri Marlb ★★→★★★ Von Henri Bourgeois (Loire) gegründet. Köstlicher, gewichtiger, abgerundeter Sauvignon blanc (auf steinigem Boden gewachsen und teilweise im Fass vergoren) und lebhafter, geschmeidiger Pinot noir (Lehmboden). Zweitmarke (nach Bodentyp): Bel Echo. Drittmarke (von jungen Reben): Petit Clos.

Cloudy Bay Marlb ★★★ Die in großen Mengen erzeugten Weine von Sauvignon blanc (gewichtig, trocken, feine Textur; seit 2010 mit einem kleinen Anteil, der im Fass ausgebaut wird), Chardonnay (robust, komplex, frisch) und Pinot noir (floral, geschmeidig) sind alle erstklassig. Außerdem toastwürziger, voller Schaumwein Pelorus mit Jahrsgangsangabe und sehr eleganter Schaumwein auf Chardonnay-Basis oJ. An der Spitze stehen Gewürztraminer, Riesling-Spätlese, fassgereifter mitteltrockener Riesling und Te Koko (in Eiche ausgebauter Sauvignon blanc). Im Besitz von LVMH.

Constellation New Zealand Auck ★→★★ Neuseelands zweitgrößte Weinfirma, vormals Nobilo Wine Group und jetzt im Besitz von Constellation Brands mit Hauptsitz in den USA. Der Sauvignon blanc Nobilo aus Marlborough (frisch, reif, tropische Fruchtaromen) ist jetzt der meistverkaufte Sauvignon blanc in den USA. Höherwertige Sortenweine tragen das Etikett Nobilo Icon (der gewichtige, reif-kräuterwürzige Sauvignon blanc ist besonders eindrucksvoll). Sehr guter Sauvignon blanc Drylands. Siehe auch Kim Crawford, Monkey Bay und Selaks.

Coopers Creek Auck ★★ Umfassendes Angebot preiswerter Wiene aus vier Regionen. Exzellenter Chardonnay Swamp Reserve, sehr guter Sauvignon blanc und Riesling, Merlot, außerordentlich günstiger Viognier sowie Grüner Veltliner (der erste in Neuseeland). Die Reihe SV (Select Vineyard) deckt den mittleren Bereich ab.

Corbans Auck ★→★★★ Ehemalige Marke von Pernod Ricard New Zealand, 2010 an den Brauer Lion Nathan (Eigentümer von Wither Hills) und seinen Jointventure-Partner Indevin verkauft. Beste Weine: Cottage Block und Private Bin. Insgesamt reicht die Qualität von ordentlich bis überragend, v. a. der sehr ausgefeilte, komplexe, cremige Hawke's Bay Chardonnay Cottage Block.

Craggy Range Hawk ★★→★★★ Mittelgroße Kellerei mit großen Rebflächen in Hawke's Bay und Martinborough. Verhaltener Sauvignon blanc, stilvoller Chardonnay und Pinot noir, außerdem bemerkenswert dichter, reifer Merlot (v. a. Sophia) und Syrah (v. a. der majestätische Le Sol) aus Gimblett Gravels. Die neusten Rotweine sind am besten (geschmeidiger, ausgefeilt). Die billigeren regionalen Verschnitte sind als Wild Rock etikettiert.

Delegat's Auck ★★ Großes, sehr schnell expandierendes Unternehmen, immer noch in der Hand der Geschwister Jim und Rose Delegat. Weinberge und andere große Kellereien in Hawke's Bay und Marlborough. Reserve-Weine von Chardonnay und Cabernet Sauvignon/Merlot bieten sehr gute Qualität zu einem günstigen Preis. Enorm erfolgreich ist die Marke Oyster Bay.

Delta Marlb ★★ Im Besitz des Weinberaters Matt Thomson, dem britischen Importeur David Gleave und anderen. Lebhafter Sauvignon blanc mit Noten von tropischen Früchten und floraler, seidiger Pinot noir. Spitzenmarke: Hatter's Hill (reichhaltiger, mehr neue Eiche).

Destiny Bay Waiheke ★★★ Amerikanische Auswanderer erzeugen teure Rotweine im Bordeaux-Stil: üppig, brombeerfruchtig, seidig. Das Flaggschiff ist der gehaltvolle, tiefe, saftige Magna Praemia (hauptsächlich Cabernet Sauvignon).

Deutz Auck ★★★ Der Name für feine Schaumweine, die in Marlborough von Pernod Ricard New Zealand produziert werden, kommt vom französischen Champagnerhaus. Der lebhafte, hefige, intensive Wein (mindestens zwei Jahre auf dem Hefesatz) wird ohne Jahrgangsangabe verkauft; dazu feiner, eindringlicher Jahrgangs-Blanc-de-Blancs mit Zitrusnote (der Schaumwein mit den meisten Auszeichnungen in Neuseeland). Der Rosé ist knackig frisch, mit Hefe- und Erdbeernoten.

Distant Land Auck ★→★★ Neue Exportmarke von altem Familienbetrieb in Lincoln. Am besten sind der frische, starke Malborough Sauvignon blanc und der duftende, reichhaltige Malborough Pinot gris mit Nektarinen- und Birnennoten.

Dog Point Marlb ★★ Winzer Ivan Sutherland und Kellermeister James Healy (beide früher bei Cloudy Bay) erzeugen ungewöhnlich komplexen eichenfassgereiften Sauvignon blanc (Section 94), Chardonnay und Pinot noir (einen der großartigsten in Marlborough). Auch weicher, limettenfrischer Sauvignon blanc ohne Holznote.

Dry River Martinb ★★★ Kleiner Betrieb, jetzt in amerikanischem Besitz, doch der Gründer Neil McCallum mischt noch mit. Eleganter, langlebiger Chardonnay, Riesling, Pinot gris und Gewürztraminer, herrliche weiße Spätlesen sowie ein floraler, äußerst süß-fruchtiger, sich langsam entwickelnder Pinot noir (**03' 05 06'** 07 08).

Elephant Hill ★★ Rebflächen an der Küste und Kellerei in Te Awanga, in deutschem Besitz, erster Jahrgang 2007. Raffinierte Weine, u.a. sehr reiner Viognier, reichhaltiger, lebhafter Chardonnay und köstlich floraler, geschmeidiger Syrah.

Escarpment Martinb ★★ Robuster Pinot gris nach Elsässer Art, fleischiger, weicher Chardonnay und komplexer, konzentrierter Pinot noir von Larry McKenna (früher bei Martinborough Vineyard). Spitzenwein: Kupe. Rotweine aus Einzellagen seit 2006 auf dem Markt. The Edge: jung zu trinkende Weine.

Esk Valley Hawk ★★→★★★ Im Besitz von Villa Maria. Einige von Neuseelands sinnlichsten Rotweinen auf Merlot-Basis (v.a. Winemakers Reserve **06'** 07'), ausgezeichneter Merlot/Malbec Rosé (einer der besten Neuseelands) sowie sehr erfreulicher Chardonnay, Chenin blanc und Marlborough Sauvignon blanc. Flaggschiff-Rotwein: The Terraces (super-kraftvoller Einzellagenverschnitt von Malbec, Merlot und Cabernet franc).

Fairhall Downs Marlb ★★ Weine von einer hohen Einzellage: gewichtiger, trockener Pinot gris, vollmundiger Chardonnay mit Pfirsich- und Nussnoten, intensiver, rassiger Sauvignon blanc und duftiger, weicher Pinot noir. Zweitmarke: Torea.

Felton Road C-Ot ★★★ Starkellerei in der warmen Region Bannockburn. Der mächtige, geschmeidige, anmutige Pinot noir Block 3 und 5 sowie der leichte, intensive (trockene und halbtrockene) Riesling sind überragend; exzellenter Chardonnay, ordentlicher Pinot noir. Herrlicher Pinot noir Cornish Point von einem nahe gelegenen Weinberg.

Forrest Marlb ★★ Mittelgroße Kellerei mit großem Angebot: guter Sauvignon blanc und Riesling, fantastischer edelfauler Riesling und überaus aromatischer Cornerstone (ein Verschnitt von roten Bordeaux-Sorten) vom Newton Forrest Estate an der Hawke's Bay. Ausgezeichnete Vorzeigereihe mit Namen John Forrest Collection. Unter dem Namen The Doctors wird ein beliebter alkoholreduzierter Riesling angeboten.

Foxes Island Marlb ★★ Recht kleiner Erzeuger von reichhaltigem, weichem Chardonnay, Sauvignon blanc mit feinem Gefüge und elegantem, geschmeidigem Pinot noir. Guter, in großen Mengen hergestellter Sauvignon blanc und Pinot noir unter den Marken Seven Terraces und Fox Junior.

Framingham Marlb ★★ Im Besitz von Sogrape (Portugal). Herrlich aromatische Weißweine, v. a. intensiver, würziger Riesling (namentlich der reichhaltige, halbtrockene Classic) sowie üppiger, leicht süßer Pinot gris und Gewürztraminer. Außerdem feiner, trockener Sauvignon blanc und duftiger, seidiger Pinot noir. Die neue Reihe F Series bietet seltene, »innovative« Weine.

Fromm Marlb ★★★ Von Schweizern gegründeter Betrieb, der sich anfänglich auf sehr kraftvolle und tanninbetonte, inzwischen aber auf charmantere Rotweine spezialisiert hat. Robuster, langlebiger Pinot noir, v. a. unter den Etiketten Fromm Vineyard (mit fester Struktur) und Clayvin Vineyard (reichhaltig, elegant). Außerdem ungewöhnlich stilvoller, zitrusfrischer, mineralischer Chardonnay Clayvin. Auch die jung zu genießenden Weine der Reihe La Strada sind sehr gut, etwa der schön fruchtige, geschmeidige Syrah.

Gibbston Valley C-Ot ★★ Pionierkellerei mit beliebtem Restaurant. Aushängeschild ist der Pinot noir, v. a. ein reichhaltiger und komplexer Verschnitt aus der Region Central Otago sowie der robuste, üppig fruchtige Reserve (09'); ferner rassige Weißweine, insbesondere der schwungvolle, geschmacksintensive halbtrockene Riesling und der duftende, körperreiche, trockene Pinot gris.

Giesen Cant ★→★★ Kellerei in deutschem Familienbesitz. Der größte Teil der Produktion besteht aus frischem, pikantem Marlborough Sauvignon blanc. Dazu der gewichtige, konzentrierte Sauvignon blanc The Brothers und der gebieterische, fassvergorene Sauvignon blanc The August.

Gimblett Gravels Hawk – Weinbaugebiet (über 800 ha Rebfläche) an der Hawke's Bay mit sehr gut wasserableitenden Böden, bekannt für volle, reife Rotweine im Bordeaux-Stil (hauptsächlich auf Merlot-Basis) und duftenden, lebhaften Syrah. Die besten dieser Weine sind Weltklasse.

Gisborne r **09'** 10'; w **09' 10'** – Neuseelands drittgrößte Region, mit reichlich Sonne und Regen sowie fruchtbaren Böden, deren besondere Stärke Chardonnay ist – meist herrlich duftige, reife und in der Jugend weiche Weine, doch die besten entwickeln sich gut weiter. Ausgezeichneter Gewürztraminer und Viognier; Merlot und Pinot gris sind etwas wechselhafter.

Gladstone Wairarapa ★→★★ Sauvignon blanc mit tropischer Frucht, trockener, schwerer, teilweise in Eiche ausgebauter Pinot gris und anmutiger, geschmeidiger Pinot noir unter der Spitzenmarke Gladstone. 12.000 Miles ist eine günstigere Marke.

Greenhough Nel ★★→★★★ Einer der Spitzenerzeuger der Region. Stets tadelloser Riesling, Sauvignon blanc, Chardonnay und Pinot noir mit großer Geschmackstiefe. Spitzenmarke: Hope Vineyard, u. a. komplexer, cremiger Chardonnay und reichhaltiger Pinot noir mit Pilznoten.

Greystone Waipara ★★ Aufstrebender Betrieb mit erstklassigen, aromatischen Weißweinen (Riesling, Gewürztraminer, Pinot gris – alle reichhaltig und mit feinem Gefüge). Rasch besser werdender Chardonnay und Sauvignon blanc sowie vielversprechender Pinot noir.

Greywacke Marlb ★★ Neue Marke von Kevin Judd (ehemals Cloudy Bay), die 2009 auf den Markt kam und nach dem Bodentyp benannt ist. Straffer, eleganter, nachhaltiger Sauvignon blanc, generöser Pinot gris, reichhaltiger, zart süßer Riesling und eine herrliche Gewürztraminer-Spätlese.

Grove Mill Marlb ★★ Attraktive Weißweine, darunter sehr guter, schwungvoller, reifer Sauvignon blanc, leicht lieblicher Pinot gris und Riesling. Die Roten sind weniger interessant. Preiswerte Tropfen der unteren Klasse tragen das Etikett Sanctuary. Das erste Weingut Neuseelands, das nach dem Umweltprogramm CarboNZero zertifiziert ist.

Hans Herzog Marlb ★★★ Von Schweizer Einwanderern gegründet. Kraftvoller, erstklassiger, langlebiger Merlot/Cabernet Sauvignon (der großartigste der Region), Montepulciano, Pinot noir, robuster, trockener Viognier und Pinot gris; fülliger, reichhaltiger, in Eiche gereifter Sauvignon blanc. Wird in Europa und den USA unter dem Namen Hans verkauft.

Hawke's Bay r **07'** 09' 10'; w **07** 10' – Die zweitgrößte Region Neuseelands mit einer langen Weinbautradition; sonniges, warmes Klima, kiesige und schwerere Böden. In guten Jahren entstehen hier volle, reichhaltige Weine auf Merlot- oder Cabernet-Sauvignon-Basis; Syrah entwickelt sich schnell zum Star. Auch kraftvoller Chardonnay, reifer, abgerundeter Sauvignon blanc (passt zur Eiche) und Neuseelands bester Viognier.

Highfield Marlb ★★ Japanischer Besitz mit leichtem, intensivem Riesling, zitrusfrischer, zum Essen passender Chardonnay, makelloser Sauvignon blanc und generöser, saftiger Pinot noir. Der Schaumwein Elstree fiel in jüngster Zeit unterschiedlich aus, kann aber nahezu Champagnerqualität erreichen.

Hunter's Marlb ★★→★★★ Das Pionier-Weingut (1982 gegründet) produziert intensiven, makellosen, vollständig trockenen Sauvignon blanc. Der Chardonnay ist delikat und fein, mit zartem Eicheneinfluss. Exzellenter Schaumwein (MiruMiru), Riesling und Gewürztraminer; leichter, eleganter Pinot noir. Alle Weine preiswert.

Isabel Estate Marlb ★→★★ Kleines Familiengut. Früher überragender Pinot noir, Sauvignon blanc (09 der beste seit Jahren) und Chardonnay, in letzter Zeit aber weniger spannend. Frischer, eher trockener Pinot gris, gehaltvoller, trockener Riesling.

Jackson Estate Marlb ★★ Der reichhaltige, reife Sauvignon blanc ist stets herausragend. Außerdem attraktiver Chardonnay mit zartem Eicheneinfluss und geschmeidiger Pinot noir mit Noten von süßen Früchten (besonders der hochklassige, sehr tiefe, fein strukturierte Pinot noir Gum Emperor).

Johanneshof Marlb ★→★★ Kleine, eher unbekannte Kellerei mit außerordentlich duftigem, saftigem, zart-süßem Gewürztraminer (einem der besten in Neuseeland). Die anderen Weine sind von recht durchwachsener Qualität.

Jules Taylor Marlb ★★ Jules Taylor und George Elworthy erzeugen eine wachsende Menge an frischem, intensivem Riesling, gewichtigem, cremigem Pinot gris, reichhaltigem, komplexen Chardonnay und duftendem, konzentriertem Sauvignon blanc.

Julicher Martinb ★★ Kleiner, stets hervorragender Erzeuger von duftigem, pikantem, eher trockenem Riesling und reichhaltigem, würzigem, komplexem Pinot noir mit Pflaumennoten. Die preisgünstige Zweitmarke heißt 99 Rows.

Kim Crawford Hawk ★★ Das Gut gehört jetzt zum Imperium des US-Konzerns Constellation. Leicht zugängliche Weine, darunter reichhaltiger, eichenholzwürziger Gisborne Chardonnay, frischer, zugänglicher Merlot mit Pflaumennoten und duftiger, geschmacksintensiver Marlborough Sauvignon blanc. Die Spitzenmarke ist als SP (Small Parcel) etikettiert.

Kumeu River Auck ★★→★★★ Voller, ausgefeilter Kumeu Estate Chardonnay (08'); der Einzellagen-Chardonnay Mate's Vineyard ist noch üppiger, und beide gehören zu den besten in Neuseeland. Außerdem gewichtiger, blumiger Pinot gris, robuster, erdiger Pinot noir und reifer, trockener Marlborough Sauvignon blanc mit tropischen Fruchtaromen. Zweitetikett: Kumeu River Village.

Lake Chalice Marlb ★★ Kleiner Erzeuger mit frischem, lebhaftem, cremigem Chardonnay, eindringlichem, leicht lieblichem Riesling und Sauvignon blanc von ausgezeichneter Qualität (v. a. The Raptor: intensiv und schwungvoll). Spitzenetikett: Platinum.

Lawson's Dry Hills Marlb ★★→★★★ Gewichtige Weine mit reichen, intensiven Aromen. Ungewöhnlich komplexer Sauvignon blanc, opulenter Gewürztraminer, Pinot gris und trockener, toastwürziger, flaschengereifter Riesling. Neue Spitzenreihe ab 2009: The Pioneer.

Lindauer Auck – Siehe Pernod Ricard New Zealand.

Mahi Marlb ★★ Stilvolle, komplexe Weine (meist von Einzellagen) von Brian Bicknell, vormals Kellermeister bei Seresin. Reichhaltiger Sauvignon blanc, Chardonnay und Pinot noir mit feiner Textur.

Man O' War Auck ★★ Das größte Gut auf Waiheke Island, im Besitz der Familie Spencer, eine der reichsten in Neuseeland, wurde 1993 bestockt, doch erst jetzt erreichen die Weine eine hohe Verbreitung. Dichte Rotweine im Bordeaux-Stil (v. a. Ironclad) und kraftvoller, würziger, fester Syrah Dreadnought.

Margrain Martinb ★★ Kleine Kellerei mit festem, konzentriertem Chardonnay, Riesling, Pinot gris, Gewürztraminer und Pinot noir. Alle Weine profitieren von ein paar Jahren Flaschenlagerung. Der erstklassige neue Schaumwein La Michelle mit Biskuitnote ist weich und sehr trocken.

Marlborough r **09'** 10'; w **09'** 10' – Das mit Abstand größte Weinbaugebiet Neuseelands (60 % der gesamten Rebfläche) an der Spitze der Südinsel. Warme, sonnige Tage und kalte Nächte sorgen für aromatische, frische Weißweine. Intensiver Sauvignon blanc mit variantenreichem Bukett: von pikanten, an grüne Paprikaschoten erinnernde Noten bis zu reifen Tropenfrüchten. Limettenfrischer Riesling (einschießlich der jüngsten Welle von Weinen mit niedrigem Alkoholgehalt), außerordentlich vielversprechender Pinot gris und Gewürztraminer. Der Chardonnay ist schlanker, mit mehr Apfelaroma als an der Hawke's Bay. Erstklassige Schaumweine, edelfauler Riesling. Der Pinot noir wird unterschätzt, die besten Exemplare gehören zum Feinsten, was Neuseeland zu bieten hat.

Martinborough r 08' **09** 10; w **09** 10 – Kleines Gebiet mit Spitzenqualität im Süden Wairarapas (Nordinsel). Im Sommer warm, im Herbst trocken; kieshaltige Böden. Erfolg mit mehreren weißen Trauben (u. a. Marlborough-ähnlicher Sauvignon blanc); berühmt wurde das Gebiet jedoch durch seinen robusten, vollen und langlebigen Pinot noir.

Martinborough Vineyard Martinb ★★★ Bemerkenswerte kleine Kellerei, deren würziger, komplexer Pinot noir (**06' 07'**) mit Kirschnoten zu den Spitzenweinen Neuseelands zählt; außerdem reichhaltiger Chardonnay mit Biskuitnote, intensiver Riesling und konzentrierter, trockener Pinot gris. Weitere Marken sind Burnt Spur mit Einzellagengewächsen und Te Tera mit jung zu trinkenden Weinen (u. a. sehr preisgünstiger Pinot noir).

Matua Valley Auck ★→★★ Dieser Erzeuger produzierte 1974 den ersten Sauvignon blanc Neuseelands. Einst renommierter Familienbetrieb, jetzt im Besitz von Treasury Wine Estates (Foster's) mit Anbauflächen in vier Regionen. Weine aus Gisborne (v. a. Chardonnay Judd), von der Hawke's

Bay und aus Marlborough, die meisten sind angenehm zu trinken und zugänglich. Der Shingle Peak Sauvignon blanc hat ein sehr gutes Preis-Leistungs-Verhältnis.

Mills Reef Bay of Plenty ★★→★★★ Die Familie Preston erzeugt eindrucksvolle Weine aus Trauben von der Hawke's Bay, u. a. fein bereiteten Chardonnay. Das Spitzensortiment Elspeth umfasst dichte, reichhaltige Rotweine im Bordeaux-Stil und Syrah. Die roten Reserve-Weine sind ebenfalls beeindruckend und dabei außerordentlich günstig.

Millton Gis ★★→★★★★ Der Spitzenerzeuger in Gisborne produziert ausschließlich biologisch (zertifiziert). Herrlich konzentriert und charaktervoll präsentiert sich das Sortiment Clos de Ste. Anne (Chardonnay, Viognier, Syrah, Pinot noir) von einer hoch gelegenen Einzellage. Der reichhaltige, langlebige Chenin blanc ist der beste in Neuseeland (in feuchteren Jahrgängen mit Honignote, unter trockeneren Bedingungen straff, rein und langlebig). Der Viognier Riverpoint Vineyard ist erstklassig und preiswert.

Misha's C-Ot ★★ Großes Gut in Bendigo, im Besitz von Misha und Andy Wilkinson. Der erste Jahrgang war 2008. Stets hochklassiger Gewürztraminer, Pinot gris, Riesling (der Limelight ist trocken, der Lyric halbtrocken) und saftiger, komplexer Pinot noir.

Mission Hawk ★★ Ältester Weinbaubetrieb Neuseelands, 1851 gegründet, Verkauf ab den 1890er-Jahren und noch immer unter der Leitung der Catholic Society of Mary. Ordentliche, immer besser werdende sortenreine Weine; der cremig weiche Chardonnay und der fruchtbetonte Syrah sind besonders preiswert. Die Reserve-Reihe umfasst u. a. gute Rote im Bordeaux-Stil, Syrah und Chardonnay. Die Spitzenweine laufen unter dem Namen Jewelstone (konzentrierter Chardonnay mit echter Klasse).

Monkey Bay ★ Marke von Constellation New Zealand mit bescheidenen Preisen, sehr erfolgreich in den USA. Süffiger, relativ trockener Chardonnay, frischer, kräuterwürziger, leicht lieblicher Sauvignon blanc, leichter Pinot gris; frischer, fruchtiger Merlot.

Montana Auck ★→★★★ Die ehemalige Hauptmarke von Pernod Ricard New Zealand wurde 2010 durch Brancott Estate ersetzt. Die Spitzenweine heißen Letter Series (z. B. Sauvignon blanc Brancott »B«). Die Reserve-Weine bieten sehr gute Qualität und Preise. Zu den meistverkauften Sortenweinen zählen der spritzige, grasige Marlborough Sauvignon blanc, der frische, fruchtbetonte Gisborne Chardonnay und der florale, weiche, ansprechende Pinot noir von der Südinsel.

Morton Estate Bay of Plenty ★→★★ Mittelgroßer Erzeugerbetrieb mit Anbauflächen an der Hawke's Bay und in Marlborough. Edler Chardonnay Black Label; guter und preisgünstiger Chardonnay White Label, Schaumwein Premium Brut, Viognier und Pinot gris. Die Roten sind nicht so interessant.

Mount Riley Marlb ★★ Schnell wachsender Betrieb. Schwungvoller, preiswerter trockener Sauvignon blanc, Pinot gris mit feinem Gefüge, ansprechender Pinot noir. Die Spitzenweine heißen Seventeen Valley.

Mount Difficulty C-Ot ★★ Qualitätserzeuger im relativ heißen Gebiet Bannockburn. Bekannt für sehr ausgefeilten, eindringlichen Pinot noir (Roaring Meg ist für den baldigen Genuss bestimmt, der dichte Pipeclay Terrace von einer Einzellage hält sich länger). Erstklassige Weißweine (Riesling, Pinot gris) und geschmacksintensiver, erfreulicher Rosé.

Muddy Water Waipara ★★→★★★ Kleiner Erzeuger auf sehr hohem Niveau mit wunderbar intensivem Riesling (einer der besten Neuseelands), mineralischem Chardonnay und schmackhaftem, subtilem, bemerkenswert komplexem Pinot noir (v. a. Slowhand von den ältesten, ertragsarmen Reben).

Mud House Cant ★★ Große, rasch expandierende Kellerei mit Sitz in Waipara. Zu den Marken zählen Mud House (mit dem Spitzensortiment Swan), Hay Maker (eine Stufe darunter) und Waipara Hills. Der schwungvolle, lebhafte Marlborough Sauvignon blanc mit Kräuternote ist erstklassig und preiswert; auch intensiver, rassiger Waipara Riesling.

Nautilus Marlb ★★ Kleine, sehr verlässliche Weinreihe der Großhandelsfirma Negociants New Zealand (NNZ), die dem australischen Erzeuger S. Smith & Son gehört. Spitzengewächse sind u. a. der stilvolle Sauvignon blanc (kommt mit Flaschenreife auf den Markt), der schmackhafte Pinot noir und ein duftiger Schaumwein mit Klasse. Mittlere Qualitätsstufe: Opawa. Unterste Stufe: Twin Islands.

Nelson r **09** 10; w **09** 10' – Kleine, stetig wachsende Region westlich von Marlborough mit etwas feuchterem, aber ebenso sonnigem Klima. Anbauflächen auf Lehmböden in den Upper-Moutere-Hügeln und der schlammigen Waimea-Ebene. Die Stärke liegt bei aromatischen Weißweinen, v. a. Riesling, Sauvignon blanc, Pinot gris und Gewürztraminer. Auch guter (manchmal herausragender) Chardonnay und Pinot noir.

Ned, The Marlb ★★ Neueste Unternehmung von Brent Marris (ehemals Wither Hills). Vollaromatischer, lebhafter Sauvignon blanc, schwungvoller, eher trockener Pinot gris und geschmeidiger Pinot noir mit Beerenfrucht. Hochklassiger, eindringlicher, trockener Sauvignon blanc unter der neuen Marke Marisco.

Neudorf Nel ★★★ Recht kleine Spitzenkellerei. Der kraftvolle, aber dennoch elegante Moutere Chardonnay (**07 08** 09') gehört zu den besten Neuseelands; großartig auch der sehr geschmacksintensive Moutere Pinot noir (v. a. Home Vineyard). Sauvignon blanc, Pinot gris und Riesling ebenfalls erstklassig.

Ngatarawa Hawk ★★→★★★ Mittelgroße Kellerei. Spitzensortiment Alwyn, u. a. mit kräftigem Chardonnay, dunklem, üppigem Merlot/Cabernet und honigsüßem Riesling Noble Harvest. Die im mittleren Bereich rangierende Reihe Glazebroock ist ebenfalls ausgezeichnet. Die Reihe Stables ist preiswert.

No. 1 Family Marlb ★★ Familienbetrieb von Daniel Le Brun aus der Champagne, der jedoch seit 1980 in Marlborough ansässig ist. Spezialist für Schaumwein, v. a. den ausgefeilten, straff gewobenenen Blanc de Blancs oJ Cuvee No 1.

Nobilo Marlb – Siehe Constellation New Zealand.

Obsidian Waiheke ★★ Sehr stillvoller Bourdeaux-Verschnitt (The Obsidian), Viognier, Chardonnay und Syrah unter der Spitzenmarke Obsidian. Eine Stufe darunter gibt es unter dem Etikett Weeping Sands preisgünstige Rotweine aus Waiheke (inkl. Merlot, Syrah und Montepulciano).

Olssens C-Ot ★★ Zuverlässig attraktiver Pinot noir vom ersten Weinberg, der in Bannockburn angelegt wurde. Der milde, reichhaltige Pinot noir Jackson Berry gehört zur mittleren Qualitätsstufe, Spitzenwein ist der mächtige Pinot noir Slapjack Creek Reserve. Die Weißweine sind solide, aber weniger spannend.

Oyster Bay Marlb ★★ Die Marke von Delegat's ist ein Triumph des Marketing; die Verkaufszahlen haben 1,5 Millionen Kisten überschritten (u. a. die erfolgreichste Weißweinmarke in Australien). Lebendige, elegante und von Frucht geprägte Weine, größtenteils von Sauvignon blanc, Chardonnay und Pinot noir.

Palliser Martinb ★★→★★★ Eine der größten und besten Kellereien der Gegend. Herrlicher Sauvignon blanc mit dem Geschmack tropischer Früchte, exzellenter Chardonnay, Riesling, Pinot gris, Schaumwein und Pinot noir. Spitzenweine werden unter dem Etikett Palliser Estate verkauft, die anderen sind unter der Bezeichnung Pencarrow erhältlich (preiswert, aber nicht immer aus Martinborough).

Pask, C. J. Hawk ★★ Mittelgroße Kellerei mit ausgedehnten Rebflächen im Bereich Gimblett Gravels. Die Rotweine von Syrah, Cabernet Sauvignon und auf Merlot-Basis sind regelmäßig beeindruckend und sind preisgünstig, Chardonnay ebenfalls. Die Spitzenreihe namens Declaration ist weniger überzeugend.

Passage Rock Waiheke ★★ Kraftvoller, tiefdunkler, opulenter Syrah, v. a. Reserve (der meistausgezeichnete Wein auf Waiheke). Gute Rotweine im Bordeaux-Stil, solide Weißweine.

Pegasus Bay Waipara ★★★ Familienbetrieb mit edlem Sortiment: straffer Chardonnay aus kühleren Lagen, komplexer Sauvignon blanc/Semillon mit Eichennote, sehr reichhaltiger, schwungvoller, leicht süßer Riesling und üppiger, seidiger Pinot noir (v. a. Prima Donna von alten Reben). Zweitmarke: Main Divide (preiswert).

Peregrine C-Ot ★★ Frische, konzentrierte Weißweine aus kühlem Klima und herrlich reichhaltiger, seidiger Pinot (regelmäßig ein Hit). Besonders preisgünstig ist der Pinot noir Saddleback.

Pernod Ricard New Zealand Auck ★→★★★ Neuseeländischer Riesenkonzern, früher Montana. 2010 wurden die Marken Corbans und Lindauer verkauft und die Marke Montana zugunsten Brancott Estate aufgegeben. Kellereien in Auckland, Hawke's Bay und Marlborough. Ausgedehnte Rebflächen in Teilbesitz liefern Marlborough-Weißweine, u. a. den außerordentlich preiswerten Montana Sauvignon blanc. Die Stärken liegen beim Schaumwein, v. a. Deutz Marlborough Cuvée. Elegante Rotweine unter dem Namen Church Road und Qualitäts-Chardonnay. Weitere wichtige Marken sind u. a. Stoneleigh (reifer Sauvignon blanc mit Noten von tropischen Früchten) und Triplebank (intensive, rassige Weine aus dem Awatere Valley). Unter der Marke Camshorn finden sich guter Riesling und Pinot noir aus Waipara.

Puriri Hills Auck ★★ Seidige, verführerische Rotweine auf Merlot-Basis aus Clevedon. Die Reserve-Weine sind besonders reichhaltig und ausladend, mit kräftigem Einfluss von neuer Eiche. Der hochklassige Verschnitt Pope enthält ein Drittel Carmenère.

Pyramid Valley Cant ★★ Sehr kleine Rebfläche in Waikari, im Hinterland von Waipara. Mike Weersing erzeugt zwei florale, mittelschwere Pinot-Noir-Weine (Angel Flower und Earth Smoke) mit ausgeprägter Persönlichkeit von eigenen Reben und erstklassige Weine der Reihe Growers Collection aus anderen Regionen.

Quartz Reef C-Ot ★★ Kleiner Qualitätserzeuger mit frischem, zitrusfruchtigem, trockenem Pinot gris, tiefem, würzigem Pinot noir (der Bendigo Estate Vineyard ist besonders konzentriert) und hefigem, champagnerähnlichem Schaumwein (besonders gut der Jahrgangs-Schaumwein).

Rippon Vineyard C-Ot ★★ Herrlich am Ufer des Lake Wanaka gelegener Weingarten. Fein duftender, »femininer« Pinot noir Mature Vine, Pinot noir Jeunesse von jüngeren Reben, kraftvoller und komplexer Pinot noir

Tinker's Field (von den ältesten Reben). Außerdem Weißweine, die sich langsam entwickeln, u. a. stahliger Riesling mit Apfelnoten.

Rockburn C-Ot ★★ Frischer, rassiger Chardonnay, Pinot gris, Gewürztraminer, Riesling, Sauvignon blanc. Der duftige, geschmeidige, reichhaltige Pinot noir ist am besten und entwickelt sich zu einem Starwein. Lebhafter Rosé von Pinot noir namens Stolen Kiss.

Sacred Hill Hawk ★★→★★★ Mittelgroßer Erzeuger, teilweise in chinesischem Besitz. Vornehmer Chardonnay Riflemans (kraftvoll, aber ausgefeilt, von einer kühlen Hochlage). Dunkler, reichhaltiger, langlebiger Merlot Brokenstone, Cabernet Sauvignon/Merlot Helmsman und Syrah Deer Stalkers aus Gimblett Gravels. Schwungvoller Marlborough Sauvignon blanc. Weitere Marken: Gunn Estate, Wild South (preiswerte Marlborough-Weine).

Neuseeländische Neuheiten

Mit neuseeländischem Wein assoziiert man gemeinhin schwungvollen, spritzigen Sauvignon blanc und neuerdings auch verlockend floralen, geschmeidigen Pinot noir. Von den hunderten brandneuen Marken, die im letzten Jahr auf den Markt kamen, basierten die meisten auf Sauvignon blanc, Pinot gris, Pinot noir oder Syrah. Doch es ist auch ein steigendes Interesse an anderen Rebsorten zu verzeichnen, z. B. Arneis, Grüner Veltliner, Verdelho, Sauvignon gris, Tempranillo, Dolcetto und Montepulciano. Der neueste Hit ist Sauvignon-blanc-Schaumwein. Mount Riley war 2000 die erste Kellerei des Landes, die Sauvignon blanc zum Schäumen brachte, fand indes bis vor Kurzem wenige Nachahmer. Und jetzt trifft man auf einmal überall auf Sauvignon-Schaumweine. Sie sind eine praktische Lösung, um überschüssige Bestände dieser Sorte abzubauen, meist frisch und einfach, mit Noten von tropischen Früchten, knackig und lebhaft.

Saint Clair Marlb ★★→★★★ Großer Familienbetrieb mit ausgedehnten Rebflächen. Hoch gelobter Sauvignon blanc (v. a. der eindrucksvolle, sehr preiswerte regionale Verschnitt und der umwerfend intensive Wairau Reserve), duftiger Riesling, unkomplizierter Chardonnay sowie pflaumenfruchtiger Merlot, der jung getrunken werden sollte. Reichhaltige Reserve-Weine von Chardonnay, Merlot und Pinot noir. Die zweite Reihe namens Pioneer Block bietet eine verwirrende Vielfalt (u. a. neun Sauvignon-blanc-Weine). Das untere Segment deckt die Reihe Vicar's Choice ab.

Seifried Estate Nel ★★ Die größte Kellerei der Region, gegründet von einem Österreicher. Ursprünglich bekannt für aromatischen, frischen, halbtrockenen Riesling und Gewürztraminer; produziert jetzt auch preiswerten, oft exzellenten Sauvignon blanc und Chardonnay. Die besten Weine gibt es unter dem Namen Winemakers Collection (u. a. hochkonzentrierter Riesling Sweet Agnes). Eine weitere Reihe heißt Old Coach Road. Einfache Rotweine.

Selaks Marlb ★→★★ Jetzt eine Marke von Constellation New Zealand. Preisgünstige, fruchtbetonte Weißweine aus Marlborough unter der Marke Premium Selection. Spitzenwein: Founders Reserve. Ein ausgezeichnetes Preis-Leistungs-Verhältnis bietet die Reihe Winemaker's Favourite in der mittleren Lage (v. a. reichhaltiger, cremiger Chardonnay und pikanter, Sauvignon blanc mit Nesselnote).

Seresin Marlb ★★→★★★ Von dem neuseeländischen Filmproduzenten Michael Seresin gegründeter mittelgroßer Betrieb. Sehr stilvoller, konzentrierter Sauvignon blanc (zertifiziert biologisch), Chardonnay, Pinot gris, Pinot noir und Riesling. Zweitmarke: Momo (gut und günstig). Alles in allem komplexe Weine mit feinem Gefüge.

Sileni Hawk ★★ Architektonisch beeindruckende Kellerei mit ausgedehnten Weinbergen und sehr guten Weinen von Merlot, Chardonnay und Sauvignon blanc. Die Spitzenweine sind der seltene EV (Exceptional Vintage, d. h. »außerordentlicher Jahrgang«), dann eine Reihe mit individuellen Namen (u. a. der üppige, konzentrierte Chardonnay The Lodge), gefolgt von der Cellar Selection (ansprechender Merlot). Dazu reichhaltiger, weicher Marlborough Sauvignon blanc (v. a. The Straits).

Spy Valley Marlb ★★→★★★ Sehr erfolgreiche Firma mit ausgedehnten Rebflächen. Sauvignon blanc, Chardonnay, Riesling, Gewürztraminer, Pinot gris, Merlot/Malbec und Pinot noir sind alle sehr gut und haben vernünftige Preise. Großartig die Spitzenauslese Envoy (darin auch ein voller, und doch subtiler Chardonnay und ein Riesling wie von der Mosel). Zweitmarke: Satellite.

Staete Landt Marlb ★★ Niederländische Einwanderer, die feinen Chardonnay, Sauvignon blanc und Pinot gris sowie anmutigen, geschmeidigen Pinot noir erzeugen. Vielversprechender Viognier und Syrah.

Stonecroft Hawk ★★→★★★ Kleine Kellerei, erzeugt (seit 1989) den ersten ernst zu nehmenden Syrah Neuseelands, der eher an die Rhône als an Australien erinnert. Hervorragender Chardonnay, sehr reichhaltiger Old Vine Gewürztraminer (von alten Reben) und frischer, leichter Zinfandel in trockenen Jahren. Seit 2010 neuer Eigentümer.

Stoneleigh Marlb ★★ Im Besitz von Pernod Ricard New Zealand. Eindrucksvolle, in großen Mengen produzierte Weißweine aus Marlborough (u. a. schwungvoller Sauvignon blanc mit Noten von tropischen Früchten, generöser, leicht süßlicher Pinot gris, ausgefeilter, halbtrockener Riesling und cremig-weicher Chardonnay) und rasch besser werdender, saftiger Pinot noir. Spitzenweine: Rapaura Series.

Stonyridge Waiheke ★★★ Boutique-Kellerei, berühmt für ihren hervorragenden roten Verschnitt Larose auf Cabernet-Sauvignon-Basis (**00' 04' 05'** 06 07 08' 09 10'), dessen kleiner Bruder Airfield heißt. Daneben auch ein kraftvoller, dichter Verschnitt im Rhône-Stil namens Pilgrim und der unglaublich vollgepackte Malbec Luna Negra. Zweitmarke: Fallen Angel.

Te Awa Hawk ★★ Das in amerikanischem Besitz befindliche Gut ist berühmt für ausgefeilten Chardonnay und Bordeaux-ähnliche Rotweine. Neue Spitzenreihe Kidnapper Cliffs (äußerst hochklassiger Chardonnay; hochkonzentrierter, seidiger Ariki, hauptsächlich von Merlot; muskulöser, pfeffriger Pinotage; sehr eleganter Syrah). Jetzt mit Dry River verbunden.

Te Kairanga Martinb ★→★★ Eine der größten Kellereien in diesem Gebiet mit wechselvoller Geschichte: erst Qualitätsproduktion, in letzter Zeit finanzielle Probleme. Die Strategie ist, sich bei Pinot noir auf Martinborough zu konzentrieren; die anderen Sorten werden aus anderen Anbaugebieten zugekauft. Der einigermaßen komplexe Estate Pinot noir ist preisgünstig, der Estate Riesling ist kräftig und pikant.

Te Mata Hawk ★★★→★★★★ Renommierte, alte Kellerei (erster Jahrgang 1895) mit feinem, kraftvollem Chardonnay Elston und enorm stilvollem Coleraine (Merlot/Cabernet Sauvignon/Cabernet franc; **98' 00 02 04** 05'

06' 07' 08); auch der Cabernet-Merlot-Verschnitt Awatea ist hochklassig und zugänglicher. Der Syrah Bullnose gehört zu den besten in Neuseeland. Woodthorpe heißen jung zu trinkende Weine (sehr guter und äußerst preiswerter Chardonnay, Sauvignon blanc, Neuseelands einziger Gamay noir, Merlot/Cabernet Sauvignon, Syrah/Viognier).

TerraVin Marlb ★★ Gewichtiger, trockener Sauvignon blanc mit Noten von tropischen Früchten (der Single Vineyard hat einen stärkeren Eicheneinfluss), aber vor allem reichhaltiger, fest strukturierter und komplexer Pinot noir, v. a. Hillside Reserve.

Te Whau Waiheke ★★→★★★ Winziges Gut mit Restaurant. Wunderbar reifer, komplexer Chardonnay und schmackhafter, erdiger, komplexer Verschnitt auf Cabernet-Sauvignon-Basis The Point. Jetzt auch herausragender Syrah und tiefgründiger, trockener Rosé.

Tohu ★★ Unternehmen in Maori-Besitz mit ausgedehnten Rebflächen. Schwungvoller, rassiger Sauvignon blanc (der Mugwi Reserve ist in Eiche ausgebaut), gehaltvoller, halbtrockener Riesling, zitrusfrischer, cremiger Chardonnay ohne Eichennote und mäßig komplexer Pinot noir, alle aus Marlborough; dazu duftiger, gewichtiger Nelson Pinot noir.

Trinity Hill Hawk ★★→★★★ Innovative Kellerei mit festen, konzentrierten Rotweinen (z. B. reichhaltigem, raffiniertem The Gimblett im Bordeaux-Stil) und erstklassigem Chardonnay von der Hawke's Bay (mit schwarzem Etikett). Außergewöhnlicher Syrah Homage: duftend, muskulös, dicht. Sehr vielversprechender Tempranillo. Der duftende, weiche, füllige Pinot gris und der Viognier gehören zu den besten in Neuseeland. Der Sauvignon blanc von der Hawke's Bay ist frisch, schwungvoll und preiswert.

Two Paddocks C-Ot ★★ Der Schauspieler Sam Neill erzeugt mehrere Pinot-noir-Weine, u. a. Picnic (jung zu trinken), First Paddock (kräuterwürzigerer Stil aus dem kühlen Gibbston) und Last Chance (reiferer Stil aus dem wärmeren Alexandra).

Unison Hawk ★★→★★★ Dunkle, würzige, überaus geschmacksintensive Verschnitte von Merlot, Cabernet Sauvignon und Syrah. Die eichenholzwürzigen Selection-Weine halten am längsten. Außerdem duftender, fleischiger, reichhaltiger Syrah und anspruchsvoller trockener Rosé. Seit 2008 neue Inhaber.

Vavasour Marlb ★★ Kellerei im Awatere Valley, die makellosen, intensiven Chardonnay und reinen, rassigen Sauvignon blanc mit Nesselnote erzeugt. Außerdem vielversprechender Pinot noir und Pinot gris. Die Spitzenmarke ist Vavasour Awatere Valley; Vavasour Redwood Pass und Dashwood sind regionale Verschnitte (der aromatische, lebhafte Sauvignon blanc ist am günstigsten). Ist jetzt mit Goldwater und Clifford Bay verbunden.

Vidal Hawk ★★→★★★ Gehört zu Villa Maria. Vornehmer Reserve Chardonnay und Reserve Merlot/Cabernet Sauvignon. Der Merlot/Cabernet Sauvignon der mittleren Preislage bietet hervorragende Qualität fürs Geld. Die Spitzen-Syrahs (Reserve und Soler) sind hervorragend; exzellent auch Sauvignon blanc, Riesling und Pinot noir aus Marlborough. Eine Stärke ist der Viognier (preiswerter East Coast und reichhaltiger, abgerundeter Reserve).

Villa Maria Auck ★★→★★★ Der größten Weinfirma Neuseelands in Familienbesitz gehören auch Vidal und Esk Valley. Die Spitzenweine laufen unter der Bezeichnung Reserve (ausgeprägter Regionalcharakter) und Single Vineyard (hebt die einzelnen Lagen hervor). Zur (oft hervorragenden) Mittelklasse gehört Cellar Selection, mit weniger Eichenholzeinfluss, und auch die Weine der dritten Marke Private Bin können sehr gut und ausgesprochen preisgünstig sein (v. a. Riesling, Sauvignon blanc, Gewürztraminer, Pinot gris und Pinot noir). Schneidet bei Wettbewerben immer hervorragend ab. Unter der Marke Thornbury gibt es vollen, weichen Merlot und duftigen, geschmeidigen Pinot noir.

Vinoptima Gis ★★→★★★ Kleiner Spezialist für Gewürztraminer im Besitz von Nick Nobilo (ehemals Nobilo Wines). Die Spitzenjahrgänge (**06'**) sind kostspielig, aber kraftvoll und voller Individualität. Köstlich auch der Noble Late Harvest.

Voss Martinb ★★ Kleiner, angesehener Erzeuger von Pinot noir (duftig, gewichtig, seidig), eher trockenem, zitrusfrischem Riesling und Chardonnay Reserve (üppig, cremig, komplex).

Waimea Nel ★★ Einer der besten Weißweinerzeuger der Region. Schwungvoller, reifer Sauvignon blanc, reichhaltiger Pinot gris mit weicher Textur (Spitzennoten), guter Riesling (der Classic ist in einem mittelsüßen Stil mit Honignote gehalten). Die Rotweine sind solide, aber weniger spannend. Spitzenmarke: Bolitho Signature Vineyard. Die Spinyback-Weine sollten jung getrunken werden.

Waipara Hills Cant ★★ Jetzt eine Marke von Mud House. Intensiver, reifer, rassiger Marlborough Sauvignon blanc und hochklassiger Waipara Riesling. Die Spitzenmarken heißen Equinox und Southern Cross Selection. Nächste Qualitätsstufe: Soul of the South.

Waipara Springs Cant ★★ Kleiner Erzeuger mit lebhaftem Riesling (trocken und halbtrocken), Sauvignon blanc und Chardonnay aus kühlen Gebieten; beeindruckende Spitzenreihe Premo (u. a. fein duftender, konzentrierter Pinot noir von den ältesten Pinot-noir-Reben des Gebiets).

Wairarapa Neuseelands sechstgrößte Weinregion. Siehe auch Martinborough. Umfasst auch den Unterbereich Gladstone im Norden (etwas höher gelegen, kühler, feuchter). Die trockenste und kühlste Region auf der Nordinsel, stark bei Weißweinen und Pinot noir (körperreich, würzig, saftig).

Wairau River Marlb ★★ Intensiver, rassiger Sauvignon blanc, körperreicher, abgerundeter Pinot gris, sanft vollmundiger Gewürztraminer, vielversprechender Viognier, leichter, zart-süßer Riesling Summer, fein bereiteter Pinot noir. Die Spitzenweine heißen Reserve.

Wairau Valley Marlb – Die größte und als Erstes bestockte Unterregion in Marlborough, in der sich immer noch die meisten Kellereien der Region befinden. Sauvignon blanc wird auf den steinigen Ebenen mit Silt-Untergrund angebaut, Pinot noir auf den tonigen Nordhängen im Süden.

Waitaki Valley C-Ot – Aufstrebendes Anbaugebiet in North Otago, vor zehn Jahren sehr angesagt, aber mit immer noch kleinen Anbauflächen. Vielversprechender Pinot noir, Pinot gris und Riesling.

Whitehaven Marlb ★→★★ Der duftige, reine und harmonische Sauvignon blanc ist der beste Wein hier. Dazu weitere Weiße (u. a. reichhaltiger, weicher Gewürztraminer) sowie ein sauberer, süffiger Pinot noir. Gallo (siehe Kalifornien) ist Miteigentümer. Spitzenreihe: Greg (nach dem Gründer Greg White benannt).

Wither Hills Marlb ★★→★★★ Ein großer Erzeuger, seit 2002 im Besitz von Lion Nathan. Zum Angebot zählen ein sehr beliebter Sauvignon blanc mit Stachelbeer- und Limettennoten sowie reichhaltiger Chardonnay und Pinot noir. Die jüngsten Jahrgänge weisen weniger Eichenholzeinfluss auf. Außergewöhnlich intensiv sind (seit 2007) der Single Vineyard Sauvignon blanc (Rarangi: gewichtig, rassig, nachhaltig) und der ausgezeichnete Single Vineyard Pinot noir. Duftender, fein ausgewogener Pinot gris. Weitere Marken: Shepherds Ridge und Two Tracks.

Wooing Tree C-Ot ★★ Einzellagen-Erzeuger in Cromwell mit mächtigem, intensiv fruchtigem Pinot noir, wobei der Beetle Juice weniger neue Eiche zeigt. Sandstorm Reserve: v.a. ertragsarme Reben, länger in Eiche ausgebaut.

Woollaston Nel ★→★★ Erzeuger von Pinot noir, Sauvignon blanc, Pinot gris und Riesling unter den Marken Woollaston und Tussock. Am besten sind Riesling und Pinot gris.

Yealands Marlb ★★ Einer der größten Weinberge Neuseelands ist in Privatbesitz und liegt im Awatere Valley. Der erste Jahrgang war 2008. Die Spitzenweine kommen unter dem Namen Estate auf den Markt (Sauvignon blanc: schwungvoll, kräuterwürzig; Riesling: straff, elegant, zitrusfrisch; Pinot noir: floral, körperreich, geschmeidig). Weitere Marken: Pete's Shed, Full Circle (Plastikflaschen).

Südafrika

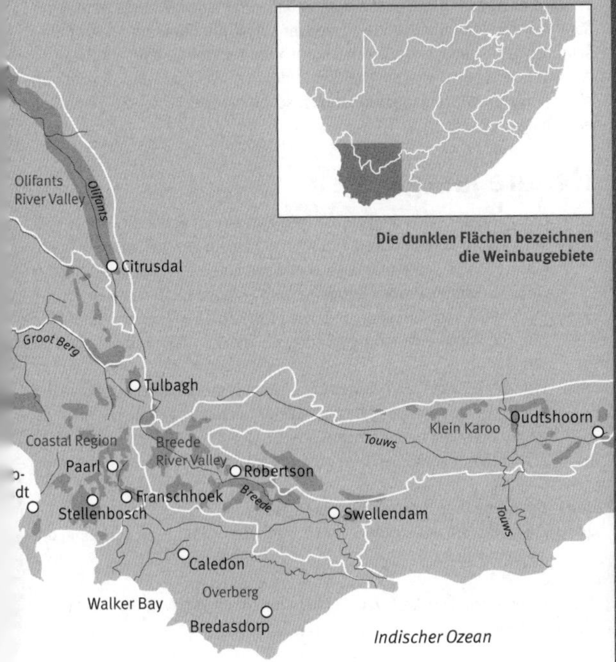

Die dunklen Flächen bezeichnen die Weinbaugebiete

Die folgenden Abkürzungen werden im Text verwendet:

Coast	Coastal Region
Fran	Franschhoek
Stel	Stellenbosch
W-Cape	Western Cape

Südafrika hat bereits jede Menge ausländischer Weininvestoren, auch Amerikaner, angelockt, doch der Erwerb zweier Spitzenkellereien des Landes, Mulderbosch Vineyards und Tulbagh Mountain Vineyards, durch einen kalifornischen Konzern unter der Leitung von Charles Banks, ehemaliger Partner des erstklassigen Cabernet-Erzeugers Screaming Eagle, könnte sich als eine der bedeutenderen Entwicklungen erweisen.

Die USA sind neben China und Indien einer der wichtigsten Wachstumsmärkte für südafrikanische Winzer, und die, wenn auch nur indirekte, Assoziation mit dem amerikanischen Kultwein schlechthin – eine der gefragtesten Marken der Welt – könnte nicht unwesentlich abfärben. Zumindest kommt damit ein weiteres positives Signal aus den USA, wo südafrikanische Weine und Erzeuger immer öfter begeisterte Kommentare erhalten.

Diese gute Ausgangslage nicht nur in den USA, sondern auch auf den traditionellen südafrikanischen Exportmärkten sowie im Inland in konkrete Verkaufszahlen umzumünzen, würde sich allerdings einfacher gestalten, wären da nicht unter anderem der unangefochten starke Rand, die internationale Wirtschaftskrise und die Konkurrenz durch andere alkoholische Getränke. Doch es lassen sich auch viele günstige Faktoren ausmachen. Es besteht Einigkeit darüber, dass die Qualität in Südafrika, vor allem in den Weißweinkategorien, nie besser war, und die Kräfte des Marktes werden zusammen mit den Initiativen der Erzeuger selbst die Standards noch höher schrauben. Das steigende Durchschnittsalter der Weine, eine sorgfältigere Auswahl der Lagen, wissenschaftlich fundierter Weinbau und die Tatkraft einer jüngeren Winzergeneration tragen schon heute Früchte und verheißen eine rosige Zukunft.

Neuere Jahrgänge

2010 Der »Jahrgang nach dem großartigen 2009er« ist gemischt, wobei später reifende (rote und weiße) Sorten allgemein am besten wegkamen. Mehr denn je sollte man sich vom Renommee des Erzeugers anstatt von verallgemeinernden Jahrgangsempfehlungen leiten lassen.

2009 Südafrikas 350. Jahrgang, und, wie es der Zufall will, einer seiner besten. Die Weißweine sind großartig, die meisten Roten ebenfalls, v.a. der Merlot.

2008 Eine der schwierigeren Ernten in den letzten Jahren, aber auch eine der kühlsten, die reife, aber elegante Weine mit einem geringeren Alkoholgehalt als sonst hervorbrachte.

2007 Stämmige, lagerfähige Weiße, wunderbar weiche Rote für früheren Genuss.

2006 Der fünfte tadellose Jahrgang in Folge.

2005 Kleine Beeren mit dicken Schalen ergaben konzentrierte Rotweine, die lange halten.

Die meisten trockenen Weißweine sollten innerhalb von zwei bis drei Jahren getrunken werden.

Adoro Wines W-Cape r w; (sch) ★★★ Mit der schottischen Single-Malt-Brennerei BenRiach verbunden. Raffinierte rote und weiße Verschnitte, Sauvignon blanc und ein neuer halbsüßer Mourvèdre-Dessertwein, die alle gut zum Essen passen.

Alto Estate Stel r (br) ★★→★★★ Das bergige Gut im Besitz u.a. von Distell ist bekannt für lagerfähigen Cabernet Sauvignon (**01' 02 03** 04 05 06 07 08). Der neue Verschnitt auf Cabernet-franc-Basis gereicht vergangenen und derzeitigen Kellermeistern zur Ehre.

Anthonij Rupert Wines W-Cape r w ★→★★★ Ein wachsendes Angebot, das nach dem verstorbenen Bruder des internationalen Geschäftsmannes und Markeneigentümers Johann Rupert benannt ist: Flaggschiffreihe Anthonij Rupert mit wuchtigen Roten, Abfüllungen von alten Reben unter dem Namen Cape of Good Hope, das italienisch inspirierte Trio Terra del Capo und früh trinkreife Weine namens Protea.

Anwilka Stel r ★★→★★★ Gemeinschaftsunternehmen von Klein Constantia und den Bordeaux-Größen Bruno Prats und Hubert de Boüard. Das Flaggschiff ist der Shiraz/Cabernet-Sauvignon-Verschnitt Anwilka (05 06 07 08), Zweitwein ist der Ugaba.

Asara Estate W-Cape r (rs) w; (s) ★→★★★ Luxustouristenkomplex in deutschem Besitz und Kellerei für Genießer bei Stellenbosch. Die beste Qualität bietet die Reihe Bell Tower; schmackhafte Originalität findet man beim Pinotage/Shiraz von am Rebstock getrockneten Trauben und dem weißen Cabernet Sauvignon.

Ashbourne Siehe Hamilton Russell.

Ataraxia W-Cape r w ★★★ Pinot noir von Kevin Grant und seinen Partnern. Die atemberaubend gelegenen jungen Weinberge im Ward Hemel-en-Aarde Ridge werden das Angebot an gut bewerteten Chardonnay, Sauvignon blanc und rotem Serenity in Bälde ergänzen.

Avenir Vineyards L' W-Cape r (rs) w; (sch) ★→★★★ Weinberge und Touristenziel nahe Stellenbosch, im Besitz von AdVini. Erzeugt werden die südafrikanischen Protagonisten Pinotage und Chenin blanc mit gallischer Verve, v. a. in der Flaggschiffreihe Icon.

Avondale Bio-Logic & Organic Wines Coast r (rs) w (br); (s); (sch) ★→★★★ Ökopionier in Familienbesitz mit sehr guten Reihen Les Pleurs, Res und Green Duck. Zum wachsenden Angebot mit Bio-Zertifizierung zählt auch ein neuer weißer Verschnitt mit Viognier-Duft.

Axe Hill Calitzdorp br; s ★★★ Ausgezeichneter Spezialist für Wein im Port-Stil. Verhalten opulenter Cape Vintage (hauptsächlich Touriga Nacional **01 02' 03'** 04 05' 06 07 08) und in der Solera ausgebauter trockener »White Port« von Chenin blanc.

Backsberg Estate Cellars W-Cape r (rs) w (br); (lbl); (sch) ★→★★★ Familienbetrieb mit über 20, auch koscheren Weinen in fünf Reihen. Die neue Marke Tread Lightly, vor Ort der erste zertifizierte Wein in leichten PET-Flaschen, spiegelt das Umweltbewusstsein der Eigentümer wider.

Badenhorst Family Wines Coast r (rs) w; (s) ★★→★★★ Die Cousins Hein und Adi Badenhorst (Letzterer früher bei Rustenberg) in Swartland verarbeiten vornehmlich Rebsorten aus dem Mittelmeerraum auf traditionelle Weise zu anspruchsvollen, aber unkomplizierten und leicht strukturierten Weinen der Marken A. A. Badenhorst und Secateurs.

Bamboes Bay Winziger Ward (5 ha) in der Region Olifants River. Fryer's Cove ist die erste und bisher einzige Kellerei und für brillanten Sauvignon blanc bekannt.

Beaumont Wines W-Cape r (rs) w (br); (s) ★→★★★ Der rustikale Familienbetrieb am Bot River erzeugt ausdrucksvollen Chenin blanc, Pinotage, reinsortigen und verschnittenen Mourvèdre und den roten Bordeaux-Verschnitt Ariane.

Bellingham W-Cape r (rs) w ★→★★ Wiederbelebte Marke der Firma DGB mit der spektakulären Spitzenreihe Bernard (jetzt mit einzigartigem sortenreinem Roussanne), dem Legends der mittleren Kategorie und süffigen Tropfen in den Reihen Fusion und Blends.

Beyerskloof Stel r (rs w br); (sch) ★→★★★ Der beste Pinotage-Erzeuger in Südafrika: Zehn Versionen mit dieser Sorte sind im Angebot, darunter der hervorragende sortenreine Diesel (06 07' 08') und verschiedene Cape Blends. Auch ein roter Bordeaux-Verschnitt in klassischem Stil namens Field Blend (**00 01 02 03'** 04 05).

Biodynamic Bezeichnung für den anthroposophisch beeinflussten biologisch-dynamischen Weinbau, den eine kleine, aber wachsenden Gruppe von Erzeugern praktiziert, u. a. Reyneke, Glen Heatlie, Heron Ridge, The Observatory, Waterkloof, Zandvliet. Siehe auch Organic.

Boekenhoutskloof Winery W-Cape r (w); (s) ★★→★★★★ Beständig hervorragender Erzeuger, der auf ungefilterte, mit einheimischen Hefen bereitete Weine spezialisiert ist. Würziger Syrah (**01' 02' 03** 04' 05 06' 07 08), intensiver, mineralischer Cabernet Sauvignon (**01' 02' 03** 04' 05 06' 07' 08'). Ferner feiner trockener Semillon, roter The Chocolate Block im Mittelmeerstil sowie die preiswerten Marken Porcupine Ridge und Wolftrap.

Boland Kelder Paarl r (rs) w (br); (s) ★→★★★ Große (23.000 t), dynamische Kellerei mit 24 Etiketten in fünf Reihen, einschließlich »Terroir-Auslesen« unter dem Namen Boland Private Cellar.

Bon Courage Estate Robertson r (rs) w (br); s; sch ★★→★★★ Umfangreiches Angebot aus Familienanbau, angeführt von den Inkará-Rotweinen, den stilvollen Schaumweinen Méthode Cap Classique und den herausragenden Riesling- und Muscat-Dessertweinen.

Boplaas Family Vineyards W-Cape r (rs) w br; (sch) ★→★★★ Am besten bekannt für Weine im Port-Stil, v. a. Vintage Reserve (**99' 01 03** 04' 05' 06' 07' 08) und Cape Tawny. Die Reihe Cool Bay (ungespritet) stammt von Reben, die direkt an der Küste wachsen.

Boschendal Wines Coast r (rs) w; sch ★★→★★★ Berühmtes altes Weingut, das seit der Übernahme durch DGB neuen Elan zeigt. Visitenkarten sind Shiraz, Cabernet Sauvignon, Sauvignon blanc und der Bordeaux-Shiraz-Verschnitt Grand Reserve. Wieder erstarkt ist das Interesse an MMC-Schaumwein.

Bot River Siehe Walker Bay.

Bouchard Finlayson Walker Bay r w ★★→★★★★ Ausgezeichneter Erzeuger von Pinot noir mit Galpin Peak (**01 02' 03** 04 05 07 08 09), der Fassauswahl Tête de Cuvée (**99 01' 03'** 05' 07 09) und der Unfiltered Limited Edition (07). Außerdem eindrucksvoller Chardonnay, Sauvignon blanc und exotischer roter Verschnitt Hannibal.

Breedekloof Großer (12.400 ha) Binnendistrikt in der Anbauregion Breede River Valley, der hauptsächlich Massenwein für die Branntweinherstellung und den Handel hervorbringt. Löbliche Ausnahmen sind Avondrood, Bergsig, Deetlefs, Merwida, Mountain Oaks und Du Preez.

Buitenverwachting Coast r (rs) w; (s); (sch) ★★→★★★ Erstklassige Weinberge, Kellerei und Restaurant in Familienbesitz. Hervorragender Sauvignon blanc, Cabernet franc, verhaltener Bordeaux-Verschnitt Christine (**00 01' 02** 03 04 06 07) und aromatischer Muscat-Dessertwein »1769«.

Cabernet Sauvignon Allgegenwärtig, aber eigentlich auf den Bergen rund um Stellenbosch beheimatet. Spitzenerzeuger dort sind De Trafford, Edgebaston, Kanonkop, Kleine Zalze, Le Riche, Neil Ellis, Rustenberg, Stark-Condé, Thelema, Vergelegen und Waterford; in anderen Regionen Boekenhoutskloof, Cederberg, Glen Carlou und Springfield.

Cabrière W-Cape (r rs w); (s); sch ★→★★★ Schaumwein oJ (Méthode Cap Classique) unter dem Etikett Pierre Jourdan (Blanc de Blancs und Cuvée Reserve); Aperitif nach Art eines Vin doux naturel von Chardonnay.

Calitzdorp Distrikt in der Region Klein Karoo, klimatisch dem Douro ähnlich und folgerichtig für Wein im Port-Stil bekannt. Die besten Erzeuger sind Axe Hill, Boplaas, De Krans, Peter Bayly.

Camberley Wines Stel r (br); (sch) ★★→★★★ Feiner, von der Familie selbst gekelterter Shiraz (einschließlich einer seltenen Schaumweinversion), Bordeaux-Verschnitt Philosopher's Stone, Pinotage und ein neuer Merlot namens Elm Tree.

Capaia Estate Philadelphia r (w) ★★→★★★ Die Kellerei in deutschem Besitz hat für ihre beiden Bordeaux-Verschnitte sowie den guten Sauvignon blanc französische und österreichische Starberater engagiert.

Cape Agulhas Siehe Elim.

Cape Blend »Kap-Verschnitt«. In der Regel ein Rotweinverschnitt mit einem Anteil Pinotage. Die besten Versionen kommen von Beyerskloof, Graham Beck, Grangehurst, Kaapzicht, Meinert, Post House, Raka, Remhoogte, Spier und Warwick.

Cape Chamonix Wine Farm Fran r w; (sch) ★★→★★★ Aufstrebender Betrieb. Individueller und sehr guter Pinot noir, Pinotage, Chardonnay, Sauvignon blanc, Schaumwein nach der Méthode Cap Classique auf Chardonnay-Basis sowie roter Bordeaux-Verschnitt Troika.

Cape Point Sehr kleiner (32 ha) Küstendistrikt an der Südspitze der Kap-Halbinsel. Vornehmlich weiße Reben. Die einzige Kellerei Cape Point Vineyards liefert trotz der weinbautechnischen Herausforderungen beständig Spitzenqualität.

Cape Point Vineyards Cape Point (r) w ★→★★★★ Einer der interessantesten Erzeuger Südafrikas. Komplexer Sauvignon blanc/Semillon-Verschnitt Isliedh, rassiger Chardonnay und überwältigender Sauvignon blanc. Die preiswerte Marke Splattered Toad leistet einen Beitrag zum Schutz gefährdeter Amphibien.

Cape Winemakers Guild (CWG) Der unabhängige Verband mit gegenwärtig 41 Mitgliedern, dem man nur auf Einladung beitreten kann, veranstaltet alljährlich Maßstäbe setzende Auktion für limitierte Spitzenabfüllungen, unterstützt über eine Stiftung Schulkinder aus Weinbaugebieten, vergibt Stipendien und stellt Mentoren für Kellermeister, die gerade ihr Studium abgeschlossen haben.

Cederberg Eigenständiger Ward in den abgelegenen Cederberg Mountains. Nur 48 ha, vornehmlich rote Rebsorten, mit die höchstgelegenen Weinberge in Südafrika. Der Newcomer Driehoek und der etablierte Star Cederberg Private Cellar sind die einzigen Erzeuger.

Cederberg Private Cellar Cederberg r w (rs); (sch) ★★→★★★ Verbindet die der großen Höhe zu verdankenden mineralische Noten mit konzentrierter Geschmacksintensität: Shiraz, Cabernet Sauvignon, Sauvignon blanc, Semillon, Chenin blanc und der rare Sortenwein Bukettraube.

Chardonnay Große Bandbreite an Stilen von kühl und schlank bis hin zu warm und fleischig; im Allgemeinen zurückhaltendere Verwendung von Eichenfässern. Erzeuger: Ataraxia, Cape Chamonix, Groot Constantia, Hamilton Russell, Hartenberg, Mulderbosch, Paul Cluver, Rustenberg, Thelema, Vergelegen, Waterford und The Winery of Good Hope; dazu Bouchard Finlayson, Jordan, Springfield und De Wetshof, die zudem auch sehr gute Versionen ohne Eichenfassreifung bieten.

Chenin blanc Diese Sorte wird in vielen Stilen ausgebaut, teils ohne Eiche, teils halbtrocken mit ausgeprägter Holznote sowie alle Varianten dazwischen. Empfehlenswert: Beaumont, Cederberg, Graham Beck, Jean Daneel, Ken Forrester, Lammershoek, Raats, Rijk's, Rudera, Spice Route, Spier, Springfontein, Stellenrust, Teddy Hall, The Winery of Good Hope.

Coastal Große Anbauregion (32.000 ha), die die Küstendistrikte Cape Point, Darling, Tygerberg, Stellenbosch und Swartland umfasst, aber auch die im Landesinneren liegenden Distrikte Paarl und Tulbagh.

Company of Wine People, The r (rs) w; (s); (sch) ★→★★★ Unternehmen bei Stellenbosch mit einer Jahresproduktion von 2,5 Millionen Kisten und über 60 Weinen in 16 Reihen. Am besten ist Kumkani; ebenfalls empfehlenswert sind die preiswerten süffigen Weine der Reihen Arniston Bay, Versus und Welmoed.

Constantia Das ursprüngliche Anbaugebiet Südafrikas für feine Weine. Von hier stammt der berühmte süße Wein auf Muscat-Basis des 18. und 19. Jahrhunderts, der in den letzten Jahren von Groot und Klein Constantia wieder zum Leben erweckt wurde. Weitere Spitzenerzeuger sind Buitenverwachting, Constantia Glen, Constantia Uitsig, Eagles' Nest und Steenberg.

Constantia Uitsig Constantia (r) w (br); (sch) ★★★ Erstklassige Weinberge und Touristenziel, teilweise im Besitz von Schwarzen. Hauptsächlich Weiß- und MCC-Schaumweine, durchweg ausgezeichnet.

Dalla Cia Wine & Spirit Company Stel r w ★★→★★★ Im Besitz einer italienischen *famiglia*, deshalb sind der Cabernet Sauvignon, der rote Bordeaux-Verschnitt Giorgio, der Chardonnay mit leichter Eichenholznote und der Sauvignon blanc als Essensbegleiter ausgelegt.

Danie de Wet Siehe De Wetshof.

Darling Distrikt (2.800 ha) rund um die gleichnamige Stadt an der Westküste, dessen beste Lagen sich in dem hügeligen Ward Groenekloof befinden. Cloof, Darling Cellars, Groote Post, Ormonde und Neuling Tullie Family füllen selbst ab; ein Großteil des übrigen Leseguts wird für andere Marken abtransportiert.

De Grendel Wines W-Cape r (rs) w; (sch) ★→★★★ Sir David Graaffs Weingut am Hang mit Blick auf die Table Bay bringt frische, vielschichtige Rot-, Weiß- und MCC-Schaumweine hervor.

De Krans Calitzdorp r (rs) w br; (s) ★→★★★ Der Familienbesitz ist bekannt für gehaltvolle, beeindruckende Weine im Port-Stil, v. a. Vintage Reserve (**01 02 03'** 04' 05' 06' 07 08'), gespritete Muscat-Weine und sortenreine Abfüllungen von selteneren Reben wie Tempranillo und Touriga Nacional.

Delaire Graff Estate W-Cape r (rs) w (br); s ★★→★★★ In schwindelnder Höhe gelegene Weinberge, Kellerei und Luxushotel im Besitz des international operierenden Juweliers Laurence Graff. Das wachsende Angebot umfasst einen überwältigenden neuen Cabernet Sauvignon Reserve.

Delheim W-Cape r (rs) w; (lbl s) ★★→★★★ Ökologisch ausgerichteter Familienbetrieb bei Stellenbosch. Gefeierter Shiraz Vera Cruz, dazu Cabernet Sauvignon Grand Reserve mit Pflaumennote (**00 01 03** 04' 05 06 07').

De Toren Private Cellar Stel r ★★★ Beständig geschmacksintensiver Bordeaux-Verschnitt Fusion V (**02 03'** 04 05' 06' 07 08) und der auf Merlot basierende, früher trinkreife Verschnitt »Z«.

De Trafford Wines Stel r (rs) w; (s) ★★★★ Außergewöhnliche Boutique-Kellerei mit internationalem Renommee für mächtige und doch elegante Weine. Brillanter Bordeaux/Shiraz-Verschnitt Elevation 393 (**01 03'** 04 05 06 07 08), Cabernet Sauvignon (**01 03'** 04 05 06 07 08) und Shiraz. Die Marke New Sijnn zeigt das Potenzial junger Reben in Küstenlage.

DeWaal Wines Stel r w ★→★★★ Das Familiengut Uiterwyk ist die Hauptproduktionsstätte der etablierten Marke DeWaal und der neuen Marke Cape Gable. Eine Stärke ist Pinotage: Der DeWaal Top of the Hill von alten Reben ist einer der besten.

De Wetshof Estate Robertson (r rs) w (br); (s) ★→★★★ Der angesehene Chardonnay-Pionier und -Vertreter erzeugt sechs Versionen, mit und ohne Eiche, unter den Marken De Wetshof und Danie de Wet. Vielversprechender DeW Cabernet Sauvignon und Pinot noir.

DGB Etablierter Erzeuger und Großhändler mit Sitz in Wellington; zu den hauseigenen Marken gehören Bellingham/Bernard Series, Boschendal, Brampton und Douglas Green.

Diemersdal Estate Durbanville r (rs) w ★★→★★★ Eine junge Generation bringt neue Dynamik in die alte Familienfirma. Spezialisiert auf rote Verschnitte, Chardonnay und Sauvignon blanc. Sehr spannend ist auch der Sauvignon blanc Sir Lambert, ein Gemeinschaftsprojekt im Ward Lamberts Bay.

Diemersfontein Wines Wellington r (w) ★★→★★★ Bekannt für einen kraftstrotzenden Stil, v. a. Pinotage, Chenin blanc, Viognier. Die Empowerment-Marke (die Black-Economic-Empowerment-Bewegung betreibt Wirtschaftsförderung für Schwarze) ist Thikozani.

Distell Das größte Getränkeunternehmen Südafrikas mit Hauptsitz in Stellenbosch nennt unzählige Marken in allen Qualitätsstufen sein Eigen. Hält auch Beteiligungen an vielen Spitzenkellereien Stellenboschs, darunter beispielweise Alto und Stellenzicht sowie an der Marke Tukulu, die zur Black-Economic-Empowerment-Bewegung (siehe Diemersfontein) gehört.

Dornier Wines W-Cape r (rs) w; (s) ★→★★★ Ein architektonisches Schmuckstück in einem waldigen Tal bei Stellenbosch. Stilvolle rote und weiße Topweine unter dem Namen Donatus.

Durbanville Der kühle, hügelige Ward (1.500 ha) ist für pikanten Sauvignon blanc und Merlot bekannt. Eine Gruppe neuer Boutique-Familienbetriebe, u.a. De Vallei, Klein Roosboom, Kronendal, Russo und Signal Gun, lässt die etablierten Kellereien alt aussehen.

Durbanville Hills Durbanville r w ★→★★★ Erzeuger im kühleren Küstengebiet; Eigentümer sind Distell und örtliche Anbauer. Am besten sind die Einzellagenweine sowie die Reihe Rhinofields Reserve.

Edgebaston Stel r w ★★→★★★ Hier erzeugt die (von Glen Carlou bekannte) Familie Finlayson den sehr guten Cabernet Sauvignon »GS« (05' 06 07 08), Shiraz, Chardonnay sowie die erstklassigen, früh trinkreifen Rotweine Berry Box und Pepper Pot.

Elgin Der kühlere, höher gelegene Ward gehört zu Südafrikas am schnellsten wachsenden Qualitätsanbaugebieten. Traditionell Weißweine, v.a. Sauvignon blanc und Chardonnay, aber auch die Rotweine finden immer mehr Zuspruch, namentlich Pinot noir, Merlot und die Bordeaux-Verschnitte.

Elim Von Meerwinden gekühlter Ward (147 ha) im südlichsten Anbaudistrikt, Cape Agulhas. Aromatischer, eleganter Sauvignon blanc, weiße Verschnitte und Shiraz von Black Oystercatcher, Land's End/Hidden Valley, Lomond, Quoin Rock, The Berrio, Strandveld und Zoetendal.

Ernie Els Wines Stel r ★★→★★★★ Weinbaubetrieb des südafrikanischen Golfstars Ernie Els. Der volle, aromatische Bordeaux-Rotwein Ernie Els Signature (**01 02' 03** 04' 05 06 07') gehört zu den teuersten Weinen vom Kap; neu sind der Cabernet Sauvignon und der Syrah Proprietor's. Sehr gut auch die Reihe Guardian Peak.

Estate Wine Amtliche Bezeichnung für Weine, die auf »für die Produktion von Estate Wine registrierten geografischen Einheiten« angebaut, bereitet und abgefüllt sein müssen. Keine Qualitätsbezeichnung.

Fairview W-Cape r (rs) w; (lbl s) ★→★★★★ Weingut im Besitz des dynamischen und innovativen Charles Back. Hinter dem Namen Fairview verbirgt sich ein Spitzenangebot an Einzellagen- und »terroirspezifischen« Weinen sowie eine breite Palette von Verschnitten und sortenreinen Gewächsen. Goats do Roam ist eine neckische, flippige Einzelmarke, die die Erwartungen normalerweise mehr als erfüllt. Das Thema Ziegen *(goats)* taucht auch in der Basis-Reihe La Capra wieder auf. Siehe auch Spice Route.

FirstCape Vineyards W-Cape r (rs) w; (sch) ★→★★ Vor zehn Jahren gegründet und heute die meistverkaufte südafrikanische Weinmarke in Großbritannien. Joint Venture von fünf örtlichen Genossenschaften und dem britischen Brand Phoenix mit preisgünstigen Weinen auf Einstiegsniveau in einem halben Dutzend Reihen.

Flagstone Winery W-Cape r w (br) ★★→★★★ Preisgekrönte Kellerei in Somerset West, jetzt im Besitz der australischen Private Equity CHAMP. Marke mit skurrilen Namen (z. B. Pinotage Writer's Block, The Last Word Port) in den Spitzenreihen Flagstone und Knockon Wood sowie der früh trinkreifen Reihe Stumble Vineyards.

Fleur du Cap W-Cape r w; (s) ★★→★★★ Spitzenmarke von Distell, u. a. die sehr gute Unfiltered Collection und der rassige edelfaule Noble Late Harvest in der Bergkelder Selection.

Foundry, The Coast r w ★★★ Meerlust-Kellermeister Chris Williams und Weinpartner James Reid verkeltern Traubengut aus speziell ausgewählten Parzellen in Stellenbosch und Voor Paardeberg zu herausragendem Syrah, Viognier und Grenache blanc.

Franschhoek Von französischen Hugenotten gegründeter Distrikt in der Coastal Region. Die 1.400 ha sind überwiegend mit Sauvignon blanc, Cabernet Sauvignon und Shiraz bestockt. Von den vielen Kellereien (und Restaurants) empfehlen sich besonders Anthonij Rupert, Boekenhoutskloof, Colmant, Cape Chamonix, Graham Beck, La Motte, Lynx, Môreson, Solms-Delta und Topiary.

Glen Carlou Coast r w; (s) ★★→★★★ Spitzenkellerei mit eigenen Lagen, Kunstgalerie und Restaurant nahe Paarl; im Besitz von Donald Hess. Würziger Syrah (**02 03 04'** 05 06 07), feiner roter Bordeaux-Verschnitt Grand Classique (**00 01 02 03** 04 05 06' 07).

Glenelly W-Cape r w ★★→★★★ Die Weinberge und die hochmoderne Kellerei in Stellenbosch gehören der ehemaligen Besitzerin des Bordeaux-Château Pichon Lalande, May-Eliane de Lencquesaing. Eindrucksvolle rote Flaggschiffgewächse Lady May (Bordeaux-Verschnitt) und Grand Vin (Bordeaux/Shiraz-Verschnitt); vielversprechende neue Glass Collection.

Graham Beck Wines W-Cape r (rs) w (br); (s); sch ★★→★★★ Die erstklassigen Weingüter in Robertson und Franschhoek wurden von dem verstorbenen Bergbaumagnaten Graham Beck gegründet. Mehr als 30 Weine, u. a. ausgezeichnete Schaumweine sowie sortenreine und verschnittene Rot- und Weißweine, allen voran die herrliche neue Cuvée Clive nach der Méthode Cap Classique und der Cabernet Sauvignon/Shiraz Ad Honorem.

Grangehurst Winery Stel r (rs) ★★→★★★ Kleiner, auf Rotwein und neuerdings auch auf Rosé spezialisierter erstklassiger Betrieb mit sehr gutem Cape Blend Nikela (**98 99 00 01 02 03**) und Pinotage (**97 98 99 01 02 03'**).

Groot Constantia W-Cape r (rs) w (br); (s); (sch) ★★→★★★ Eher protzige Weine, die zur schmucken Kellerei und Touristendestination in Constantia passen. Pinotage, Chardonnay, neuer Semillon-Sauvignon-Verschnitt Reserve. Der Grand Constance erhält die Tradition der Muscat-Dessertweine von Weltklasse aufrecht.

Groote Post Vineyards Darling r w; (s); (sch) ★★→★★★ Direkt am Meer gelegener Besitz der Familie Pentz. Sehr guter Chardonnay und Sauvignon blanc Reserve, aromatischer Riesling, saftiger Pinot noir.

Guardian Peak Siehe Ernie Els.

Hamilton Russell Vineyards (HRV) Walker Bay r w ★★★→★★★★ Burgunderspezialist in Hermanus. Feiner Pinot noir (**01' 03' 04** 05 06 07 08 09) und erstklassiger Chardonnay. Unter den Etiketten Southern Right und Ashbourne auch ausgezeichneter Sauvignon blanc, Pinotage und Weißweinverschnitte.

Hartenberg Estate Stel r w ★★→★★★★ Gehört zur ersten Riege am Kap. Herausragendes Shiraz-Trio: stets ernst zu nehmender einfacher Shiraz (**01 02 03** 04' 05 06 07), das Aushängeschild The Stork von einer Einzellage (**03** 04' 05' 06 07) und Gravel Hill. Außerdem feiner Merlot und Chardonnay.

Haskell Vineyards Stel r ★★★ Die Weinberge und die Kellerei in amerikanischem Besitz in den Ausläufern des Helderberg erhalten begeisterte Kritiken für ihre zwei Syrah-Weine (Pillars und Aeon) sowie den roten Bordeaux-Verschnitt Haskell IV.

Hemel-en-Aarde Trio von Wards im Distrikt Walker Bay (Hemel-en-Aarde Valley, Upper Hemel-en-Aarde, Hemel-en-Aarde Ridge), die einige ausgezeichnete Weine von Pinot noir, Chardonnay und Sauvignon blanc hervorbringen. Spitzenerzeuger sind Bouchard Finlayson, Ataraxia, Newton Johnson und Hamilton Russell.

Hermanuspietersfontein Wingerde r (rs) w ★★→★★★ Führender Spezialist für Sauvignon blanc und rote Bordeaux-Verschnitte, der die faktischen und historischen Verbindungen mit dem Seebad Hermanus kreativ vermarktet.

J. C. le Roux W-Cape sch ★★ Südafrikas größtes Schaumweinhaus, im Besitz von Distell. Am besten sind Pinot noir, Scintilla (Chardonnay/Pinot noir) und Pinot noir Rosé, alle nach der Méthode Cap Classique bereitet.

Jean Daneel Wines Coast r w (br); (sch) ★★★ Familienbetrieb in Napier. Hervorragend die Signature Series, v. a. Chenin blanc, Cabernet Sauvignon/ Merlot/Shiraz und Schaumwein nach der Méthode Cap Classique (Chardonnay und neuerdings auch Chenin blanc).

Jordan Estate Stel r (rs) w ★★→★★★ Beständigkeit, Qualität und gutes Preis-Leistungs-Verhältnis, von den Reihen Bradgate und Chameleon im unteren Segment bis hin zu makellosen Abfüllungen, die über CWG-Auktionen versteigert werden (siehe Cape Winemakers Guild). Aushängeschild ist der Chardonnay Nine Yards; außerdem gibt es den Bordeaux-Verschnitt Cobblers Hill (**00 01 03** 04' 05' 06 07), Cabernet Sauvignon, Merlot, Sauvignon blanc und einen edelfaulen Riesling-Dessertwein.

J. P. Bredell Wines Stel (r) br ★★★ Bekannt v. a. für Wein im Port-Stil, besonders den edlen Cape Vintage Reserve (**97' 98' 00 01'** 03' 07') und den Late Bottled Vintage.

Kaapzicht Estate Stel r (rs) w (br); (s) ★★→★★★ Familienbetrieb mit international anerkannter Spitzenreihe Steytler: Cape Blend Vision (**01' 02' 03'** 04 05' 06 07), Pinotage und roten Bordeaux-Verschnitt Pentagon.

Kanonkop Estate Stel r ★★→★★★★ Großes regionales Renommee seit drei Jahrzehnten, v. a. mit Pinotage (**01 02 03'** 04 05 06 07 08), dem Bordeaux-Verschnitt Paul Sauer (**01 02 03** 04' 05 06' 07) und Cabernet Sauvignon. Die zweite Qualitätsstufe Kadette umfasst nun auch einen Pinotage Dry Rosé.

Kanu Wines Stel r w; (s) ★★→★★★ Bekannt für Chenin blanc mit Fassausbau, den roten Bordeaux-Verschnitt Keystone und den edelfaulen Chenin blanc Kia-Ora.

Ken Forrester Wines W-Cape r w; (s) ★★→★★★ In Somerset West ansässiges Gemeinschaftsprojekt des Weinhändlers und Gastronomen Ken Forrester und des Winzers Martin Meinert. Drei Maßstäbe setzende Chenin-blanc-Weine: der rassige, trockene Ken Forrester, der üppige halbtrockene The FMC und der opulente edelfaule »T«.

Klein Constantia Estate W-Cape r (rs) w; s; (sch) ★★→★★★ Der – ohne Edelfäule ausgebaute – üppige Vin de Constance (**00' 01 02'** 04 05 06') ist eine überzeugende Wiedergeburt des legendären Constantia-Muscat-Dessertweins aus dem 18. Jahrhundert. Außerdem elegante Marlbrook-Verschnitte, langlebiger Riesling, hochklassiger Sauvignon blanc und die früher trinkreife Reihe KC. Siehe auch Anwilka.

Kleine Zalze Wines W-Cape r (rs) w ★★→★★★ Aufstrebender Betrieb in Stellenbosch mit brillantem Cabernet Sauvignon, Shiraz, Chenin blanc und Sauvignon blanc in den Reihen Family Reserve und Vineyard Selection. Preiswerte Alltagsweine in den Reihen Cellar Selection und Zalze.

Klein Karoo Die halbwüstenartige Anbauregion (2.800 ha) ist bekannt für gespritete Weine, v. a. im Port-Stil, im Distrikt Calitzdorp. Die höher gelegenen Wards Tradouw, Tradouw Highlands, Outeniqua und Upper Langkloof sind vielversprechend für Pinot noir, Shiraz und Sauvignon blanc.

Kosher Koschere Weine sind ein Nischenprodukt, das hauptsächlich von Backsberg, Hill & Dale/Stellenzicht, Kleine Draken und Rose Garden bedient wird.

20 Jahre Méthode Cap Classique

Vor genau 20 Jahren wurde für südafrikanische Schaumweine mit Flaschengärung als EU-kompatible Alternative zur *méthode champenoise* die Bezeichnung Méthode Cap Classique (MCC) geprägt – eine der größten Erfolgsgeschichten Südafrikas. Die 1971 nur mit einer einzigen Marke – Simonsig Estate's Kaapse Vonkel – gestartete Kategorie ist auf über 140 Etiketten angewachsen, die mit 2,3 Millionen verkauften Flaschen im Jahr rund 20% des im Land vertriebenen Schaumweins ausmachen. Von dem guten Dutzend Betriebe, die 1992 zusammen die Bezeichnung entwickelten, erzeugen Avontuur, Boschendal, Cabrière, Graham Beck, J. C. le Roux, Krone, Pongrácz, Simonsig und Villiera weiterhin Schaumweine in Spitzenqualität. Ebenfalls hoch angesehen sind Ambeloui, Bon Courage, Colmant, Constantia Uitsig, Silverthorn, Steenberg, Tanzanite und Weltevrede. Den Neuzugang Topiary sollte man im Auge behalten.

Krone Tulbagh (w); sch ★★ Feine, elegante Brut-Schaumweine nach der Méthode Cap Classique, u. a. Borealis, Rosé sowie die neue Prestige-Cuvée Nicolas Charles Krone von Pinot noir und Chardonnay; Erzeuger ist Twee Jonge Gezellen.

Kumala W-Cape r (rs) w ★→★★ Die sehr erfolgreiche Exportmarke, die vor Kurzem von der in Sydney ansässigen Private Equity CHAMP erworben wurde, verzeichnet einen Qualitätsschub unter der Ägide von Bruce Jack, dem Gründer der Schwestermarke Flagstone.

KwaZulu-Natal Provinz und Geographical Unit nach dem Wine-of-Origin-Schema (siehe Ward) an der Ostküste des Landes mit Regen im Sommer und subtropischem oder tropischem Klima in den Küstengebieten. Auf dem kühleren, hügeligen zentralen Midlands-Plateau ist eine Qualitätsweinproduktion im Entstehen; führende Erzeuger sind The Stables und Abdington.

KWV W-Cape r (rs) w (br); (lbl) (s); (sch) ★→★★★ Die ehemalige nationale Winzergenossenschaft und Aufsichtsbehörde ist heute eine teilweise im Besitz von schwarzen Südafrikanern befindliche börsennotierte Gesellschaft mit Sitz in Paarl. Mehr als 40 Rot-, Weiß- und Schaumweine, Weine im Port-Stil sowie gespritete Dessertweine in sieben Reihen; am besten sind Heritage, Cathedral Cellar, Laborie, Reserve und Mentors.

Lamberts Bay 22 ha großer Ward an der Westküste, einen Steinwurf vom Atlantik entfernt. Energischer Sauvignon blanc, vielversprechender Shiraz. Die Marke Sir Lambert, ein hier entstandenes Gemeinschaftsprojekt mit Diemersdal, ist ein Hit.

Lammershoek Winery Swartland r w (br); (s) ★★→★★★ Traditionell bereitete, geschmacksintensive Verschnitte im Rhône-Stil und Chenin blanc, die die Wärme und Konzentration von Swartland in Reinform verkörpern.

Lanzerac Stel r (rs) w ★★→★★★ Ehrwürdiges Gut (mit Luxushotel), das man seit Langem mit Pinotage verbindet – der erste Jahrgang war 1959. Mit Lourensford verschwistert.

Lourensford W-Cape r (rs) w; (s): (sch) ★★→★★★ Das Schwestergut von Lanzerac hat eine Verjüngungskur hinter sich und konzentriert sich nun auf Shiraz, Cabernet Sauvignon, Chardonnay, Sauvignon blanc und Viognier. Die besten Weine gibt es in den Reihen Lourensford und 1700; Eden Crest und River Garden steht auf den Etiketten der Reihen auf Einstiegsniveau.

Lower Orange Einzelner »Super-Ward« (12.000 ha) im Landesinneren, an beiden Ufern des Flusses Gariep. Heiß, trocken und damit bewässerungsbedürftig; hauptsächlich Weißweine und gespritete Weine. Der größte Erzeugerbetrieb ist Oranje Rivier Wine Cellars.

MCC Siehe Méthode Cap Classique.

Meerlust Estate Stel r w ★★★★ Renommierte Weinberge und Kellerei; vermutlich Südafrikas bekannteste Marke für Qualitätsrotwein. Eleganz und Zurückhaltung prägen das Aushängeschild Rubicon (**99 00 01' 03'** 04 05 06), einen der ersten Bordeaux-Verschnitte am Kap. Auch hervorragender Merlot, Cabernet Sauvignon, Chardonnay und Pinot noir.

Meinert Wines Elgin, Stel r (rs) (w) ★★→★★★ Der Erzeuger und Berater Martin Meinert produziert zwei feine Verschnitte: Devon Crest im Bordeaux-Stil und Synchronicity (Bordeaux/Pinotage). Außerdem Cabernet Sauvignon, Merlot, ein neuer Pinotage und Sauvignon blanc.

Merlot In Südafrika launisch und lagenabhängig, bringt daher reinsortig selten große Klasse hervor. Empfehlenswerte Erzeuger sind Amani, Bein, Dombeya, Hartenberg, Jordan, Shannon, Spier, Thelema, Veenwouden, Vergelegen und Yonder Hill.

Méthode Cap Classique (MCC) Siehe Kasten unten.

Morgenhof Estate Stel r (rs) w (br); (lbl) (s) ★→★★★ Der 1692 gegründete Besitz wurde von Anne Cointreau (aus der französischen Cognac/Likör-Dynastie) wiederbelebt. Bordeaux-Verschnitt The Morgenhof Estate und Chenin blanc. Gut die Reihe Fantail mit Alltagsweinen.

Morgenster Estate Stel r (rs) ★★→★★★ Erstklassiger Betrieb mit Wein- und Olivenanbau, in italienischem Besitz; Pierre Lurton (Cheval Blanc) fungiert als Berater. Klassischer Bordeaux-Rotwein: Morgenster (**00 01 03** 04 05' 06' 08), als Zweitetikett Lourens River Valley. Die Italian Collection umfasst Verschnitte mit den am Kap seltenen Sorten Sangiovese und Nebbiolo.

Motte, La W-Cape r w; (sch) ★★→★★★ Zunehmend ökologisch arbeitendes Unternehmen der Familie Rupert, mit Sitz in Franschhoek. Feiner, markanter Shiraz/Viognier, Sauvignon blanc und Shiraz/Grenache in der Pierneef Collection, dem Aushängeschild des Weinguts.

Mulderbosch Vineyards W-Cape r (rs) w; (s) ★★→★★★ Gut und Kellerei, jetzt im Besitz von Terroir Capital, der in Kalifornien ansässigen Investmentgesellschaft des ehemaligen Screaming-Eagle-Partners Charles Banks. Das individuelle Angebot umfasst halbtrockenen und edelfaulen Sauvignon blanc, im Holzfass ausgebauten Chardonnay und den kostspieligen Chenin blanc Small Change.

Mullineux Family Wines Swartland r w; s ★★★ Das aufstrebende Erzeuger-Ehepaar Chris und Andrea Mullineux sind auf schöne, generöse, sorgfältig bereitete (rote und weiße) Verschnitte im Rhône-Stil sowie Chenin blanc spezialisiert.

Mvemve Raats Stel r ★★★ Mzokhona Mvemve, Südafrikas erster schwarzer Kellermeister mit Universitätsabschluss, und Bruwer Raats (siehe Raats Family) erzeugen den gefeierten roten Bordeaux-Verschnitt De Compostella.

Wer kennt sich mit Südafrikas Weinen aus?
Für Konsumenten ist es oft ein großes Problem, Südafrikas Weinstile einzuschätzen: Sie reichen von elegant bis ungeheuerlich, und man kann am Etikett kaum erkennen, was einen in der Flasche erwartet. Kühlere Regionen wie Elgin oder Walker Bay produzieren tendenziell leichtere Weine, die Bezeichnung »Western Cape« dagegen ist sehr breit angelegt und daher kaum hilfreich, und in Stellenbosch wird so ziemlich alles erzeugt. Die beste Strategie ist vielleicht, sich durch das Sortiment eines Erzeugers hindurchzuprobieren – und dieses Buch zur Hand zu haben.

Nederburg Wines W-Cape r (rs) w; lbl s; sch ★→★★★★ Eine der größten (1,4 Millionen Kisten) und bekanntesten Marken Südafrikas, im Besitz von Distell. Außergewöhnlich Ingenuity Red (05 06 07') und White, ausgezeichnet das Label Manor House, verlässlich die Reihe Winemaster's Reserves, u. a. mit den Roten Edelrood und Baronne. Daneben preisgünstige Still- und Schaumweine für den Alltagsgebrauch. In kleinen Mengen werden die für die jährlich stattfindende Nederburg Auction vorgesehenen, manchmal spektakulären Weine der Reihe Private Bin erzeugt, darunter der edelfaule Chenin blanc Edelkeur (**02 03' 04' 05** 06 07' 08 09').

Neethlingshof Estate Stel r w; s ★★→★★★ Touristenmagnet, teilweise in Besitz von Distell. Am besten ist die Spitzenreihe Short Story Collection (v. a. edelfauler Riesling), herrlich auch der florale Gewürztraminer.

Neil Ellis Wines Coast r w ★★★→★★★★ Der altgediente Kellermeister Neil Ellis verarbeitet ausgesuchte Trauben aus kühleren Parzellen, um seinen Weinen die spezifische Lagencharakteristik mitzugeben. Erstklassig sind die Weine der Vineyard Selection: Cabernet Sauvignon (**99 00' 01 03** 04' 05 06 07), Syrah, Sauvignon blanc, Pinotage und der sensationelle Grenache noir von alten Reben aus dem Ward Piekenierskloof.

Newton Johnson Wines W-Cape r (rs) w ★★→★★★ Kellerei und Restaurant im malerischen Upper Hemel-en-Aarde. Herausragender Pinot noir, Chardonnay, Sauvignon blanc und Shiraz/Mourvèdre von eigenen und Partner-Weinbergen. Die Basismarke Felicité stammt aus verschiedenen Gebieten.

Nitida Cellars Durbanville r w; (sch) ★→★★★ Besucherfreundlicher Familienbetrieb mit frischem, lebhaftem Sauvignon blanc, Semillon und Weißweinverschnitt Coronata sowie einzigartigem Shiraz-Schaumwein.

Olifants River Anbauregion an der Westküste mit über warme, trockene Talböden verteilten Weinbergen, die sich für den ökologischen Anbau eignen; daneben kühlere Lagen für feine Weine im gebirgigen Ward Piekenierskloof sowie, näher am Atlantik, in Bamboes Bay und Koekenaap.

Organic Wechselhafte Qualität, aber einige Erzeuger haben durchaus Erfolg, u. a. Avondale, Bon Cap, Groot Parys, Laibach, Mountain Oaks, Reyneke, Stellar, Tukulu, Tulbagh Mountain Vineyards, Upland und Waverley. Lazanou sollte man im Auge behalten. Siehe auch Biodynamic.

Outeniqua Siehe Klein Karoo.

Overgaauw Estate Stel r (rs) w (br) ★→★★★ Das Gut der Familie Van Velden bringt den Bordeaux-Rotwein Tria Corda im klassischen Stil und den einzigen Sylvaner am Kap hervor.

Paarl Stadt und geografisch festgelegter Wein-District (14.000 ha), gut 50 km nordöstlich von Kapstadt. Unterschiedliche Weinstile und Philosophien; am besten geraten Weine von roten und weißen Rebsorten aus dem Mittelmeerraum sowie Cabernet Sauvignon. Führende Erzeuger sind Avondale, Backsberg, Boland Kelder, Boschendal, Diemersfontein, Fairview, Glen Carlou, KWV, Nederburg, Plaisir de Merle, Rupert & Rothschild, Schalk Burger, Veenwouden, Val de Vie und Vilafonté.

Paul Cluver Wines Elgin r w; s ★★★→★★★★ Die führende Kellerei der Appellation, im Besitz der Familie Cluver. Überzeugender Pinot noir, eleganter Chardonnay sowie stets fantastischer Gewürztraminer und edelfauler Riesling (**03' 04 05'** 06' 07 08' 09).

Pinotage Die Weine von der in den 1920er-Jahren entstandenen Kreuzung aus Pinot noir und Cinsaut (alias Hermitage), Südafrikas »eigener« Rotweintraube, geraten in feinfühligen Händen zugänglich, harmonisch und sogar tief. Erzeuger: Ashbourne, L'Avenir, Beyerskloof, Cape Chamonix, Chateau Naudé, DeWaal, Diemersfontain, Fairview, Grangehurst, Groot Constantia, Kaapzicht, Kanonkop, Simonsig.

Pinot noir Entfacht eine Leidenschaft, die umgekehrt proportional ist zu seinem Anteil von nur 1% an der Gesamtrebfläche Südafrikas. Erzeuger: Bouchard Finlayson, Cape Chamonix, Catherine Marshall, Crystallum, Creation, De Trafford, Glen Carlou, Hamilton Russell, Meerlust, Newton Johnson, Oak Valley, Paul Cluver, Shannon und Vriesenhof.

Plaisir de Merle W-Cape r w ★★→★★★ Imposante Kellerei nahe Paarl im Besitz von Distell mit eigenen Weinbergen. Das sehr gute Angebot wird angeführt von einem ausgezeichneten Cabernet franc (**03'** 04 05 06 07 08).

Pongrácz W-Cape sch ★★ Schaumweinmarke (Méthode Cap Classique) von Distell: Desiderius (mit Jahrgangsangabe) und beliebter Pongrácz Brut oJ.

Quoin Rock Winery W-Cape r w; (s); (sch) ★★★ Weine im klassischen Stil, auch von Rebgut aus eigenen Weinbergen am Cape Agulhas. Syrah, Merlot, das weiße Flaggschiff Oculus, Sauvignon blanc The Nicobar und Schaumwein Méthode Cap Classique von Chardonnay und Pinot noir.

Raats Family Wines Coast r w ★★→★★★ Cabernet franc und zwei reinfruchtige Weine von Chenin blanc, mit und ohne Eichenholznote, erzeugt von Bruwer Raats in Stellenbosch, auch Partner des Boutique-Betriebs Mvemve Raats.

Raka Klein River r (rs) w ★★→★★★ Kraftvolles Angebot mit ausgeprägter Persönlichkeit von einem Familienbetrieb nahe Stanford: Shiraz Biography, Cape Blend Figurehead, Merlot und Malbec.

Reemhogte Estate Stel r (w) ★★→★★★ Die Kellerei der Familie Boustred ist vor allem für drei Cape Blends bekannt. Eindrucksvoller neuer Merlot Reserve.

Reyneke Wines Stel r w ★★★ Ökologisch und biodynamisch arbeitender Erzeuger, der sich in letzter Zeit erheblich verbessert hat, v. a. beim Reserve Red (hauptsächlich Shiraz) und White (Sauvignon blanc).

Riche Wines, Le Stel r (w) ★★★ Der angesehene Kellermeister Etienne Le Riche und seine Familie bereiten in dieser Boutique-Kellerei feine Weine auf Cabernet-Sauvignon-Basis.

Riesling Hartnäckig unmodische Sorte, doch Buitenverwachting, De Wetshof, Groote Post, Hartenberg, Klein Constantia, Nitida, Paul Cluver, Thelema, der Neuling Howard Booysen und eine Handvoll weiterer engagierter Erzeuger halten die Fahne weiter hoch.

Rijk's Coast r w ★★→★★★ Von Kritikern gefeierte Kellerei in Tulbagh, die ihre Weine jetzt unter den Etiketten Estate (mit Schwerpunkt Shiraz) und Private Cellar (sortenreine Weine und Verschnitte, sowohl rot als auch weiß, v. a. Cabernet Sauvignon, Shiraz, Pinotage und Chenin blanc) erzeugt und vermarktet.

Robertson District Im Landesinneren gelegenes Tal mit geringen Niederschlägen, 13.500 ha, Kalksteinboden, günstiges Klima für ökologischen Anbau. Schon immer guter Chardonnay und Dessertweine (v. a. Muscat), neuerdings auch Sauvignon blanc, Shiraz und Cabernet Sauvignon. Viele Boutique-Familienbetriebe (u. a. AlexKia und Sumsaré). Die wichtigsten Kellereien sind Bon Courage, De Wetshof, Graham Beck, Rietvallei, Robertson Winery, Rooiberg, Springvield, Weltevrede, Zandvliet.

Robertson Winery Robertson r (rs) w (br); lbl s ★→★★ Kellerei mit Genossenschaftsdimensionen, beständiger Qualität und gutem Preis-Leistungs-Verhältnis. Am besten ist der Shiraz No. 1 Constitution Road, sehr gut auch die Reihe Vineyard Selection.

Rudera Wines r w; (s) ★★→★★★ Erzeuger mit gutem Ruf für stets ausgezeichneten Chenin blanc (trocken, halbtrocken und edelfaul), Cabernet Sauvignon und Syrah. Zweitmarke Halala/Lula.

Rupert & Rothschild Vignerons W-Cape r w ★★★ Spitzenlagen und Kellerei bei Paarl im Besitz der Familie Rupert und Baron Benjamin de Rothschild. Beeindruckender Bordeaux-Verschnitt Baron Edmond (**98 00 01 03'** 04 05 07); der Chardonnay Baroness Nadine ist ein Klassiker mit intensivem Geschmack.

Rustenberg Wines W-Cape r w; (s) ★★→★★★★ Berühmter Familienbetrieb bei Stellenbosch. Flaggschiff ist der Einzellagen-Cabernet-Sauvignon Peter Barlow (**99' 01' 03** 04 05 06 07). Dazu herausragender Bordeaux-Verschnitt John X. Merriman, schmackhafter Syrah und Einzellagen-Chardonnay Five Soldiers.

Rust en Vrede Estate Stel r ★★★ Das Sortiment an kräftigen, individuellen Weinen umfasst einen teuren Einzellagen-Syrah und den Shiraz/Cabernet Sauvignon-Verschnitt 1694 Classification in limitierter Auflage.

Sadie Family Swartland r w ★★★★ Der ökologisch angebaute und traditionell bereitete Shiraz/Mourvèdre-Verschnitt Columella (**01 02' 03 04** 05' 06 07' 08) setzt Maßstäbe in Südafrika. Außerdem komplexer, verführerischer Weißweinverschnitt Palladius auf Chenin-blanc-Basis. Starkellermeister Eben Sadie erzeugt in Zusammenarbeit mit dem südafrikanischen Wine Master Cornel Spies auch den hoch gehandelten roten und weißen Sequillo.

Saronsberg Cellar Coast r (rs) w; (s) ★→★★★ Wachsender Erfolg mit reinsortigen Weinen von Rhône-Trauben und Verschnitten, u. a. Shiraz und Full Circle, der einen Anteil Viognier enthält. Auf Einsteigerniveau ist die Reihe Provenance mit ihren kreativ gestalteten Etiketten.

Sauvignon blanc Südafrikas am fünftmeisten angebaute Weißweintraube wird in einer breiten Vielfalt von Stilen vinifiziert, von rassig und kräuterwürzig bis ruhig und mild mit tropischen Fruchtnoten. Ebenso unterschiedlich sind die Terroirs, von Elim (The Berrio, Stranfeld) und Walker Bay (Domaine des Dieux, Robert Stanford) an der Küste bis zum felsigen Cederberg (Driehoek, Cederberg Private Cellar) und den gebirgigen Wards in Klein Karoo (Herold, The Goose).

Saxenburg Stel r (rs) w; (sch) ★★→★★★ Weinberge, Kellerei und Restaurant in Schweizer Besitz. Rotweine mit runden Holznoten, Sauvignon blanc und Chardonnay in der hochklassigen Private Collection. Flaggschiff ist der Shiraz Select (**00 01 02 03'** 05' 06').

Secateurs Siehe Badenhorst Family.

Semillon Erfreut sich wiedererwachter Beliebtheit als Verschnittpartner, aber empfehlenswert sind auch sortenreine Abfüllungen von Boekenhoutskloof, Cederberg, Constantia Uitsig, Creation, Fleur du Cap, Glen-Wood, Groot Constantia, Landau du Val, Nitida und Stony Brook.

Sequillo Siehe Sadie Family.

Shiraz Erntet allein und in Verschnitten große Bewunderung. Einige der besten sortenreinen Abfüllungen (teilweise mit der Bezeichnung »Syrah«) stammen von Boekenhoutskloof, Bon Courage, Cederberg, De Trafford, Fairview, Graham Beck, Hartenberg, Haskell, Luddite, Saronsberg, Saxonburg, Simonsig, Stellenzicht und Waterford.

Signal Hill W-Cape r (rs) w; s ★★→★★★ Französisches Flair im abwechslungsreichen Angebot; Rebgut wird in beträchtlichem Ausmaß zugekauft – auch aus winzigen Parzellen im und um das Zentrum der Metropole Kapstadt.

Simonsig Estate W-Cape r w; (lbl s); sch ★→★★★ Beständigkeit und günstige Preise zeichnen die Kellerei der Familie Malan bei Stellenbosch aus. Das breite und dennoch seriöse oberste Segment umfasst u. a. Syrah Merindol (**01 02' 03** 04 05 06) und Pinotage Red Hill (**01 02 03'** 04 05 06 07'). Bereitete vor 31 Jahren mit dem Kaapse Vonkel als Erster einen Schaumwein nach der Méthode Cap Classique.

Solms-Delta W-Cape r (rs) w (br); (sch) ★★→★★★ Weine, die auf höchst angenehme Weise anders sind, von einem historischen Gut in Franschhoek, das zum Teil im Besitz der Arbeiter ist: Shiraz Africana im Amarone-Stil, raffinierter trockener Rosé Lekkerwijn, aromatischer Riesling-Verschnitt Koloni und der perlende Cape Jazz Shiraz.

Southern Right Siehe Hamilton Russell.

Spice Route Winery Swartland r w ★★→★★★ Kellerei im Besitz von Charles Back (Fairview). Im Mittelpunkt stehen herzhafte Rotweine im Rhône-Stil, v. a. der würzige Verschnitt Chakalaka, aber auch der intensiv duftende Viognier. Das Angebot jenseits der Rhône-Sorten umfasst u. a. sehr guten Chenin blanc und Pinotage.

Spier W-Cape r (rs) w ★→★★★ Bedeutender, vielfach ausgezeichneter Erzeuger (über eine Million Kisten pro Jahr) mit Hauptsitz bei Stellenbosch. Aushängeschild ist der tiefgründige Cape Blend Frans K. Smit (04 05' 06'); die Marken Spier und Savanha, die beide auch ein Sortiment mit Qualitätsweinen umfassen, zeugen von sorgfältigem Anbau.

Springfield Estate Robertson r w ★★→★★★ Das Gut des Kult-Kellermeisters Abrie Bruwer. Die traditionell bereiteten Doppelpacks von Cabernet Sauvignon (Méthode Ancienne und Whole Berry), Chardonnay (Méthode Ancienne und Wild Yeast) und Sauvignon blanc (Special Cuvée und Life from Stone) haben alle jede Menge Klasse und Persönlichkeit.

Stables Estate, The Siehe KwaZulu-Natal.

Steenberg Vineyards W-Cape r (rs) w; (sch) ★★→★★★★ Spitzenkellerei, Weinberge und schicker Kellereiverkauf, bekannt für fesselnden Sauvignon blanc, Sauvignon-blanc-Semillon-Verschnitte und zunehmend auch Schaumwein nach der Méthode Cap Classique. Auch feine Rotweine, darunter ein rarer sortenreiner Nebbiolo.

Stellenbosch Universitätsstadt und Weinbaugebiet (14.100 ha), Herz des Weinbaus am Kap – sozusagen das Napa Südafrikas. Viele Spitzenweingüter, besonders für Rotwein, liegen verstreut in den zur Region gehörenden Tälern und Vorgebirgen. Zahlreiche Weinverkostungs- und Unterkunftsmöglichkeiten sowie feine Restaurants bereichern das touristische und gastronomische Angebot.

Stellenzicht Vineyards Stel r w ★→★★★ Die Kellerei mit Rebflächen an den Hängen des Helberg Mountain ist teilweise im Besitz von Distell. Ausgezeichneter Syrah, Semillon Reserve, Pinotage; preiswerte eigenständige Marke Hill & Dale.

Swartland r w ★★ Zunehmend angesehener hügeliger District mit warmem Klima in der Coastal Region. Auf 11.800 ha stehen vorwiegend schwach tragende, unbewässerte Buschreben, die konzentrierte, herzhafte Weine hervorbringen. Erzeuger: Badenhorst Family/Secateurs, Annex Kloof, Dean David, Lammershoek, Mullineux, Orangerie, Sadie Family/Sequillo, Spice Route.

Thandi Wines W-Cape r (rs) w ★→★★ Eines der ersten Black-Empowerment-Unternehmen, das Anteile beziehungsweise Landbesitz an mehr als 240 Landarbeiterfamilien vergeben hat. Am besten sind Cabernet Sauvignon, Pinot noir und Chardonnay.

Thelema Mountain Vineyards Elgin, Stel r w ★★→★★★★ Der Pionier des modernen Wein-Revivals in Südafrika ist immer noch Teil der ersten Riege mit Cabernet Sauvignon (**00' 03** 04 05 06 07 08), Cabernet Sauvignon The Mint (05 06' 07 08) und anderen Weinen. Die Reihe Sutherland aus Elgin schlägt eine neue Richtung ein (z. B. Pinot noir, Roussane/Viognier), weckt aber dieselben Emotionen wie früher.

Tokara W-Cape r (rs) w; (s) ★★→★★★★ Wein, Essen und Kunst auf höchstem Niveau oberhalb von Stellenbosch; Weinberge auch in Elgin und Walker Bay. Großartige rote und weiße Verschnitte namens Director's Reserve; reiner, eleganter Chardonnay und Sauvignon blanc; preiswerte Reihe Zondernaam. Die eigene Marke des Kellermeisters Miles Mossop ist ebenfalls ausgezeichnet.

Tulbagh Distrikt im Landesinneren (1.400 ha), der ursprünglich mit Weiß- und Schaumwein assoziiert wurde, jetzt aber auch für fleischige Rotweine, einige süßere Gewächse und ökologischen Weinbau bekannt ist. Erzeuger: Krone, Rijk's, Saronsberg, Tulbagh Mountain Vineyards, Waverley Organic.

Tulbagh Mtn V'yds W-Cape r w; s ★★★ Öko-Betrieb mit Weinbergen bei Tulbagh; Schwerpunkt sind Weine im Rhône-Stil und Chenin blanc. Außergewöhnlicher, mit Naturhefen vergorener Verschnitt namens White.

Twee Jonge Gezellen Siehe Krone.

Uva Mira Vineyards Stel r w ★★→★★★ Die hoch gelegenen Rebflächen am Helderberg Mountain liefern reinen, lebhaften Chardonnay, einen Bordeaux-Shiraz-Verschnitt, Syrah und Sauvignon blanc.

Veenwouden Private Cellar Paarl r (w) ★★→★★★ Raffiniert und langlebig sind der Merlot, der rote Classic im Bordeaux-Stil und der Chardonnay; charaktervoll und früher trinkreif die Verschnitte Vivat Bacchus Red und White.

Vergelegen W-Cape r w; (s) ★★→★★★★ Herrliches Gutshaus, makellose Weinberge und Weine, regelmäßig preisgekrönter Kellereiverkauf in Somerset West, im Besitz einer anglo-amerikanischen Aktiengesellschaft. Aushängeschilder sind der kraftvolle Cabernet Sauvignon »V« (**01'** 03 04 05 06) von einer Einzellage, der weniger anspruchsvolle, aber immer noch opulente Bordeaux Red und der mineralische, in Eiche vergorene Sauvignon blanc/Semillon namens White.

Vilafonté Paarl r ★★★ Zelma Long (ehemals Kellermeisterin bei Simi in Kalifornien) und Phil Freese (früher bei Mondavi für die Reben zuständig) haben sich mit Mike Ratcliffe vom Warwick Estate zusammengetan. Zwei von der Kritik gefeierte Bordeaux-Verschnitte: die fest strukturierte Series C und die fleischigere Series M.

Villiera Wines W-Cape r w (br); (s); sch ★★→★★★ Weinberge und Kellerei der Familie Grier mit exzellentem Preis-Qualitäts-Verhältnis. Die Sahnestücke aus dem (umfangreichen) Angebot: roter Bordeaux-Verschnitt Monro, Bush Vine Sauvignon blanc, Chenin blanc aus der Reihe Traditional, fünf Schaumweine nach der Méthode Cap Classique (einschließlich ungeschwefeltem Brut Natural). Die Familie betreibt auch die Domaine Grier in Boutique-Größe in der Nähe von Perpignan (Frankreich).

Vriesenhof Vineyards Stel r w ★★→★★★ Die Weinbereitung leitet Veteran Jan Coetzee. Am besten sind der Bordeaux-Rotwein Kallista, der Enthopio auf Pinotage-Basis, Pinot noir und der neue Grenache.

Walker Bay Kleiner (900 ha), aber hoch angesehener Distrikt mit rasanter Entwicklung. Die Subappellationen heißen Hemel-en-Aarde, Bot River und Sunday's Glen. Pinot noir, Shiraz, Chardonnay und Sauvignon blanc ragen heraus. Spitzenerzeuger: u. a. Ataraxia, Beaumont, Bouchard Finlayson, Creation, Hamilton Russell, Hermanuspietersfontein, Newton Johnson, Luddite, Raka, Springfontein, Sumaridge.

Ward Das geografisch kleinste der vier Wine-of-Origin-Gebiete (das größte ist die »Geographical Unit«, gefolgt von »Region« und »District«).

Warwick Estate W-Cape r w ★★★ Das Gut der Familie Ratcliffe am Rand von Stellenbosch ist seit Neuestem besucherfreundlicher (»Weinbergsafaris«, Gourmet-Picknicks) und bietet die sehr feinen roten Verschnitte Trilogy (alias Estate Reserve), First Lady und Three Cape Ladies sowie einen üppigen Chardonnay.

Waterford Estate W-Cape r (rs) w; (s) ★★→★★★ Hochklassiger Familienbetrieb bei Stellenbosch mit preisgekröntem Kellereiverkauf. Schmackhafter Shiraz (**01 02' 03** 04 05 06 07 08), mineralischer Cabernet Sauvignon (**01 02 03'** 04 05 06 07) und ausdrucksstarker neuer Chardonnay Reserve. Großartig (und kostspielig) ist das Flaggschiff The Jem auf Cabernet-Sauvignon-Basis.

Weltevrede Estate Robertson r w (br); (s); sch ★→★★★ Kundig bereitete Weine von Chardonnay, Sauvignon blanc und Syrah, die die verschiedenen Böden der Weinberge sehr gut zum Ausdruck bringen. In der erweiterten Reihe Philip Jonker Brut mit Schaumwein nach der Méthode Cap Classique nun auch der Chardonnay/Pinot noir oJ Entheos.

Wine of Origin Das südafrikanische Gegenstück zum französischen Appellationssystem, jedoch ohne dessen Beschränkungen im Hinblick auf Ertrag usw. Bescheinigt werden mit diesem Siegel der Jahrgang, die Rebsorte(n) und das Herkunftsgebiet des Weins. Die neue optionale »sustainability«-Zertifizierung garantiert zusätzlich eine nachhaltige, umweltbewusste Produktion von der Rebe bis ins Glas. Siehe auch Ward.

Winery of Good Hope, The r w; (s) ★★→★★★ Erstklassiges australisch-französisch-südafrikanisches Gemeinschaftsprojekt. Ausgezeichneter Pinot noir, roter Verschnitt Gravity, Chardonnay und Viognier in der Spitzenreihe Radford Dale; Cabernet Sauvignon und Chenin blanc in den Reihen Vinum und Land of Hope.

Zorgvliet Wines Stel r (rs) w; (sch) ★★→★★★ Die Weinabteilung des Luxus-Lifestyle-Unternehmens Zorgvliet Portfolio. Die umfangreichen Reihen Zorgvliet und Silver Myn bieten u. a. einzigartigen sortenreinen Tannat und einen neuen Chardonnay nach der Méthode Cap Classique.

Die englische Originalausgabe ist unter dem Titel »Hugh Johnson's Pocket Wine Book 2012« beim Verlag Mitchell Beazley, einem Imprint von Octopus Publishing Group Ltd., Endeavour House, 189 Shaftesbury Avenue, London WC2 8JY, erschienen.
www.mitchell-beazley.co.uk

First edition published 1977
Revised editions published 1978, 1979, 1980, 1981, 1982, 1983, 1984, 1985, 1986, 1987, 1988, 1989, 1990, 1991, 1992, 1993, 1994, 1995, 1996, 1997, 1998, 1999, 2000, 2001, 2002, 2003, 2004, 2005, 2006, 2007, 2008, 2009, 2010, 2011

33., neu überarbeitete, ergänzte und aktualisierte Ausgabe, 2011, auf der Grundlage der 35. Originalausgabe, 2011

Übersetzung aus dem Englischen: Renate Haen, Britta Nord, Martin Waller
Projektleitung: Anne-Sophie Zähringer
Herstellung: Markus Plötz

Redaktion: Werkstatt München · Buchproduktion
Satz: Anja Dengler, Werkstatt München

Umschlaggestaltung: independent Medien-Design, Horst Moser, München
Umschlagfoto: © Arkady Ten/fotolia.com

Printed and bound in China

Anzeigenmarketing: Mediacenter, München
Volker Winzer
Tel.: 089/928096-44

HALLWAG ist ein Unternehmen des GRÄFE UND UNZER VERLAGS, München, GANSKE VERLAGSGRUPPE
www.hallwag.de
leserservice@graefe-und-unzer.de

ISBN 978-3-8338-2300-8

Hallwag

GRÄFE UND UNZER
Ein Unternehmen der
GANSKE VERLAGSGRUPPE

Länder-Spezial
Südfrankreich

Nahe der Gorges du Tarn – und Welten entfernt vom Weinsee

Kann man ganz Südfrankreich auf ein paar Seiten abhandeln? Von den Ausläufern der Pyrenäen im Westen bis zur italienischen Grenze im Osten werden in dem riesigen Gebiet alle Weinarten erzeugt, auch gespritete und Schaumweine, in jeder denkbaren Qualität. Früher war Südfrankreich eine der Quellen des europäischen Weinsees, bis sich das Pays d'Oc mit reinsortigen Cabernet- und Chardonnay-Weinen im Stil der Neuen Welt einen Namen machte.

Doch verborgen in den Hügeln gab es schon immer eine Handvoll erstklassiger Güter, die für ein paar Liebhaber Weine erzeugten. Nun haben sie sich vervielfacht. Familien, die bislang ihre Trauben der örtlichen Genossenschaft verkauften, sind darunter, aber auch Banker und Industriemagnaten, die ihre Millionen in Modellbetriebe anlegen, für die kein Aufwand zu groß, kein Detail zu klein ist. Dabei werden die Millionäre nicht nur von der Schönheit der Landschaft angezogen, sondern auch davon, dass so viel von ihr noch unentdeckt ist. In Bordeaux und Burgund kennt man jeden Zentimeter. Im Süden aber gibt es noch Terroirs, die darauf warten, wachgeküsst zu werden. Wer ihnen die Aufmerksamkeit schenkt, die sie verdienen, kann schöne, komplexe, erinnerungswürdige Weine erzeugen.

Für uns Verbraucher sind das großartige Aussichten. Doch die Region ist ungeheuer vielfältig, weshalb die nächsten Seiten Ihnen den nötigen Hintergrund zum selbstbewussten Ausprobieren geben sollen. Wer unvoreingenommen ist und überflüssigen Ballast wie Appellationsnamen über Bord werfen kann, wird mit Weinen voll wilder und überraschender Aromen belohnt. Gehen wir der Sonne entgegen.

Was Namen besagen

Kommt es auf Appellationen an?

Hat Südfrankreich zu viele Appellationen oder zu wenige? Es gibt mehr von ihnen, als man normalerweise behalten kann – weit über 50 im Languedoc und in der Provence –, und doch ist die Region so facettenreich, dass es noch viele mehr geben müsste, wollte man alle verschiedenen Stile und Terroirs abdecken. Es gibt einen Winzer, der meint, dass schon das 18 km lange Vallée de Maury so vielfältig ist, dass man es sinnvoll in 15 Appellationen einteilen könnte. Derzeit hat es nur zwei – Maury für Grenache-Süßweine (siehe S. 438) und Côtes de Roussillon für trockene Rote.

Und das ist das Problem in Südfrankreich: Es gibt kaum Wegweiser, die potenziellen Konsumenten weiterhelfen. Die Behörden im Languedoc-Roussillon bemühten sich darum und schufen zunächst eine Klasse von Cru-Appellationen oberhalb der Standard-ACs. Dann folgte die Appellation Languedoc, die alles darunter liegende auffangen soll. Sie umfasst die gesamte Fläche der Region Languedoc-Roussillon.

Der wahrscheinlich hervorragendste Cru ist Terrasses de Larzac, der auf hochgelegenen Kalksteinterrassen in den Coteaux du Languedoc, wo sonst nur Schafe weiden, für einige bemerkenswerte Güter (Mas Jullien, Mas de l'Ecriture, La Grange des Pères, Château de Jonquières, Mas de Plan de l'Om, Le Clos du Serres, Mas Cal Demoura, Causse d'Arboras, La Sauvageonne, La Pèira, La Réserve d'O, Domaine de Montcalmès, Mas des Chimères, Mas Conscience) maßgeschneidert wurde. Hier findet man Weine von beachtlicher Originalität und Tiefe – und ebensolchen Preisen.

Felsen, Berge und Reben – aber nur wenige Wegweiser

Für das Prestige der Region sind diese Crus zweifellos gut, doch wenn es um Prestige geht, ist die Lokalpolitik nicht weit. Der Cru Minervois-la Livinière beispielsweise war offensichtlich zunächst danach angelegt, eine einzige Gemeinde abzudecken, am Ende waren es fünf. Aber es wäre nicht die erste Appellation, die einen faulen Kompromiss als Grundlage hätte.

Crus sind aber nicht alles. Es gibt auch die Vins de pays, die meist auf sortenreine Weine ausgerichtet sind – und wer Syrah trinken möchte, der nach Syrah schmeckt, oder Cabernet, der nach Cabernet schmeckt, für den ist das alles ganz einfach. Doch es gibt auch komplexe, terroirbetonte Weine, die als Vins de pays etikettiert sind, einfach deshalb, weil der Erzeuger einen anderen Verschnitt von Traubensorten für richtig hält als die Appellationsbehörden.

Über Rebsorten ist man sich ohnehin nie einig. Eine Zeit lang schienen Cabernet, Syrah und Mourvèdre die Zukunft für den Süden zu sein. Carignan, Cinsault und Grenache, traditionell die Hauptsorten, galten als altmodisch und rustikal, ebenso wie die Appellationen, die ihre Verwendung forderten – und das waren die meisten.

Doch nun sind Grenache und Carignan, vor allem von alten, knorrigen Reben, wieder in. Ein besseres Verständnis von Reife, Säure und Tannin hat sie zurückgebracht. Auch das moderne Image von Vin de pays und das hinterwäldlerische der AC hat sich überholt. Die Erzeuger verwenden beides und verlassen sich im Übrigen auf ihre eigene Reputation, um ihre Weine zu verkaufen.

Industrie gegen Kunsthandwerk

Zwischen diesen beiden Extremen wird Südfrankreichs Weinbau betrieben. Auf der einen Seite stehen große Unternehmen mit verlässlichen, angenehmen, überall erhältlichen Markenweinen. Auf der anderen bewirtschaften kleine Winzer, oft Ehepaare mit Unterstützung ihrer Kinder, ein paar Hektar und verkaufen ihre Weine vor Ort und auf wenigen Exportmärkten. Sie haben kein Werbebudget und werden wohl kaum Supermärkte beliefern. Wenn Sie einen dieser Weine irgendwo finden, müssen Sie raten, ober er schon trinkreif ist und was man am besten dazu isst. Und wenn Sie ihn dann noch einmal kaufen möchten, steht er vielleicht nicht mehr im Regal. Kein Wunder, dass die Markenweine so erfolgreich sind.

Aber sind sie deswegen weniger interessant? Nicht unbedingt. Viele der einfachen Markenweine sind gut gemacht und schmecken einwandfrei. Oft bieten sie auch eine Spitzenreihe von Gutsweinen, die qualitativ ein gutes Stück weiter vorn sein können. Das große Problem der Markenweine ist, dass sie den weitverbreiteten Irrtum stützen, Weine aus Südfrankreich müssten billig sein. Das ist nicht so. Gewiss, die küstennahen Ebenen füllten früher den Weinsee und können immer noch viel Billiges hervorbringen. Aber das wirklich Interessante an der Region sind ihre großartigen Terroirs: die Vorgebirge mit Schieferböden, die Kalksteinplateaus, die kreidigen Tonböden der Hügelketten, die scharfen Winde, die die Erträge niedrig halten, die kühlen Nächte in den höheren Lagen, die wil-

Jeder nach seiner Façon: beide sind erfolgreich, aber auf unterschiedlichem Niveau

den Kräuter der *garrigue*. Das ist das Wesen des Terroirgedankens: die durchdringende Mineralität der Weine aus Hochlagen, die oft einladend offenen Texturen aus lieblicheren Landschaften, die Einsicht, dass ein Wein das Spiegelbild eines ganz bestimmten Ortes dieser Welt darstellt – und von nirgendwo sonst.

Nicht alle der großartigen Terroirs des Südens sind bereits entdeckt. Und auch nicht jedes Terroir ist großartig. Als AXA Millésimes, der Ableger der Versicherungsgesellschaft, dem u. a. etliche Spitzengüter in Bordeaux gehören, Südfrankreich erforschte, stellte sich heraus, dass die wirklich interessanten Terroirs meist recht kleinräumig waren und dass die der größeren Güter weniger hergaben. Zudem fordert das Terroir Zuwendung: Die Rebsorten müssen dafür geeignet sein und dürfen sich nicht nur nach dem Marktwert richten, der Winzer muss die Nuancen seines Hangs im Vergleich zu einem anderen genau verstehen. Nur wer sein Land liebt, kann es in seinen Weinen zur Geltung kommen lassen.

Die Zahl dieser kunsthandwerklich arbeitenden Winzer nimmt stetig zu. Neben den Namen, die wir im Frankreich-Kapitel dieses Buchs untergebracht haben, verdienen zumindest die folgenden ebenfalls Beachtung: Mas Belles Eaux, Dom. Cabrol, Dom. de Peyreficade, Léon Barral, Clos du Gravillas, Clos d'Alaric, Dom. Les Aurelles, Ch. La Dournie, Ch. Cesseras, Dom. de Clovallon, Dom. Alain Chabanon, Dom. Peyre Rose (Languedoc-Roussillon); Ch. Roubine, Ch. St-Julien d'Ailles (Provence).

Geburtshelferin des Terroirs

Grenache

Den Begriff in der Überschrift hat Marc Parcé (siehe S. 448) geprägt – keiner passt besser auf diese außergewöhnliche Traube. Sie drängt sich nicht vor und erfordert große Sorgfalt, sowohl im Weinberg als auch in der Kellerei. Zumindest in puncto Temperament erinnert Grenache noir an Pinot noir. Doch damit endet die Ähnlichkeit auch schon. Historisch war Grenache eine der Sorten des Weinsees, die alkoholische Weine in großen Mengen lieferte. Aroma, Farbe oder Struktur war dabei kaum noch vorhanden, was andere Sorten im Verschnitt ausglichen. Besser schlug sie sich an der südlichen Rhône. Im Verschnitt des Châteauneuf-du-Pape hat sie einen festen Platz, nicht zuletzt, weil sich die Erzeuger dort besser um sie kümmern und die Erträge beschränken. Doch im Midi und in der Provence hielt man sie lange für das Problem, nicht für einen Teil der Lösung. Trauben mit Struktur, Säure und prägnanten Aromen wie Cabernet, Syrah und Mourvèdre sollten es richten.

Heute sieht man das anders. Grenache gibt einem zurück, was man in sie investiert. In der richtigen Umgebung – trockene Hitze hält sie mühelos aus –, bei streng begrenztem Ertrag und einem exakten Lesezeitpunkt, bringt sie ihr Terroir vollständig transparent zum Ausdruck. Sie ist keine Traube, um Dinge zu kaschieren. Tricksereien und Scheinheiligkeiten sind mit ihr nicht zu machen, wie Marc es ausdrückt. Sie schminkt sich nicht und gibt nicht an. Und doch ist sie nicht verschlossen. Sie ist wohl eine der intellektuellsten aller Trauben, doch im Glas zeigt sie sich geschmeidig und seidig, warm und reif und gefährlich einfach zu trinken. In der Jugend findet man mitunter schokoladige Noten (viel Säure hat sie nie), doch bald entwickeln sich Noten von *garrigue*-Kräutern. Leder, Erde und Gewürzen. Guter Grenache kann leicht zehn und mehr Jahre halten, einfachere Versionen vielleicht fünf. Grenache liefert auch guten Rosé und gute gespritete Weine (siehe S. 444).

Wo also wächst Grenache? Im Prinzip überall im Süden. Verschnitte sind Tradition in Südfrankreich, und als guter Teamplayer möchte sie nie dominieren. Sortenreine Weine haben zwar durchaus Erfolg, doch meist bringt die Zugabe einer anderen Sorte zusätzlichen Reiz. Südfranzösische Weine dürfen nicht als »Grenache« etikettiert sein und sind ohnehin meist verschnitten. Hier ist eine Auswahl von empfehlenswerten Erzeugern (siehe auch das Frankreich-Kapitel): Chêne Bleu, Ch. de Prieuré, Dom. Le Nouveau Monde, Ch. de Corneilla, Ch. de Flaugergues, Mas Bruguière, Dom. Paul Mas, Dom. Les Eminades, Dom. Madeloc, Les Clos Perdus, Vignerons de Maury (Languedoc-Roussillon); Les Maîtres Vignerons de la Presqu'Ile de St-Tropez, Ch. de Berne, Ch. Cavalier (Provence).

Bei niedrigem Ertrag kann Grenache Erstaunliches leisten

Alles rosa

Der Aufstieg des Rosé

Roséwein hat sich von einem leicht frivolen Sommergetränk zu einem absolut normalen Wein entwickelt, den man ebenso vor dem Sonntagsmahl im Februar servieren kann, wie er im Juli zu den Sardinen in einem Bistro am Mittelmeer passt.

Doch Rosé ist der einzige Wein, der vor allem seiner Farbe wegen verkauft wird. Der Saft darf von den roten Traubenschalen nur ein bisschen eingefärbt werden, dann wird auch schon wieder abgepresst. In der Provence, wo man einen sehr blassen Farbton bevorzugt, kommen die Trauben eigentlich sofort in die Presse.

Die Provence ist das Zentrum der Roséproduktion Südfrankreichs. Zwar wird Rosé überall bereitet, aber der Stil der Provence ist gewissermaßen der Stil des Südens. Hier sind über 80 % der Weine rosé, also nimmt man die Sache sehr ernst. Ja, die Farbe ist wichtig – die dortige Rosé-Forschungsstation (die einzige der Welt) hat 21 für Provence-Rosé typische Farbtöne identifiziert –, doch man pflanzt auch eifrig unterschiedliche Rebsorten in unterschiedlichen Klimazonen und auf unterschiedlichen Böden an, um zu sehen, welche Reben in welchen Lagen welche Eigenschaften entwickeln. Klingt nicht ungewöhnlich? Stimmt –nur für Rosé tut das sonst niemand. Aber auch hier gilt: Gute Weine haben ihren Ursprung im Weinberg. Bei der Wahl der Lagen, beim Pflanzen der Reben, beim Lesezeitpunkt muss man stets Rosé im Hinterkopf haben, nicht Rotwein. Wer Rosé als Nebenprodukt der Rotweinbereitung ansieht, wie das viele in der ganzen Welt getan haben und weiter tun, der riskiert, Weine zu bekommen, die wie Nebenprodukte schmecken: etwas rau und sicher nicht perfekt ausgewogen.

Es ist schon ein bisschen merkwürdig: Für einen Wein, den so viele Menschen vor allem wegen seiner Farbe trinken, wird ein Forschungsaufwand betrieben, der sonst prestigeträchtigeren Gewächsen vorbehalten ist. Allerdings ist Rosé aus der Provence nicht billig, mancher sogar richtig teuer. Die Aromen erinnern an Rosen, Erdbeeren, Himbeeren, Kirschen, doch neben den roten Früchten finden sich auch Melone, Litschi und sogar Grapefruit. Auch etwas Würziges kann dabei sein, und sicher mehr Gewicht im Mund, als man erwartet. Und er ist trocken, sehr trocken. Liebliche Tröpfchen sind nicht der provençalische Stil. Die frischen, delikaten und doch strukturierten Weine haben eine cremige Textur, die gut zum Essen passt. Wer schon einmal eine Bouillabaisse an einem Sommerabend am Mittelmeer genossen hat, weiß das bereits.

Nur farblich blass: Provençalischer Rosé ist nicht zu unterschätzen

Die Küche des Midi

Das Meer, die Hügel, die Ebenen

Die Eisenbahn brachte den Wohlstand in den Süden. Seit Frischwaren – frühe Erbsen, Bohnen und Spargel, Venus- und Miesmuscheln, Tintenfische, Sardinen und Barben von der Küste – schnell auf die Märkte im reichen Norden befördert werden konnten, wurde das Leben im Midi (manchmal) einfacher. Die Lebensmittelproduktion lernte, mit Sommerdürre und Winterkälte umzugehen, und die Läden waren voll mit Säcken verschiedener Bohnensorten, Ketten luftgetrockneter Würste, Pökelfisch- und fleisch, getrockeneten Kräutern, eingelegten Oliven und Olivenöl.

Von dort zum *cassoulet* war es nur ein kleiner Schritt, wenn auch etliche Stunden Arbeit dafür nötig sind, oder zur *brandade de morue*, dem köstlichen Stockfischpüree, das die 365 Arten Portugals, Stockfisch zuzubereiten, überflüssig macht. Die Aromen des Südens sind kraftvoll und pikant.

Typische Zutaten sind Tomaten und Oliven, Knoblauch und die Kräuter der *garrigue* – insbesondere Thymian, Lorbeer und Rosmarin, die einem *gigot d'agneau* Duft verleihen – sowie Orangen und Zitronen für die *daube*. Nahe der spanischen Grenze verwendet man mehr grüne Oliven und getrocknete rote Paprika, in der Provence, Richtung Italien, sind es eher *tapenade* und *anchoïade* und kleine schwarze Oliven. Doch überall gibt es Fischeintöpfe und -suppen in unzähligen Variationen, *aïoli* (Knoblauchmayonnaise) und Safran, Basilikum in Mengen, Trüffel und Wildpilze. Nicht zu vergessen das großartige Gemüse: rötlich überhauchte Artischocken, köstliche Auberginen und *courgettes* (Zucchini), die man im Ratatouille wiederfindet. In den Restaurants mit Michelin-Sternen werden diese Gerichte – auf Hochglanz poliert – einer betuchten Kundschaft vorgesetzt, ursprünglich aber waren sie üppig, gehaltvoll und rustikal.

Hierin besteht die Ähnlichkeit zu den Weinen: Auch sie waren rustikal, doch die Besten sind es nicht mehr. (Und wie man im falschen Restaurant schlechtes Essen bekommen kann, so kann man beim falschen Erzeuger auch an einen gesichtslosen Wein geraten.) In der jeweils richtigen Saison schwelgt man in Trüffelgerichten, zartestem Milchlamm oder wilden Erdbeeren. Oder jederzeit in einer Schokoladenauswahl mit einem Maury oder Banyuls.

Traditionen kan man auch erfinden. Die mit Konditorcreme gefüllte *tarte tropezienne* stammt angeblich von dem gebürtigen Polen Alexandre Micka, der sie dem Filmteam von »Und immer lockt das Weib« in St-Tropez vorsetzte. Nichts für die Bikinifigur allerdings ...

Vielfalt ist Trumpf auf den Märkten des Südens, etwa in Aix-en-Provence

Vin doux naturel

Die gespriteten Süßweine des Südens hätte man so nicht erwartet: duftende, delikate Weiße von Muscat und klangvolle Rote von Grenache mit ein wenig *rancio* (siehe im Kapitel Frankreich). Die Weißen sollten so jung wie möglich getrunken werden, die Roten in jedem Alter – aber so alt wie möglich ist keine schlechte Faustregel.

Die Muscat-Weine tanzen am Gaumen – zumindest sollten sie das. Muscat blanc à petits grains hat so viel Eleganz und Finesse, dass das kräftige, konzentrierte Muscat-Aroma luftig und leicht wird. So kann guter Muscat de Beaumes-de-Venise (streng genommen eigentlich von der Rhône) sein. In Mireval, Lunel, Frontignan oder St-Jean-de-Minervois wird häufig die etwas plumpere Muscat d'Alexandrie beigemischt: Die Weine sind gut, tanzen aber eher in Schuhen als barfuß. In Rivesaltes ist es meist nur noch Muscat d'Alexandrie – immer noch sehr gute Weine, aber jetzt schon mit festen Halbschuhen. Alle trinkt man als Aperitif oder zum Dessert.

Die Weißen sind hübsch, doch die Roten, meist von Grenache, können außergewöhnlich sein. Sie stammen von atemberaubend steilen, heißen und trockenen Lagen an der Küste (Banyuls) oder im Binnenland (Maury). Es sind volle Weine mit Toffee-Note und schöner Säure, die im Alter den maderisierten, sauberen, säuerlichen *rancio*-Ton entwickeln. 20 oder 30 Jahre alte Exemplare können erstaunlich komplex und tiefgründig sein. Die Unterschiede sind jedoch groß: Sie reifen in Soleras, Fässern oder Glasballons, unter trockenen oder feuchten, heißen oder kühlen Bedingungen und werden in allen Altersstufen verkauft. Je älter sie sind, umso konzentrierter werden sie. Empfehlenswert sind alte Weine u. a. von Les Vignerons de Maury, Pla del Fount, Dom. Madeloc, Terra Vinya, Dom. de Terroirs du Sud oder den im Frankreich-Kapitel genannten Erzeugern. Man kann sie einfach für sich trinken, mit Blauschimmelkäse oder mit guter Schokolade.

Vins doux naturels: Grenache in Flaschen (links) und Glasballons

Persönlichkeiten

Who is who in Südfrankreich

GÉRARD GAUBY

CLAUDE GROS

GÉRARD GAUBY: DAS PERSONIFIZIERTE ROUSSILLON

Man kan sich kaum jemanden vorstellen, der den Wandel im Roussillon besser verkörpern würde, als Gérard Gauby. Im Agly-Tal, heute einer der Hotspots des Roussillon in Sachen Qualität, war er einer, wenn nicht sogar der Pionier. Von den ausladenden, sehr extrahierten, tanninstarken Weinen, die er in seinen ersten Jahren erzeugte, führte ihn sein Weg zur Balance und Eleganz der neueren Abfüllungen, die von Burgund inspiriert sind.

Seinen ersten Jahrgang brachte er 1985 heraus; bis dahin waren die Trauben der 5 ha großen, familieneigenen Rebfläche Jahr für Jahr an die örtliche Genossenschaft geliefert worden. Gauby erweiterte seinen Besitz auf rund 45 ha, alles hohe, anspruchsvolle Lagen rund um das Dorf Calce. Seine 150 Parzellen auf allen möglichen Bodenprofilen bewirtschaftet er ausschließlich biologisch-dynamisch, das heißt u. a. mit dem Pferdepflug und selbst bereiteten biodynamischen Präparaten.

CLAUDE GROS: VIELSEITIGER BERATER

Seine Basis ist in Narbonne, doch Claude Gros stellt sein Fachwissen vielen der besseren und besten Weine des Südens zur Verfügung; gefragt ist er außerdem in Bordeaux, dem US-Bundesstaat Washington, Spanien und Slowenien. Sein Hauptrevier aber ist das Roussillon – was sich vielleicht dadurch erklärt, dass er gebürtiger Katalane ist.

Auf einen bestimmten Stil ist er, anders als andere Berater, nicht festgelegt. La Pèira in Terrasses du Larzac hat er seinen Stempel aufgedrückt, ebenso Thunevin-Calvet in Maury, Château de la Négly in La Clape, Mas Champart in St-Chinian, Château Puech-Haut in Fitou und vielen anderen. Seinen eigenen Wein produziert er in der Domaine de Boède, dem Schwestergut von Négly, außerdem ist er zusammen mit dem amerikanischen Makler Jeffrey Davis an der Erzeugung des Clos des Truffiers beteiligt, ein (anders als die anderen) eher für den amerikanischen Markt konziperter Wein.

Who is who in Südfrankreich

ELOI DÜRRBACH

OLIVIER DECELLE

ELOI DÜRRBACH: PROVENCE-PIONIER

Die Domaine de Trévallon an den Ausläufern der Alpilles wurde von seinen Eltern als Feriendomizil gekauft, doch Urlaub hat Eloi hier nicht gemacht. Zunächst erkannte er, dass Mourvèdre und Grenache an dieser Stelle nicht gut reifen, also pflanzte er Syrah und Cabernet Sauvignon. Dann reduzierten die Behörden den erlaubten Anteil von Cabernet Sauvignon in der AC auf 20 %. Eloi, der in seinem Rotwein 50 % Cabernet verwendete, füllte ihn daraufhin als Vin de pays des Bouches du Rhône ab – nicht unbedingt ein feiner Name, aber ein gutes Beispiel dafür, wie wenig Appellationsbezeichnungen als Qualitätskriterium im Süden taugen.

Die Etiketten gestaltet übrigens Elois Vater, der seinen Freund Pablo Picasso damals dazu brachte, Elois Pate zu werden.

OLIVIER DECELLE: DER MAURY-MOGUL

Nachdem er sein Geld mit Tiefkühlkost gemacht hatte, ging Olivier Decelle in die heißen, trockenen Hügel von Maury, um es auszugeben. Er übernahm 1999 das Gut Mas Amiel, brachte es wieder auf die Beine – und stellte damit quasi nebenher die gesamte Appellation auf eine bessere Grundlage. Er heuerte die nötigen Experten an und unterstützte ökologische (jetzt biodynamische) Bewirtschaftungsmethoden.

Maury gilt als Wein, den die Franzosen bereiten, weil sie keinen Port machen können, außerdem spielt er normalerweise die zweite Geige hinter dem berühmteren Banyuls. Decelles Verdienst ist es, die wunderbar aromatischen und komplexen Qualitäten des Maury aufgezeigt zu haben. Er produziert inzwischen auch Tischweine, in denen Grenache noir, gris und blanc die Hauptrollen spielen. Doch Sie sollten auf jeden Fall seinen Maury probieren, um den modernen Ansatz dieses traditionellen Stils zu erfahren.

AIMÉ GUIBERT

OLIVIER JULLIEN

AIMÉ GUIBERT: MAS DE DAUMAS GASSAC

Auch wenn es lange so aussah, als führe Aimé Guibert mit seinem Kampf gegen kommerzielle Rebenklone und synthetische Mittel im Weinberg ein Rückzugsgefecht – heute gehört er zur Avantgarde. Mas de Daumas Gassac ist eine Hommage an eine Landschaft, eine Geschicht und eine Kultur: genau die Dinge, die Terroirweine von industriellen Erzeugnissen trennen. Und er begann damit schon in den 1970er-Jahren, als außer ihm (und den Professoren Enjalbert und Peynaud von der Uni Bordeaux) niemand glaubte, man könne im Languedoc zuverlässige Weine bereiten.

Die Roten sind weder besonders schwer noch besonders modern. Nach drei bis vier Jahren verschließen sie sich und sollten nicht mehr geöffnet werden, bis sie sieben oder acht sind. Die angepflanzen Reben sind eine wilde Mischung aus Georgien, Armenien und Madeira, dazu Nebbiolo, Pinot noir und Tannat, aber Cabernet Sauvignon spielt die größte Rolle in den Verschnitten – was ihm auch die Zulassung zur neuen Star-AC Terrasses de Larzac verwehrt, obwohl er genau dort angesiedelt ist.

OLIVIER JULLIEN: DIE LICHTGESTALT VON LARZAC

Olivier Julliens Gut Mas Jullien liegt auf den ausgesetzten, windigen Terrasses de Larzac am Rand der Cevennen. Es war Jullien, der dieser Weinregion ihren Namen gab; vor 2005, als die Grenzen endgültig festgelegt wurden, war sie eher für die Schafe bekannt, aus deren Milch man Rocquefort macht.

Olivier gründete seinen Betrieb 1985 und kaufte lieber eigene Weinberge, als die Familientradition des Verkaufs von Trauben an die örtliche Genossenschaft fortzuführen. Er arbeitet biodynamisch und vertraut auf lokale Sorten: für Rotweine Carignan, Mourvèdre, Syrah, Grenache und Cinsault, für Weiße Carignan blanc, Grenache blanc, Chenin blanc, Clairette, Viognier und andere. Seine Weine verbinden Harmonie mit verborgener Kraft, sie haben Gewicht, tragen es aber auf leichte Weise.

Who is who in Südfrankreich

MARC PARCÉ

DANIEL RAVIER

MARC PARCÉ: DIE WIEDERBELEBUNG DES VIN DOUX NATUREL
Es gibt eine Reihe von Parcés in Banyuls: Marc arbeitet mit seinen Brüdern Thierry und Pierre, während ein anderer Parcé, Jean-Michel, die Domaine du Mas Blanc leitet, den anderen Star von Banyuls und Collioure.

Nachdem Marc 1976 die Domaine de la Rectorie übernommen hatte, verlagerte er die Produktion von vorwiegend gespritetem Vin doux naturel auf trockene Tischweine unter der Appellation Collioure. Sein Banyuls Cuvée Léon Parcé allerdings ist ein Wein, den man nicht verpassen sollte. 2001 schloss er sich mit anderen lokalen Winzern zusammen, um La Préceptorie in Maury zu gründen, wo Côtes de Roussillon, Vin de table und Maury produziert wird. Er ist ein leidenschaftlicher Fürsprecher für Grenache und nicht weniger passioniert in seiner Polemik über das Thema Reform der AOC und die Rolle des Winzers. Sein Bruder Thierry ist Pianist, Pierre ein Fotograf. Die Weine sind reichhaltig, tiefgründig und charakteristisch und genießen bereits Kultstatus.

FAMILIE PEYRAUD & DANIEL RAVIER: DAS HERZ VON BANDOL
Ohne den Einsatz der Peyrauds von der Domaine Tempier wäre Bandol nicht der Wein, der er heute ist. 1940, als Lucien Peyraud und Lucie Tempier heirateten, schenkte Lucies Vater seinem Schwiegersohn eine alte Flasche Domaine Tempier. Das war für Lucien die Erleuchtung, von da an verwendete er seine ganze Karriere darauf, dass Bandol als Anbaugebiet großer, langlebiger, komplexer Weine anerkannt wurde, Tempier sich als bester Erzeuger Bandols etablierte und der Wein auf der damals kaum beachteten Mourvèdre-Traube basierte. Lucien starb 1998. Seine Söhne Jean-Marie und François setzten sein Lebenswerk fort und gingen im Jahr 2000 in den Ruhestand. Das Gut wird nun von Daniel Ravier geleitet, der die Weinberge weiterhin mit großem Erfolg ökologisch bewirtschaftet.

Weinbibliothek
2011 | 2012
Hallwag
Wein lesen

Ausgezeichnet
beim großen Gläsertest
der Zeitschrift „stern" (Ausgabe 51/2009)
www.zwiesel-1872.com

DER KLEINE JOHNSON WEINFÜHRER 2012

- **Der kleine Johnson für das iPhone: Ab Herbst 2011 im App Store erhältlich**
- Das gesammelte Wissen von Hugh Johnson und seinem Expertenteam jederzeit und überall abrufbar
- **Umfangreiche Suchfunktion nach Weinen, Winzern, Rebsorten**

DER GROSSE JOHNSON

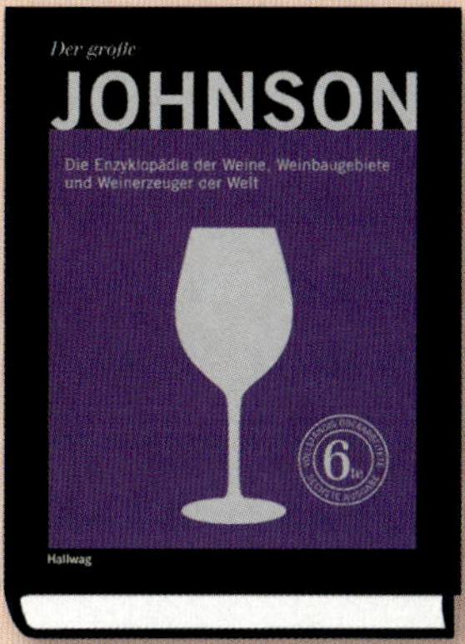

HUGH JOHNSON
STEPHEN BROOK

Der große Johnson

Die Enzyklopädie der Weine, Weinanbaugebiete und Weinerzeuger der Welt

688 Seiten
Hardcover mit Schutzumschlag

€ [D] 49,90/€ [A] 51,30
sFr 83,90

ISBN 978-3-8338-1621-5

„Es gibt wohl kaum eine Frage zum Thema Wein, die auf diesen Seiten nicht irgendwo beantwortet wird."

(THE OBSERVER)

„Das absolute Standardwerk für Weinenthusiasten."

(WEINWELT)

- Die 6. vollständig überarbeitete und aktualisierte Neuauflage des Klassikers
- Alle Weinregionen der Welt mit ihren Besonderheiten und Spezialitäten
- Das Who is Who der internationalen Spitzenwinzer

DER WEINATLAS

HUGH JOHNSON
JANCIS ROBINSON

Der Weinatlas

6. Ausgabe

400 Seiten
Hardcover mit Schutzumschlag

€ [D] 79,90/€ [A] 82,30
sFr 129,-

ISBN 978-3-8338-1219-4

„...vorzügliches Kartenmaterial vereint sich mit sachkundigem Text und stimmungsvollen Fotografien zu einem unwiderstehlichen Gesamtkunstwerk.“

(THE INDEPENDENT)

„Unverzichtbar.“

(WEIN GOURMET)

- Mit allen aktuellen Entwicklungen der Weinwelt
- 200 Lagenkarten auf dem neuesten Stand, darunter 20 neue Detailkarten von aufsteigenden Weinregionen
- Ausführliche Beschreibungen aller Weinregionen und ihrer besten Winzer

DAS HALLWAG HANDBUCH ESSEN UND WEIN

NEU

NATALIE LUMPP

Das Hallwag Handbuch Essen und Wein

384 Seiten
Hardcover

€ [D] 25,–/€ [A] 25,70
sFr 42,90

ISBN 978-3-8338-2299-5

„Es ist für mich immer wieder faszinierend, wie sehr ein Wein mit dem passenden Gericht deutlich besser schmecken kann. Eine geeignete Speise kann einen Wein noch regelrecht anheben.“

(NATALIE LUMPP)

- Das umfassende Buch zu Essen und Wein von Deutschlands bekannter Weinexpertin Natalie Lumpp
- Für jeden Geschmack: Der Rezeptteil mit 150 Rezepten bietet ausgewählte Klassiker ebenso wie innovative Rezeptinterpretationen

Natalie Lumpp, Jahrgang 1971, zählt zu den führenden Weinexperten in Deutschland. Nach Stationen als Sommlière bei der „Traube Tonbach" und dem „Bareiss" schreibt sie nun für Wein- und Gourmetzeitschriften, hat eine feste Kolumne in „Brigitte" und führt durch Weinseminare und Degustationen. Mit dem **Hallwag Handbuch Essen und Wein** legt Natalie Lumpp nun ihr **erstes Buch bei Hallwag** vor, in dem sie ihre Überzeugung vertritt: Man kann Genuss immer steigern – mit dem passenden Wein zum Gericht.

- Garantierter Genuss mit drei passenden Weinempfehlungen für jedes Rezept
- NEU: Aktuelle Weinempfehlungen über QR-Code und Smartphone

DAS HALLWAG HANDBUCH WEIN

JANCIS ROBINSON

Das Hallwag Handbuch Wein

384 Seiten, Hardcover, ca. 160 Fotos

€ [D] 25,00/€ [A] 25,70
sFr 42,90

ISBN 978-3-8338-1980-3

„Ein schöner Schmöker für Anfänger wie auch für erfahrene Weinliebhaber."

(DER FEINSCHMECKER)

„Wer sich kompaktes und umfassendes Weinwissen aneignen möchte, dem empfiehlt sich ‚Das Hallwag Handbuch Wein' von Jancis Robinson."

(WEINWELT)

- Umfassende und kompetente Vermittlung von Weinwissen
- Aktualisierte und ergänzte Neuauflage der legendären Einführung „Der Weinkurs"
- Neu im handlichen Format mit übersichtlichem Layout und stimmungsvollen Bildern

TERRA MADRE

CARLO PETRINI

Terra Madre

188 Seiten, Softcover

€ [D] 17,90/€ [A] 18,40
sFr 31,50

ISBN 978-3-8338-2296-4

"Carlo Petrini ist der einzige Anti-Mc Donald's Aktivist, der bereits von David Cameron, […] Prince Charles, Al Gore und Barack Obama empfangen wurde."

(THE GUARDIAN)

„Petrini hat verstanden, dass alle Errungenschaften des Fortschritts nichts wert sind, wenn wir darüber unsere Wurzeln vergessen."

(ALAIN DUCASSE)

- Aktueller als je zuvor: das Manifest des Slow Food Gründers Carlo Petrini
- Ein leidenschaftliches wie eindrucksvolles Plädoyer gegen den Konsumismus unserer Zeit

LOCANDE D'ITALIA

SLOW FOOD EDITORE

Locande d'Italia

656 Seiten

€ [D] 24,90/€ [A] 25,60
sFr 42,90

ISBN 978-3-8338-2255-1

„Ein unverzichtbarer Wegweise zu Italiens kleinen und feinen Hotels. Echte Schmuckstücke!"

(GAULT MILLAU MAGAZIN)

- Die perfekte Ergänzung zum Restaurantführer **Osterie d'Italia**
- Der verlässliche Wegweiser zu den schönsten und authentischsten Übernachtungsgelegenheiten Italiens.
- Ausgesuchte Ruheorte fernab ausgetretener Touristenpfade

OSTERIE D'ITALIA 2011/12

SLOW FOOD EDITORE

Osterie d'Italia 2011/12

Über 1.700 Adressen ausgewählt und empfohlen von Slow Food

912 Seiten, Integralbindung mit Lesebändchen

€ [D] 29,90/€ [A] 30,80
sFr 50,90

ISBN 978-3-8338-2253-7

„Der wohl wichtigste Restaurantführer, wenn es um die einfache, aber umso schmackhaftere italienische Cucina in den Regionen geht."
(SONNTAGSZEITUNG)

- Der unverzichtbare kulinarische Reiseführer für authentische Osterien und Trattorien Italiens
- Vollständig überarbeitet: Alle Gaststätten wurden neu besucht und bewertet, 141 Adressen neu aufgenommen
- Anhang mit ausführlichem kulinarischen Glossar

RICETTE DI OSTERIE D'ITALIA

SLOW FOOD EDITORE

Ricette di Osterie d'Italia

Die besten Rezepte aus Italiens Regionen

656 Seiten, Hardcover

€ [D] 24,90/€ [A] 25,70
sFr 42,90

ISBN 978-3-8338-2137-0

„Ein kulinarisches Abenteuerbuch."
(STUTTGARTER NACHRICHTEN)

„Die Autoren setzen bei den 600 Rezepten auf Produkte mit Tradition und auf Köche, die keine Mühe scheuen."
(STERN)

- Das Rezeptbuch zum beliebten Reiseführer
- Über 600 ursprüngliche Rezepte aus den Osterien Italiens
- Kommentare und unterhaltsame Ausführungen ergänzen die Rezepte

DIE GROSSE HALLWAG WEINSCHULE

BEAT KOELLIKER

Die große Hallwag Weinschule

Mit über 100 Weinen um die Welt

240 Seiten
Hardcover mit Schutzumschlag

€ [D] 29,90/€ [A] 30,80
sFr 50,90

ISBN 978-3-7742-6696-4

„Ein klasse Buch."
(SAARBRÜCKER ZEITUNG)

„Ein wunderbar praktisches Buch!"
(STERN)

- In 27 Verkostungsrunden durch alle Weinregionen der Welt
- Kompakte und informative Porträts aller Weinregionen und ihrer Weine
- Praktische Informationen zum richtigen Umgang mit Wein

REBSORTEN ABC

DAGMAR EHRLICH

Das Rebsorten ABC

160 Seiten, Klappenbroschur

€ [D] 9,90/€ [A] 10,20
sFr 17,90

ISBN 978-3-8338-2301-5

„Die Geografie bestimmt zwar die Nuancen des Weingeschmacks, der eigentliche Rohstoff aber ist die Traube."

(JANCIS ROBINSON)

- Über 120 Rebsorten und deren Weine im Porträt
- Veranschaulichung der Verbindung zwischen Rebe und Weinmerkmalen
- Zusatzkapitel: die wichtigsten Cuvées

WEIN A–Z

ULRICH SAUTTER

Wein ABC

160 Seiten, Klappenbroschur

€ [D] 9,90/€ [A] 10,20
sFr 17,90

ISBN 978-3-8338-2302-2

"Es sind die Wissbegierigen, die den meisten Genuss am Wein haben."
(HUGH JOHNSON)

- Die 400 zentralen Begriffe der Weinsprache – kompetent erklärt und komplett aktualisiert
- NEU: Länder-Sonderseiten mit Steckbriefen und Karten zu den wichtigen Weinländern
- Zahlreiche Querverweise zu weiterführenden Informationen

Liebe Leserin und lieber Leser,

wir freuen uns, dass Sie sich für ein HALLWAG-Buch entschieden haben. Mit Ihrem Kauf setzen Sie auf die Qualität, Kompetenz und Aktualität unserer Bücher. Dafür sagen wir Danke! Ihre Meinung ist uns wichtig, daher senden Sie uns bitte Ihre Anregungen, Kritik oder Lob zu unseren Büchern. Haben Sie Fragen oder benötigen Sie weiteren Rat zum Thema? Wir freuen uns auf Ihre Nachricht!

Wir sind für Sie da!
Montag – Donnerstag:
8.00 – 18.00 Uhr
Freitag: 8.00 – 16.00 Uhr

Tel.: 0180-5 00 50 54*
Fax: 0180-5 01 20 54*
*(0,14 e/Min aus dem dt. Festnetz/
Mobilfunkpreise maximal 0,42 e/Min)
E-Mail:
leserservice@graefe-und-unzer.de

GRÄFE UND UNZER Verlag
Leserservice
Postfach 86 03 13
81630 München